LA DÉFRAGMENTATION DU DROIT INTERNATIONAL DE LA CULTURE

VERS UNE COHÉRENCE DES NORMES INTERNATIONALES

Jean-Baptiste HARELIMANA

LA DÉFRAGMENTATION DU DROIT INTERNATIONAL DE LA CULTURE

VERS UNE COHÉRENCE DES NORMES INTERNATIONALES

Préface de Federico MAYOR
Postface d'Albert TÉVOÉDJRÈ

L'Harmattan

5-7, rue de l'École-Polytechnique, 75005 Paris

http://www.harmattan.fr
diffusion.harmattan@wanadoo.fr
harmattan1@wanadoo.fr

ISBN : 978-2-343-09374-1
EAN : 9782343093741

Remerciements

De nombreuses personnes ont contribué de différentes manières à la réalisation de cet ouvrage. Je souhaiterais leur exprimer ici toute ma reconnaissance.

Je tiens tout d'abord à exprimer ma profonde reconnaissance envers mes directeurs de thèse, Professeurs Jean Paul JOUBERT et David CUMIN pour leur soutien chaleureux. Je veux également adresser ma gratitude aux membres du jury : Professeurs Thomas Cottier, Joseph Yacoub et Emmanuel Decaux, dont les commentaires m'ont été très utiles pour améliorer la qualité de cet ouvrage. Merci au Professeur Feredérico Mayor d'avoir été aussi généreux tant à transmettre votre immense culture qu'à vous mettre au service de votre élève reconnaissant. Merci au Professeur Albert Tévoédjrè promoteur du projet panafricain d'éducation à la paix et au développement par le dialogue interreligieux et interculturel de m'avoir associé à ce projet.

J'ai été particulièrement sensible à l'attention sincère de Renauld Noël et Marchella, Mutoy Mubiala et Ana Gerdau de Borja. Je n'oublierai pas la bienveillance qu'ils m'ont manifestée et qui emporte ma gratitude.

Ces remerciements seraient incomplets sans une pensée à l'ensemble des membres de l'OMC qui m'ont constamment renouvelé leurs judicieuses critiques.

Je ne peux manquer également d'exprimer avec toute ma reconnaissance à mes proches pour leur aide précieuse, leur réconfort et leurs encouragements efficaces.

Je remercie également chaleureusement Brenda Thandi et les membres du cabinet DGL Avocats. Leurs conseils et questionnements ont été une source de force et de réactualisation de cet ouvrage.

LISTE DES SIGLES ET ABREVIATIONS

ACP	Pays d'Afrique, des Caraïbes et du Pacifique
ACR	Accords commerciaux régionaux
ADPIC	Aspects des droits de propriété intellectuelle qui touchent au commerce
AGCS	Accord Général sur le Commerce des Services
AFDI	Annuaire français de droit international
ALE	Accords de libre-échange échange
ALENA	Accord Nord-américain de libre échange
AMP	Accord sur les marchés publics
AMI	Accord multilatéral sur les investissements
ATI	Accord sur les technologies de l'information
APE	Accordsde partenariat économique
CDI	Commission de droit international
CCI	Centre du commerce international
CEE	Communauté européenne
CEDH	Cour européenne des droits de l'homme
CSC	Cadre de l'UNESCO pour les statistiques culturelles
CCS	Conseil du commerce des services
CEE	Communauté économique européenne
CIJ	Cour internationale de Justice
CJUE	Cour de justice de l'Union européenne
CNUCED	Conférence des Nations Unies pour le commerce et le développement
CPC	Provision central Product classification

CVDT	Convention de Vienne sur le droit des traités de 1969
DUDH	Déclaration universelle des droits de l'homme
FED	Fonds européen de développement
FMI	Fond monétaire international
G77	Groupe des 77 Pays
G-8	Groupe des huit
GATT	Accord Général sur les Tarifs Douaniers et le Commerce
GATS	Accord Général sur le Commerce et le Service
NAMA	Non-Agriculture Market Access
NOEI	Nouvel ordre économique international
NPF	Nation la plus favorisée (clause)
OAP	Organe d'appel permanent
OCI	Organisation de coopération intellectuelle
OIC	Organisation Internationale du Commerce.
OIF	Organisation Internationale de la Francophonie
OIT	Organisation internationale du travail
OMC	Organisation mondiale du commerce
OMD	Organisation mondiale des douanes
OMPI	Organisation Mondiale pour la Propriété Intellectuelle
ORD	Organe de règlement des différends
OTC	Obstacles techniques au commerce
PED	Pays en développement
PMA	Pays moins avancé
PNB	Produit National Brut
PNUD	Programme des Nations Unies pour le Développement

PIB	Produit Intérieur Brut
PVD	Pays en voie de développement
PUF	Presses Universitaires de France
RCADI	Recueil des Cours de l'Académie de Droit International
RGDIP	Revue Générale de Droit International Public
RIDC	Réseau International pour la diversité culturelle
RIDE	Revue international de droit économique
RIPC	Réseau international sur la politique Culturelle
RSE	Responsabilité sociétale des entreprises
S.D.N	Société des Nations
SMC	Subventions et mesures compensatoires (Accord)
SGP	Système généralisé de préférences
SH	système harmonisé de désignation et de codifications des marchandises de l'OMD
SODEC	Société de Développement des Entreprises Culturelles
TN	Traitement national
UE	Union européenne
UNESCO	Organisation des Nations Unies pour l'éducation, la science et la culture

PREFACE

En 1945, l'Organisation des Nations Unies fut créée à San Francisco sur la base d'une conception formidable de gouvernance multilatérale, imaginée par le Président Franklin Delano Roosevelt et ses collaborateurs, avec à l'avant-plan sa femme Eleonora, le but de ce projet étant de faire face-grâce à la coopération et non pas à la force, grâce à la parole et non pas aux armes- à une situation mondiale marquée par de profondes et vastes déchirures provenant de la deuxième guerre mondiale, durant laquelle les moyens les plus inconcevables et les plus exécrables d'extermination avaient été utilisés. Le Plan Marshall, pour répondre aux besoins des vaincus de la guerre; la création d'un fonds pour l'alimentation à l'échelle mondiale (FAO); une Organisation Mondiale de la Santé (OMS) et une autre dédiée à l'Éducation, la Science et la Culture (UNESCO); au Travail (OIT)... Et des programmes ambitieux de développement (PNUD); de l'enfance (UNICEF)... La portée et l'excellence de la vision de Roosevelt se retrouvent dans la première phrase de la Charte des Nations Unies: "Nous, les peuples... sommes résolus à préserver les générations futures du fléau de la guerre..."

Cette première phrase résume les trois piliers sur lesquels repose aujourd'hui la transition de la force (militaire, médiatique, énergétique, financière...) vers la parole: "Les peuples", et non pas le pouvoir absolu masculin qui a prévalu depuis l'origine des temps ; éviter la guerre, c'est-à-dire, construire la paix à travers notre comportement quotidien ; et agir dans l'intérêt des générations futures, car nous savons aujourd'hui que, pour mettre fin aux processus potentiellement irréversibles, il est impératif d'agir à temps, avant qu'il ne soit trop tard.

Le Système des Nations Unies confie à l'Organisation de l'Éducation, la Science, la Culture et la Communication, la mission d' « élever les défendes de la paix là où réside l'origine des guerres: dans l'esprit des hommes ». Et c'est pour atteindre cet objectif –il faut lire et relire l'éblouissant préambule de la Constitution de l'UNESCO- qu'il a été établi, en faisant preuve de clairvoyance, que l'égale dignité de tous les êtres humains est le fondement des tous les droits et devoirs. Et que l'humanité doit être guidée par les « principes démocratiques » de la justice, la liberté et la solidarité, « intellectuelle et morale ». Que l'on pourra ainsi garantir "la libre circulation des idées à travers la parole et l'image ». Que l'éducation a pour but de contribuer au plein exercice des facultés distinctives de l'espèce humaine, et que les individus éduqués sont "libres et responsables"...

Voilà ce qu'il faut déduire aujourd'hui en lisant ces documents formidables qui, à contretemps, se sont fixé comme but la grande transition de la force vers la parole, la solution des problèmes grâce à la capacité créatrice et d'anticipation qui est le propre des être humains. Le Président John F. Kennedy l'a répété dans le discours qu'il a prononcé à Washington en juin 1963: « Il n'y a aucun défi qui soit hors de portée de la capacité créatrice de l'espèce humaine ». Il faut aujourd'hui prendre note de tout cela, car si en 1945 les "peuples" ne pouvaient pas s'exprimer, s'ils étaient invisibles, anonymes, craintifs, obéissants, silencieux... et s'ils méconnaissaient tout ce qui advenait au-delà de leur entourage territorial et intellectuel très limité, aujourd'hui la technologie digitale permet des changements extraordinaires et ouvre la possibilité, presque l'obligation, vu l'urgence dans laquelle nous placent des processus potentiellement irréversibles, de faire en sorte qu'enfin notre destinée commune soit prise en main par les gens, par l'espèce humaine.

Un autre symptôme alarmant, qui annonçait déjà tout ce qui est venu après, est le fait que la Banque Mondiale « pour la construction et le développement » ait perdu son « nom de famille » et qu'elle soit devenue la grande institution pour la promotion et le développement à l'échelle mondiale d'un outil au service des pays les plus riches. Comme preuve supplémentaire du rejet du multilatéralisme par le Parti Républicain des États-Unis, il suffit de mentionner que c'est le seul pays qui n'a pas signé la Convention des Droits de l'Enfant et qui, deux ans plus tard, ont fondé l'Organisation Mondiale du Commerce en dehors du cadre du Système des Nations Unies.

Revenus en 2003 à l'Unesco après dix-neuf ans de retrait, les Etats-Unis n'ont pas voté le premier instrument juridique international à consacrer la double nature, à la fois économique et culturelle, des biens et services culturels. La première puissance culturelle du monde prenne ainsi le risque de s'isoler au moment où, dans un élan rare d'unanimité, le reste de la communauté internationale proclamait sa volonté de préserver la diversité culturelle.

Face à ce paradigme du libre-échange dans une situation de malaise et face à la contestation des bénéfices de la libéralisation qui seraient inégalement répartis entre et au sein des pays, ne faudrait-il pas concevoir des dispositifs internationaux de compensation aptes à susciter l'intérêt des pays et le soutien social ? C'est bien dire l'intérêt de cet instrument juridique qui a d'abord été voulu et pensé pour créer un contrepoids aux accords de commerce et stimuler l'émergence d'un modèle alternatif de libéralisation, trop souvent exclusivement économique.

Malgré un climat morose, les mutations profondes de nos sociétés peuvent aussi être perçues comme une opportunité de refonder les politiques culturelles. Inventées au lendemain de la

Seconde Guerre mondiale, les politiques culturelles, dont la légitimité a souvent été fragile, sont multiples, protéiformes, mêlant, de façon dialectique, des finalités intrinsèques et extrinsèques dans le domaine de la culture elle-même. Le développement de ces politiques culturelles explique quant à lui en grande partie la mention, hautement symbolique à cet égard, du droit d'accéder et de participer à la vie culturelle dans la Déclaration Universelle des Droits de l'Homme de 1948 et, ensuite, dans le Pacte relatif aux droits civils et politiques de 1966.

À la fin de son mandat comme Secrétaire Général des Nations Unies, j'ai demandé à l'un des personnages les plus distingués qui aient occupé ce poste, M. Javier Pérez de Cuellar, de prendre en charge, dans le cadre de l'UNESCO, la mise en œuvre des activités qui s'avéraient nécessaires, en acceptant de présider une Commission ayant pour mission de mettre en relief le rôle essentiel de la culture dans le développement. Effectivement, c'est dans le plein exercice des facultés distinctives de l'espèce humaine, la capacité de réflexion, d'anticipation, d'imagination, d'innovation, de création… où il faut puiser la capacité d'inventer un avenir. Ceci est très clairement exprimé par le titre du rapport sur la culture et le développement: « Notre diversité créatrice », car -tel que je l'ai déjà indiqué- c'est dans cette faculté que les citoyens d'aujourd'hui peuvent retrouver en grande mesure l'espoir dont ils ont tant besoin. Diversité créatrice! Voilà les deux grandes caractéristiques qui nous permettent de contempler avec espoir l'avenir. Chaque être humain unique, capable de réfléchir, d'imaginer, d'inventer. Tous différents les uns par rapport aux autres, unis par des principes universels et en premier lieu, par l'égale dignité.

« L'éducation-nous disait il y a un siècle Francisco Giner de los Ríos - c'est savoir donner un sens à sa propre vie ». Apprendre à être, apprendre à exercer pleinement les facultés distinctives de l'être humain. Protéger, par-dessus tout, ces capacités inhérentes à l'être humain, qui ne peuvent être ni minimisées, ni étouffées, ni sous-estimées. Suivre ses propres réflexions et ne jamais agir sous la dictée d'un autre ou bien aveuglé par un dogme quelconque ou par des impositions idéologiques ou religieuses. Le fanatisme, la peur portent atteinte à la liberté, le don le plus précieux de l'humanité. Voilà pourquoi Jean Baptiste Harelimana entend que mettre en relief jusqu'à quel point la protection de la créativité à l'échelle internationale est un facteur essentiel pour la création d'un nouveau contexte, authentiquement démocratique, capable de provoquer ce changement radical dont nous rêvons tous: de la force vers la parole, de l'imposition vers l'autonomie, de la peur vers le courage, de l'ignorance et le désarroi vers l'espoir. J'aime mettre l'accent sur cette phrase du premier paragraphe du préambule de la Déclaration Universelle des Droits: « Ces droits sont là pour libérer l'humanité de la peur… » L'humanité qui, tel qu'il est indiqué dans le deuxième paragraphe, peut être « conduite à se rebeller » si on ne lui laisse pas utiliser ses ailes librement pour voler haut dans l'espace infini de l'esprit.

Voilà pourquoi l'on ne peut tolérer la situation que nous subissons dernièrement, avec des marchés qui, au lieu de promouvoir un développement durable et humain à l'échelle mondiale, ont fait pratiquement disparaître l'aide au développement, aussi bien bilatérale que multilatérale. Une refondation immédiate du Système des Nations Unies est indispensable pour que des mesures soient prises, exceptionnellement et urgemment, face aux processus potentiellement irréversibles, celles-ci devant permettre de réagir à l'échelle locale et mondiale avant qu'il ne soit trop tard.

La notion d'exception culturelle a ainsi fait son apparition à l'époque de l'Uruguay Round et de l'échec, à l'Organisation de coopération et de développement économiques (OCDE), de la négociation sur l'accord multilatéral sur les investissements (AMI). La marchandisation de la culture, l'appauvrissement des contenus et le creusement des inégalités Nord-Sud ont alors été identifiés comme autant de risques dont il fallait se prémunir. L'Afrique, source de sagesse, qui a subi pendant si longtemps l'exploitation et la dépendance, a maintenant beaucoup de leçons à nous donner, beaucoup de formules à nous offrir dans notre parcours commun, en tenant compte du passé, mais en sachant aussi le surpasser pour éclairer les horizons futurs. Monsieur Harelimana se pose la question: « commerce ou culture ? ». Et il nous fourni la réponse correcte: "culture et commerce".

Il est évident qu'il ne revient pas aux institutions « biaisées » par des intérêts strictement commerciaux de statuer sur la meilleure façon de protéger la créativité, l'activité culturelle.Il faut chercher la réponse dans le multilatéralisme démocratique, en imposant à nouveau la cohérence d'une gouvernance guidée, depuis des décennies, par le bien commun. Il est indéniable que la Déclaration Universelle de l'UNESCO dur la diversité culturelle considère la créativité comme un processus évolutif qui est le propre exclusivement de tous ceux qui sont capables de penser, de s'exprimer, d'anticiper, de créer.

Avec le développement d'un nouveau discours plus culturel qu'économique sur les rapports commerce/culture, promu par la convention de 2005, il sera plus difficile de débattre sur ces rapports en négligeant la nature spécifique des activités, des biens et des services culturels en tant que porteurs d'identité, de valeurs et de sens. Cette thèse de Jean Baptiste Harelimana nous a permis de voir comment le droit international de la culture évolue et se construit dans la pratique.Il nous a éclairés sur les transformations et les changements inhérents à la gouvernance globale de la culture, en nous permettant d'avoir une meilleure compréhension des ajustements des modes de régulation et de gouvernance des industries culturelles. La question qu'il se pose aujourd'hui est de savoir quelles sont les corrélations qu'il y a entre le droit international du commerce et les autres domaines du droit international, afin de tenir compte des valeurs non marchandes en général et de la protection de la diversité culturelle en particulier.

La complémentarité et l'interdépendance des aspects économiques, culturels, sociaux et environnementaux du développement durable sont désormais reconnues par la convention de 2005. Certains vont même jusqu'à évoquer l'idée d'un quatrième pilier du développement durable. Le développement ne se réduit pas à un accès préférentiel aux marchés des pays développés ou des pays en développement les plus avancés. L'avenir de la Convention sur la diversité culturelle repose pourtant sur la multiplication de mentions dont elle fait l'objet dans tous les forums et à tous les niveaux.

L'un des mérites de M. Jean Baptiste Harelimana est de montrer que l'UNESCO a un rôle essentiel à jouer en encourageant la mise en valeur des ressources humaines, en aidant au développement ou au renforcement des savoir-faire locaux et en incitant la communauté internationale à investir dans la créativité humaine, c'est-à-dire dans la production, l'acquisition, le transfert et le partage des connaissances. Dans le contexte de la mondialisation, et face aux intégrismes et tensions identitaires qu'elle crée, le dialogue interreligieux et interculturel et le respect de la diversité culturelle peuvent forger des sociétés plus inclusives, plus stables et plus résilientes.

Loin de constituer un exercice de style, l'ouvrage de M. Jean Baptiste Harelimana est d'une utilité immédiate: M. Jean Baptiste Harelimana présente des recommandations et des propositions de réforme qui sont le reflct tangible de sa force de conviction, de la clarté de sa démonstration et de la rigueur de son étude. Les observations fortes pertinentes présentées par M. Jean Baptiste Harelimana reposent sur une analyse méthodique de l'unité de l'ordre juridique au sein duquel cohabite une multiplicité d'acteurs avec des échelles de valeurs hétérogènes qui méritent une réflexion de la part de nos instances de gouvernance globale.

Dans l'anthropocène et l'ère digitale, la culture semble clairement être la Pierre angulaire du « nouveau commencement » qui va bientôt avoir lieu. Une réflexion sur la façon de faire du numérique une chance pour tous doit donc être menée au sein de l'UNESCO, et la Convention de 2005, avec ses 139 signataires, est l'outil le mieux à même de soutenir cette mobilisation.

Federico MAYOR
Ancien Directeur Général de l'UNESCO & Président de la Fondation Culture de la Paix

SOMMAIRE

« La chance qu'a une culture de totaliser cet ensemble complexe d'inventions que nous appelons une civilisation est fonction du nombre et de la diversité des cultures avec lesquelles elle partage une commune stratégie »... De ce fait, « la civilisation mondiale ne saurait être autre chose que la coalition, à l'échelle mondiale, des cultures préservant chacune son originalité ». *(*Claude Lévi-Strauss, *Race et Histoire,* Gallimard, 1979, p.72-73)

« *Un objet est culturel selon la durée de sa permanence ; son caractère durable est l'exact opposé du caractère fonctionnel, qualité qui le fait disparaître à nouveau du monde phénoménal par utilisation et par usure. »[...]. La culture se trouve menacée quand tous les objets et les choses du monde, produits par le présent ou par le passé, sont traités comme de pures fonctions du processus vital de la société, comme s'ils n'étaient là que pour satisfaire quelques besoins.* » (Hannah Arendt, *La crise de la culture,* p.266).

INTRODUCTION GÉNÉRALE

Dans les dernières décennies et surtout à partir des années 1990, le monde semble être entré dans un processus de transformation profonde, transformation qui, par ses manifestations multiples (économique, politique, sociale et culturelle), met de plus en plus en question l'organisation et le fonctionnement de l'ordre mondial auxquels la modernité nous a habitués. Les entreprises transnationales sont devenues des personnes morales, sans personnalité juridique sur le plan international et, par conséquent, sans obligation juridique, voire sans morale selon Georges Ripert[1]. La société post-guerre froide est de plus en plus confrontée à des revendications d'ordre culturel et identitaire.Confrontés jadis aux enjeux de la décolonisation et du dévéloppement, les peuples craignent davantage l'érosion de leur culture. Ces moments de «turbulence»[2] ont amené les Etats membres de l'UNESCO à se pencher sur la question de la protection et la promotion de la « féconde diversité »[3] par un encadrement juridique contraignant.

---

[1] G. RIPERT, *Aspects juridiques du capitalisme moderne*, LGDJ, Paris, 1995, 354p. Ph. Le TOURNEAU, *L'éthique des affaires et du management au XXIème siècle*, éd. Dalloz-Dunod, Paris, 2000, 269p, sp.p.4. Voir aussi J.M. TRIGEAUD *Métaphysique et éthique au fondement du droit*, éd. Brière, Bordeaux, 1995, p.210.

[2]James N. ROSENAU, Turbulence in World Politics.A Theory of Change and Continuity, Princeton, Princeton University Press, 1990.

[3]Le mandat de cette organisation qui prévoit que l'UNESCO assure aux Etats membres, l'indépendance, l'intégrité et la féconde diversité de leurs cultures.

La diversité culturelle s'est ainsi progressivement hissée dans le peloton de tête des objectifs mondiaux. Elle est l'aboutissement d'un long processus de maturation du des drois culturels et du droit international de la culture. Un double intérêt a en effet guidé, depuis la fin de la deuxième guerre mondiale, l'entreprise de codification du droit international de la culture : sans protéger le patrimoine culturel, il est impossible de survivre et de se faire comprendre des générations à venir. Aussi, les événements du 11 septembre 2001 ont-ils accéléré la dynamique : des travaux de l'Unesco, il ressort la conviction que la lutte contre le terrorisme doit passer par la reconnaissance et la valorisation de la « la diversité culturelle ». La culture a ainsi été appréhendée de plus en plus largement comme intégrant, au-delà des aspects intellectuels et artistiques d'une société, tous ses aspects anthropologiques, comme la langue, les traditions, les modes de vie.

La Convention de l'Unesco sur la protection et la promotion de la diversité des expressions culturelles de 2005 consacre pleinement l'élargissement de l'acception du terme « culture » et a le mérite de tenter de la clarifier : la culture n'est définitivement plus seulement considérée sous le seul angle des beaux-arts et des belles lettres. À ce titre, l'Unesco reconnaît elle-même quatre paliers dans l'évolution du terme culture : 1. dans les années 1950 et 1960, la culture - au départ entendue comme production artistique – est élargie au concept d'identité culturelle, notamment dans le contexte de la décolonisation ; 2. dans les années 1970 et 1980 , un lien est fait entre culture et développement ; 3. dans les années 1980 et 1990, la prise en compte de l'identité culturelle s'étend à toutes les personnes exclues, qu'il s'agisse des personnes appartenant à une minorité, à un peuple autochtone ou d es personnes immigrées ; 4. dans les années 1990 et 2000 est recherché un dialogue des cultures dont la diversité est présentée comme une richesse[4].

[4] Voir la présentation faite par l'Unesco de la Convention sur la pr otection et la promotion de la diversité des expressions c ulturelles, disponible sur son site Internet, p. 2 et 3.

La biodiversité et la diversité culturelle seraient donc deux conditions essentielles du développement durable, même si la biodiversité constient un principe de stabilité qui n'est transposable à la diversité culturelle. La méconnaissance de cette réalité entraînerait un risque mortel pour l'humanité et pour la planète. Il n'est donc pas suprenant que le droit international de la culture institue un nouveau mode de circulation des valeurs culturelles au sein de l'ordre juridique mondial, mode incarné par la notion de développement durable.

A l'ère de la globalisation[5], les États ne vivent plus dans des bulles isolées les unes des autres. Depuis la fin de la guerre froide, quelques murs physiques et idéologiques s'effondrent et avec eux la pertinence d'un discours majoritaire qui décrivait et expliquait les relations internationales sur la base d'une opposition binaire entre l'Est et l'Ouest. Ce contexte historique exceptionnel a ouvert une fenêtre d'opportunité unique pour la mise à l'agenda politique d'idées à caractère utopique jusque-là confinées dans les cercles intellectuels. La diversité des identités culturelles, qui fut un argument en faveur de la décolonisation

[5]L'usage a voulu qu'on nomme en langue française « mondialisation » ce que d'autres langues anglo-saxonnes ou hispaniques, nomment globalisation. Pour Christian Deblock, la globalisation a l'avantage de porter l'idée de changements qualitatifs et permet d'éviter le malentendu entretenu par ceux qui parlent de première et de deuxième mondialisation/globalisation ou de vagues de la mondialisation. Sur le plan des échanges commerciaux, s'il est exact de dire que l'économie était mondialisée avant 1914, la compétition internationale ne concernait que peu de produits similaires ou identiques. Les échanges internationaux concernaient davantage les matières premières que le secteur manufacturier et, très marginalement, le secteur des services. La majorité des échanges portaient sur des produits qui n'avaient pas de compétiteur, comme les matières premières qui servaient à la fabrication des biens manufacturés. Voir Christian Deblock, « Le déclin irréversible de la réciprocité et du multilatéralisme », *Rapport de synthèse, CEIM*, Juillet 2009, note10. La globalisation peut être définie comme à la fois un phénomène de *dé-limitation* du monde, qui contrevient au principe de territorialisation caractéristique de la souveraineté traditionnelle, et le développement d'un marché mondial, lui-même appuyé sur la financiarisation de l'économie et sur l'émergence d'une société mondiale de l'information.Décrié par certains comme niveleur aveugle, elle rappelle néanmoins la « panique culturelle » de Toynbee (sentiment de pessimisme profond quant à l'avenir culturel d'un monde qui se mue de façon homogène en une chose épouvantable).

avant d'être recyclée comme composante des politiques du développement, puis d'être incorporée dans le discours sur le pluralisme culture à l'UNESCO, ne tarda pas à devenir une préoccupation majeur à partir du moment où l'idée d'une mondialisation économique devenait tangible à travers son institutionnalisation, notamment à l'OMC. En ce sens, la reconnaissance des droits des cultures était nécessaire pour parachever l'universalisme du droit à la culture, initialement conçu comme un droit occidental.

En effet, si la mondialisation est d'abord et avant tout un processus économique, elle est, aussi dans ses effets, culturelle. L'affirmation de la diversité comme valeur sociétale est en effet un phénomène récent, qui va largement à rebours de l'histoire. A l'échelle de l'histoire humaine, sous l'effet du nationalisme et de l'impérialisme, de nombreuses cultures ont été détruites sans laisser de trace ou en laissant quelques vestiges que les historiens et archéologues s'efforcent de recomposer[6]. Au souci du maintien de ces expressions culturelles distinctes, s'ajoute celui de la disparition accélérée des langues dont l'existence séculaire manifeste autant de visions du monde des peuples concernés[7]. En mars 2008, le dalaï-lama a, par exemple, attiré

---

[6] Or, si on suit Arnold Joseph Toynbee face aux défis « les « minorités créatrices » conçoivent des solutions pour réorienter la société entière ». Et comme l'exprime Norbert ROULAND : « Pendant longtemps, nous avons cru que les Indiens d'Amazonie offraient l'image, miraculeusement préservée, d'une humanité archaïque. Nous savons aujourd'hui qu'ils incarnent souvent les vestiges de grandes civilisations détruites par les Espagnols ou les Portugais : les Indiens 'primitifs, aujourd'hui, sont souvent les descendants de citoyens qui vivaient par milliers dans des villes de Basse Amazonie flanquées de puissantes fortifications et entourées de routes importantes. Nous n'avons aucune garantie d'échapper à un tel destin, sous d'autres formes ». N. ROULAND, « A propos des droits de l'homme : un regard anthropologique », *Droits fondamentaux*, n° 3, janvier-décembre 2003 p.143.

[7]Selon le linguiste Nicolas Tournadre « En moins de cinquante ans, la langue tibétaine est devenue une langue menacée, condamnée à un déclin irréversible, voire à la disparition en deux générations si la politique linguistique actuelle est maintenue. La responsabilité du gouvernement régional et du gouvernement central est, dans ce domaine, évidente. Le rapport de Commission suisse pour l'UNESCO va dans le même sens : « Si elle ne garantit pas la pérennité de ses langues nationales et de ses dialectes

l'attention de la communauté mondiale sur le fait que «la langue, les coutumes et les traditions du Tibet, qui reflètent la véritable nature et l'identité du peuple tibétain, sont en train de disparaître progressivement»[8]. La récente'attaque par Daech du musée de Ninive à Mossoul (au nord de l'Irak), au motif que celles-ci préexistaient à la naissance de l'Islam et qu'elles représentent à leurs yeux des divinités païennes, est bien plus qu'une tragédie culturelle.C'est également une question de sécurité parce qu'elle alimente le sectarisme, l'extrémisme violent et le conflit en Irak. .C'est également une question de sécurité parce qu'elle alimente le sectarisme, l'extrémisme violent et le conflit en Irak. Les réactions de colère et d'indignation se multiplient[9].

Fréquemment employée dans des domaines très divers, la diversité culturelle ne se laisse pas enfermer dans une définition unanime et complète, s'offrant au rebours à la multiplicité des intérêts. D'abord explorée par l'anthropologie, la diversité culturelle est aujourd'hui un objet de recherche pour l'ensemble des sciences sociales[10]. Il est donc extrêmement

---

régionaux, la Suisse risque de perdre des pans entiers de sa vision du monde. Les langues nationales sont l'outil le plus fin pour capter les cultures d'un pays et les développer à travers le débat. La pratique scientifique et artistique montre qu'il faut maîtriser une discipline avant de pouvoir passer à la transdisciplinarité. Il en va de même pour l'acquisition de la langue – sauf pour les sujets exceptionnellement doués. L'encouragement de la langue première est primordial pour la participation à la vie sociétale et pour l'apprentissage de la pensée abstraite » voir Commission suisse pour l'UNESCO, *La diversité culturelle-plus qu'un slogan. Propositions pour la mise en œuvre en* Suisse *de la Convention de* l'UNESCO *sur la diversité des expressions culturelles*, p.11.

[8] Déclaration de Sa Sainteté le dalaï-lama à l'occasion du 49e anniversaire du soulèvement national tibétain, 10 mars 2008.

[9] Suite au carnage de Mossoul fin février 2015 la directrice générale de l'UNESCO, Irina Bokova, a demandé de convoquer une réunion de crise du Conseil de sécurité de l'ONU.

[10] En politique économique, le modèle gravitaire permet d'examiner les questions de distance et de proximité culturelle dans les échanges et d'en déterminer les facteurs tant au niveau global qu'au niveau sectoriel. Les bases théoriques des modèles gravitaires ont été largement développées et reposent

large et peut être envisagé dans différentes perspectives : production, organisation, circulation, échanges et protections des produits et biens culturels[11], protection du patrimoine culturel immatériel et matériel et dialogue des cultures. La diversité culturelle « ne révèle pas seulement une pluralité d'identités dynamiques, mais elle est aussi la force, voire le principe qui fait indéfinement fructufier la création »[12].

Dans un contexte accéléré des économies et de fragmentation des sociétés, la diversité culturelle est devenue aussi nécessaire que la biodiversité dans le domaine du vivant. La diversité culturelle illustrerait ainsi emblématiquement ce nouveau tour d'esprit sociétal caractérisant l'homme postmoderne sensible à sa précarité et confronté à l'interrogation abyssale de son être-là[13]. Pour tous les auteurs qui prennent acte de la crise de la

---

sur la loi de Newton qui stipulait que l'attraction entre deux corps est proportionnelle à leur masse et inversement proportionnelle à la distance les séparant. Il est utilisé tant par les géographes que par les économistes. Par exemple, La proximité linguistique tend à favoriser le commerce entre les pays : avoir une langue en commun accroît les flux d'échanges de 65% environ. Voir Philippe CHANTEPIE, *Les flux d'échanges internationaux de biens et services culturels : déterminants et enjeux*, *www.culture.gouv.fr/deps;* Pour les détails voir également la thèse de Silvio HONG TIING TAI, *Une étude des facteurs socioculturels déterminant le commerce international,* l'Université Paris I, 2009.

[11]Il a fallu attendre le XXème siècle pour que les premières manifestations formelles de protection des biens culturels succèdent à une longue tradition de pillages, de destruction et d'appropriation. Le droit de la guerre était ainsi cruellement fait, qu'il autorisait le vainqueur à rafler les anciennes possessions de l'ennemi. Aujourd'hui, les conventions se sont multipliées ; la protection s'est organisée à un niveau mondial, obligeant l'assaillant à restituer les biens subtilisés.

[12] K.Stenou « Diversité culturele et droits de l'homme » in AIDH, 2008.

[13]Il est utile de souligner que la notion postmoderne qui est associé à la diversité est née dans le contexte des arts : architecture, urbanisme etc. Sans nier les apports de la modernité, la postmodernité veut rassembler le maximum de diversité. L'idéal moderne partait du principe de la solution fonctionnelle unique : du passé faisons table rase et construisons rationnellement une cité nouvelle. Critique d'une certaine naïveté moderne à travers la récusation des grands récits, la postmodernité en possède les caractères mais retravaillés et reconceptualisés autrement. Les hommes postmodernes sont plus informées mais plus déstructurées, plus ouverts et plus influençables, moins idéologisées et plus tributaire des modes.

modernité, le dépassement de l'horizon souverainiste dérive de la naissance des mouvements et des actions collectives « irréductibles » aux structures de l'État souverain : *«L'intégrité de chaque sujet de droit ne peut être garantie sans la protection des contextes d'expérience et de vie intersubjectivement partagés à l'intérieur desquels il a été socialisé et a formé son identité. L'identité de l'individu est liée à des identités collectives et ne peut être stabilisée que dans le cadre d'un réseau culturel qui, comme la langue maternelle elle-même, ne s'acquiert pas à la manière d'un bien privé »*[14].

Pour ceux qui, comme Montesquieu, préfèrent la diversité à l'uniformité[15], l'arsenal de règles et d'interventions concrètes bâti progressivement ne manquait pourtant pas d'envergure. Sur ce nouvel horizon juridique qui émerge, la perspective qui s'est sans doute présentée comme la première d'un point de vue historique, est celle des droits de l'homme fondé sur l'égalisation des conditions. C'est sur ce socle déjà large et complexe qu'ont été surajoutés les instruments juridiques portant sur la protection de la diversité culturelle.

A peine née, tout juste institutionnalisée et pas encore instrumentée, *« elle se voit déjà emmaillotée dans les langes de*

---

[14] J.HABERMAS, *Intégration républicaine*, p.225.

[15]MONTESQUIEU, *L'esprit des lois*, Éd. Gallimard, coll. « Folio / Essais », 1995, Livre XXIX, chapitre XVIII, p.1038. Même si l'auteur de *L'Esprit des lois* est présenté comme le moderne qui accepte l'immoralité du commerce, plus que tout autre, *Montesquieu* a été frappé par la *diversité culturelle* des peuples. De plus son ouvrage (*Monarchie universelle*) est une condamnation politique de l'hégémonie, une critique des tendances «impérialistes» de l'absolutisme royal, tout particulièrement celui de Louis XIV. Montesquieu renonça d'ailleurs, en 1734, à publier la *Monarchie universelle*, «de peur qu'on interprétât mal quelque endroit. Voir également la même esprit dans *L'Esprit des lois* (XV) : « *J'aimerais autant dire que le droit de l'esclavage vient du mépris qu'une nation conçoit pour une autre, fondé sur la différence des coutumes.(...).Les connaissances rendent les hommes doux; la raison porte à l'humanité : il n'y a que les préjugés qui y fassent renoncer* ».

l'idéologie »[16]. En dépit de ses précisions dans le préambule, la notion de « culture » est plus que jamais ambiguë dans la Convention de l'Unesco de 2005.Excédent les frontières des droits de l'homme[17], la diversité culturelle est posée comme un

[16]T.PARIS, « Diversité culturelle et mondialisation », *in Les faces cachées de la mondialisation*, Ramsès, I.F.R.I., 2004, Dunod, p.173.

[17]Julie RINGELHEIM, *Diversité culturelle et droits de l'homme – La protection des minorités par la Convention européenne des droits de l'homme*, Bruxelles, Bruylant, 2006, voir également Foblets MC, Gaudreault-Desbiens JF, Dundes Renteln A, *Cultural diversity and the law. State responses from around the word*, Bruylant, Edition Yvon Blais, 2010, 1008p. La jurisprudence de la Cour fournit des exemples intéressants de la manière dont certains droits qui tombent dans le champ couvert par la notion de "droits culturels" au sens large, peuvent être protégés en vertu de droits fondamentaux de caractère civil, tels que le droit au respect de la vie privée et familiale (article 8 de la Convention), le droit à la liberté d'expression (article 10 de la Convention) et le droit à l'éducation (article 2 du Protocole no 1). Dans l'affaire *Müller et autres c. Suisse* (24 mai 1988, série A no 133), la Cour avait déjà eu l'occasion de souligner que l'article 10 englobait la liberté d'expression artistique – notamment dans la liberté de recevoir et communiquer des informations et des idées – ajoutant qu'il permettait de participer à l'échange public des informations et idées culturelles, politiques et sociales (§ 27). A propos de la création littéraire, la Cour a estimé, dans son arrêt *Karataş c. Turquie* ([GC], no 23168/94, CEDH 1999-IV), que l'article 10 de la Convention trouvait à s'appliquer à la poésie. En outre, dans le contexte de l'article 10, la Cour a ajouté : « *Ceux qui créent, interprètent, diffusent ou exposent une œuvre d'art, contribuent à l'échange d'idées et d'opinions indispensables à une société démocratique. D'où l'obligation, pour l'Etat, de ne pas empiéter indûment sur leur liberté d'expression* » (ibid.). Enfin, la Cour a dit ce qui suit : « *Quant au ton des poèmes en l'espèce- que la Cour n'a pas à approuver – il y a lieu de rappeler que, outre la substance des idées et informations exprimées, l'article 10 protège aussi leur mode d'expression* » (ibid.) Dans son arrêt *Akdaş c. Turquie* (no 41056/04, 16 février 2010), la Cour a développé sa jurisprudence à propos de l'équilibre nécessaire entre la liberté de l'expression artistique et la protection de la morale. Il est intéressant de remarquer que, du point de vue du droit d'accès à la culture, la Cour a conclu que le public qui parle une langue donnée – en l'occurrence, le turc – ne saurait être privé de l'accès à une œuvre qui fait partie de ce patrimoine (§ 30). La Cour a également eu l'occasion de se prononcer sur le droit des migrants à conserver les liens culturels qu'ils ont tissés avec leurs pays d'origine. Dans l'affaire *Khursid Mustafa et Tarzibachi c. Suède* (no 23883/06, 16 décembre 2008) – qui concernait l'expulsion de locataires au motif qu'ils avaient refusé de démonter une antenne satellite grâce à laquelle ils pouvaient recevoir des émissions de télévision en arabe et en farsi diffusées depuis leur pays d'origine (l'Irak)- la Cour a développé sa jurisprudence relative à la liberté de

concept majeur en tant que lieu de cristallisation de l'interface culture - commerce[18]. La tentative de définition de la diversité culturelle illustre bien cette confusion ; l'article 4 indique que : « La diversité culturelle se mani- feste non seulement dans les formes variées à travers les quelles le patrimoine culturel de l'humanité est exprimé, enrichi et transmis grâce à la variété des expressions culturelles, mais aussi à travers divers modes de création artistique, de production, de diffusion, de distribution et de jouissance des expressions culturelles, quels que soient les moyens et les technologies utilisés » ; de même les « politiques et mesures culturelles » renvoient « aux politiques et mesures relatives à la culture, à un niveau local, national, régional ou international, qu'elles soient centrées sur la culture en tant que telle (sic), ou destinées à avoir un effet direct sur les expressions culturelles des individus, groupes ou sociétés, y compris sur la création, la production, la diffusion et la

recevoir des informations sous l'angle de l'article 10. Dans l'affaire *Chapman c. Royaume-Uni* (no 27238/95, CEDH 2001-I), il était demandé à la Cour d'examiner la question du mode de vie de familles tsiganes et les difficultés spécifiques qu'elles rencontraient pour garer leurs caravanes. Dans son arrêt, la Grande Chambre a reconnu que l'article 8 de la Convention – qui consacre le droit au respect de la vie privée et familiale et du domicile-protégeait également le droit, pour une minorité, de préserver son identité et, pour ses membres, de mener une vie privée et familiale conforme à la tradition correspondante. La Cour a également examiné la question des droits linguistiques-s'agissant en particulier des droits des personnes appartenant à des minorités linguistiques et des ressortissants étrangers – sous l'angle des différents droits consacrés par la Convention. Par exemple, dans l'affaire *Ulusoy et autres c. Turquie* (no 34797/03, 3 mai 2007), la Cour a conclu que l'interdiction de la production kurde d'un spectacle joué dans des locaux municipaux emportait violation de la liberté d'expression.

[18] Ces divergences existaient également lors de la consécration du droit de participer à la vie culturelle en 1947 et 1966, qui était tiraillé entre un pôle « liberté » (d'accéder et de participer à la culture accessible via le marché culturel) et un pôle « égalité » (droit d'accéder à la vie culturelle de l'Etat ou de la communauté via l'instauration de mécanismes publiques). Les travaux préparatoires de l'article 15, montrent très nettement que le droit de participer à la vie culturelle s'entendait de façon prioritaire comme un droit d'accéder à un ensemble de biens et services culturels définis de manière matérielle (oeuvres/éléments du patrimoine) et relativement élitiste (oeuvres majeures de l'Humanité, en tout cas, il n'était certainement pas question de culture populaire).

distribution d'activités, de biens ou de services culturels et sur l'accès à ceux-ci ».

La globalisation du marché culturel a en effet fragilisé les politiques culturelles nationales. L'organisation réticulaire de type aristocratique étant plus aujourd'hui qu'hier répandue dans les domaines économiques et technologiques, beaucoup craignent ainsi de voir l'uniformité l'emporter sur la diversité. Comme le souligne H. Ruiz Fabri : « *Un des problèmes les plus importants que pose la mondialisation est celui de la possibilité de maintenir une expression culturelle distincte ou, pour le traduire en termes crus mais concrets, de maintenir des expressions culturelles autres qu'américaines, car la domination américaine est non seulement ancienne mais écrasante* »[19].

Contrairement à l'illusion que crée le néolibéralisme ambiant, les sociétés multinationales n'agissent pas toutes seules et dans un vide stratégique et politique. Le contrôle de l'infrastructure culturelle planétaire, des programmes, des émissions, des brevets d'invention, bref de la production intellectuelle et des moyens qui contribuent à sa diffusion offre ainsi un grand potentiel pour assurer l'hégémonie d'une nation. Le contrôle des nouvelles techniques de la révolution des communications n'est pas seulement indispensable pour gagner la compétition économique au sein du marché mondialisé; elle est également la clef de la domination de tout le champ des relations internationales. Cette peur est renforcée aujourd'hui par les potentialités infinies de la révolution numérique et par les

[19] H.RUIZ FABRI, « Jeux dans la fragmentation : la convention sur la promotion et la protection de la diversité des expressions culturelles », RGDIP, p.44. Actuellement l'oligopole des grands studios de la production et de la distribution cinématographique américaine, les multinationales d'Hollywood communément dénommées « majors » domine le marché international du secteur culturel : Walt Disney Company, Sony Pictures Entertainment Inc., Metro-Goldwyn-Mayer Inc., Paramount Pictures Corporation, Twentieth Century Fox Film Corp, Universal Studios Inc. et Warner Bros.; voir wwww. mpaa.Org. Il faut souligner que certains pays comme Mexique, Inde, Égypte, Brésil notamment disposent d'industries culturelles vibrantes.

processus d'industrialisation et de marchandisation de la culture[20], dommінés par ses« *empires déterritorialisés* ». Cette puissance des flux culturels crée ce que Gilles Deleuze appelle des « sociétés de contrôle » où la diversité culturelle recule en faveur d'une uniformisation accrue des modes de vie et de pensée.

En effet, même s'il faut relativiser le potentiel destructeur des cultures[21] de ce mouvement qu'on nomme «mondialisation » qui

---

[20] La « marchandisation » de la culture, terme d'origine extra juridique, est un néologisme dont on n'a pas encore une définition juridique consacrée. Elle est à rapprocher de marchandisage qui, selon *Le petit Robert,* est constitué par *« l'ensemble des techniques visant à présenter à l'acheteur éventuel, dans les meilleures conditions matérielles et psycho-logiques le produit à vendre ».* La marchandisation, dans ces conditions, consiste à conférer le caractère ou la nature d'une chose marchande à la culture.Comme le note J.Habermas, de nouvelles formes d'organisation, de distribution et de consommation reliées au processus de production de livres sont apparues, caractérisées par une plus grande professionnalisation de ce processus et une plus grande adaptation de celui-ci à de nouvelles catégories de lecteurs (1992, p.172). En europre, deux grandes périodes ont toujours été distinguées dans l'histoire des médias audiovisuels. La première, caractérisée par le monopole du service public, se justifiait par des raisons techniques (nombre limité de fréquences) mais également par une préoccupation d'intérêt général : il s'agissait d'assurer la diffusion de programmes éducatifs, de qualité, diversifiés et accessibles à tous, mission pour laquelle une entreprise de service public était la mieux placée. Les années 1980 furent marquées par une seconde période au cours de laquelle sont apparus les premiers opérateurs audiovisuels privés. Cette progressive libéralisation fut rendue possible grâce aux développements des techniques et marqua le début d'une concurrence entre service public d'un côté et acteurs commerciaux de l'autre. Cette co-existence a d'une part, contribué pendant longtemps à garantir un pluralisme des médias, une diversité culturelle et linguistique ainsi qu'une qualité des contenus. Voir Philippe DE WOOT, *Les défis de la globalisation : Babel ou Pentecôte,* Presses Universitaires de Louvain, 2001 ; Eric Loquin, Annie Martin (dir), *Droit et marchandisation*, Paris Litec, 2010,460p.

[21]J.P. WARNIER opine dans ce sens : « *la mondialisation actuelle n'est pas plus destructrice des cultures singulière que la colonisation au XVIIIème siècle. Ce qu'il faut noter en revanche c'est que le phénomène d'acculturation a atteint aujourd'hui une dimension planétaire et qu'il touche des cultures restées jusque là à l'abri comme en témoigne le texte tiré de Pauvreté et richesse des nations de Landes. Ainsi l'évolution des cultures semble répondre à la règle physique énoncée par Lavoisier au XVIIIème siècle « rien ne se perd, rien ne crée, tout se transforme* » ; Arjun APPADURAI, dans le sillage d'un Michel DE CERTEAU qu'il cite, refuse également de considérer que la culture de masse exportée par les

serait une machine infernale échappée à ses créateurs[22], il convient de constater, sans nier l'importance des forces qui jouent dans le sens de la diversité, qu'elle suscite de nombreuses contestations parfois virulentes[23] qui sont le symptôme des difficultés traversées par des sociétés confrontées aux paradoxes de la postmodernité[24].

Occidentaux soit consommée passivement. Voir aussi Arjun APPADURAI, «Jouer avec la modernité : la décolonisation du cricket indien» , in *Après le colonialisme, Les conséquences culturelles de la globalisation*, Paris, Éditions Payot, 2001, pp. 139-168 ; Thomas PARIS, « Diversité culturelle et mondialisation », IFRI, «Les faces cachées de la mondialisation », Dunod, 2004.

[22]«Le Prométhée définitivement déchaîné, auquel la science confère des forces jamais encore connues et l'économie de son impulsion effrénée, réclame une éthique qui, par des entraves librement consenties empêche le pouvoir de l'homme de devenir une malédiction pour lui», in H. Jonas, *Le principe responsabilité, essai d'une éthique pour la civilisation technologique*, Paris, Flammarion, 1998, p.15. Luc Ferry se fait plus truculent : « Aux antipodes de l'optimisme des Lumières, nous ne décrivons plus les avancées de la science comme un progrès, mais comme une chute hors de quelque paradis perdu. Ou pour mieux dire, nous nous inquiétons de savoir si le progrès lui-même... est bien un progrès, si nous sommes véritablement certains d'avoir été rendus plus libres et plus heureux par la multiplication des performances techniques dont la presse se fait quotidiennement l'écho. Les mythes de Frankenstein et de l'apprenti sorcier reprennent du service. Ils contaient l'histoire d'une créature monstrueuse ou magique qui échappe insensiblement à son créateur et menace de dévaster la terre ». Voir Luc Ferry, «Développement durable, monde de la technique et société du risque», p.1.

[23]Depuis Seattle, un mouvement global de contestation du processus actuel de mondialisation a pris forme et a progressivement gagné en force et en influence. Voir Eddy FOUGIER, Le *mouvement* de *contestation de la mondialisation,* l'Annuaire français de relations internationales (AFRI), Volume III, 2002, pp.842-858.

[24]Claude JAVEAU, *Les paradoxes de la postmodernité,* PUF, *2007.* L'hypothèse peut paraît paradoxale, dans le sens où la diversité a peut-être plus de chance, du moins à moyen et à long termes, de prospérer sous l'égide de la techno- science, postmoderne) que sous l'emprise de la science (moderne). La Science moderne s'est en effet sentie justifiée à imposer universellement la même conception du monde. Unité, Universalité, Progrès sont les maîtres-mots de cette conception. La première mondialisation induite par cette science moderne a été d'abord et longuement portée par des progrès techniques et des volontés politiques et a entraîné une destruction de la diversité culturelle. Il est certes insensé et impossible de prétendre figer la diversité culturelle planétaire résiduelle, ou de prétendre la ressusciter telle qu'elle a pu exister. Les NTIC rendent actuellement possible l'accès à la

Il n'y a pas lieu de faire le procès facile de la mondialisation qui offre des chances incroyables, inédites, au développement et à la diversité culturelle mais aussi, par ses forces de changement que l'on constate aujourd'hui, qui renforce les asymétries et creuse les fossés. Il ne fait aucun doute que la diversité culturelle ne peut être préservée et protégée que si ses racines sont nourries en permanence par des patrimoines immatériels et matériels, qui peuvent apportent du sens et des réponses créatives à un environnement en évolution rapide[25]. S'il ya un défi à protéger et à promouvoir la diversité culturelle, c'est celui de créer les conditions permettant aux cultures de s'épanouir et d'interagir librement pour s'enrichir mutuellement[26]. Un des enjeux majeurs du XXIe siècle consiste ainsi à déterminer jusqu'où on peut aller pour « enrichir l'universalité par la diversité »[27].

---

diversité culturelle (y compris les savoirs) depuis les endroits les plus variés et les plus reculés. Mise en mémoire et accessibilité ubiquitaire nécessitent bien entendu une compatibilité suffisante des moyens, c'est-à-dire une standardisation adaptée de certaines normes techniques de base et des accords politiques en ce sens.

[25]Pour reprendre la phrase de Wole SOYINKA, il est surtout nécessaire d'affirmer que « la culture n'est pas une abstraction, elle est enracinée dans l'existence matérielle et dans les moyens de la reproduire et de l'entretenir, de régénérer ses ressources quand elles s'épuisent », Voir Patrice MEYER-BISCH (dir.), *Les droits culturels : Projet de déclaration.* Collection « Interdisciplinaire », vol. 25, Paris, Éditions UNESCO, p.12.

[26]Dans sa vision pour l'UNESCO, Irina Bokova préconise un nouvel humanisme pour le XXIe siècle, soutenant que « le véritable enjeu est de conduire le monde dans une nouvelle ère de paix et d'humanisme, de créer des sociétés plus inclusives, plus justes et plus équitables grâce à un développement économique et social durable basé sur le savoir, l'innovation et les nouvelles technologies, destinés à servir l'humanité tout en préservant l'environnement »,Vision pour l'UNESCO : L'NESCO dans le monde globalisé : un nouvel humanisme pour le XXIe siècle ;En ligne: http://www.UNESCO.org/fr/director-general/mission-statement/..Selon Jean Baechler : «Vers 1750, l'humanisme exigeait le commerce des grains dans le cadre du royaume de France. Vers 1850, il recommandait le libre échange au concert des nations européennes. Vers 1950, il militait pour le marché commun d'une Europe potentiellement réunie en *politie*. Vers 2050, il pourrait soutenir un marché mondial réglé par une quasi-*politie* planétaire. En attendant, le dilemme doit se résoudre en faveur de la mondialisation bancale et suboptimale actuelle, non par résignation désabusée, mais comme une étape et un tremplin ». Voir Jean Baechler « Les mondialisations alternatives », *Revue du MAUSS* 2/2002 (n° 20), p.147.

[27] Article 9de la Déclaration de Fribourg.

En effet, il entre en jeux des abus potentiels de position dominante sur le marché en raison de la concentration accrue des *majors* dans les chaînes d'approvisionnement pour les produits culturels où la culture du plus fort est présentée comme nécessairement la meilleure[28]. La crainte est devenue, plus fondamentalement, qu'il n'en résulte une acculturation problématique si l'on prend en compte le rôle capital des médias audiovisuels « *dans la bonne marche des sociétés démocratiques ainsi que dans le développement et la transmission de valeurs sociales. Ils exercent une influence profonde sur ce que savent, pensent et ressentent les citoyens*»[29].

Sans vouloir réduire la complexité d'un tel phénomène aux jeux des abus potentiels de position dominante sur le marché, on peut toutefois s'appuyer sur la typologie proposée par Bhikhu Parekh[30] pour mieux comprendre la trajectoire de la quête et conquête de la diversité culturelle comme un mouvement massif consécutif à la chute des empires[31] et à l'émergence de

---

[28]Les artistes du paléolithique, les constructeurs de pyramides en Egypte, les philosophes grecs sont en tout point similaire aux savants d'aujourd'hui qui envoient un engin sur Mars et décryptent le génome humain. Une des grandes innovations de l'homme est que, pour l'essentiel, l'évolution de son style de vie, de ses us et coutumes obéit à des mécanismes culturels et a cessé, comme dans le monde animal d'être étroitement associée à des facteurs génétiques.

[29]Communication de la Commission européenne, « L'avenir de la politique de réglementation européenne dans le domaine de l'audiovisuel », 15 décembre 2003, COM(2003) 784 final, p.3.

[30]La typologie de PAREKH indique que la multiculturalité des sociétés modernes procède à la fois de changements structurels et d'une évolution de la sensibilité collective, puisque la libéralisation des modes de vie provoque simultanément la multiplication des *subcultures* et une remise en cause des normes dominantes.Selon Parekh, l'humanité partagée des êtres humains est enchâssée culturellement et commande la reconnaissance et le respect. B. PAREKH « Political theory and the multicultural society », *Radical Philosophy*, May-June, 1999, No. 95, pp. 27-32; B.PAREKH, *Rethinking Multiculturalism: Cultural Diversity and Political Theory*, Cambridge, Massachusetts, Harvard University Press, 2000.

[31] JB Duroselle la définit de manière intérressante : « *Aussi loin que nous remontions, nous trouvons des empires. Le temps, les lieux leur imposent des structures propres. Mais le phénomène est identique. La conquête insatiable, la soumission de peuples à la domination d'autres peuples, l'élargissement*, l'*imperium*. (Duroselle Jean-Baptiste, *Tout empire périra*, Paris, Armand Colin.1992, p. 295.) . Dans ce sillage des auteurs en donnent une définiton

l'Etat-Nation. La décolonisation est alors pensée comme le processus inachevé structurant l'histoire récente. En effet, il se manifeste dans ce monde en quête d'un ordre mondial post-hégémonique[32] une aspiration culturelle profonde que la mondialisation ne parvient pas à satisfaire.

Dans ce contexte complexe, où se mêlent inextricablement culture, commerce, enjeux d'intérêt public ou privé, protectionnisme économique, enjeux symboliques et « identitaires », la question de la cohérence de l'ordre juridique international composé d'une multitude d'ensembles normatifs interdépendants se pose avec acuité.

Tous les demandes de reconnaissances participent de la diversité culturelle et refusent des métaphysiques de l'un et essentialistes, à savoir ces doctrines qui absolutisent une culture, une classe, une origine comme des qualités naturelles et transhistoriques. Revoyant dos à dos les arguments historiques sur la disirabilité de la diversité,Parekh développe un argumentaire se déclinant en quatre propositions: (1) les différentes cultures se complètent mutuellement, elles étendent l'horizon de pensée de leurs membres et les éveillent aux nouvelles formes de réalisation humaine; (2) la diversité culturelle représente à la fois un constituant et une condition de la libellé humaine; (3) la diversité culturelle nous rend alerte au contenu de notre propre

---

actualisée : « *L'empire se caractérise comme l'actualisation permanente par une communauté politique du récit de sa vocation historique; ladite communauté épouse la contrainte d'une expansion indéfinie de sa domination sur un territoire toujours plus vaste assimilé au tout du monde, auquel elle impose la paix et propose de s'associer au projet de transformation du monde qu'elle apporte* »cf.Didier Chaudet, Florent Parmentier et Benoît Pélopidas , *L'empire au miroir. Stratégies de puissance aux États-Unis et en Russie* ; Droz, 2008, p.98.

[32]Robert Keohane, *After Hegemony: Cooperation and Discord in the World Political Economy*, Princeton et Oxford, Princeton University Press, 1984, p. 9-10. Robert W.Cox divise la trame historique de la mondialisation en quatre périodes : la *Pax Britannica* (1845-75), les rivalités impérialistes *(1875-1945 qui culmina* dans la deuxième Guerre mondiale, la *Pax Americana* (1945-1965) marqué par le «compromis fordiste». Voir Robert W. Cox, « The Crisis in World Order and the Challenge to International Organization », *Cooperation and Conflit,* London, Thousand Oaks et New Delhi, Sage, vol 29, no 2 (1994).

culture; (4) enfin, la diversité culturelle crée un climat au sein duquel les différentes cultures peuvent s'engager mutuellement dans un dialogue bénéfique[33].

Alain Touraine constatait avec justesse dans ce sillage, que les démocraties sont aujourd'hui « *contraintes de réfléchir sur elles-mêmes et de se transformer pour reconnaître les droits culturels comme elles se sont transformées pour reconnaître les droits sociaux de tous les citoyens* » [34]. Cette constatation ne s'est jamais démentie. Tout semble confirme son affirmation selon laquelle « *le plus important aujourd'hui est de reconnaître la diversité des combinaisons entre modernité et héritage culturel ou système politique qui existent dans le monde entier*»[35]. Cela conduit à promouvoir un « universalisme relationnel » qui est nécessaire à la vie de chaque culture, et de chaque religion. Les cultures ne se pérennisent aujourd'hui non pas par l'hégémonie, mais par la créativité, donc par le dialogue.

Bien que plusieurs instruments concourent à pallier à cette situation,trois conventions constituent la structure centrale du droit applicable en matière de protection de la diversité culturelle :la convention de 1972 pour la protection du patrimoine mondial culturel et naturel, la convention de 2003 pour la sauvegarde du patrimoine culturel immateriel et la Convention sur la diversité de 2005.Cette dernière est le premier instrument international qui procède de la volonté d'avoir un levier juridique qui fonde la légitimité des principes

---

[33]Parekh, *Rethinking Multicuturalism, op.cit.* p.142.

[34]Alain TOURAINE, Un nouveau paradigme. Pour comprendre le monde d'aujourd'hui, Fayard, Paris, 2005, p.268.

[35] Ibid., p.253. Les ethnologues ont trop longtemps été obsédés par l'idée qu'il fallait conserver les cultures qui disparaissaient ; certains espéraient même les maintenir en vie dans les écomusées. L'un des grands intérêts de l'anthropologie est de donner du relief à nos mondes aplanis par la globalisation, par l'uniformisation, non seulement des cultures et des modes de vie, mais encore des références et des conceptions, qui assurent l'insidieuse progression de « la pensée unique », dans ses formes culturelles autant qu'économiques et de nous inciter à prendre du recul, de la hauteur, afin de contempler notre monde d'aujourd'hui, et d'éviter les pièges d'une naturalisation des règles économiques et sociales.(F. Dupuy, *Anthropologie économique*, Paris, Armand Colin, 2001, p. 5).

culturels au moins égale à celle des règles commerciales comme le souligne H. Ruiz Fabri : « *L'édifice du droit mondialisé, s'il a un pilier commercial fort, déjà très consolidé et susceptible de se développer rapidement, est en revanche dépourvu de pilier culturel susceptible de le rééquilibrer. C'est une manière particulière d'exprimer l'existence d'asymétries dans les développements normatifs relatifs à des questions qu'on pourrait pourtant considérer, en principe, comme d'égale dignité. C'est bien l'un des constats qui est à l'origine de la Convention* »[36].

La question qu'on peut légitimement se poser est celle de savoir si cette convention internationale sur la protection et la promotion de la diversité des expressions culturelles est une réponse idoine à la question de la protection de la diversité culturelle dans le contexte de la mondialisation croissante. La réponse à cette question est difficile d'autant plus que le concept de culture dont tout découle est particulièrement nébuleux, ce qui explique pourquoi les instruments internationaux cherchent rarement à en définir le contenu ou la portée[37].Associér la diversité, c'est-à-dire « le caractère, l'état de ce qui est divers » à la culture, c'est s'exposer à devoir composer avec une palette très large de contenus, expresions et biens culturels.

La définition anthropologique de la culture maintes fois réaffirmée tente en effet de donner des contours à ce substantif, en regroupant dans ce concept un ensemble de représentations

---

[36]H.RUIZ FABRI, « Jeux dans la fragmentation : la Convention sur la protection et la promotion de la diversité des expressions culturelles », *Revue général de droit international public*, 2007, n°1, p.43 ; H.RUIZ FABRI, « Reflections on possible future legal implications of the Convention », *in* N. OBULJEN, J. SMIERS (ed.), *The UNESCO Convention on the promotion and protection of the diversity of cultural expressions – Making it work*, 2007, pp.73-87.

[37]Selon Marc Fumaroli, le mot culture semble aujourd'hui plus facile à définir en extension qu'en compréhension .Le nombre d'objets culturels enfle indéfiniment,, tandis qu'on est bien en peine de dire ce que la culture(qu'est ce la culture in Conflits actuels ,n°2 ,2006, p.12) voir également Lasky, Melvin, « The Banalization of the Concept of Culture », (2002) 39 Society 73.

collectives propres à une société. Poussée au paroxysme, cette définition anthropologique peut néamoins impliquer que tout produit ou service ayant des liens avec les traditions culturelles d'un pays puisse être qualifié de produits ou services culturels.Faut-il en effet proteger tous les dialectes, les vitraux, les contes, les livres, les monuments, les scultures, les traditions religieuses, lesmusiques et autres expressions dèslorsqu'ils sont porteurs d'un contenu culturel ?

Selon Will Kymlicka, chaque culture fournirait à ses membres un « contexte de choix »[38]. Ainsi l'impératif de restructuration de l'ordre juridique global induit par la mondialisation exige des sociétés qu'elles s'engagent dans la renégociation de leur rapport au temps et à l'espace. L'accès des individus à leur propre culture serait dès lors possible mais aussi nécessaire pour leur assurer la possibilité de faire des choix réels. C'est là que se pose fondamentalement la question du rôle de l'État au moment où les États providences se désagrègent[39].

En effet, la mondialisation induite par les règles multilatérales de droit du commerce international remet fondamentalement en question les politiques des États. Elle redéfinit le monde en

---

[38]Will KYMLICKA, *Multicultural Citizenship*, Oxford, Clarendon Press, 1995, p.84.

[39] Depuis quelques années déjà une partie de la doctrine se plaît à monter que des brèches ont été ouvertes dans la « souveraineté forteresse » en ce qu'elle avait d'absolu et de monolithique. De façon non exhaustive et pour les travaux les plus récents qui font état de cet affaiblissement de l'Etat Voir Ruiz Fabri (H), *« Genèse et disparition de l'État à l'époque contemporaine »* (1992) A.F.D.I. 153.CAHIN Gérard, « Le droit international et la question de la « *fragmentation des Etats* », R.B.D.I. 2007/2, vol. XL, p. 356. S. 1997.Monique Chemillier-Gendreau note que « l'Etat souverain a perdu son étanchéité première, et la *souveraineté* fuit comme le sang quitte le corps par une veine entaillée » voir Monique Chemillier-Gendreau, *Humanité et souverainetés. Essai sur la fonction du droit international,* Paris, La Découverte, 1995, p. 311. L. Bonet et E. Négrier précisent : « La "fin des cultures nationales" s'entend ici comme le défi, pour des politiques ayant eu pour référentiel un "modèle" de culture, de l'adaptation à une pluralité de pratiques, d'expressions artistiques et culturelles qui est la marque du monde contemporain » (Bonet et Négrier, Bonet L. et Négrier E. (eds.), *La fin des cultures nationales ? Les politiques culturelles à l'épreuve de la diversité*, Paris, La Découverte/PACTE, 2008, p.11.

termes de flux et d'échanges, faisant ainsi vaciller les institutions et les structures étatiques qui servaient autrefois de points d'ancrage à la pensée politique et juridique[40]. Elle place les États, affaiblis mais résilients, devant des responsabilités inédites. C'est pourquoi, elle est vécue comme un phénomène tout à fait inattendu voire une surprise pour la modernité et sa foi en la nécessité du sens de l'histoire[41]. Ainsi, la diversité culturelle peut être considérée comme une précieuse contribution pour un renforcement de la « souveraineté culturelle » des États[42], dans lequel le sujet, citoyen du monde de matrice kantienne doit évoluer[43].

---

[40]Suite à la mondialisation, toutes les catégories analytiques centrées sur l'État-nation et le paradigme du constitutionnalisme moderne sont toutes « sous rature » au sens de J. Derrida (père du concept de la déconstruction en philosophie contemporaine). Comme l'explique, le Professeur Chevallier: « *Le droit a perdu les attributs de systémalicité, généralité et stabilité (...) L'ordonnancement juridique a subi de redoutables secousses en raison de la prolifération anarchique des règles qui a rendu flou les contours de l'ordre juridique, sape sacohésion et perturbe sa structure. La production du droit semble être désormais, moins régie par une logique déductive, procédant par voie deconcrétisation croissante, que résulter d'initiatives prises par desdécideurs multiples* » J. Chevallier, Vers un droit post-moderne? Les transformations de la régulation juridique, Revue *du Droit Public,* n. 3, 1998, p. 668.

[41]Voir F.OST et M. van de KERCHOVE, De la pyramide au réseau ? Vers un nouveau monde de production du droit ? Devant l'effritement progressif du traditionnel modèle « kelsénien » du droit, à caractère hiérarchique, linéaire et arborescent, les auteurs proposent un paradigme du « réseau ». Mireille DELMASMARTY écrit : « *la norme n'a plus alors la rigidité marque de la réglementation traditionnelle déterminant un espace juridique clos, homogène et hiérarchisé (homogène parce que hiérarchisé). Différente, la régulation se développe dans un nouvel espace, 'non-euclidien', conçu comme un champ ouvert et hétérogène, organisé selon des connexions multiples, comme des lignes de fuite ou des rhizomes(...). Espace rhizomatique de la régulation qui ne s'oppose pas à l'espace pyramidal de la réglementation comme deux modèles antagoniques, car il n'y a aucune symétrie entre eux* », disponible sur : http//www.reds.msh-paris.fr/communication/textes/cplx01.htm.

[42]Deux modèles anthropologiques permettent d'appréhender l'identité culturelle. Le premier présente l'identité d'un être humain, donné une fois pour toutes et inaltérables aussi longtemps qu'il est en vie. Cette identité ressortit du paradigme du pur. Elle s'est souvent conjugué au plan collectif avec le concept d'identité national, et a donné lieu dans l'histoire, y compris l'histoire récente, les dérives nationalistes et racistes. Le second modèle considère l'identité culturelle comme multidimensionnelle ou composite.

En effet, l'absence d'intervention de l'autorité publique revient en réalité à abandonner les options offertes aux individus aux contraintes propres aux processus économiques et sociaux, notamment aux mécanismes du marché[44]. Cette situation autorise un bilan sur les fondements de l'Etat tel qu'il s'est déployé à partir de sa matrice occidentale. Ce bilan permet de faire ressortir un triptyque fondationel juridique : démocratie qui procède de la légitimation collective au moyen de la règle majoritaire, les droits et libertés fondamentaux qui procèdent à une légitimation individuelle par une inversion théorique du rapport de pouvoir et l'Etat de droit qui procède par une légitimation fonctionnelle par la création et la mise à disposition d'outil de contrôle de la réalisation de deux précédents.

En matière culturelle, la globalisation peut désavantager fortement les cultures minoritaires, au point que le choix de préserver ces cultures, devient extrêmement difficile, voire impossible à réaliser. Ainsi, en l'absence de tout soutien public, les locuteurs d'une langue minoritaire peuvent être sujets à de fortes pressions les incitant à abandonner cette langue en faveur d'une autre, plus puissante économiquement, socialement ou politiquement, en dépit de leur désir profond de perpétuer leur

---

Voir la *Déclaration de Fribourg, op.cit.*, art. 4.Dans un rapport de 2004 sur le développement humain, le Programme des Nations Unies pour le développement, s'inspirant des travaux de Sen, définit la liberté culturelle comme le fait de donner aux individus la liberté de choisir leurs identités et de mener les vies qu'ils tiennent à avoir, sans être exclus d'autres choix qui sont importants à leurs yeux, comme ceux relatifs à l'emploi, à l'éducation ou à la santé. Voir : *La liberté culturelle dans un monde diversifié. Rapport mondial sur le développement humain 2004*, PNUD; Paris, Economica, 2004, p. 6. Voir également Murawiec, L., *L'esprit des nations : cultures et géopolitique*, Paris, Odile Jacob, 2002, pp.19-22.

[43]Kant propose trois modèles de *constitutions* (normes) qui fondent les rapports qui peuvent se nouer entre les différents acteurs que sont les États et les individus : le *jus civitatis*, établissant les droits civils de l'individu dans la nation ; le *jus gentium*, établissant les droits des États les uns par rapport aux autres et, finalement, le *jus cosmopoliticum*, fondant les rapports de l'individu avec l'État étranger; ces individus étant considérés comme « citoyens d'une cité humaine universelle » (Emmanuel KANT, *Projet de paix perpétuelle*, Paris, Vrin, 1999, p. 29).

[44]Olivier. DE SCHUTTER, « La vie privée entre droit de la personnalité et liberté », *Revue. Trimestrielle des droits de l'homme*. 1999, pp. 827-863, pp.856-857.

héritage culturel. Il conviendra de s'interroger sur le rôle de l'Etat et réinterroger la fiction méthodologique du contrat social[45] devenu presque un obstacle épistémologique[46]dans la compréhension de la gouvernance globale. La question est de savoir s'il ya des limites en droit international à ce qu'un Etat peut privatiser ?

En effet, la mondialisation est éminemment paradoxale : d'une part, elle semble prolonger l'Etat en ce qu'elle en constitue la rançon du succès ; d'autre part, elle en rompt les logiques fondatrices, notamment celles reposant sur les missions assurantielles de l'Etat. Après la Seconde Guerre Mondiale, l'Etat souverain aurait perdu son code génétique quintessenciel à sa souveraineté « *Ami-chemin entre l'ordre des Etats-nations et l'ordre cosmopolitique, on ne sait pas bien ce qui est le plus dangereux: le monde en déclin des sujets souverains du droit international, qui ont depuis bien longtemps perdu leur innocence, ou la situation peu claire des institutions et conférences supranationales, certes capables d'acquérir une légitimité d'emprunt, mais qui dépendent toujours de la bonne volonté d'alliances disposant de la force*»[47]. Et dans le sillage de sa pensée, J. Habermas soulignait : *«alors que les économies nationales étaient enchâssées dans les frontières étatiques, ce sont maintenant les États qui sont se trouvent enchâssés dans des marchés globaux* »[48] consolida ce que Francis Bacon nommait d'« idole du commerce » [49].

---

[45] Le lien contractuel a pu s'imposer avec succès comme le principal paradigme de l'explication du politique, du pouvoir, de la souveraineté, du droit, de la légitimité dans la société moderne.

[46]Voir David HUME, *Discours politiques*, Essai XII : « Du contrat originel ».

[47]J.Habermas, «Le débat interculturel sur les droits de l'homme »,*in* Jurgen Habermas, *L'intégration républicaine*, Paris, Fayard,1996,p.246.

[48]J. HABERMAS, *Après l'Etat-nation. Une nouvelle constellation politique*, Fayard, 2000 p.130

[49]Alors que Foucault voyait une rupture épistémologique dans l'ordolibéralisme allemand et le néolibéralisme américain de l'École de Chicago, d'autres entendent plutôt montrer que les racines du néolibéralisme contemporain se trouvent au fondement même de la philosophie utilitariste qui prend racine dans les enseignements de Bentham. Les décisions économiques et sociales se fondent désormais sur un principe fort simple : lorsque nous agissons, il faut que nous fassions abstraction de nos intérêts et de nos penchants, de nos préjugés et des tabous hérités de la tradition, ainsi

Ainsi, cette phrase souvent répétée, « *une marchandise pas comme les autres* », mérite une attention particulière. Nous devons à Quatremère, dit Quatremère de Quincy[50], la conviction selon laquelle les biens culturels ont un statut spécial et ne peuvent être traités comme des marchandises[51]. L'OIT en posant

---

que de tout prétendu « droit naturel », et que nous nous préoccupions exclusivement de poursuivre « le plus grand bonheur du plus grand nombre». L'économie sociale de marché, préconisée par les penseurs de l'« ordolibéralisme » des années Trente dont Ludwig Erhard fut l'héritier, se manifeste par l'inscription de la sauvegarde de la monnaie parmi les obligations de la Bundesbank (1957), par l'attachement au paiement en espèces et par l'attitude de l'Allemagne dans la crise monétaire actuelle. Christian Laval, *L'Homme économique : essai sur les racines du néolibéralisme*, Paris, Gallimard, 2007, p.42. Aux yeux de Foucault, cela signifie que l'*homo oeconomicus* change de sens : c'est un entrepreneur qui se traite lui-même comme un capital, et non plus comme le partenaire d'un échange, (Michel Foucault, *Naissance de la biopolitique*, Gallimard, 2004, p.232).

[50]Archéologue, philosophe, critique d'art et homme politique français, 1755-1849.

[51]« Quand cessera-t-on de regarder les objets de l'instruction publique comme des joyaux, comme des diamants dont on ne jouit que pour le tarif de leur valeur »?" Voir Quatremère de Quincy, *Lettres sur le préjudice qu'occasionneroient aux Arts et à la Science, le déplacement des monuments de l'art de l'Italie, le démembrement de ses Écoles, et la spoliation de ses Collections, Galeries, Musées, etc.*, Rome, 1815, p.65 (première publication en 1796). Jacques Delors ressuscita l'expression, alors président de la Commission européenne, dès les années 90, au moment du grand débat sur la création de l'Organisation mondiale du commerce (OMC).A l'UNESCO, l'expression a accompli un véritable parcours. Elle était plus ou moins sous-jacente dans le Rapport de la Commission mondiale sur la culture et le développement présidée par M. Javier Perez de Cuellar, qui a été publié sous le titre *« Notre diversité créatrice ».* Elle figure en toutes lettres dans le Plan d'action approuvé par *la Conférence intergouvernementale sur les politiques culturelles pour le développement,* réunie à Stockholm, en 1998. Elle fera l'objet un an plus tard d'une réflexion organisée aussi par l'UNESCO mais avec le soutien du Canada et de la France sous la forme d'un symposium d'experts de toutes tendances dont le titre ne sera autre que *« Culture, commerce et mondialisation : la culture, une marchandise pas comme les autres ? ».* Comment comprendre en effet que l'efficacité, au sens d'une application de la rentabilité financière, puisse s'imposer dans les services de l'enseignement, de la santé et de la justice comme un progrès dans la démocratisation de ces pratiques ? Voir Conférence intergouvernementale de Stockholm sur les politiques culturelles pour le développement. Rapport final, Paris, UNESCO, 1998. Cf. également La Culture, une marchandise pas comme les autres?, Document final, UNESCO, 1999.

le paradigme *« le travail n'est pas une marchandise »,* a pavé à sa façon la voie qui conduit à l'affirmation des valeurs non commerciales. La célèbre formule lancée par Jacques Delors en 1989 aux assises de l'audiovisuel, « *la culture n'est pas une marchandise comme les autres* » souligne bien le particularisme des biens et services culturels.

La directive Télévision sans frontière (1989) mettra alors en place un régime de promotion des œuvres en instaurant des quotas européens et en autorisant les États à adopter des régimes plus stricts.Altbach a lancé dans ce sillage un appel passionné selon lequel : « *La protection de la culture, l'indépendance intellectuelle et les valeurs de la société civile ne sont simplement pas au même niveau que l'échange libre des automobiles, l'accès égal au marché des grains de soja ou même d'autres services inclus dans l'AGCS.* Il ajoute *que, « prétendre que tous les produits intellectuels peuvent simplement s'acheter et se vendre au marché est une simplification excessive qui contribue à donner une mauvaise renommée à la mondialisation* »[52].

Partant de ces prémisses, l'on conviendra avec Jürgen Habermas que « chaque époque éclaire les notions pratico-morales fondamentales de sa propre lumière »[53]. Ainsi, la diversité culturelle peut être appréhendée aujourd'hui comme une « valeur publique opératoire », au cœur de la mondialisation. Selon l'analyse développée par Bhikhu Parekh, les « *valeurs publiques opératoires sont les valeurs qu'une société chérit comme faisant partie de son identité collective, (...) qui règlent les rapports entre ses membres et qui constituent la structure morale de sa sphère publique et lui donnent cohérence et stabilité* »[54].

[52]Philip ALTBACH, 2002, 'Knowledge and Education as Intellectual Commodities: The Collapse of the Common Good' *International Higher Education,* No. 28, Eté 2002, p.1.

[53]Jürgen HABERMAS, *Morale et communication. Conscience morale et activité communicationnelle*, traduction de C. Bouchindhomme, Éditions du Cerf, Paris, 1991, p.108.

[54]Bhikhu PAREKH, Rethinking Multiculturalism: Cultural Diversity and Political Theory (Repenser le multiculturalisme: diversité culturelle et théorie politique, 2e édition) (New York, Palgrave Macmillan, 2006) p.363.

Mais force est de constater que les règles qui s'appliquent à la protection de la diversité culturelle sont dispersées et sans rapport entre eux. Le débat sur la diversité culturelle a pris une importance exceptionnelle dans le débat multilatéral à l'UNESCO qui a coïncidé avec l'ouverture du Cycle de Doha de l'OMC depuis 2001[55]. Si ce dernier ne s'intéresse pas particulièrement à la culture ou à la diversité culturelle, qui ne relèvent pas en tant que telles de son champ de compétence, il en va différemment des mesures adoptées par les États en vue de promouvoir l'expression culturelle au plan national et international. Dès lors que les politiques culturelles en tant que préférences collectives entravent d'une façon ou d'une autre les échanges commerciaux et vont à l'encontre d'une obligation de l'OMC, elles donnent en principe ouverture à une plainte auprès de l'Organe de règlement des différends. En témoigne le traumatisme canadien suite à l'affaire des périodiques[56].

L'idée de fragmentation, on l'aura compris, traverse la question de la protection de la diversité culturelle en droit international. Ce phénomène de foisonnement non coordonné du droit international est très discuté par la doctrine internationaliste[57]et

---

[55]Ce cycle de négociations baptisé Agenda de Doha pour le développement (ADD) a remis au centre des relations économiques internationales la problématique du développement et les conflits-coopérations Nord-Sud.L'inscription du thème du développement dans les négociations commerciales de l'OMC répond, d'une part, à la crise de légitimité de l'institution et, d'autre part, aux critiques relatives à la marginalisation des économies en développement et à l'iniquité de certains accords, voir OXFAM, *Rigged Rules and Double Standards : Trade, Globalisation and the Fight Against Poverty*, OXFAM, Londres, 2002.

[56]Il s'agit d'un long conflit hautement médiatisée qui opposa le Canada et les États-Unis sur la question de l'accès au marché publicitaire canadien pour les magazines américains et qui a été réglé lorsque le Canada accepta de modifier une partie de sa législation en échange du retrait des procédures judiciaires entamées par les Etats-Unis auprès de l'OMC. Voir Carol BALLASSA, America's Image Abroad: the UNESCO cultural diversity Convention and U.S Motion picture exports, *op.cit*, pp.4-5.

[57]Pierre-Marie DUPUY, «Sur le maintien ou la disparition de l'unité du système juridique international », *Harmonie et contradictions en droit international*, rencontres internationales de la faculté des sciences juridiques, politiques et sociales de Tunis, colloque des 11-12-13 avril 1993, sous la direction de Rafâa Ben Achour et Slim Laghmani, Paris, Éd. A. Pedone,

est devenue une question canonique de la discipline du droit international[58]. En effet, depuis plusieurs années, la doctrine s'interroge sur l'unité[59] et, inversement, sur la fragmentation du droit international : l'ordre juridique international ne bénéficie pas, en effet, d'une centralisation institutionnelle qui permetrait d'apprécier de manière unitaire les prétentions de ses différents acteurs.

Ce phénomène qui fait craindre à certains une perte de cohérence qui affaiblirait la portée du droit international est bien décrite par Martti Koskenniemi : *«Un homme avec un marteau voit tous les problèmes sous la forme de clous. Une institution spécialisée perçoit nécessairement tout problème depuis l'angle de sa spécialité. Les institutions du commerce voient toute politique publique comme une restriction potentielle au*

1997, pp. 17-54 ; « L'unité de l'ordre juridique international »,*Recueil des cours de l'Académie de droit international*, 2002, T. 297, Leiden/Boston, Martinus Nijhoff Publishers, 2003 ; « Un débat doctrinal à l'ère de la globalisation : sur la fragmentation du droit international », *European journal of legal studies*, avril 2007, vol. 1, issue 1, http://www.ejls.eu ; Anne-Charlotte MARTINEAU, « La fragmentation du droit international : un renouvellement répété de la pensée ? », *Biennial conference of the european societey of international law*, Paris, 18-20 mai 2006 ;V. aussi : *Mondialisation et fragmentation du droit - Recherches sur un humanisme juridique critique*, Première journée d'étude de l'UMR de droit comparé de Paris (Paris, 22 novembre 2006) : *Impérialisme et droit international en Europe et aux États-Unis*, sous la direction d'Emmanuelle Jouannet et Hélène Ruiz Fabri, Paris, Société de législation comparée, vol. 13, 2007, pp.15-40.

[58]Voir P.-M. DUPUY, « Un *débat doctrinal à l'ère de la globalisation*: Sur la fragmentation du droit international », http://www.ejils.eu. 60; Georges Abi-Saab, "Fragmentation or unification: some concluding remarks', in *New York University Journal of International Law and Politics*, Vol. 31, No. 4, 1999, pp. 919–933; Alexander Orakhelashvili, The Interaction between Human Rights and Humanitarian Law:A Case of Fragmentation? International Law and Justice Colloquium New York University (NYU), 26 February 2007, Alexander Orakhelashvili, *The Interaction between Human Rights and Humanitarian Law: Fragmentation, Conflict, Parallelism, or Convergence?*, 19 EUR. J. INT'L L. 161 (2008), Nancie Prud'homme, « *Lex specialis*: Over simplifying a More Complex and Multifaceted Relationship? », *Israel Law Review*, vol. 40(2) (2007).

[59]Wilhem WENGLER, « La crise de l'unité de l'ordre juridique international », in *Mélanges offerts à Charles Rousseau -La communauté internationale*, Pedone, Paris, 1974, pp.329-340.

commerce. Les organismes des droits de l'homme voient partout des problèmes de droits de l'homme, tout comme les organes de traités environnementaux voient le champ politique en termes de problèmes environnementaux et ainsi de suite »[60].

Les normes juridiques se multiplient et leur prolifération s'accompagnerait d'une multiplication des *leges speciales* selon des ensembles qui ne sont ni totalement autonomes, ni parfaitement intégrés. Affirmer l'existence de sous-systèmes implique un rattachement à un système principal, à l'ordre juridique général. Les exigences découlant des accords de l'OMC peuvent entrer en contradiction avec les obligations découlant d'autres accords. L'analyse des effets en termes de développement du droit de propriété intellectuelle portant sur des connaissances traditionnelles et en particulier sur les ressources phytogénétiques pour l'alimentation et les droits culturels des communautés autochtones et locales ainsi que pour la santé le démontre à suffisance. La question des ressources génétiques et savoirs traditionnels est par exemple abordée au sein de plusieurs institutions, produisant chacune un régime juridique distinct, avec des approches essentiellement divergentes, voire conflictuelles. Ces incohérences entre normes ne font que refléter l'existence de différentes éthiques du droit international.

Prenant acte de cette complexification du droit international, certains soulignent les dangers de menace de son unité[61] alors que d'autres, dont le Professeur Koskenniemi, préfèrent le terme « diversification». Ces deux positions sont très controversées et suscitent des réponses contradictoires. Le titre adopté en cours des travaux du Groupe d'étude de la C.D.I traduit d'ailleurs le compromis entre ces deux positions[62]. La réponse que l'on

---

[60]Martti Koskenniemi, *op.cit, p.5*; D. KENNEDY, .Tom Franck and the Manhattan School., *NYUJ. Int.l L & Pol,* 2002-2003, p.399.

[61]G. HAFNER, « Les risques que pose la fragmentation du droit international » in « Rapport de la Commission du droit international sur les travaux de sa cinquante-deuxième session » (1er mai-9 juin et 10 juillet-18 août 2000) », p.281.

[62]Rapport préliminaire sur la fragmentation du droit international : difficultés découlant de la diversification et de l'expansion du droit international,

apporte à cette question détermine alors des stratégies très différentes pour préserver la cohérence de l'ordre juridique international. La fragmentation est une réalité empirique et classique mais les divergences sur ses conséquences divisent les auteurs.L'ampleur des *self-contained regimes* s'accentue cependant avec la prolifération des juridictions internationales. Dans la grande majorité de ces instances chargés de dire le droit (*juridictio*) de manière obligatoire (*imperium*), l'ORD s'impose comme tendanciellement hégémonique. On l'accusé de conduire à la perméabilisation des frontières étatiques et d'être une machine à fragmentation tendant à dynamiter la cohérence du droit international[63].
De plus, le niveau de juridicisation d'un accord international, c'est-à-dire son niveau de contrainte légale, varie en fonction des intérêts et des préférences des États. Ces derniers façonnent les accords internationaux en fonction des attributs que possèdent différents designs institutionnels, allant du *soft law* au *hard law*. Les organisations internationales ne sont pas avale de recommandationet d'autres intruments de *soft law*. En résulte un méli-mélo d'accords de niveaux de contrainte légale différents qui composent un environnement normatif plus ou moins cohérent. Cette abondance de la *soft law* est pour certains le symptôme pathologique de la normativité dans l'ordre juridique international. Or, le droit mou n'est pas nécessairement affubuléd'une mollesse puisqu'il peut lui-même être emporté à se durcir[64].

Groupe d'étude sur la fragmentation, Commission du droit international, ILC(CVI)/SG/FIL/CRD.1, 2004.

[63]Il convient de noter que la montée de la libéralisation entraîne une immixtion progressive de l'O.M.C. dans les compétences d'autres organisations internationales, plus traditionnelles. L 'O.M.C. a ainsi également repris des prérogatives en matière de propriété intellectuelle, compétence de l' O.M.P.I., en matière de douane, compétence de l' O.M.D., en matière de réglementation alimentaire, compétence de la F.A.O., en matière d'investissements, compétence de l'O.C.D.E., en matière de télécommunications, compétence de l'IUT etc.Malgré la judiciarisation progressive du comité des droits de l'homme de l'ONU, il n'y a pas de véritable cour mondiale pour les droits de l'homme.

[64]Les Instruments de *soft law*, y compris les résolutions de l'Assemblée générale, sont négociés de bonne foi par les parties qui comptent que les engagements non contraignants seront respectés dans la mesure de ce qui est raisonnablement possible. Il est important de noter que les déclarations

Pour autant, cette fragmentation ne saurait signifier que les systèmes sont hermétiques et replies sur eux-mêmes. Il se pose inéluctablement la question de leur articulation afin que soit préservée la cohérence de l'ordre juridique international[65]. Si le conflit entre les normes de même valeur juridique ou de valeur juridique différente , peut être résolu en fonction de règles générales de droit international général (cohérence formelle), il est plus difficile d'apporter une solution à partir de la technique juridique à des conflits liés aux fondements mêmes et aux objectifs de textes (cohérence matérielle).

En réponse à la fragmentation, nous trouvons donc tout sauf une inertie.Ainsi, pour certains, face à cette fragmentation du droit international, les droits de l'homme doivent être érigé en cadre constitutionnel matériel de l'ordre juridique international[66].

---

relevant de la *soft law* sont souvent libellées de façon à servir de point de référence pour l'élaboration des politiques. Les résolutions de l'Assemblée générale peuvent aussi parfois avoir une valeur normative, ce qui signifie qu'elles fournissent des éléments de preuve pour établir l'existence d'une règle ou l'émergence d'une *opinio juris*. Voir Cour internationale de Justice, Avis consultatif sur la licéité de la menace ou de l'emploi d'armes nucléaires (8 juillet 1996), rapport 1996, p. 226 à 267. Certaines résolutions de l'Assemblée générale sont désormais acceptées en tant que déclarations relevant du droit international coutumier; c'est le cas, par exemple, de la Déclaration universelle des droits de l'homme.

[65]Selon ROMANO, S., « L'ordre juridique (...) est une entité qui, dans une certaine mesure, se conduit selon les normes mais conduit surtout, un peu comme des pions sur un échiquier, les normes elles-mêmes. ROMANO, S., *L'ordre juridique*, traduit de l'italien, Paris, 1975, § 5, p. 10. Selon Hart, tout ordre juridique est constitué de la réunion de normes primaires (« *primary rules of obligation* ») et normes secondaires (« *secondary rules* ») ; ces dernières sont, selon la formule consacrée des « normes sur les normes », c'est-à-dire des normes qui nous renseignent de quelle manière les normes primaires se créent (« *rules of recognition* »), évoluent (« *rules of change* ») et sont finalement appliquées (« *rules of adjudication* »). En revanche, les normes primaires contiennent grosso modo des obligations (et des droits) qui s'adressent aux sujets de cet ordre juridique (règles de comportement et de résultat). HART, H.L.A., The *Concept of Law*, Oxford, 1961, pp.77-96.

[66] Le droit international des droits de l'homme ne se limite pas aux droits recensés dans les traités. Il englobe également les droits et les libertés qui sont devenus partie intégrante du droit international coutumier, contraignant

Cette approche a donné lieu à un débat doctrinal que certains appellent « l'internationalisation du droit constitutionnel», comme une nouvelle théorie constitutionnelle du 21ème siècle[67].Commentateurs, détracteurs et apologues se sont d'ailleurs succédé à la tribune pour la décrire, la critique et la défendre. Pour les uns, en constitutionnalisant les structures actuelles de la gouvernance globale, on recherche en les préservent de la contestation et de la révision, à figer leur division du pouvoir et à geler les jeux politiques[68]. Pour les autres, la constitutionnalisation s'avère une stratégie judicieuse pour faire contrepoids au phénomène de « déconstitutionnalisation » des ordres juridiques engendré par la mondialisation[69]. Certains auteurs avancent d'ailleurs que

---

pour tous les États, y compris ceux qui ne sont pas parties à un traité particulier. Les décisions judiciaires des tribunaux internationaux ou régionaux et des organes internationaux chargés de la surveillance jouent également un rôle considérable dans le droit international des droits de l'homme, car elles apportent des éclaircissements supplémentaires sur la portée des obligations des États et la teneur des droits. Il existe beaucoup d'autres instruments universels et régionaux non contraignants (déclarations, principes, lignes directrices, standards, règles et recommandations) qui ont trait aux droits de l'homme. Ces instruments n'ont aucun effet juridique contraignant, mais ils ont une force morale indéniable et fournissent une ligne de conduite pratique aux États.

[67]Thomas Cottier & Maya Hertig, 'The Prospects of 21st Century Constitutionalism' (2003) 7 Max Planck Yearbook of United Nations Law 261-328; Bardo Fassbender, " The United Nations Charter as Constitution of the International Community"(1998) 529 Columbia Journal of Transnational Law 558 ; Bruno Simma, "From Bilateralism to Community Interest in International Law " (1994) 250 Recueil des Cours 217 aux pp. 256-284; E. Zoller, Préface à H. Tourard, *L'internationalisation des constitutions nationales*, Paris, LGDJ, 2000. Voir, les contributions récentes de Bardo Fassbender, *The United NationsCharter as the Constitution of the International Community* ,Martinus Nijhoff Publishers, Leiden 2009) ; Jan Klabbers, Anne Peters et Geir Ulfstein, *The Constitutionalization of International Law* (Oxford University Press, 2010.

[68]Ernst Urlish Petersmann suggère par exemple que nous devrions ajouter les droits de l'homme à l'attribution de l'OMC ; Voir David KENNEDY, *Nouvelles approches de droit international*, Paris, Pedone, Coll. Doctrine(s), 2009, p. 299.

[69]Anne Peters, "*Compensatory Constitutionalism*: The Function and Potential of. Fundamental International Norms and Structures", Leiden Journal of International Law, vol. 19 (2006): 579-610; Erika de Wet, "The International Constitutional Order", vol 55 International and Comparative Law Quarterly,

nous serions d'ores et déjà dotés d'une constitution mondiale, que certains identifient à la Charte des Nations-Unies. D'autres esprits plus réalistes préconisent de manière transitoire, une forme alternative de démocratisation des organisations internationales, qui reposerait sur la présence et la participation d'une société civile moins servile, porteuse de préoccupations non commerciales et de revendications au niveau global.

Le couple culture et commerce ne semble pas toujours avoir fait bon ménage[70]. Les conflits entre culture et commerce sont inscrits dans une histoire longue[71].L'Accord Blum-Byrnes, signé

(2006):51-76.; Bardo Fassbender: "The UN Charter as the Constitution of the International Community", Columbia Journal of Transnational Law (1998): 529-619,Pour Gunther Teubne , "Three phenomena are prominent. (1) Nation-states are 'deconstitutionalised' by the transferral of governmental functions to the transnational level, and, at the same time, the partial assumption of these functions by non-state actors. (2)The extra-territorial effects of nation-state actions create a law without democratic legitimation. (3).voir Gunther Teubner, Constitutionalising *Polycontexturality* (Social and Legal Studies 19, 2010).

[70]Dans d'autres pays, culture, largement compris comme un produit ordinaire (*entertainment*)et marchandise font bien meilleur ménage., Les négociateurs du GATT avaient compris cependant que l'identité culturelle, telle qu'elle se manifeste dans le patrimoine national (ou, pour reprendre l'expression de l'article XX (f) du GATT, dans « les trésors nationaux ayant une valeur artistique, historique ou archéologique »), était suffisamment importante pour faire exception à l'application régulière des règles de l'accord. C'est grâce à cette exception que la *Convention concernant les mesures à prendre pour interdire et empêcher l'importation, l'exportation et le transfert de propriétés illicites des biens culturels* a pu être adoptée par l'UNESCO en 1970, convention qui est maintenant transposée dans le droit interne de nombreux États.

[71]La lutte que l'on observe déjà en 1947 entre l'Europe et les États-Unis autour de l'industrie du cinéma, sous l'impulsion du milieu cinématographique, alimenté par 400 films produit par Hollywood, s'inscrit dans la continuité d'une guerre qui n'a cessé de faire rage depuis qu'Edison et les frères Lumière ont revendiqué chacun de leur côté la paternité de l'invention. Le premier inventeur d'un procédé mécanique de reproduction du son sur un support est le Français Léon Scott de Martin ville, perfectionné par Charles Cros dont une célèbre Académie porte aujourd'hui le nom. Aux Etats-Unis, Edison sera en 1878 l'inventeur du *phonographe*, perfectionné à partir de 1885 par Graham Bell (l'inventeur du téléphone) et Charles Summer Tainter, qui inventent le *graphophone*, industrialisé par la suite par la firme Columbia. En 1887, Emile Berliner invente le *gramophone*, qui sera le

dans un contexte de polarisation idéologique propre à la guerre froide, n'a pas apaisé les divergences[72].La libéralisation des échanges et la protection de la diversité sont progressivement perçues comme deux objectifs distincts mus par des logiques antinomiques. De la *res extracommercium* à l'économie créative[73], on s'achemine vers un mariage qui n'est pas forcément dangereuse[74]. Leur relation a donné lieu, et donne encore lieu avec la perspective de l'arrimage d'un système à l'autre, à une abondante littérature[75].

Ainsi, la frontière entre culture et marché n'est-elle plus naturelle qu'elle ait pu être auparavant, toute la difficulté étant

---

premier procédé permettant une duplication, à petite échelle, du support original : il crée en 1893 la première industrie du disque, l'United States Gramophon Company. Voir Thomas PARIS*, les industries culturels et la mondialisation, in Ramses, 2005,* p.4.

[72]Il a pris un tournant radical qui a débouché sur la mise en place d'un système de « quotas à l'écran » ainsi que sur la création un fonds de soutien à l'industrie cinématographique. Voir FAVRY Olivier, *La mobilisation contre les accords Blum-Byrnes et la crise du cinéma français, 1946-1953*, Universitéde Paris I-Panthéon Sorbonne, maîtrise d'histoire, 1991,198 p. ; JEANCOLAS Jean-Pierre, « L'arrangement Blum-Byrnes à l'épreuve des faits », *1895, revue de l'AFRHC*, décembre 1992,no 13,pp.3-50.

[73]Ernest Metzger, 'Remarks on David Daube's Lectures on Sale, with Special Attention to the *liber homo* and *res extra commercium*" *in* E. Metzger, ed., *David Daube: A Centenary Celebration* (Glasgow: Traditio Iuris Romani, 2010), 101–26; R. Evans-Jones and G. MacCormack, 'The Sale of *res extra commercium* in Roman Law', *Zeitschrift der Savigny-Stiftung für Rechtsgeschichte* (rom. Abt.),112 (1995),pp.330–351.

[74]Giuseppe Bianco, *Liaisons dangereuses*: la Convenzione Unescosulla diversità culturale e l'OMC, in *Aedon*Rivista di arti e diritto on line, il Mulino, numero 3, 2011, Issn 1127-1345. ; MICHAEL HAHN, A Clash of Cultures? The UNESCO Diversity Convention and International Trade Law, 9 JIEL 515 (2006); TANIA VOON, UNESCO and the WTO: A Clash of Cultures?, 55 ICLQ 635 (2006); JAN WOUTERS and BART DE MEESTER, UNESCO's Convention on Cultural Diversity and WTO Law: Complimentary or Contradictory?, K.U, Leuven Institute for International Law, Working Paper no. 73, 2005.

[75] WOUTERS and B. DE MEESTER, "Cultural Diversity and the WTO: David versus Goliath?", in P. VAN DEN BOSSCHE and H. SCHNEIDER (eds.), Protection of Cultural Diversity from and International and European Perspective, (Antwerp, School of Human Rights Research and Intersentia 2008), 44 p; GRABER Christoph Beat, « The New UNESCO Convention on Cultural Diversity: A counterbalance to the WTO ? », Journal of International Economic Law, vol.9, n°3, 2006.

d'en tracer une nouvelle au travers de règles spécifiques, dérogations et principes de libre-échange. Le commerce des biens culturels est devenu, on peut l'affirmer, un phénomène essentiel de notre société. Comme le soulignait Thomas G. Williams: "*As variety is the spice of life, so is it the spring of commerce. The earth exhibits an endless diversity of climate and natural resources; the peoples possess an infinite number of aptitudes of mind and body, and in consequence countless varieties of interrelation have sprung up between the races of man and their physical environment. Differences in material wants supply the motives for exchange which we call commerce*"[76].

Traditionnellement la méthode de régulation utilisée dans l'approche de relations entre culture et commerce a consisté dans la formulation des exceptions générales visant à séparer le commerce de la culture. Progressivement, la méthode de régulation de leurs relations induite par l'essor des innovations techniques et l'industrialisation de la culture, est beaucoup plus inclusive à travers notamment du fameux « *trade linkage debate* ». Au niveau international, leurs relations ne bénéficient pas d'une cohérence institutionnelle. Et c'est sans surprise véritable que l'OMC soit actuellement un espace normatif dans le quel ce débat a jaillit. Comme le souligne Antonios Vlassis « *les produits et services culturels sont inéluctablement voués à osciller entre la sphère artistique et la sphère marchande, entre l'art et l'industrie. La nature ambigüe et équivoque des industries culturelles - et en particulier audiovisuelles-tiraillées entre la production symbolique et la production matérielle, suscite parfois un débat politique virulent* »[77].

Les conventions internationales adoptées en dehors du cadre de l'OMC pour faire face à ce problème renferment des

---

[76] T.G. Williams, *The History of Commerce,* London, Sir Isaac Pitman & Sons Ltd.,1926, p.1.

[77]Antonios VLASSIS, « Diffusion et institutionnalisation des normes internationales, France, OMC/UNESCO et l'enjeu de la diversité culturelle », Centre d'Études sur l'Intégration et la Mondialisation, 2007, p.4.

dispositions qui tentent de concilier commerce et culture, mais comportent à la fois des limites intrinsèques qui réduisent leur portée. De plus, elles sont confrontées à l'efficacité du système commercial de l'OMC qui exerce une attractivité sur les différends relatifs aux échanges de produits culturels. Ainsi, pour une protection efficace de la diversité culturelle, les diverses conventions internationales, représentant une partie essentielle de la prise en compte de la dimension non commerciale des produits culturels, doivent impérativement trouver écho dans le système commercial de l'OMC. Il ne s'agirait pas de reproduire la hiérarchie actuelle au profit du marchand, ou surcharger l'institution, qui perdrait son efficacité mais de tendre vers une certaine cohérence au sein du droit international public et faire de l'OMC une sorte de maître d'œuvre du « pluralisme ordonné» selon l'expression de Mireille Delmas-Marty[78].

Selon Lévy-Stauss : « *La tâche essentielle de quelqu'un qui consacre sa vie aux sciences humaines, c'est de s'attaquer à ce qui semble le plus arbitraire, le plus anarchique, le plus incohérent, et d'essayer de découvrir un ordre sous-jacent ou du moins d'essayer de voir s'il existe un ordre sous-jacent* »[79]. En droit interne, la loi signifie une règle générale et impersonnelle. Cette norme posée est impérative dans ce sens que c'est la puissance publique qui permet sa pénétration dans la vie et l'impose aux sujets sans besoin de leur consentement.Ainsi, la notion d'ordre renvoie au moins autant à celle de commandement, imposé par le pouvoir à ses sujets à peine de sanction, qu'à celle de système.La cohérence du système est inscrite dans la clôture normative du système. Ainsi, seul est

[78]Mireille DELMAS - MARTY, Le pluralisme ordonné et les interactions entre ensembles juridiques en ligne : http://www.ieim.uqam.ca/IMG/pdf/article_Dalloz.pdf Selon elle, il faut pour dépasser la contradiction «réussir à respecter la diversité tout en permettant une harmonie d'ensemble. Autrement dit, préconiser un « pluralisme ordonné » c'est prendre le pari qu'il est possible de renoncer au pluralisme de séparation - car la clôture des systèmes de droit est devenue illusoire à l'heure où la mondialisation multiplie les interdépendances-, mais sans adhérer pour autant à l'utopie de l'unité juridique du monde au nom d'une sorte de pluralisme de fusion ».

[79]Claude Lévy-Stauss, *Le Nouvel Observateur*, hors-série, nov.-déc. 2009, p.22.

valable juridiquement ce qui est conforme à des normes juridiques. C'est la constitution qui assure la cohérence et la validité du droit interne[80].
En droit international, droit essentiellement lacunaire et incomplet[81], les États sont à la fois les auteurs et les sujets du droit international[82], ce qui veut dire qui il n'y a pas de hiérarchie de normes car il n'y a pas de hiérarchie entre les volontés étatiques qui produisent le droit.Il va sans dire également que l'impératif de cohérence appelé principe de légalité qui se métamorphose en principe de constitutionnalité lorsqu'il s'applique au rapport entre les normes infra-constitutionnelles et la Constitution, n'existe pas en droit international.

Pour pallier ces lacunes, plusieurs nouvelles façons d'utiliser le droit en vigueur en faisant interagir différents systèmes normatifs sont graduellement apparues [83]. On parle globalement

[80] La validité, purement technique, vise la conformité formelle de la norme à d'autres normes. Elle désigne aussi sa légitimité qui découle précisément de cette conformité. Cette double signification nous paraît essentielle. Elle signifie, en effet, que la validité juridique découle non seulement de l'intégration des normes à un ensemble qui se veut cohérent mais encore du caractère démocratique des institutions qui produisent le droit. Dans l'histoire moderne du droit, pour qu'un système fonctionne, on assume le fait que la légalité et l'efficacité se superposent, ou même coïncident. La distinction classique entre l'effectivité et la légitimité du droit est pertinent au moment où la séparation traditionnelle entre public et privé s'atténue.

[81] Le principe d'incomplétude signifie qu'aucun des « étages du droit » n'a plus vocation à s'auto-suffire. Tout ensemble plus ou moins élaboré ou organisé des normes a un caractère nécessairement incomplet, dès lors qu'il est susceptible de devoir s'alimenter auprès d'autres ensembles. Aux rebours des normes basées sur l'autosuffisance du texte et tributaire d'une précision des concepts, l'incomplétude place donc automatiquement les normes en situation d'être accusés d'un déficit de juridicité.

[82]P. WEIL, « Le droit international en quête de son identité », Cours général de droit international public, *Recueil des Cours de l'Académie de Droit International*, 1992, Tome 237, pp. 11 – 370, spéc. p. 69).

[83]Sabino Cassese décrit l'émergence d'un ordre saprophyte, lié et perméable aux autres ordres juridiques existants (Cassese, Sabino (Dir.), Au-delà de l'Etat, Bruylant, Bruxelles, 2011, p. 92), sans hiérarchie, sans autorité supérieure. Pour cet auteur « l'ordre juridique global ne se superpose donc pas, comme une nouvelle strate, à l'ordre étatique. Ils ne constituent pas deux niveaux, parce que les inégalités et la fragmentation sont fortes, parce que les

de « technique de prise en compte » pour désigner les différentes façons dont le créateur de la norme ou son interprète tiennent compte des valeurs et intérêts ou des normes qui les incorporent »[84]. Cette prise en compte peut être prévue dans les règles d'un système[85] : on parlera alors d'approche inter-systémique normative[86].Elle peut aussi naître de l'œuvre interprétative du juge qui par souci de cohérence et d'efficacité du raisonnement juridique, fait recours à l'interprétation systémique ou évolutive. Ainsi, la relation de la Convention de 2005 avec le système commercial multilatéral revêt une pertinence particulière. La cohérence est une notion d'ailleurs récurrente en droit de l'OMC. Les États se doivent d'être cohérents dans leurs politiques commerciales : c'est en effet un indice de leur bonne foi. L'initiative « Unis dans l'action » qui se déroule actuellement a pour objet de renforcer la cohérence et l'efficacité dans tout le système des Nations Unies par une meilleure utilisation des synergies des différents organismes des Nations Unies au niveau des pays.

Etats ne sont pas les uniques sujets, ils se mélangent avec d'autres sujets et perdent leur unité, parce qu'aucun niveau de gouvernement' ne parvient à maintenir le monopole des relations avec les parties qui le composent ». (*idem*,51).

[84]H. Ruiz Fabri et Lorenzo Gradoni, « Ouverture » dans H. Ruiz Fabri et Lorenzo Gradoni, (dir). *La circulation des concepts juridiques: le droit international de l'environnement entre mondialisation et fragmentation,* Paris, Société de législation comparée, 2009 p p.16-19.

[85]Comme le dit HAURIOU, tout ordre juridique sécrète le droit institutionnel qui lui est propre et dont il a besoin pour atteindre la finalité pour laquelle il s'est créé. Ce droit se scinde ensuite en droit « statutaire » et en droit « disciplinaire ».En adoptant le lexique de HART, cette dichotomie correspond respectivement aux « règles secondaires » et aux « règles primaires. MAURICE HAURIOU *Principes de droit public*, 1ère éd., Paris, 1910, p.136. Selon ZICCARDI (P.) « les norme secondaire ou d'organisation, sont ces règles qui ont pour objet la société internationale dans son ensemble que dans chacun de ses secteurs, dans le but et avec l'effet de déterminer des modèles d'organisation structurale, obligatoires pour les membres de la société » voir ZICCARDI (P.), « Règles d'organisation et règles de conduite en droit international », *RCADI*, vol. 152 (1976-IV), p. 133.

[86]Par exemple, la *Convention sur la protection et la promotion de la diversité des expressions culturelles* renvoie expressément à la *Déclaration universelle des droits de l'homme.*

Toute théorie de la cohérence des ordres repose en effet sur un concept de « cohérence » lui-même ambigu : il peut désigner, soit l'absence de contradictions formelles (cohérence formelle), soit l'absence d'incompatibilité aux préférences et valeurs des acteurs d'un système juridique(cohérence substantielle).La cohérence renvoie à un moment particulier d'une norme ou d'un accord international, celui de son élaboration ou de l'arbitrage entre les différents intérêts lors de la négociation internationale[87]. Elle reflète cette recherche de conciliation permanente entre des intérêts souvent divergents. La recherche d'une cohérence peut donc être axiologique ou une cohérence normative du système juridique international. La première consiste à employer certains concepts (*jus cogens* ; obligations *erga omne*s ; primauté conférée aux droits de l'homme ; principes généraux) de manière à forger une unité axiologique et/ou téléologique du droit international[88].

Il importe de souligner que les règles impératives de droit international traduisent en effet l'idée et concrétisent l'exigence d'un ordre public international, en tant que «règles essentielles pour la sauvegarde de ses intérêts fondamentaux[89]. Au delà de

---

[87]Sur la distinction entre l'unité du droit et la compatibilité des droits, voir Andreas Fischer-Lescano et Gunther Teubner, « Regime-Collisions : the Vain Search for Legal Unity in the Fragmentation of Global Law » (2004) 25 Michigan Journal of International Law 999, pp.1045-1046.

[88]Mais comme le souligne P. Weil : « A partir du moment où c'est le trop-plein plutôt que le vide qui afflige le système, les principes généraux de droit en tant que source matérielle du droit international perdent de plus en plus de leur lustre » WEIL P., « Le droit international en quête de son identité », pp.148-149.

[89] Selon le TPIY : *«en raison de l'importance des valeurs qu'il protège, ce principe est devenu une norme impérative ou jus cogens, c'est-à-dire une norme qui se situe dans la hiérarchie internationale à un rang plus élevé que le droit conventionnel et même que les règles du droit coutumier 'ordinaire' ».* TPIY, *Le Procureur* c. *Anto Furundzija*, affaire n° IT-95-17/1-T10, Chambre de première instance II, jugement, 10 décembre 1998, § 151. Mais selon la CIJ, dans l'Avis sur la Licéité de la menace ou de l'emploi de l'arme nucléaire,la qualité d'ius cogens ne confère pas en soi la position hiérarchique : «*Il a été soutenu au cours de la présente procédure que ces principes et règles du droit humanitaire font partie du jus cogens tel que le définit l'article 53 de la Convention de Vienne sur le droit des traités du 23 mai 1969. La question de savoir si une règle fait partie du jus cogens*

ce noyau présenté comme firmament normatif du système international, l'approche normative vise à résoudre tout conflit entre normes de droit international, soit en en favorisant une interprétation conciliatrice (article31.3.c) de la Convention de Vienne sur le droit des traités)[90].

Comme l'affirmé la CIJ en 1990, une « règle de droit international, coutumier ou conventionnel, ne s'applique pas dans le vide ; elle s'applique par rapport à des faits et dans le cadre d'un ensemble plus large de règles juridiques dont elle n'est qu'une partie »[91]. Ainsi, le « droit international de la culture » fait partie du système juridique structuré par des principes géneraux et à l'aune desquels il doit être interprété. Tout le droit international est d'ailleurs créé dans le contexte du droit préexistant, lequel continue à exister à moins que le nouveau droit ne l'abroge. Le fondement de cette présomption est l'absence de toute hiérarchie normative entre les règles de droit international, sauf dans le cas des règles relevant du *jus cogens.*

Le débat, on l'aura compris, est fortement politisé et les acteurs qui développent des actions n'agissent pas nécessairement de concert[92]. Si les acteurs sont variés, ils sont également différents des uns des autres et assurent par là même la représentation des intérêts distincts[93].Nous avons choisi de nous focaliser sur ces

---

a trait, à la nature juridique de la règle (...) La Cour n'a donc pas à se prononcer sur ce point », 8 juillet 1996, Rec. p. 258, §83.

[90]H. RUIZ FABRI, « Émergence et circulation de concepts juridiques en droit international de l'environnement: entre mondialisation et fragmentation », in *Droit et justice,* n°31, hiver 2008-2009, p. 3-4. MARCEAU (G.), « Balance and Coherence by the Appellate Body: Who could do better? », *in* BOHANES (J.), SACERDOTI (G.), YANOVICH (A.) (Dir.), *op.cit.*, p.326.

[91]Avis consultatif de la CIJ, Intérprétation de l'accord du 25mars 1951 entre l'OMS et l'Egypte, Recueil, 1980, p.76, §10.

[92]Pour un point de vue opposé sur le rôle politique, social et culturel actuel des États nationaux, Voir, Ohmae K., *The End of the Nation State. The Rise of Regional Economies*, the Free Press, New York, 1995. Voir également Huntington S., *Le choc des civilisations*, Éditions Odile Jacob, 1997.

[93]Les acteurs se distinguent d'abord par leur statut au sein de la société internationale : certains sont sujets de droit international, d'autres ne le sont

deux institutions internationales qui sont au cœur du débat sur la mondialisation et qui ont des philosophies différentes mais complémentaires. L'UNESCO et l'OMC se présentent en effet comme deux principaux pôles entre lesquels la pendule de la diversité culturelle est condamnée à osciller. Une prise de conscience de la coprésence asymétrique de ces deux organisations devrait nous oriente vers un développement des pratiques de coordination et d'harmonisation permettant un « pluralisme ordonné » théorisé par Mireille Delmas-Marty.

L'OMC, première organisation internationale à vocation universelle créée après la fin de la Guerre froide, recouvre à la fois l'institution en tant que telle et l'ensemble des accords multilatéraux passés en son sein qui couvrent l'ensemble des domaines de notre vie quotidienne et dont elle pilote la mise en œuvre. Bien qu'on parle souvent d'une crise des Nations-Unies et de ses institutions spécialisées dont l'UNESCO, l'impression qui dominent parmi les internationalistes et dans l'opinion publique est que l'OMC fait figure d'exception, parce qu'elle aurait atteint un degré d'efficacité l'entourant d'une aura de succès , raison pour laquelle elle fait l'objet d'attaque, car même ceux qui l'attaquent le font parce qu'ils la croient trop puissante et qu'ils voudraient contenir le débordement de cette puissance[94].On critique notamment ce régime spécial d'être

---

pas ; certains sont des acteurs étatiques ou interétatiques, d'autres constituent ce qu'on appelle la société civile ; certains, tel les États, constituent les acteurs diplomatiques, d'autres, tel les instances de règlement des différends (OMC), s'apparentent plutôt à des instances judicaires. Les acteurs se différencient également par leurs moyens d'actions : certains ont la capacité d'adopter les instruments juridiques contraignant ou pas, d'autres n'ont pas la capacité d'adopter les actes juridiques mais entendent bien aiguillonner les acteurs dotés de cette capacité. En effet, chaque acteur défend, dans ce débat, son idée sur la bonne position du curseur en fonction de ses intérêts. En bref, la gouvernance mondiale concernant la question des liens commerces/culture renvoie à une situation très complexe.C'est dans cette logique que la France via l'OIF et le canada via RIPC ont piloté une stratégie de *forum shifting* qui a consisté à déplacer le débat sur la diversité culturelle au sein de l'UNESCO et au sein des autres *fora.* Susan K Sell and Mouse: Industries', States' and NGOs'forum Shifting in the Battle Over Intellectual Property Enforcement.

[94]G.ABI-SAAB, « de l'efficacité des organisations internationales : A propos de l'organisation Mondiale du commerce », in Vincent CHETAIL Conflits, sécurité et coopération / Conflicts, security and cooperation: Liber Amicorum

insensible à la prise de conscience croissante de certaines valeurs non commerciales[95].Et pourtant elle a relativement des faibles moyens[96]. La raison principale tient au fait que l'OMC comporte un système de règlement de différends à compétence obligatoire. De plus c'est le seul régime international d'une certaine importance au quel les États-Unis participent en acceptant de soumettre d'avance à une juridiction obligatoire.

Victor-Yves Ghebali, Bruylant, 2007, p.30. Comme le souligne Bob Kieffer, l'OMC est susceptible d'infléchir considérablement le développement de l'ensemble des branches du droit international public. Elle vient bousculer la configuration de la matrice institutionnelle internationale, articulée autour de l'Organisation des Nations Unies (ONU). Voir Bob Kieffer, *L'organisation mondiale du commerce et l'évolution du droit international public*, préface d'Yves Petit, avant-propos de Pascal Lamy, Larcier, 2008.

[95] Manfred ELSIG: «Principal-agent theory and the World Trade Organization: Complex agency and Missing Delegation /European Journal of International Relations » / (March 12, 2010), p.2. Pour Pascal Lamy, si l'OMC peut parfois paraître encombrante par sa musculature législative ou judiciaire, c'est que ses États membres y ont pratiqué depuis cinquante ans une gymnastique à laquelle ils ont consacré moins d'efforts dans d'autres enceintes. Voir sa communication « L'OMC dans l'archipel de la gouvernance globale » à l'Institut des Hautes Études Internationale, Genève, 14 mars 2006.

[96]Les moyens tant humains que financiers de l'OMC sont limités. Le budget de l'OMC, alimenté par les contributions des Membres de l'organisation calculées selon une formule qui prend en compte la part de chaque Membre dans le commerce mondial, est minuscule. Cela indique qu'on a affaire à une organisation qui n'a pas d'activités opérationnelles, à la différence d'organisations telles que le FMI et la Banque mondiale, même si l'on a pu observer un développement de l'assistance technique en direction des pays en développement, laquelle est alimentée essentiellement par des contributions volontaires des Membres. Son personnel, c'est d'abord celui de son Secrétariat, soit+/- 700 personnes, dont moins de 200 cadres, y compris ceux qui s'occupent de la logistique (gestion interne, traduction, interprétariat). La comparaison avec d'autres organisations internationales est éclairante. Le FMI emploie 2800 personnes pour un budget opérationnel de 900M$, la Banque Mondiale 9000 personnes pour 2Mds$ de budget de fonctionnement (hors prêts). Le secrétariat de l'OMC, avec un budget compris entre 400 et 500M$, est une organisation dirigée par ses Membres (*member-driven organisation*). Le Secrétariat, organisé en divisions, n'a officiellement aucun pouvoir de décision mais seulement des fonctions d'accompagnement. Il n'a pas de pouvoir d'initiative, et il arrive souvent que les membres se passent de lui. Le Directeur Général, qui symbolise l'organisation aux yeux de l'opinion, n'a lui qu'un pouvoir limité.

L'UNESCO est l'unique agence des Nations -Unies à avoir un mandat pluriel qui lui permet d'aborder ces défis de manière intégrée, en utilisant son savoir-faire et son expérience dans quatre domaines précis : l'éducation, la science, la culture et la communication. Cette institution, dont la tâche exaltante est d'œuvrer en faveur de la paix dans l'esprit des hommes, à travers l'éducation, la science et la culture » et fondée sur la « solidarité intellectuelle et morale » est parfois qualifiée de conscience de l'humanité ». Au début des années déjà 1980, l'UNESCO crée «sa propre légende noire» en associant les politiques culturelles et la question de la communication et information d'une part dans le cadre des discussions concernant le NOMIC et d'autre part, au sein de la Conférence mondiale MONDIACULT sur les politiques culturelles, tenue à Mexico en juillet-aout 1982. C'est dans ce contexte que les Etats-Unis ont quitté l'UNESCO pour venir vingt ans plus tard à la veille de l'adoption de la convention de 2005[97].L'UNESCO traverse actuellement une période très difficile et connaît en outre des difficultés financières en raison des lourdes coupes effectuées dans son budget ordinaire. Elle a entrepris un vaste effort de réforme, notamment de son dispositif hors Siège.

A. Problématique

La question de la diversité culturelle apparaît dans sa complexité, comme une problématique « à tiroir », que l'on peut prendre à plusieurs niveaux, par plusieurs bouts, de différents points de vue. Il est éminemment réducteur de la limiter l'analyse du droit international. La libéralisation des échanges, la préservation et la promotion de la diversité des expressions culturelles sont autant d'objectifs légitime à atteindre par les États, maître de leurs politiques[98]. L'expression culturelle se

[97]D. Frau-Meigs, « Le retour des Etats-Unis au sein de l'UNESCO », Annuaire français des Relations Internationales, 2004, p. 874. http://www.diplomatie.gouv.fr/fr/IMG/pdf/AFRI%2045.pdf.

[98]Dans son arrêt de Grande Chambre Kozacioğlu c. Turquie (, no 2334/03, 19 février 2009), La CEDH a considéré elle aussi que la protection du

retrouve sous forme de biens, services et activités culturels dans le cadre d'accords commerciaux internationaux.

La multiplication d'instruments juridiques en faveur de la diversité culturelle témoigne de cette prise de conscience, mais participe à une multiplication des *leges speciales* mettant en péril l'unité de l'ordre juridique international. Comme le soulignent Ivan Bernier et H.Ruiz Fabri soulignent : « *La lacune la plus sérieuse et la plus évidente réside dans le fait que les instruments culturels existants abordent le problème de la préservation de la diversité culturelle de façon parcellaire, à partir de points de vue aussi divers que les droits de la personne, les droits de propriété intellectuelle, la protection du patrimoine, les droits linguistiques,le pluralisme culturel, le développement culturel, la coopération internationale en matière culturelle, etc. Or, cette absence d'une vision globale... constitue un handicap majeur* [99] *».*

Plusieurs questions nous importent dans le cadre de cet ouvrage : Quelle est la meilleure façon de proteger et de promouvoir la diversité culturelle ? Comment peut-on juridiquement la protéger ? Les instruments juridiques internationaux existant permettent-il d'assurer aujourdhui une sauvegarde et une promotion efficaces de la diversité culturelle ? Quels sont les moyens de concilier les règles du système commercial multilatéral et la protection de la diversité culturelle ? Comment protéger et promouvoir la diversité culturelle tout en respectant les accords commerciaux ? Quelle est la pertinence, aujourd'hui, de la diversité culturelle et quels sont les moyens utilisés pour la protéger? Comment harmoniser les régimes normatifs, notamment de l'OMC et de la convention l'UNESCO de 2005? Comment repenser les rapports entre

patrimoine culturel d'un pays constitue un but légitime propre à justifier l'expropriation par l'Etat d'un immeuble classé « bien culturel »(§55).

[99]Bernier Ivan et et Hélène RUIZ FABRI, Évaluation de la faisabilité juridique d'un instrument international sur la diversité culturelle, étude préparée pour le compte du Groupe de travail franco-québécois sur la diversité culturelle, Groupe de travail franco-québécois sur la diversité culturelle, Québec, 2002,p.25.

droits fondamentaux et acteurs privés transnationaux sur la question de la culture ? Comment la convention de 2005 peut-il apporter une réponse satisfaisante aux défis créés par la mondialisation dès lors que le droit international est lui-même, au-delà de ses difficultés ontologiques, touché de plein fouet par la mondialisation ? Autrement dit, quelle est le rôle et place du droit international dans ce débat de gestion et de protection de la diversite culturelle. Telles sont les questions nodales de cet ouvrage et aux quelles nous tenterons d'apporter les éléments de réponses.L'enjeu fondamental est de savoir comment favoriser un environnement mondial où la créativité des individus et des peuples, telle qu'elle puise aux racines des traditions et se réinvente à chaque époque, dans la continuité ou la rupture, soit protégée dans sa diversité, passée et présente [100].

B. Hypothèses

La diversité culturelle semblait être garantie par les instruments internationaux relatifs à la culture et aux droits culturels, notamment l'article 22 de la DUDH, l'article premier et 15 du PIDESC. En outre, les articles 19 et 27 du PIDCP garantissent chacun indirectement la diversité culturelle[101]. Malgré

[100] François Ost ne dit pas autre chose lorsqu'il écrit : «*Qui ignore que nos identités individuelles et nos repères collectifs plongent leurs racines dans des récits fondateurs, romans familiaux ou politiques, dont on peut penser que les figures littéraires représentent les modèles avancé*s ? » ; Voir François OST et Laurent VAN EYNDE, Gérard PHILIPPE et VAN DE KERCHOVE Michel (sous la dir.), *Lettres et Lois : Le droit au miroir de la littérature*, Introduction, Bruxelles, Publications universitaires Saint-Louis, 2001 p.8.

[101]On peut, en effet, interpréter l'article 55 de la Charte les Nations Unies comme fondement de la diversité culturelle. L'article 55 a la teneur suivante: « En vue de créer les conditions de stabilité et de bien-être nécessaires pour assurer entre les nations des relations pacifiques et amicales fondées sur le respect du principe de l'égalité des droits des peuples et de leur droit à disposer d'eux-mêmes, les Nations Unies favoriseront: a. le relèvement des niveaux de vie, le plein emploi et des conditions de progrès et de développement dans l'ordre économique et social; b. la solution des problèmes internationaux dans les domaines économique, social, de la santé publique et autres problèmes connexes, et la coopération internationale dans

l'énonciation de droits culturels dans ces instruments universels, l'incantation relative à l'indivisibilité des droits, l'éparpillement de leurs fondements juridiques et les appels grandissants au dialogue des cultures, les démarches visant à assurer l'effectivité des droits culturels ont été variablement accueillies. Le dispositif des droits culturels s'avère lacunaire pour garantir la diversité culturelle.

De plus, ces textes mentionnent la diversité culturelle de façon finalement évasive et sans référence expresse aux identités culturelles. Quant aux instruments de protection des patrimoines culturels toujours plus nombreux (peuples tribaux et indigènes etc), ils soulignent expressément le lien important existant entre les patrimoines, matériels ou immatériels, et les identités individuelles et collectives. Ils subissent cependant les impératifs mercantiles et les politiques globalisantes qui portent atteinte à l'existence des cultures issues de pays, voire de continents économiquement faibles. Fondées sur les technologies de production et de reproduction, les industries culturelles ont connu, avec le développement du numérique et du satellite, une révolution des modes de production et de diffusion des biens culturels qui s'est opérée selon deux dynamiques parallèles : l'extension des marchés à l'échelle mondiale et la baisse des coûts des installations techniques[102].

---

les domaines de la culture intellectuelle et de l'éducation ; c. le respect universel et effectif des droits de l'homme et des libertés fondamentales pour tous, sans distinction de race, de sexe, de langue ou de religion».

[102] Dans l'univers technique, l'être vrai, la véritable *réalité*, appartient au *produit de série*. Dans une intéressante digression sur la photographie, Anders écrit : « *Si l'on se demande qui, du modèle ou de la reproduction, est réel - " réel " au sens économique, la réponse est la reproduction, la marchandise de série. Car le modèle n'existe que pour être reproduit. La marchandise est d'autant plus réelle qu'elle est vendue à un plus grand nombre d'exemplaires, des exemplaires dont le modèle n'est à son tour réel que du fait qu'il rend possible, de par sa qualité de modèle, la "réalisation " d'une vente optimale de ses reproductions. Si l'économie avait développé une ontologie, c'est-à-dire une doctrine de l'être tel qu'il apparaît aujourd'hui dans la perspective de la production et de la vente, son premier axiome aurait sans doute été : " La réalité est le produit de la reproduction ; l'Etre ne se dit d'abord qu'au pluriel, en tant que série " et sous sa forme inversée : " Une fois n'est pas coutume ; ce qui n'a lieu qu 'une fois n'est pas ; ce qui se*

Ce double dynamique met en présence des États et des entreprises aux ressources inégales. D'un côté, si les processus de mondialisation, facilité par l'évolution rapide des technologies de l'information et de la communication, créent les conditions inédites d'une interaction renforcée entre les cultures, doivent également pouvoir permettre d'en garder le contrôle. De l'autre côte, elles représentent un défi pour la diversité culturelle, notamment au regard des risques de déséquilibres entre pays riches et pays pauvres[103] . D'où la nécessité de la gouvernance mondiale des industries culturelles.

La diversité culturelle rend compte des problèmes juridiques liés à la mondialisation et ambitionne de consacrer la culture comme un pilier solide de la mondialisation face et à côte du droit du commerce. Elle permet par ailleurs de sortir du « nationalisme méthodologique » pour aborder les questions culturelles de manière dialectique et globale[104]. Aussi, le legs kantien du cosmopolitisme juridique peut retrouver une force nouvelle d'harmonisation comme le note Bertrand Warusfel :« *seule une gestion raisonnée(...) peut donc prendre en compte, au-delà de la dimension économique, d'autres intérêts essentiels tels que la protection de la personne créatrice et du patrimoine culturel, le respect de la liberté privée* (...) *dans la nouvelle économie du*

---

*dit au singulier appartient encore au non-être" (*Gunther Anders, *L'obsolescence de l'homme. Sur l'âme à l'époque de la deuxième révolution industrielle (1956)*, Beck Verlage, Munich, 1956, p.205.

[103]Voir Préambule de la Convention sur la protection et la promotion de la diversité des expressions culturelles ; D'Argent Pierre, « L'exclusion du droit international dans les relations entre Etats membres de l'UE : à propos de la convention de l'UNESCO sur la diversité culturelle et de la déclaration de 'déconnexion' », In *Colloque de la chaire Glaverbel 2006*, Chr. Frank ed (s), 2007,p.284.

[104]Ulrich BECK préconise un « cosmopolitisme méthodologique », (Beck, Ulrich, 2000, Democracy without ennemies, Cambridge, Polity Press 2000) qui appréhende les problèmes sociaux, économiques, politiques et culturels à l'échelle du monde et non à l'échelle désuète des Etats-nations aujourd'hui affaiblis. Cette posture scientifique n'envisage pas l'existence d'un Etat mondial, mais invite à analyser les phénomènes non pas en s'arrêtant aux frontières des Etats, mais au niveau mondial, car s'intensifient à tous les niveaux les interdépendances, qu'elles soient politiques, militaires, économiques, culturels ou sociales. Voir Ulrick BECK, *Pouvoir et contre pouvoir à l'heure de la mondialisation*, champs, Flammarion, 2003, p.39.

savoir et de l'information, la véritable exception culturelle réside dans la propriété intellectuelle et son harmonisation mondiale »[105].

Le système commercial multilatéral montre que la liberté d'intervention gouvernementale dans le secteur culturel semble être aujourd'hui fortement affectée tant par les dispositions du droit de l'OMC, que par des traités bilatéraux et régionaux de libre-échange. Ainsi donc, si le couple culture et commerce, en relation obligée depuis bien longtemps, souvent en forte tension, la cohabitation, quoique difficile et conflictuelle, pourrait, grâce au concept de « diversité culturelle », être vécue de façon plus cohérente et conciliante.

Au rebours de la pensée sociale qui a longtemps affirmé que l'État contemporain, afin de légitimer son existence, assume de plus en plus la gérance des questions culturelles[106], la

---

[105]B. WARUSFEL, *La propriété intellectuelle et l'Internet*, *op. cit.*p.113. Et comme le souligne finement Hassan Abdelhamid : « *le cosmopolitisme vise d'abord l'harmonisation plutôt que l'uniformisation*» Hassan ABDELHAMID, « Les projets du droit cosmopolitique. Histoire et perspectives » in Henri PALLARD et Stamatios TZITZIS (dir.), *La mondialisation et la question des droits fondamentaux*, Québec, PUL, 2003, p. 69, p. 80. Le cosmopolitisme, souligne François OST « *nous invite à abandonner le mode de pensée disjonctif (ou bien /ou bien) au profit de la pensée conjonctive (et /et). Ceci devrait nous engager à récuser systématiquement les fausses dichotomies dans lesquelles nous nous enfermons constamment (national/international, global/local, nous/les autres, semblable/différent,...) et qui nous barrent l'accès à la complexité du réel* » et de continue : « *le cosmopolitisme fait valoir une exigence de dialogue, rendu de toute façon nécessaire par le fait inéluctable des flux de toutes sortes (migratoires, financiers, culturels) qui caractérisent désormais notre village mondial* », François OST, « vers un droit universel, la fin d'un vieux rêve ? » En ligne : http://www.dhdi.free.fr/recherches/theoriedroit/articles/ostdroituniversel.pdf.

[106]Jürgen HABERMAS, *Raison et légitimité*, Paris, Payot, 1978, p.102 ; Dans *Integration républicaine* Habermas soutient que les droits collectifs sont du registre d' « une protection administrative des espèces menacées »,(p.226.) ; Dans un ouvrage intitulé, *Cinéma et marché*, Laurent Créton indique : « le culturel apparaît comme un des espaces dans lesquels les pouvoirs publics peuvent continuer à intervenir et à montrer qu'ils le font [..] Les politiques culturelles apparaissent de plus en plus comme les porte-drapeaux d'une action régalienne peau de chagrin comme s'il s'agissait d'accompagner et de compenser par des discours et des investissements culturels nationaux les pertes de souveraineté. » (Créton, 1997, p. 98).

Convention de 2005 donne l'occasion aux États de réévaluer et maitriser leurs politiques culturelles et surtout leur donner un bouclier à l'encontre du droit comercial international. La doctrine juridique a même pu parler pendant un temps, de manière sans doute excessive mais néanmoins révélatrice de «coutume instantanée». La coutume peut en effet évoluer rapidement, ce qui a été tout particulièrement vrai s'agissant du droit coutumier de la mer. C'est dans ce sens que Joost Pauwelyn écrit que la Convention de l'Unesco de 2005, adoptée par 148 États, peut être considérée comme exprimant les « préoccupations actuelles de la communauté des Nations »[107].

C. Approche méthodologique

S'il ya des domaines ou le droit ne s'explique pas par lui-même comme le soutenait Kelsen dans sa théorie pure du droit, la diversité culturelle en est bien le premier. Bien que trop souvent prisonnier d'un discours juridique et technique terriblement complexe, la question de la diversité culturelle ne peut être abordée ni traitée par une seule discipline[108]. Il nous faut donc recourir à des éclairages disciplinaires variés pour mieux la comprendre à la fois dans son épaisseur historique que dans sa « force normative »[109].La diversité culturelle élargie donc

[107] Joost PAUWELYN, « The UNESCO Convention on. Cultural Diversity and the WTO: Diversity in International Law Making? The American Society of International law,Insight, 15 novembre 2005.

[108]L'indéniable succès remporté par la diversité culturelle au plan matériel laisse de côté le débat plus ingrat car plus technique de sa configuration *formelle*, c'est à dire non pas du message dont ils sont porteurs, mais de l'enveloppe externe qui en constitue le vecteur juridique.

[109]La notion de force normative a récemment fait l'objet d'un ouvrage collectif, en quête d'une élucidation de ce qu'est la force d'une norme. De la norme qui prévaut dans l'ouvrage sur la force normative. Il en résulte que la force d'une norme est sa « capacité à fournir référence, c'est-à-dire à modeler les comportements, à réguler l'action, à guider l'interprétation de juges, à orienter la création du droit par le législateur, voire à inspirer la pensée de la doctrine et, plus largement encore les représentations sociales du droit, Voir C. THIBIERGE *et al.*, *La force normative. Naissance d'un concept*, Bruxelles, Paris, Bruylant, L.G.D.J., 2009,891 p. Selon C. Thibierge, la « force normative » pourrait conduire les juristes à renouveler leur approche de

l'horizon épistemologique d'une science juridique trop longtemps « épurée » et est ici analysée de manière contextuelle et textuelle à travers son dispositif juridique et institutionnel. En ce sens, notre démarche ne sera alors ni simplement descriptive, mais perpétuellement réflexive.

Notre ouvrage est articulée en en deux parties.La première partie vise à bien cerner la place qu'occupe ou non la protection de la diversité culture dans le système commercial multilatéral.Il s'agira d'abord de s'interroger sur la matrice conceptuel de la diversité culturelle à travers ses composantes et en replaçant dans le contexte philosophique et juridique pour mieux appréhender le socle de sa légitimité en droit international et son assise dans l'architecture institutionnelle de la gouvernance mondiale des industries culturelles. Dans la seconde partie, le dispositif juridique et institutionnel de l'UNESCO est analysé avec un intérêt tout particulier pour le contexte politique dans lequel se sont opérées la légitimation et la négociation des conventions qui constituent la structure centrale du droit applicable en matière de protection de la diversité culturelle. L'eouvre protectrice de l'UNESCO dans le domaine de la culture sera examinée, avant de nous pencher sur le régime récent de protection et de promotion de la diversité culturelle et les solutions de cohérence et d'hybridation qu'il propose.

---

la source fondatrice, s'appuyant sur les multiples déclinaisons de la notion dégagées par les contributeurs, l'auteur propose de les discipliner autour de trois pôles, qui constituent autant de dimensions du droit : la *valeur normative*, la *portée normative* et la *garantie normative* (C. THIBIERGE, *ibid*, p. 821).

PREMIÈRE PARTIE : STATUT NORMATIF DES VALEURS NON MARCHANDES AU SEIN DU SYSTEME COMMERCIAL MULTILATERAL

Alors que nouvel ordre économique international a affirmé la souveraineté économique des Etats, c'est-à-dire la liberté de chacun de choisir son régime économique, l'OMC élabore un encadrement juridique commun fortement marqué par l'idéologie libérale ; cet équilibre précaire a d'abord conduit les pays développés à consentir aux pays en voie de développement un système de préférence conçu au départ pour établir une égalité entre les deux catégories de pays et permettre au seconds de combler leur retard dans les échanges économique Nord-sud. Ce système est unilatéral et précaire. Il s'accommode parfois des conditionnalités démocratiques ; l'ordre économique actuel privilégie cependant le multilatéralisme qui consiste en ce que les Etas, par voie conventionnelle s'engagent à libéraliser progressivement les transactions commerciales pour arriver à terme à une situation de compléter liberté. Ce déploiement normatif soulève des questions relatives aux effets de la mondialisation, accompagnée de la tendance à la standardisation et à l'uniformisation.

Depuis la création de l'Organisation des Nations Unies, le droit international a connu trois importantes et indépendantes évolutions dans les domaines du droit international économique, du droit international des droits de l'homme et du droit pénal international. Bien que ces deux dernières prennent racine dans la Charte des Nations Unies et énoncent, dans la plupart des cas, des obligations de types de *jus cogens* et semblent donc remporter sur le droit international économique, la structure actuelle du droit international donne primauté au droit international économique[110].

[110]Selon H.Arendt, l'économie aurait instauré le comportement dans le domaine d'activité relativement restreint qui la concerne. Le problème est qu'elle a finalement abouti à la prétention totale des sciences sociales et a réduit l'homme au niveau d'un animal conditionné à un comportement prévisible. ARENDT Hannah, *Condition de l'homme Moderne*, Edition Calmann-Lévy, 1961, pp. 81. Voir également les travaux de Gary Becker qui a poussé cette prétention de l'économie comme science sociale totale à son paroxysme.

Le droit international économique a successivement été désigné comme le « Droit de l'économie internationale », le « Droit des relations économiques internationales » ou encore » le droit international du développement des relations nord sud ou sud-sud »[111]. A la différence du droit international général, la spécificité du droit international économique se traduit par son processus de formation, son contenu et son système de règlement des différends qui reposent tout à la fois sur des sources conventionnelles et non conventionnelles[112].Contrairement au droit international classique qui appréhende la frontière comme imperméable, celui-ci envisage la frontière comme une entrave aux échanges économiques et cherche davantage la perméabilité[113].

La frontière, dont le symbolisme défie toute analyse rationnelle, est le nœud gordien du commerce international et justifie les stratégies économiques qui jalonnent le commerce international depuis les théories des mercantilistes aux théories des libéraux qui prônent le *laissez-faire* et le *laissez-passer*[114].Pour Carreau

---

[111]D. ALLAND, D*roit international public,* PUF collection droit fondamental, mars 2000, p. 619

[112]D. LUFF, *Le droit de l'Organisation Mondiale du Commerce, analyse critique*, Editions Bruylant, Bruxelles/ Editions LGDJ, Paris, 2004, p. 43. On peut citer ici la conclusion d'accord en forme simplifiée, l'absence ou l'atténuation du formalisme.

[113]En dépit de cette perméabilité, de la pertinence décroissante des frontières par un nombre grandissant d'activités humaines et l'émergence de nouveaux *politie* inédits (UE) les frontières restent pour le moment, du moins au niveau de la théorisation et perception, la référence essentielle et la base incontournable pour ce qui est des groupements et des communautés humaines. Voir Abi-Saab, « La pérennité des frontières en droit international », n°64, p.342.

[114]Voir KEYNES, *La fin du Laissez-faire*, *op.cit*, pp. 82-83. La frontière, élément déterminant de la stato-génèse, s'enracine dans l'histoire et se confond avec les origines du droit international. En droit international, le territoire apparaît comme l'un des éléments constitutifs de l'État : c'est l'espace de souveraineté dont dispose sans partage tout État. De la confrontation de souverainetés, se prétendant égales, résulte la nécessité d'une délimitation au moyen de la fixation d'une frontière destinée à empêcher tout empiétement d'une souveraineté sur l'autre. C'est dans ces conditions que la frontière linéaire va progressivement s'imposer au détriment des frontières mouvantes, différentielles, avancées et, par essence, imprécises. Son inviolabilité, son intangibilité, sa stabilité sont protégées par

et Juillard, le droit international économique est un « droit cadre », étant « cette branche du droit qui appréhende l'établissement des personnes et leurs investissements, le commerce international des biens et des services ainsi que le financement de ces activités »[115]. Par ailleurs, à la différence du droit international général qui proclame l'égalité souveraine des États, fût-elle formelle, le droit international économique accepte et officialise une certaine inégalité factuelle entre États. La théorie des avantages comparatifs de Riccardo porte au plus haut le libre échange[116].La grande dépression économique et financière de 1929 va marquer le mouvement de repli vers le protectionnisme et la deuxième guerre mondiale allait générer à la fois des États providences et un nouvel ordre économique.

Les fondateurs du système des Nations unies étaient convaincus que la coopération internationale dans les sphères économiques sociales et culturelles était devenue une nécessité. De fait après 1945, les sociétés vont s'étatiser et la guerre n'apparait plus comme la continuation possible et rationnelle de la politique.C'est dans ce contexte que l'organisation internationale du commerce (OIC) devait compléter les institutions issues de la conférence de Bretton Woods. Suite à l'abandon du projet de création de l'OIC, le GATT va assurer pendant 50 ans, la mission qui avait été à l'origine dévolue à l'OIC. Le 1er janvier 1995 est la date officielle de naissance de l'Organisation Mondiale du commerce. Ainsi saisir les différents instruments juridiques par lesquels l'OMC et, avant

un caractère objectif qui fait des traités de frontières des accords hors normes dans la sphère internationale. En délimitant les souverainetés de façon rigide, les frontières deviennent belligènes et alimentent de nombreux conflits. Les différends portant sur la frontière terrestre sont les plus anciens et les plus nombreux.

[115]D. CARREAU et P. JUILLARD, Droit international économique, *op.cit.*, p.4.

[116]OMC, Rapport sur le commerce mondial 2008, Genève, 2008, p.81 ; Cette théorie reste d'actualité selon le Rapport sur le commerce mondial 2008 de l'OMC : *« En 2017, les économistes célèbreront l'anniversaire de la publication des « Principes de l'économie politique et de l'impôt « de David Ricardo. Deux siècles plus tard, ils considèrent toujours la loi de l'avantage comparatif comme l'un des piliers de la science économique, voire comme « l'unique proposition des sciences sociales qui soit vraie sans être triviale ».*

elle, le GATT et ses pères fondateurs ont donné place à la culture est d'une importance capitale permet de comprendre les enjeux de la légitimation de la diversité culturelle (Titre I). Le rôle renforcé de l'ORD concernant la poursuite de cohérence sera mise en évidence (Titre II).

TITRE I. ENJEUX ET LEGITIMATION DE CULTURE COMME VALEUR NON MARHANDE

Il règne autour dc l'expression diversité culturelle, une confusion terminologique. La notion recouvre un contenu pluriel susceptible d'interprétations contradictoires[117]. Selon Hélène Ruiz Fabri « *la notion de la diversité culturelle n'est pas totalement nouvelle, et c'était un de ses mérites, mais elle était aussi très large, et c'était un des ses pièges, d'autant qu'elle a d'abord été un nouveau slogan politique, avant qu'on cherche à lui donner un contenu intellectuel, puis à la doter d'un cadre juridique* »[118]. Pascal Lamy évoquait l'ambigüité du concept: « *Pour rester crédible, nous devons bien être conscients que la promotion de la diversité culturelle ne doit pas se résumer en la défense par chaque Etat membre de son industrie nationale. Sinon, ce serait, comme le disent certains, une forme de protectionnisme déguisé qui ne convaincrait personne*»[119]. L'espace et le temps en constitue la matrice[120]. Comme le montrent les analyses de Gugliemo Ferrero la légitimité agit comme régulateur historique non seulement de la stabilité nationale, mais aussi de l'ordre et de la stabilité

---

[117]H.RUIZ FABRI, « Jeux dans la fragmentation : la convention sur la promotion et la protection de la diversité des expressions culturelles », *op.cit.* pp.52-53.

[118]Idem.

[119]Voir Les négociations sur les services culturels à l'OMC : Commission de la Culture du Parlement européen, - Discours de Monsieur Pascal LAMY, Commissaire européen au Commerce, Bruxelles, 19 mai 2003.:http://europa.eu.int/comm/commissioners/lamy/speeches_articles/spla170_fr.htm ; voir aussi « Promotion de la diversité culturelle », intervention de Monsieur Pascal LAMY, Commissaire européen au Commerce, Deuxièmes Rencontres internationales des professionnels de la culture, Paris, le 4 février 2003.

[120]Jean BAECHLER, *Les matrices culturelles. Au foyer des cultures et des civilisations*, Hermann, 2009.

internationale[121]. Il faut donc s'interroger sur ces « génies invisibles » de légitimation [122] de la diversité culturelle[123] et projeter quelques lumières sur ses origines, ses déterminations, principes et règles qui influencent sa vitalité.

Ainsi, traiter la diversité culturelle suppose la clarification des dispositifs élémentaires qui régissent le secteur culturel. Certains notions et concepts méritaient d'être éclaircis et positionnés par rapport à l'objet de cette étude en raison de la polysémie de leurs natures et de leurs sens, de la multiplicité des champs sémantiques, souvent transformés dans le temps et par conséquent sujets à controverses diverses ainsi qu'à des débats inachevés. La diversité culturelle représente une réalité plurielle (chapitreI) et semble être faiblement soluble dans le droit international du commerce (chapitre II).

---

[121]Gugliemo FERRERO, *Pouvoir, les génies invisibles de la cité,* Paris, Plon, 1944.

[122]La légitimité rationnelle fait l'impasse sur l'influence qu'exercent sur tout pouvoir « les génies invisibles de la Cité » que sont les traditions, les opinions et les sentiments » ; Voir Simone GOYARD-FABRE, « Légitimité », dans Denis ALLAND et Stéphane RIALS (dir.), *Dictionnaire de la culture juridique*, coll. « Quadrige », Paris, Lamy/PUF, 2003, p. 932.

[123]D'après une théorie développée dans les années quatre-vingts par François Ost, la validité d'une norme et d'un acte juridique s'apprécie au départ de trois critères : la légalité, l'effectivité et la légitimité (Fr. OST et M. VAN DE KERCHOVE, *De la pyramide au réseau ?*, *op.cit.*, p. 324 et s.). La légitimité revêt donc plusieurs facettes, et pas uniquement l'aspect juridique qui est incarné par le droit. La légalité renvoie à la validité formelle. Elle « signifie appartenance au système juridique de référence. Valorisée par les jusnaturalistes, la légitimité illustre le versant axiologique de la validité, qui est évaluée à l'aune de valeurs méta-positives. Dans le champ politique, la légitimité constitue un rempart contre le caprice ou l'anarchie, l'arbitraire ou l'insensé; elle donne donc au pouvoir sa plénitude et sa force. « *La légitimité est au sens général du terme un simple économiseur de coercition et sa variante démocratique a pour fonction plus exigeante de tisser des liens constructifs entre le pouvoir et la société* » (Voir P. ROSANVALLON, *La légitimité démocratique : impartialité, réflexivité, proximité.* Paris, Seuil, 2008, p. 21).Voir également un article de Vincent Tomkiewicz, « Regards au-delà de la fonction juridictionnelle de l'Organe d'appel de l'OMC : l'apport à la légitimité du mécanisme de règlement des différends », papier présenté à la Conférence of the European Society of International Law (ESIL), Florence 26-28 mai 2005.

CHAPITRE I. DE LA CULTURE AUX POLITIQUES CULTURELLES : CADRE CONCEPTUEL ET JURIDIQUE

La diversité culturelle se manifeste par le biais des multiples formes d'expressions des peuples et des individus. A la différence de l'éducation, de la santé, des transports, la culture au sens anthropologique peut apparaître comme un objet moins légitime ou consensuel d'intervention étatique. La polysémie du concept de culture rend en effet difficile la définition et la délimitation du domaine même sur lequel porterait l'action publique, ainsi que de ses objectifs, de ses résultats et de ses modes d'évaluation. Le domaine de la culture peut être théoriquement illimité, en raison de la conception totalisante qu'en offre sa définition anthropologique. Dès lors, aucune manifestation socioculturelle ne peut *a priori* être exclue du champ de la politique publique. Il est cependant possible de définir la diversité culturelle de manière restrictive par le biais des produits culturels, c'est-à-dire les biens et les services culturels et par le patrimoine immatériel. Il convient dès lors, après avoir clarifié les significations et dimensions que l'on peut donner à la culture ainsi que les concepts qui en découlent et la pertinence des fondements idéologiques des politiques culturelles (I) de voir leur prise en compte dans l'édification du système commercial multilatéral (II).

SECTION I. LES DIMENSIONS DE LA CULTURE

L'aube de l'histoire coïncide avec la façon dont des groupes d'hommes articulent l'idée qu'il se font de leur destin avec les règles qu'il se donnent pour y parvenir, avec la tentative d'organiser un vouloir vivre ensemble grâce à des «codes» écrits (Hammourabi mille ans avant Moïse) ou des usages oraux pour réguler la coexistence des personnes, la cohésion sociale, la possession de la terre ou encore réglementer la guerre et la paix avec d'autres peuples voisins. Le contexte dans lequel chaque groupe ou société vit est le produit d'une matrice culturelle pour reprendre Jean Baechler, où l'homme a choisi, décidé, inventé, développé et progressé à son rythme au gré de relations et d'échanges, de coutumes, de lois et de sciences, fabriquant de l'art etc. Il est dès lors nécessaire de cerner l'étendue des dimensions de la culture pour mieux investir conceptuellement les enjeux de la diversité culturelle (§1). La mondialisation associée au progrès technologique peut être une source de menaces pour la diversité culturelle. Il convient d'examiner comment elle s'article à cette réalité (§2).

§1.ENJEUX CULTURELS : CULTURE ET EXPRESSSIONS CULTURELLES

Le choix dess concepts juridiques à inserer dans le tissu normatif sont des moments importants de l'élaboration du droit. La conception de la culture sous jacente aux droits culturels est évidemment tout à fait déterminante dans la protection de la diversité culturelle (A). La notion de culture a fortement évolué ces dernières décennies, sous l'influence non seulement des évolutions du phénomène culturel de manière générale et des pratiques culturelles mais également des politiques culturelles en tant que telles suite aux travaux notamment de l'Unesco (B).

A. La culture : une notion plurielle

La notion de culture se déploie à plusieurs niveaux de sens et selon plusieurs registres et leur rapport n'est pas toujours simple et pacifié. On peut approximativement identifier le sens ontologique (ce par quoi l'existence humaine s'élève au dessus de l'animalité, le registre de l'identité (ce qui nous permet de nous identifier, ce sur quoi travaillent les anthropologues), le registre des pratiques (pratiques artistiques, la cuisine ou la mode), le registre du marché et le registre classique (la culture désigne un processus d'acquisition de connaissance, un exercice intellectuel de mobilisation des facultés de l'esprit).

Sans s'exclure nécessairement, elles renvoient en effet tantôt à un objet philosophique englobant, tantôt à un faisceau de caractères distinctifs, tantôt à un processus intellectuel orienté vers une fin, et tantôt au produit fini de ce processus.

Originairement technique et descriptif, l'évolution sémantique a ensuite chargé ce terme de dimensions symboliques, prescriptives et esthétiques.

1. La culture : précisions conceptuelles d'un objet protéiforme

Évoquer la culture aujourd'hui, c'est braver une indéfectible polysémie que nous rappelle le célèbre inventaire critique d'Albert Kroebert[124] et une polymorphie, entretenus par le sens commun mais aussi par la sociologie de la culture[125]. La culture ne va de soi[126]. Cette polysémie de la culture est en partie le résultat de la trajectoire en lignes brisées qui caractérise l'histoire du mot lui-même depuis l'antiquité[127].Cette difficulté à

[124]En 1952 des auteurs ont recensé 164 définitions du terme. Le Larousse propose une définition en deux étages. La culture est d'abord «l'ensemble des usages, des coutumes, des manifestations artistiques, religieuses et intellectuelles» qui définissent et distinguent un groupe, une société (La culture hellénistique) mais c'est aussi l'ensemble de convictions partagées, de manières de voir et de faire qui orientent plus ou moins consciemment le comportement d'un individu ou d'un groupe (A.L. Kroeber and Clyde Kluckhohn, Culture : A critical review of concepts and définition, (1952).

[125]Selon Diana CRANE, « il ya des cultures créées de toutes pièces pour des raisons idéologiques, des considérations esthétiques ou commerciales » , voir Diana Crane, « La mondialisation culturelle vue sous l'angle de la sociologie de la culture », Document préparé en vue de la présentation au colloque , « Les statistiques face aux défis de la diversité culturelle dans un contexte de globalisation » de l'Institut de statistique de l'UNESCO à Montréal, du 21 au 23 octobre 2002, p.3.

[126]Il va même si peu de soi qu'on lui fait faire tous les métiers : par exemple, on entend parler culture primitive, culture dominante, culture de masse, culture de classe, culture politique, culture d'entreprise jusqu'à composer une affaire d'État.

[127]La première approche d'une définition de la culture remonte en Grèce antique dans l'Ile d'Elée ou ailleurs en Ionie. Certes, il ne s'agit plus d'une équivalence de terme que de définition telle que nous l'entendons au sens moderne. Cependant, force est de constater que la culture s'inscrit dans un contexte historique avec Héraclite, la Physis qui est la nature stable, se compare avec le *nomos* qui marque la diversité des conditions sociales, ainsi

préciser ce concept n'élimine pourtant pas l'existence du fait culturel dans toutes les cultures du monde et son imminente participation au travail sur les significations.

On peut l'utiliser pour désigner l'ensemble des traditions, techniques et des institutions qui caractérisent un groupe humain, pour qualifier l'ensemble des acquisitions intellectuelles d'un individu particulier ou, de manière plus restrictive, pour regrouper l'ensemble des œuvres artistiques passées et contemporaines d'une communauté. Construction sociale cohérente, la culture s'inscrit dans la durée : elle doit être transmise. La continuité passe par tout un réseau d'institutions : régime politique et système juridique, structures familiales, système éducatif, réseau de communications, organisations religieuses, systèmes associatifs, organisation de l'habitat, productions artistiques et autres manifestations qui reflètent cette identité sociale exprimant la référence à une culture commune.

En revenant à l'étymologie du terme culture, Hannah Arendt nous rappelle que la culture puise ses racines dans *colere*, dont la signification romaine s'appliquait surtout à la relation de l'homme avec la nature, prenant comme sens profond celui de cultiver la terre[128]. *Cultura* désignait ainsi le soin apporté aux champs et aux bétails[129].La proximité de la culture et

---

que la faculté d'en changer, parce qu'il est l'esprit enrichi par les connaissances et l'expérience.

[128]Hannah ARENDT, *La crise de la culture. Huit exercices de pensée politique*, Paris, Gallimard, 1989, p. 271.

[129]Le terme (latin *cultura*) suggère l'action de cultiver, dans le domaine de l'agriculture en particulier: cultiver des fleurs. Cicéron fut le premier à appliquer le mot *cultura* à l'être humain : « *Un champ si fertile soit-il ne peut être productif sans culture, et c'est la même chose pour l'humain sans enseignement ...La culture de l'âme « qui extirpe radicalement les vices, met les âmes en état de recevoir les semences, leur confie, et, pour ainsi dire, sème ce qui, une fois développé, jettera la plus abondante des récoltes* », (Cicéron, *Tusculanes*, livre II, Paris, Les Belles Lettres, 1960,p. 13). On peut même dire que ce concept de culture comme se rapporte à ce que les Grecs, avant Cicéron, nommaient *paideia*, terme désignant le traitement à appliquer aux enfants pour qu'ils deviennent hommes et atteignent leur plein potentiel, comme citoyens ou comme rois. Voir Werner Jaeger, *Paideia: The Ideals of Greek Culture*, Oxford, Oxford University Press, 1986, aux pp. xvii-xxix.

l'agriculture s'observe notamment à travers l'importante charge culturelle associée à la production, à la consommation et au commerce des produits agricoles[130]. À partir du XVIe siècle, elle signifiera l'action de cultiver, c'est-à-dire former, à savoir ce qui forme et façonne l'esprit[131]. Selon Cuche, au XVIIIe siècle le mot culture est employé généralement au singulier, ce qui reflète l'humanisme universaliste des philosophes: «la culture est le propre de l'Homme (avec majuscule), au-delà de toute distinction de peuples ou de classes»[132]. Depuis son exil classique des moissons spéculatives de la raison, le terme est défini sur un mode intellectuel, technicien, artistique, religieux, politique, éthique.

Le concept de « culture » a été par ailleurs l'objet de désaccords sémantique passionnels, liés aux désaccords sociaux et nationaux. Le débat franco-allemande du 18ème siècle au 20ème siècle est l'archétype des deux conceptions de la culture, l'une particulariste, l'autre universaliste, qui sont au fondement de deux façons de définir le concept de culture dans les sciences sociales contemporaine. L'antithèse «culture »/« civilisation » se déplace de l'opposition sociale vers l'opposition nationale. La notion allemande de *Kultur* à partir du 19è siècle va tendre à la délimitation et à la consolidation des différences nationales : mot particulariste qui s'oppose à notion française universaliste de « civilisation »[133].Ces désaccords ont permis le passage d'une définition normative des philosophes des lumières à une

---

[130]Parent G. et L. Mayer-Robitaille, « Agriculture et culture : le défi de l'OMC de prendre en compte les considérations non commerciales », (2007) 52 R.D. McGill 415.

[131]Hofstede Geert, "Management scientists are human", 1994, in Management Science 40/1, p.4-13.

[132]Denys CUCHE, *La notion de culture dans les sciences sociales*, Repères, La Découverte, 2001, p.9

[133]L'idéal de la *kultur* allemand qui désigne un ensemble des représentations dont se nourrit la fierté nationale selon Norbert Elias, est l'antithèse de la civilisation qui appréhende la culture au sens téléologique du terme : destination naturelle suprême du genre humain, Norbert Elias, *La Civilisation des mœurs*, Paris, Calmann-levy, 1973, p.18.

définition descriptive grâce aux anthropologues, notamment par Lévi-Strauss[134].

Au sens anthropologique du terme, la culture désigne la langue, les normes, les valeurs, les croyances et les pratiques propres à un groupe donné, autrement dit un ensemble d'attributs qui unit les membres d'un groupe et les distingue d'autres groupes, influence leur vision du monde et structure leur vie individuelle ou collective[135]. Cette notion est fréquemment associée à celle d'identité, qui désigne la compréhension qu'une personne ou un groupe ont d'eux-mêmes.Ce modèle anthropologique puise ses racines dans le particularisme historique pré-romantique celui, notamment, de Johann Gottfried Herder et de ses épigones[136].

---

[134]Pour Claude LEVI-STRAUSS, l'anthropologie structurale va se donner pour objet de repérer les invariants culturels identiques d'une culture à l'autre. L'œuvre de Claude LEVI-STRAUSS marquera la fin de l'ethnologie « coloniale », qui laisse la sociologie s'emparer du concept de la culture.

[135]Ph. BÉNÉTON, *Histoire de mots, culture et civilisation*, Paris, Presses de la fondation nationale des sciences politiques, 1975. L'anthropologue et juriste britannique B. Tylor est généralement cité comme étant le premier à avoir proposé cette définition canonique du terme « culture », dans son ouvrage, Primitive culture, paru en 1871. Elle d'ailleurs salué comme l'acte de naissance du champ de l'Anthropologie moderne. Ph. Bénéton souligne toutefois l'influence du concept allemand de *Kultu*r sur la définition forgée par Tylor. Sur la notion de Kultur, voir, Le premier chapitre de N. Elias, La civilisation des mœurs, Paris, Calmann-Lévy, 1991 (1è éd. 1969).

[136]Herder prend fait et cause, au nom du « génie national » de chaque peuple pour la diversité des cultures, richesse de l'humanité et contre l'universalisme uniformisant et appauvrissant des Lumières. Il ne faut pas oublier le prestige qu'avaient la langue et la culture françaises dans les classes supérieures en Allemagne. L'hostilité des intellectuels des classes moyennes allemandes envers l'aristocratie est aussi une hostilité contre les manières civilisées, c'est-à-dire françaises, des princes des États allemands. « Deux mots », écrit Denys Cuche, « vont leur permettre de définir cette opposition des deux systèmes de valeurs : tout ce qui relève de l'authentique et qui contribue à l'enrichissement intellectuel et spirituel sera considéré comme relevant de la culture ; au contraire, ce qui n'est qu'apparence brillante, légèreté, raffinement de surface, appartient à la civilisation. La culture s'oppose donc à la civilisation, comme la profondeur s'oppose à la superficialité. Pour l'*intelligentsia* bourgeoise allemande, la noblesse de cour, si elle est civilisée, manque singulièrement de culture. Comme le petit peuple en est également dépourvu, cette *intelligentsia* se considère en quelque sorte investie d'une mission, celle de développer et de faire rayonner la culture allemande »,

Sur le registre de l'anthropologie philosophique, Sélim Abou la définit quant à lui comme l'ensemble des conventions symboliques qui règlent et aménagent le rapport du groupe humain à son environnement. « *La culture est l'ensemble des manières de penser, d'agir et de sentir d'une communauté dans son triple rapport à la nature, à l'homme, à l'absolu* »[137]. Ces définitions ne s'excluent pas les unes des autres, mais révèlent plutôt les divers dimensions qui marquent la culture : son caractère dynamique et composite, ses composantes symboliques, sa dimension collective et sociale qui singularise les groupes humains dans leur élaboration et réalisation des valeurs supérieures présentes dans sa culture au sens large[138].

La Conférence mondiale sur les politiques culturelles (Mondiacult) qui a lieu en 1982 dans la ville de Mexico couronne un processus amorcé douze ans plus tôt à la Conférence de Venise sur le même sujet. Elle a tenté une synthèse : « *l'ensemble des traits distinctifs spirituels et matériels, intellectuels et affectifs qui caractérisent une société ou un groupe social. Elle englobe outre les arts et les lettres, les modes de vie, les façons de vivre ensemble, les systèmes de valeurs, les traditions et les croyances* ». Cette définition de la culture donne une explication de son rôle en montrant l'évolution de ce concept depuis la création de l'UNESCO pour qui « : *Il convient aussi que la culture donne à l'homme la capacité de réflexion sur lui-même. C'est elle qui fait de nous des êtres spécifiquement humains, rationnels, critiques et éthiquement engagés...C'est par elle que l'homme s'exprime, prend conscience de lui-même, se reconnaît comme un projet inachevé, remet en question ses propres réalisations, recherche inlassablement de nouvelles significations et crée des œuvres*

Denys CUCHE, *La notion de culture dans les sciences sociales*, Repères, La Découverte, 2001, p.13.

[137]SÉLIM ABOU *L'identité culturelle, relations interethniques et problèmes d'acculturation*. Paris:Ed. Anthropos, 2ème édition. P. 13. Voir aussi, S.ABOU, *Culture et droits de l'homme*, Beyrouth, Éd. Perrin et Presses de l'Université Saint-Joseph, 2002, p.22.

[138]«Les individus peuvent avoir, et ont, des identités multiples qui sont complémentaires – appartenance ethnique, langue, religion et race, de même que citoyenneté » : PNUD, *Rapport mondial sur le développement humain 2004*, *op.cit.*, p.2.

qui le transcendent »[139]. Les principes de la déclaration de Mexico sur les politiques culturelles ont été réaffirmés lors de la conférence intergouvernementale sur les politiques pour le développement tenue à Stockholm en 1998[140].

Cette définition réhabilite la dimension anthropologique de la culture, malmenée depuis la fondation de l'UNESCO. Si cette définition a l'avantage de proposer un sens large, elle reste cependant énumérative et ne mentionne pas explicitement l'individu, créateur de culture. Ambitieuse, cette définition reprend différentes facettes des définitions plus spécifiques qui sont habituellement données de la culture.

La récente définition de l'UNESCO, née d'un compromis international, concilie les différentes définitions du terme culture. Bien que la culture connaisse de profondes mutations, notamment à cause de nouveau vecteurs culturels dont l'internet, l'UNESCO a repris intégralement la définition élaborée lors de la conférence de Mexico *: la culture dans son sens le plus large, peut être considéré comme l'ensemble des traits distinctifs spirituels et matériels, intellectuels et affectifs qui caractérisent une société ou un groupe social. Elle englobe outre les arts et les lettres, les modes de vie, les façons de vivre ensemble, les systèmes de valeurs, les traditions et les croyances »*[141].

---

[139]Centre Catholique International pour l'UNESCO, *Mondiacult : bilan d'une Conférence, Présence Catholique*, Paris, CCIC, sans date d'édition, pp.3-4.

[140]Des participants à la Conférence intergouvernementale sur les politiques culturelles pour le développement, organisée à Stockholm, déploraient, par ailleurs, « l'absence relative de clarté conceptuelle dans le domaine des politiques culturelles ». Ils imputaient cet état des choses à une combinaison de facteurs parmi lesquels : l'immaturité relative des politiques culturelles en tant que domaine interdisciplinaire d'étude et de recherche, la faible priorité accordée au financement de la recherche par les institutions chargées de définir et de mettre en œuvre ces politiques ; le caractère privé ou privatisé de nombreux travaux ; etc. voir, Bennett T. et Mercer C., « Amélioration de la recherche et de la coopération internationale en matière de politiques culturelles », Conférence intergouvernementale sur les politiques culturelles pour le développement, Stockholm, 30 mars-2 avril 1998, Paris, décembre 1997.

[141]Définition de l'UNESCO de la culture, Conférence mondiale sur les politiques culturelles, Mexico City, 26 juillet - 6 août 1982.

L'inconvénient de cette définition est qu'elle est peu opérationnelle. La *Déclaration de Fribourg* a recentré la définition sur la personne: » *le terme «culture » recouvre les valeurs, les croyances, les convictions, les langues, les savoirs et les arts, les traditions, institutions et modes de vie par lesquels une personne ou un groupe exprime son humanité et les significations qu'il donne à son existence et à son développement* » (Art. 2, a.)[142]. Selon cette acception, une activité culturelle touche aussi bien l'intimité des personnes, que celui du lien social. Il s'agit d'une définition de travail. De telles définitions de travail se trouvent également dans le préambule de la Déclaration universelle de l'UNESCO sur la diversité culturelle et dans l'Observation générale no 21 (2009) sur le droit de participer à la vie culturelle, adoptée par le Comité des droits économiques, sociaux et culturels. Le champ d'application de la convention de 2005 évite soigneusement cette définition anthropologique, mais s'étend à la « multiplicité des formes par lesquelles les cultures des groupes et des sociétés trouvent leur expression »[143].

2. Le droit à la culture : Un dispositif lacunaire et programatoire

La diversité culturelle et les droits culturels sont intimement liés. Il n'existe pas de définition officielle de la notion de «droits culturels», pas plus qu'il n'y a de définitions officielles des autres droits. Au sein du corpus du droit international des droits de l'homme, les droits culturels ontlontemps resté une catégorie « sous-développée» [144]. Le schisme idéologique de l'après-

[142]La Déclaration est accessible sur le site en diverses langues, avec de nombreux Documents de Synthèse explicatifs : www.droitsculturels.org.

[143]Article 4 de la convention de l'UNESCO de 2005.

[144]Si l'on s'intéresse de plus près à leur formulation usuelle, on s'aperçoit aussi qu'il y a d'abord les droits « économiques », que viennent ensuite les droits « sociaux », puis qu'enfin, clôturant la marche, arrivent les droits « culturels ». Cette position de dernier de la liste laisse aisément deviner la place qu'ont longtemps tenue ces droits au sein de l'ensemble « indivisible et interdépendant » des droits de l'homme. Pour les juristes et experts, cette place en fin de liste, couplée à l'incommodité causée par l'étendue du

guerre a créé une politisation des droits humains et a réussi à fragmenter les droits fondamentaux tout en happant les espoirs nés au lendemain de la Seconde Guerre mondiale. Ils ont fait l'objet d'importantes mutations. Afin qu'ils puissent être exercés par tous les êtres humains, afin qu'ils aient donc une portée universaliste effective, leur définition a subi une double évolution : à l'origine plutôt conçus comme des droits individuels à la culture, concept purement occidental, ils sont de plus en plus entendus comme les droits collectifs. Participant d'un travail sur les significations de la société, ils contribuent à donner au droit à la culture une dimension collective.L'importance du droit à la culture dans la construction des individus et du lien social est évidente. Cette importance croît dans un contexte de bouleversement du phénomène culturel où la mise en place de politiques culturelles se confronte à une globalisation et une privatisation accrue de la culture et où l'énormité des enjeux financiers fait face aux revendications du droit à la culture. Les travaux préparatoires et les textes de droit international mettent en exergue une évolution de la notion de culture en tant qu'objet du droit à la culture. Elissabet Stamatoupoulou distingue six éléments normatifs dans le droit à la culture : le droit à la non-discrimination et à l'égalité, la libre jouissance de la vie culturelle et la liberté de créer et de contribuer à la culture, la liberté de choisir à quelle culture et quelle vie culturelle l'on veut participer, ainsi que la liberté de manifester sa culture, la liberté de diffusion, la liberté de coopérer au niveau international, le droit de participer dans la définition, la préparation et la mise en oeuvre des politiques culturelles et d'autres éléments connectés au droit à la culture[145].

a.Les droits culturels : un régime juridique eclaté

---

concept de « culture » a fini par transformer ces droits en une sorte *d'etcetera culturel.* cf. Gédéon JEAN, « 10 décembre 2008, En route vers l'effectivité des droits de la 2ème génération », article publié sur le site IDEF. Pour une présentation globale de la thématique du « sous-développement » des droits culturels, voir : Patrice EYER-BISCH (dir.), Les droits culturels, une catégorie sous-développée des droits de l'homme, VIIIe Colloque interdisciplinaire sur les droits de l'homme, Presses de l'Université de Fribourg, 1991

[145]E. Stamatopoulou, «The Right to take part in cultural life, Article 15 (1) (a) International covenant on economic, social and cultural rights», op. cit., p. 5.

Les droits culturels sont d'abord inscrits dans la *Déclaration Universelle des Droits de l'Homme* de 1948 qualifiée par René Cassin comme la plus vigoureuse et la plus nécessaire des protestations de l'humanité contre l'oppression[146]. Ils font l'objet des articles 22 et 27. L'article 27 stipule que : « *1.Toute personne a le droit de prendre part librement à la vie culturelle de la communauté, de jouir des arts et de participer au progrès scientifique et aux bienfaits qui en résultent.» 2. Chacun a droit à la protection des intérêts moraux et matériels découlant de toute production(...) littéraire ou artistique dont il est l'auteur ».*L'article 27 de la Déclaration universelle des droits de l'homme en trace le sillon et l' articles 15 du Pacte international relatif aux droits économiques, sociaux et culturels (ci-après PIDESC) cristallise son importance. Cette importance fondamentale du droit à la culture est attestée par le nombre impressionnant d'instruments juridiques qui le consacrent, au-delà des seuls articles 15 du PIDESC et 27 de la Déclaration universelle.

En effet, de nombreuses obligations conventionnelles prévoient le respect, la protection et la réalisation du droit à la culture. Qu'il suffise ici de mentionner l'article 27 du Pacte international relatif aux droits civils et politiques[147] (ci-après PIDCP), les articles 5, 6 et 9 de la Convention cadre pour la protection des minorités nationales[148], l'article 4 de la Convention relative aux

---

[146]Voir les débats lors de la 3ème session de l'Assemblé générale des Nations Unies, 180e séance plénière, le 9 décembre 1948 à la page 864. Pour Hannah Arendt, la Déclaration est devenue un *« instrument de protection des individus face à l'État et au nouvel arbitraire d'un monde désenchanté, où ils n'étaient plus, certains de leur égalité devant Dieu en tant que chrétiens »*. ARENDT Hannah, *L'impérialisme* (1951), *Les origines du totalitarisme. Eichmann à Jérusalem*, trad. LEIRIS (M.), trad. révisée par FRAPPAT (H.), Paris, Quarto Gallimard, 2002, p.591.

[147] Pacte international relatif aux droits civils et politiques, art. 27 : «Dans les Etats où il existe des minorités ethniques, religieuses ou linguistiques, les personnes appartenant à ces minorités ne peuvent être privées du droit d'avoir, en commun avec les autres membres de leur groupe, leur propre vie culturelle, de professer et de pratiquer leur propre religion et d'employer leur propre langue».

[148] Art. 5 : «Les Parties s'engagent à promouvoir les conditions propres à permettre aux personnes appartenant à des minorités nationales de conserver

peuples indigènes et tribaux de l'Organisation internationale du travail[149], l'article 43 de la Convention des Nations unies sur les droits des travailleurs migrants et des membres de leur famille, l'article 13 de la Convention sur l'élimination de toutes les formes de discrimination à l'égard des femmes[150], l'article 5 de la Convention internationale sur l'élimination de toutes les formes de discrimination raciale[151] et les articles 30 et 31 de la Convention relative aux droits de l'enfant [152].

L'analyse des différents instruments internationaux ayant trait aux droits culturels permet de dégager quatre manifestations de ces droits » : le droit à la formation, le droit à la participation à la vie culturelle, le droit à l'expression culturelle et le droit à la rémunération des créations culturelles ayant une valeur économique. Cependant, bien que leurs manifestations aient à la fois une dimension individuelle et collective, la nature du système juridique des droits de l'homme garantit le bénéfice de cette protection aux individus et non à la culture à laquelle ceux-ci s'identifient.

---

et développer leur culture, ainsi que de préserver les éléments essentiels de leur identité que sont leur religion, leur langue, leurs traditions et leur patrimoine culturel ».
L'art. 6 traite de la diversité culturelle et du dialogue interculturel et l'art. 9 des libertés culturelles des minorités.

[149] Art. 4 : «Des mesures spéciales doivent être adoptées, en tant que de besoin, en vue de sauvegarder les personnes, les institutions, les biens, le travail, la culture et l'environnement des peuples intéressés».

[150] Art. 13 : «Les Etats parties s'engagent à prendre toutes les mesures appropriées pour éliminer la discrimination à l'égard des femmes dans d'autres domaines de la vie économique et sociale, afin d'assurer, sur la base de l'égalité de l'homme et de la femme, les mêmes droits et, en particulier :
(...)
c) Le droit de participer aux activités récréatives, aux sports et à tous les aspects de la vie culturelle».

[151] L'art. 5, d, i, proclame le «droit de prendre part, dans des conditions d'égalité, aux activités culturelles».

[152] Art. 30 : «Les Etats parties reconnaissent à l'enfant le droit au repos et aux loisirs, de se livrer au jeu et à des activités récréatives propres à son âge et de participer librement à la vie culturelle (...) »
Art. 31 : «Dans les Etats où il existe des minorités ethniques, religieuses ou linguistiques ou des personnes d'origine autochtone, un enfant autochtone ou appartenant à une de ces minorités ne peut être privé du droit d'avoir sa propre vie culturelle (...) ».

L'éclatement du régime juridique du droit à la culture est une des explications de ce sous-développement conceptuel[153]. Premièrement, le droit à la culture est fragmenté en ce que certains de ses aspects sont rattachés aux droits civils et politiques et d'autres aux droits économiques et sociaux, et sont dès lors, en principe, soumis à des régimes différents. Cet éclatement entre les dimensions «libertés» et les dimensions «sécurités» a eu des effets néfastes : les aspects culturels des droits civils et politiques ont été négligés, et les aspects culturels de la « deuxième génération » des droits ont souffert d'un manque d'attention et d'effectivité. Cette inadéquation de la division entre générations de droits prouve une fois de plus son caractère parcellaire et inadapté[154] . Deuxièmement, l'éclatement du régime juridique du droit à la culture résulte de l'association privilégiée entre droits culturels et droits des minorités et des groupements. En effet, le droit à la culture a surtout été développé au regard des situations particulières des minorités et des peuples autochtones. L'attention s'est ainsi portée de manière plus soutenue sur la question de l'identité culturelle que sur la problématique de la participation de tous à toutes les cultures[155]. Troisièmement, le droit à la culture apparaît plus fragmenté encore lorsque certains de ses aspects sont traités dans des instruments relatifs aux politiques culturelles, et non pas dans des textes proclamant des droits fondamentaux.

Ce qui ressort avant tout de ces différentes normes internationales destinées à protéger les droits culturels est une triple acception de la culture.

1. Tout d'abord, la culture est conçue comme un « capital », un patrimoine matériel accumulé par l'humanité. Le droit qui en découle est un droit d'accès égal à cette ressource. En 1951, lorsque la Commission des droits de l'homme commença à

---

[153]M. Bidault, La protection internationale des droits culturels, Bruxelles, Bruylant, 2009, p. 8.

[154]Ibid, pp. 13-53.

[155]Ibid., pp. 56-93.

envisager la rédaction d'un projet de pacte unique relatif aux droits de l'homme qui inclurait les droits économiques, sociaux et culturels, elle fut saisie par l'UNESCO d'un projet d'article sur les droits culturels. L'UNESCO proposait deux formulations différentes de cet article, l'une plus longue et plus détaillée que l'autre, mais, dans les deux cas, la disposition proposée portait sur le droit à la culture et au progrès scientifique et la propriété intellectuelle[156].

2. La deuxième conception de la culture est celle d'une production artistique et scientifique. Le corollaire en termes de droits culturels est de garantir aux individus la liberté de créer des œuvres culturelles et d'accéder à celles-ci. Ce droit protège les artistes et les scientifiques et les « consommateurs » de leurs œuvres. Il est question pour les citoyens de « participer à la vie culturelle » et donc d'y jouer un rôle actif. Les États doivent quant à eux favoriser « la diffusion de la culture », dans un cadre libre essentiel à l'activité créatrice et à un niveau international. Il s'agit également du droit de jouir des fruits de la culture. Ce droit mis en perspective de la protection nécessaire des prérogatives qu'ont les artistes sur leurs œuvres, bénéficie d'une attention accrue au niveau des États et au niveau international. Si le droit d'auteur est renforcé au niveau interne, aucun texte national n'est en revanche adopté expressément pour garantir le droit de principe que chacun a pourtant de participer à la création culturelle ou d'en jouir[157].

3. La troisième acception du concept de « droits culturels » consiste à considérer la culture comme un mode de vie. Une telle définition amène à englober les aspects immatériels d'un système culturel : valeurs, symboles et pratiques. Le droit

---

[156] Voir « Drafting history of the article 15 (1) (c) of the International Covenant on economic, social and cultural rights », établi par Maria Green pour la Journée de débat général consacrée à l'article 15.1 (c) du Pacte, le 9 octobre 2000 (E/C.12/2000/15).

[157] En effet, tels que définis par l'article 15 du Pacte international sur les droits économiques et sociaux et l'article 27 de la DUDH, les droits culturels font surtout référence aux productions artistiques et intellectuelles, ainsi qu'à leur diffusion et à leur protection. Les outils mis en œuvre pour leur protection découlent alors directement de cette conception de la culture : droits d'auteur et droits de propriété intellectuelle pour les principaux.

culturel qui en découle est un droit à une identité culturelle et à développer sa propre culture. Vu la difficulté de mise en œuvre d'un tel droit, les efforts internationaux et nationaux se sont principalement concentrés jusqu'à récemment sur les mesures qui découlent des deux premières acceptations du concept de culture. Il ressort de cette triple acception que l'application des droits culturels passe par la protection de la créativité, de la propriété intellectuelle, de la liberté artistique et intellectuelle, des droits à l'éducation et à l'expression. Dans son Observation générale n°23, concernant les droits des minorités (article 27 du Pacte),le Comité DH a fait d'ailleurs observer que la culture « *pouvait revêtir de nombreuses formes et s'exprimer notamment par un certain mode de vie associé à l'utilisation des ressources naturelles, en particulier dans le cas des populations autochtones* » et que ces droits « *pouvaient porter sur l'exercice d'activités traditionnelles telles que la pêche ou la chasse et sur la vie dans les réserves protégées par la loi* »[158].

La Déclaration universelle de l'UNESCO sur la diversité culturelle fait un pas en avant pour assurer la visibilité des droits culturels. Elle recense en effet des droits qualifiés de «culturels». Selon l'article 5 de la Déclaration:» (...). L'épanouissement d'une diversité créatrice exige la pleine réalisation des droits culturels, tels qu'ils sont définis à l'article 27 de la Déclaration universelle des droits de l'homme et aux articles 13 et 15 du Pacte international relatif aux droits économiques, sociaux et culturels. Toute personne doit ainsi pouvoir s'exprimer, créer et diffuser ses œuvres dans la langue de son choix et en particulier dans sa langue maternelle; toute personne a le droit à une éducation et une formation de qualité qui respectent pleinement son identité culturelle; toute personne doit pouvoir participer à la vie culturelle de son choix et exercer ses propres pratiques culturelles, dans les limites qu'impose le respect des droits de l'homme et des libertés fondamentales».

[158]Observation générale n°23 (article 27), 26 avril 1994, CCPR/C/21/Rev.1/Add.5.

La *Déclaration de Fribourg* rassemble et explicite les droits déjà reconnus de façon dispersée dans de nombreux instruments. Leur présentation en un seul texte a déjà permis de contribuer à leur éclaircissement et à leur développement ainsi qu'à la consolidation du principe de l'indivisibilité[159]. Elle décline ainsi les droits culturels : la liberté de choisir ses références culturelles, d'établir des priorités et de les changer, la liberté d'exercer des activités culturelles, sous réserve du respect des droits d'autrui, le droit de connaître les patrimoines, le droit de se référer ou de ne pas se référer à une communauté culturelle, le droit d'accéder et de participer à la vie culturelle, à commencer par la langue, le droit à l'éducation, le droit à une information adéquate.De tels droits contribuent à la fois à la mobilisation de l'intelligence individuelle et collective. Ils créent des conditions favorables à l'expression et à la communication directe ou virtuelle et à la coopération entre les cultures. Dans ce cadre, le droit à la culture est entendu comme le droit à la protection de son identité culturelle librement choisie et exprimée.Il concerne alors la sauvegarde des cultures.

Très révélatrice d'une vision dessillée des universaux du droit moderne, la spécificité des droits culturels réside dans leur objet commun: se sont des droits d'accès aux processus

[159]Les droits culturels ont fait l'objet d'un projet de déclaration élaboré par le Groupe de Fribourg, dirigé par Patrice Meyer-Bisch. L'adoption par le Conseil des droits de l'homme de la résolution 10/23, le 26 mars 2009, créant le mandat d'un expert indépendant(actuellement Mme Farida Shaheed) dans le domaine des droits culturels, ainsi que l'adoption par le Comité des droits économiques sociaux et culturels de l'Observation générale 21 (2009) sur l'article 15 (1) (a) du Pacte international relatif aux droits économiques, sociaux et culturels concernant le droit de participer à la vie culturelle, permettent d'approfondir la réflexion sur la place des droits culturels dans le système international des droits de l'homme, d'identifier les obstacles à la réalisation de ces droits, et de réfléchir aux meilleures pratiques susceptibles d'en assurer la jouissance.

d'identification[160]et l'accès aux ressources le permettant[161]. On ne le dira assez les auteurs, qui s'intéressent aux droits culturels, s'accordent à déplorer l'indigence de la réflexion, tant conceptuelle que juridique, sur ces droits[162]. Au de-là de cette indigence, des controverses classique et des positions académiques, s'en trouvent réactivées: celle de la « pensée communautarienne » couramment associé au multiculturalisme suspecté de catalyser les risques d'une réification des identités collectives, d'un enfermement des individus à l'intérieur d'un contexte qui leur serait assigné, d'une fragmentation de la société en autant de communautés qui la composent[163]. Ils reposent avec acuité la question de la portée du droit de participer à la vie culturelle.

b. Le droit de participer à la vie culturelle

Le droit de participer à la vie culturelle comprend le droit d'accéder à la culture, de bénéficier de ses retombées, d'exiger sa protection et de contribuer à son développement. Ces droits s'accompagnent du droit de choisir librement une culture, ce qui implique d'égales opportunités et le respect du principe de non-discrimination dans ce domaine. Le droit de participer à la vie culturelle implique la liberté des activités créatrices, l'accès aux moyens de diffusion et la protection du patrimoine culturel et artistique, matériel et immatériel. Il comprend aussi le droit de participer aux processus décisionnels en matière culturelle Julie

---

[160]Patrice Meyer-Bisch, *Les droits culturels, une catégorie sous-développée des droits de l'homme*, Actes du VIIIe Colloque interdisciplinaire sur les droits de l'homme à l'Université de Fribourg,p.37.
[161]Patrice MEYER BISCH, « La centralité des droits culturels, points de contact entre diversité et droits de l'homme », *in Annuaire international des droits de l'homme,* Athnes, Bruxelles, Sakkoulas, Bruylant Vol.III/2008, pp.31-46.
[162]Mylène BIDAULT, *La protection internationale des droits culturels, culture et droits de l'homme,* Bruxelles, Bruylant, 2009, p.77.
[163]Voir Joseph YACOUB, « La diversité culturelle, défi de ce siècle » in Les cahiers du musée des confluences, volume 5 : La diversité, Lyon, Juin 2010, p.55.

Ringelheim ajoute que ce droit appelle l'obligation de garantir l'existence d'une vie culturelle et d'interdire la censure, de garantir la liberté de création des institutions culturelles et la préservation de l'héritage culturel[164].

Le contenu normatif du droit à participer à la vie culturelle s'est développé selon les différents concepts de la culture, dont le premier puise dans la notion classique de la culture, incluant les arts, la littérature, le théâtre et les musées. La seconde entrée du concept renvoie à la culture dans ses formes multiples et variées, incluant les manifestations et expressions, telles que la musique folklorique, l'artisanat, la presse populaire, la télévision et la radio. Le troisième concept de culture est issu de l'anthropologie et désigne un mode de vie observé par des individus et des sociétés. Alors que les versions préliminaires originales de l'article 15(1) étaient limitées au premier concept de culture, désignant une culture supérieure, les lignes directrices du Comité des droits économiques, sociaux et culturels , adoptées en 1990, impulsèrent un mouvement vers le second concept en incluant les formes populaires de la culture. Finalement, le Comité des droits économiques, sociaux et culturels a adopté à sa quarante-troisième session à Genève, 2-20 novembre 2009, l'observation générale de l'article 15(1).

La vie culturelle peut être définie au niveau des personnes, seules ou en commun, par la jouissance de leurs droits, libertés et responsabilités culturels. Cette jouissance implique que soit entretenue une riche diversité de ressources culturelles, ainsi que les conditions d'accès (richesse des milieux culturels). Cela signifie aussi le respect et la jouissance des dimensions culturelles des autres droits de l'homme. La liberté et les droits de participer à la vie culturelle de la communauté humaine, de jouir des arts (article 27) peuvent-il être conçus sans circulation (article 13), sans pensée, sans conviction (article 18), sans expression (article 19), sans réunion et sans association (article 20) ?

---

[164] J. Ringelheim, op.cit.

Il convient de noter que l'UNESCO a joué un rôle important dans l'élaboration des versions préliminaires de l'Article 15 de la PIDESC. Durant ce processus d'élaboration, lors de la Commission des Nations unies sur les Droits de l'homme, composée d'États, le Directeur Général de l'UNESCO stipula que les droits culturels et le droit à participer à la vie culturelle ne devaient en aucun cas être omis de la convention préliminaire. Il soumit deux propositions préalables, lesquelles furent proposées officiellement par le Chili[165]. Cependant, la majorité de l'Assemblée Générale a rejeté la proposition.En effet, l'expression « vie culturelle » en tant que telle dénote fortement une dimension collective[166] ». La déclaration de l'UNESCO sur la diversité culturelle ne s'y est pas trompée en protégeant la cause culturelle des minorités en association avec celle des peuples autochtones. L'Assemblée parlementaire du Conseil de l'Europe s'est également saisie de la question[167]. La déclaration établit le lien entre diversité et droits culturels[168] et définit le principe de la protection mutuelle entre diversité culturelle et droits de l'homme, interdisant ainsi les dérives relativistes et l'enfermement communautaire[169].Les articles 1 à 6 de la Déclaration universelle sur la diversité culturelle établissent également le lien entre la défense de la diversité

[165]Yvonne DONDERS, Le cadre juridique du droit à participer à la vie culturelle, p.9 ; en ligne : http://www.culturalrights.net/descargas/drets_culturals83.pdf.

[166]Voir Comité des droits économiques, sociaux et culturels, E/C.12/40/15, paragraphe. 9.

[167]« L'Assemblée recommande au Comité des Ministres de reconnaître l'importance de la culture pour la société et pour chaque individu et d'élaborer des stratégies pour s'assurer que chacun ait la possibilité de participer activement à la vie culturelle ». L'Assemblée parlementaire du Conseil de l'Europe, Doc. 11981 7 juillet 2009.

[168]Article 5, et § 4 du Plan d'action : « Avancer dans la compréhension et la clarification du contenu des droits culturels, en tant que partie intégrante des droits de l'homme».

[169]Premier principe de l'article 2. La Résolution 60/167 adoptée par l'Assemblée générale des Nations Unies, le 7 mars 2006, considère le lien de renforcement mutuel « entre le respect de la diversité culturelle et des droits culturels de tous » (§8).

culturelle et le respect des droits de l'homme et des libertés fondamentales[170].

L'Observation générale n° 21, qui clarifie davantage la portée et le contenu de ce droit, souligne la pertinence d'un grand nombre de règles qui figurent dans des instruments relatifs aux droits civils et politiques, aux droits des personnes appartenant à des minorités, aux droits des peuples autochtones et au droit au développement[171]. Elle souligne aussi qu'il y a trois composantes principales interdépendantes du droit de participer ou de prendre part à la vie culturelle: a) la participation; b) l'accès; et c) la contribution à la vie culturelle. Ce droit comprend aussi le droit de ne pas y participer[172]. Quoi qu'il en soit, c'est un fait désormais largement accepté et reconnu qu'une société qui ne reconnaît pas les droits sociaux , économiques et culturels fondamentaux ne peut être ni stable ni démocratique et ne peut pas non plus assurer le respect des droits civils et politiques. L'essor du CODESC, à travers ses importantes observations générales, a largement contribué à rehausser le statut juridique des droits économiques, sociaux et culturels et l'adoption du Protocole facultatif au PIDESC s'inscrit dans une tendance croissante à la « juridictionnalisation » des mécanismes de contrôle des droits économiques, sociaux et culturels et, de ce fait, contribue à la cohérence du système international de protection conventionnelle des droits de l'homme.

---

[170]L'article 5c de la Convention internationale de l'UNESCO contre la discrimination dans l'enseignement (1962) avait pavé la voie: « il importe de reconnaître aux membres des minorités nationales le droit d'exercer des activités éducatives qui leur soient propres, y compris la gestion d'écoles et selon la politique de chaque État en matière d'éducation, l'emploi ou l'enseignement de leur propre langue ».

[171]Comité des droits économiques, sociaux et culturels, Observation générale no 21, par. 3.

[172] *Ibid.*, par 15.

c. La justiciabilité des droits culturels

En effet, depuis l'adoption du PIDESC, le dogme du caractère « programmatoire » de ces droits, frappés d'une certaine vulnérabilité normative et contentieuse, est invariablement entretenu. Ils n'auraient pas des propriétés intrinsèques de justiciabilité, susceptibles d'être activées et mobilisées en vue de réaliser ou de produire l'effet attendu de la norme[173]. La doctrine dominante est toujours prête à avancer qu'ils ne seraient pas de véritables droits exigibles au sens juridique du terme, mais plutôt des objectifs, des buts puisque non justiciables devant et (par) les tribunaux. Ainsi une différenciation politique et une dichotomie technique se sont progresivement instaurés entre le PIDCP et le PIDESC.C'est ainsi que la doctrine de la justiciabilité des droits sociaux et culturels a élaboré une véritable théorie afin de développer la compréhension de ces droits[174].

Étudier le régime juridique des droits culturels, revient à analyser les voies de droit permettant de garantir leur effectivité.

---

[173]La notion de « justiciabilité » fait référence à la capacité pour les clauses substantielles du Pacte de constituer le point d'appui à la motivation, fondée en droit, d'un constat de violation effectuée par le Comité.

[174]Le premier niveau d'obligations charge l'Etat de *respecter* le droit fondamental en question, c'est-à-dire de s'abstenir d'en entraver le libre exercice. Ainsi, le droit à l'éducation requiert que tout individu ait en principe librement accès à une école, sans que l'Etat ne s'immisce indûment en imposant des barrières législatives, administratives ou autres obstacles disproportionnés. Le deuxième niveau consiste à *protéger* les droits fondamentaux et oblige les Etats à veiller à ce qu'aucun individu n'entrave indûment l'exercice des droits fondamentaux par autrui. Voir Magdalena SEPULVEDA, The Nature of the Obligations under the International Covenant on Economic, Social and Cultural Rights, Anvers, Oxford, New York 2003, chap. V. Voir aussi The Limburg Principles on the Implementation of the International Covenant on Economic, Social and Cultural Rights, du 2-6 juin 1986 *in* Human Rights Quarterly, n° 9/2, Baltimore 1987, 122-135 & *in* (ONU doc. E/CN.4/1987/17) ; TEXIER Philippe, « L'enjeu de la justiciabilité et le projet de protocole additionnel au Pacte relatif aux droits économiques, sociaux et culturels » *in Les Nations-Unies et les droits de l'homme : enjeux et défis d'une réforme*, DECAUX. Emmanuel (dir.), Centre de recherche sur les droits de l'homme (C.R.D.H), Université Panthéon-Assas, Paris, Pedone, 2006, p. 281.

La justiciabilité n'est pas une notion univoque : d'après le contexte dans lequel la notion est invoquée, elle peut revêtir des significations profondément différentes selon les pays. Qu'elle soit directe ou oblique (la justiciabilité des droits culturels passe par le contrôle des violations discriminatoires du droit à l'égalité), la justiciabilité des droits culturels met particulièrement sous tension le politique (le gouvernement) et le judiciaire. Et comme le souligne Olivier De Schutter ,la forme de « justiciabilité » qui est requise des clauses substantielles du Pacte des droits économiques sociaux et culturels est indirecte et négative :« *Dans ce type de contentieux, la « justiciabilité » dont il est question sera toujours négative et indirecte... il ne s'agira pas pour le Comité d'indiquer, positivement, ce que doit faire l'Etat pour s'acquitter des obligations que le Pacte lui impose ; il s'agira pour lui de constater que l'attitude qu'il a adoptée est ou n'est pas conforme à ces obligations* »[175]. Le fait de l'Etat constitue une action ou une omission, c'est toujours le fait de l'Etat (c'est-à-dire de ses organes, législatif, exécutif ou judiciaire) qui sera examiné, et non directement la situation à laquelle est confrontée l'individu, et dont il est victime.

En matière de droits culturels, le sens de cette obligation ne se réduit pas à l'ancienne « obligation négative », mais elle ne se limite pas non plus au respect direct des personnes ; elle implique aussi, à certaines conditions, celui de leurs ressources, notamment de leurs œuvres[176]. L'obligation de respecter ne se réduit pas à un devoir d'abstention de l'Etat, puisque, lorsque des violations sont perpétrées par des institutions insuffisamment contrôlées par l'État, l'abstention devient une complicité. C'est dans ce sens que l' *Observation générale* du Comité des droits économiques, sociaux et culturels n°21 peut affirmer que : « *Dans les négociations avec les institutions financières internationales et lors de la conclusion d'accords bilatéraux, les États parties devraient veiller à ce qu'il ne soit pas porté atteinte à l'exercice du droit énoncé au paragraphe 1 a) de l'article 15 du Pacte. Ainsi, les stratégies, programmes et*

---

[175]Olivier De Schutter, « Le Protocole facultatif au Pacte international relatif aux droits économiques, sociaux et culturels » in Revue belge de droit international, 2006, p.11.

[176]Patrice Meyer-Bisch, Définir les droits culturels, *op.cit*, p.15.

politiques adoptés par les États parties dans le cadre des programmes d'ajustement structurel ne devraient pas entraver leurs obligations fondamentales en ce qui concerne le droit de chacun, en particulier des individus et groupes les plus défavorisés et marginalisés, de participer à la vie culturelle »[177].

Cette perspective exclut que l'État laisse opérer des mécanismes qui aboutissent à détruire ces appartenances y compris lorsque cette conséquence n'est pas souhaitée pour elle-même, mais résulte par exemple des règles du commerce, de l'enseignement (impossibilité pour les membres d'une minorité dispersés sur un territoire d'obtenir la création d'un établissement scolaire conforme à leur conception de l'éducation).

De même, le Comité note dans son paragraphe 76 que les États parties, en tant que membres d'organisations internationales telles que l'UNESCO, l'OMPI, l'OIT, le FAO, l'OMS et l'OMC, ont l'obligation d'adopter toutes les mesures possibles pour garantir que les politiques et décisions de ces organisations dans le domaine de la culture et dans des secteurs connexes soient conformes aux obligations découlant du Pacte. C'est d'autant plus urgent que les violations de ces droits empêchent le respect de tous les autres droits, car elles atteignent directement l'intégrité de la personne en ce qu'elle a de propre : son identité.

A l'Unesco, le Comité spécial sur la discrimination dans le domaine de l'enseignement, ancêtre de l'actuel Comité sur les conventions et recommandations (CR), qui a été créé en 1978 a contribué à sa manière à la justicibilité des droits culturels[178]. Il s'agit là, en théorie, du mécanisme central de l'Unesco en

[177] L'*Observations générales* du Comité des droits économiques, sociaux et culturels n°21 du 21Decembre 2009,§59,Voir aussi l'Observation générale n° 18 (2005), par. 30.

[178] Ce sont sans doute les événements de chili du 11 septembre 1973, révélateur de la paralysie de l'UNESCO devant les atteintes majeurs des droits de l'homme des intellectuelles et des enseignants chiliens, qui ont conduit l'organisation à passer résolument au stade de la mise en œuvre des droits de l'homme relevant de sa compétence et, donc du contrôle de leur respect .

matière de droits de l'homme. Cet organe ressemble au premier abord beaucoup aux Comités onusiens, dans la mesure où il a reçu pour mandat d'examiner, non seulement des rapports périodiques étatiques, mais aussi des communications individuelles[179].L'originalité de cette procédure réside dans son caractère confidentiel et du fait qu'elle a été dès le début, mise en application de façon à faire prévoir une solution amiable destinée à favoriser le respect des droits de l'homme. Tout a été fait pour éviter le contexte conflictuel et accusatoire[180].

Les conclusions sont formulés de manière générale, voire impersonnelle, même quand l'atteinte aux droits de l'homme est avérée. Le Comité, composé de représentant des Etats qui se réunissent que deux fois par an, examine tout d'abord la recevabilité des communications selon 10 critères. Une fois que la communication est déclarée recevable, elle n'est examinée sur le fond que lors de la session suivante du Comité. Le Comité a réussi, dans de nombreux cas, soit à faire modifier les lois dans le domaine de l'éducation, soit à obtenir des autorisations de quitter le pays. L'accent est mis sur les cas particuliers, mais les répercussions s'étendent souvent au delà. En s'intéressant de près au sort de quelques individus en particulier ; le Comité a été souvent en mesure d'apprécier directement les répercussions d'une situation donnée sur la jouissance d'un droit spécifique.

Comparé aux Comités onusiens, le Comité dispose d'atouts intéressants. Son mandat est large : il est compétent pour

---

[179]Mylène BIDAULT, « Protection des droits culturels, quelles actions pour l'UNESCO? », Institut Interdisciplinaire d'Ethique et des Droits de l'Homme, 1ere Edition, octobre 2002,p.16. Le comité exclut la diversité des sources d'informations sans possibilité d'enquête sur place, celui qu'elle se déroule de façon confidentielle hors présence des auteurs des communications.

[180]Le but de la procédure de l'UNESCO n'est pas de constater une violation des droits de l'Homme, ni de condamner les gouvernements concernés, et encore moins de les sanctionner, mais d'améliorer le sort des victimes alléguées. C'est le caractère humanitaire qui motive à la recherche d'une solution amiable, et ce, dans la confidentialité des débats. Le fait qu'une même affaire soit également examinée au sein d'une autre organisation du système des Nations Unies n'empêche pas le Comité de l'UNESCO de l'examiner également.

examiner les plaintes pour violations des droits de l'homme dans tous domaines relevant de la compétence de l'UNESCO. Le Comité est donc l'un des rares mécanismes internationaux à pouvoir examiner des plaintes individuelles ou collectives alléguant de violations des droits culturels[181]. Cette procédure se déroule en toute confidentialité, avec toutefois la possibilité que des questions relatives à des violations massives, systématiques ou flagrantes des droits de l'homme relevant des domaines de compétence de l'UNESCO, soient examinées en séance publique par le Conseil exécutif et la Conférence générale[182].

La Convention a été citée dans des décisions de justice marquantes. Le principe de l'égalité des chances d'éducation fait l'objet d'une abondante jurisprudence dans plusieurs pays, notamment aux États- Unis, en Inde, en Afrique du Sud, au Canada et dans divers pays européens[183]. Par exemple, la Cour suprême de l'Inde a dit le droit concernant l'application du principe fondamental d'égalité des chances dans le domaine de l'enseignement : «*La philosophie et la réalisation pratique de l'excellence universelle par l'égalité des chances d'éducation et de progrès dans l'ensemble de la nation font partie de notre foi fondatrice et de notre credo constitutionnel* »[184] .

Un autre arrêt marquant rendu par la Cour suprême de l'Ile Maurice a souligné l'importance qui s'attache au respect de la Convention. La Cour a examiné les questions en litige à la lumière des dispositions de la Convention et déclaré que, « *selon une règle d'interprétation bien établie, la législation nationale, y compris la Constitution, doit si possible être interprétée dans un sens conforme à l'intention d'un instrument international tel que la Convention* ». Il est dit dans l'arrêt que le but général de la Convention est de combattre toutes les formes de discrimination dans l'enseignement.

---

[181]Décision 104 EX/3.3 du Conseil exécutif de l'UNESCO, 1978.

[182]Mylène BIDAULT, Protection des droits culturels, quelles actions pour l'UNESCO ?, *op.cit.*, p.18

[183]Voir P. M. Dupuy, « L'Incidence des instruments juridiques adoptés par l'UNESCO sur le droit international général », *op.cit*, p.374.

[184]*Km. Chitra Ghosh* et consorts c. *Union indienne* et consorts,(1969) 2 SCC 228.

Pour certains internationalistes, la « fausse symétrie » entre les 2 Pactes internationaux est largement idéologique et issue de la Guerre froide.Il est temps de la dépasser pour opérer une mise à niveau des deux traités par la justiciabilité internationale du PIDESC[185]. L'adoption par l'Assemblée générale des Nations unies, le 10 décembre 2008, du Protocole facultatif se rapportant au Pacte international relatif aux droits économiques, sociaux et culturels, marque une avancée importante pour la protection internationale des droits économiques, sociaux et culturels. Il permet de corriger formellement le clivage hérité de l'histoire entre les droits civils et politiques et les droits économiques, sociaux et culturels.

Fruit de longues années de débats et de controverses, le Protocole institue un système de communications individuelles et interétatiques devant le Comité des droits économiques, sociaux et culturels. Cet instrument, loin de constituer une rupture[186], constitue ainsi un véritable démenti à la thèse largement répandue selon laquelle les droits économiques, sociaux et culturels ne seraient pas d'authentiques droits de l'homme au même titre que les droits civils et politiques. Il n'en demeure pas moins que le rétablissement de l'égalité entre droits civils et politiques et droits économiques, sociaux et culturels, reste à conquérir face à un contexte socio-économique global relativement indifférent à une prise en compte des droits économiques, sociaux et culturels.

3. Industries culturelles : clarifier la complexité des expressions culturelles

Autour du terme « industries culturelles » se joue une bataille sémantique qui a une incidence dans les argumentaires dans tous les lieux où se discute la question de la diversité culturelle.

---

[185]Emmanuel DECAUX, « Justiciabilité et coopération », *Séminaire de réflexion sur le projet de Protocole au Pacte des DESC*, Nantes, 3-5 septembre 2005.

[186]Sophie Grosbon, « Les ruptures du droit international », in *Droits des pauvres, pauvres droits ? Recherches sur la justiciabilité des droits sociaux »*, D. Roman (dir.), 2010, p. 45-70.

Ainsi, industrie culturelle, industrie créative, industrie de masse, économie créative et économie du savoir tendent à se confondre. Les interférences de ces notions montrent l'importance de la bataille sur le sens des mots qui, comme le soulignait Michel de Certeau, avancent sur un sol de mots instables, charriant des significations, idéologies et des systèmes disparates[187].

a. Les industries culturelles

La place des industries culturelles apparaît centrale dans la question de la promotion de la diversité culturelle. Comme les notions de biens et services culturels, les industries culturelles sont centrales dans la mise en œuvre de la Convention de 2005 dans la mesure où elle influence son champ d'application. Le domaine des industries culturelles connaît une importante croissance depuis la fin de la deuxième guerre mondiale. Les premières réflexions sur l'industrialisation et la marchandisation de la culture remontaient aux années quarante et avaient été faites au sein de l'école de Francfort[188]. Adorno et Horkheimer furent les premiers à utiliser le concept d'industrie culturelle dans leur ouvrage commun, *La dialectique de la raison*, publié pour la première fois en 1944 (en langue allemande)[189]. En effet,

---

[187]M. DE CERTEAU, *La culture au pluriel*, Paris, Christian Bourgois, 1974, p.189.

[188]Cette école naît en 1923 avec la création de l'Institut de recherches Sociales, fondé par Max Horkheimer et Friedrich Pollock. L'école rassemblera ensuite plusieurs intellectuels dont Théodor ADORNO, Walter BENJAMIN et Herbert MARCUSE qui en sont les principaux représentants, avec Max HORKHEIMER. Ils sont à l'origine de ce qu'on a appelé le « courant critique » de recherche sur les médias, qui considère les moyens de communication de masse comme des instruments de pouvoir et de domination. Selon les philosophes, ces instruments vulgarisent les biens culturels et produisent une certaine uniformisation de la pensée des récepteurs.

[189]Theodor ADORNO & Max HORKHEIMER, (1947, 1974). *La raison dialectique*. Paris, Gallimard. Lors de deux conférences radiophoniques prononcées en 1962, Adorno révèle que, dans leurs premières esquisses, ils utilisaient les termes *culture de masse*, qu'ils ont par la suite abandonnés au profit de l'expression « industrie culturelle » pour éviter de faire croire qu'il s'agit de quelque chose comme une culture jaillissant spontanément des masses mêmes, en somme la forme actuelle de l'art populaire. Or de cet art, l'industrie culturelle se distingue par principe (Adorno, Theodor W., L'industrie culturelle. *Communications*, (3), 1964,pp.12-18).

immédiatement après-guerre, Adorno constate que le cinéma constitue l'un des rares secteurs de la production culturelle où l'investissement capitalistique et la division du travail ont atteint une forme avancée. Plusieurs autres secteurs se caractérisaient encore par la production de type artisanal, où l'individualisation de l'œuvre conservait encore toute son importance[190]. Depuis cette époque, on peut périodiser l'évolution des industries culturelles en trois phases[191].

La première phase se situe entre 1945 et 1970. Les auteurs mettent en avant le danger d'homogénéisation de la culture et des arts, autrement dit, le passage à une monoculture, elles altèreraient le processus artistique, notamment par la perte de l'*aura*[192]. Pour Adorno et Horkheimer « l'industrie culturelle » (au singulier) apprête les œuvres d'art comme des slogans politiques, elles sont accessibles à tous comme les jardins publics. Il n'est guère question du processus de production, dans leurs analyses: « *Du reste, on ne doit pas prendre à la lettre le terme d'industrie. Il se rapporte à la standardisation de la chose même-par exemple la standardisation du western connue de chaque spectateur de cinéma,- et à la rationalisation des*

---

[190]Voir, Gaëtan TREMBLAY, « industrie culturelle et société d'information » in Global Media Journal - Canadian Edition, 2008, Volume1, Issue 1, pp. 65-88.

[191]Ellen HUIJGH et Katia SEGERS ont adopté la même périodisation: "The context in which the cultural industries have been developing can be divided into three phases. The end of World War II marks the starting point of crucial social, cultural, political and economic changes. Linked to these changes, the developments of the cultural industries are already present in the period between 1945 and 1975, but will accelerate in the following two phases, namely in the period between 1975 and 1995 and in the period after 1995" in *Clarifying the complexity and ambivalence of the cultural industries, op.cit.*p.5.

[192]L'aura est le propre de l'œuvre d'art traditionnelle, originellement liée à la religion et dotée d'une valeur cultuelle. Les nouveaux médias détruisent l'aura. Même si on trouve chez Benjamin ce premier constat dû au développement des médias, ceci ne conduira pas Walter Benjamin à un rejet de ces nouveaux médias. En effet, si pour lui les nouveaux moyens de production esthétique abolissent la distance propre à l'œuvre auratique, ils inaugurent une esthétique du choc : la contemplation se substitue à l'expérience vécue. L'expérience auratique est un abandon à la rêverie alors que l'expérience vécue du choc est éveil. En d'autres termes, cet abandon de la dimension auratique laisse place à une politisation de l'art.

techniques de distribution, mais il ne se réfère pas strictement au processus de production »[193] .En effet, pour comprendre leurs positions, on doit les saisir dans leur contexte. En 1947, Adorno et Horkheimer ont fait une analyse critique de la standardisation du contenu et de la prédominance de la recherche de l'effet qui résultent de l'application des techniques de reproduction industrielle à la création culturelle. Il faut rappeler que, pendant la guerre, le cinéma, au même titre que les autres médias, était entièrement sous le contrôle de l'État. *« Je ne serai pas tranquille tant que toute l'industrie du cinéma européenne ne nous appartiendra pas »,* soutenait Goebbels en 1940.

Comme le souligne Jacob T. Matthews dans sa thèse, la définition que proposent Adorno et Horkheimer s'inscrit dans le cadre d'une réflexion critique beaucoup plus large, dont la prétention, toutefois, n'est aucunement de tendre vers une théorie anthropologique ou sociologique de la culture. Le néologisme *Kulturindustrie* fut mis au point afin de se référer à la production industrielle de biens culturels comme manifestation « ponctuelle », parmi d'autres, d'une régression civilisationnelle déjà en germes dans l'évolution humaine depuis l'ère préhistorique[194].Il a fallu attendre les années 1970 pour

[193] ADORNO, Theodor W., L'industrie culturelle. *Communications*, (3), 1964, p.14.

[194] Jacob T. MATTHEWS, *Industrie musicale, médiation et idéologie : Pour une approche critique réactualisée des « musiques actuelles »,* thèse de Doctorat, Université de Bordeaux 3, 2006, p.8. La question de la conjonction de la technique et de la culture dans une perspective critique est permanemment en procès. Dans *L'esprit du temps*, Edgar Morin développe une critique sans appel de cette *néo-culture.* Il y oppose la *culture cultivée* à la *culture de masse,* qu'il définit comme une culture « produite selon les normes massives de la production industrielle ; répandue par des techniques de diffusion massives. S'adressant à une masse sociale, c'est-à-dire un gigantesque agglomérat d'individus saisi en deçà et au delà des structures internes de la société (classes, famille, etc.) », (1962, p. 15). Si ce courant de pensée compte encore des adeptes, l'expression industries culturelles, dont l'usage s'est généralisé au cours des années 70 et 80, n'évoque plus nécessairement une telle perspective catastrophiste. La perspective critique a changé de cadre problématique: de philosophico-éthique elle est devenue socio-économique.

qu'une relecture pertinente de cette notion vît le jour[195]. Cette deuxième phase apparait notamment au travers l'ouvrage collectif *Capitalisme et industries culturelles.* En déclinant ce terme au pluriel, ses auteurs ont inauguré tout un courant de recherches plus spécifiquement orienté vers une analyse basée sur les structurations économiques des différents secteurs industriels de la culture et de la communication[196].

La connotation des termes « industries culturelles » se sera déplacée. Tout d'abord, on utilisera le pluriel plutôt que le singulier, désignant par là une pluralité de secteurs économiques davantage qu'un processus unique. Ensuite, l'accent catastrophiste (la fin de la création artistique) et nostalgique s'atténuera pour faire place à une analyse plus économique.Enfin, la problématique se centrera davantage sur le processus de reproduction[197]. C'est également lors de cette phase que la question de l'architecture des industries culturelles sort du cercle purement européen et rejoint les autres dossiers sur les problèmes globaux des échanges traités par le GATT. L'enjeu : la libéralisation de l'audiovisuel, mais aussi de l'ensemble des industries culturelles. Au niveau international, cette phase coïncide avec la proposition de la notion matricielle de droit à la communication[198].

---

[195]Et la question d'une crise de la culture - dénoncée notamment par Hannah Arendt en 1972- et qui se posera à nouveau vers le milieu des années 80, période où Alain Finkielkraut écrit *La défaite de la pensée* (1987), ouvrage qui connaît un grand retentissement en France, tient les médias pour responsables de la crise de la culture que traverse la société.

[196]En effet, le secteur culturel avait été ignoré par les économistes qui le considéraient atypique par rapport aux lois qui régissent le mode de production et de consommation capitaliste. La culture est désormais un secteur d'activité fortement imbriqué dans l'évolution du capitalisme. La notion même d'industries culturelles apparaît a priori comme une contradiction dans les termes et elle traduit bien la double nature de ces activités déchirées entre des ambitions de création artistique et, en même temps, comme ailleurs, une logique de rentabilité industrielle.

[197]Gaëtan TREMBREY, industries culturelles et société d'information, *op.cit.*p.4.

[198]Voir, Armand MATTELART, « La nouvelle topographie des débats internationaux sur la culture, l'information et la communication », Políticas Culturais em Revista, 1(1),2008 , p. 104-121. www.politicasculturaisemrevista.ufba.br.

La troisième phase, depuis 1995 jusqu'à aujourd'hui, elle caractérisée par la complexification progressive du secteur industrie culturelle. Fondées sur les technologies de productions et de reproduction, les industries culturelles ont connu, avec le développement du numérique et du satellite, une révolution des modes de production et de diffusion des biens culturels qui s'est opérée selon deux dynamiques parallèles : l'extension des marchés à l'échelle mondiale et la baisse du coût des installations techniques. Cette dernière mutation permet à un plus grand nombre d'artistes et d'entreprise d'accéder à la production.

Il n'existe pas de consensus international sur la définition des industries culturelles. Les industries de la culture sont caractérisées principalement par la reproductibilité de l'œuvre originale produite, traitée et transmise au moyen de technologies, par la part importante de la création et par le non salariat des créateurs[199]. A l'UNESCO, la notion d'industries culturelles, est entérinée en 1980. En découlent un programme de recherches et une philosophie du développement. Le document rédigé par le Secrétariat de l'UNESCO à l'occasion de la réunion d'experts organisée à Montréal en 1982, proposait la définition suivante des industries culturelles: « *De façon générale, on considère qu'il y a industrie culturelle lorsque les biens et services culturels sont produits, reproduits, stockés ou diffusés selon des critères industriels et commerciaux: c'est-à-dire une production en grande série et une stratégie de type économique prioritaire sur toute visée de développement culturel* »[200].

Cette définition présente deux difficultés: premièrement, elle est subjective car elle fait référence à l'intention des producteurs et diffuseurs qui ne seraient intéressés que par les aspects

---

[199]Bernard Miège, Les industries du contenu face à l'ordre international, PUG, 2000.

[200]Comité d'experts sur la place et le rôle des industries culturelles dans le développement culturel des sociétés, Montréal (Canada), 9-13 juin 1980, Document du Secrétariat de l'UNESCO, *Les Industries culturelles*, Paris, Division de développement culturelle, p. 14. Voir également *Les industries culturelles. Un enjeu pour le futur de le la culture*, Paris, UNESCO, 1982.

économiques aux dépens de la valeur culturelle des productions. Toute œuvre culturelle, même produite industriellement, implique au départ un certain travail de création et une originalité[201]. C'est la présence du capital, de la mécanisation et de la division du travail, et non les intentions des auteurs, qui détermine le caractère industriel ou non d'une production[202]. Sans doute est-il difficile de tracer, dans les domaines de la culture, une frontière nette entre ce qui participe effectivement au monde de l'industrie et ce qui doit en être distingué. Cette difficulté peut expliquer la jonction du groupe informel qui travaillait sur les définitions au cours de la négociation de la Convention sur la diversité culturelle. Ils vont s'inspirer de la définition de l'Institut des statistiques de l'UNESCO : « *Les industries culturelles sont des industries qui touchent à la fois la création, production et commercialisation des contenus créatifs dont la particularité réside dans les contenus à caractère culturel généralement protégés par les droits d'auteur* [203] ».

Selon les termes de la Convention sur la protection et la promotion de la diversité des expressions culturelles « *Les industries culturelles produisent et distribuent des biens ou services culturels qui, dès lors qu'ils sont considérés du point*

---

[201]Un mouvement doctrinal a proposé, face à une crise conceptuelle, de lui substituer le critère de nouveauté, mais il n'est pas sans rappeler les propriétés industrielles. Un auteur a alors proposé un compromis et a considéré que la notion d'originalité impliquait *« forcément la nouveauté »*, et que par conséquent, l'originalité désignait *« la nouveauté propre à un auteur, celle que seul un créateur déterminé a pu imprégner à une œuvre »*. Voir CARON (CH.), Droit d'auteur et droits voisins, Litec, 2006, p. 56, n° 64.

[202]Gaëtan TREMBREY, industries culturelles et société d'information, *op.cit*, p.7.

[203]ISU- secteur culturel, Echanges internationaux d'une sélection de biens et services culturels, 1994-2003, p.84. L'article 2107 de l'ALENA définit l'expression « industries culturelles » comme suit : « personnes qui se livrent à l'une ou l'autre des activités suivantes :a) la publication, la distribution ou la vente de livres, de revues, de périodiques ou de journaux, sous forme imprimée ou exploitable par machine, à l'exclusion toutefois de la seule impression ou composition de ces publications, b) la production, la distribution, la vente ou la présentation de films ou d'enregistrements vidéo, c) la production, la distribution, la vente ou la présentation d'enregistrements de musique audio ou vidéo.

de vue de leur qualité, de leur usage ou de leur finalité spécifiques, incarnent ou transmettent des expressions culturelles, indépendamment de la valeur commerciale qu'ils peuvent avoir ».Que peut-on retirer de la notion d'industrie créative, que nous révèle-t-elle, quelles sont les évolutions qu'elles pointent par rapport aux industries culturelles. En quoi en fin cette notion sémantique peut nous amener à comprendre la diversité culturelle.

b. Les industries créatives

Comme le souligne Gaëtan TREMBAY, ce sont les travaillistes de Tony Blair qui ont popularisé la notion d'industries créatives, que plusieurs analystes et commentateurs n'hésitent pas à substituer au concept d'industries culturelles[204]. Pour l'UNESCO, les industries créatives peuvent préserver la diversité culturelle: « *Les industries culturelles ajoutent aux œuvres de l'esprit une plus value de caractère économique qui génère en même temps des valeurs nouvelles, pour les individus et pour les sociétés. La dualité culturelle et économique de ces industries constitue leur signe distinctif principal. Tout en contribuant à la préservation et à la promotion de la diversité culturelle, ainsi qu'à la démocratisation de l'accès à la culture, elles sont des gisements importants pour l'emploi et pour la*

[204] Idem. Le rôle du gouvernement britannique est de soutien ; il tâche de créer un environnement plus favorable, et d'apporter son appui à certains entrepreneurs et initiatives et plus particulièrement aux petites et moyennes entreprises. Afin d'encourager les industries créatives, six grands domaines d'intervention ont été développés: l'éducation et la formation; le soutien aux petits entrepreneurs indépendants; l'environnement financier et réglementaire ; le soutien aux exportations ; la protection des droits de propriété intellectuelle ; et enfin, l'utilisation maximale des possibilités offertes par les nouvelles technologies, tout en minimisant les dangers qui y sont reliés. Aujourd'hui, plusieurs promoteurs des stratégies économiques fondées sur le développement de ces secteurs industriels créatifs se sont mis à généraliser, parlant d'économie créative. Récemment, en avril 2008, la Conférence des Nations Unies sur le commerce et le développement (CNUCED) a rendu public un document rédigé par des experts ayant explicitement pour objectif de mesurer le degré de développement de l'économie créative dans toutes les régions du monde, *Creative Economy Report 2008. The Challenge of assessing the creative economy: towards informed policy makin.*

création de richesses. En effet, elles favorisent la créativité, qui est leur «matière première» fondamentale, mais elles permettent également d'innover en termes de production et de distribution »[205].

On peut oser parler d'un changement de paradigme, d'une part dans la culture elle-même et d'autre part, dans la compréhension de cette culture. Un changement s'opère, du vieux concept vertical de la culture - vu comme une pyramide où les prêtres, universitaires, gens des beaux-arts et gens cultivés se retrouvaient au sommet et le reste de la population, à la base, vers un nouveau concept global et horizontal de la culture - vu comme une sphère et représentant la culture de masse globale[206]. Gravitent autour de cette sphère, de multiples sous-cultures où la diversité culturelle peut s'exprimer (la « haute-culture » n'est plus dès lors qu'une de ces sous-cultures). Cette culture globale relève essentiellement de l' « *Entertainmentt* » et se développe en fonction de critères financiers et de profit[207].Il convient de noter que la notion d'industries culturelles est plus restrictive que celle d'industries créatives[208]. En effet, prises dans leur

---

[205]Voir.UNESCO.org/culture/en/ev.phpURL_ID ; Philippe Bouquillion, *Les Industries de la culture et de la communication : Les stratégies du capitalisme*, PUG, 2008, p.44.

[206]L'inculture de mase est selon Ortega y Gasset : « La caractéristique du moment, c'est que l'âme médiocre, se sachant médiocre, a la hardiesse d'affirmer les droits de la médiocrité et les impose partout », Voir Ortega y Gasset, La révolte des masses. En 1972, Hannah Arendt soutiendra quant à elle l'idée selon laquelle la culture de masse n'est pas en soi une forme dégradée de la culture mais qu'elle peut le devenir quand ces objets eux-mêmes sont modifiés, réécrits, condensés, digérés, réduits à l'état de pacotille pour la reproduction et la mise en image. Edgar Morin soutient quant à lui que : « *En même temps que les héros (de cinéma) se rapprochent de l'humanité quotidienne, qu'ils y sont émergés, qui s'imposent leurs problèmes psychologiques, ils sont de moins en moins officiants d'un mystère sacré pour devenir les alter egos du spectateur* ». Voir MORIN Edgar. In, *L'esprit du temps*. Paris. Armand Colin. 2008. p.106.

[207]La diversité culturelle à l'heure de la mondialisation: l'avenir des industries culturelles en Europe centrale et orientale organisé en collaboration avec la Commission nationale polonaise pour l'UNESCO, (Varsovie, 30 juin–1er juillet 2000).

[208]La référence à la « créativité » s'est imposée comme une ressource centrale dans les discours et les projets de nombre d'institutions ou d'acteurs, de l'échelon international à l'échelon local. Selon une définition assez

ensemble, les industries culturelles, configurent un profil particulier. Ramón Zallo les regroupe en trois thèmes: 1) l'importance du travail de création; 2) l'exigence d'un renouvellement constant des produits; 3) le caractère aléatoire de la demande[209].

Les promoteurs de la problématique des industries et de l'économie créatives privilégient l'usage du terme « créativité » à celui de « création » et donnent souvent l'impression de considérer les deux termes comme interchangeables[210]. Le premier renvoie pourtant à une qualité, à une potentialité; et le second fait référence à un processus, une activité de conception et de production. Prendre le premier pour le second, c'est confondre la virtualité et la réalité[211]. Les industries créatives renvoient ainsi à un champ plus large que celui des domaines artistiques traditionnels. Le cadre de l'UNESCO pour les statistiques culturelles (CSC) de 2009 résout cette question en permettant l'inclusion de certaines industries créatives spécifiques (le design la publicité, architecture etc.) dans un domaine distinct[212]. Il importe de constater que cette consécration des industries créatives consiste en un saut épistémologique et revient à réviser un certain nombre d'

générale, les *industries créatives* se situent à la croisée des chemins entre les arts, la culture, les affaires et la technologie. Toutes ces activités ont une forte composante de compétences créatives et peuvent produire des revenus sous forme d'échanges commerciaux et de droits de propriété intellectuelle. Voir UNESCO, *Comprendre les industries créatifs : les statistiques culturels et politiquespubliques*, http://portal.UNESCO.org/culture/fr/files/30297/12029162373cultural ; voir aussi le *rapport de la CNUCED sur l'économie créative, UNCTAD,* Creative Economy Report 2008: The challenge of assessing the creative economy towards informed policy-making, UNCTAD/DITC/2008/2.

[209] R.ZALLO, *Economía de la comunicación y la cultura* Madrid: Ediciones Akal, 1988.p.45.

[210] Secrétariat ACP & Cacao/Ccawa, Manuel sur les Industries Culturelles ACP, 2006.

[211] Le rapport de la CNUCED, dont la dernière section est consacrée aux initiatives pour la promotion de l'économie créative, n'hésite pas à reprendre l'argumentation habituellement invoquée pour justifier l'intervention des pouvoirs publics en matière artistique et culturelle.

[212] UNESCO, Le cadre de l'UNESCO pour les statistiques culturelles(CSC) de 2009, p.13.

approches et notions appliquées à la culture à partir de la notion de créativité et à situer la culture dans le monde de la créativité aux côtés d'autres activités mais avec des acteurs pouvant donc passer d'un domaine d'activité à l'autre.

Dans la perspective d'industries culturelles, il est important de considérer que la culture comporte une double facette : la culture est à la fois une fin en soi, et un moyen vers d'autres fins. En tant que fin en soi, la culture est un réservoir dynamique constitué de signifiants, de symboles et de styles précieux et distinctifs d'une société. La culture comme moyen est ce même réservoir vu comme un catalyseur, en vue du bien-être de l'humain dans toutes les sphères, y compris l'économie, la politique et la responsabilité environnementale. Comment déterminer les biens qui sont culturels et d'autres qui ne le sont pas afin de leur attribuer un régime juridique adéquat[213]. Le dispositif multilatéral recoule à trois méthodes pour définir les biens culturels : l'énumération, le classement ou la catégorisation. Il convient d'examiner comment quels instruments relatifs au commerce détermine les biens culturels.

4. Mesurer des échanges de produits culturels : une classification fragmentée

Les politiques culturelles qu'élaborent certains États visent à répondre à des enjeux dont le niveau de complexité s'est accru,

---

[213]Convention pour la protection des biens culturels en cas de conflit armé, La Haye, Pays-Bas, 14 mai 1954. Article premier. Définition des biens culturels : « *Aux fins de la présente Convention, sont considérés comme biens culturels, quels que soient leur origine ou leur propriétaire:*
a. Les biens, meubles ou immeubles, qui présentent une grande importance pour le patrimoine culturel des peuples, tels que les monuments d'architecture, d'art ou d'histoire, religieux ou laïques, les sites archéologiques, les ensembles de constructions qui, en tant que tels, présentent un intérêt historique ou artistique, les œuvres d'art, les manuscrits, livres et autres objets d'intérêt artistique, historique ou archéologique, ainsi que les collections scientifiques et les collections importantes de livres, d'archives ou de reproductions des biens définis ci-dessus; b. Les édifices dont la destination principale et effective est de conserver ou d'exposer les biens culturels meubles définis à l'alinéa a, tels que les musées, les grandes bibliothèques, les dépôts d'archives, ainsi que les refuges destinés à abriter, en cas de conflit armé, les biens culturels meubles définis à l'alinéa a ».

exacerbé par la mondialisation. La formulation de ces politiques nécessite l'accès à des données précises sur les industries, activités et enjeux du domaine culturel. Les Membres de l'OMC sont libres d'adopter la nomenclature qu'ils préfèrent, tenant compte toutefois qu'ils sont tenus de soumettre au même tarif douanier des produits « similaires » au sens de l'art. III, §2 GATT 1994. Il existe cependant une convention internationale sur le « Système harmonisé de désignation et de codification des marchandises », négociée sous les auspices de l'Organisation mondiale des douanes, entrée en vigueur en 1988 et liant un grand nombre de Membres de l'OMC[214]. Ceci facilite l'écriture et la lecture des tarifs douaniers, la nomenclature étant très détaillée et numérotée. Il existe donc des règles permettant de rattacher tel bien à telle catégorie plutôt que telle autre, selon les caractéristiques principales du bien en question[215]. Depuis le début des années 1990, des efforts ont été entrepris par les grandes institutions internationales pour parvenir à une information statistique détaillée et cohérente au niveau mondial. Mais il reste d'importantes lacunes dans ce domaine. La distinction entre biens et services est parfois floue, le contenu créatif chevauchant en partie les deux secteurs.

D'un point de vue juridique, il est habituel de distinguer au sein des produits culturels, les biens culturels des services culturels[216]. Il importe de noter que, de longue date, le critère de

---

[214]Le Système harmonisé (S.H.) est un système international de classement des marchandises qua pour objectif de faciliter l'établissement de statistiques sur les exportations et les importations. Le SH est élaboré et tenu à jour par l'Organisation mondiale des douanes (OMD), une organisation intergouvernementale indépendante qui compte au-delà de 160 pays membres et qui est établie à Bruxelles, en Belgique. Le Comité du système harmonisé (CSH) de l'OMD est l'autorité internationale en matière de classification http://www.wcoomd.org.

[215]Pour les détails voir GAGNON, Jacinthe, Analyse des impacts de la mondialisation sur la culture au Québec. Rapport 4, Prendre la mesure de la culture : des indicateurs globaux pour évaluer les phénomènes mondiaux. Québec, Laboratoire d'étude sur les politiques publiques et la mondialisation, ENAP, 2007. 18 p.(Rapport évolutif).

[216]Il n'est pas toujours pratique de séparer le commerce des biens de celui des services. Les services se distinguent des biens de diverses façons, notamment par le rapport immédiat qui s'établit entre le fournisseur et le consommateur. Nombre de services ne sont pas transférables, nécessitant la proximité entre

matérialité a opposé biens et services. Après avoir été considérés comme non productifs par Adam Smith et les physiocrates, les services accèdent au statut de produits sous la plume de Jean Baptiste Say. C'est notamment avec la création de l'Organisation mondiale du commerce, que le champ de la libéralisation internationale a été étendu aux services qui représentent 70% de la valeur ajoutée et 40% de l'emploi dans le monde. Les modalités de leur ouverture sont consignées dans l'Accord général sur le commerce des services (AGCS).Comme pour tous les biens et les services, l'OMC a prévu des règles juridiques distinctes, à savoir le GATT et l' AGCS pour les services.

L'unité d'observation pour la mesure des services culturels est le produit. Les services culturels sont regroupés en fonction du système de Classification centrale des produits (CCP-version 1.1) mis au point par les Nations Unies[217]. La CCP classe les produits (biens et services) en un système de catégories à la fois exhaustive et exclusive. Les produits sont réunis d'après leurs propriétés physiques ou leur nature intrinsèque (en ce qui a trait, notamment, aux matières brutes, au stade de production, aux prix, au marché ou à l'utilisateur visé), de même que d'après le principe du pays d'origine.

Les biens sont classés selon le Système harmonisé (SH) de nomenclature tarifaire dorénavant mise en œuvre par tous les membres de l'OMC. Le Système harmonisé est, de manière générale, organisé selon le contenu physique des biens et leur niveau de transformation, plutôt que selon l'utilisation prévue desdits biens. Il ne contient en conséquence pas de catégorie spécifique aux biens culturels, ceux-ci étant répartis dans 99

---

le fournisseur et le consommateur. Par exemple, un service d'hôtellerie exige que l'hôtel se trouve à l'endroit où le client souhaite descendre, un service d'entretien des bureaux doit être fourni sur les lieux mêmes de l'entreprise, et une coupe de cheveux exige que le coiffeur et le client soient en présence l'un de l'autre. (Manuel de statistiques internationales, Nations Unies, 2002, p.8).

[217]Pour des précisions sur la CCP : Division du département des affaires économiques et sociales, Classification centrale des produits (CCP), Version 1.1, Documents statistiques, série M no 77, VER1.1, Nations Unies, New York, 2004.

chapitres du SH. Ni le SH ni la CPC ne recensent explicitement de produits culturels en tant que tels, mais tous deux comprennent de nombreux éléments qui correspondent à la même définition. S'agissant du contenu créatif de nature culturelle, les chapitres les plus importants sont les chapitres 49 (livres imprimés, journaux, images et autres produits du secteur de l'imprimerie) et 97 (œuvres d'art, pièces de collection et antiquités).

Les équipements culturels se retrouvent dans l'ensemble du SH, du chapitre 37 (produits photographiques ou cinématographiques), au chapitre 92 (instruments de musique). Il est fait référence à des services culturels çà et là dans deux catégories générales de la CPC. Le secteur de l'audiovisuel constitue l'un des sous-secteurs des « services de communication », et peut se subdiviser en plusieurs sous-catégories[218]. Les divertissements et spectacles en direct sont repris dans la catégorie « services récréatifs, culturels et sportifs », tout comme certains services qui correspondent à la définition de la culture dominante en Europe (bibliothèques, archives et musées, par exemple) ainsi qu'un autre qui n'y figure pas (agences de presse en l'occurrence) et un autre au statut plus

[218]Les six sous-catégories mentionnées et leur correspondance avec les positions de la CPC sont les suivantes : a) services de production et de distribution de films cinématographiques et bandes vidéo (CPC 9611) ; b) services de projection de films cinématographiques (CPC 9612) ; c) services de radio et de télévision (CPC 9613) ; d) services de diffusion radiophonique et télévisuelle (CPC 7524) ; e) services d'enregistrement sonore (n.c.) et f) autres services (pas de catégorie CPC précisée, mais cette sous-catégorie pourrait par ex. viser les contenus de produits multimédias). OMC, *Classification sectorielle des services*, MTN.GNS/W/120, 10 juillet 1991. La classification centrale des produits provisoire, subdivise la sous-catégorie CPC 9611 en : promotion ou publicité (CPC 96111) ; services liés à la production de films cinématographiques ou de vidéos (CPC 96112) ; services de distribution de films cinématographiques et de vidéos (CPC 96113) ; autres services liés à la production et à la diffusion de films cinématographiques ou de vidéos (CPC 96114). La CPC 9612 se subdivise en : services de projection de films cinématographiques (CPC 96121) et de vidéos (CPC 96122). La CPC 9613 est subdivisée en : services de radio (CPC 96131) ; services de télévision (CPC 96132) ; services de création et de diffusion de programmes (CPC 96133). La CPC 7524 est divisée en : services de diffusion télévisuelle (CPC 75241) et services de diffusion radiophonique (CPC 75242).

discutable (services sportifs). D'autres services mentionnés ailleurs dans la CPC pourraient être considérés comme culturels.

Il importe de noter que le système de comptabilité nationale des Nations-Unies, dans sa version révisée de 1993 (SCN 1993), en reconnaissant que le produit de certaines activités de services[219] peut donner lieu à la constitution d'actifs fixes incorporels (de l'investissement immatériel) va porter un coup à la distinction entre biens et services. Les formes de contenu créatif qui constituent très clairement des services sont les spectacles en direct, musique et pièces de théâtre comprises. Le contenu créatif culturel qui peut le plus facilement être classé en tant que bien ou marchandise, tout en pouvant dans une certaine mesure être rattaché à des services auxiliaires, est notamment constitué de biens tels que les antiquités ou les peintures et sculptures originales. Les éléments les plus difficilement classifiables sont les types de contenu créatif considérés parfois comme des biens et parfois comme des services, selon la forme sous laquelle ce contenu est stocké ou livré[220]. Ce point de désaccord s'applique à des produits comme les livres, les films et la musique.

Alors qu'un livre disponible par les moyens traditionnels est classé en tant que bien, certains pays membres de l'OMC estiment que la version numérique du texte en fait un service qui devrait, de fait, être couvert par l'AGCS. D'autres pays membres soutiennent qu'un tel produit reste un bien soumis aux droits de douane et aux autres dispositions du GATT. D'autres encore estiment qu'un tel produit constitue une troisième catégorie de produits qui ne sont ni des biens ni des services et pour lesquels des dispositions spéciales doivent être créées.

---

[219]Ainsi on peut constater que dans le SCN 1993, à la définition qui spécifie : que les services ne sont pas des entités sur lesquelles il est possible d'établir des droits de propriété ;qu'ils sont produits sur commande ; que leur commercialisation ne peut être dissociée de leur production ; et qu'au moment même où la production d'un service se termine, il doit être fourni au consommateur ;s'ajoute qu' il existe, généralement classé dans les services, un groupe de branches d'activité dont les productions présentent maintes caractéristiques des biens.

[220]UNESCO, 2000, « Culture, commerce et mondialisation : 25 questions et réponses », UNESCO Publishing, Paris.

Dans le CPC Provisoire , les Nations-Unies identifient une catégorie intitulée « Services cinématographiques, radiophoniques et télévisuels et autres divertissements » (9614) recouvrant d'une manière générale les secteurs de la production, distribution, exploitation en salles et tous modes de diffusion des programmes par vidéo, chaînes de télévisions et organismes radiophoniques. En ce qui concerne les services radiophoniques et télévisuels, cette catégorie n'inclut que les émissions propres des radios et télévisions, les autres programmes étant intégrés à une catégorie distincte (8417), intitulée « Services de transmission de programmes »[221].

Cette classification a été utilisée au sein de l'AGCS pour organiser la structure de la libéralisation des échanges de services audiovisuels. Il s'agit en l'occurrence d'une grille sur laquelle sont fondés les engagements (ou l'absence d'engagements).La classification utilisée en matière de services à l'OMC ne s'avère en pratique pas toujours adéquate ou suffisamment affinée si bien que la nécessité de la réviser ou de la compléter peut apparaître urgente. Au surplus, les développements technologiques remettent en question certains aspects. Ainsi, la séparation actuellement faite entre les services de télécommunication et les services audiovisuels tend à devenir obsolète et peut s'avérer source de difficultés dans la mesure où des engagements de libéralisation différents sont pris pour les deux secteurs (le secteur des télécommunications est déjà très libéralisé) alors qu'ils se superposent techniquement là où les services correspondants acquièrent suffisamment de caractéristiques communes pour paraître substituables. En effet, dès lors que la double nature des biens et des services culturels est reconnue, l'accordéon de la « *similarité* » doit s'étirer et se resserrer entre les deux sens en adaptant le test de similarité du traitement NPF et du traitement national.

[221]Pour un examen plus poussé de la définition de ces services, se reporter au *Manuel des statistiques du commerce international des services 2002* du Bureau de statistique des Nations-Unies pour la Commission européenne, le Fonds monétaire international, l'Organisation de coopération et de développement économiques, la Conférence des Nations Unies sur le commerce et le développement et l'Organisation mondiale du commerce.

En 1986, l'UNESCO rendait public le *Cadre de l'UNESCO pour les statistiques culturelles*[222]. Cet outil est devenu la référence en termes de mesure de la culture. L'UNESCO en s'appuyant sur les classifications internationaux : SH, CPC et le balance de paiement[223], utilise son Cadre pour les statistiques culturelles (CSC) qui serve de base pour mesurer les échanges internationaux[224]. Le CSC se fonde sur une définition large de la culture. Les produits culturels englobent les biens et les services. D'après la classification utilisée par l'UNESCO, les « biens culturels de base » incluent des secteurs tels que les supports enregistrés, les supports audiovisuels (jeux vidéo, films exposés, etc.), les biens du patrimoine (antiquités, archives, etc.), les arts visuels (peinture, sculpture, arts graphiques, artisanat d'art, etc.), les journaux et périodiques, les autres imprimés (ouvrages cartographiques, photographies, dessins, etc.). Ces biens de base se distinguent des « biens culturels connexes » tels que le matériel et les équipements de travail (instruments de musique, systèmes de sonorisation, récepteurs de radio et télévision, etc.) et d'autres biens dont le contenu n'est pas entièrement culturel (plans et dessins architecturaux et matériel publicitaire). De même, cette classification établit une distinction entre services culturels de base (services audiovisuels et redevances de droit d'auteur) et services culturels connexes (services d'information, services d'agences de presse, et services publicitaires et architecturaux)[225]. La notion de culture recèle donc de multiples facettes.

Selon la classification de l'OMC, en plus du secteur de l'audiovisuel, les services culturels comprennent les services d'archives, les services de divertissement, les services récréatifs, culturels et sportifs, ainsi que les « autres services culturels ».

---

[222]L'UNESCO a publié deux (2) grandes études à ce sujet: "International Flows of Selected Goods. 1980-1998" et « Échanges internationaux d'une sélection de biens et services culturels, 1994-2003 ».

[223]Énoncé statistique qui résume de façon systématique, pour une période de temps donnée, les transactions économiques qui ont cours entre une économie et le reste du monde.

[224]Voir UNESCO, « Culture, commerce et mondialisation: 25 questions et réponses », UNESCO Publishing, Paris, 2000.

[225]Institut de statistique de l'UNESCO, Échanges internationaux d'une sélection de bien et services culturels, 1994-2003, Montréal, 2005.

Très peu d'engagements ont été pris dans ces domaines puisque la plupart des pays craignent que la libéralisation de l'audiovisuel ait un effet pervers et rende impossible la poursuite de leurs politiques culturelles. Les négociations bilatérales et plurilatérales comportent néanmoins des discussions sur la libéralisation des services et les pays en position de faiblesse lors des négociations pourraient être forcés de libéraliser davantage le secteur des services.

Influencées par les normes internationales, les politiques économiques, les partis au pouvoir, ou encore les innovations technologiques, les politiques culturelles ont subi ces dernières décennies de multiples transformations : changement de principes ordonnateurs (de la doxa démocratique à la doxa économique), d'enjeux affichés (apparition de la protection de l'identité, du rayonnement international, du développement régional/territorial, etc.), passage des industries culturelles aux industries créatives. Il convient donc d'analyser tout particulièrement le lien qui unit la culture et l'Etat.

B. Repenser le rôle des politiques culturelles

La modernité naissante n'a cessé de combattre les communautés organiques, régulièrement disqualifiées comme des structures qui, étant soumises au poids des traditions et du passé, empêcheraient l'émancipation humaine. Dans l'après-guerre les États ont créé des ministères de la culture et, en 1967, l'UNESCO a consacré leur rôle dans la définition de politiques culturelles. A l'ère de la mondialisation, des pays découvrent l'intérêt de la diplomatie culturelle et du « *soft power* »[226]. La

[226] J. Nye a développé le terme de soft power afin de designer la métamorphose actuelle des composantes de la puissance d'un Etat sur la scène internationale de l'après guerre froide. Les composantes de soft power sont fondées sur des ressources intangibles telles que l'information, la culture, l'idéologie ou les institutions. A l'opposition de la puissance de contrainte et de coercition (hard power), la puissance de séduction, - en tant que source d'influence reposée sur l'attractivité, la persuasion, l'imitation - définit la capacité d'un Etat à dresser l'ordre du jour politique d'une manière qui modèlera les préférences exprimées par les autres, à structurer une

culture est aussi aujourd'hui célébrée comme une mamelle nourricière, une ressource de vivification pour le développement durable.L'analyse qui suit se propose d'étudier pourquoi l'État continue de jouer un rôle déterminant en matière de culture en dépit d'un contexte caractérisé de plus en plus par les phénomènes de dérégulation et de privatisation, ainsi que par l'autorité croissante d'acteurs étrangers à l'État (1), les enjeux de son interventions(2), quelques règles relatives aux biens culturel(3) et ses outils d'interventions en matière culturelle (4).

1. L'esprit des politiques culturelles

Inventées au lendemain de la Seconde Guerre mondiale, les politiques culturelles, dont la légitimité a souvent été fragile, sont multiples, protéiformes, mêlant, de façon dialectique, des finalités intrinsèques et extrinsèques au champ de la culture elle-même. Il y a en effet une certaine contradiction entre l'Etat et la culture : l'un représente le pouvoir, l'autre la liberté[227]. En effet, la culture est par excellence le domaine de la liberté créatrice, de la spontanéité, de la créativité si elle n'est pas subie[228]. La culture est

situation de telle sorte que les autres pays fassent des choix qui s'accordent avec les siens propres. Ainsi, il souligne que si les Etats-Unis désirent être la puissance hégémonique du 21eme siècle, ils doivent renforcer leur soft power. Nye (Joseph), "Soft power", Foreign Policy, (80), 1990, p. 153-171. Nye (Joseph), *Soft power: the means to success in world politics*, New York, Public Affairs, 2004. Il est instructif de constater que le Goethe Institut est présent sur tous les continents avec, en 2009, 183 implantations dans 83 pays, Le British Council dispose d'environ 220 implantations dans 109 pays.

[227]J-M, PONTIER, « L'Etat doit-il protéger la culture française ? », *Recueil Dalloz Sirey*, 1994, Chroniques, p.186.

[228]Voir Edward SAID, *Culture et Impérialisme* Paris Fayard-Le Monde Diplomatique 2000, 555 p. Edouard Glissant et Edward Said dégagent de la culture de griffes de l'identité pure qui fait pense au concept de culture liberté.Dans ce sillage, les notions deleuzienne de rhizome et de déterritorialisation dénotant d'une « Poétique du Divers », refus dune racine unique, telle que définie par Edouard Glissant, « remplaçant l'idée de l'unicité par celle de la multiplicité, l'exclusion par la relation, la vocation d'enracinement par la vocation à l'errance, la profondeur par l'étendue, la route par la trace » (Glissant 1995,p.124), pose en s'opposant, le modèle d'une culture composite, «créolisée». Cette dernière est définie comme une rencontre d'éléments culturels venus d'horizons absolument divers et qui réellement se créolisent, qui réellement s'imbriquent et se confondent l'un

cependant entrée dans le champ de l'économie nationale et désormais internationale.
Les politiques culturelles se fondent sur plusieurs postulats[229].Elles traduisent des valeurs éthiques au plan juridique comme, par exemple, l'émancipation des individus, le renforcement du lien social, la justice sociale, le développement des capabilités et la lutte contre les inégalités. Ces valeurs correspondent, pour partie, aux fondements axiologiques des politiques culturelles. Ainsi, les raisonnements développés dans le cadre du droit à la culture recoupent les arguments adoptés de manière plus générale pour soutenir la légitimité des politiques culturelles. Les textes normatifs internationaux avancent diverses logiques en faveur de la promotion de la diversité culturelle. On peut aisément identifier l'argument intrinsèque; l'argument identitaire; l'argument de la non-discrimination/de l'égalité;l'argument démocratique; l'argument sociétal, l'argument économique et rayonnement international.

Selon l'argument intrinsèque la diversité culturelle est souhaitable en elle-même et pour elle-même. Cet argument découle du point de vue selon lequel toutes les cultures recèlent une richesse inhérente et leur coexistence conduit au bout du compte à un enrichissement mutuel. L'argument identitaire quant à lui part de l'idée selon laquelle la diversité culturelle naît de la coexistence d'une multiplicité d'identités et de pratiques culturelles. L'objectif de rassemblement des citoyens par la culture, de construction d'un imaginaire commun, d'une culture nationale, d'une identité culturelle patriotique semble aujourd'hui largement suranné au regard de la mondialisation culturelle. L'argument de la non-discrimination/de l'égalité s'appuie sur les effets transversaux du droit à ne pas être soumis à la discrimination, celui-ci s'étendant nécessairement aux droits culturels. L'argument démocratique érige en priorité la

---

dans l'autre pour donner quelque chose d'absolument imprévisible, d'absolument nouveau. Voir Edouard Glissant, *Introduction à une Poétique du Divers*, Montréal : PUM, 1995, p.15.

[229]Xavier CUBELS « Les politiques culturelles et le processus de mondialisation des industries culturelles », in Luis Bonnet et Emmanuel NEGRIER (dir), *La fin des cultures nationales ? Les politiques culturelles à l'épreuve de la diversité*, la Découverte/PACTE, p.76.

participation à la sphère publique, ce qui inclut la vie culturelle et le débat public.

Dans les faits, l'accès au patrimoine culturel est d'une importance considérable pour la participation démocratique. Elle inclut des média du fait que celles- ci permettent le contrôle de la communication et de l'information. L'argument économique tient compte du poids économique des industries culturelles et de leur spécificité : la créativité et la diversité (culturelle et linguistique) sont susceptibles de stimuler les économies et les marchés (du travail) et sont ressources touristique non négligeable[230] .
La politique culturelle ne serait-elle pas une simple gérance étatique des questions culturelles pour légitimer son existence comme le soulignait le Président de la Commission européenne en 2004, José Manuel Barroso: « *La dimension culturelle n'est donc pas une sorte d'embellissement de façade pour faire accepter une construction bureaucratique ou pour compenser un défaut de politique. Au contraire, elle est une composante essentielle de la construction européenne et une condition pour sa réussite. Sans elle, l'Europe resterait inachevée... D'où ma profonde conviction, maintes fois exprimée, que dans l'échelle des valeurs, la culture vient devant l'économie* »[231].

En effet, les politiques culturelles se sont développées dans les pays occidentaux à partir de quatre grands principes. Le premier est la valeur stratégique de la culture en tant que diffuseur des standards symboliques et communicatifs. Le deuxième est le fondement des identités collectives et, par conséquent, les identités des nations et des Etats. Le troisième principe est que les politiques culturelles possèdent des effets positifs, tant économiques que sociaux, en développant la créativité, l'amour propre et l'image positive des personnes et des territoires[232]. Les

---

[230]Pour les détails voir Tarlach McGonagle, « La promotion de la diversité culturelle grâce aux nouvelles technologies des médias : Introduction aux défis opérationnels », *op.cit*, p.4.

[231] Discours de Berlin novembre 2004 et discours de Paris mai 2005 de José Manuel BARROSO

[232] Le film *Bienvenue chez les Ch'tis* est symptomatique à cet égard. Il est devenu un phénomène social en France et même hors des frontières. Sa

œuvres audiovisuelles et cinématographiques contribuent à la socialisation des individus à leur culture.En fin, le quatrième principe repose sur la nécessité de préserver un patrimoine à caractère culturel, historique ou naturel.

C'est donc sans surprise que l'on constate que les pouvoirs publics ont du mal à être culturellement neutres[233]. Les politiques culturelles participent du service public[234]. Interventionnistes et positivistes, elles se font l'écho de la « publicité » kantienne, qui pose que l'État est le garant de l'expression publique. Elle le place aussi dans les espaces dérogatoires aux lois du marché, car l'ensemble de la société est engagé et non pas une fraction de ce public aux intérêts très privés. Que l'on prenne le point de vue du marché ou le point de vue de l'État, la notion d'intérêt public est très différente de la notion de service public. Dans la sphère marchande, c'est le régime de l'offre et de la demande qui régit le rapport au contenu, et le public peut manifester son intérêt par son pouvoir d'achat et sa présence ou pas devant les écrans[235].

---

modestie, c'est une certaine façon de vivre, c'est même une certaine façon de résister, par inertie, au mauvais temps ; le mauvais temps de notre époque.

[233]Selon une classification fonctionnaliste, les politiques culturelles peuvent être tour à tour qualifiées de politiques de destruction de culture - cela s'est déjà produit plusieurs fois-, de négligence de culture, d'hybridation de culture, de conservation de culture et, enfin de production de culture.

[234]À l'inverse, le service universel qui s'appuie sur la notion de libre circulation (free flow), le service public est basé sur un accès gratuit, libre de publicité, couvrant tout le territoire national quel que soit le niveau de vie des habitants. Juridiquement, la notion de service public se fonde sur deux critères de définition : le critère matériel, qui révèle l'existence d'une activité destinée à satisfaire un besoin d'intérêt général, et le critère fonctionnel, qui s'appuie sur la présence de moyens matériels ou humains mis en œuvre par la puissance publique en vue de l'exécution des tâches concernées. Un troisième critère peut aussi être opérant : le critère juridictionnel, qui s'intéresse à la juridiction à laquelle est soumise l'activité : si elle relève du droit administratif, elle appartient au service public, si elle est soumise au droit privé, elle en est exclue.

[235]Dans cette conception, le public a trois caractéristiques : il n'est pas constitué par tout le monde à tout moment mais par des sous-groupes sollicités tour à tour selon les besoins du marché.

Les arguments développés par les tenants de la diversité culturelle font écho à ceux développés par les tenants du service public:

« *La logique du marché à elle seule ne peut garantir la diversité ; les moyens de représentation de l'identité d'un pays ne peuvent être laissés à un tiers ; la défense du pluralisme est une forme de défense de la liberté d'expression ; les œuvres de l'esprit ne sont pas une marchandise comme une autre ; chaque peuple détient le droit au développement de sa propre culture ; la liberté de création se doit d'être plurielle et pluraliste. Par voie de conséquence, certains devoirs incombent aux nations : les pouvoirs publics ont le devoir de rééquilibrer les extrêmes du marché ; les États sont habilités à protéger les industries médiatiques du fait des plus grands risques financiers qu'elles courent ; les mesures de discrimination positive (comme les quotas) aident à combler le handicap national face à la position dominante américaine* »[236].

Les politiques publiques (nationales ou locales) ont ainsi une mission d'appui, d'incitation et de promotion, de protection, voire d'encadrement, dont le degré et les formes d'expression peuvent varier selon les conceptions : « *À l'échelle internationale, les politiques culturelles ont trois objectifs : (1) protéger la culture du pays contre la domination par les réalisations culturelles d'autres pays et contre l'empiétement par les industries médiatiques des autres pays; (2) fabriquer et maintenir une image internationale du pays, ou d'une région ou d'une ville à l'intérieur du pays; et (3) développer et protéger les marchés et les sites d'échanges internationaux pour les « exportations « internationales du pays* » [237]. C'est ainsi que

[236]D. FRAU-MEIGS, « Exception culturelle, politiques nationales et mondialisation : enjeux de démocratisation et de promotion du contemporain », Quaderns del CAC, spécial Forum des cultures, « La mondialisation, l'industrie audiovisuelle et la diversité culturelle », 14 (sept.-oct. 2002), versions en anglais, espagnol, catalan et français. En ligne sur www.audiovisualcat.net.

[237]Diana CRANE, « La mondialisation culturelle vue sous l'angle de la sociologie de la culture », *op.cit.*p.12. La régulation publique peut aussi être légitimée par l'idée que les biens culturels sont l'expression des peuples et qu'il est essentiel, indépendamment de toute considération économique, que

beaucoup d'États ont développé diverses mesures d'intervention et de régulation publique au nom de préoccupations culturelles, tandis que d'autres préfèrent employer d'autres modalités moins spécifiques[238]. Et c'est à juste titre que Bernard Stigler peut écrire : « *Les politiques devraient donc d'abord être des politiques culturelles, non pas au sens où un ministère de la culture sert ou dessert les clientèles diverses et variées des métiers de la culture, mais bien comme critique des limites d'un capitalisme hyper industriel devenu destructeur des organisations sociales en quoi consistent les processus d'individuation psychique et collective* »[239].

Comme le souligne Zaki Laïdi, « la mondialisation enserre désormais tous les faits sociaux dans une chaîne de causalité dont le point de départ serait le global et non plus le local [240] ».On trouve ici l'idée selon laquelle le capitalisme est « non seulement le système économique mais un état de civilisation, de la culture, des mœurs également caractérisés par le fait que l'ensemble des activités sociales tendent à se considérer ou à être considéré comme étant au service de

---

chaque peuple puisse exprimer sa culture, L'intervention publique subventionne en quelque sorte les œuvres qui ne seront pas rentabilisées. Voir, Thomas PARIS, *Industries culturelles et mondialisation, op.cit*, p.9 ; Elie COHEN, « Economie de l'exception culturelle », *op.cit.*, p.10.

[238]Dès 1917, les États-Unis occupent sur le marché mondial cinématographique une place prépondérante. La substitution du cinéma américain aux cinématographies nationales en Europe va entraîner l'apparition de mesures protectionnistes destinées à protéger les cinémas nationaux. Elles vont donner lieu à un large éventail de mesures destinées à protéger les cinématographies nationales telles que des barrières tarifaires, des barrières indirectes et non commerciales. Voir, *Yvon THIEC,* Le cadre actuel des échanges culturels : les investissements, p.5.

[239]Bernard STIEGLER, « Le désir asphyxié, ou comment l'industrie culturelle détruit l'individu » in le Monde diplomatique, juin 2004 ; G. SIMONDON, *L'invention dans les techniques, cours et conférences*, Seuil, Paris, 2005 ; STIEGLER B. (1994), *La technique et le temps*, T.1, Galilée, Paris ; STIEGLER B. (2001), *La technique et le temps*, 3, Galilée, Paris. En France le Décret du 24 juillet 1959 instaurant le ministère de la Culture dispose que:« Le ministère chargé des affaires culturelles a pour mission de rendre accessible les œuvres capitales de l'humanité, et d'abord de la France, au plus grand nombre possible de Français ; d'assurer la plus vaste audience à notre patrimoine culturel, et de favoriser la création des œuvres d'art et de l'esprit qui l'enrichissent ».

[240] Zaki Laïdi, « Les imaginaires de la mondialisation », *Esprit*, octobre 1998.

l'économie »[241]. De manière large et simple à la fois, Immanuel Wallerstein note dans son ouvrage : *«on ne peut parler d'un système capitaliste que lorsque le système donne la priorité à une accumulation illimitée du capital(...)ce qui signifie qu'il existe des mécanismes structurels qui pénalisent, d'une façon ou d'une autre, ceux qui suivent une autre logique. Ils peuvent être éliminés de la scène sociale »*[242].

Aristote a magistralement montré que la politique est une science architectonique puisque« *la politique se sert des autres sciences pratiques et qu'en outre, elle légifère sur ce qu'il faut faire et sur ce dont il faut s'abstenir, la fin de cette science englobera les fins des autres sciences; d'où il résulte que la fin de la politique sera le bien proprement humain».* L'ensemble des textes aristotéliciens nous mettent en présence d'un système de quatre causes. La présence de n'importe quel objet dans l'univers ordonné par une intelligence, le *cosmos*, s'explique par la conjugaison de quatre causes ou principes d'intelligibilité : la cause matérielle (de quoi est fait l'objet), la cause efficiente (par qui ou par quoi l'objet a-t-il été fait), la cause formelle (comment est-il fait) et enfin la cause finale (vers quoi tend-il ou à quoi sert l'objet). De la politique culturelle, par exemple, nous dirons qu'elle est faite d'un ensemble d'actions ou d'inactions choisies constituant les politiques sectorielles (cause matérielle), elle est adoptée par la volonté du pouvoir public (cause efficiente) en vue de protéger les traits distinctifs d'une société ou la promotion d'une « culture nationale » (cause finale). Sa cause formelle serait la Raison. Les raisons d'agir des politiques doivent, dans nos sociétés démocratiques, faire l'objet d'une approbation populaire, elles doivent donc être lisibles de l'intérieur de cette société. De ces quatre modes d'appréhension de l'Être, la cause finale, impliquant le *devenir*, a préséance sur les trois autres.

---

[241]J.BAECHLER et I.WALLERSTEIN, «L'avenir du capitalisme», dans La *Revue du M.A.U.S.S. semestrielle, Comment peut-on être anticapitaliste ?,* éditions La Découverte/M.A.U.S.S., Paris, 1997, p.14.
[242]I. WALLERSTEIN, *Comprendre le monde - Introduction à l'analyse des systèmes-monde*, Editions La Découverte, Paris, 2006.

La politique culturelle, en tant que politique publique, relève ainsi d'un travail de classement et de mise en forme des problèmes sociaux et des pratiques d'interventions dont l'action publique est le produit, et qu'elle produit en retour. Aujourd'hui c'est devenu une évidence quasiment indiscutée de considérer que, comme on dit, l'investissement culturel génère des retombées économiques.Ce curieux paradoxe de constater que des politiques historiquement constituées pour dégager la culture des seules règles du marché, s'est adjointe de *finalités* extrinsèques comme le développement économique. Ces recompositions de l'action publique culturelle sont directement liées à la formation de modes de gouvernance fondés sur une logique marchant qui contribue à modifier la nature même de la cause finale(l'impératif de justification).

2. L'État et les enjeux identitaires

L'idéologie nationale est fondée sur l'idée que le partage d'une culture commune par une population constituerait la source naturelle de la légitimité d'un État[243]. Celui-ci repose sur l'idée que l'humanité serait divisée en « nations », au sens de groupes unis par une langue, une culture, une histoire communes, et la conviction que chaque nation aurait vocation à se constituer en État. Selon Arendt « *le duel entre l'État et la nation a émergé le jour où la Révolution française a lié la Déclaration des droits de l'homme à la revendication de la souveraineté nationale. Aussi toute la question des droits de l'homme se trouva-t-elle bientôt et inextricablement mêlée à la question de l'émancipation nationale* »[244]. En d'autres termes, le nationalisme pose en principe la nécessité d'une adéquation entre les frontières culturelles et les frontières politiques[245]. Mais comme le montrent les études historiques, lorsqu'au 19ème siècle, le nationalisme s'est imposé comme principe dominant de

[243]Le nombre des États indépendants a triplé depuis 1945 et parmi eux, un certain nombre d'Etats défaillants. Notre monde en comprend près de 200 par suite de la disparition des empires coloniaux, de l'éclatement de l'URSS et de la sécession affectant certains pays.

[244] H.ARENDT, *L'impérialisme*, *op.cit.*, p. 492.

[245] E. GELLNER, Nations and Nationalism, 1997 (1st ed. 1983), Oxford, Blackwell, p.1.

légitimation politique, les populations des États et des Empires étaient loin de se répartir en groupes culturels homogènes.

Défini au sens strict comme un système politique hiérarchisé acquis par la violence au profit d'un centre et maintenu par la coercition au détriment de la périphérie conquise [246], l'empire, entité issue d'expansions territoriales de certaines unités politiques au détriment d'autres, avait constitué la forme privilégiée d'organisation politique des sociétés humaines jusqu'au XVIIe siècle. Les empires ont comme caractères constitutifs la cohérence voire la systématicité d'un ensemble politique et la grande extension territoriale[247] . Selon Alexander Wendt, le système des empires avait été synonyme de logique hobbesienne, parce que le plus fort y était reconnu comme pouvant légitimement absorber le plus faible[248].L'Empire est au cœur des phénomènes totalitaire et désignerait la forme politique privilégiée des temps « ante-westphaliens ».Que l'Etat

---

[246]Sur les problèmes de définitions du concept d'empire, voir Thierry Ménissier (éd.), *L'idée d'empire dans la pensée politique, historique, juridique et philosophique*, Paris, L'Harmattan, 2006 ; Michael Doyle, *Empires*, Ithaca, Cornell University Press, 1984 ; Maurice Duverger (sous la dir.), *Le concept d'empire*, Paris, PUF, 1980 ; Gérard Chaliand, Jean-Pierre Rageau, *Géopolitique des empires. Des pharaons à l'Imperium américain*, Paris, Arthaud, mars 2010, 430 p.

[247]Dans le troisième volume de *Civilisation matérielle, économie et capitalisme*, Braudel entreprend de comprendre le rôle des dynamiques de l'économie marchande dans le processus qui a conduit à la situation très inégale que connaît, à partir du XVIIIe siècle, le rapport des civilisations entre elles.Les empires, avance Braudel, se sont toujours constitués selon la logique des « économies-mondes », et la civilisation européenne a pendant longtemps repris le schéma classique de constitution de la domination impériale: sous l'influence d'un centre urbain qui concentre l'accumulation de la richesse et détient le monopole du pouvoir politique émerge un espace propre, aux limites aisément repérables et lentes à se modifier ; si ce centre peut connaître sur son territoire certains pôles rivaux, l'espace se voit hiérarchisé, une somme d'économies emboîtées s'installe dans la durée. Fernand Braudel, *Civilisation matérielle, économie et capitalisme, XVe-XVIIIe siècle*, tome III : *Le temps du monde*, Paris, Armand Colin, 1979 ; réédition L.G.F., « Le Livre de Poche / Références » p. 42-56 voir également Braudel (Fernand), « Empire et monarchie au XVIe siècle » in *Autour de la Méditerranée*, Paris, Ed. De Fallois-Livre de Poche, 1996, pp. 209-338.

[248]Alexander Wendt, *Social Theory of International Politics*, Cambridge, Cambridge University Press, 1999.

ne soit pas l'empire n'implique pas qu'il ne soit pas impérialiste ; qu'on le nomme leadership bénévole [249]ou d'*hégémon* bienveillant[250].L'empire en s'effaçant a donc légué l'impérialisme aux Etats.

La modernité européenne, c'est l'invention de la nation ou de l'État- nation. L'Etat précède partout de la nation. La nation, à l'opposé de l'empire, est la délimitation, la circonscription territoriale, bref la frontière entre deux territoires politiques qui la reconnaissent mutuellement. Ainsi, Wallerstein voit dans le système-monde qu'est l'économie capitaliste mondiale contemporaine une économie-monde, et non pas un empire-monde, précisément parce qu'il n'y a pas de système politique unique s'étendant sur tout l'espace politique concerné, mais multiplicité de centres de puissance en compétition les uns avec les autres, et transfert des ressources assuré par l'intermédiaire du marché plutôt que par la contrainte[251]. La bourgeoisie s'étant développée dans et en même temps que l'État-nation, son institution en classe dirigeante, allait donner naissance à l'impérialisme au moment où la structure de l'État nation se révéla impropre à permettre à l'économie capitaliste de poursuivre son expansion[252]. L'impérialisme naquit donc lorsque la classe dirigeante détentrice des instruments de production capitaliste s'insurgea contre les limitations nationales imposées à son expansion économique.

Depuis les accords de Marrakech, les conditions de l'internationalisation des compagnies ont incontestablement changé. La tentation demeure cependant de réduire l'internationalisation des entreprises aux seules activités

---

[249]Carles Kindleberger, *La grande crise mondiale 1929-1939* (1973), Paris, Economica, 1988.

[250]Ronald Tammen et al., *Power Transitions.Strategies for the 21st Century*, New York, Chatham House, 2000.

[251] I. Wallerstein, *Comprendre le monde. Introduction à l'analyse des systèmes-monde*, *op.cit.*p.25. Dans ce sillage, Joseph Nye soutien que les Etats-Unis restent-et doivent rester – une puissance non impériale. Joseph Nye, *Soft Power, The Means to Success in World Politics*, New York, Public Affairs, 200.

[252] H .Arendt, *L'impérialisme, op.cit, p.12.*

d'exportation, c'est-à-dire de conserver une vision mercantiliste du processus de développement international. Il va sans dire que ce (néo) mercantilisme est consubstantielle à l'impérialisme rétif à la diversité culturelle. L'impérialisme culturel insidieux qui sous tend la libre circulation des produits culturels est difficilement compatible avec l'atteinte des objectifs de la diversité culturelle comme le souligne A. Sen : *« Lorsqu'une mutation économique est à l'œuvre, elle détruit des modes de production périmés et des technologies essoufflées. Et personne ne songerait à verser une larme même si des mécaniques complexes et élégantes – montres anciennes ou machines à vapeur – peuvent susciter une vague nostalgie. Il n'en va pas de même avec la destruction de traditions culturelles. La dissolution des modes de vie usuels est source d'angoisse et de frustrations. La perte est comparable à ce que peut représenter l'extinction d'une espèce animale, condamnée à laisser sa niche écologique à une variété concurrente, mieux adaptée, et cette "amélioration", au sens darwinien, ne saurait d'aucune manière suffire à notre consolation. »*[253].

L'économie moderne, dont le père est généralement tenu pour être Adam Smith, est née à l'époque des Lumières[254]. Et la philosophie héritée des Lumières porte en elle une certaine prétention universaliste et planétaire, laquelle fut historiquement liée à l'impérialisme colonial. On voit là les limites d'une économie de marché pensée comme applicable de manière universelle pour le plus grand bien de l'humanité. A l'« universalisme odieux qui lie la culture à l'impérialisme » doit succéder une promotion et protection de la diversité culturelle.

---

[253]Amartya SEN Amartya, *Un Nouveau Modèle Economique*, éditions Odile Jacob. 2000, pp. 242-243 ; SAÏD, EDWARD W., *Culture et impérialisme*, Fayard, Paris, 2000. Pierre Bourdieu va dans ce sens lorsqu'il précise : « Le mot globalisation incarne la forme la plus accomplie de l'impérialisme de l'universel, celui qui consiste, pour une société, à universaliser sa propre particularité en l'instituant tacitement en modèle universel » *Contre-Feux 2*, 2001.

[254] Adam Smith prônait la division internationale du travail dans sa célèbre *Recherche sur les Causes et la Nature de la Richesse des Nations*, soit l'approfondissement des échanges marchands à l'échelle mondiale. Cette division internationale du travail a abouti aujourd'hui à ce qu'on appelle la globalisation.

Selon Arendt, la réponse aux dangers de l'humanisme abstrait et la singularisation de l'homme devenu superflu passe par la revalorisation des droits du citoyen et l'attribution d'un rôle central à la vie politique. En matière culturelle, il s'agit de réhabiliter des politiques culturelles.En France, c'est depuis la révolution française de 1789, que l'État, traditionnellement centralisateur, est un mécène important et met en avant sa volonté de servir la culture en la maintenant sous sa protection et son contrôle. C'est celui la même qui, à travers les lignes politiques monarchiques, libérales ou démocratiques, créera ce concept général de « démocratisation de la culture », parmi d'autres évènements, avec la naissance de l'école publique pour tous et l'instauration d'un enseignement public populaire.Au delà du credo républicain de « l'indifférence aux différences » et de la volonté de rendre moins saillantes les disparités culturelles pour unifier la nation », le ministère de la culture[255] et les règles qui composent le droit de l'action culturelle des pouvoirs publics français obéissent aux principes d'une figure étatique qualifié d'État culturel.

Les nations, au sens nationaliste du terme, sont donc des constructions relativement récentes. Les mouvements nationalistes se sont appuyés sur des éléments culturels préexistants, mais en les réinterprétant, en les transformant et, au besoin, en les réinventant[256]. L'imposition d'une langue unique standardisée, grâce notamment à la généralisation de l'instruction élémentaire, a joué un rôle majeur dans la réalisation de l'uniformité culturelle requise par l'idéologie nationale dans certains pays. Cependant, une sélection a été

---

[255]Le 3 février 1959, Charles de Gaulle, tout juste élu président de la République, crée un nouveau ministère, longtemps désiré : le ministère des Affaires culturelles, qu'il confie à André Marlaux. Sa mission est de « *rendre accessibles les œuvres capitales de l'humanité, et d'abord de la France, au plus grand nombre possible de Français, d'assurer la plus vaste audience à notre patrimoine culturel, et de favoriser la création des œuvres de l'art et de l'esprit qui l'enrichissent* ».

[256] Les travaux d'E. J. Hobsbawm et T. Ranger montrent que la construction des cultures nationales a comporté une part d'invention de mythes, de symboles ou de pratiques présentés comme des traditions ancestrales.Voir. E. J. HOBSBAWM and T. RANGER, The *Invention of Tradition*, Cambridge, Cambridge University Press, 1992.

opérée parmi les traditions existantes et seules certaines d'entre elles ont été élevées au rang de « hautes cultures ». Par conséquent, l'homogénéisation culturelle des populations comprises à l'intérieur des frontières étatiques s'est en partie construite sur la répression et la marginalisation des cultures régionales ou minoritaires. Dans les années cinquante, Claude Lévi-Strauss dans *Race et histoire* essayait de résumer le problème de la diversité des cultures, confrontées à la définition abstraite d'une espèce humaine, une et unifiée : *L'humanité devient une et identique à elle-même ; seulement, cette unité et cette identité ne peuvent se réaliser que progressivement et la variété des cultures illustre les moments d'un processus qui dissimule une réalité plus profonde, ou en retarde la manifestation*»[257].

C'est en partie le sentiment d'appartenance à une même nation qui a amené les habitants d'un territoire étatique à se concevoir comme citoyens, membres d'une communauté politique, capables de se sentir responsables les uns des autres[258]. Mais le nationalisme n'est pas seulement un phénomène politique. Il se nourrit d'un imaginaire où se mêlent l'histoire, la culture, la religion, les légendes populaires, etc. Tous ces facteurs sont revisités, idéalisés, transfigurés pour aboutir à une narration cohérente et légitimatrice. Le concept d'État-Nation est donc marqué par un présupposé d'homogénéité culturelle du corps social, qui induit des pratiques d'exclusion et de marginalisation. Ce modèle politique n'est cependant ni absolu, ni indépassable, ni même nécessaire à la démocratie. Selon J. Habermas, « *le lien étroit créé par l'Etat-nation entre* ethnos *et* demos *n'était qu'un passage. Du point de vue conceptuel, la citoyenneté était toujours déjà indépendante de l'identité nationale* »[259]. Elle peut même être dangereuse lorsqu'il en vient

---

[257] Claude Lévi-Strauss : *Race et histoire.* Gallimard, coll. folio, Paris (1952) ; p.23 et ss.

[258] J. HABERMAS, L'intégration républicaine, *op. cit.*, pp.102-103.

[259] Ibid., pp.67-94, p. 72. Dans cet essai, le philosophe allemand développe le concept de « patriotisme constitutionnel ». Il a choisi de désétatiser la réflexion sur la communauté politique dans la perspective de l'intégration européenne en s'érigeant contre la nécessité de toute «forme de vie ethnico-

à sacraliser l'espace communautaire *(topos)*, à exalter les normes, les symboles, les valeurs et les règles du groupe (*nomos*) et à mettre en place un discours *(logos)* d'exclusion.

En pratique, les États démocratiques tendent d'ailleurs de plus en plus à s'écarter de ce modèle. Ils ont adopté de manière pragmatique toutes sortes de modalités permettant la prise en compte des spécificités, qui contredisent le postulat de l'uniformité culturelle. Ces politiques témoignent de la possibilité d'articuler de façon différente, plus ouverte à la diversité, les rapports entre culture et système politique[260]. Si un État est libre en droit international de désigner une langue officielle et ainsi préférer celle-ci à d'autres, les droits de la personne imposent aujourd'hui des limites quant à l'étendue ou aux effets de ces préférences, culturelles ou linguistiques. Une politique préférentielle pour une langue officielle, nationale ne peut porter atteinte à la jouissance des droits garantis par le Pacte international relatif aux droits civils et politiques, y compris bien sûr à la liberté d'expression et au droit à l'égalité sans discrimination fondée sur la langue[261].

Mais comme le souligne le rapport mondial de l'UNESCO, cela a été possible grâce à une conception dynamique de la culture : « *Il aura en effet presque fallu les sept premières décennies du XXe siècle pour que les cultures commencent à être perçues comme des entités changeantes. Jusqu'alors, elles étaient supposées demeurer inchangées, leur contenu se transmettant de génération en génération par différents canaux, notamment*

---

particulière» (HABERMAS, *op.cit*, p. 93), en faisant le constat de la déliquescence de la souveraineté.

[260]W. KYMLICKA, Multicultural Citizenship, A Liberal Theory of Minority Rights, Oxford, Clarendon Press, 1995, p. 127; D. Lochak, « Les minorités et le droit public français : du refus des différences à la gestion des différences », in A. Fenet et G. Soulier (dirs), Les minorités et leurs droits depuis 1789, Paris, L'Harmattan, 1989, pp. 111-184 et N. ROULAND, « La tradition juridique française et la diversité culturelle », Droit et société, n°27, 1994, pp. 381-419.

[261]Voir Feu J. G. A. *Diergaardt et consort c. Namibie*, Communication n° 760/1997, CCPR/C/69/D/760/1997 (2000). *Ballantyne, Davidson et McIntyre c. Canada*, 31 mars 1993, Communications nos 359/1989 et 385/1989, U.N. Doc. CCPR/C/47/D/359/1989 et 385/1989/Rev.1 (1993).

par l'éducation ou par diverses pratiques initiatiques»[262]. L'intérêt et la nécessité de la diversité culturelle participent de ce désir du divers. Le 20 siècle a vu, dans plusieurs régions du monde, un déclin massif de l'adhésion aux dogmes religieux traditionnels, mais aussi une « redogmatisation d'un certain nombre de sociétés[263] et une diversification extraordinaire des recherches personnelles ou communautaires de type spirituel qui ont mis à rude épreuve la prétention des États à représenter les nations.

Cependant, il faut noter que pour certains auteurs, l'articulation entre culture et la politique n'a cessé d'occuper une place importante dans l'étude de constructions nationales. Les nations, affirment certains auteurs, auraient en conséquence des fondements ethniques. Les individus faisant partie d'une communauté imaginent leur solidarité en référence à des mythologies, à des généalogies fictives et des rapports aux étrangers qui sont analogues à ceux qui s'expriment dans le cadre de l'idéologie nationaliste[264]. Convoquant les théories de la psychanalyse, Pierre De Senarclens note que : « *Le nationalisme, au même titre que les autres formes de discours communautaristes, traduit en les masquant les besoins émotionnels universels qui s'expriment dans le caléidoscope de formes sociales et culturelles diverses.*»[265]. L'identification des citoyens à l'État n'épuise pas la réalité de leur identification à divers groupes sociaux : tous dépendant de l'opportunité et du

[262]UNESCO, Investir dans la diversité et le dialogue interculturel, *op.cit*, p.6.

[263] A titre d'exemple, l'article 2 de la Constitution égyptienne stipule-t-il que «les principes de la *Sharia* sont la source principale de la législation ».La « révolution » islamique en Iran, la montée en puissance en Israël du *Goush Emounim* (le bloc des fidèles) et la prolifération des sectes évangéliques aux Etats Unis furent des manifestations d'inspiration théocratiques. Voir G. KEPLER, *La revanche de Dieu, chrétien juif musulman à la reconquête du monde*, Paris, éd du Seuil, 1991.

[264]Pierre DE SENARCLRENS, « enjeux et politiques et théoriques de la souveraineté », in *Les frontières dans tous leurs états*, Brulant, Bruxelles, 2009, p.326. Comment, s'interroge De Senarclens, expliquer que les territoires nationaux furent longtemps en Europe l'objet d'émotions collectives intenses et que les colons israéliens puissent encore associer leurs conquêtes de la Cisjordanie à des croyances messianiques ? (idem).

[265] P.SENARCLENS, « Enjeux politiques et théoriques de la souveraineté », *op .cit*, p.329.

contexte d'action. Les identités ne sont pas nécessairement superposées suivant un mode hiérarchique; elles sont mobilisées en fonction des circonstances de lieu, de moment et d'action.

Les biens et les services culturels doivent-ils être traités différemment des autres produits ? Pourquoi, selon certains, méritent-ils une protection différente de celle à accorder aux autres produits ? Que véhiculent-ils d'autres qui mériteraient une intervention gouvernementale ? La question de la légitimité de l'action publique dans la régulation des marchés des biens culturels ne peut se comprendre sans une compréhension fine de la justification, des formes et organisation internationale des industries culturelles et du processus qui aboutit à l'hégémonie hollywoodienne[266].
Selon les termes employés par la Convention de l'UNESCO, la diversité culturelle : « *renvoie à la multiplicité des formes par lesquelles les cultures des groupes et des sociétés trouvent leur expression [...] La diversité culturelle se manifeste non seulement dans les formes variées à travers lesquelles le patrimoine culturel de l'humanité est exprimé, enrichi et transmis grâce à la variété des expressions culturelles, mais aussi à travers divers modes de création artistique, de production, de diffusion, de distribution et de jouissance des expressions culturelles, quels que soient les moyens et les technologies utilisés* »[267].Cette définition comporte deux articulations. La première rappelle les grands principes et la seconde offre un large champ d'application. Les termes

---

[266]La suprématie d'Hollywood sur le marché mondial du cinéma repose sur des raisons organisationnelles, structurelles et historiques. Sur le plan organisationnel, Hollywood est une machine à générer des entrées. À ces raisons organisationnelles s'ajoutent des raisons structurelles. Le marché américain est vaste, homogène par la langue, et hétérogène du fait de la multitude de cultures qui le composent. Quant aux raisons historiques, elles suivent un cercle vertueux : plus les films hollywoodiens sont vus dans le monde, plus ils accoutument les spectateurs à leurs codes – genres, techniques de narration, acteurs, décors, et *American way of life*.

[267]La Convention a été adoptée le 20 octobre 2005 par la 33e session de la Conférence générale de l'UNESCO. Elle est entrée en vigueur le 18 mars 2007.Au 1 janvier 2013, 125 États l'avaient ratifié, ainsi qu'une organisation d'intégration économique régionale, soit la Communauté européenne.
Voir www.UNESCO.org/culture/fr/diversity/convention.

employés confèrent à la diversité un caractère universel. Ainsi toutes les sociétés sont concernés indifféremment (les groupes et les sociétés). Prenant acte de son ambiguïté et de son incertitude quant au contenu des obligations des Etats parties[268], Richierie Hanania a synthétisé les approches issues notamment des textes juridiques internationaux à ce sujet. Elle donne une définition axée sur trois fronts en vue de sa concrétisation. Pour elle, la diversité culturelle inclut : les politiques étatiques de soutien à la culture, le contrôle de la concurrence et l'ajustement de la propriété intellectuelle[269]. Il ressort clairement de cette trinité des approches aucune une gradation normative mais une complémentarité enrichissante.

3. Quelques soubassements théoriques des soutiens publics aux industries culturelles

Divers arguments économiques ont été mis en avant en vue de justifier l'intervention gouvernementale dans le domaine public. Au-delà de ces arguments, il est une réalité incontournable : pratiquement aucun État au monde ne laisse au seul marché le soin d'assurer le développement de l'expression culturelle sur son territoire. Nous présenterons ici quelques particularités économiques souvent évoquées et invoquées pour consacrer les produits culturels comme les produits non exclusivement économiques[270].

---

[268]Carol Balassa, *America's Image Abroad: The UNESCO Cultural Diversity Convention and U.S. Motion Picture Exports, Curb Center for Art,* 2010,p.16.

[269]Lilian Richierie HANANIA, *Diversité culturelle et droit international du commerce*, La Documentation française, 2009, p.18.

[270]Sur ces aspects voir, BOMSEL, Olivier, Après l'exception culturelle, *Quelques règles économiques*, Cerna, Ecole supérieure des Mines de Paris, janvier 2006, Paris ; Olivier (2004), *Enjeux économiques de la distribution des contenus*, Cerna, École supérieure des Mines de Paris, janvier 2004, Paris, En ligne : http://www.cerna.ensmp.fr.

a. Biens d'expérience et d'économie de prototype

Un premier trait propre aux biens culturels est qu'il s'agit de *biens d'expérience,* autrement dit des biens qu'on ne connaît qu'après les avoir consommés. Contrairement à des biens de consommation standard, les acheteurs sont en situation d'imparfaite asymétrie informationnelle comme le souligne Elie Cohen : « *En situation de transaction sur un bien culturel, on est confrontés à une situation de double asymétrie : le consommateur ignore tout du bien qu'il acquiert avant de l'avoir consommé, le prix n'est pas un indicateur des propriétés du bien. Mais le créateur ne sait pas davantage ce que vaut son œuvre, il ne sait pas plus que le consommateur en apprécie a priori la qualité* »[271].

S'il est possible d'observer *ex-ante* une série de caractéristiques objectives du livre ou du film, elles ne permettent en rien de dire ce que sera la satisfaction du consommateur. Cette particularité qu'on retrouve dans l'ensemble des produits de grande diversité et d'appréciation subjective (le vin, les huiles, les parfums...) impose des procédures de sélection et de signalisation capables de susciter le désir d'expérience. Le bien culturel est un bien d'expérience particulier souligne Elie Cohen : « *Le bien culturel serait donc un bien d'expérience particulier, un bien dont la qualité reste appréciée sur une base subjective. C'est d'ailleurs cette qualité qui met en cause « la préférence pour la diversité « de Stieglitz et Dixit. Si l'on en croit ces auteurs entre deux paniers de biens offerts au même prix, le consommateur choisira systématiquement celui qui lui offre la plus grande diversité de biens. Or l'observation des pratiques de consommation de biens culturels livre le résultat inverse : les phénomènes de starisation conduisent au contraire à un resserrement continu des choix*[272] ». C'est pourquoi, selon Elie Cohen : « *le marché des biens culturels est en fait un marché de prescripteurs. Les revues, chroniques, classements et autres dispositifs de*

[271]Elie Cohen, « Économie de l'exception culturelle », document d'appui pour PNUD, *La Liberté culturelle dans un monde diversifié (Rapport mondial sur le développement humain, 2004)*, Paris, Economica, 2004,p.9. En ligne sur <http://hdr.undp.org/en/reports/global/hdr2004/chapters/french/>.
[272] *Ibid*,p.10.

sélection- recommandation ont pour effet de réduire la variété et de canaliser la demande vers quelques titres »[273].

Hollywood a très rapidement compris à quel point les acteurs sont une identification efficace de l'expérience proposée par les films, et a bâti le star-system en sorte d'en assurer la promotion. Il n'est pas anodin de souligner ici le ce passage de Stéphanie Peltier : « *La probabilité qu'un individu adopte un produit est une fonction croissante du nombre d'individus ayant effectué le même choix par le passé. [...] La plupart des consommateurs tendent, pour réduire l'incertitude sur la qualité des produits, à aller voir les films et à acheter les disques ou les livres dont ils ont entendu parler [...].L'offre des produits des industries culturelles serait également caractérisée par une forme extrême d'économie d'échelle. Un film, un disque, un livre, sont coûteux à produire mais pas à reproduire. [...] En termes économiques, cela* signifie que la production nécessite des coûts fixes élevés mais *un coût marginal faible. En conséquence le coût par utilisateur (le coût moyen) est d'autant plus faible que le marché du produit culturel est étendu* »[274].

Le renouvellement perpétuel du contenu des biens culturels les fait entrer dans la catégorie des *industries de prototype*. En termes économiques, il s'agit de biens dont les coûts fixes sont élevés et dont les coûts variables sont faibles. Plus le marché est étendu, plus le bien culturel rencontre du succès et plus le coût moyen s'avère faible. Mais pour étendre un marché, il faut au préalable investir dans l'œuvre sans assurance de succès. En effet, le propre d'une économie de prototype est que la production n'est lancée que si le produit rencontre un marché. Dans l'économie de prototypes culturels, la quasi-totalité de la dépense est engagée avant que le moindre retour du marché ne puisse être apprécié. Certes cette irréversibilité de la dépense est maximale pour le cinéma, moindre pour l'audiovisuel qui autorise des sorties à mi parcours grâce aux tests pilotes mais

[273] *Idem.*

[274] Stéphanie PELTIER, « L'économie de la culture. Les industries culturelles : une exception économique ? », Cahiers français n°312, janvier-février 2003.

elle n'en crée pas moins une contrainte économique spécifique[275].

b. Biens qui produisent des externalités

Pour certains biens, la valeur attachée à un produit par les consommateurs augmente avec le nombre de consommateurs possédant le même produit. Les économistes appellent « externalités de réseau » (ou économies d'échelle du côté de la demande) ces interactions positives concernant la valeur attribuée par les consommateurs. Les biens culturels en constituent un exemple.

Il y a une externalité ou effet externe lorsqu'une firme rend des services à d'autres firmes sans pouvoir les faire payer par un mécanisme de marché (effet externe de production ou externalité de consommations concernant les consommateurs). James Edward Meade, prix Nobel de sciences économiques en 1977) l'illustre de manière, on ne peut plus claire :
« *Supposons qu'un verger, planté de pommiers, jouxte le terrain d'un apiculteur. Les abeilles de ce dernier vont butiner les fleurs du verger voisin. Le miel qu'elles produisent et de bonne qualité et se vend cher. Les fleurs des pommiers constituent pour le propriétaire du verger, un « out put » qu'il cède gratuitement à son voisin puisqu'il ne peut pas faire payer les abeilles (on dit que l'usage des fleurs est inappropriable).*

[275]Elie COHEN, *op.cit* p.11. Parmi les économies créatives, les industries du film apparaissent comme des industries lourdes. Lourdes, elles le sont tout d'abord, par le niveau des investissements en production. Quel que soit le pays, les films sont des biens culturels longs et complexes à réaliser, mais aussi extrêmement chers. Un film demande de long mois de préparation et de tournage, mobilise couramment des centaines de collaborateurs artistiques et techniques et coûte plusieurs millions ou dizaines de millions d'euros : en 2005, les majors américaines consacraient en moyenne 60 millions de dollars par film et même si le chiffre est bien moins important en Europe, il reste significatif puisque le coût moyen d'un film s'élève à 5 millions d'euros en France. Le cinéma est aussi une industrie lourde par ses conditions de diffusion : les 38 852 écrans aux États-Unis et les 29 087 écrans en Europe représentent un réseau dédié constituant un investissement et des immobilisations considérables. Voir, Pierre-Jean BENGHOZI, « le cinéma », in E*conomie immatérielle*, *op cit*. p.118.

Pour l'apiculteur, les fleurs constituent un « input » gratuit : l'apiculteur bénéficie gratuitement du sous produit de la culture des pommiers qu'est le pollen car il est dans l'impossibilité d'identifier les fleurs que les abeilles ont butinées et dans l'impossibilité de leur indiquer quelles fleurs butiner ; il ne peut donc pas payer la propriétaire du verger »[276].

Il y a effet externe positif car l'apiculteur profite gratuitement de l'activité de culture de pommiers. Ces concepts sont particulièrement importants dans les industries culturelles. Les biens culturels génèrent des effets externes positifs au profit d'autres secteurs.[277] Ces effets externes peuvent être privés - impact touristique d'un festival- ils peuvent être publics - effet d'image pour une nation, source de retombées économiques ou symboliques[278]. Le rôle de l'État ou des autorités politiques locales peut consister en la prise en charge d'une part de la dépense permettant ces retombées positives. Les Arts vivants ont ainsi des effets externes positifs pour les mass media. C'est ce qui du reste explique que le spectacle vivant (concerts par exemple) soit considéré comme un investissement pour la diffusion de disques ou de DVD[279].

c. Bien collectif

Les biens culturels par certains de leurs aspects peuvent être assimilés à des biens collectifs. Consommer une émission de télévision ne prive en rien un autre consommateur (propriété de

[276]James E.MEAD "external Economies and Disconomies in competitive situation", in economic Journal, 195,vol 62,245,pp.54-67.

[277]On a ainsi l'exemple du musée Guggenheim µa Bilbao, qui a participe à la réglementation d'une région très touchée par le déclin des industries traditionnelles. Le secteur de la culture génère nombre d'externalités positives, qui permettent l'installation d'équipement hôteliers, de restauration, etc.

[278]Le film *Da Vinci Code* a circulé partout ; les touristes étrangers venus visité les lieux du *Da Vinci Code* ont apporté des devises à la France. Bref, les effets du succès mondial du roman sont pluriels, inégalement visibles dans les statistiques, et dispersés sur différents postes de la balance commerciale et de la balance des paiements. Voir Economie de l'immatériel, *op.cit.*, p.78.

[279] Elie COHEN, Economie de l'exception culturelle, *op.cit*, p.13.

non-rivalité). De même tout possesseur de télévision peut voir autant d'émissions qu'il le souhaite (propriété de non-exclusion). Comme leur nom l'indique, les biens publics ne sont généralement pas mis en circulation par des acteurs privés.

C'est parce que le service télévisuel présentait ses caractéristiques que ces promoteurs ont instauré la « gratuité » soit en vendant l'audience aux annonceurs (modèle de la TV commerciale) soit en finançant le service par l'impôt. Le cinéma autorise par contre l'exclusion par le paiement à l'acte. Certains voient même dans les biens culturels des *biens tutélaires*. Donner au plus grand nombre et notamment aux plus défavorisés l'accès à des activités artistiques et culturelles de qualité peut relever d'une mission de service public nécessitant une intervention publique faute de quoi le consommateur laissé à lui même ne consommerait que les produits manufacturés par les industriels du loisir.

Bien collectif impur, bien d'expérience atypique (bien de croyance) issu d'une industrie de prototype à rendement d'échelle croissants[280], le bien culturel partage nombre de ces traits distinctifs avec les services de réseau (externalités technologiques de réseau), avec les industries pharmaceutiques (sceening, coûts de développement, blockbusters), avec l'industrie du logiciel (coûts variables faibles ou nuls). Aucun de ses éléments n'est donc décisif. Fonder un principe d'exclusion sur ces seules bases paraît difficile. Par contre au niveau macro économique, comme l'affirme Elie Cohen, Industrie de prototype employant des personnels à qualifications rares et recherchées, l'industrie de biens culturels peut être protégée dans une perspective de promotion d'une « *infant industry* ». Il

---

[280]Depuis Samuelson (1958), la production de contenu (film, émission de télévision, etc.) est considérée par la littérature économique comme une activité à forts coûts fixes présentant d'importantes économies d'échelle. Par exemple, une chaîne de télévision connaît un coût élevé de création d'une grille de programmes, correspondant à la réalisation initiale de cette grille (*first copy co*[l]).Une fois que celle-ci est éditée, le coût incrémental de distribution physique à un consommateur supplémentaire est faible, voire nul. Voir Marc BOURREAU, Michel GENSOLLEN and Jérôme PERANI, « Economies d'échelle dans l'industrie des media ». in Revue d'économie industrielle publ. avec le concours du CNRS, 2002.

s'agit des secteurs fortement innovants pour lesquels l'intervention publique peut avoir un sens, ne serait ce qu'à cause d'imperfections dans les échanges[281].

La naissance et le soutien par les autorités publiques des cinématographies nationales parfois accompagnées de mesures de contingentement de produits étrangers trouvent leur origine effectivement dans ce constat. En effet, l'ouverture internationale, dans un contexte de domination des productions hollywoodiennes peut aboutir à la disparition d'entreprises culturelles nationales efficaces mais écrasées du fait de leur sous-dimensionnement. La mise en concurrence de produits amortis et de produits originaux peut faire obstacle à la révélation de la « disposition à payer » des spectateurs[282]. On comprend dans ce cadre que l'État puisse prendre le relais ne serait ce que pour préserver ce « droit d'option ».

4. Mesures et politiques publiques dans les « matières culturelles »

Si l'adoption de politiques culturelles judicieuses est certainement une condition sine qua non de l'émergence d'un secteur culturel dynamique, l'existence un tel secteur exige l'appui stratégique, juridique et réglementaire d'autres secteurs. Il pourrait s'agir notamment de réglementations fiscales, de réglementation des exportations de biens et services culturels, de législation du travail affectant le statut et le travail des artistes, de politiques éducatives.Les outils d'intervention qui sont

[281]Ce renouveau du protectionnisme « acceptable », est également spécifique aux industries dites stratégiques. Dans le cas d'une rivalité Airbus-Boeing, on voit comment la subvention européenne permet la création de richesses en Europe, comment elle peut dissuader Boeing de rivaliser sur le même créneau et comment l'inverse la décision de produire par Boeing stimule la concurrence. Paul KRUGMAN fut à la fois le théoricien brillant des *strategic trade policies* et en même temps leur contempteur dès lors que des gouvernements nationaux s'avisèrent de les utiliser.

[282]C'est l'argument classique de Lancaster (1991). En présence de produits différenciés, sujets à d'importantes économies d'échelle, et lorsque les consommateurs manifestent une préférence pour la diversité, le libre échange peut conduire à une situation où la production locale est socialement désirée mais non rentable (divergence entre les objectifs des firmes et les attentes des consommateurs), voir K. Lancaster, « The Product Variety case for Protection », 1991, *Journal of International Economics*, No 10,pp. 151-175.

indiqués ici portent essentiellement sur les outils d'intervention que les États peuvent utiliser pour faciliter la création et le développement de leurs industries culturelles dans le secteur de l'audiovisuel (notamment le cinéma et les productions télévisuelles).

a. Les mécanismes de soutien financier

Comme le souligne avec justesse le rapport de la Suisse sur la mise en œuvre de la Convention de 2005, les investissements dans la culture sont plus durables que dans l'économie : « *Les expériences actuelles ne laissent planer aucun doute: les investissements dans la culture sont plus durables que ceux injectés dans l'économie au cours des dernières décennies. Investir dans la richesse de la vie culturelle, c'est contribuer au renforcement de la cohésion sociale, une cohésion qui est au cœur de la problématique sociétale d'aujourd'hui* »[283].Les industries qui fournissent des services audiovisuels appellent d'importantes sommes d'argent et présentent des incertitudes quand à la rentabilité finale. C'est pourquoi une intervention publique dans le domaine des besoins de financement ainsi qu'un accompagnement de la prise de risque, sans pour autant le faire disparaître, apparaissent comme des formes d'intervention publique souvent efficaces dans le secteur concerné.

Les mécanismes qui peuvent être mis en œuvre sont multiples. Dans le cadre des aides financières directes les subventions prennent des formes très diverses: aides sélectives, aides aux produits, subventions à la structure, subventions à la production de contenus, soutien aux salles. Les subventions à la production, à la distribution ou à l'exploitation se sont montrées particulièrement efficaces pour soutenir les entreprises de cinéma et d'audiovisuel. Dans ce cas de figure, les sommes versées au prorata des recettes de vente doivent être réinvesties dans de nouvelles productions, l'amélioration des salles, etc., de sorte que ce type d'obligation se situe dans le droit fil des démarches d'entreprise classique (une aide automatique indexée sur le succès des productions ou de l'activité antérieures).Les

[283] Rapport de la Suisse, *op.cit*, p.19.

aides financières remboursables sur les recettes générées par le produit financé, souvent sans comporter d'intérêts, sont très proches des subventions : en effet, si le remboursement ne peut être complété c'est parce que les recettes n'ont même pas couvert le financement (subvention en cas de perte) .

Les prêts sans intérêt, ou à intérêt faible, accordés par les pouvoirs publics facilitent le financement des entreprises du secteur de l'audiovisuel à des taux non prohibitifs et, si possible, et leur offrent en plus, souvent, le seul moyen possible d'obtenir un prêt pour développer leur activité. Les mécanismes de garantie de prêts ont pour but de faciliter le financement bancaire des industries de l'audiovisuel en apportant l'assurance à l'organisme prêteur de se substituer à l'entreprise culturelle défaillante à travers la constitution d'un fonds de garantie[284] .

b. Les mécanismes d'incitation fiscale

Du point de vue fiscal, les mesures que les États sont susceptibles d'adopter sont diverses et interviennent tout au long du « cycle de vie » des projets audiovisuels[285]. Au niveau de la formation du capital on ne peut négliger que, de par sa nature, l'industrie de l'audiovisuel, tout en exigeant de vastes investissements, comporte de grands risques. Logiquement, cette situation fait naître l'exigence d'un vecteur d'investissement distinct, limitant d'une part la responsabilité des investisseurs et fournissant, d'autre part, une structure d'investissement efficace sur le plan fiscal[286].

---

[284]Formule mise en œuvre au Québec avec la SODICC (SODEC) et en France à travers l'IFCIC alors qu'en Suisse on étudie la création d'un fonds de garantie. En Belgique, par exemple, 75% des prêts bancaires pour le cinéma et l'audiovisuel peuvent être garantis par un fonds crée dans ce but.

[285]Gerrit TE-SPENKE, Rapport sur les problèmes fiscaux de l'industrie audiovisuelle européenne sur le plan international, Observatoire Européen de l'Audiovisuel, 1996 ; GERMANN Christoph, The "Rougemarine dilemma", How much Trust does State deserve when it subsidises the cultural goods and services, EUI Researcher paper, MWP 2008/22.

[286]M.FOOTER, E., BEAT GRABER Christoph,"Trade Liberalization and Cultural Policy ", (2000), Vol. 3 Journal of International Economic Law, p.125.

C'est ainsi qu'en France, le CNC a mis en place un mécanisme d'incitation fiscale pour favoriser l'investissement de l'épargne dans la production à travers les Sociétés de financement de l'industrie cinématographique et audiovisuelle (SOFICA). L'article 14 de la Convention sur la diversité des expressions culturelles, dresse une liste non exhaustive des moyens et mesures visant à favoriser l'émergence d'un secteur culturel dynamique, à apporter une réponse aux besoins spécifiques des pays en développement en matière de diversité des expressions culturelles et à renforcer le lien entre culture et développement. Au-delà des mesures visant à renforcer les industries culturelles, des programmes de renforcement des capacités et le transfert de technologies, il met l'accent sur le soutien financier. Dans la foulée de cette convention, les lignes opérationnelles soulignent la nécessité des mesures d'incitation fiscale pour faciliter et soutenir l'accès des micro-, petites et moyennes entreprises, des industries culturelles, des artistes, des professionnels et praticiens du secteur culturel à des sources de financements publics et privés et d'autres moyens tels que les subventions, les prêts à faible taux d'intérêt, les fonds de garantie, le microcrédit, l'assistance technique, les avantages fiscaux, etc. Dans tous les cas, tant que le potentiel de mise en service d'un contenu local s'améliore, le quota pourrait s'accroître.

c. Les quotas et exigences de contenus locaux

Dans le cadre de la protection et de la promotion de la diversité culturelle, il est donc important que les politiques et lois nationales sur l'audiovisuel prévoient dans les conditions d'octroi de licence des exigences pour les contenus locaux envers tous les médias audiovisuels. En effet, dans le contexte actuel de libéralisation des ondes hertziennes, il y a un réel danger de voir une pluralité de chaînes diffuser le même contenu. Comme le soulignent Francisco d'Almeida et Marie Lise Alleman « *Pénalisés par la concentration des industries culturelles, les pays du Sud voient leur production nationale concurrencée sur leur propre marché. Handicapés par le volume des investissements à faire, anesthésiés par la facilité à s'approvisionner auprès des firmes qui commercialisent à faible prix des produits déjà amortis, découragés par leur manque de maîtrise des réseaux et mécanismes de distribution dans le monde, ils se retrouvent dans l'incapacité de promouvoir une industrie locale* »[287].

Les quotas, de même que les contingents tarifaires, sont ainsi le plus souvent administrés à l'intermédiaire de licences d'importation : l'importateur doit solliciter et obtenir une licence qui conditionne l'importation. La licence d'importation, obtenue au terme d'une procédure administrative, vaut autorisation d'importer. Les procédures relatives aux licences d'importation sont souvent complexes et peuvent cacher ou constituer des obstacles au commerce aux accents protectionnistes. Les pays avancés comme les pays en développement ont dû recourir à des stratégies pour résister aux cultures médiatiques mondiales. Les industries de la télévision et du cinéma ont été soumises à des quotas d'importation[288]. Ces quotas seuls pourraient ne pas être suffisants pour assurer la survie d'une industrie de création de contenus locaux.

Les quotas encadrent la programmation ou le financement de la production de la part des chaînes de radio et de télévision en hausse qui ne disposant pas de gros budgets. Les quotas concernent surtout la diffusion et, plus rarement, la production au travers de son financement et ont pour but de répondre à la volonté culturelle de voir diffusés des produits audiovisuels nationaux soit en l'imposant directement, soit en le favorisant. Les quotas de diffusion impliquent qu'une part prédéterminée de la programmation des radiodiffuseurs doit être consacrée à des productions nationales (ou assimilées dans le cadre des pays de l'UE)[289]. Ce genre de quotas, qui implique des obligations de

---

[287]Francisco d'Almeida et Marie Lise Alleman, « Les industries culturelles des pays du sud : enjeux de l'adoption de la Convention internationale sur la diversité culturelle », Rapport d'étude établi pour le compte de l'Agence intergouvernementale de la Francophonie et du Haut Conseil de la Francophonie, 2004, p.24.

[288]M.FOOTER, BEAT GRABER Christoph,"Trade Liberalization and Cultural Policy"op.cit.p. 126.

[289]Des quotas de ce genre existent au Canada, en Belgique, en France, en Suisse, en Espagne, à des degrés divers. En France, par exemple, la diffusion de films cinématographiques par les chaînes en clair ou câblées de

programmation pour les diverses chaînes (nombre annuel maximal de films, quotas de nationalité, grille horaire), appartient à la catégorie des restrictions quantitatives, raison pour laquelle il se trouve au cœur des débats relatifs à la libéralisation du commerce des services audiovisuels. Par exemple, dans le domaine du disque, la France a institué depuis 1996 un quota de chansons françaises sur les ondes des radios aux heures d'écoute significatives. Soit 40 % de chansons d'expression française, dont la moitié au moins provenant de nouveaux talents ou de nouvelles productions. Au niveau européen, la directive dite « Télévision sans frontières » prévoit la diffusion de 40 % d'œuvres nationales et de 60 % d'œuvres européennes.

Un autre exemple concerne les accords Blum-Byrnes qui ont été signés à Washington le 28 mai 1946[290] .Une annexe concernant les conditions de projection des films américains et français sur les écrans de cinéma français a été ajoutée à ces derniers. Cette annexe introduisait un quota à l'écran qui

radiodiffusion est assortie d'obligations en termes de nombre de films, de délai depuis la sortie ainsi que de jour et d'heure dans la semaine. D'autre part, dans le cadre de la législation communautaire, La Directive « Télévision sans frontières » a été modifiée en 1997 de manière à renforcer l'obligation, pour les chaînes de télévision, de diffuser une majorité de productions européennes. Enfin, en Inde, comme dans de nombreux autres pays, l'accès aux marchés des films étrangers est officiellement soumis à un contingentement annuel.

[290]Dans le cadre des accords signés par Léon Blum, président du conseil et par James Byrnes, représentant du gouvernement de Washington, les États-Unis conditionnèrent l'octroi de leur aide économique à l'ouverture des marchés européens à leur production cinématographique. Tout en acceptant un quota de distribution, ils réussirent à faire tomber le nombre de semaines réservées au cinéma français à quatre sur treize alors que le projet français en réservait sept au cinéma national. La profession réagit en condamnant l'attitude des dirigeants politiques français. Depuis, ce face-à-face entre la France et les États-Unis a perduré. Néanmoins, celui-ci se manifeste désormais plutôt dans le cadre de relations internationales multilatérales .La France a réussi à promouvoir la notion d' « exception culturelle » auprès de ses partenaires. Concrètement, des quotas, notamment des quotas de diffusion de programmes sur les chaînes de télévision, ont été mis en place au niveau européen.

réservait quatre semaines par trimestre aux films français[291].Ce conflit a cependant permis de révéler de bonne heure les approches françaises et américaines sur la question ainsi que le problème soulevé par le statut des films dans la libéralisation des échanges. Au Canada, pays particulièrement exposé à l'influence américaine et très sensible au problème de la diversité culturelle, on s'est doté d'un arsenal plus complet. En plus des classiques programmes d'aide à la production et la distribution, les œuvres canadiennes bénéficient de quotas de diffusion : 30 % à la radio, 60 % à la télévision.

Les quotas de production ou obligations d'investissement à la production imposent aux chaînes l'obligation de consacrer une part prédéterminée de leurs recettes au financement de productions nationales ou établissent une contrainte quant au niveau et à l'orientation de ses investissements dans la production. Ces mécanismes prennent la forme de conventions ou d'accords-cadres négociés par les radiodiffuseurs publics et privés avec les professions audiovisuelles et cinématographiques et portent sur des montants financiers qui peuvent éventuellement être abondés par les pouvoirs publics[292]. Il est possible aussi que ce soient les pouvoirs publics eux-mêmes qui imposent aux entreprises de distribution d'émissions radiodiffusées l'obligation de verser un pourcentage de leurs recettes à un fond chargé de financer la production et la diffusion d'émissions nationales pour la télévision[293]. D'autres

---

[291]Cette annexe n'était pas prévue pour durer et aurait être abandonnée si certaines situations devaient se présenter : si durant deux années les films français avaient occupé plus de cinq semaines par trimestre les écrans de cinéma, le contingent aurait dû être ramené à trois semaines par trimestre, si une autre période de deux ans devaient en arriver aux mêmes constatations, le contingent aurait dû être abandonné· Voir Hubert- LACOMBE, Le cinéma Français dans la Guerre Froide 1946-1956, éditions Corlet, Caen, 1997, p.17.

[292]Comme en Belgique pour la RTBF et au Canada dans le cadre du FCT. Plus rarement, ces montants peuvent porter sur des pourcentages du chiffre d'affaires de production comme c'était le cas de la chaîne RTL-Tvi en Belgique de 1994 à 1997.

[293]Au Canada, par exemple, il existe depuis 1997 une obligation de cette sorte qui impose aux entreprises indiquées le versement d'au moins 5% de leurs recettes brutes au Fonds canadien de télévision.

possibilités peuvent encore être envisagées par les Etats pour encourager leurs industries audiovisuelles dans ce domaine.

Finalement on trouve ce qu'on appelle des quotas d'acquisition à travers lesquels les États exigent que certains opérateurs privés (comme les chaînes payantes, les chaînes câblées spécialisées dans le cinéma, les services pratiquant le paiement à la séance...) consacrent un pourcentage déterminé de leur chiffres d'affaires à l'acquisition de droits de diffusion cinématographique tout en respectant les quotas de diffusion ce qui équivaut à une obligation d'achat de productions nationales, régionales ou réalisées dans une langue déterminée[294]. Dans la pratique, les pouvoirs publics combinent ces différents systèmes de quotas, très proches les uns des autres, selon les nécessités du marché local et les adaptent, parfois, aux nouvelles formes de diffusion (satellites, services à la demande ou paiement à la séance), déjà mentionné.

Cependant, des interrogations surgissent sur la pertinence que conservent les quotas de diffusion d'un point de vue de leur applicabilité et de leur efficacité pour une politique au service de la « diversité culturelle ». Dans le contexte d'une concurrence internationale globale des média, les quotas ont notamment pour conséquence de favoriser le positionnement de firmes possédant déjà un large marché domestique, essentiellement les firmes américaines. Finalement, les évolutions technologiques récentes du secteur audiovisuel avec le développement de services de télévision par câble ou satellite, et l'accès à la visualisation de programmes par Internet, rendent d'autant plus difficile l'application et le respect des quotas de diffusion[295]. Ce type de mesures est-il compatible avec les règles de l'Organisation mondiale du commerce (OMC) ?

---

[294] Ce système s'applique en France ou la chaîne payante Canal + a l'obligation de consacrer 25% de son chiffre d'affaires à l'acquisition de droits de diffusion cinématographique auxquels s'appliquent les mêmes quotas que pour la diffusion ; c'est à dire l'émission de 120 heures par an d'œuvres européennes ou francophones en début de soirée.

[295] Daniel COHEN et Thierry VERDIER, *économie immatériel,* La Documentation française. Paris, 2008, *op cit*, p.22.

d. Les clauses sur l'investissement étranger

Les États peuvent également adoptent des règles exigeant des conditions de nationalité pour la propriété des entreprises qui déploient leur activité dans le domaine de l'audiovisuel et réglementer ainsi l'accès au marché culturel national sans pour autant décourager ou sanctionner l'investissement étranger qui reste utile, voire indispensable dans les secteurs, comme celui de l'audiovisuel, qui exigent de très importants investissements. Il s'agit de garantir l'existence d'entreprises locales indépendantes et par ce biais d'une production nationale en facilitant la présence d'intérêts nationaux dans l'industrie de l'audiovisuel local parce qu'elle aura alors « davantage tendance à créer, produire, distribuer et présenter des produits à contenu national »[296].

Les interventions des pouvoirs publics en vue de promouvoir les services audiovisuels locaux sur les marchés étrangers sont indispensables pour encourager l'industrie audiovisuelle et passent généralement par des procédures de collaboration et tout spécialement de coproductions, par l'accueil de productions venant d'ailleurs et par la défense et le maintien d'une libre circulation des professionnels et des œuvres. Dans ce domaine, nombreux sont les Etats qui soutiennent la présence de leur industrie nationale de l'audiovisuel dans les manifestations internationales à travers des subventions ou des aides à la promotion à l'étranger, au sous titrage des films admis dans des festivals etc. [297]. D'autre part, étant donné les importants coûts de production et la complexité des conditions de réalisation qui dominent en matière cinématographique et audiovisuelle, les

[296]Ainsi, au Canada, le Loi sur Investissement Canada de 1985 interdit la prise de contrôle par des capitaux étrangers des entreprises de distribution cinématographique.

[297]Par exemple, le Canada à travers Téléfilm Canada, le Québec à travers Sodexport (Sodec) avec, en plus, des crédits d'impôt pour le doublage, la Suisse à travers l'Office fédéral de la culture pour soutenir tirage, sous-titrage et présence dans les festivals internationaux, la France à travers Unifrance Film et TV France International qui offrent en plus une aide aux distributeurs de films français et une aide à la promotion à l'étranger de programmes de télévision ou l'Espagne à travers *El Instituto de la Cinematografía y de las Artes Audiovisuales.*

coproductions peuvent être non seulement souhaitables et enrichissantes sur le plan culturel, mais aussi indispensable sur le plan économique. Nombreux sont donc les accords et les traités de production entre divers États qui permettent aux productions d'être considérées comme nationales[298].

Les États sont également susceptibles d'adopter des normes favorables à l'accueil de certaines productions venues d'ailleurs, par exemple en soutenant des distributeurs de films relevant de cinématographies peu diffusées sous la forme d'une avance sur les recettes pour les dépenses d'édition et de subvention pour les frais de tirage[299] ou en prenant en charge les frais de location pour la diffusion non commerciale de films contemporains, ou encore en créant des prix pour des films étrangers[300]. Pour ne pas entraver les échanges, il est recommandé aux Etats de souscrire à *l'Accord de Florence*[301] et au *Protocole de Nairobi*[302] qui stipulent la suppression des droits et taxes pour les biens culturels ou, tout au moins, de taxer faiblement les importations de biens culturels (y compris les cassettes et disques vierges, les cassettes et disques enregistrés, les films, le

---

[298]Ainsi, ce genre d'accord existe-t-il entre la Belgique, le Canada, la France et la Suisse; entre la Belgique et la Tunisie; entre le Canada et l'Algérie ; entre le Canada et le Maroc ; entre l'Espagne et l'Allemagne, l'Autriche, Cuba, la France.Il faut souligner également l'importance de la Convention de coproduction multilatérale du Conseil de l'Europe qui définit l'œuvre cinématographique européenne et harmonise les conditions de réalisation des accords.

[299]On peut citer l'exemple français du Fonds d'aide aux cinématographies peu diffusées.

[300]C'est le cas de la Belgique à travers l'aide sélective du Réseau d'Action Culturelle Cinéma et du prix «Découverte». De même, il existe au Canada un soutien du Fonds d'aide au doublage et au sous-titrage pour des films tant étrangers que canadiens ainsi qu'un Fonds d'aide à la distribution en salles de long métrages étrangers de Téléfilm Canada qui finance l'acquisition de droits canadiens de long métrages étrangers au titre des activités de développement de l'entreprise de distribution.

[301]*Accord pour l'importation d'objets à caractère éducatif, scientifique ou culturel,* adopté par la Conférence générale l'UNESCO à sa cinquième session (1950) et entré en vigueur le 21 mai 1952, après la ratification ou l'adhésion de dix Etats.

[302]Protocole à l'Accord adopté par la Conférence générale de l'UNESCO à sa dix-neuvième session (1976).

matériel cinématographique…). Nous analyserons cet Accord dans la deuxième partie.

Enfin, l'action d'information sur les marchés étrangers, jugée essentielle par les pays de la tendance la plus libérale peut être menée par un organisme public ou par des groupes de travail qui exercent un rôle de veille.[303] En outre, les « armes diplomatiques » peuvent être utilisées pour engager une promotion étendue de toutes les industries créatives, y compris l'audiovisuel. Cela passe non seulement par une action coordonnées des services gouvernementaux et la mise à profit des visites officielles, au cours desquelles des listes de marchés prioritaires pour l'exportation sont arrêtées, mais aussi par l'action concertée d'organismes jouissant d'une autonomie variable mais d'une capacité d'action suffisante pour jouer un rôle culturel reconnu[304]. C'est ainsi que certains polémologues n'hésitent pas à prophétiser l'annexion de toutes les formes de la culture (éducative, médiatique et scientifique) par la civilisation *high tech* au moyen de stratégies de l'exploitation du savoir dont le principal enjeu social serait de parvenir à rendre l'opinion elle-même complice de son propre conditionnement [305], version « machiavélique » de la mondialisation de l'information, en ce qu'elle réduit la communication à un simple instrument disciplinant les esprits.

On peut constater que les aides publiques sous formes financières et de restrictions quantitatives ou d'effets équivalents en faveur de la culture sont économiquement et politiquement

---

[303]Au Royaume-Uni, c'est actuellement le rôle de quatre groupes de travail permanents. En outre, un service d'information pour les réalisateurs a aussi été créé et une grande enquête sur le marché américain à l'usage des réalisateurs anglais a reçu un soutien. Un bureau a été ouvert en Amérique pour diffuser l'information sur le cinéma anglais. En même temps, une unité de statistiques a été constituée au Royaume-Uni pour rassembler une information plus fiable sur l'état de cette industrie.

[304]Au Royaume-Uni, *The Creative Industries Export Promotion Group* a été établi par le Département de la culture, media et sports. Il a établi un plan suivant lequel les agents des services à l'étranger et les antennes du *British Council* sont appelés à travailler fortement à la promotion des industries créatives, en réalisant des échanges sur place.

[305] A. et H. Toffler, *Guerre et contre-guerre*, Pluriel, 1993, p. 207-208.

hors de portée pour la majorité des pays, cela indépendamment des contraintes du droit de l'OMC.Des études montrent d'ailleurs que, selon les Etats, le rôle du gouvernement peut être prononcé (comme en France), modéré (comme au Canada) ou encore faible (comme aux Etats-Unis), ce qui correspond à un niveau de protectionnisme équivalent : élevé, modéré ou faible[306].

Le modèle français de politique culturelle se caractérise par une importante intervention publique. La France propose un modèle centralisé et étatisé alors que les Etats-Unis offre plutôt un modèle pluraliste reposant sur un système qu'il est possible de qualifier d'autogéré. Le Canada se situerait entre la France et les Etats-Unis pour ce qui est de l'implication de l'Etat dans la culture et du niveau de protectionnisme culturel. Les politiques culturelles diffèrent donc d'un Etat à l'autre, mais elles ont des traits et des instruments communs permettant de les classifier dans six modèles : le modèle libéral, le modèle partiel d'Etat, le modèle bureaucratique d'Etat, le modèle éducatif d'Etat, le modèle national-émancipé et le modèle de l'économie en transition.

En effet, le processus de complexification de la vie humaine, selon Pierre Teilhard de Chardin[307], requiert un cadre global de gouvernance et une recherche accrue de l'universel humain[308].Il

---

[306]K .MULCAHY, « Cultural Imperialism and Cultural Sovereignty: U.S.-Canadian Cultural Relations », *The American Review of Canadian Studies*, vol. 30, n°2 (été 2000), pp. 181-182.

[307]Pierre TEILHARD DE CHARDIN, *Le phénomène humain*, Paris, Seuil, 1956, 348p.

[308]Citant Teilhard de Chardin, Senghor exprime mieux cette pensée de l'idée de la civilisation de l''niversel. «*Avant les derniers ébranlements qui ont réveillé la terre, les peuples ne vivaient guère que par la surface d'eux-mêmes ; un monde d'énergie dormait encore en chacun d'eux. Eh bien, ce sont, j'imagine, ces puissances encore enveloppées qui, au fond de chaque unité naturelle humaine, en Europe, en Asie, partout, s'agitent et veulent venir au jour en ce moment, non point, finalement pour s'opposer et s'entre-dévorer, mais pour se joindre et s'inter-féconder. Il faut des nations pleinement conscientes pour une terre totale* ». Léopold Sedar Senghor, *Pierre Teilhard de Chardin et la politique africaine*, Cahiers Pierre Teilhard de Chardin, n°3, Seuil, 1962, p.22.

convient de s'interroger sur la place de la culture dans ce monde d'interdépendances multiples et fondée sur le principe des sociétés ouvertes pour reprendre librement Karl Popper.

§2. LA DIVERSITÉ CULTURELLE AU CŒUR DES THEORIES DES RELATIONS INTERNATIONALES

Le point de départ des relations internationales est l'existence d'Etats, ou de communautés politiques indépendantes »[309]. De telles entités existent *de jure* depuis les traités de Westphalie de 1648 mettant fin à la guerre de Trente ans. Depuis plusieurs siècles, le comportement de nombreux gouvernements en matière culturelle et linguistique résulte d'influences historiques, influences qui persistent encore de nos jours. Si la diversité culturelle apparaît surtout comme une préoccupation contemporaine des Etats nations, elle apparaît aussi comme une manifestation de la globalisation, c'est-à-dire, de l'interdépendance accrue entre les Etats. L'ordre international peut *«se comprendre comme l'ensemble des principes d'organisations intelligibles qui régissent ou doivent régir les rapports entre les nations»*[310]. Cet ordre international par la magie de la fin des métarécits, est soumis à une obligation de passage d'un ordre interétatique réaliste- c'est -à- dire l'ordre par la puissance- à deux ordres nouveaux : l'ordre international spécifique et l'ordre mondial global.

Bien qu'il s'agisse d'une simplification, il n'en demeure pas moins que le nationalisme européen du XIXe siècle, combiné au modèle westphalien, contribua largement à l'émergence d'un courant idéologique influant sur les politiques culturelles. L'ordre qui en découle est un ordre interétatique. L'ordre mondial global, lui, tient du fait que les rapports internationaux, dans l'ère postmoderne, sont fortement influencés par les acteurs non - étatiques qui tissent quotidiennement les liens en brisant

[309] Hedley Bull, *The Anarchical Society* (1977), Basingstoke, Palgrave MacMillan, 3e éd. 2002, p. 8.

[310]Michel GIRARD, «Les conceptions de l'ordre dans les relations internationales», in *Cahiers Français*, n°263, Paris, La documentation française, 1993, p.4.

toutes les frontières. Ces changements s'inscrivent dans une tendance paradoxale de solidarisation et de repris simultané. Ce profond tiraillement ne connait toujours aucun dénouement et apporte un nouveau regard aux positions souvent contradictoires de la communauté internationale à l'égard des questions différentes mais souvent complémentaires, fruits de courants de pensées divergents par leur méthodologie et leurs aspirations. Les notions qui vont suivre ambitionnent modestement d'appréhender ce débat et auront l'avantage d'éclaircir des termes et notions qui reviennent souvent dans tout débat concernant les conflits axiologiques et normatifs qui sont au « tabernacle » de la diversité culturelle. Il convient de voir la place de la culture dans le système international (A) relations dialectiques entre l'universalisme et la diversité culturelle (B) avant de voir les conflits d'universalité au cœur de la diversité culturelle(C).

A. La culture dans le système international

L'affaiblissement, pour ne pas dire la fin des paradigmes de causalité et de logique unitaire et homogène ouvre la voie à la notion de réseau, au primat de la notion de relation au détriment de l'esprit de système et de structure, à l'apologie des interstices, de la diagonale, des chemins de traverse, d'une logique de la transition et de la transgression[311]. Dans ce contexte, la diversité culturelle vient poser à nouveau frais la question du sens dans un monde qui répudie la téléologie : « *Au processus de détéléologisation qui réduirait les distances symboliques viendrait se joindre ce qu'il est convenu d'appeler la mondialisation, c'est-à-dire ces processus économiques, culturels et sociaux qui nous feraient prendre conscience de la finitude de notre espace. Dès lors que nous posons que tout ce*

[311] Dans cette perspective, le droit positif, *lexlata*, s'entend du droit *posé* ou *établi* par l'autorité sociale compétente, en particulier l'autorité étatique, le législateur. Plusieurs penseurs ont brillamment exploré et pensé cette nouvelle rationalité : M. Delmas-Marty, Le. Relatif et l'universel, Seuil, Paris, 2004; F. Ost/ M. VAN DE KERCHOVE, De La Pyramide au réseau? Pour une théorie dialectique du droit, Faculté Universitaire de Saint Louis, Bruxelles, 2002.

qui pourra advenir ne sera jamais meilleur que ce qui est, c'est le présent et lui seul qu'il nous faut sacraliser »[312]. Tocqueville n'écrivait-il pas : « Le passé n'éclairant plus l'avenir, l'esprit marche dans les ténèbres » ?Le Rapport mondial de l'UNESCO précédemment mentionné met en évidence *trois défis* à relever par la communauté internationale dans les prochaines années en matière de diversité culturelle *:lutter contre l'analphabétisme culturel, réconcilier universalisme et diversité* et *accompagner les nouvelles formes de pluralisme* qui voient le jour avec la revendication d'identités multiples par les individus et par les groupes[313].

1. La place de la culture dans les relations internationales

Les relations internationales renvoient à une question fondamentale qui est celle des « conséquences de l'anarchie internationale et ses implications pour le conflit, la puissance et la domination »[314].Elles renvoient de manière générique aux interactions entre unités du système international. Tous ces termes font eux-mêmes l'objet de controverses et sont appréhendés différemment en fonction des écoles de pensée qui se disputent le monopole de la « pensée internationale légitime »[315].

---

[312] Zaki LAIDI, L'urgence ou la dévalorisation culturelle de l'avenir, Esprit, p. 11. Dans la tradition philosophique, il existe un héritage aristotélicien, où l'éthique est caractérisée par la visée téléologique, autrement dit, par la considération des *fins* d'une action, par ce qui est estimé bon. On appelle cette disposition téléologique parce qu'elle présuppose un rapport clarifié entre choix préférentiel et délibération (« nous délibérons non pas sur les fins elles-mêmes, mais sur les moyens d'atteindre les fins », dit Aristote) ce qui suppose une relativité du bien (il n'y a de bien que pour nous). ARISTOTE : *Ethique à Nicomaque*, livre I. Garnier Flammarion, Paris (1979), livre III, 5 : 1112**b**12.

[313] UNESCO, Investir dans la diversité culturelle et le dialogue interculturel: rapport mondial de l'UNESCO, 2009, p.13.En ligne : http://unesdoc.UNESCO.org/images/0018/001847/184755f.pdf.

[314] Marie-Claude SMOUTS, Dario BATTISTELLA, Pascal VENESSON, *Dictionnaire des relations internationales, op.cit.* p. 471.

[315] Ainsi, une des controverses les plus récurrentes de ce champ de connaissance concerne l'identification des acteurs du système. Au départ, ce

De la définition que donne Raymond Aron[316] du système international nous ne prendrons qu'une partie. Le système international est un ensemble d'unités actives qui entretiennent les unes avec les autres des relations régulières. Cet ensemble se situe aujourd'hui au niveau de toute la planète[317]. Cette dernière est constituée en réseau continu de communications, par les technologies les plus avancées du transport aérien, des services postaux internationaux, du téléphone, de la télécopie, d'internet. La reconfiguration des rapports interétatiques depuis la fin de l'ordre bipolaire, l'importance grandissante des organisations internationales et des acteurs non-étatiques se massifient. Cet ensemble est constitué d'unités actives[318] de nature très diversifiée. Les États demeurent toujours au centre du système mais la mondialisation et ses effets sur la souveraineté des États et la problématique de l'empire et de la guerre contre le terrorisme depuis le 11 septembre 2001, constituent autant d'enjeux qui reconfigurent le système international. Une pléthore d'acteurs vient bousculent le « tête à tête » des États.

La fin des rivalités idéologiques tend à donner à la culture un statut important dans Relations internationales. Les cultures

---

sont les États-nations qui sont considérés comme les unités de base du système international et la souveraineté comme principe structurant. L'étude des relations internationales va dès lors se focaliser sur ce type d'acteurs en particulier et ignorer ou sous-évaluer l'importance d'autres acteurs comme les institutions internationales, les entreprises multinationales, les ONGs.

[316]Le concept de « système international envisagé du point de vue de la sociologie historique était définie par Raymond Aron comme l'ensemble constitué des unités politiques qui maintiennent entre elles des relations régulières et sont toutes susceptibles d'être impliquée dans une guerre générale », voir Raymond ARON, *Paix et guerre entre les nations,* Calmann-Lévy,Paris,1962,p.103 ;Raymond ARON, *Conflict and word from the viewpoint of historical sociology, in the Nature of conflict*,Paris, UNESCO,1957,pp 178

[317]Comme Raymond Aron le souligne, « Après 1945, le champ diplomatique s'étendit aux limites de la planète et le système diplomatique, en dépit de toutes les hétérogénéités internes, tendit à une homogénéité juridique, dont l'Organisation des Nations Unies est l'expression » (Aron 1985: 113).

[318]Les unités actives signifient ici tout groupe humain structuré (au sens quasi mathématique du terme) par deux éléments : une culture commune et une organisation. Ainsi, les États sont des unités actives. La culture est le ciment de l'unité nationale, quand elle existe. L'organisation est l'État, au sens de gouvernement.

refoulées font partout retour, parfois sous les formes les plus pernicieuses. Faute d'une place nécessaire et d'une légitime reconnaissance, elles reviennent de manière explosive, dangereuse ou violente et affectant la sécurité humaine. Ce qui nous conduit à chaque crise vers des situations d'absolu et de non-négociation. En effet, le monde était ordonné par le fait que chacun des deux grandes puissances avait ses propres clients. Cette « dé clientélisation » aboutit à une sorte de mouvement incontrôlable, où le jeu de puissance ne parvient plus à se rétablir pour produire un équilibre minimal. Les concepts de « responsabilité de protéger » et de « sécurité humaine » ont ouvert une voie considérable dans le cadre du droit international vers une considération plus directe de la sécurité des gens, au-delà du principe de souveraineté.

L'émergence de la problématique de la culture s'est parallèlement nourrie récemment d'autres phénomènes concomitants : la prise de conscience que les différences de niveau de développement et la lutte contre le terrorisme international appelaient des réponses en terme de dialogue des cultures , l'inquiétude devant la montée de l'unilatéralisme et du discours sur le « choc des civilisations » qui contribue à légitimer les affrontements identitaires ; la prise de conscience d'un lien entre ouverture culturelle et démocratie.La diversité culturelle n'est, en ce sens, pas dépourvue de liens avec la paix internationale. Boutros Boutros-Ghali ne dit pas autre chose lorsqu'il écrit *:*

« *Tandis que les échanges internationaux s'amplifient, les citoyens sentent de plus en plus que la gestion du monde leur a été confisquée et qu'une ' monoculture' leur est imposée. Quand on est confronté à cette perte de capacité de décision, de références et d'identité, on peut être tenté de se replier sur soi-même, de faire une fixation sur les valeurs rassurantes du passé, dans un climat d'intolérance frisant fréquemment le fanatisme, la haine et le rejet de l'Autre. Et si nous souhaitons éviter que la Guerre froide d'hier ne se transforme en une confrontation culturelle, attisée par de vastes mouvements de migrations internationales, nous devons, dans le sens le plus large du*

terme, démocratiser la mondialisation avant que la mondialisation ne dénature la démocratie »[319] .
Mais dans les années 1990 nous avons assisté à une ouverture claire de la discipline des Relations Internationales vers les questions culturelles et identitaires. La résurgence des mouvements nationalistes séparatistes, a prouvé non seulement la pertinence, mais aussi la nécessité de réfléchir aux questions d'identité et à leur importance dans la politique mondiale. Ainsi, la discipline des Relations internationales a amorcé ce qu'il est convenu d'appeler le troisième débat, ou débat inter-paradigmatique.[320] Parmi les contributions importantes, on peut compter l'ouvrage d'Alexander Wendt *Social Theory of International Politics*[321]. Pour lui, ce sont des facteurs identitaires, l'expérience et le processus historique qui seraient au cœur des motivations, actions et réactions de l'État, et qui ont construit la vision que chaque État a de lui-même et des autres[322]. En bref, le rapport que les États entretiennent avec les Autres ne serait pas le produit de l'anarchie présumée du système international mais plutôt la résultante d'un processus de

[319]UNESCO, Mondialisation et diversité culturelle Vilnius, Lituanie, 23-26 avril 2001, Conférence internationale : Dialogue entre les civilisations. Dominique Wolton va également dans ce sens : « *Plus il y aura d'échanges, plus il y aura de transmissions, plus les cultures seront déstabilisées. Or, quand les peuples perdent leur culture et leurs points de repères, ils deviennent agressifs. Si l'on veut que les peuples s'ouvrent à la communication et aux échanges, il faut simultanément leur donner la capacité de préserver leurs identités culturelles* ».voir Dominique WOLTON, Pas de mondialisation sans respect des diversités culturelles, disponible sur le site : http://www.francophonie-durable.org/documents/colloque-ouaga-conf-wolton.pdf.

[320]Après la fin de la Guerre froide, des auteurs réalistes, libéraux, marxistes et des théoriciens de l'École anglaise, se sont penchés sur les enjeux identitaires dans leurs analyses de la politique internationale, des enjeux qui, sous les pressions empiriques et théoriques, ne pouvaient plus être ignorés sans que leurs approches deviennent non pertinentes ou archaïques.

[321]Il développe une approche constructiviste moderne et systémique dont le but est de créer un pont entre les approches positivistes et interprétatives. Voir Wendt, Alexander. 1999. *Social Theory of International Politics*. Cambridge: Cambridge University Press, 449 p.

[322] Ibid, p.11.

transformation culturelle alimentée par l'histoire et l'interaction internationale[323].

Fréderic Ramel constatait en 2003 que : « *depuis une quinzaine d'années, la science politique en général et la discipline des relations internationales en particulier redécouvrent l'importance de la culture dans la compréhension voire l'explication des phénomènes politiques et stratégiques* »[324]. La culture est devenue au centre des théories culturalistes lesquelles, transposant au niveau des États une démarche issue de l'anthropologie, proposent différents versions du déterminisme culturel[325]. Les bouleversements autant empiriques que théoriques dans la politique internationale ont donc fait en sorte que l'importance des aspects identitaires pour la compréhension de la politique internationale contemporaine ne pouvait plus être ignorée.

Raymond Aron soulignait aussi que la rivalité des cultures, la tendance permanente qui pousse chacun à arguer de sa supériorité, là où la volonté d'être une nation devient une arrogance collective[326]. C'est assez dire que plusieurs forces animent les relations internationales, premier lieu du jeu des

---

[323]Bien que Wendt fournisse peu de preuves empiriques pouvant supporter sa vision, il a ouvert un débat que ses compétiteurs néoréalistes et néolibéraux doivent tenir compte. Son postulat d'un fonctionnement « culturel» du système international est pertinent à plus d'un titre. Wendt propose trois cultures qui comportent chacune des caractéristiques qui leur sont propres. Il s'agit des cultures hobbesienne, lockéenne, et kantienne. Le système international ainsi que les États qui le composent peuvent être classés comme appartenant à l''une ou l'autre ces cultures.

[324]Fréderic RAMEL, « Visionnaire puissant contre visionnaires faibles : valeurs et différentiel de puissance dans l'après 11 septembre », Arès, XX, 50, février 2003, p.1,En ligne : http://webu2.upmf-grenoble.fr/espace-europe/publication/ares/50/ramel.pdf.

[325]Voir Michel LIEGOIS, « Culture et théories des relations internationales : l'approche de Jean Barrea », in Françoise MASSART-PIERARD (dir) *Culture et relations internationales, liber amicorum Jean Barrea*, Ucl, Louvain, 2007, p.17.La culture est, dit-il, entrée de pleins pieds depuis les années 90 dans les relations internationales. L'idée s'est progressivement imposée que dans l'étude des relations entre les Nations, les traités, les denrées et les hommes ne sont pas les seuls objets possibles. En d'autres termes, le diplomatique, l'économique et le démographique ne sont pas les seuls aspects de l'échange et de la circulation entre les nations.

[326] *Ibid*, pp. 297-298.

intérêts de toutes sortes. En toile de fond, inconsciemment, involontairement ou d'une manière plus distante, les cultures ou ce qu'on nomme communément les civilisations, même si elles sont désarmées, animent les relations internationales et par voie de conséquence l'ordre international[327].

La culture est, en effet, devenue, avec le commerce, un vecteur d'influence et de puissance. De l'*Esquisse* de Bourdieu à l'*Orientalisme* de Saïd[328], la culture est comprise comme un objet socialement constitué, enserré dans des rapports de pouvoir, terrain de légitimation et de reproduction des hiérarchies symboliques et sociales. Hubert Védrine, abonde dans ce sens « *la puissance ne se mesure pas seulement en termes politiques, économiques ou militaires. Partout dans le monde, il y a CNN, Hollywood et dans presque tous les gouvernements du monde, il y a des ministres formés aux Etats-Unis »*[329]. En effet, la technologie permet de combiner le militaire, l'influence politique et le rayonnement culturel[330].Comme le souligne Richard Rosecrane, les Etats uniens ont inventé une nouvelle forme de pouvoir, géré par une

---

[327] Fernand BRAUDEL, *Grammaire des civilisations*, Flammarion 1987.

[328]Edward Saïd, *L'orientalisme : L'Orient créé par l'Occident*, Paris, Seuil, 2005. Saïd montre que la littérature occidentale a produit une image mystifiée de la culture orientale et qu'elle a aboutit à la dissémination d'un discours codé où l'Orient est perçu comme un « Autre » culturellement inférieur. Pour lui cette « altérisation de l'Orient a servi, et continue de servir, de justification implicite pour les ambitions coloniales et impériales des puissances occidentales.

[329]Voir Le Monde, La France se lance sur le « marché » des études supérieures par C. Tréan, 12/01/1999, p.16 ; Murawiec, L., *L'esprit des nations : cultures et géopolitique*, Paris, Odile Jacob, 2002.

[330] Les États-Unis formeraient un « empire non territorial » organisé autour de grandes firmes transnationales. Selon S.Strange, dans la compétition entre l'URSS et les États-Unis, l'Empire soviétique s'est développé selon une logique politique, territoriale et militaire classique, alors que la puissance américaine s'est déterritorialisée et dépasse le cadre militaire pour avoir une dimension économique, financière et sociale. Selon lui l'hégémonie américaine est davantage comparable à l'hégémonie romaine, dont le secret de la résilience résidait dans sa capacité à faire participer les élites locales à la gestion de l'empire.voir STRANGE, S. (1996). *The Retreat of the State: The Diffusionof Power in the World Economy.* Cambridge: Cambridge University Press.

forme d'Etat inédit - ce qu'il appelle l'État « virtuel »[331]. C'est assez dire combien la culture occupe une place importante dans les relations internationales et l'occupera davantage au sein de la société du savoir pour maximiser leur prestige[332]. La perte du prestige ou du pouvoir d'un pays et de sa langue sur la scène internationale a en effet des conséquences sur le niveau des activités culturelles[333].

La mondialisation répond tout d'abord à un impératif fonctionnel : dans la mesure où les risques et les litiges se globalisent, le droit tente de s'adapter avec plus ou moins de bonheur pour encadrer ou réguler ces nouveaux objets juridiques à l'échelle de la planète. Ainsi, il est devenu urgent de repenser la place de la culture, délestée de son statut de *soft issue*[334]. La Convention de Vienne sur les relations diplomatiques du 18 avril 1961 souligne d'ailleurs le rôle de la culture dans son article 3: « *Les fonctions d'une mission diplomatique consistent notamment à promouvoir des relations amicales et développer les relations économiques, culturelles, et scientifiques entre l'État accréditant et l'État accrédité* ». La seconde Convention de Vienne du 23 avril 1963 sur les relations consulaires inclut également le développement culturel parmi les fonctions dévolues aux consuls.Le paradigme d'humanité pluriel s'inscrit également dans cette conception: « *L'engagement des Nations-*

[331]Richard ROSECRANCE, *The Rise of the Virtual State: Wealth and Power in the Coming Century* (Basic Books, 1999). Traduction en français : *Débat sur l'État Virtuel* (Presses de Sciences Po, 2002).

[332]Comme le souligne Bernard STIEGLER : « Si l'Amérique du Nord est une grande puissance aujourd'hui, c'est parce qu'elle a commencé par la culture. Elle a mené une politique culturelle d'affirmation de symboles américains, notamment à travers le cinéma (le premier grand film américain s'appelle Naissance d'une Nation !) et le western. En 1912 déjà, un sénateur américain déclarait que l'avenir de l'Amérique c'était le cinéma. » ; Voir Bernard STIEGLER et Ruedi BAUR « Changer de modèle industriel », un entretien européen Synthèse de l'entretien du 06 mars 2007. Les propos prêté à *Jean Monnet* lui-même qui aurait *regretté de n'avoir pas commencé* par la *culture et de n'avoir pas* davantage travaillé à *l'Europe* de l'éducation, *s'inscrivent dans cette perspective.*

[333]Après l'effondrement des régimes socialistes, la position internationale du russe a connu un tel changement brutal.

[334] Koichiro MATSUURA, « l'enjeu culturel au cœur des relations internationales », *op.cit,* p.1.

Unies,...se fonde sur le paradigme d'humanité plurielle, où les cultures sont autant de processus dynamiques et sans cesse réinventés par le fait même de leur mise en dialogue. A la vision d'un monde constitué d'une poignée de civilisation correspondant à des unités culturelles immuables et fermées, et contre le paradigme du choc des civilisations, il faut opposer celle de sociétés dont la richesse même procède du dialogue, des échanges, des transferts »[335].

Les géopolitiques traditionnelles sont aujourd'hui « enjambées » par la mondialisation du système productif matériel et immatériel, grâce notamment aux multiples déréglementations qui l'accompagnent. Cela résulte en partie de la disparition des ancrages idéologiques et des grands compromis historiques fordiens. C'est pourquoi, il est devenu urgent de donner à la question des échanges culturels internationaux une perspective de traitement autre que celle strictement commerciale des accords commerciaux internationaux.

2. La culture au cœur du droit international de la reconnaissance

Paul Ricoeur, dans son ouvrage sur les parcours de la reconnaissance, effectue une distinction entre la reconnaissance prise à la voie active: *reconnaître*, et la reconnaissance à la voie passive : *être reconnu.* Le processus de reconnaissance organise une circulation entre ces deux pôles[336]. Telle est l'approche qui trouve aujourd'hui un écho en droit international public dans les récents écrits d'Emmanuelle Jouannet. La reconnaissance serait devenue *le nouveau paradigme* de la société internationale. Selon elle, l'émergence *d'un droit international (public) de la*

[335]Ibid, p.5.

[336]Paul Ricoeur, *Parcours de la reconnaissance*, Editions Stock, 2004. Selon Axel Honneth, la progression historique de reconnaissance s'est faite selon ces trois vecteurs : amour, droit et solidarité.

reconnaissance permettrait d'assurer la protection des identités culturelles ou sociales authentiques[337].

Le nouvel ordre international de l'après guerre a été marqué par la dissolution du *jus publicum europaeum*[338] dans un droit universel dont l'avènement était d'abord vécu et perçu comme un triomphe de la civilisation européenne. Depuis lors les sujets de la société internationale ont quadruplé[339]. Comme le souligné Gadamer, nous voyons actuellement surgir partout une aspiration à l'autonomie culturelle[340], qui autorisent certains à parler de droit international de reconnaisance[341]. A travers la question de la reconnaissance, émerge la reconnaissance de la différence dont on est porteur et dont on se revendiquerait.

La philosophie s'est emparée de cette question depuis très longtemps.Depuis que Hegel a en effet développé sa phénoménologie de la relation du maître et de l'esclave, il est clair qu'à la base des phénoménologies modernes de l'autodétermination, il existe un vigoureux, sinon violent, combat pour l'expression de soi. Elle est enracinée dans une logique de l'identité qui est conflictuelle et antisociale, dans la mesure où elle représente un combat, peut être obsessionnel, contre la « menace extérieure » de l'objectivisation.

---

337 E. JOUANNET, *Qu'est-ce qu'une société internationale juste? Le droit international entre développement et reconnaissance*, Paris, Pédone, 2011, pp. 167 et ss. 194 et ss.

338 Cela ne veut pas dire pour autant que les thèses extra-contractualistes aient été totalement évacuées, comme le souligne Monique Chemillier-Gendreau, « la rationalité occidentale a tenu les deux fers au feu car ils servent des intérêts différents », *Humanité et souveraineté. Essai sur la fonction du droit international,* Paris, La Découverte, 1995, p.116.

339 Slim LAGHMANI, Histoire du droit des gens. Du jus gentium impérial au jus publicum europaeum. Editions Pedone, Paris, 2003.

340 H.G. Gadamer, L'Héritage de l'Europe, *op.cit.* , p. 47. « Même en Europe, ajoute Gadamer, nous observons quelque chose de semblable : par exemple le détachement de l'Irlande par rapport à la structure d'Etat britannique, le conflit linguistique entre Flamands et Wallons, les tentatives de sécession qui créent des tensions entre la Catalogne et la Castille, lesquelles s'accroîtront probablement partout, conduisant à un autonomisme culturel régional.

341 Emmanuelle JOUANNET, *Qu'est ce qu'une société internationale juste ?*, Paris, Pedone, 2011.

Le processus de construction culturelle des identités nationales, étroitement lié à la formation des Etats-nations et à la concurrence entre eux du point de vue de leur sphère d'influence, impliquait en retour une régulation des échanges diplomatiques et culturels, prise en charge par un ensemble d'instances. Le développement du marché des biens culturels et la libéralisation des échanges depuis la fin de la Deuxième Guerre mondiale ont contribué à marginaliser les instances étatiques, au profit des acteurs économiques[342].

La *diversité culturelle* se manifeste par la *reconnaissance* des différentes langues, histoires, religions, traditions, modes de vie ainsi que toutes les cultures. La Convention de 2005 précise d'ailleurs que la diversité culturelle est un ressort fondamental du développement durable des communautés et surtout un des éléments du respect mutuel entre les peuples et les cultures. Cette perspective articule l'universalité et diversité culturelle dont les relations ne sont pas stabilisées. Il s'agit d'une ouverture sur l'altérité, de telle sorte qu'on ouvre un « espace d'*imagination dialogique* »[343], qui impose de traduire et de jeter des ponts, par une imagination qui ne s'arrête pas aux frontières.

La consécration du principe de diversité culturelle tend en effet à mettre fin à des siècles de déni de reconnaissance des coutumes, des cultures et des traditions de certains peuples qui ont été si longuement dominés ou marginalisés. Et de là il résulte que la Convention de 2005 apparaît comme un instrument juridique décisif qui peut contribuer, si tant est qu'il est correctement appliqué, à modifier significativement les modes de représentation de soi et les structures d'évaluation culturelle et symbolique qui dominent encore à l'échelle

---

[342] Nous devons à Joseph NYE la notion de « soft power » préhendée comme une forme de puissance non coercitive ou douce qui trouve sa source dans le prestige des institutions de l'État, la culture, les valeurs, les politiques au niveau international.Pour lui, le plus puissant n'est pas tant celui qui a la plus forte capacité militaire, mais celui qui possède la capacité de rallier autour de lui la plus grande coalition, de contrôler l'information et de déterminer l'ordre du jour, dans les grandes organisations internationales par exemple.

[343] U. Beck, *Qu'est-ce que le cosmopolitisme ?*, Paris, Aubier, 2004, p.175.

mondiale à travers la place juridiquement reconnue et la dignité enfin rendue à la culture ou la civilisation de chacun. Il ne s'agit plus d'accepter passivement la domination d'un modèle culturel, il ne s'agit pas non plus de tendre à la formation d'une culture universelle comme en en 1946, puisque, au contraire, le principe même de « diversité » consacre la pluralité de toutes les cultures existantes.

La diversité culturelle est généralement le lieu de prépondérance de la pensée dichotomique.

L'universel entre en tension permanente avec son envers, l'uniforme. L'universalité implique un dénominateur commun sur lequel chaque groupe d'êtres humains peut s'entendre, sans que ce même dénominateur soit tellement petit qu'il reste vide de sens. Selon François Jullien, l'universel au sens fort est un concept de la raison qui relève de la nécessité, de l'impératif; domaine de l'a *priori*, préalable à l'expérience: « *l'universel se déclare un concept de la raison et comme tel, se réclame d'une nécessité a priori, c'est-à-dire préalable à toute expérience* »[344]. La question qu'on peut légitimement se poser est de savoir si l'universel au sens de prescription, de devoir-être est valable pour toutes les cultures comme le pesait Kant[345] ou permet de *vivre en commun*[346]?

---

[344]F.JULLIEN, *op.cit.*, p.17. Voir également N. ROULAND, « La tradition juridique française et la diversité culturelle », Droit et société, n°27, 1994, pp. 381-419.

[345]Loi de conduite humaine conçue à partir de l'universalité propre aux lois de la nature. « Agis uniquement d'après la maxime qui fait que tu peux vouloir en même temps qu'elle devienne une loi universelle ». Cette tradition est appelée déontologique, parce qu'elle affirme que le problème des valeurs est indissociable de l'articulation de n'importe quelle visée dans une norme. Or la norme est ce qui s'impose comme obligatoire, et d'après l'héritage kantien, ces normes sont caractérisées par la prétention à l'universalité et par un effet de contrainte. Il s'agit d'une morale du devoir-être, parce qu'elle établit un lien entre obligation et formalisme : ce qui est recherché est ce qui est bon moralement et obligatoire, en faisant appel à des actes de volonté (qui diffère du désir par sa visée) où domine la condition de l'impératif comme réponse à la question « que dois-je faire ? ».

[346]Cette question est le sous-titre du livre de Alain TOURAINE, *Pourrons-nous vivre ensemble?*, qui traite justement du pluralisme culturel et de la

Comme le relève Gilbert Hottois : *« La diversité n'a jamais été une valeur dominante pour la civilisation occidentale instituée sous le signe du monothéisme et de l'unité de la raison. Si le multiple a pu avoir quelque charme, cela n'a été qu'en fonction de l'un, de la possibilité de rassembler le divers et de l'unifier, de le réduire »*[347].Ce désir de diversité, de préférence à l'uniformité, ne peut manquer de faire resurgir le débat contemporain relatif à l'universalisme des valeurs, des idées ou des principes. En effet, la déclaration universelle des droits de l'homme pose des questions relatives à son articulation avec la diversité culturelle[348]. Peut-on en d'autres termes concilier la diversité culturelle avec des valeurs considérées comme universelles[349] ? La mondialisation, en caricaturant l'universel, renforce la nostalgie pour ses valeurs de plus en plus bafouées. A suivre Jean Baudrillard : « *Mondialisation et universalité, ne vont pas de pair, elles seraient plutôt exclusives l'une de l'autre.*

---

citoyenneté comme le grand enjeu des sociétés de la fin du vingtième siècle ; voir également Jean Baechler « Naturalité, universalité, objectivité », *Revue du MAUSS* 1/2002 (n° 19), p. 51-64.

[347]Gilbert HOTTOIS, D*ignité et diversité des hommes*, Vrin, Paris, 2009, p.123. Le culte de l'identité et de l'unité semble être la règle des cultures, des êtres et des individus. L'autre, la différence, le divers connoté le désordre, la menace et la mort.

[348] En effet, tous les modes de vie, pratiques culturelles, s'ils se trouvent justifiés par une tradition, puissent être revendiqués comme légitimes, ils se trouveraient tentés de s'imposer comme paradigme univoque de la vie collective. Dans l'espace démocratique, le rapport entre les cultures est souvent antagoniste, puisque que chaque culture a tendance à s'affirmer contre les autres. Cependant, il existe des cultures dont l'ethos est profondément antidémocratique. Il existe en effet des cultures dont le fonctionnement est « féodal ». On nommera ainsi, dans un sens philosophique et non historique, tout mode de valorisation d'une différenciation entre les individus qui consiste à rendre ontologique une distinction de genre ou de mode de vie. L'affirmation de la pluralité démocratique ruine absolument de telles revendications. Selon Jean Baechler : « Si la démocratie est le régime naturel du politique, tous les humains pourraient en bénéficier si certaines conditions de possibilité étaient remplies par toutes les sociétés humaines, mais les démocraties varieraient de quartier en quartier et exprimeraient la diversité la plus grande ».voir Jean Baechler « Naturalité, universalité, objectivité », *Revue du MAUSS* 1/2002 (n° 19), p. 51-64.

[349]Voir oger KOUDE, « Les droits de l'homme : de l'intuition universaliste à l'universalité récusée », Revue trimestrielle des droits de l'homme, 68/2006, pp. 397-424.

La mondialisation est celle des techniques, du marché, du tourisme, de l'information. L'universalité est celle des valeurs, des droits de l'homme, des libertés, de la culture, de la démocratie. La mondialisation semble irréversible, l'universel serait plutôt en voie de disparition »[350].

La diversité culturelle et l'universalité, comprises de façon positive seulement depuis peu, demandent à être conçue de manière cohérente avec l'héritage des droits de l'homme· L'universalité et la diversité ne sont plus pensées comme antinomiques mais comme deux richesses qu'il faut garder ensemble. La Déclaration sur la diversité culturelle de l'UNESCO (2001) propose la recherche de cette cohérence : « *La défense de la diversité culturelle est un impératif éthique, inséparable du respect de la dignité de la personne humaine. Elle implique l'engagement de respecter les droits de l'homme et les libertés fondamentales, en particulier les droits des personnes appartenant à des minorités et ceux des peuples autochtones* (art. 4) »[351].

Pour Norbert Rouland « *Si la pensée juridique française a décrété l'universalité avant de l'avoir expérimentée, la diversité culturelle invite à réinvestir le concept d'universalité pour l'appréhender non comme une solde (éventuellement) positive de comparaison entre les cultures mais de leur enrichissement mutuel* »[352]. Ainsi chaque culture est-elle invitée à dépasser son perspectivisme étroit et dogmatique pour s'engager dans une comparaison. On a pensé l'universalité comme si elle pouvait être au-delà des cultures, alors que ce sont les cultures qui doivent l'inventer, la développer, dans un dialogue de plus exigeant. Selon Raymond Panikkar : « *Notre monde n'est pas*

---

[350]Jean BAUDRILLARD, *Le mondial et l'universel. Libération du 18 mars 1996.*

[351]Les droits de l'homme ne tombent pas dans le mandant d'une agence spécialisé. L'UNESCO, en vertu de sa constitution, est compétent dans le domaine. Le Haut commissariat aux droits de l'homme et le conseil des droits de l'homme sont des organes subsidiaire des Nations Unies et non des institutions spécialisés : ils ont une fonction de coordination sans prétention monopolistique dans le domaine.

[352]N. ROULAND, « La tradition juridique française et la diversité culturelle », *op.cit*, p.4.

uniquement le « monde objectif », qui serait entièrement connaissable à travers les lumières de la Raison. C'est un monde que nous partageons mais dont font partie aussi les différentes perspectives que nous portons sur lui. Le monde est composé d'une multitude de fenêtres. Et si le dialogue est dialogue entre ces fenêtres, il implique d'une part d'oser sauter de fenêtre en fenêtre pour pouvoir voir les choses différemment, mais il implique aussi de traduire d'une fenêtre à l'autre - et ce faisant on ouvre plus grandement sa fenêtre d'origine car toute traduction révèle aussi les potentialités latentes de notre cadre de référence et permet ainsi d'en étendre les bornes[353].

Si la diversité culturelle apparaît surtout comme une préoccupation contemporaine des Etats nations, elle apparaît aussi comme une manifestation de la globalisation, c'est à dire de l'interdépendance accrue entre les Etats.

B. La diversité culturelle à l'epreuve de la coopération internationale

Les organisations internationales sont le résultat de l'évolution de la coopération intergouvernementale[354].Leur apparition est originellement dénommée « unions d'Etats » ou encore d' « association d'Etats ». Le foisonnement des organisations internationales a représenté une nouveauté majeure dans l'ordre juridique international à partir de la moitié du XXème siècle. Si le nationalisme et l'impérialisme, réalités rétives à la diversité culturelle, étaient alors les forces motrices des organisations internationales[355], ces dernières ont été accueillies après la

---

[353]Raymon PANIKKAR « La notion des droits de l'homme est-elle un concept occidental ? », *Interculture*, Vol. XVII, n°1, Cahier 82,1984, p.5 (paru initialement dans *Dyogène* en 1982).

[354]C'est dans le Traité de Versailles de 1919 que fut utilisé pour la première fois le terme d'« organisation internationale » pour désigner une institution intergouvernementale. Traité de Paix avec l'Allemagne, conclu le 28 juin 1919 à Versailles, in Librairie Militaire Berger-Levrault (éd.), *Pages D'Histoire – 1914-1919, Traité de Versailles 1919* (Nancy-Paris-Strasbourg, 1919)6-240.

[355]Le service postal, par exemple, fut qualifié de « technique civile de colonisation », à laquelle avaient recours certains Etats pour asseoir leur autorité sur des à laquelle avaient recours certains Etats pour asseoir leur

deuxième guerre mondiale avec enthousiasme dans l'espoir qu'elles apporteraient une réponse effective aux problèmes internationaux, le maintien de la paix ou le commerce international, ou la protection des droits de l'homme.

Une organisation internationale peut être définie suivant la proposition faite au cours des travaux de codification du droit des traités comme « une association d'États constituée par traité, dotée d'une constitution et d'organes communs, et possédant une personnalité juridique distincte de celle des États membres »[356]. Cette définition, quoique plausible du fait de la prise en compte de deux éléments fondamentaux d'une organisation internationale, « son fondement conventionnel et sa nature institutionnelle »[357], n'a pas remporté l'assentiment de la Convention de Vienne sur le droit des traités de 1969. C'est ainsi que cette dernière précise tout simplement que l'expression « organisation internationale » s'entend d'une « organisation intergouvernementale».

Dans l'avis célèbre sur les *Réparations,* la Cour internationale de justice a eu à jette une lumière bienvenue sur la différence entre la personnalité internationale des organisations internationales et celle de l'État, en mentionnant dans l'affaire *Réparation des dommages subis au service des Nations Unies* que les « sujets, dans un système juridique, ne sont pas nécessairement identiques quant à leur nature et à l'étendue de

---

autorité sur des territoires souverains, tels que la Turquie. John Hobson, le nationalisme « is a plainhighway to internationalism, and if it manifests a divergence we may well suspect a perversion of its nature and its purpose ». Voir JA Hobson *Imperialism: A Study* (orig Allen & Unwin London 1902, repr Cosimo Classics New York 2005), p.11.

[356]FITZMAURICE Gerald, 1956,A/CN. 4/101,art3, Ann.CDI.1956-I.106; VIRALLY Michel, 1980, « Définition et classification des organisations internationales », dans G. ABI-SAAB (dir.), *Le concept d'organisation internationale*, Paris, UNESCO,P. 52 ; Klabbers, «Two Concepts of International Organization», *International Organizations Law Review*, vol. 2 (2005), pp.277-293, à p.282.

[357]DAILLIER Patrick et Alain PELLET, 2002, *Droit international public*, Paris, LGDJ, 2002,p.578.

leurs droits »[358]. La CDI considérant que «*la principale difficulté s'agissant de parvenir à une définition satisfaisante des organisations internationales tient à la grande variété des organisations actuellement considérées comme «internationales »* a abandonné la définition d'organisation internationale couramment utilisée et acceptée[359].
Dans la pratique, les organisations internationales sont des associations d'États par le biais d' un traité et munies d'une structure institutionnelle permanente avec au moins un organe qui représente la volonté autonome de l'organisation vis-à-vis des Etats membres ; ayant une siège de l'organisation, un Secrétariat permanent et d'employés ; possédant un système de financement, le pouvoir de conclure des accords de droit international, ou plus généralement, la capacité d'adopter des actes ayant une valeur juridique dans l'ordre international et la capacité d'être partie, demandeur ou défendeur, à un différend international[360]. Il faut les distinguer des conférences diplomatiques lorsque des questions de nature transnationale nécessitent d'être adressées à plusieurs Etats et dans lesquelles toutes les décisions sont prises à l'unanimité.

---

[358]CIJ, RÉPARATION *des dommages subis au service des Nations Unies*, 1949, §§178-179, 184-185. « La Cour a à peine besoin de rappeler que les organisations internationales sont des sujets de droit international qui ne jouissent pas, à l'instar des États, de compétences générales. Les organisations internationales sont régies par le « principe de spécialité », c'est-à-dire dotées par les États qui les créent de compétences d'attribution dont les limites sont fonction des intérêts communs que ceux-ci leur donnent pour mission de promouvoir ». *Licéité de l'utilisation des armes nucléaires par un État lors d'un conflit armé*, avis consultatif du 8 juillet 1996, *CIJ Recueil 1996*, § 25.

[359]Voir Premier rapport sur la responsabilité des organisations internationales présenté par M. Giorgio Gaja, Rapporteur spécial, doc. A/CN.4/532, article 2. « *Il n'existe pas ... une personnalité internationale commune à toutes les organisations internationales, mais autant de personnalités différemment dosées qu'il existe d'organisations internationales. ... Chaque organisation a son propre droit, qui n'est pas identique à celui des autres, et sa personnalité est fonction de son acte constitutif, lequel n'est pas autre chose qu'un simple traité multilatéral* ». P. Weil, «Le droit international en quête de son identité», *Recueil des cours 1992*, tome 237, p.104.

[360]J.E. Alvarez, *International Organizations as Law-Makers*, Oxford University Press, 2005, p.4.

L'internationalisation des règles juridiques est le résultat d'une volonté étatique. Dès la création de la discipline des Relations internationale, la diversité au niveau mondial a été appréhendée strictement en termes d'entités politiques culturellement homogènes, uniformes, clairement délimitées spatialement et souveraines. Les bouleversements empiriques dans la politique mondiale ainsi que les réflexions théoriques récentes sur l'identité en relations internationales[361] ont mis en évidence que les questions et les enjeux reliés à l'identité et à la culture ne peuvent plus être ignorés. Aussi, la « révolution juridique» qui inclut les organisations internationales dans un ordre international jusqu'alors interétatique[362], requiert-elle d'être revisitée en prenant en compte des effets liés à la mondialisation et des autres changements touchant la communauté internationale, comme la technicisation de l'agenda des nombreux traités[363]. Il convient dès lors examiner des courants doctrinaux contemporains pour mieux apprécier la place que

[361]Il s'agit ici des approches critiques en RI (le constructivisme, les approches féministes, le post-colonialisme, le post-modernisme) qui, par le travail de déconstruction des prémisses théoriques de la discipline, par la mise en question du clivage interne/externe et de la conceptualisation traditionnelle de l'identité politique, ont fait la place dans la discipline des RI au « retour de l'identité et de la culture ». Voir Lapid, Yosef et Kratochwill, Friedrich (1996), "Revisiting the „National": Toward an Identity Agenda in Neorealism?" dans Y. Lapid et F. Kratochwil (eds) *The Return of Culture and Identity in IR Theory*, Lynne Rienner Publishers, London.

[362]Les organisations internationales, au sens d'OIG ont été admises comme sujets dérivés du droit international public (DIP), constituant aux côtés des États, les seules institutions à faire partie intégrante du cercle réservé des sujets de cette branche du droit suite à un avis consultatif de la CIJ. «*L'Organisation des Nations Unies possède une large mesure de personnalité internationale et la capacité d'agir sur le plan international* » Voir Réparation des dommages subis au service des Nations Unies, Avis consultatif, *CIJ Recueil 1949*, pp.179. Les débats sont en cours, qui tendent à briser cette clôture du système, pour admettre l'individu comme sujet de ce droit. Voir aussi Assemblée générale des Nations unies, 2 juin 2009, *Responsabilité des organisations internationales. Restructuration des projets d'articles* ... (doc. n° A/CN.4/L.743), p.1.

[363]Pour certains défenseurs des OI, la coopération « fonctionnaliste » ou « technique » garantit la souveraineté du peuple et partant, la démocratie, et estiment qu'une organisation purement « technique » peut se passer d'une base démocratique puisqu'elle s'occupe de sujets à la fois insignifiants et trop compliqués pour que le peuple puisse en décider.

peut prendre la diversité culturelle au sein de ce multilatéralisme institutionnalisé. Un premier facteur crucial pour l'émergence des organisations internationales était l'important essor du commerce international et l'idéologie du libre-échange développée dans les travaux séminaux d'Adam Smith. Les idées et idéologies qui accompagnèrent les organisations internationales étaient à la fois réalistes et idéalistes.

1. Entre idéalisme et réalisme: les paradoxes de la communauté internationale

Les efforts de conceptualiser le vivre ensemble dans la discipline des Relations Internationales ont été dominés en principe par le débat entre deux paradigmes : le réalisme qui considère que les Autres sont toujours menaçants et que le vivre ensemble entre Nous et les Autres est nécessairement conflictuel ; et le libéralisme qui projette l'image d'un vivre ensemble harmonieux, basé sur la coopération entre les États et rendu ultimement possible par ce que les membres des États -les individus - ont en commun les droits fondamentaux.

L'ensemble des États est tour à tour qualifié de société internationale, de communauté internationale[364] ou d'humanité. L'idée d'humanité chère à Hannah Arendt, faite d'hommes dans leur pluralité indéfinie, traverse l'histoire[365] et, loin de relever de l'ivresse conceptuelle si l'on considère les événements tragiques qui la jonchent, appartient aujourd'hui au droit positif. Dans son ouvrage intitulé *La Communauté internationale entre le mythe*

[364]La notion « communauté internationale » sera utilisée ici en ayant pleine conscience de l'illusion de communauté monolithique et soudée qu'elle implique.Il s'agit d'un terme pratique englobant les diverses attitudes et positionnements de la collectivités des Etats dans leurs relations réciproques.

[364] René-Jean DUPUY, *La communauté internationale entre le mythe et l'histoire*, op.cit, p. 11.

[365] René-Jean Dupuy reconnaît en ce sens qu' « écrire sur l'humanité au sortir du siècle de Verdun et d'Auschwitz, d'Hiroshima, de Beyrouth et de la guerre du Golfe, peut sembler de l'Innocence ou de la subversion ». Voir DUPUY (R.-J.), *L'humanité dans l'imaginaire des nations*, Collection Conférences, Essais et leçons du Collège de France, Julliard, Paris, 1991, p.15.

et l'histoire, René-Jean DUPUY souligne : « *Cet usage généralisé d'un concept au timbre rassurant tend à donner une vision euphorique du droit des gens, présenté comme l'instrument de la fraternisation et de la paix entre les peuples* »[366]. S'apparentant de l'idéalisme du droit naturel[367], la notion de communauté internationale se dote d'un droit international qui lui permet, en théorie toujours, d'introduire certains éléments de régulation, un code de conduite et des normes de comportement qui, même lorsqu'ils ne sont pas respectés dans les faits, n'en sont pas moins reconnus comme fondamentaux. On veut montrer par là que le droit international est une réplique à l'échelle internationale du droit interne : les Etats sont comme des sujets de droit dont le territoire est comme une propriété, dont les traités sont comme des contrats, et dont la diplomatie est comme l'administration d'un système de droit.

---

[366] René-Jean DUPUY, *La communauté internationale entre le mythe et l'histoire*, op.cit, p. 11.

[367] Par droit naturel moderne on entend un mouvement d'idées fondé sur le présupposé que l'homme n'est pas un être défini par son inscription dans la *polis* mais qu'il faut le considérer comme un *individu* autonome (qui se suffit à lui- même). D'après les fondements théologiques de cette idée : il est fait à l'image de Dieu et est dépositaire de la raison. D'où une réflexion juridique pour *déduire à partir des principes* la constitution de l'Etat et de la société, les propriétés et les qualités, indépendamment de toute attache sociale, religieuse, ou politique. L'idée fondamentale est l'hypothèse d'un état de nature opposé à un état d'existence sociale (qui conduit à un pacte ou *contrat social* entre les individus et qui fonde la société politique). Le problème devient donc : comment penser l'unité sociale ? Dans cet ordre conceptuel (qui est celui de la Déclaration Universelle des droits de l'Homme) l'individu est premier et la société est le résultat d'une 'association' des individus (la société se compose de particuliers) ; les implications juridiques fondamentales sont donc l'égalité formelle et la propriété comme concepts fondateurs d'une sphère individuelle. Ces idées sont à la base de tout l'édifice des déclarations de droits et des textes fondateurs et semblent corroborer la caractérisation de la 'modernité' occidentale faite par Habermas en termes d'un régime de relations, qui cherche ses garanties en lui-même, fondé par les notions de conscience de soi, d'autodétermination et de réalisation de soi. Voir Ernst CASSIRER : *La philosophie des Lumières*. Fayard, Paris (1990). Et Leo STRAUSS : *Droit naturel et histoire*. Garnier Flammarion, Paris (1986).

La société internationale présente cependant un grave déficit communautaire[368]. Elle n'est pas une *politeia* mondiale ou une *politie* planétaire selon Jean Baechler[369] et se pose encore par là même la question ontologique du droit international : droit dont l'obéissance et la sanction sont laissées au bon vouloir de ses sujets primaires, et notamment des plus forts[370]. L'idée que le droit international « *is not law at all* » [371] n'était pas en effet exceptionnelle dans la doctrine « bipolaire » qui a façonné les représentations dominantes de l'ordonnancement du monde pendant plus de quarante ans. La totale impotence du droit international face au nazisme et à l'holocauste a en effet plongé le droit international dans une sorte d'affliction métaphysique. On retrouve ces considérations par l'exemple chez les spécialistes des relations internationales réalistes[372] .René-Jean DUPUY se demanda quant à lui s'il ne s'agissait pas d' « *une simple juxtaposition d'Etats ayant plus de motifs à s'opposer qu'à prendre conscience d'éventuels intérêts communs ?* »[373].

---

[368]Le lien communautaire serait plus étroit que le lien sociétaire. Le premier serait fondé sur le sentiment (parenté, voisinage ou amitié) tandis que le second proviendrait seulement des nécessités de l'échange, c'est-à-dire des intérêts. La vie en communauté développerait des relations confiantes et intimes, alors que l'état de tension caractériserait fondamentalement la vie en société basée uniquement sur l'intérêt.

[369]Jean Baechler, Précis *de la Démocratie*, Paris, UNESCO/Calmann-Lévy, 1994 ; « La mondialisation politique », in Baechler J., Kamrane R., *Aspects de la mondialisation politique*, Paris, PUF, 2003, pp.5-17.

[370]Voir Martti Koskenniemi, "The Fate of Public International Law: Between Technique and Politics "(2007) 70 Modern Law Review 1 aux pp. 1-3. Pour un aperçu des difficultés ontologiques du droit international Voir aussi Nguyen QUOC DINH, Patrick DAILLIER et Alain PELLET, Droit international public, Paris, 6e éd., L.G.D.J., 1999, pp. 83-92.

[371]Manfred LACHS, « *The Development and General Trends of International Law in Our Time*», 1980 Recueil des cours de l'Académie de droit international 9, 20.

[372]Hans Morgenthau, *Politics Among Nations*, Knopf, New York, 1947 ; Raymond Aron, *Paix et guerre entre les nations*, Paris, Calman-Levy, 1962.

[373]René-Jean DUPUY, *op.cit, p.16,* voir aussi Olivier CORTEN, Le discours du droit international, *op .cit*, p.196.

Après cette époque, le droit international est considéré comme *lex imperfecta* ou encore, selon Austin, de morale positive[374]. La littérature récente s'accorde pour admettre qu'il existe « un droit international général s'imposant à tous les Etats. Selon René-Jean DUPUY l'avènement et la multiplication des organisations internationales a introduit des structures nouvelles dans un système qui était alors essentiellement de nature relationnelle, pour lui ajouter des groupements institutionnalisés : « *L'avènement de l'humanité dans le droit des gens revêt un intérêt considérable. Alors que celui-ci a toujours été construit sur les rapports entre Etats, qu'ils se développent dans les connections occasionnelles du droit relationnel ou dans les structures des institutions, un système nouveau, transcendant les deux modèles, tend à régir des ressources au nom et pour le profit de l'humanité, globalement conçue* »[375].

Après l'effondrement de l'empire soviétique qui a mis un terme à la cristallisation bipolaire et qui a rendu pour le moins obsolète la hiérarchie des risques gelées depuis longtemps sur les murs matériels et idéologiques, le droit international serait entré dans une ère « post-ontologique », où les internationalistes, peuvent s'intéresser aux seules questions qui vaillent vraiment : celles du développement matériel et de la mise en œuvre du droit international[376].C'est à cette époque qu'on commença véritablement à parler même de « constitutionnalisation » de l'ordre juridique international.

---

[374]Jacques-Yvan MORIN, « Droit et souveraineté à l'aube du XXIème siècle », *op.cit.,* p. 52. La pensée d'Austin, juriste et philosophe positiviste niait la juridicité du droit international en ce qu'elles reflètent uniquement un rapport de forces transitoire ou relèvent tout simplement d'une « morale positive », Voir John Austin, *Lectures on Jurisprudence or Philosophy of Positive Law,* 5ième éd. Vol. l, Londres, John Murray, 1885 aux pp. 171,330. Selon certains négationnistes du DI tels que Hart, le DI serait davantage un ensemble de lois morales puisqu'aucune entité politique supérieure ne peut imposer de sanctions aux États défiant ces règles (Delcourt 2001).

[375]René-Jean DUPUY, *op.cit.,* p.159.

[376]Thomas Franck, *Fairness in International Law and Institutions*, New York, Oxford University Press, 1995, p.6.

C'est dans ce sens que le TPIY peut, pour acter des transformations que le système international aurait connues, noter dans l'affaire *Tadic* que :

« Le développement et la propagation rapides dans la communauté internationale des doctrines des droits de l'homme, en particulier après l'adoption de la Déclaration universelle des droits de l'homme en 1948, ont apporté des changements significatifs au droit international, en particulier dans l'approche des problèmes qui assaillent la communauté mondiale. Une approche axée sur la souveraineté de l'Etat a été progressivement supplantée par une approche axée sur les droits de l'homme. Progressivement, la maxime du droit romain ***hominum causa omne jus constitutum est*** *(tout droit est créé au bénéfice des êtres humains) a acquis également un solide point d'ancrage dans la communauté internationale »*[377].

En effet, au cours du XXe siècle, les acquis du droit classique et positiviste seront remis en question. Le droit international sera bouleversé en coulisse et ses fondements occultés sous l'influence des nouvelles idées. Après le choc de la seconde guerre mondiale, qui a coupé l'humanité en deux, de nouvelles initiatives vont proposer un nouveau rôle du droit international renouvelé. Même si la réalité politique de cette communauté internationale incarnée par l'ONU est aujourd'hui mise en doute et en rend la conceptualisation juridique évanescente, il reste qu'elle est au cœur de la proclamation de principes, voire de la conception de dispositifs juridiques, comme le concept controversé de *jus cogens* et la reconnaissance des obligations *erga omnes* qui bousculent l'approche classique du droit international. Il s'agit d'exprimer l'existence de valeurs communes ou d'intérêts supérieurs et de le faire dans des normes réputées ne pas supporter la transgression, ce qui remet en cause la conception d'un droit dont les règles générales sont toujours «dérogeables » par accord particulier[378].

---

[377]TPIY, chambre d'appel, 2 octobre 1995, *Le Procureur c/ Dusko Tadic*, arrêt relatif à l'appel de la défense concernant l'exception préjudicielle d'incompétence, §97.

[378]H.RUIZ FABRI, « Le droit dans les relations Internationales », *Politique étrangère* 2000, p.7.

Dans la tradition réaliste, les États constituent les êtres essentiels de l'arène internationale. La pensée politique en général raconte de manière quasi mystique, la naissance de cet objet de croyance (l'Etat souverain) qui inspire attachement et fidélité. Et le problème international, celui des rapports entre États se réduit peu ou prou à l'affrontement ou à la coopération entre puissances n'ayant que des intérêts. Ainsi, il est généralement admis que la scène internationale est, de ce fait, caractérisée par l'anarchie puisqu'il n'existe, théoriquement et logiquement, aucune autorité politique de surplomb.Dans la foulée et paradoxalement au moment où certains proclament la fin de l'histoire et au moment où l'on croit que le droit est débarrassé de son angoisse existentielle, plusieurs juristes se mirent à s'inquiéter du phénomène dit de la *fragmentation :* le droit international serait en train de proliférer et de s'étioler dans tous les sens. On risquerait la rupture, voire le chaos.

Mais l'anarchie internationale n'est pas en soi synonyme de chaos. Les Etats se rencontrent lorsqu'il y va de leur intérêt[379]. Ils se lient au corpus de normes juridique internationales en y apposant leur consentement que se soit par le biais de la coutume ou d'instruments conventionnels[380]. Ces principes du droit classique, qui ont divorcé avec l'ancien *droit des gens* des publicistes du Haut Moyen-âge (Wolff, Pufendorf, Grotius),

[379]L'impasse dans laquelle se trouve le cycle Doha, dédié pourtant au développement, mais dont les négociations sont bloquées du fait d'importants désaccords sur la question des subventions et de l'accès aux marchés agricoles, entre autres est symptomatique de la prévalence des intérêts individuels.

[380]Christian TOMUSCHAT propose un système politique international avec un degré considérable d'autonomie vis-à-vis des Etats constituants. « The international system cannot rely any more solely on treaty-making, where the sovereign State holds an unrestricted power of unilateral determination. In principle, treaties are instruments of self-commitment. No State can be forced to adhere to a given conventional regime, no matter how important that régime may be with a view to furthering community interests. To the extent that in international society other values are recognized, values that deserve protection irrespective of consent given", Christian Tomuschat, *International Law: Ensuring the Survival of Mankind on the Eve of a New Century, General Course on Public International Law*, *in* 281 Recueil des Cours 10, 25 (1999),p.306.

continue à bien des égards à modeler la théorie dominante du droit international public contemporain.

En effet, «aucun peuple ne pourrait vivre sans d'abord fixer des valeurs » disait Nietzsche[381]. Et l'un des grands enseignements d'Emile Durkheim a été de mettre en évidence le fait qu'une société se définit par le sentiment qu'elle a d'elle-même. Une société, nous dit-il « *n'est pas simplement constituée par la masse des individus qui la composent, par le sol qu'ils occupent, par les choses dont ils se servent, par les mouvements qu'ils accomplissent, mais, avant tout, par l'idée qu'elle se fait d'elle-même* »[382]. La société, nationale ou internationale, est donc une construction morale qui présuppose toujours la conscience collective et un degré minimum d' « esprit communautaire». Mais il faut garder à l'esprit que nulle communauté de valeurs ne nous est donnée d'emblée, que les choses se font par des avancées lentes et discontinues, que différents ordres de valeurs émergent simultanément à l'échelle nationale, régionale, internationale, et que, entre ces ordres de valeurs, l'articulation ne se fait pas selon un vaste plan d'ensemble, mais plutôt par à-coups, par surgissements[383].

En droit international économique, l'État n'est pas considéré comme détenteur d'une fonction publique reliée au bien commun, mais comme personne dotée d'autonomie privée qui décide en tant que *dominium negocii* ce qu'elle veut faire pour défendre ses intérêts propres. C'est bien *l'utilitas singularum* qui prévaut[384]. N'est-ce pas sur la question du bien commun que butent aujourd'hui tous les débats mais également toutes les pratiques politiques qui prétendent naïvement contourner l'obstacle en se réfugiant dans la pratique de la proximité ? Positionnement philosophique emprunt d'un certain libéralisme, il est reproché au positivisme volontariste d'entraîner chacun dans une logique égocentrique basée sur les intérêts de chaque

[381]Nietzsche, *Ainsi parlait Zarathoustra*, *op.cit.*, p.61.
[382]Emile DURKHEIM, *Les formes élémentaires de la vie religieuse*, Paris, P.U.F., 1968, p.604.
[383]Jean Baechler « Naturalité, universalité, objectivité », *Revue du MAUSS* 1/2002 (n° 19), p. 56.
[384]Voir Robert KOLB, *op.cit*, p.28.

États, érigés en religion et traduite en droit voire en devoir d'auto-préservation.

Aux antipodes de la simple société de juxtaposition se trouve heureusement une conception émergente de la société internationale fondée sur des normes échappant à la condition de réciprocité qui caractérise le corpus normatif de droit de la coexistence. Ces normes, qui contrebalancent des tendances centrifuges du droit de la coexistence, se composent de notions faisant appel à l'humanité tout entière comme ensemble organique[385] . La notion d'humanité, qui apparaît derrière le voile étatique qui l'obscurcissait considérablement, fait instamment appel à la solidarité trans-temporelle et trans-spatiale de l'espèce humaine[386]. Cette solidarité de nature

[385]« L'humanité, c'est le genre humain dans sa perpétuation envers lequel la communauté internationale du présent est responsable. CHARPENTIER (J.), « L'humanité : un patrimoine mais pas de personnalité juridique », *in Etudes en hommage à A. Kiss, Les hommes et l'environnement, quels droits pour le vingt-et-unième siècle ?*, Editions Frison-Roche, Paris, 1998, p.18.Cependant la personnalité juridique de l'humanité reste une question difficile. Certains ont insisté sur les effets pragmatiques de la représentation de l'humanité en droit international en faisant appel au principe de l'*actio popularis* ou en insistant sur la nature fiduciaire de la charge des États par rapport à l'humanité. Le principe de l'*actio popularis* au profit de tout Etat est institué par exemple par la convention sur la torture et autres peines ou traitements cruels, inhumains ou dégradants du 10 décembre 1984. Il convient de souligner que dans l'*Affaire du sud-Ouest africain (Namibie), arrêt du 18 juillet 1966,* la CIJ a écarté l'action judiciaire collectiviste. Il s'agissait de savoir, si deux États (Ethiopie et Libéria) avaient un intérêt à agir. Ces deux États cherchaient à saisir la Cour pour lui faire constater la violation par l'Afrique du Sud de ses obligations par rapport au territoire de la Namibie : annexion du territoire, en principe sous mandat et extension du régime d'apartheid. On le voit, aucun dommage juridique n'était *spécialement* subi par ces deux Etats. Et la Cour a considéré cette action comme irrecevable. Elle refusait ainsi, selon ses propres termes « d'admettre une sorte *d'actio popularis*, ou un droit pour chaque membre d'une collectivité d'intenter une action pour la défense d'un intérêt public ».

[386]Pour l'historique de la conception classique du concept d'humanité depuis son entrée dans le langage juridique, voir FRECHET (P.), *Le concept de communauté internationale*, Thèse de droit, Faculté de Droit et de Science politique d'Aix/Marseille, 1986, p 9-50, DUPUY (R.-J.), *L'humanité dans l'imaginaire des nations*, Collection Conférences, Essais et leçons du Collège de France, Julliard, Paris, 1991, 284 p. Il est intéressant de noter que les tenants des Lumières envisageaient le proprement humain comme un

objective traduit la prise de conscience de l'interdépendance entre les États dans un monde à l'image d'un village global. La dimension trans-temporelle ou intergénérationnelle, a été reprise par des auteurs préconisant la cristallisation d'une troisième voire quatrième « génération » des droits de l'homme dont fait partie le patrimoine commun de l'humanité et le développement durable qui a intégré la culture comme quatrième pilier.

A l'absence largement ressentie, dans les sociétés sécularisées, d'un fondement transcendant qui permette d'ancrer des valeurs éternelles dans un ciel immuable, ou de les recevoir une fois pour toutes d'une révélation indubitable[387], la diversité culturelle permet-elle d'espérer trouver un autre chemin dans la forêt obscure de la mondialisation que celui qui mène à l'hypothèse d'un « clash » des valeurs ou d'un choc mondial, éventuellement violent, entre les civilisations prétendument incompatibles ? La diversité culturelle permet-t-elle de revisiter et de valoriser l'idée de solidarité de l'humanité ? C'est justement dans ce contexte empreint d'espoir que la diversité culturelle, empruntant à la biodiversité, a intégré le patrimoine commun de l'humanité, fleuron d'un mouvement qu'on voulait révolutionnaire puisqu'il s'agit de gérer ensemble un patrimoine commun dont on sait aujourd'hui l'importance vitale. Il semble utile de s'interroger sur la portée du concept qui est venu au secours de la diversité culturelle pour son affirmation dans l'ordre international.

---

arrachement tant à la nature qu'à la tradition, ces deux termes étant étroitement corrélés. Dans ce cadre de pensée, l'émancipation consiste en un effort pour s'affranchir des contraintes posées par la nature-en la domestiquant - et pour se libérer de la tutelle exercée par des traditions «naturalisantes ». Au contraire, les romantiques interprétaient la rupture des attachements communautaires et des liens qui unissent les hommes à la nature comme des signes de profonde déshumanisation. Ils concevaient plutôt l'humanité comme un enracinement dans des contextes historiques singuliers, dans des cultures particulières, dans des traditions nationales revendiquant leur authenticité.

387 L'histoire du droit international est en grande partie celle de son « désenchantement », Il n'et plus l'affaire de canonistes et de théologiens, mais de diplomates et de juristes.

2. La diversité culturelle comme bien public mondial

Au départ, service public et diversité culturelle n'étaient pas deux notions faites pour se rencontrer, elles ont suivi des évolutions décalées, à contre-courant, mais l'une est peut-être l'avenir de l'autre[388]. La première associée à l'homogénéité culturelle d'un monopole d'État niveleur, la deuxième est en contestation centrifuge à cette tendance. Dans les années 1980, sous l'effet du choc des idées provoqué par le rapport McBride, quelques éléments de convergence ont commencé à se dessiner, pour culminer avec la controverse sur l'exception culturelle dans les années 1990. Les services publics nationaux peuvent aujourd'hui prétendre à la défense de la « diversité culturelle » contre le risque d'une homogénéisation due aux flux mondiaux de produits commerciaux. De même qu'au sein de l'UNESCO, les efforts pour définir un « intérêt public mondial » et une « société des savoirs » (et non simplement une société de l'information, ce qui met l'accent sur la marchandise information au détriment des publics qui se l'approprient) peuvent aider à redessiner les missions du bien public mondial. La qualification de biens publics mondiaux suggère non seulement qu'il existe certains biens qu'il ne faut pas livrer au marché mais aussi qu'une gouvernance mondiale de ces intérêts communs doit être mise en place.

Pour Yves Tavernier les biens publics mondiaux couvriraient aujourd'hui de nombreux domaines qu'on peut regrouper sous quatre catégories : la paix, la stabilité, l'environnement (en incluant l'idée de durabilité) et « *la valeur de l'homme, c'est-à-dire la santé pour tous, l'éducation pour tous, la culture pour tous, dans le respect des diversités* »[389]. Il convient de souligner qu'aucune civilisation n'a développé autant de moyens de mise en mémoire et de réactualisation de plus en plus puissants,

---

[388]FRAU-MEIGS, Divina, « Une télévision sans service public ? La diversité culturelle est-elle l'avenir ? » Mediamorphoses, *op.cit.*p.1.

[389]Y. TAVERNIER, « Biens publics mondiaux et gouvernance mondiale », *in* Haut Conseil de la Coopération Internationale, *Biens publics mondiaux et coopération internationale. Nouvelle stratégie pour de nouveaux enjeux*, Edition Karthala, Paris, 2002, p. 257.

archivant le passé et l'ailleurs sans discrimination ni exclusion de principe. La mémoire technique, celle que Leroi-Gourhan appelait déjà « *mémoire sociale en expansion* »[390],renommée« *mémoire épiphylogénétique* » par Stiegler, car elle désigne le rapport noué par les techniques entre les mémoires individuelles (*épi*) et la mémoire de l'espèce (*phylo*) : « *l'épiphylogenèse, accumulation récapitulative, dynamique et morphogénétique (phylogenèse) de l'expérience individuelle (épi), désigne l'apparition d'un nouveau rapport entre l'organisme et son milieu, qui est aussi un nouvel état de la matière* » est fondatrice de la civilisation[391].

Les NTIC rendent possible l'accès à la diversité culturelle depuis les endroits les plus variés et les plus reculés. La création de réseaux de télécommunication à l'échelle planétaire a été favorisée par une triple évolution des techniques : la *numérisation* des signaux; la *convergence* de l'informatique, des télécommunications et de l'audiovisuel; l'émergence et la dissémination des dispositifs d'*interactivité* tant au niveau de la production-création des contenus qu'à celui du design des interfaces (humains/ordinateurs). Peut-on qualifier la diversité culturelle comme bien public mondial ? Comme le souligne Craig Van Grasstek, les échanges culturels sont marqués par le triomphe universel du marché :

390Leroi-Gourhan, André. *Le Geste et la Parole. Tome 2 : la mémoire et les rythmes*. Paris : Albin Michel, 1965. L'alphabet, les tablettes sumériennes, le livre, les livres de compte, les DVD, les clés USB, le réseau Internet, mais aussi la bionique, les puces RFID, les GPS, etc. sont des supports de mémoire, hors desquels il n'est point de savoir et de transmission du savoir possibles, ni même de pensée. *« Il n'y a pas de pensée hors de ses supports »*. La numérisation 3D par laser a été utilisée par exemple dans le cadre de la reconstitution du Casino d'Aix-en-Provence, démoli en 2003 dans le cadre d'un aménagement urbain.

391« *La Technique et le temps* », t. 1, p. 185. Selon lui « *Il n'y a cognition humaine à proprement parler, c'est à dire invention de savoirs et de connaissances, qu'à partir du moment où apparaît, outre les mémoires internes de l'espèce (germinale) et de l'individu (somatique), une troisième mémoire, externe et technique, dite épiphylogénétique, et venant se combiner avec la mémoire nerveuse de l'individu humain (épigénétique) et avec la mémoire biologique de l'espèce humaine (phylogénétique).* »Voir Bernard Stiegler, « *Enjeux épistémologiques, méthodologiques et politiques des technologies cognitives* », p.2.

« Du point de vue commercial, les échanges culturels constituent des transactions économiques entre producteurs et consommateurs. Selon ce raisonnement, la propriété intellectuelle est le seul aspect du commerce culturel « légitime » qui nécessite d'être protégé. L'optique culturelle se fonde en revanche sur l'affirmation selon laquelle on ne peut laisser une main invisible, décider du sort de la culture. Selon ce raisonnement, les biens et les services culturels incarnent les valeurs d'un peuple et jouent un rôle particulier dans la vie de la communauté. Face à l'importation massive de produits culturels étrangers, le marché risque de ne laisser que peu de place, voire aucune, aux artistes et traditions locaux »[392].

La diversité culturelle interpelle cependant les différentes dimensions d'une forme d'« intérêt public universel » et devient une responsabilité de niveau mondial à travers au moins quatre considérations, du point de vue de l'universalité du droit. Premièrement, s'agissant de garantir cet accès dans les pays en développement, le financement international, et les conditions qu'il impose[393]; deuxièmement, même dans les pays développés, la globalisation des marchés, associée à la privatisation des services culturels, entraînent une trans-nationalisation des firmes qui contrôlent ce secteur; troisièmement, l'inégale répartition des industries culturelles au regard de la dignité de toutes les cultures et de leur droit à diffuser leur image , leurs mythes soulève désormais l'épineuse question de l' équilibre dans les échanges culturels; enfin, si la culture est un droit humain, il relève de l'obligation de coopération, de la responsabilité

---

[392]Craig Van GRASSTEK, «Le traitement des biens et services culturels dans les accords commerciaux internationaux» dans Pierre SAUVE *et al.* dir. *Tendances des marchés audiovisuels : perspectives régionales-Vues du Sud*, Paris, UNESCO, 2006, 95, pp. 104-105.

[393]Dans de nombreux pays en développement, l'Etat ne peut pas garantir l'accès aux « services publics » par manque de ressources nationales pour les financer. En conséquence, de nombreux droits ne sont pas garantis. L'inclusion des droits dans la liste des BPM aurait la vertu de globaliser le financement de leur application, d'assurer qu'ils seraient financés par la communauté internationale et donc appliqués de façon plus égalitaire.

internationale de tous les États, individuellement et solidairement, au même titre que tous les autres droits[394].

La construction d'un nouveau bien public mondial comme celui de la diversité culturelle, renvoie à la volonté, explicite et implicite, des certains acteurs « *de franchir une nouvelle étape dans la quête d'une Cite idéale dont les conditions se sont au fil des siècles, mondialisées* »[395]. La situation actuelle de la mondialisation nécessite l'inspiration et les forces nouvelles pour se projeter dans des futurs possibles qui doivent articuler de manière novatrice les relations et tensions entre « global « et « local «, entre « unité « et « diversité, entre le commerce et la culture pour faire en sorte que cette préoccupation commune de l'humanité puisse bénéficier à tous et aux générations futures. La diversité culturelle peut assure ce nouvel horizon, le passage d'aujourd'hui à demain et répondre à ces attentes à condition qu'elle soit inséparable et constitutive du développement durable.

---

[394]En effet, la définition des biens publics se complexifie dès lors que l'on cesse de l'envisager d'un point de vue strictement technique. Dans l'optique « technique », la dimension de non exclusion repose sur la propriété physique du bien (par exemple, aucun consommateur ne peut être exclu de l'éclairage public car, d'un point de vue technique, il éclaire tous ceux qui passent à proximité). D'un point de vue social, la non-exclusion est une caractéristique qui peut être construite ou levée à condition d'y consacrer les ressources nécessaires. Elle résulte d'un choix politique. Ainsi, dans une société donnée, la collectivité peut souhaiter que des biens à l'origine privés deviennent publics, de manière à respecter des droits humains (on rend publique l'école car l'accès à l'éducation est un droit culturel fondamental etc. Cette difficulté est amplifiée à l'échelle mondiale par les problèmes que pose l'élaboration de choix sociaux mondiaux.

[395]F. CONSTANTIN, « Les biens publics mondiaux : un imaginaire pour quelle mondialisation ? » in *Les biens publics : un mythe légitimateur pour l'action collective ?* Paris, L'Harmattan, 2002, p.21.

SECTION II. STRUCTURATION DU SYSTÈME COMMERCIAL MULTILATERAL : DU « PICK AND CHOOSE» A LA COHERENCE

Le commerce international a fait l'objet d'une analyse scientifique au tournant du XVIIIème siècle, s'opposant à la doctrine mercantiliste alors en vigueur, qui voyait là un jeu à somme nulle. Amorcée par le « père de l'économie politique «, Adam Smith, cette nouvelle analyse du commerce international, visant à montrer au contraire que le commerce entre nations procure un gain net, sera approfondie par David Ricardo, puis au XXe siècle par Eli Heckscher, Bertil Ohlin et Paul Samuelson. Comme on peut le constate, il existe un rapport historique entre la première mondialisation et les nouveaux développements du droit international économique. Ce rapport existe également sur le registre conceptuel car tous deux sont caractérisés par l'idée de libéralisme. Comme on le verra dans la suite, il existe également un lien de causalité entre la mondialisation actuelle et le droit de l'OMC[396]. Diverses orientations qui animent la communauté des chercheurs convergent vers le besoin croissant d'une nouvelle grammaire politique qui prenne en compte trois éléments : la nécessité de préserver et d'étendre la logique d'un système économique ouvert, l'impossibilité de considérer le libre échange comme une fin en soi, l'urgence à favoriser une régulation qui réduise les asymétries économiques. Du GATT qui permit aux membres de sélectionner ce par quoi ils voulaient bien être engagés et qui a fini par s'avérer dysfonctionnelle[397], on est passé à l'OMC gouverné par le principe de l'accord unique.Il convient dès lors examiner le cadre institutionnel du

[396]Voir P. T. Stoll et R. Freitas Coelho, « Le droit international économique face au défis de la mondialisation », *RGDIP*, 2009-2, p.274.

[397]Le droit se multiplie à la faveur des cycles de négociations, les rounds, périodiques, dans lesquelles les parties contractantes vont adopter des textes complémentaires. A l'issue du Tokyo Round, en 1979, un très grand nombre de textes caractérisés par l'optionalité viennent ainsi compléter l'Accord du GATT. Ce sont des **textes optionnels** et on pratique **la technique du *pick and choose*.** Les Etats ne signent que les textes qui ne servent que leurs intérêts.

commerce international (§1) avant de voir les principes et corpus de règles gouvernant ce dispositif multilatéral (§2).

§1. CADRE INSTITUTIONNEL ET PRINCIPES FONDAMENTAUX DU COMMERCE INTERNATIONAL

Au commencement, le système commercial multilatéral reposait sur une conception relativement forte étriquée de l'intégration de l'économie mondiale. Celle-ci partait de l'idée que le commerce, perçu comme facteur de paix et de progrès, devait, en se développant librement, créer des liens de solidarité et de complémentarité entre les pays et, en mettant de la sorte les économies nationales en interconnexion les unes avec les autres, concrétiser l'idéal d'un monde unifié par le doux commerce[398]. L'Organisation internationale du commerce (OIC) ne verra pas le jour (A), mais le GATT y suppléera. Ce dernier allait se pérenniser près d'un demi-siècle avant que l'Organisation mondiale du commerce (OMC) ne vienne l'absorber en 1995(B).

---

[398]Pour Montesquieu « c*'est presque une règle générale que partout où il y a des mœurs douces, il ya du commerce; et que partout où il y a du commerce, il y a des mœurs douces »* (Montesquieu, *De l'Esprit des lois*, Livre XX, chapitre I). L'ère prometteuse d'une société internationale apaisée par l'économie n'est plus, selon une certaine doctrine, une conjecture solide. Voir J. Oneal et B. Russet, « Assessing the liberal peace with alternative specifications: trade still reduces conflict », *Journal of Peace Research*, 36(4), 1999, Special issue on trade and conflict, p. 423-442. Le doute s'installe dans la vision « à la Montesquieu » de l'effet selon lequel *« l'effet naturel du commerce est de porter à la paix. Deux nations qui négocient ensemble se rendent réciproquement dépendantes »*. Le Pakistan et l'Inde, qui sont des pays voisins, fortement peuplés, devraient avoir un niveau de commerce élevé : or le niveau observé atteint 10% de son potentiel. Une situation qu'explique l'historique des tensions géopolitiques entre les deux pays. Il en va de même pour l'Egypte et Israël. Voir Martin P., Mayer T. & Thoenig M. (2006). *La mondialisation est-elle un facteur de paix?*. Editions de la Rue d'Ulm ; Martin P., Mayer T. & Thoenig M. (in press).The Geography of Conflicts and Regional Trade Agreements *American Economic Journal: Macroeconomics.*

A. Le développement du cadre institutionnel du commerce international

A l'origine de l'OMC, comme aussi à la base de l'UNESCO, se trouvent les impulsions de la conscience humaine, de l'intelligence et de la volonté de coopération internationale, d'échanges des biens , des idées et des valeurs pour ne pas succomber de nouveau à la monstrueuse aliénation du mal collectif qui est toujours prêt à utiliser les puissances matérielles dans la lutte exterminatrice des hommes contre les hommes, des nations contre les nations. Plus précisément l'OMC tire son origine des engagements pris par une vingtaine d'Etats signataires de la Charte de la Havane en 1947 de libéraliser leurs échanges dans un cadre de l'OIC ; depuis lors, un nombre croissant de pays ont rejoint le GATT, puis aujourd'hui l'OMC. Les Etats ont au cours de la seconde moitié du 20 siècle persévéré malgré les obstacles dans leur volonté de négocier l'assouplissement de leurs politiques commerciales.

1. De l'avortement de l'OIC à l'enfantement du GATT

A la fin de la Seconde Guerre Mondiale, des modifications profondes et fondamentales sont apparues dans l'ordre international. Pour éviter la répétition des erreurs du passé et instaurer une paix durable dans le monde, de nouvelles organisations ont vu le jour afin de promouvoir et garantir le respect des droits de l'homme et des principes de libre-échange[399]. C'est dans ce second domaine qu'ont été signés les accords Bretton Woods débouchant sur la création de la Banque Mondiale et du Fonds Monétaire International (FMI). La conférence de Bretton Woods reconnut la nécessité de créer une institution en charge du commerce afin de compléter le FMI et la Banque Mondiale. Un comité préparatoire fut chargé en février 1946 d'étudier des propositions visant à créer une Organisation Internationale du Commerce (OIC), en tant qu'institution spécialisée des Nations-Unies. Les institutions de

[399] Patrick DAILLIER, Géraud de LA PRADELLE, Habib GHERARI (Dir.), *op.cit.*, p.14.

Bretton Woods dotées de réels pouvoirs de réglementation et adossées aux les intérêts américains[400] se détachaient nettement des Nations Unies[401].

En effet, toute une série d'activités de coopération fonctionnelle n'ont pas été centralisées au sein des Nations-Unies. Elles ont été laissées au soin d'organisations spécialisés possédant une personnalité juridique propre ainsi qu'un *membership* et des budgets séparés[402].La crainte de gonfler excessivement les Nations Unies en incorporant en leur sein l'ensemble des activités fonctionnelles, nombreuses et multiple, a joué un grand rôle dans cette décentralisation. Garder hors les Nations-Unies une fraction d'activités de la coopération fonctionnelle a été toujours ressenti comme un gage contre les velléités de « politisation » de l'action fonctionnelle. C'est dans ce cadre qu'ont été créées après 1945 les principales organisations internationales, inspirées d'une approche fonctionnaliste. Chaque organisation est en effet spécialisée dans un domaine d'activité. Le droit international et les processus normatifs internationaux reposa essentiellement sur les prémisses de la souveraineté nationale et le consensualisme, allaient engendre déjà en soi un important morcellement de l'approche

---

[400]« *Washington avait soigneusement muni les accords de Bretton Woods de garanties pour la protection des intérêts américains. L'allocation aux États membres d'un nombre de voix proportionnel à leur contribution financière conférait de facto un pouvoir de veto aux Etats-Unis, détenant plus d'un tiers du total des voix au FMI et à la BIRD* ». Voir *Jacques* FOMERAND, La pratique américaine du multilatéralisme. Syndrome du Mare Nostrum : www.diplomatie.gouv.fr,p.5).

[401] Il faut noter que lors des négociations de l'Uruguay, l'idée de faire de l'OMC une organisation spécialisée des Nations Unies a été explicitement rejetée. L'OMC ne fait donc pas partie de la « famille » des Nations Unies, même si elle contribue très largement à ce que l'on appelle la « gouvernance mondiale ».

[402]La notion d'institution spécialisée trouve son véritable enracinement dans l'article55 de la Charte. Celui-ci énonce une longue série d'actions que les Nations Unies sont appelées a entreprendre pour consolider la paix internationale et résoudre les problèmes économiques, sociaux et culturels, ainsi que le respect des droits de l'homme. La Charte tente de s'assurer que les activités de toutes ces organisations soient coordonnées avec celles des Nations Unies.

internationale des problèmes : la fragmentation que nous analyserons dans la suite.

C'est l'Organisation Internationale du Commerce (OIC) qui, dans le cadre des Nations Unies, devait servir de base au système des échanges mondiaux, mais elle montra rapidement ses faiblesses[403]. Néanmoins, 23 pays occidentaux signèrent l'Accord Général sur les Tarifs douaniers et le Commerce (GATT) en 1947[404]. Le GATT, établi à titre provisoire, se limitait à un ensemble de règles minimales. Il ne fut cependant pas accompagné par la création d'une institution formelle, ni *a fortiori* par une procédure contrôle. Il s'agissait toutefois d'un premier pas vers la future Organisation Mondiale du Commerce[405]. « Ces tribulations initiales se comprennent d'autant mieux si l'on rappelle que s'affrontaient alors deux visions systémiques de l'ordre à mettre en place, la vision libérale et la vision keynésienne, la première ayant peu à peu évincé la seconde jusqu'à triompher à compter des années 70 »[406]. Le GATT avait, en quelque sorte, anticipé cette

---

[403]L'histoire de la Charte de l'OIC est développée par Richard N. *Gardner*, *Sterling Dollar Diplomacy.The Origins and the Prospects of our International Economic Order*, McGraw-Hill Book Company, New York,1969; T.-P. Stewart, "The GATT Uruguay Round: A Negotiating History: Introduction and Overview ", Deventer, Kluwer Law and Taxation Publishers, 1993, p. 51.

[404] T.-P. Stewart, *op. cit.*, p.33.

[405]Le GATT, texte rescapé du projet de la Charte de l'OIC, constitue ce que l'on peut appeler un accord institutionnalisé voire une organisation internationale de fait. La personnalité juridique internationale du GATT n'était pas consacrée par le GATT 1947, dont la structure institutionnelle rudimentaire reflétait son caractère temporaire d'origine, et ne fut jamais définitivement et incontestablement consacrée malgré certains indices de personnalité, dont la conclusion d'un accord de siège avec la Suisse. De nombreuses controverses ont existé à cet égard. Elles appartiennent désormais à l'histoire.

[406]H.RUIZ FABRI, Qui gouverne à l'OMC et que gouverne l'OMC ? *Cahier En Temps réel*, 2010, p.5.Trois économistes britanniques célèbres se sont impliqués dans les réflexions ayant alimenté le projet d'une OIC et dans les négociations qui ont eu lieu sur ce sujet : Keynes, Meade et Robbins.Robbins développe une conception de l'internationalisme dont le principe est la généralisation du système libéral d'économie de marché. Considéré comme une fin en soi, ou comme un instrument prioritaire en vue de l'établissement de relations économiques internationales apaisées, le libre-échange n'est pour

tendance puisqu'il était la partie libérale de la Charte de l'OIC et que la partie interventionniste, qui évoquait notamment le plein emploi mais aussi le commerce des produits de base, se trouvait abandonnée.

Au fil des ans, des amendements ont été apportés au GATT qui a permis aux pays en voie de développement d'y adhérer grâce à des régimes de faveur qui leur avaient été aménagés. Huit « Rounds » de négociations multilatérales se sont succédé, élargissant progressivement le rôle du GATT et réduisant parallèlement les barrières au libre échange[407]. Dans les années 80, une réelle adaptation du GATT au contexte économique s'avérait nécessaire et même urgente afin de répondre à l'accélération de la mondialisation et à la naissance de nouvelles technologies. L'Uruguay Round (1986 à 1994), a atteint ce but et a mené à la création de l'OMC[408]. Ce sont les Accords de Marrakech qui entrèrent en vigueur le 1er janvier 1995 qui donnèrent naissance à l'OMC.

2. L'Accord de Marrakech: la culture dans le droit commun de l'OMC.

Le 1er janvier 1995, l'Organisation mondiale du commerce (OMC), paraphée à Genève, le 15 décembre 1993, a succédée à l'Accord général sur le commerce et les tarifs douaniers (GATT selon l'acronyme anglais). La séparation du paraphe et de la signature formelle s'explique pour des raisons de politique et de droit constitutionnel américains : le Congrès avait habilité le Président à négocier jusqu'au 15 décembre 1993, la procédure

---

Keynes ni souhaitable, ni praticable. L'administration américaine elle-même n'est pas exempte de conflits sur la question du nouvel ordre économique à promouvoir dans l'après-guerre. Si Hull, secrétaire d'État jusqu'en 1944, défend une position très libérale et internationaliste, le département d'État et le département du Trésor s'opposent sur ce sujet durant le mandat du président Roosevelt cf. C. SCHWOB, « Keynes, Meade, Robbins et l'Organisation internationale du commerce » - L'Actualité économique, Revue d'Analyse Economique, 83, 2 . juin 2007, pp. 255-283.

407 Patrick DAILLIER, Géraud de LA PRADELLE, Habib GHERARI, *op.cit*, p.323

408 T.-J. SCHOENBAUM, P.-C. MAVROIDIS, *op.cit.* p.6.

simplifiée d'approbation des négociations par le Congrès (« fast track » : approbation en 90 jours, sans amendement possible). Pour des raisons juridiques aussi, la finalisation des textes s'imposait, notamment en ce qui concerne les concessions.

On pourrait penser que l'OMC ne fait que ressusciter l'OIC, mettant entre parenthèses un demi-siècle du GATT. Il n'en est rien : non seulement il existe une continuité de principes entre le GATT et l'OMC, mais en outre, l'OMC est beaucoup plus proche « philosophiquement » du libre-échangisme du GATT que du mélange libre-échangisme/keynésianisme propre à l'OIC. Le multilatéralisme n'est pas le libre-échange, même si la logique d'ensemble vise la réduction des protections. Au contraire, le régime GATT/OMC peut être qualifié de « mercantilisme éclairé » selon l'expression de Paul Krugman[409]. Le principe *pacta sunt servanda* a acquis une place importante dans l'OMC par le biais de l'article 3.2 du *Mémorandum*. À l'instar de sa portée en droit international, il impose aux États membres de négocier de bonne foi, mais les enjoint également à mettre en œuvre les traités de bonne foi[410].
L'OMC est l'aboutissement des négociations longues voire difficiles. Ces négociations commerciales multilatérales sont apparues dans un contexte économique et politique qui était très défavorable à une nouvelle libéralisation des échanges[411]. En effet, alors même que le « cycle de Tokyo » (Tokyo Round) venait de se terminer, la situation économique mondiale continuait à se dégrader : crise pétrolière 1979/1980, inflation, récession et chômage. Ce qui provoqua une montée du protectionnisme. Ainsi, de nombreux Etats (France, Etats-

---

[409]Le mercantilisme éclairé repose sur trois principes : i) les exportations sont un bien, ii) les importations sont un mal et iii) toutes choses étant égales par ailleurs, une augmentation simultanée des exportations et des importations est un bien. Voir P. R KRUGMAN., « Does the New Trade Theory Require a New Trade Policy? », *World Economy*, 15(4), juillet1992.

[410]Selon R Kolb « *Il est peu de domaines qui sont restés si réfractaires à la pénétration spirituelle et juridique que la notion quasi-mythique de 'négociations de bonne foi'. C'est presque par habitude voire par rituel que l'épithète 'de bonne foi' est ajoutée à la notion de 'négociations'* ». KOLB R., *Bonne foi en droit international*, op.cit. p.580.
[411]D. CARREAU et P. JUILLARD, *Droit international économique*, 1ère éd., 2003, p.101.

Unis,…) octroyaient de plus en plus de subventions aux secteurs menacés par la concurrence internationale et multipliaient les barrières non-tarifaires pour empêcher des importations étrangères[412].

En outre, de nombreux accords bilatéraux d'autolimitation ont été conclus entre Etats dans le but de restreindre les exportations en provenance de pays comme la Corée et le Japon sur les marchés des Etats-Unis ou de la Communauté Européenne. En 1986, près de 20% du commerce mondial des marchandises faisait l'objet de tels accords bilatéraux[413]. Enfin, de nombreux accords préférentiels ont été conclus durant la même période que le « cycle d'Uruguay » sous la forme de zones de libre échange (ALENA : Accord de Libre-échange Nord Américain,…) ou sous forme d'union douanière (création du Mercosur en 1991 établissant un marché commun entre l'Argentine, le Brésil, le Paraguay et l'Uruguay)[414].

Tous ces éléments rendront le « système GATT » inefficace. Ce dernier ne parviendra pas à s'opposer ni aux mesures unilatérales restrictives des échanges ni aux accords bilatéraux réciproques[415]. Dès lors, le régime de droit commun du GATT, régi par la clause de la nation la plus favorisée, ne s'appliquait plus qu'au cinquième environ du commerce mondial sur les marchandises. Le 20 septembre 1986, la déclaration ministérielle de *Punta del Este* ouvre le nouveau cycle de négociation. L'objectif général était de « repousser le protectionnisme » par l'établissement d'un « système commercial plus ouvert ». 125 pays participeront aux négociations du Cycle d'Uruguay.Le 15 avril 1994, le texte de l'Acte final, qui reprend les résultats du cycle de l'Uruguay, fut signé. L'OMC fixe le nouveau cadre juridique des échanges

---

412 *Idem;* Le regain de la théorie réaliste dans les relations internationales dans les années 70-80 peut être attribué à deux facteurs. Tout d'abord, suite aux conditions de l'époque (déclin des USA et pouvoir important de l'OPEP), les réalistes élargissent leur champ d'étude au-delà des problèmes de sécurité et de politique.

413 D. CARREAU et P. JUILLARD, *op.cit*, p.102.

414 *Ibid*, p.102.

415 *Ibid*, p.103.

commerciaux internationaux, avec les accords commerciaux multilatéraux et plurilatéraux, contenus dans les annexes à l'Accord de l'OMC. L'ensemble forme un instrument juridique indissociable, car on ne peut pas être partie à l'Accord de l'OMC sans l'être aux accords commerciaux multilatéraux.

La polémique entre culture et commerce qui a eu lieu au sein de l'OMC, s'est déroulée pendant les négociations de l'Accord Général sur le Commerce des Services (AGCS) en 1993. En effet, ce sont les discussions qui ont conduit à la mise en place de l'OMC, qui ont révélé les enjeux liés à la libéralisation du commerce dans le secteur des biens et services culturels. Cette libéralisation a pour effet de priver les Etats d'outils d'intervention tels que les subventions ou les quotas qu'ils utilisent traditionnellement dans ce secteur, avec l'objectif de préserver une ou des expressions culturelles et linguistiques nationales. Parallèment, il faut souligner la conclusion d'un Accord portant sur l'agriculture mais aussi la tentative d'une remise en cause de « l'exception agricole ».

L'idée d'une exception agricole aura guidé, sous le GATT, l'ensemble des négociations. La PAC était ainsi axée sur l'aide à la production et le soutien direct aux agriculteurs et la paralysie des négociations à l'OMC tient en grande partie à l'inflexibilité des pays développés sur les subventions agricoles[416]. Il est vrai que l'idée d'une soumission du commerce agricole au droit commun de l'OMC n'est pas acquise et que l'esprit de l'exception agricole et de « libéralisation raisonnée »continuent de dominer l'élaboration et la mise en œuvre des politiques agricoles. De ce point de vue la problématique agricole et culturelle sont intimement liés et posent tous les deux la question de l'intégration des considérations non commerciales dans le système commercial multilatéral. Contrairement aux produits culturels, les produits agricoles reçoivent déjà un

[416] L'OMC compte, parmi ses Membres, une majorité de pays en développement. Cette situation est traitée de façon très ambiguë à l'OMC, car, mis à part les 32 « pays moins avancés » Membres, qui sont identifiés comme tels sur la base de la classification opérée par l'ONU à laquelle l'OMC s'en remet, il n'existe pas de définition officielle des pays « développés » et des pays « en développement ».

traitement particulier hors et au sein même de l'OMC qui assure dans une certaine mesure la prise en compte de la spécificité des produits agricoles. L'Accord sur l'agriculture et l'Accord sur l'application des mesures sanitaires et phytosanitaires.Hors l'OMC, il s'agit notamment de la Convention sur la diversité biologique et le Traité sur les ressources phytogénétiques. Les lacunes en droit international de la culture et l'importance de la dimension non commerciale qui caractérise les produits culturels amène certains pays à vouloir protéger ces produits d'une libéralisation tout azimut.

Malgré ces tensions et résistances, en définitive, les produits culturels sont en général inclus dans le champ d'application des accords de l'OMC même si, parfois et à certaines conditions, les mesures les concernant peuvent déroger aux principes de ces accords, de sorte que leur spécificité, dans une certaine mesure, est reconnue. Bien qu'une analyse diachronique révèle que plusieurs des dispositions des accords de l'OMC puissent contribuer à une certaine reconnaissance de la spécificité des culturels, les effets directs et indirects de ces mêmes accords figurent parmi les causes importantes de la diversité culturelle. Pour l'heure, la place faite à ces derniers dans les accords existants est caractérisée par une très nette ambiguïté. Traités en principe comme n'importe quels autres produits, ils bénéficient assez souvent, selon les contextes et les sujets, de clauses dérogatoires ou de réserves.

B. L'OMC : cadre de libéralisation du commerce

La base constitutionnelle des fonctions, mieux des compétences d'organisations internationales réside dans le principe de spécialité comme le soulignait la CIJ : « *les organisations internationales sont des sujets de droit international qui ne jouissent pas, à l'instar des États, de compétences générales. Les organisations internationales sont régies par le « principe de spécialité », c'est-à-dire dotées par les États qui les créent de compétences d'attribution dont les limites sont fonction des intérêts communs que ceux-ci leur donnent pour mission de promouvoir* [417]». Ce principe capital, signifie que les organisations internationales se distinguent fondamentalement des Etats. Ces derniers possèdent, en vertu du principe de souveraineté une compétence pleine et entière, une « omni-compétence », *un jus actionis omnimodae.* L'OMC, comme toute organisation internationale, a des objectifs précis et principes bien identifiés.

1. Objectifs et organisation

L'OMC est une organisation intergouvernementale siégeant à Genève qui rassemble actuellement 160 membres L'activité quotidienne de l'OMC est administrée par le Conseil général suppléé par le Conseil du Commerce des services ainsi que le Conseil du commerce des marchandises et le Conseil ADPIC. Les différents Conseils sectoriels sont composés de représentants des États membres de l'OMC. De par sa construction, le système commercial multilatéral est un système stato-centré. Les États membres qui y désignent leurs représentants officiels poursuivent une double mission; ils négocient au mieux des intérêts de leurs pays d'origine, tout en surveillant l'élimination des pratiques protectionnistes de leurs partenaires. La revendication du libre accès au marché étranger, la dénonciation des barrières à l'importation prennent ici le pas sur l'expression d'un authentique esprit libre-échangiste[418]. Avec la fin de la Guerre froide et la victoire de l'internationalisme libéral sur les idéologies communistes et tiers-mondistes, l'économie a retrouvé tous ses droits et la globalisation a ouvert de nouveaux horizons[419].Toutefois, celle-ci est loin d'avoir réglé le problème des inégalités au sein de l'économie mondiale.

---

[417]*Licéité de l'utilisation des armes nucléaires par un État lors d'un conflit armé*, avis consultatif du 8 juillet 1996, *CIJ Recueil 1996*, § 25.

[418]Patrick DAILLIER, Géraud de LA PRADELLE, Habib GHERARI (Dir.), *op.cit,* p.324.

[419]Christian DEBLOCK, « Régionalisme, Multilatéralisme et Nouvel Ordre International : La ZLEA comme modèle institutionnel », Centre Études internationales et Mondialisation, juin, 2003, En ligne : ttp://www.ieim.uqam.ca/IMG/pdf/2003-Cahier-Deblock.pdf.

2. L'OMC : Acteur majeur aux fonctions multiples

Les États Membres reconnaissent à l'OMC les fonctions suivantes : i) être l'enceinte pour les négociations commerciales concernant les accords plurilatéraux et multilatéraux ; ii) assurer la mise en œuvre, l'administration, le fonctionnement et la réalisation des objectifs des accords dont elle a la charge ; iii) administrer la procédure de règlement des différends et du mécanisme d'examen des politiques commerciales; iv) coopérer avec la Banque mondiale et le Fonds monétaire international en vue d'élaborer des politiques économiques plus cohérentes au niveau mondial[420]. Mais ses attributions sont loin de se réduire à ces quatre fonctions.

L'OMC se réunit en permanence afin d'examiner un très grand nombre de questions. C'est ainsi que la conférence ministérielle de Doha a organisé, en novembre 2001, un nouveau cycle de négociations, connu comme étant le « Programme de Doha pour le développement «, cycle au cours duquel des sujets très différentes ont été abordés. La déclaration issue de celle-ci indique combien la question du commerce est liée à d'autres contingences. L'examen périodique de la politique commerciale nationale de ses membres en se fondant sur le Mécanisme d'examen des politiques commerciales[421] vise à « faciliter le fonctionnement du système commercial multilatéral, en permettant une transparence accrue et une meilleure compréhension des politiques et pratiques commerciales des Membres »[422]. L'OMC crée des règles de droit par le biais d'un

[420]GATT, Résultats des négociations commerciales multilatérales du cycle d'Uruguay. Textes juridiques, GATT, Genève, 1994.

[421]Sa périodicité varie : Les quatre entités commerciales les plus importantes (Communautés européennes, États-Unis, Japon et Canada) sont soumises à un examen tous les deux ans. Les 16 suivantes font l'objet d'un examen tous les quatre ans, et les autres tous les six ans, un intervalle plus long pouvant être fixé pour les pays les moins avancés : Mécanisme d'examen des politiques commerciales.

[422]Avec le Cycle d'Uruguay, il a été mis en place un nouveau Mécanisme d'examen des politiques commerciales (MEPC) qui est un « processus d'examen par les pairs » qui couvre toute la gamme des politiques et pratiques commerciales de chaque Membre et leur incidence sur le

processus législatif. Ces règles encadrent les accords conclus entre les différents États visant à favoriser les activités de leurs producteurs, importateurs et exportateurs. A côté du GATT, l'OMC a mis en œuvre une série d'autres accords parmi lesquels les plus connus sont l'Accord Général sur le Commerce des Services (AGCS) et l'Accord sur les Aspects des droits de propriété intellectuelle touchant au Commerce (ADPIC)[423]. Afin de remplir cette fonction, l'OMC a revisité l'ensemble du système de résolution des conflits mis en place par le GATT. Elle dispose aujourd'hui de sa propre institution judiciaire : l'ORD qui est devenue l'un des organes judiciaires internationaux les plus utilisés.

Au niveau fonctionnel, le cadre juridique de l'OMC doit parvenir à s'adapter à l'évolution et à la diversification des formes de l'échange économique international et à l'irruption de nouvelles entraves. Enfin, le défi politique de l'OMC et qui concerne directement notre sujet est parvenir à prendre en compte l'implication des considérations non commerciales, sans pour autant se substituer aux autres organisations internationales et politiques compétentes pour les prendre en charge. On peut comprendre pourquoi, depuis son entrée en fonction, l'Organisation mondiale du commerce (OMC) n'a cessé d'être sous les feux à la fois de l'actualité et des critiques, en particulier lors des Conférences ministérielles (Singapour 1996, Genève 1998, Seattle 1999, Doha 2001 et Cancun 2003).

§2. PRINCIPES ET CORPUS NORMATIF DE L'OMC

Le système commercial international a pour noyau dur l'égalité des participants, il prône la non-discrimination. Cependant, il est

---

fonctionnement du système commercial multilatéral. L'objectif est de permettre une appréciation et une évaluation collectives de ces politiques et pratiques. Le rapport établi dans le cadre du MEPC examine aussi l'incidence de ces politiques et pratiques sur le système commercial multilatéral. Les examens ont pour toile de fond les besoins, les politiques et les objectifs économiques et de développement plus généraux de chaque pays ainsi que son environnement économique extérieur.

[423] T.-P. STEWART, *op. cit.*, p. 125.

difficile de traiter de façon identique des pays fondamentalement inégaux. Ainsi, fort de ces principes et obligations(A), le droit de l'OMC est élaboré de la manière plus classique. Un droit conventionnel, énoncé dans les traités qui sont les produits de négociations très dures (B).

A. Principes et règles fondamentales du système commercial international

Instrument par excellence de la libéralisation des échanges, le système GATT-OMC s'est fondé sur un régime juridique pour les échanges reposant sur les principes de non-discrimination, du désarmement douanier et d'interdiction des restrictions quantitatives. Les principes du système commercial multilatéral constituent donc le socle de base du développement des relations économiques internationales depuis 1945. Les principes de non-discrimination, de prévisibilité et de transparence et l'interdiction de l'unilatéralisme le structurent. De manière pragmatique et progressive, le GATT est devenu *de facto* une organisation internationale, prenant ses décisions par consensus.

1. Le processus de décision au sein de l'OMC: entre consensus et rigidité

Le consensus est devenu un principe majeur de l'OMC. Même si la réalité nous montre souvent que l'étoffe du consensus est tissée de soumission librement consentie et de jeux de pouvoir[424]. En principe, et dans toute la mesure du possible, il faut s'efforcer d'arriver au consensus, c'est-à-dire à l'absence d'opposition formelle d'un membre à une décision proposée. Le consensus implique l'absence de vote et n'est donc pas l'unanimité[425]. Le consensus suppose simplement l'absence d'opposition manifestée, même si la déclaration de Doha a introduit cette notion de « consensus explicite » au sujet de l'inclusion des « sujets de Singapour », sans que l'on sache

---

[424]Abbas Mehdi « Les rapports nord-sud a l'OMC entre différenciation et espace politique pour le développement », p.10.

[425]Voir D H Vignes, « L'unanimité dans les organisations internationales », 1955, l'Annuaire français du droit international, pp. 111-119.

vraiment ce qu'elle signifie[426]. En revanche, l'opposition doit être explicite. La pratique du consensus revient donc à donner à chaque membre un droit de veto. Toutefois, cela ne signifie pas que les États qui ne sont pas d'accord avec une décision proposée s'y opposent chaque fois : parfois, ils demeurent silencieux simplement pour ménager les États ayant beaucoup plus d'intérêt économique qu'eux à la prise de cette décision. En d'autres termes, en pratique, le consensus implique une certaine déférence envers la puissance économique et commerciale. Ce n'est qu'en cas d'intérêt national important menacé qu'un membre en viendrait à bloquer le consensus.

Ce système, qualifié parfois d'excessivement démocratique, est lent, lourd, peu efficace et frustrant car la bonne décision à l'OMC n'est jamais celle qui satisfait tout le monde mais toujours celle qui, de guerre lasse, n'est rejetée par personne[427]. Le consensus est cependant pondéré par deux mécanismes : celui des cycles de négociation d'une part, des regroupements régionaux d'autre part. Les cycles consistent à enfermer les discussions sur un certain nombre de sujets à l'intérieur d'une période de temps prédéterminée, ce qui oblige en principe les participants à faire des arbitrages entre les différents sujets, selon l'intérêt qu'ils y portent. Les regroupements (les fameux G…) permettent de restreindre les discussions à un certain nombre d'interlocuteurs qui s'expriment au nom du groupe. Deux dispositions fondamentales dans le GATT 94 traduisent mieux le principe de non discrimination à savoir : la clause de la nation la plus favorisée (article 1 du GATT 94) et le principe du traitement national (article III du GATT 94).

---

[426]L. BOISSON DE CHAZOURNES, M. M. MBENGUE, « La Déclaration de Doha de la Conférence ministérielle de l'organisation mondiale du commerce et sa portée dans les relations commerce-environnement » RGDIP, t. 106, 2002-4, p. 880 ss.

[427]Produit d'un compromis, le texte consensuel permet en effet une conciliation en dépit des divergences. Conciliation entre les Etats et au-delà entre les cultures. Pour René-Jean Dupuy, il est ainsi entre Etats un substitut au dialogue très difficile des cultures.

2. Interdictions des discriminations injustifiées : clause de la nation la plus favorisée et principe du traitement national

En son principe, la clause de la nation la plus favorisée est la clé de voûte de l'accord GATT et le pilier central du système commercial multilatéral institué par l'OMC[428]. Son origine est ancienne, puisqu'au XIIIème siècle déjà on la retrouve dans certains traités de commerce. Elle s'est développée singulièrement dans les traités de commerce des XVIIIème et XIXème siècles. Malgré son nom, elle ne consiste pas à accorder un traitement plus favorable à un Etat plutôt qu'à un autre, mais en réalité à offrir un traitement non moins égal à tous : la clause NPF contient un principe de non-discrimination entre les produits importés. Elle consiste à convenir de s'octroyer mutuellement tous les avantages commerciaux supplémentaires que l'une des parties viendrait à concéder à un tiers.

La clause NPF est toujours conventionnelle et jamais de nature coutumière : en l'absence d'engagement conventionnel, les États demeurent libres de soumettre leurs partenaires commerciaux à des conditions inégales et discriminatoires quant à l'accès à leur marché national. Sous son aspect positif, la clause NPF permet à tous de bénéficier des conditions de commerce plus avantageuses accordées à l'un. Sous son aspect négatif, en creux, elle emporte une interdiction de discriminer dans les situations d'exception et oblige à appliquer de manière égalitaire les éventuels retraits de concessions commerciales.

La clause NPF a une portée particulièrement large puisqu'elle concerne tous types d'avantages. Les avantages en cause portent donc sur les conditions de l'importation, les taxes internes et les conditions de commercialisation des produits. Comme l'Organe d'appel l'a souligné dans l'affaire Canada- *Certaines mesures affectant l'industrie automobile*, l'article I, §1, ne vise pas

[428]Organe d'appel, Canada -Certaines mesures affectant l'industrie automobile, §69.

« certains » avantages, mais « tous » avantages ; ne concerne pas « certains » produits, mais « tout produit similaire » ; ne concerne pas ces produits provenant de « certains » membres, mais de « toutes les autres parties contractantes ». Il existe de nombreuses exceptions à la clause NPF, parmi lesquelles les accords commerciaux préférentiels à des fins d'intégration économique ou à des fins de développement. De ces nombreuses exceptions, il résulte qu'un tiers du commerce mondial est actuellement conduit sous le régime strict de la clause NPF.

Tandis que la clause NPF est un principe de non discrimination entre les produits importés, la clause de traitement national en est son complément « interne », qui interdit de discriminer entre les produits étrangers importés ayant accédé au marché national et les produits nationaux similaires. Si ce complément n'existait pas, toutes les concessions tarifaires et autres engagements pourraient être annulées par le recours à des mesures internes discriminatoires.

Elle est donc la concrétisation de la non-discrimination entre étrangers et nationaux au sein du GATT. Contrairement au GATS, l'application du traitement national dans le GATT ne concernant que les marchandises, visait à réduire les droits en interdisant les restrictions quantitatives à l'importation. Ce texte précise que « chaque membre accordera aux services et aux fournisseurs de services de tout autre membre, en ce qui concerne toutes les mesures affectant la fourniture de services, un traitement non moins favorable que celui qu'il accorde à ses propres services similaires et à ses propres fournisseurs de services similaires ». L'octroi du traitement national doit être inscrit par les gouvernements sur une liste avec les conditions et restrictions pour l'attribution de ce principe[429]. Les exceptions intrinsèques à la clause de traitement national sont très limitées (art. III, §10).

[429] Patrick DAILLIER, Géraud de LA PRADELLE, Habib GHERARI (Dir.), *op.cit,* p.344.

3. Le principe de transparence versus confidentialité

Les Accords de l'OMC sont traversés par une exigence de transparence, laquelle va de pair avec la volonté de construire le système commercial multilatéral sur la règle de droit. Il est en effet élémentaire que celle-ci soit connue des acteurs du système. L'une des critiques adressées à l'OMC est d'avoir reconduit la pratique de confidentialité, alors même que son domaine de compétence, son agenda et les mécanismes de supervision ont été étendus de manière considérable, faisant d'elle une « *sorte d'ONU en matière économique* »[430]. De manière générale, les Membres ont l'obligation de publier leurs lois, règlements, décision, traités, etc. qui sont relatifs aux échanges internationaux. L'exigence est portée par le GATT (art. X), le GATS (art. III & VI) et le TRIPS (art. 41-42, 62-63), mais aussi pas les différents accords particuliers visés à l'Annexe 1A.

Ce principe de publicité et de transparence irrigue tout le système et a été interprété de manière extensive par les organes de règlement des différends, et cela depuis le GATT 1947. Les membres doivent faire connaître leurs règles du jeu aux acteurs du commerce, mais à l'OMC et à ses membres de manière générale, ce qui lui permet d'assumer la surveillance globale du commerce mondial qui lui revient. Les exceptions à ce principe sont limitées, et concernent les articles XX et XXI GATT 1994, lesquels sont d'application générale.

La publicité des débats constitue un principe général de droit processuel, inscrit dans l'ordre interne de la majorité des Membres de l'OMC[431] et consacré dans la plupart des instruments de protection des droits de l'homme à portée universelle et régionale. L'ORD témoigne d'un attachement croissant à ce principe. De nombreux Groupes spéciaux ont déjà autorisé la société civile à suivre les audiences, et la procédure

[430] Hélène RUIZ-FABRI, «Organisation mondiale du commerce : droit institutionnel », *Juris-classeur de droit international*, fascicule no 130-10, 1998, pp. 1-31.
[431] L. EHRING, "Public Access to Dispute Settlement Hearings in the WTO ", *J.I.E.L.*, 2008, n°4, p. 1022, note n°3.

devant l'ORD suit manifestement le même mouvement [432].Néanmoins, le principe de transparence ne s'applique pas à la révélation de « renseignements confidentiels dont la divulgation ferait obstacle à l'application des lois ou serait d'une autre manière contraire à l'intérêt public, ou porterait préjudice aux intérêts commerciaux légitimes d'entreprises publiques ou privées »[433] .

Le système commercial de l'OMC repose ainsi sur un paradoxe : construit sur la réciprocité, il crée l'illusion qu'il est possible de maîtriser les flux du commerce en gérant les interdépendances à l'intérieur d'un pacte commercial. Quatre ordres de faits doivent attirer notre attention : les firmes ne sont plus multinationales, mais transnationales, les enjeux des négociations commerciales ne portent plus sur l'ouverture des marchés, mais sur les règles du marché, les nouveaux pays s'imposent comme acteurs économiques majeurs, le déclin du « Primus inter pares ». Les marchés sont plus ouverts que jamais et les firmes multinationales, transnationales comme les appelle plus justement la CNUCED, n'ont jamais été aussi à l'aise dans l'économie mondiale, déployant et redéployant leurs activités d'un espace national à l'autre au gré des avantages qu'elles y trouvent. Si l'ouverture au commerce est pour les États synonyme d'interdépendance et d'interactions, elle est pour les entreprises synonymes d'intégration des activités et des marchés.

B. Le traité de l'OMC : Cadre de négociation continue

Le droit du commerce international qui a commencé avec le GATT, est un régime juridique spécial, portant sur un domaine spécifique. En effet, il est plus facile de réglementer un domaine spécifique que d'essayer de tisser la tapisserie juridique de

[432]J.A LACARTE, "Transparency, Public Debate and Participation by NGOs in the WTO: A WTOPerspective", *J.I.E.L.*, 2004, n°4, pp. 683-686.
[433]Art. X, §1, GATT 1994, art. IIIbis GATS et art. 63,§4, TRIPS.

l'ensemble des relations internationales[434]. Cependant, le droit de l'OMC n'est pas régime auto-suffisant qui a coupé ses amarres, pour reprendre Abi-Saab[435], avec le droit international général ni totalement insensibles à l'absorption et à la transformation des valeurs sociales.

Fondé sur les deux solides piliers que sont la clause de la nation la plus favorisée et la clause du traitement national, l'édifice OMC se veut le gardien du nouveau système commercial multilatéral. L'objectif est de faire disparaître progressivement, par des concessions négociées lors de *rounds*, tous les obstacles tarifaires ou non tarifaires au commerce des marchandises, mais aussi, depuis 1995, au commerce des services et des droits de propriété intellectuelle. Ce principe de la libéralisation progressive peut entraver la marge de manœuvre politique des États dans leur capacité de faire et défaire leurs politiques. Le multilatéralisme est général à toutes les institutions mais trouve sa forme la plus accomplie dans le GATT/OMC.
Au fur et à mesure que le commerce gagne en importance, les pays deviennent de plus en plus dépendants des marchés extérieurs tant pour s'approvisionner en produits qu'ils ne produisent pas ou plus, que pour l'exportation.En ce qui concerne le processus d'élaboration du droit de l'OMC, c'est- à-dire le droit du commerce international dans les accords de l'OMC, est élaboré de la manière la plus classique. C'est du droit conventionnel, énoncé dans des traités qui sont le produit des négociations très dures. L'enlisement du cycle de Doha et l'incapacité dans laquelle se trouve l'OMC à trouver des compromis consensuels acceptables ne tiennent pas tant au grand nombre des acteurs et à la perte d'autorité des États-Unis qu'au fait que les pays en développement ne sont tout simplement plus prêts aujourd'hui à troquer comme ils l'avaient fait pendant le cycle d'Uruguay un accès élargi aux marchés du Nord. Le droit de l'OMC comporte à la fois une réglementation juridique, dans laquelle certaine obligation est déjà spécifiée, mais aussi un programme d'action servant de cadre, qui doit être rempli par des négociations successives, les fameux « round ».

---

[434] G. ABI-SAAB, « A propos de l'Organisation Mondiale du commerce », *op.cit,p.26.*
[435] *Ibid*, p.32.

En effet, le système de commerce multilatéral tient compte de diverses façons des normes externes, éventuellement gérées par d'autres organisations internationales.C'est le cas des instruments relatifs au droit de l'environnement exprimé dans le préambule de l'Accord de l'OMC. Techniquement, la prise en compte des normes externes se réalise par le régime de l'exception. Ce régime, s'il est admis, permet de dispenser l'État concerné de tout ou partie de ses obligations au titre du droit de l'OMC. Il résulte principalement des exceptions générales prévues par l'article XX du GATT, qui a son pendant dans l'article XIV de l'AGCS. Les objets et finalités envisagés sont très divers : protection de la moralité publique, de la santé publique, des animaux et des végétaux, des ressources naturelles épuisables, des trésors nationaux, etc.

Il existe donc de nombreuses façons pour les membres de limiter l'impact potentiel des obligations de l'OMC sur leurs préférences collectives et objectifs stratégiques nationaux. Il s'agit cependant des exemptions sujettes à interprétation et au test de nécessité.

CHAPITRE II. SPÉCIFICITÉ CULTURELLE : UNE RECHERCHE DU STATUT NORMATF SEIN DU DROIT DE L'OMC

L'industrialisation de la « production culturelle» et le développement des industries culturelles elles-mêmes ont démontré qu'ils sont porteurs de diversité culturelle en favorisant la diffusion des produits culturels auprès du plus grand nombre d'individus. Cependant, comme la plupart de ces industries évoluent dans un environnement où la concurrence ne faisait que croître, il était prévisible que les efforts menés pour créer un cadre normatif ouvert, stable et sécurisant pour le commerce, ne pouvaient pas les exclure, *a priori,* des accords commerciaux régionaux ou multilatéraux. Alors que la tendance générale dans les relations économiques a été de libéraliser les échanges[436], les politiques du domaine culturel sont devenues plus restrictives. Selon les défenseurs de la diversité culturelle, les biens et services culturels ne sont pas des biens et services ordinaires. Ils possèdent une spécificité liée à leur nature et fonction culturelles, qui exige un traitement particulier par rapport au droit du commerce international. Dans le contexte de l'O.M.C., l'ouverture des marchés est encouragée et la dynamique des négociations commerciales entraîne une libéralisation des échanges qui ne semble pas avoir de limites (section I). Le mécanisme de règlement des différends dans le cadre de l'Organisation mondiale du commerce n'hésitent pas à

---

[436]Affaire Texaco-Calasiatic contre la Libye, 1977 nous renseigner sur la conception offensive de la souveraineté. Cette affaire sous l'autorité de l'arbitre Dupuy (R.-Jean) annonce que le droit de ne pas nationaliser relève du droit coutumier : *«Le droit d'un État de procéder à des nationalisations n'est pas aujourd'hui contestable. Il résulte du droit international coutumier établi à la suite de pratiques concordantes considérées par la Communauté internationale comme étant du droit. L'exercice de la compétence étatique de nationaliser est considéré comme étant l'exercice de sa souveraineté territoriale* ». Voir S.A., Texaco-Calaxiatic, 19 janvier 1977, J.D.I., 1977, p. 350.

se référer à des principes et règles externes .Un instrument sur la diversité culturelle est donc de nature à influencer la démarche interprétative des organes de règlement des différends de l'O.M.C (section II).

SECTION I. LIBÉRALISATION COMMERCIALE DU SECTEUR CULTUREL

La mondialisation induite par les règles multilatérales et bilatérales de droit du commerce international remet en question les politiques culturelles des États. Les industries culturelles sont en premier lieu concernées par ce développement qui constitue un phénomène complexe non seulement au niveau politique et économique, mais également juridique. L'appréciation juridique de ce phénomène se réfère principalement à la dynamique engendrée par les règles de l'OMC. Contrairement au régime de l'ancien GATT, les règles de l'OMC présentent un champ d'application beaucoup plus large, ne couvrant plus seulement les marchandises (GATT), mais également les services (AGCS ou GATS) et la propriété intellectuelle (ADPIC ou TRIPS). Puisque le statut de la culture dans les accords de l'OMC n'est pas clairement défini, il nous faut donc l'aborder selon trois approches : la culture par rapport aux biens (§1) ; la culture par rapport aux services et la culture par rapport à la propriété intellectuelle (§2). Dans une moindre mesure, l'Accord sur les technologies de l'information (ATI) et l'Accord sur les mesures concernant l'investissement et liées au commerce (MIC) peuvent également produire certaines effets sur les échanges dans le secteur culturel.

§1. LA LIBÉRALISATION DES PRODUITS CULTURELS

Le système commercial multilatéral instauré par les accords de l'OMC n'accorde pas un statut particulier à la culture. Seules existent des exceptions limitées à l'application du droit général des marchandises aux biens culturels (A). Les enjeux d'accès au marché passent également à travers l'Accord de l'OMC sur les technologies de l'information (ATI) et l'Accord sur les mesures concernant les investissements et liées au commerce (MIC) qui ont été négocié pendant le cycle d'Uruguay(B).

A.Les règles commerciales multilaterales des biens culturels

L'OMC joue un rôle phare dans la conduite des échanges commerciaux internationaux, notamment à limiter les entraves et établir un commerce sans discrimination. Les grands principes directeurs de l'OMC traduisent ces objectifs.

1. Les dispositions générales

Le GATT vise à limiter les entraves aux échanges commerciaux internationaux et à établir un commerce sans discrimination[437]. Le GATT prescrit l'égalité de traitement pour tous les partenaires commerciaux, appelée *clause de la nation la plus favorisée.* Ce principe occupe une place importante dans les trois principaux domaines d'échanges dont s'occupe l'OMC[438]. De plus, un autre grand principe de l'OMC est l'égalité de traitement pour les étrangers et les nationaux, appelée *traitement national*[439].

---

[437]D. LUFF, *Le droit de l'Organisation mondiale du commerce : analyse critique*, Bruylant, Paris, LGDJ, 2004, pp34-46 ; voir également D. Carreau, P. Juillard, *Droit international économique*, Paris Dalloz, 2005.

[438]Il se trouve à l'article premier de l'Accord général sur les tarifs douaniers et le commerce des marchandises (GATT), à l'article II de l'Accord général sur le commerce des services (AGCS) et à l'article 4 de l'Accord sur les aspects des droits de propriété intellectuelle qui touchent au commerce (ADPIC).

[439]Il figure également dans les trois principaux accords (article III du GATT, article XVII de l'AGCS et article 3 de l'Accord sur les ADPIC). Le premier oblige chaque partie contractante à étendre automatiquement à toutes les parties un traitement autant favorable, ce qui ne va en soi contre la diversité et le second veut que chaque partie contractante accorde aux produits de toute autre partie le traitement qu'elle applique à ses propres produits.Cette disposition vise à garantir l'égalité des conditions de concurrence entre produits importés et nationaux.

a. Le traitement national

Comme on l'a vu dans les développements qui précèdent, la règle du traitement national exige en général des États parties à un accord de commerce qu'ils accordent aux produits, aux services ou aux investissements étrangers concernés par l'accord de libéralisation un traitement non moins favorable que celui accordé aux produits, aux services ou aux investissements nationaux qui sont similaires[440] ou auxquels est directement substituable un produit étranger. Ce traitement non moins favorable est analysé avant tout sur le plan juridique. Ainsi, un État ne peut mettre en œuvre une loi, un règlement ou une autre mesure qui produirait des effets différents ou qui imposerait des exigences différentes à l'endroit d'un produit, d'un service ou d'un investissement venu de l'étranger ou produit par une entreprise étrangère établie dans l'État d'accueil. La règle du traitement similaire résulte d'un exercice comparatif entre les entreprises étrangères et les entreprises nationales et entre les produits et les services nationaux et ceux venant de l'étranger[441].

Par exemples, les régimes nationaux et européens d'aide au cinéma favorisent inévitablement certains films (nationaux) et constituent de ce fait une discrimination à l'encontre des œuvres étrangères. Les aides au cinéma dépourvues de caractère discriminatoire (tout au moins à l'encontre des biens hors UE, notamment les productions américaines) auraient en effet pour conséquence, non seulement de miner les objectifs culturels de

---

[440]Cette similarité doit être analysée au cas par cas et *in concreto*. On peut retirer de certaines décisions des organes chargés de régler les différends, dans le cas du GATT/OMC, des critères d'analyse telle l'utilisation finale faite par les consommateurs, la propriété, la nature et la qualité d'un produit ou d'un service .(*Affaire sur les ajustements fiscaux aux frontières*). Mais dans l'affaire *Amiante*, l'Organe d'appel rappelle que « *Le concept de similarité a un caractère relatif qui évoque l'image d'un accordéon. L'accordéon de la similarité s'étire et se resserre en des points différents au gré des différentes dispositions de l'Accord sur l'O.M.C. qui sont appliquées* ». O.M.C., Rapport de l'Organe d'appel, *Communautés européennes Ŕ Mesures affectant l'amiante et les produits en contenant*, WT/DS135/AB/R, 12 mars 2001, paragraphe 8.130.

[441]Voir Laurence Mayer-Robitaille, *Le statut juridique des biens et services culturels dans les accords commerciaux internationaux, op.cit*, p.67.

la politique cinématographique européenne, mais encore d'en rendre la réalisation pratiquement impossible[442].

Parallèlement, le principe fondamental du traitement national, établi par l'article III du GATT de 1947, interdit toute mesure discriminatoire à l'encontre des produits importés,y compris les œuvres cinématographiques revêtant la forme d'enregistrements de films. Les mesures d'aide au cinéma qui prennent la forme d'avantages fiscaux réservés à la production nationale de films ou de toute exigence supplémentaire en matière d'importation de biens cinématographiques paraissent incompatibles avec les règles GATT. Dans ce contexte, les réductions d'impôts et autres mesures fiscales susceptibles d'être interprétées comme des subventions, y compris les taxes prélevées sur les recettes des entrées dans les salles, des radiodiffuseurs ou des exploitants, notamment, sont examinées avec beaucoup d'attention. La conformité avec le GATT de cette façon de subventionner l'industrie cinématographique peut en effet être jugée contestable, au regard de la jurisprudence rendue dans l'affaire Périodiques canadiennes[443].

On peut également souligner le litige ayant opposé les États-Unis à la Turquie au sujet de la taxation des recettes des films étrangers par la Turquie[444]. Les États- Unis contestaient, en l'espèce, la politique turque de contrôle de l'accès des films étrangers sur le marché national, associée à une mesure fiscale visant à en restreindre l'entrée. Estimant que cette pratique constituait une violation des obligations de traitement national découlant de l'article III du GATT de 1947, les États-Unis demandèrent la constitution d'un comité d'experts chargé d'examiner la question. Les consultations qui suivirent

---

[442]A cet égard, voir la controverse sur la possibilité pour les sociétés américaines de bénéficier d'aides de l'UE à la distribution de films, litige EFDO c. UIP porté devant la Cour de Justice des Communautés européennes, affaire C-164/98 P, *DIR International Film Srlet autres c. Commission*, ECR [2000] I-00447.

[443]Voir I. BERNIER,"Cultural Goods and Services in International Trade Law" in D. Browne (éd.)*The Culture/Trade Quandary: Canada's Policy Options*, Ottawa: Centre for Trade Policy and Law, 1998, p.108.

[444]*Turkey-Taxation of Foreign Film Revenues*, plainte déposée par les Etats-Unis, WT/DS43.

amenèrent la Turquie à consentir à l'égalisation du niveau de taxation des recettes provenant de l'exploitation des films nationaux et importés dans les salles, dès que cela s'avérerait raisonnablement possible »[445].

L'article III, alinéa 8(b), du GATT de 1947 prévoit une exception au principe du traitement national pour les aides directes au cinéma, versées sous forme de subventions. Il autorise les subventions accordées exclusivement aux producteurs nationaux, ainsi que les subventions versées sous forme d'achat de produits nationaux par l'administration. L'appréciation de ces subventions autorisées pose néanmoins quelques problèmes d'interprétation réglementation du GATT en matière de subventions est en fait confrontée à un dilemme juridique : bien que les subventions entraînent une distorsion de la concurrence internationale, elles sont souvent considérées comme des instruments de politique intérieure qui ne relèvent pas du GATT.

L'ambiguïté de l'application des règles de subvention a été partiellement résolue par les articles VI et XVI du GATT de 1947, dans la mesure où ceux-ci limitent aux exportations la véritable interdiction des subventions. Mais les dispositions relatives aux autres formes de subventions demeurent assez imprécises : l'article XVI, alinéa 1, du GATT de 1947 dispose uniquement que les parties contractantes du GATT doivent notifier aux autres parties l'existence d'une subvention, lorsqu'elle a pour effet d'accroître les exportations ou de diminuer les importations du produit en question. L'octroi d'une subvention n'est susceptible de limitation que si elle s'avère gravement préjudiciable aux intérêts d'une autre partie contractante. La délimitation entre subventions autorisées et subventions interdites a fait l'objet d'un débat animé au sein du GATT et a donné lieu à une abondante production de documents destinés à résoudre ce problème[446]. L'Uruguay Round a abouti à

---

[445] Notification de l'accord de règlement amiable du 14 juillet 1997, WT/DS43/3.

[446] Par exemple l'Accord relatif à l'interprétation et à l'application des articles VI, XVI et XXIII du GATT, du 12 avril 1979, et le Mémorandum d'accord sur l'interprétation de l'article XVII du GATT de 1994.

la conclusion d'un accord spécial, traitant plus en détail de l'admissibilité des subventions. Cet instrument juridique, l'Accord sur les subventions et les mesures compensatoires (SCM), s'applique également à la classification des subventions culturelles.

b. Le principe de la nation la plus favorisée

L'article I du GATT de 1947 établit le principe fondamental du traitement de la nation la plus favorisée. Cela signifie que les pays ne peuvent en principe pas faire preuve de discrimination entre leurs partenaires commerciaux : s'ils accordent un avantage particulier à un partenaire commercial, le même traitement doit être réservé aux autres membres de l'OMC, afin qu'ils fassent tous partie des « plus favorisés ». Il s'agit de garantir le fait que les entreprises ressortissantes de chaque État partie à l'accord de commerce recevront le même traitement que celui qui est accordé à l'État dont les entreprises ressortissantes reçoivent le traitement le plus favorable[447].

Les exceptions à cette règle élémentaire du commerce des biens ne sont admises que dans des cas particulièrement justifiés, au nombre desquels figure, conformément à l'article XXIV du GATT de 1947, la constitution d'une union douanière ou d'une zone de libre-échange, sous certaines conditions. Ainsi, les préférences régionales accordées par la réglementation relative aux importations ou par un traitement national dans le cadre d'une politique d'aide au cinéma (par exemple dans le cadre de l'UE ou de l'AELE) peuvent se justifier par les accords d'union douanière ou de libre-échange. Les accords de coopération culturelle conclus, soit de façon bilatérale, soit sous la forme d'organisations intergouvernementales, à l'instar du fonds de coproduction *Eurimages*[448], sont plus difficiles à qualifier : un pays tiers pourrait invoquer les principes de non-discrimination

[447] Voir Laurence Mayer-Robitaille, *op.cit*, p.64.

[448] *Eurimages* est le fonds du Conseil de l'Europe pour la coproduction, la distribution et l'exploitation des œuvres cinématographiques européennes ; créé en 1989 dans le cadre d'un Accord partiel, il compte actuellement vingt-sept Etats membres.

de l'accès au marché et de traitement national, puisque ces principes ne bénéficient qu'aux parties à de tels accords.

2. La reconnaissance de la spécificité de biens culturels en droit international

Parallèlement aux dispositions qui assurent la libre circulation, le *GATT* comprend des articles qui accordent un statut particulier à certaines mesures concernant les produits agricoles et les biens culturels. Tel est le cas des dispositions qui permettent de contourner l'obligation du traitement national. Par exemple, l'article IV peut apparaître comme une singularité juridique étant donné l'originalité de cette disposition qui ne fait référence qu'aux films. Le *GATT* prévoit également des exceptions générales, figurant à l'article XX, qui apportent une limite à l'application des principes généraux et qui reconnaissent la particularité de certains intérêts fondamentaux propres à chaque État.

a. L'article IV, reconnaissance de la valeur économique des films

La valeur des films a été l'objet de vifs débats depuis l'institutionnalisation du commerce international. Comme le souligne Laurence Mayer-Robitaille, dans un rapport du Groupe de négociation sur les services audiovisuels, c'est le Royaume-Uni qui, durant les négociations de la Charte de la Havane et de l'Accord général, a soutenu la nécessité de contingents à l'écran, étant donnée la valeur culturelle des films[449]. L'intervention d'un représentant du Royaume-Uni dans le cadre d'un débat aux Nations-Unies lors de la Conférence sur le commerce et l'emploi est assez éloquente à cet égard : « *Le contingentement des films cinématographiques est chose tout à fait distincte des autres réglementations relatives à la transformation et aux mélanges. Dans le cas des films, il ne s'agit pas simplement d'une question d'ordre économique ni même matériel ; en effet, des considérations très importantes d'ordre culturel entrent en*

[449]Négociations commerciales multilatérales, Groupe de négociation sur les services, *Questions relatives au commerce des services audiovisuels*, Note du secrétariat, MTN.GNS/AUD/W1, 4 octobre 1990, p.2.

jeu, ce qui n'est pas le cas pour les autres produits de base. Il est tout à fait évident, à nos yeux, que les pays ne tolèreront pas que leur production cinématographique nationale, qui influe sur leur culture et sur leur pensée soit submergée sous le flot des films importés, pour la simple raison que l'organisation commerciale est meilleure dans le cas de ces derniers »[450].

Article IV du GATT relatif aux dispositions spéciales relatives aux films cinématographiques dispose comme suit:

Si une partie contractante établit ou maintient une réglementation quantitative intérieure sur les films cinématographiques impressionnés, cette réglementation prendra la forme de contingents à l'écran conformes aux conditions suivantes :

***a)** Les contingents à l'écran pourront comporter l'obligation de projeter, pour une période déterminée d'au moins un an, des films d'origine nationale pendant une fraction minimum du temps total de projection effectivement utilisé pour la présentation commerciale des films de toute origine ; ces contingents seront fixés d'après le temps annuel de projection de chaque salle ou d'après son équivalent.*

***b)** Il ne pourra, ni en droit, ni en fait, être opéré de répartition entre les productions de diverses origines pour la partie du temps de projection qui n'a pas été réservée, en vertu du contingent à l'écran, aux films d'origine nationale, ou qui, ayant été réservée à ceux-ci, aurait été rendue disponible, par mesure administrative.*

***c)** Nonobstant les dispositions de l'alinéa b) du présent article, les parties contractantes pourront maintenir les contingents à l'écran conformes aux conditions de l'alinéa a) du présent article et qui réserveraient une fraction minimum du temps de projection aux films d'une origine déterminée, abstraction faite des films nationaux, sous réserve que cette fraction ne soit pas plus élevée qu'à la date du 10 avril 1947.*

***d)** Les contingents à l'écran feront l'objet de négociations tendant à en limiter la portée, à les assouplir ou à les supprimer.*

---

[450] Cité par Laurence Mayer-Robitaille, *op.cit*, p.45.

Cet article vise à autoriser les mesures de promotion du cinéma national sur les écrans en salle (la télévision était encore balbutiante), il autorise une restriction quantitative aux échanges, spécifiquement dans le secteur cinématographique pour une période limitée dans le temps.

L'insertion de l'article IV montre bien jusqu'à quel point l'on était sensible à cette époque au danger que peut représenter pour les cultures nationales une mise en œuvre sans nuances du principe de la libre circulation des biens. Il importe de souligne que, ce n'est pas uniquement la reconnaissance de la valeur culturelle des films qui a justifié l'insertion de l'article IV dans le GATT de 1947. Des préoccupations attachées aux conditions économiques nécessaires afin que les productions nationales puissent se développer et durer ont certainement favorisé l'insertion de cet article.

L'article IV a toute son importance d'un point de vue de protection de la culture puisqu'il permet aux parties qui le désirent d'introduire des quotas à l'écran. Dans une communication des États-Unis, il est indiqué que «l'article IV du GATT accorde, en ce qui concerne les films cinématographiques, une exception spéciale et unique concernant les règles du GATT relatives au traitement national»[451]. Ceci est d'ailleurs rappelé par l'insertion de l'article III alinéa 10 qui précise que l'article IV est bien une dérogation au principe du traitement national : «*Les dispositions du présent article n'empêcheront pas une partie contractante d'établir ou de maintenir une réglementation quantitative intérieure sur les films cinématographiques impressionnés, conforme aux prescriptions de l'article IV*»[452].

---

[451]OMC, Conseil du commerce des services, *Communication des États-Unis : services audiovisuals et services connexes*, OMC Doc. S/CSS/W/21 (2000), en ligne: OMC <http://docsonline.wto.org>.

[452]Pour Jon Filipek, l'art. IV va plus loin qu'une dérogation au traitement national: il constitue aussi une exception à l'art. XI relatif à l'interdiction des restrictions quantitatives («Culture Quotas : The Trade Controversy over the European Community's Broadcasting Directive» (1992) 28 Stan. J. Int'l L. 323 aux pp.338-39).

b. Les exceptions générales de l'article XX du GATT

La vocation des exceptions contenues dans les accords multilatéraux du commerce est d'abord d'empêcher ou d'atténuer l'emprise du droit commercial sur certaines réglementations nationales relatives au commerce[453]. Ces exceptions constituent les limites imaginées et acceptées par les Membres à l'application des règles du commerce international. Leur usage permet « d'échapper à une catégorie, tout en la maintenant dans le principe »[454]. L'exception est particulièrement adaptée à la prise en compte des valeurs étrangères au droit de l'OMC puisqu'il permet de moduler l'application des règles et principes généraux lorsqu' un objectif légitime et d'intérêt jugé supérieur au respect scrupuleux pour l'accord à un moment donné le justifie[455]. De façon générale, il ne s'agit pas d'incorporer les valeurs qu'elle défend mais de faire déroger aux principes commerciaux de droit commun, c'est-à-dire en particulier de déroger aux principes du traitement de la nation la plus favorisée, le traitement national, la prohibition des restrictions quantitatives qui structurent l'ensemble du système normatif du GATT et puis de l'OMC[456]. En vertu de cette disposition, une partie contractante peut notamment adopter des mesures «imposées pour la protection de trésors nationaux ayant une valeur artistique, historique ou archéologique» au paragraphe XX(f). Il importe de souligner ici qu'avant le XX, le droit de la guerre était ainsi cruellement fait,

---

[453]Julien Chaisse, « L'énonciation des normes à caractère non commercial par l'Organe de règlement des différends de l'OMC » in. Yves Schemeil and Wolf-Dieter Eberwein.(dir) *Normer le monde : l'énonciation des normes internationales,* Paris, L'Harmattan, 2008.,p.227.

[454]Véronique GUEVREMONT, « l'exception environnementale : l'exemple du système commercial multilatéral », in Hélène RUIZ FABRI et Lorenzo GRADONI (dir.), *La circulation des concepts juridiques: le droit international de l'environnement entre mondialisation et fragmentation,* Editions Société de législation comparée, Paris, 2009, p.137.

[455]Idem.

[456]Par exemple la règle des contingents (article XI du GATT) empêche l'application de restrictions ou de prohibitions à l'importation ou à l'exportation de tout produit, sauf dans des conditions bien définies comme, par exemple, dans le cas d'un pays membre qui limite ses importations pour préserver ses réserves de devises étrangères conformément à l'article XII du GATT.

qu'il autorisait le vainqueur à rafler les biens (dont culturels) de l'ennemi. Aujourd'hui, les conventions se sont multipliées ; la protection s'est organisée à un niveau mondial, obligeant l'assaillant à restituer les trésors subtilisés. Les mots « trésors nationaux » apparaissent pour la première fois dans la Convention internationale du GATT de 1947. Celle-ci formalise, en son article XX, une des premières exceptions fondamentales au principe du libre commerce entre les États parties : *« Sous réserve que ces mesures ne soient pas appliquées de façon à constituer soit un moyen de discrimination arbitraire ou injustifié entre les pays où les même conditions existent, soit une restriction déguisée au commerce international, rien dans le présent Accord ne sera interprété comme empêchant l'adoption ou l'application par toute partie contractante des mesures : ..... f) imposées pour la protection de trésors nationaux ayant une valeur artistique, historique ou archéologique »*.

L'article XX énonce une liste de dix cas où il sera possible d'intervenir. Tel est le cas, entre autres, des mesures « nécessaires à la protection de la moralité publique » (a), « à la protection de la santé et de la vie des personnes et des animaux ou à la préservation des végétaux » (b). Dans le cas des biens culturels, seules les mesures concernant la protection des trésors nationaux sont visées par cet article. Aucune disposition du GATT ne définit ce qu'il faut entendre par des trésors nationaux et aucun groupe spécial n'a eu à se pencher sur l'interprétation de cette notion[457]. Les jurisprudences européennes et internationales ne sont également d'aucuns secours puisque la Cour de Justice des Communautés européennes (CJCE) n'ont eu à juger d'une affaire demandant un commentaire circonstancié sur les deux dispositions[458].On peut cependant avancer qu'une réglementation nationale relative à la protection des films anciens, datant de plusieurs siècles, pourrait être comprise dans la définition de trésors nationaux.

---

[457]Laurence MAYER-ROBITAILLE, *op.cit*, p. 49.

[458]CANDRIAN Jérôme, L'immunité des Etats face aux droits de l'homme et à la protection des Biens culturels :Immunité de juridiction des Etats et Droits de l'Homme, Immunité d'exécution des Etats et de leur bien culturel, Travaux de la Faculté de Droit de l'Université de Fribourg, Schulthess, Genève, 2005, p. 252.

Ainsi l'article XX (f) peut être perçu comme la reconnaissance de principe que les trésors nationaux liés à l'identité culturelle étaient importants au point de les soustraire aux principes de libre circulation. Par contre, en ce qui concerne les mesures nationales concernant les biens culturels comme des livres ou des disques compacts publiés ou sortis récemment, ne pouvant être qualifiés de trésors nationaux, il est improbable qu'un pays puisse justifier de telles mesures sur les bases de l'article XX (f) du GATT. C'est à juste titre que Jean Châtelain peut écrire : « l'initiative de protéger certaines catégories d'objets précisément définis à l'aide d'un listing exhaustif serait plus pertinente que de protéger aveuglément tous les biens culturels du pays »[459].

Une grande partie de la doctrine affirme que la compétence principale en matière de biens culturels appartient principalement aux États. La définition de ce que sont les mesures nécessaires à la sécurité nationale et des trésors nationaux dépend largement de l'État. La raison en est fort simple : les objets attachés au patrimoine du pays sont le symbole même de l'identité de la Nation[460]. Il appartient donc à chaque État membre de déterminer quels sont pour lui les critères permettant d'identifier les biens culturels qui peuvent être considérés comme ayant le rang de trésors nationaux.

Les risques d'abus que présentent ces mesures ont poussent à limiter leur usage par l'exigence de non discrimination arbitraire ou injustifiée, l'interdiction des restrictions déguisée au commerce[461]. L'inconvénient de ce modèle, s'il devait se pérenniser et se généraliser, serait de priver le secteur culturel un cadre réglementaire international. Les États qui ont du mal à accepter les politiques culturelles considérées comme

---

[459] Jean CHATELAIN, *Œuvres d'art et objets de collection en droit français*, Berger-Bevrault, 3ème édition, Paris,1999, p.19.

[460] Anne DEROUT, *la protection des biens culturels en droit communautaire*, Editions Apogée, Publications du Centre de Recherche Européennes, Université Rennes I, 1993, p.39.

[461] Pragmatiquement, tout est question de proportionnalité. Il s'agit de voir si le bien est-il un trésor national et si c'est le cas voir si la mesure prise par les autorités est-elle proportionnelle au but recherché.

protectionnistes sont prompts à faire recours à des rétorsions unilatérales. De plus, c'est le mécanisme de règlements de différends de l'OMC qui devra décider, en cas de contestation, si les mesures culturelles prises par un État sont ou non justifiées.

L'ORD devient ainsi le juge ultime de ce qui est trésor national ou pas. Nous pensons que les critères Waverey peuvent apportent une valeur ajoutée dans l'interprétation. Les *Waverley criteria*[462] - un concept d'origine anglaise sur les limitations au principe du libre commerce, dénommé ainsi suite à l'institution du Comité présidé par le Vicomte Waverley, chargé de rendre un avis sur une politique d'exportation britannique - ont été retenus en partie pour le libellé de l'article XX du GATT ; ces critères sont les suivants : 1) (*Waverley one*) l'objet doit présenter une certaine valeur historique « digne de fonder un intérêt étatique », de telle façon que sa perte serait considérée comme une infortune ; 2) (*Waverley two*) il doit avoir un caractère esthétique remarquable ; 3) (*Waverley three*) il doit être lié à l'étude des arts, de l'enseignement ou de l'histoire pour sortir du marché[463].

Depuis l'origine des civilisations, l'homme a constamment cherché à sécuriser, à protéger ses trésors, quitte à les enfouir, à les cacher des éventuels regards. Au-delà de leur valeur commerciale fluctuante et dépendante des caprices de la mode, les biens culturels sont des objets fortement chargés affectivement avec une valeur intergénérationnelle qui touche de façon inestimable à l'identité nationale et culturelle, au passé et au futur des États[464].

---

[462]Guido CARDUCCI, *La restitution internationale des biens culturels et des objets d'art volés ou illicitement exportés : droit commun, directive CEE, conventions de l'UNESCO et d'Unidroit*, Librairie Générale de Droit et de Jurisprudence E.J.A., Paris, 1997, p.101.

[463] Idem, p.102.

[464]D.VOUDOURI, « Circulation et protection des Biens culturels dans l'Europe sans frontières », *Revue du droit public et de la science politique en France et à l'étranger,* 1-1994, p. 489.

3. Les « boucliers » insuffisamment protecteur face à la libéralisation

Le système d'inspiration libre-échangiste mis en place à Bretton Woods et approfondi depuis la fin de la guerre froide n'est acceptable pour les Etats que si des mesures permettant d'atténuer les effets les plus dommageables d'un tel système sont prévues. De telles possibilités existent et sont prévues par les textes.Parmi ces dernières, on trouve l'article XIX qui concerne les mesures de sauvegarde, l'article XXV §5) relatif aux dérogations et l'article XXI relatif à la sécurité publique. Comme on pourra le constater, les possibilités de protéger les biens culturels en vertu de ces dispositions sont faiblement envisageables.

a. Les mesures de sauvegarde

L'article XIX du GATT est considéré comme la clause générale de sauvegarde. Elle vise à protéger non pas l'Etat de la ruine mais les producteurs nationaux de la débâcle face à un afflux irrépressible de produits étrangers sur les marchés nationaux. L'Accord sur les sauvegardes autorise les pays importateurs à restreindre leurs importations temporairement si, après enquêtes menées par les autorités compétentes, il est établi que le produit est importé en quantités tellement accrues (dans l'absolu ou par rapport à la production nationale) qu'il cause un dommage grave à la branche de production nationale de produits similaires ou directement concurrents. En outre, ces mesures, qui peuvent prendre la forme d'un relèvement des droits au-delà du taux consolidé ou de restrictions quantitatives, doivent normalement s'appliquer sur une base NPF, c'est-à-dire à toutes les importations quelle qu'en soit la provenance.Les mesures de sauvegarde ne pourront être prises « que dans la mesure nécessaire pour prévenir ou réparer » ce préjudice. Cependant, des consultations avec les Parties contractantes doivent être engagées avant que la mesure de sauvegarde soit prise. Il faut aussi ajouter que l'État qui prend une mesure de sauvegarde doit assurer une compensation aux partenaires commerciaux qui ont été lésés au risque sinon de se voir infliger des mesures de rétorsion[465].

Il a été précisé que la clause devrait être d'un recours exceptionnel[466] . Ainsi, l'augmentation des importations qui justifie le recours à cette mesure doit être «à la fois en quantité et en qualité, récent, soudain, brutal et important ». Par ailleurs, le dommage ou risque de dommage qui justifie la mesure de sauvegarde doit être mis en lumière par l'Etat concerné à la suite d'une enquête transparente et contradictoire. En matière de services, c'est l'article X du GATS qui prévoit les conditions de l'adoption par un Etat de «mesures de sauvegarde d'urgence». Mais on notera qu'il n'est guère précis, et renvoie à des négociations ultérieures pour déterminer les conditions de mise en oeuvre de ces mesures.

S'il est vrai que plusieurs pays connaissent de très faibles niveaux de production de produits audiovisuels, ces résultats ne sont souvent pas liés aux importations de produits étrangers mais plutôt aux conditions de production qui prévalent à l'intérieur même du pays. S'il y a bien une importation massive de produits audiovisuels étrangers, certains éléments permettent de dire que cette disposition ne serait pas si efficace étant donné les difficultés qu'il y aurait à prouver le dommage. C'est ce qui explique probablement pourquoi à ce jour aucune partie contractante ne s'est servie de cette disposition afin de limiter temporairement l'entrée des biens culturels étrangers.

b. L'octroi de dérogations

On les évoque à l'article XV: 5 du GATT, IX: 3 à 5 de l'accord OMC, et dans un mémorandum d'accord à leur propos. Les dérogations permettent aux États, « dans des circonstances exceptionnelles autres que celles qui sont prévues par d'autres articles de cet accord », de « relever une partie contractante d'une des obligations qui lui sont imposées par le présent

---

[465] Laurence MAYER-ROBITAILLE, *op.cit.,* p.51.

[466] Corée, Mesures de sauvegarde définitive, produits laitiers, Organe d'Appel, 14 décembre 1999.

accord ». Grace à ces dérogations, un Etat peut échapper à une de ses obligations, dont aucune autre clause ne lui permet de s'affranchir. L'obtention d'une dérogation est toutefois soumise à deux conditions cumulatives : elle devait être prise par une majorité des deux tiers des votes des membres et cette majorité devait représenter plus de la moitié des États membres. Elle peut être également adoptée par consensus. Naturellement, l'obtention de dérogations est une manière *a priori* commode pour les Etats de s'affranchir de leurs obligations. Cependant, dès lors que les dérogations ne sont pas de droit, les demandeurs ne peuvent compter, pour en bénéficier, que sur deux appuis: les soutiens dont ils peuvent bénéficier au sein de l'assemblée des Etats membres de l'OMC; le caractère «justifié» de leur demande de dérogation.

Depuis l'entrée en vigueur de l'OMC, les dérogations sont l'objet d'une nouvelle procédure qui vaut pour l'ensemble des accords et se substitue donc à celle de l'article XXV §5 du GATT de 1947 : les dérogations sont désormais régies par l'article IX 3 et IX 4 de l'Accord instituant l'OMC. Désormais, il est plus difficile de les demander puisqu'il faut une majorité des trois quarts des membres qui remplace celle des deux tiers qui prévalait sous l'ancien régime du GATT de 1947. Par contre, les conditions pour demander les dérogations sont similaires à celles qui prévalaient avant 1995 et concernent notamment l'invocation de circonstances exceptionnelles. En cas de ménace de la diversité culturelle, l'Etat peut effectivement recourir à cette disposition, mais vu les conditions d'obtention, la demande risque de ne pas prospérer.

c. La protection contre le dumping

L'horizon avoué de l'OMC est de parvenir au libre-échangisme le plus complet entre les États. Il pourrait dès lors à première vue paraître étrange que des mesures antidumping soient autorisées. Il ne faut cependant pas perdre de vue que l'OMC repose avant tout sur la volonté commune des États membres. Ceux-ci, bien que conscients des avantages du libre-échange, ont décidé de maintenir certains verrous protectionnistes afin de préserver leurs économies d'éventuels effets néfastes résultant d'agissement d'autres États membres. S'ils ouvrent leurs marchés à la concurrence des produits étrangers, en principe au détriment de leurs producteurs nationaux, ils n'acceptent pas pour autant que les importations causent des dommages à leurs branches de production nationale, lorsque ces dommages résultent de pratiques concurrentielles dites «déloyales».Un de ces verrous est le régime des mesures antidumping. Ce dernier est combattu non pas par le droit de l'OMC, mais par les droits nationaux, car le dumping est une pratique privée, pas une pratique d'Etat.

Classiquement, l'on considère que le dumping est « une vente à l'exportation à un prix inférieur au prix de vente du produit sur le marché interne »[467]. Il s'agit donc d'une situation de discrimination internationale de prix, que l'on identifie en comparant les prix pratiqués sur les deux marchés. La présence de prix différents sur des marchés différents présuppose d'une part qu'il y ait deux marchés différents - la séparation peut être géographique, sociale, culturelle, etc. et d'autre part qu'un des deux marchés soit moins concurrentiel que l'autre, en ce sens que l'élasticité de l'offre et de la demande doit être différente sur les deux marchés[468]. À cette définition classique du dumping est venue s'ajouter une seconde, plus récente. Le dumping peut également être « une vente à l'exportation à un prix inférieur au coût moyen de production »[469]. Ce second aspect du dumping vise donc les ventes à perte. Ce second aspect du terme « dumping » incite à la réflexion.

Le but de la manœuvre est d'éliminer les concurrents sur le marché. En effet, ceux-ci sont obligés de suivre le mouvement s'ils veulent rester compétitifs, réduisant leurs prix au-delà de leur capacité économique. Une fois les concurrents tombés en faillite, l'entreprise qui a lancé la démarche se retrouve dans une

---

[467]J. de MELO et J.-M. GRETHER, *Commerce international. Théories et Applications*, De Boeck Université, Bruxelles, 1997, p.442.
[468]G.MARCEAU,*Anti-dumping and anti-trust issues in free trade areas*, Clarendon Press, Oxford, 1994, p.11-12.
[469] Patrick DAILLIER, Géraud de LA PRADELLE, Habib GHERARI (Dir.), *op.cit,* p.392.

situation de monopole ou de quasi-monopole qui lui permet de revoir ses prix très nettement à la hausse pour en arriver à ce qu'on appelle des « prix de monopoles » (c'est-à-dire des prix très, ou trop, élevés) procurant à l'entreprise d'énormes bénéfices qui compenseront les pertes antérieures subies lors des ventes en-dessous du coût de production[470].

L'essentiel de la réglementation de l'Organisation Mondiale du Commerce relative au dumping se trouve dans l'Article VI de l'Accord Général sur les Tarifs Douaniers et le Commerce de 1994, ainsi que dans l'Accord sur la mise en œuvre de l'Article VI du GATT. L'article VI du GATT 1994 prévoit que le dumping, qui permet l'introduction de produits d'un pays sur le marché d'un autre pays à un prix inférieur à leur valeur normale, est condamnable s'il cause ou menace de causer un préjudice important à une production établie d'une partie contractante ou s'il retarde sensiblement la création d'une production nationale[471]. Le régime juridique est basé sur les trois éléments de la responsabilité civile, à savoir l'existence d'une « faute » (un dumping), d'un dommage et d'un lien de causalité entre cette faute et le dommage. C'est uniquement à ces conditions-là que les autorités d'un État Membre de l'OMC pourront appliquer des mesures antidumping à des produits provenant d'un autre État.

L'Article VI du GATT prévoit la possibilité pour les autorités du pays importateur d'adopter des mesures protectionnistes visant des produits en provenance d'un autre État membre et qui font l'objet d'un dumping, afin d'éviter un préjudice à une branche de la production nationale. Cet article introduit ainsi une des dérogations les plus remarquables au principe de la nation la plus favorisée, permettant un traitement différencié des produits étrangers similaires, selon qu'ils font ou non l'objet d'un dumping dommageable. Tant l'Article VI du GATT que l'Accord qui en est la mise en œuvre visent à délimiter cette

[470] M.J. TREBILCOCK et R. HOWSE, *The regulation of international trade*, pp. 253-256.

[471] Sur les différentes approches du dumping qui transparaissent de cette définition voir, Patrick DAILLIER, Géraud de LA PRADELLE, Habib GHERARI (Dir.), *op.cit*, pp.392-396.

pratique, afin d'éviter que les Etats ne s'en servent arbitrairement, ce qui risquerait d'entraver le commerce international et de contourner le but de l'OMC.

Étant donc une exception au principe, la réglementation des mesures antidumping est de stricte interprétation[472]. Le régime, très technique, paraît d'une grande précision juridique, mais cela n'empêche pas que des nombreux litiges naissent concernant l'interprétation de notions telles celles de « produit similaire », de « valeur normale » ou encore de « menace de dommage ». Les mesures antidumping ne suscitent pas autant de débats que d'autres mesures prises par les États pour protéger leurs économies, telles les subventions, qui se trouvent actuellement au cœur de débats très importants, sur fond de crises alimentaires dans le Tiers Monde. Cela peut se comprendre en gardant à l'esprit le but des mesures antidumping. Elles visent théoriquement, non pas à distordre la concurrence internationale, mais à maintenir des conditions de concurrence saine entre les États.Cependant, dans le contexte d'une concurrence internationale globale des média où le positionnement de firmes possédant déjà un large marché domestique, essentiellement les firmes américaines, la question revêt une importance capitale notamment au regard de la question du traitement national ou encore de l'égal traitement entre producteurs nationaux et producteurs étrangers. Même si, il est vrai que pour les secteurs culturels, il n'y a pas beaucoup d'engagements formels vis-à-vis de l'accord du GATS à l'OMC.

B. Au delà des marchandises : Libéralisation des investissements et des technologies d'information

La préservation du patrimoine culturel constitue une composante fondamentale de l'identité et de la compréhension de soi qui relie une communauté à son passé. L'érosion des prérogatives nationales en matière de politiques culturelles prend diverses formes. Les TIC jouent un rôle primordial car elles mettent en communication les lieux et, en même temps, elles transforment le sens du lieu dans le monde. Depuis plusieurs années, des

---

[472]G. MARCEAU, *op.cit.*, p. 105.

craintes au sujet de la ménace de la culture s'accentuent en raison de cette « tendance centripète » à l'uniformisation sous la poussée des universaux symboliques de la culture de masse et des réseaux techniques de l'information en temps réel. Il convient de voir d'examiner comment la libéralisation de l'investissement (1) et des technologies de l'information peuvent affecter la diversité culturelle (2).

1. Accord sur les mesures concernant les investissements liés au commerce

L'Accord sur les mesures concernant les investissements et liées au commerce (MIC) qui a été négocié pendant le cycle d'Uruguay s'applique aux mesures qui affectent le commerce des marchandises. Cet accord a pour but de limiter les effets de restriction et de distorsion aux échanges causés par les mesures concernant les investissements[473]. Les MIC visées par l'Accord sont des mesures incompatibles avec le GATT de 1994 et relèvent, plus particulièrement, de deux catégories : celles qui sont incompatibles avec l'article III.4 (principe du traitement national 1) et celles qui sont incompatibles avec l'article XI.1 (principe de la prohibition des restrictions quantitatives).

L'Accord comporte en annexe une liste indicative des mesures concernant les investissements et liées au commerce jugées incompatibles avec ces articles du GATT. Cette liste comprend les mesures qui prescrivent qu'une entreprise achète une proportion déterminée de produits d'origine nationale (prescriptions relatives à la teneur en produits nationaux). Il est aussi déconseillé de recourir à des mesures qui limitent les importations d'une entreprise ou fixent à celle-ci des objectifs en matière d'exportation (prescriptions relatives à l'équilibrage des échanges). Les pays doivent informer l'OMC et les autres États membres de toutes les mesures concernant les investissements qui ne sont pas conformes à l'Accord. Ces mesures devaient être éliminées fin 1996 pour les pays développés et fin 1999 pour les

[473]Au nombre des mesures interdites sur la « liste indicative » annexée à l'Accord sur les MIC figurent ce que l'on appelle les prescriptions en matière de « teneur en produits locaux ».

pays en développement. Les pays les moins avancés avaient jusqu'en janvier 2002.

L'Accord sur les mesures concernant les investissements et liées au commerce (MIC) pourrait éventuellement, avoir un lien avec les politiques et mesures visant à protéger et promouvoir la diversité des expressions culturelles puisque ces dernières prennent souvent la forme d'incitation aux investissements. Il peut affecter les mesures relatives au contrôle de la propriété étrangère. Une mesure visant la réglementation de distribution d'un service comme le film ou le magasine peut être jugé incompatible avec l'accord sur les MIC s'il entraine les conséquences sur l'échange de ce bien.

L'accord MIC couvre uniquement les mesures relatives aux investissements qui affectent le commerce des marchandises. Pour éviter le plus possible les effets de distorsion sur le commerce, l'Accord prescrit qu'aucun membre ne devrait appliquer une mesure de ce type qui entraîne une discrimination à l'encontre de personnes ou produits étrangers (article III du GATT) ou qui crée des restrictions quantitatives (article XI du GATT)[474]. L'accord comprend, en annexe, une liste exemplative des mesures MIC qui sont interdites. Par exemple, les mesures qui comprennent des prescriptions relatives à la teneur en produits nationaux, de même que des mesures qui limitent les importations ou fixent des objectifs en matière d'exportation sont prohibées. Les différents délais prévus dans l'Accord pour éliminer ces mesures sont aujourd'hui dépassés. Pour certains pays, un investisseur étranger ne peut pas acquérir le contrôle d'une entreprise existante sauf si le Ministre de l'industrie ou le Ministre en charge de la culture (pour les investissements dans des entreprises culturelles) est d'avis que l'investissement sera vraisemblablement à l'avantage net du pays[475].

En ce qui concerne les pays en voie de développement (PVD), ils peuvent déroger au principe du traitement national et à l'interdiction des restrictions quantitatives dans la mesure et de

---

[474]Article 2 du MIC.
[475]Article 16(1), Loi sur Investissement Canada.

la manière prévues par l'article 18 du GATT section B et C, c'est-à-dire via l'adoption par les PMA qui sont en développement rapide, de restrictions quantitatives fondées sur les prix pour préserver l'équilibre de la balance des paiements et la facilitation de la création d'une branche de production nationale via des mesures restrictives[476]. Des mesures restrictives des échanges ne se comprennent en effet que dans l'hypothèse où la diversité des expressions culturelles est mise en cause ou dans l'hypothèse où il s'agit de protéger l'industrie domestique naissante d'un pays en développement. De tels objectifs ou situations ne sont pas a priori et en eux-mêmes incompatibles avec le droit de l'OMC. Tout est une question de proportionnalité. Le Brésil a présenté en 2002, conjointement avec l'Inde, une proposition préconisant de modifier l'Accord sur les mesures concernant les investissements et liées au commerce (MIC), de façon à incorporer des dispositions spécifiques qui donnent aux pays en développement la flexibilité nécessaire pour mettre en œuvre des politiques de développement[477].L'on constate que se développe au sein de l'OMC, une modalité du plurilatéralisme dans un cadre institutionnel unique.

2. L'Accord plurilatéral sur le commerce des technologies de l'information : enjeux du plurilatéralisme.

Longtemps les services ont été considérés comme non échangeables au niveau international, car réclamant la proximité physique du prestataire et du client. La distance géographique constituait une barrière naturelle aux échanges. Ainsi, les transports de marchandises ou de personnes constituaient l'essentiel des échanges internationaux de services. Le développement des nouvelles technologies de l'information, notamment d'Internet, a réduit cette barrière naturelle pour de nombreuses activités et a fortement contribué à promouvoir

---

[476]Précision : pour le Conseil économique et social des Nations unies, les trois critères de définition d'un PMA sont : RNB inférieur à 750 $/an ; indice du capital humain ; indice de vulnérabilité économique.
[477]Document de l'OMC G/C/W/428, G/TRIMS/W/25 du 9 octobre 2002.

l'autoroute de l'information[478].La situation mondiale actuelle est déterminée non seulement par la facilité avec laquelle s'effectuent les échanges. À mesure que les réseaux de télécommunications sont libéralisés[479] et reliés entre eux partout dans le monde, il devient de plus en plus facile de commercialiser et de distribuer l'information et partant les services culturels.

Le 13 décembre 1996, à Singapour a lieu la première conférence de l'OMC, la conférence interministérielle qui allait adopter l'accord sur les produits des technologies de l'information, c'est ce que l'on appelle l'ATI[480]. Cet accord ouvre au commerce et oblige les États à baisser les droits de douane voir à les éliminer, dans tout ce qui concerne, et la liste est impressionnante, les ordinateurs, les appareils de télécommunications, (les postes téléphoniques, les télécopieurs, les modems, les récepteurs télé appels, les semi-conducteurs, le matériel de fabrication de semi-conducteurs…) Tous ces éléments sont libéralisés.

L'Accord de l'OMC sur les technologies de l'information (ATI) a été donc formellement établi par la *Déclaration ministérielle sur le commerce des produits des technologies de l'information* et a été adopté par 30 pays. Notons qu'à ce jour, l'Accord qui a été paraphé par 43 signataires, couvre près de 97% des échanges

---

[478]La métaphore des « autoroutes de l'information » fut la première à s'imposer dans le débat public lors de la campagne présidentielle états-unienne de 1992, sous l'impulsion du démocrate Al Gore. Pour les industriels, les autoroutes de l'information correspondaient surtout à une remise en cause des frontières entre les secteurs informatiques, des télécommunications et des industries de contenu, induite par la convergence technique autour du « paradigme numérique»,voir Pascal Fortin, « Le sommet mondial sur la société de l'information. Un conclave intergouvernemental en panne d'idéal », IFRI, La Déclaration de l'UNESCO sur la « *diversité culturelle* »a tardivement été introduite dans la Déclaration de principe du SMSI.

[479]Depuis XIXe siècle, les Etats ont joué un rôle central dans la mise en place des réseaux de communication et d'information, en privilégiant un modèle politico-administratif qualifié par Elie Cohen de « *colbertisme high-tech* », Elie *Cohen, Le Colbertisme high tech. Economie des Télécoms et du Grand Projet*, Hachette, 1992.

[480]Déclaration ministérielle sur le commerce des produits des technologies de l'information, Singapour, 13 décembre 1996, WT/MIN(96)/16.

mondiaux en technologie de l'information. L'ATI compte actuellement 52 participants, représentant 80 Membres de l'OMC (les 28 membres de l'UE sont comptés comme un seul), qui comptent pour environ 97% du commerce mondial des produits des TI. Le montant total des droits à l'importation éliminés au titre de l'ATI a été estimé à 1 600 milliards de dollars EU en 2013.Cet accord relève, pour le suivi de sa mise en œuvre, du « Comité des participants sur l'expansion du commerce des produits des technologies de l'information ». Ce Comité *ad hoc*, non prévu initialement, a été instauré en septembre 1997 en application du Document sur la mise en œuvre de la Déclaration ministérielle[481].

Bien que cet accord ne concerne pas directement les produits culturels, certains produits présentant une dimension culturelle sont visés par l'accord, dont: machines pour le traitement de texte, machines à calculer, caisses enregistreuses, machines de guichets automatiques, panneaux indicateurs, condensateurs, résistances, circuits imprimés, **câbles de fibres optiques**, certains appareils de photocopie, équipements de réseaux (LAN et WAN), systèmes d'affichage à écran plat, traceurs et kits de mise à niveau multimédia. Les participants à l'ATI sont tenus de procéder aux réductions tarifaires sur les importations de produits des technologies de l'information par étapes, sur une période de quatre ans, jusqu'à l'élimination totale des droits de douane (ex. accès en franchise). Ces réductions tarifaires doivent être intégrées dans la liste du pays membre annexée au GATT de 1994 conformément aux *procédures de modification et de rectification des Listes de concessions tarifaires*[482].

Nous savons aujourd'hui que l'information et le savoir sont des éléments immatériels qui circulent et se stockent. Nous sommes ainsi passés de la « weighty economy » à la « weightless

---

[481] Conseil du Commerce des marchandises, Mise en œuvre de la Déclaration ministérielle sur le commerce des produits des technologies de l'information, 2 avril 1997, G/L/160.

[482] Voir document BISD 27S/25, GATT, 26 mars 1980.

economy »[483].On peut dire que le savoir et l'information sont la version capitaliste postmoderne du progrès scientifique et technique. En témoigne la complexité du différend opposant Bruxelles à Washington, et maintenant Tokyo (28 mai 2008) et Taipei (12 juin 2008) et qui s'inscrit plus largement dans un débat au cœur duquel s'inscrivent les intérêts commerciaux de diverses forces transnationales façonnant les positions des différentes administrations publiques[484].

En Mai 2008, les États-Unis ont porté plainte à l'OMC contre l'Union Européenne sur les droits de douane, qui sont imposés par Bruxelles, pour certains produits technologiques[485]. Cette plainte des États Unis, du Japon et de Taïwan concerne plus précisément trois produits : les écrans de télévision plats, les magnétoscopes avec accès internet et les copieurs numériques multifonctions. Washington reproche donc à Bruxelles d'imposer des droits de douane sur des biens de nouvelles technologies; et ce en contradiction avec l'accord sur le commerce des technologies de l'information (ATI) signé en 1996. L'UE soutient que les produits en litige ne sont pas soumis à l'ATI puisqu'ils intègrent des fonctions additionnelles issues d'innovations technologiques ne figurant pas dans l'accord. L'UE appelle plutôt à la renégociation de l'accord de

---

[483]J.STIGLITZ "Public Policy for a Knowledge Economy", Remarks at the Department for Trade and Industry and Centre for Economic Policy Research, London, 27 January 1999.

[484] Le 12 janvier 2009, les parties ont demandé au Directeur général de déterminer la composition du Groupe spécial. Le 22 janvier 2009, le Directeur général a arrêté la composition du Groupe spécial. Le 23 janvier 2009, les Etats-Unis, le Japon et le Taipei chinois ont réservé leurs droits de tierces parties dans les différends respectifs. Le 21 juillet 2009, le Président du Groupe spécial a informé l'ORD que, en raison de la complexité de la question et du fait que la procédure impliquait trois plaignants, le Groupe spécial ne pourrait pas achever ses travaux dans un délai de six mois à compter de la date de sa composition. Le Groupe spécial estimait qu'il remettrait son rapport final aux parties en décembre 2009. Le 21 décembre 2009, le Président du Groupe spécial a informé l'ORD que le Groupe spécial comptait remettre son rapport final aux parties pour la fin d'avril 2010. Le 29 avril 2010, le Président du Groupe spécial a informé l'ORD que le Groupe spécial comptait désormais remettre son rapport final aux parties au début de juillet 2010.

[485]Affaire DS375, CE-Produits des technologies de l'information.

1996[486]. L'argumentation américaine soutient que le fait d'exclure ces produits de l'ATI pour l'unique raison qu'ils soient devenus technologiquement plus sophistiqués est contraire aux buts et principes fondamentaux de l'ATI, dont l'objectif est d'encourager le développement de l'industrie technologique, en maximisant le libre commerce de ce marché à l'échelle mondiale.

L'ATI baigne dans un espace immatériel, où il n'y a ni centre ni périphérie, dont l'organisation et le fonctionnement sont basés sur un mode de régulation « *en réseaux* » que la gouvernance globale cherche à gérer[487]. C'est pour atteindre ce but que la *Déclaration sur la diversité culturelle* énumère trois sur 20 objectifs spécifiques : L'objectif n°9 encourage l'*alphabétisation numérique* et recommande la maîtrise des nouvelles technologies de l'information et de la communication ; L'objectif n°10 veut promouvoir la diversité linguistique dans l'espace numérique pendant que l'objectif n°11 recommande de lutter contre la fracture numérique ;

---

[486] Cherchant à endiguer la diffusion normative de l'hégémon américain, les efforts des représentants européens et de leurs intéressés (notamment l'Association européenne d'information, communications et technologie d'électronique grand public (EICTA), où siègent les géants Apple, Sony et Nokia), tentent de se conjuguer avec ceux de la « communauté internationale » en vue de l'établissement d'un cadre global organisant le commerce des produits hautement technologiques. Or, cette méthodologie provoque une résistance du clan américain (au sein duquel figure la CCI, dont HP et Canon sont membres16), qui tient à conserver ainsi son positionnement économique privilégié. Pour les détails voir Marie-Christine Morin, Les paramètres de l'Accord sur les technologies de l'information débattus à l'OMC, en ligne : http://www.ieim.uqam.ca/IMG/pdf/Morin.

[487]Le concept de *réseau* développé par Ost et de Kerchove, renvoie plutôt à la normativité issue d'acteurs multiples en liaison ou en interaction, partageant le même langage, et dont aucun n'est subordonné à un autre. Ces facteurs contribuent à orienter le choix des normes ainsi que leur mise en œuvre par les acteurs impliqués. Le fait que le pouvoir de régulation en matière de communication et d'information est en réalité pris par certains acteurs privés (notamment ICANN) et ce de manière non transparente, appelle à une co-réguration plutôt qu'une auto-réguration. Voir FRYDMAN, B., HENNEBEL, L., LEWKOWICZ, G., "Public strategies for Internet Co-Regulation in the United States, Europe and China" *in* BROUSSEAU, E., MARZOUKI, M. and MÉADEL, C., *Governance, Regulations and Powers on the Internet,* Cambridge, Cambridge University Press, 2008.

L'objectif n°12 recommande de « ...stimuler la production, la sauvegarde et la diffusion de contenus diversifiés dans les médias et les réseaux mondiaux d'information (radiodiffusion, télévision, etc.) ».

Le renforcement du plurilatéralisme et l'accroissement des domaines de négociations susceptibles de faire l'objet d'une « participation optionnelle» peuvent, *apriori* fragmenter le droit du commerce international. Toute porte à constater que le cadre institutionnel multilatéral irradie le plurilatéralisme, tout comme le plurilatéralisme renforce le multilatéralisme, en renforçant la logique des «petits pas », et de l'élargissement progressif des domaines de compétences de l'OMC. En effet, autoriser les Etats à négocier à une échelle plus restreinte, tout en demeurant dans le cadre institutionnel de l'OMC, permet d'éviter que ne s'accroisse la fragmentation de l'ordre juridique économique par le biais d'accords à l'égard desquels l'OMC n'aurait aucun droit de regard. Afin de renforcer la cohérence du système et garantir la non-contradiction des accords plurilatéraux avec le « droit commun » de l'OMC, il devrait être envisagé de faire relever tous les accords plurilatéraux de la compétence de l'ORD en cas de litige.

§2. LA LIBÉRALISATION PROGRESSIVE DES PRODUITS CULTURELS : ENTRE ESPOIR ET CRAINTE

L'Accord général sur le commerce des services fournit un cadre de règles s'appliquant aux mesures qui touchent le commerce des services. Les quatre premiers cycles de négociations qui suivirent immédiatement le cycle initial portaient presque exclusivement sur la baisse des tarifs douaniers affectant les produits manufacturés, sans qu'il soit question à proprement parler du traitement des services culturels. Le cycle de l'Uruguay a considérablement élargi le spectre des discussions commerciales pour l'étendre notamment aux services, à la propriété intellectuelle, à l'agriculture et à l'investissement. En effet, ces biens et services ne font l'objet d'aucune règle générale d'exclusion, d'exception, d'exemption ou de dérogations autres que celles qui sont applicables à l'ensemble du commerce de biens et services.

L'AGCS est perçu comme réduisant la marge de manœuvre politique des États dans leur capacité de faire et défaire leurs politiques. Cette marge de manœuvre est d'autant plus réduite que les Membres doivent s'engager à ouvrir toujours plus leur territoire et à libéraliser progressivement le commerce des services avec des lignes directrices et procédures précises(A). Le statut des services culturels dans l'A.G.C.S. est donc tout aussi précaire d'autant plus que la flexibilité de sa structure est plus que douteuse(B). Dans le cadre de l'innovation technologique et de l'intensification du commerce des produits culturels, le droit de la propriété intellectuelle est devenu inadapté à la protection de la diversité culturelle(C).

A. Les négociations de l'Uruguay round : négociations tumultueuses

Si les résultats des cycles de négociations pré-Uruguay-round n'apportèrent pas de changements importants aux règles issues des négociations de 1946 sur le statut juridique des produits culturels, ceux du Cycle d'Uruguay (1986-93) entraînèrent des soucis majeurs. Constatant l'omniprésence américaine sur le marché mondial des produits audiovisuels, le débat s'est alimenté aux craintes d'une industrialisation croissante de la culture - qui serait plus mercantile que culturelle - et s'est focalisé sur la nécessaire intervention des États face à un commerce international profondément inégal. Les solutions avancées jusqu'ici pour soustraire la culture de l'application de ces règles peuvent être regroupées en deux catégories qu'il faut bien distinguer : « L'exemption culturelle » : l'inscription d'une clause générale d'exemption pour la culture dans les accords de commerce et l'exception culturelle[488] qui aurait consisté à faire

[488]Le fondement principal de l'exception culturelle est « le compte de soutien de l'industrie cinématographique et audiovisuelle ». Créé en 1959 pour aider l'ensemble des secteurs économiques du cinéma, il s'applique depuis 1986 aux productions audiovisuelles et depuis 1993 aux vidéogrammes. C'est un compte spécial du Trésor, dont le Centre National de la Cinématographie est

échapper, par une exclusion *a priori*, le secteur des services culturels au droit international du commerce.

1. L'exception culturelle : accord du désaccord d'une querelle transatlantique

Le débat portant sur la protection de la diversité culturelle a transité génétiquement par le débat sur l'exception culturelle dont le combat a connu trois batailles. La première bataille s'enracine dans l'échec des propositions sur l' « exception culturelle », lors du cycle d'Uruguay round qui a abouti à la mise en place de l'OMC. Ce processus de libéralisation, qui s'est accéléré après la fin de la guerre froide et qui s'est déroulé dans une bulle idéologique de fin de l'histoire, a remis sur la place publique les enjeux relatifs aux négociations sur la culture au point de remettre en cause la conclusion de ce cycle qui durait déjà depuis sept ans[489]. La seconde bataille s'est inscrite à l'Organisation de coopération et de développement économique (OCDE) alors que celle-ci fomentait en 1998 le projet d'un Accord multilatéral sur l'investissement (AMI)[490].La

---

en charge. Cette aide et constituée d'une taxe sur le prix des places de cinéma et sur les ressources télévisées et vidéos. Selon le décret du 24 février 1999, seules les entreprises de production établies en France ont accès au fond de soutien. La France a reconnu l'ouverture des capitaux extra-européens pour le compte de soutien. D'autres mesures participent au fondement de l'exception culturelle, comme les quotas.

[489]Le cycle d'Uruguay, ou encore « Uruguay Round », est le plus important des cycles de négociations internationales. Il est le huitième et le dernier à avoir eu lieu dans le cadre de l'Accord général sur les tarifs douaniers et le commerce (GATT), entre 1986 et 1994. Les négociations ont abouti aux accords de Marrakech (avril 1994) et ont donné naissance à l'Organisation Mondiale du Commerce (1995).Ce cycle se distingue des précédents car il intègre des secteurs économiques qui étaient exclus ou sortit du GATT à savoir l'agriculture, les services, le textile et les vêtements. En plus beaucoup d'événements se passent: la fin de la guerre froide, chute du Mur de Berlin, la victoire d'une idéologie sur une autre. Voir D. CARREAU et P. JUILLARD, *Droit international économique*, 1ère éd., 2003, p.101, n°274.

[490]La résistance à l'inclusion d'une clause d'exception culturelle dans l'AMI poussa la France en octobre 1998 à se retirer des négociations. La participation de la société civile en faveur de la protection du droit des États de soutenir leurs cultures s'est vue progressivement renforcée à partir de cette date et plus particulièrement dans le cadre du nouveau cycle de négociation commerciales multilatérales.

conférence ministérielle de Seattle entama la troisième étape en 1999 accompagnée d'un revirement d'argumentation sur les valeurs non commerciales (clause sociale, culture, droits de l'homme)[491].

Les relations commerciales entre les États-Unis et l'Union en matière culturelle, marquées par de vives querelles survenues à la fin de l'*Uruguay Round*, aboutirent en effet au constat de l'incompatibilité de l'industrie audiovisuelle avec l'AGCS, souvent qualifié d' *« accord du désaccord »*.Les Américains qui avaient libéralisé leur audiovisuel au début des années 1990, après avoir acquis une position dominante sur le marché mondial, exigèrent, en effet, au début de l'année 1993 une extension des règles à ce secteur. Comme le souligne Jean-Michel Bear : « *Cette application aurait eu pour effet de faire voler en éclats tous les dispositifs nationaux et européens de soutien et de promotion des œuvres audiovisuelles, que ce soient les dispositifs réglementaires (quotas), les mécanismes d'appui financier ou que les accords de coopération conclus entre des pays qui souhaitent développer leurs échanges audiovisuels* »[492].

Les difficiles négociations de l'AGCS ont révélé la fracture transatlantique au sujet des produits culturels. La question de « *l'exception culturelle* » apparaît ainsi comme un enjeu de politique mondiale, en ce que les États qui en sont les protagonistes agissent en vertu de leurs visions du monde, et donc de leur rapport à la culture. On peut dire qu'il s'agit de

[491]Il importe de souligner que c'est d'une certaine manière la Conférence de Seattle de 1999 ou plus exactement son échec, qui est à l'origine lointaine d'une *Déclaration de l'OIT sur la justice sociale pour une mondialisation équitable (2008)*. . Le terme « clause sociale » est un terme générique assez flou. En effet, comme le souligne Sylvie Paquerot : « *Le contenu même et la signification de ce que serait une clause sociale varient considérablement suivant les protagonistes. En général, dans les débats actuels et selon les termes du BIT, on se réfère essentiellement, avec cette expression, à la considération de la dimension sociale de la libéralisation du commerce, et on limite les sujets visés à quelques normes déjà contenues dans les conventions de l'OIT, qui ne couvrent même pas tous les droits au travail inscrits dans la Déclaration universelle des droits de l'homme* ».

[492]Jean-Michel Baer, « Exception culturelle : une règle en quête de contenu », *op.cit.*, p.7.

deux visions qui s'opposent[493], comme le souligne Violaine Hacker:

« *En Europe, la conception latine domine. Compte tenu du fort lien historique à la culture, les services culturels recouvrent un vaste champ et sont entendus largement. En revanche, aux États-Unis, dès lors que le terme culture est plus strict (peinture, littérature, philosophie), les créations culturelles restent des marchandises. Ainsi, bien qu'un film constitue une création artistique en Europe (et bénéficie alors d'un régime particulier), aux États-Unis, elle ne constitue qu'un simple divertissement* »[494].

L'Union européenne est au nombre de ces pays ou groupements de pays qui ont brandi l'exception culturelle en tant que doctrine et stratégie de négociation à suivre dans le cadre de négociations

---

[493] « *In varietate concordia* » versus « *E pluribus unum* ».*Unité dans la diversité :* devise de l'union européenne on rejoint assez clairement le *E Pluribus Unum* américain, en l'explicitant peut-être un peu. L'Union Européenne déclare ici puiser sa force dans la diversité, et non dans l'unanimité. « *E Pluribus unum* » est ancienne devise, choisie en 1776 dès le début de la révolution américaine, signifie « un à partir de plusieurs », en référence à l'intégration des treize colonies, en un Etat unifié. Cette devise est remplacée par *« In God We Trust » en 1956. E Pluribus Unum* a pu prendre des sens différents: on peut la comprendre géographiquement, comme émergence d'un gouvernement fédéral émanant d'un groupe d'Etats divers, mais on peut également y voir une célébration de la chance donnée à chacun, si l'on comprend ce "*un*" issu de la masse comme le Président, choisi au suffrage universel (idée proprement révolutionnaire en 1776). On peut aussi y lire une référence à la diversité ethnique et culturelle des Etats-Unis. En 1956, la monnaie américaine est frappée de la devise «In God we Trust ». Ce devise a remplacé "*E Pluribus Unum*", et là, on change carrément de registre. Les Etats-Unis se placent alors sous l'autorité divine. 1956 n'est pas une date anodine: on est alors en pleine 'chasse aux sorcières', c'est-à-dire en plein MacCarthisme. Les USA sont en prise à une profonde peur du Rouge, dont le signe le plus révélateur pour l'époque est son athéisme. On peut constater que lors du G8 du 08 au 10 juillet 2009 à l'Aquila (Italie), le Président russe Medvedev a fait sensation en présentant une monnaie mondiale fictive, ayant pour devise «Unity in diversity». Voir R.Tremblay, *op.cit.* Pp.77-78. Putnam, Robert,"*E Pluribus Unum:* Diversity and Community in the Twenty-first Century", *Scandinavian Political Studies*, 30, 2 (2007).

[494] Violaine HACKER, La politique audiovisuelle de l'UE est-elle favorable au développement d'une identité culturelle européenne ? *Revue Dialogues Européens,* n° 7, 1er semestre 2007.En ligne: <http://ed385.univ-paris3.fr/pages/numero7.htm .

multilatérales, même si cette doctrine divisait les pays européens[495]. La controverse sur l'exception culturelle opposant principalement les États-Unis à la Communauté européenne est apparue au grand jour la dernière année des négociations du Cycle d'Uruguay alors que les négociations commerciales duraient depuis sept ans. Et jusqu'à la date buttoir de la fin des négociations de décembre 1993, l'audiovisuel était toujours en suspens. C'est pourquoi il est nécessaire de voir les positions défendues par les États Unis et par la Communauté européenne afin de comprendre les raisons de l'achoppement de ces négociations.

L'article XIV de l'AGCS stipule deux exceptions au cadre général ayant pour cause *politique publique* et *sécurité nationale*. Et lorsque l'inclusion des services dans les négociations commerciales a été soulevée, la communauté européenne a essayé de soustraire le secteur culturel des règles de libéralisation. En janvier1993, la communauté a présenté une proposition d'amendement de l'article XIV de l'AGCS pour qu'il soit rédigé ainsi :

«*sous réserve que ces mesures ne soient pas appliquées de façon à constituer soit un moyen de discrimination arbitraire ou injustifiable entre les pays où les conditions similaires existent, soit une restriction déguisé au commerce des services, aucune disposition du présent accord ne sera interprété comme empêchant l' adoption ou l'application pour tout membre de mesure(.. ;)f) Réglementant la fourniture de services audiovisuels en vertu des politiques destinées à préserver et promouvoir les identités culturelles locales, nationales et régionales* ».

Il s'agit d'une véritable clause d'exception culturelle, qui aurait l'avantage d'exclure définitivement le secteur des services culturels des règles du droit commun de l'AGCS. Un régime d'exception culturelle au sens exact du terme aurait donc

---

[495] Il importe de souligner que sur le plan juridique, une clause « d'exclusion culturelle » avait été obtenu par le Canada dans son traité de libre échange avec les Etats Unis et le Mexique ; l'ALENA, négocié en 1988.

consisté à faire échapper, par une exclusion *a priori*, le secteur des services culturels au droit international du commerce.

Cette clause aurait fait du maintien d'une présence nationale de base dans le domaine des industries culturelles un objectif supérieur à celui de la libre circulation des biens et des services. Mais le recours à cette dernière clause demeurerait sous le contrôle du chapeau de l'article XIV de l'AGCS. Elle ne pourrait être utilisée en particulier pour mettre en place des mesures qui constitueraient un moyen de discrimination arbitraire ou injustifié ou une restriction déguisée aux échanges et ne pourrait être maintenue que s'il n'existe pas d'autres moyens moins dommageables pour le commerce de réaliser l'objectif légitime visé. Face à l'insécurité et au manque d'appui à cette solution, la communauté a adopté en juillet 1993, une stratégie axée sur la « spécificité culturelle ». Ainsi, au sommet de Tokyo en 1993, la Communauté européenne a proposé la création d'une annexe sectorielle pour les services culturels. Elle aurait alors soustrait le secteur audiovisuel au droit commun de l'AGCS. Elle évitait ainsi une libéralisation de ce domaine avec soumission aux principes de non-discrimination, du traitement de la *Nation la Plus favorisée* (NPF)[496]. Cette proposition a été écartée par les États- unis et le Japon.

La quête d'une position commune qui divisait les membres de la communauté européenne, fut trouvée en octobre 1993 lors du Conseil des ministres qui adopta un « socle » de principes qui resteront comme les six points de Mons qui méritent d'être rappelés ici : 1. Exemption ad hoc à la clause de la « Nation la plus favorisée » afin de maintenir les relations privilégiées des pays européens avec des pays tiers à l'Union ; 2. Maintien et développement des régimes d'aides et de subventions ; 3. Liberté de réglementer les modes de transmission existant et les nouvelles technologies de la communication ; 4. Liberté de développer toute politique d'aide au secteur audiovisuel, dans tous ses aspects (création, production, diffusion, radiodiffusion, distribution et exploitation) ; 5. Absence de soumission du secteur audiovisuel au principe de libéralisation progressive, 6.

---

[496] Article I du GATT de 1947.

Maintien de l'acquis communautaire, dont la mise en œuvre effective de la Directive « TVSF »[497].

Les États s'opposant à toute exclusion du secteur culturel des accords de commerce, ainsi qu'à la légitimité du soutien aux œuvres audiovisuels, les États-Unis en tête, mettaient en avant les bienfaits du libre échange pour le secteur, le manque d'efficacité des politiques publiques en faveur de l'audiovisuel, ainsi que l'idée que « fatalement » il ne serait plus possible, avec la numérisation, de lutter contre l'entrée des films de hollywoodiens. En outre, les aides publiques créerait une mentalité d'assistés et bénéficieraient surtout les producteurs, puisque les films produits sur la base de ces mesures ne sont pas diffusés en salle. De plus les politiques de soutien à la culture consisterait en une atteinte à la démocratie et aux libertés fondamentales, équivalente à la censure, puisque se sont les Etats qui imposent ce que le public est censé regarder. Elles seraient le reflet d'un nationalisme borné et rétrograde qui provoque le repli sur soi, le chauvinisme et la xénophobie aboutissant à l'appauvrissement de la culture qu'on prétend protéger[498].

Les États-Unis cherchent à obtenir une définition très large du secteur audiovisuel de manière à grouper les différents services, qui pourraient ensuite être négociés en tant qu' « unité sectorielle ». Ils proposent que le secteur audiovisuel englobe différentes activités de distribution, dont la livraison de films cinématographiques par satellite ou par des réseaux numériques, la distribution au détail d'enregistrements musicaux et les services de publicité. Ce qui inclurait des activités qui, jusqu'à maintenant, ont été définies et couvertes séparément dans l'AGCS.L'offensive américaine dans les négociations de l'Uruguay Round se doublera d'ailleurs durant la même période d'une action diplomatique vigoureuse auprès des gouvernements des pays européens de l'ancien bloc soviétique, pour les mettre en garde contre toute tentative d'adopter les mesures de la directive TVSF. On peut noter également que pour faire avancer

---

[497]Jean-Michel BAER « L'exception culturelle. Une règle en quête de contenus ». En temps réel, Cahier 11, octobre 2003.
[498] B.GOURNAY, Exception culturelle et Mondialisation, *op.cit.*pp.98-100.

leur agenda économique international, les États-Unis ont utilisé, avec un certain succès, deux trajectoires : 1) le forum shifting, qui compte trois formes : a) déplacement d'un agenda d'une institution à une autre, b) désintéressement d'une institution pour en privilégier une nouvelle, et c) poursuite du même agenda en parallèle dans plusieurs institutions[499]. Un régime d'exception culturelle au sens exact du terme n'était sans doute pas adéquat qu'on pouvait le penser. L'exception culturelle ne pouvait résoudre le problème réellement en cause et qui est lié non à l'existence des échanges, mais à leur déséquilibre, avec la position dominante des produits et services culturels américains, en particulier en matière audiovisuelle »[500].

2. L'exemption culturelle : un compromis salutaire mais non durable

Il s'agit en fait de ce que l'on a appelé, dans le jargon communautaire, une clause de spécificité culturelle. Sans exclure en tant que tel le secteur de l'audiovisuel de la portée de l'*Accord général sur le commerce des services*, celle-ci aurait reconnu le caractère culturel particulier des services audiovisuels et autorisé une partie à faire valoir cette particularité dans le cadre de ses négociations sur des engagements spécifiques. Il convient donc de souligner l'exemption culturelle qui existe dans l'Accord de libre-échange entre le Canada et les États-Unis (ALÉ), exemption reprise dans le cadre de l'Accord de libre-échange nord américain (ALÉNA). Le premier paragraphe de l'article 2005 de l'ALÉ fait état que « les industries culturelles sont exemptées des dispositions du présent accord, sauf stipulation expresse… »[501].

[499] Mamoun Benmamoun, Global Governance Institutional Bias, U.S. Forum-shifting Power, and the Future of the W.T.O: New Insights; En ligne: http://www.unige.ch/ses/istec/EBHA2007/papers.

[500] Hélène RUIZ FABRI, « Jeux dans la fragmentation : la Convention sur la promotion et la protection de la diversité des expressions culturelles », R.G.D.I.P. 2007-1, 43-87, notamment p. 48.

[501] Mais quand les États-Unis ont accepté que soit inscrite dans l'ALÉ une telle clause d'exemption pour les industries culturelles, ils l'ont fait en demandant qu'y soit rattachée la disposition suivante : « … chaque Partie pourra prendre des mesures ayant un effet commercial équivalent en réaction à des interventions qui seraient incompatibles avec le présent accord, si ce

Dans la pratique, la doctrine de « l'exception culturelle » s'est traduite sous la forme juridique d'une « exemption culturelle« qui peut être définie comme le refus de prendre, dans le cadre de l'AGCS, des engagements de libéralisation dans le secteur culturel. Ainsi, un grand nombre de pays, dont tous les Etats membres de l'UE et 32 autres membres, appliquent des exemptions de l'obligation NPF visant les services audiovisuels. Huit autres exemptions concernent tous les secteurs des services et donc, potentiellement l'audiovisuel. Le plus souvent ces exemptions couvrent les accords de coproduction de films et d'émissions télévisées et prévoient l'application du traitement national en matière d'attribution d'aides financières et d'avantages fiscaux et d'application de procédures d'entrée simplifiée pour les personnes physiques.

Cette solution peut être entendue comme une réponse individuelle suite à l'échec de l'exception générale, à défaut d'une réponse concertée à la logique de libéralisation multilatérale[502].Ce régime provisoire (dans l'attente de l'ouverture de nouvelles négociations) s'inscrit dans un processus de libéralisation économique du secteur audiovisuel. Les services culturels sont temporairement exemptés de l'application des principes fondamentaux de l'AGCS. Ils diffèrent de l'exception qui constituait une position beaucoup plus tranchée car elle impliquait une exclusion définitive des services culturels de toute négociation à l'application des principes du traitement de la Nation la plus favorisée, du principe de l'élévation progressive du degré de libéralisation des échanges et aboutissait à soustraire les services culturels et audiovisuels des règles fondamentales de l'AGCS. Elle présente certainement des avantages dans le cadre du cycle d'*Uruguay round.* Ses avantages sont évidents. Tant qu'elle ne prend pas d'engagements en matière de culture, une Partie ne peut être contrainte à modifier sa politique culturelle et ne peut subir de

---

n'était du paragraphe 1 », le paragraphe 1 étant celui qui, en principe, exempte les industries culturelles de l'application de l'ALÉ.

[502] D.ATKINSON, Le droit des Etats et des gouvernements de soutenir la culture à la lumière de l'évolution du cadre normatif du commerce international : vers un instrument international?, document de travail, Ministère de la Culture et des Communications du Québec, mai 2001, p.22.

mesures de représailles commerciales. Mais elle présente des inconvénients majeurs.

L'exemption culturelle restait un principe vulnérable soumis aux pressions américaines. Premièrement, cette solution n'accorde aucun statut spécifique au secteur culturel par rapport à l'accord commercial, ce qui laisse entendre que le secteur est soumis en principe à toutes règles de l'accord en question. Le fait qu'une Partie se prévale de « l'exemption culturelle » n'empêche en rien une autre Partie de prendre des engagements en matière de culture. Et plus les Parties prennent d'engagements en la matière, plus l'idée se répand que la culture ne constitue pas un domaine particulier à l'égard des règles du commerce[503]. Elle contient l'idée que la culture est une marchandise comme les autres et n'empêche donc pas des États d'assumer progressivement leur obligation de libéralisation. Dix-huit membres en majorité des pays en développement[504] se sont prononcés pour être soumis à certaines restrictions dans le secteur audiovisuel. La pratique a montré que le paradigme demande-offre de l'AGCS (lorsqu' un Etat membre demande qu'un partenaire commercial ouvre un secteur particulier à la concurrence étrangère) rendait les pays en développement vulnérables aux pressions exercées par de puissants pays développés.

Deuxièmement, il s'agit bien d'une exemption provisoire car, d'après le paragraphe 3 de l'Annexe concernant l'article II de l'AGCS, ces exemptions sont temporaires et doivent être réexaminées dans les 5 ans de leur concession par le Conseil du commerce et des services chargé de vérifier l'existence des conditions qui ont permis l'exemption et, dans l'hypothèse où elles serait encore réunies, de décider éventuellement de

[503] Idem.

[504]La libéralisation des services culturels n'est pas du domaine de la fiction. En 1993, au cours des négociations du Cycle de l'Uruguay, la Nouvelle-Zélande décida de renoncer aux quotas dans le secteur audiovisuel. Le nombre de fictions et documentaires néo-zélandais à la télévision chuta drastiquement. Lorsque, en 2001, le gouvernement voulut encourager ses producteurs nationaux, il réalisa qu'il ne pouvait plus le faire: il aurait fallu accorder des subsides à tous les producteurs étrangers qui fournissent les télévisions locales.

proroger la dérogation. De plus, il résulte du paragraphe 6 que ces exemptions ne pourront pas, en principe, dépasser de 10 ans. L'objectif premier de l'AGCS est de parvenir à la libéralisation progressive du commerce des services (voir la partie IV de l'AGCS). L'exemption générale du secteur audiovisuel de l'AGCS était devenue de plus en plus difficile à maintenir à long terme, compte tenu des intérêts des exportations américaines, et elle est soumise à une pression croissante dans le cadre des négociations commerciales transatlantiques.

La déception dû à l'échec de l'exception culturelle c'est-à-dire d'un régime qui aurait consisté à exclure *a priori* le secteur des services culturels de l'application des règles du nouvel Accord général sur le commerce des services (AGCS) a fait crier à l'injustice et à la mort de la diversité culturelle dont le bourreau aurait été un néolibéralisme sans scrupule, triomphant comme seul modèle économique internationale possible . Et pourtant, en termes de moyens, la solution préconisée par la politique de l'exception culturelle relevait d'une conception paradoxalement très économique de la culture, puisqu'il s'agit de se positionner par rapport à ce qui constitue la référence centrale, l'OMC. Le compromis s'était finalement articulé sur l'idée que la conception même de la libéralisation du commerce des services, selon laquelle chaque membre de l'OMC choisit le degré d'ouverture de ses marchés et peut donc ne pas les ouvrir, constituait une garantie suffisante puisque toute libéralisation devrait être expressément consentie. C'était formellement vrai mais il s'agissait d'une flexibilité qui suscite bien des doutes.

B. La structure de l'AGCS : une fragile flexibilité pour la diversité culturelle

L'Accord général sur le commerce des services (AGCS) est un accord exhaustif qui couvre toutes les mesures gouvernementales « affectant le commerce des services ». Toute règle ou réglementation émanant d'un gouvernement national ou local et affectant d'une manière quelconque le commerce des services est couverte par l'AGCS et susceptible d'être contestée au plan légal par d'autres membres de l'OMC. Face à la contestation croissante de l'OMC, on a remarqué que l'OMC tente, particulièrement dans le cadre des négociations sur les services, de mettre l'accent sur la flexibilité qu'offre ce cadre pour permettre à ses membres de ne prendre des engagements de libéralisation que s'ils le désirent. Or, à l'analyse, on constate que la dynamique qui imprègne la libéralisation du commerce mondial ne prévoit aucun frein ou aucune limite dans des secteurs qu'on peut considérer comme étant des marchandises pas comme les autres.

1. Les modes de fourniture de l'AGCS

L'AGCS couvre tous types de services faisant l'objet d'un commerce international et définit par son article I, §2, quatre façons (« modes ») d'échanger des services. L'AGCS est bien plus qu'un accord traditionnel de libre-échange. Étant donné qu'il couvre tous les modes possibles de fourniture d'un service au plan international, l'AGCS peut être vu tout à la fois comme un accord commercial, un accord d'investissement multilatéral et un accord sur la mobilité de la main-d'œuvre. L'AGCS considère qu'un service est « exporté « du pays A vers le pays B dès lors que ce service est fourni par un prestataire de A à un client de B, quel que soit l'endroit de la prestation. Il définit quatre modes d'échanges de services selon la nature de ce qui (service, consommateur ou prestataire) franchit la frontière. Ces quatre «modes de fourniture» ou manières d'échanger des services à l'échelle internationale sont structurés comme suit :

Mode1) *Fourniture transfrontières*. Ce mode décrit les services en provenance du territoire d'un pays membre à destination d'un autre pays membre. Il s'applique à tous les services fournis par courrier international, téléphone, télécopie, téléconférence et Internet. Dans le cas de l'enseignement professionnel, un exemple de fourniture transfrontières serait celui des programmes de formation et de certification en ligne proposés par des prestataires d'autres pays.

Mode 2) *Consommation à l'étranger*. Ce mode de fourniture s'entend des situations dans lesquelles un consommateur d'un pays se rend dans un autre pays pour acheter un service. Par exemple, cela s'appliquerait aux étudiants qui fréquentent une école ou un programme de formation dans un autre pays.

Mode 3) *Présence commerciale*. Il s'agit des services fournis par un fournisseur de services d'un pays membre qui est physiquement présent sur le territoire d'un autre membre. Ceci couvre tous les investissements étrangers directs liés aux services, tels que la création d'annexes étrangères d'écoles et de campus.

Mode 4) *Présence de personnes physiques.* Ce mode de service concerne l'entrée temporaire de personnes d'un membre sur le territoire d'un autre membre pour y fournir un service. Il s'agit, par exemple, d'instructeurs qui se rendent à l'étranger pour donner des cours dans un autre pays. Cette définition des quatre modalités d'échanges de services par l'AGCS s'est traduite par un progrès réel dans la connaissance de la mondialisation du secteur tertiaire. En effet, ce cadre institutionnel a permis de bâtir un socle de nomenclatures internationales jusqu'alors pratiquement inexistantes dans le domaine des services.

Dans la plupart des accords commerciaux, y compris le GATT, les obligations au titre de l'accès aux marchés sont établies selon ce qu'on a appelé une approche « top-down » : les engagements de base à accorder l'accès aux marchés, le traitement national et le régime NPF s'appliquent en bloc à tous les secteurs, toute limitation ou condition n'étant autorisée qu'en vertu d'exemptions négociées. Sauf indication contraire, tout est donc assujetti au traitement national et au régime NPF. L'AGCS, toutefois, est structuré essentiellement à l'inverse. L'approche est « bottom-up » : les obligations d'accès aux marchés et de traitement national sont assumées sur une base volontaire, secteur par secteur. Ainsi, chacun des pays membres indique dans sa liste les engagements spécifiques d'accès aux marchés qu'il accepte de contracter dans un secteur donné. Avec cette approche sélective, il n'y a pas d'obligations globales concernant l'accès aux marchés, et le traitement national ne s'applique que dans la mesure où un pays s'est engagé à l'accorder dans un secteur de son choix.

On a souvent argué que l'AGCS offrirait des moyens appropriés pour parvenir à la libéralisation sans perdre la faculté de réglementation autonome pour promouvoir les objectifs de politique culturelle. Tout en reconnaissant le droit des Membres, en particulier des pays en développement, à réglementer et à introduire de nouvelles règles pour parvenir à leurs objectifs de politique nationale, l'AGCS prévoit des exemptions de l'obligation NPF et ménage aux pays une large flexibilité pour l'inscription d'engagements dans leur liste, compte tenu de son approche ascendante et fondée sur une liste positive et de sa discipline « négociable » en matière de traitement national[505]. En raison de l'évolution rapide et de la convergence des médias électroniques et des secteurs de la communication, il n'est pas facile d'anticiper les conséquences d'une libéralisation limitée. Les États-Unis cherchent à obtenir une définition très large du secteur audiovisuel de manière à grouper les différents services, qui pourraient ensuite être négociés en tant qu' « unité sectorielle ». Ils proposent que le secteur audiovisuel englobe différentes activités de distribution, dont la livraison de films cinématographiques par satellite ou par des réseaux numériques, la distribution au détail d'enregistrements musicaux et les services de publicité.

L'article XIX de l'Accord général sur les services stipule en effet que : « Les Membres engageront des séries de négociations successives, qui commenceront cinq ans au plus tard après la date d'entrée en vigueur de l'Accord sur l'OMC et auront lieu périodiquement par la suite, en vue d'élever progressivement le niveau de libéralisation. Ces négociations viseront à réduire ou à éliminer les effets défavorables de certaines mesures sur le commerce des services, de façon à assurer un accès effectif aux marchés ». La logique fondamentale de l'OMC est, qu'on le

[505]Ainsi on peut lire « L'AGCS offre aux Membres une grande flexibilité pour prendre, dans le secteur audiovisuel, des engagements conformes à leurs objectifs de politique nationale » voir OMC, *La communication conjointe datée du 30 juin 2005 et adressée par les délégations des États-Unis; de Hong Kong, Chine; du Japon; du Mexique; et du Territoire douanier distinct de Taiwan, Penghu, Kinmen et Matsu*, TN/S/W/49,para5.

veuille ou non, celle de la libéralisation (elle est constituée pour cela en forum de négociations continues).

L'Accord du GATS fait référence aux objectifs de la politique des pouvoirs publics mais ne contient aucune reconnaissance spécifique des aspects démocratiques, culturels et sociaux. Ainsi, si un différend survient concernant l'application d'un engagement de libéralisation pris par un État membre, il n'existe aucune protection contre les interprétations et les décisions (conformément au mécanisme de règlement des différends) sous un angle étroit de la politique commerciale. Les intérêts du libre-échange vont donc passer avant les préoccupations liées aux objectifs politiques susmentionnés. D'où la recherche d'une alternative à l'exception culturelle et la reconfiguration de l'approche autour de la notion de diversité culturelle.

2. Les services culturels dans le cycle d'Uruguay: négociations et résultats

L'AGCS contient un ensemble d'obligations générales ou «règles horizontales», qui s'appliquent à l'ensemble des secteurs de services, à moins qu'il n'existe une exemption spécifique. Lorsqu'un Membre décide de ne pas prendre d'engagement à l'égard d'un secteur pour le protéger de la concurrence internationale, les disciplines du GATS ne s'y appliquent pas, sous réserve de quelques obligations minimales de transparence.

En effet, les services publics sont *ratione materiae* explicitement exclus du GATS, aucune de ces dispositions n'imposant quelque libéralisation sectorielle que ce soit. L'article I, §3, b) et c) stipulent en effet que « les services comprennent tous les services de tous les secteurs à l'exception des services fournis dans l'exercice du pouvoir gouvernemental ». Cependant, ces services gouvernementaux sont définis de manière très stricte comme étant «tout service qui n'est fourni ni sur une base commerciale, ni en concurrence avec un ou plusieurs fournisseurs de services» [506]. En d'autres termes, si un service

[506] Article 1 :3 c) de l'AGCS.

gouvernemental est fourni sur une base commerciale ou s'il existe d'autres fournisseurs qui concurrencent des fournisseurs publics, le service tombe sous le coup de l'AGCS. Étant donné que dans la plupart des pays, les services publics, y compris l'enseignement et la formation professionnels, bénéficient à la fois d'un financement public et privé et sont fournis par un mélange de prestataires publics, avec ou sans but lucratif, il semblerait qu'ils ne bénéficient pas de cette exclusion.

Des pays membres négocient également des engagements spécifiques en vue de libéraliser le commerce des secteurs de services particuliers. Lorsque aucune limitation n'est indiquée, ces engagements sont soumis aux deux obligations principales que sont l'accès au marché et le traitement national. Dans la Classification sectorielle des services (MTN.GNS/W/120) établie dans le cadre du Cycle d'Uruguay et fondée en grande partie sur la Classification centrale de produits des Nations Unies, la définition du secteur des services audiovisuels comprend les six sous-catégories[507].

Lors des débats sur la libéralisation du secteur de l'audiovisuel dans le cadre de l'AGCS durant le Cycle d'Uruguay, deux positions radicalement opposées se sont dégagées. Selon une thèse, le secteur devait être complètement exclu des règles commerciales parce que les services audiovisuels ne pouvaient pas être considérés simplement comme un service commercial ordinaire compte tenu de leur rôle dans la promotion et la

---

[507] Dans la Classification sectorielle des services, les services audiovisuels constituent le sous-secteur 'D' de la catégorie '2. Services de communication' . Le sous-secteur est divisé en 6 services : a) Services de production et de distribution de films cinématographiques ; b) Services de projection de films cinématographiques ; c) Services de radio et de télévision ; d) Services de diffusion radiophonique et télévisuelle ; e) Services d'enregistrement sonore ; et f) Autres services. OMC, *Services audiovisuels, Note d'information du Secrétariat*, Conseil du commerce des services, 15 juin 1998.Les quatre premières activités font l'objet d'une désagrégation plus poussée, avec un indicatif à cinq chiffres dans la CPC. Par exemple, les services de production de films cinématographiques ou de bandes vidéo relèvent de la position 96112 de la CPC, alors que les services de distribution sont classés sous la position 96113. Les services de radio sont classés sous la position 96131 de la CPC et les services de télévision sous la position 96132.

préservation de l'identité culturelle et de la diversité culturelle. Les tenants de la thèse adverse rejetaient toute caractérisation spécifique de ce secteur par rapport à d'autres produits et activités économiques assujettis aux disciplines du système commercial multilatéral, insistant sur l'aspect purement divertissant et commercial des produits et des services audiovisuels.

De fait, 18 Membres seulement ont pris des engagements, et pour la plupart avec des consolidations partielles seulement dans les services audiovisuels dans le cadre de l'Uruguay round[508], tandis que onze autres membres ont pris des engagements dans le cadre d'accessions à l'OMC[509]. Pour les services culturels, autres qu'audiovisuel, les Etats ayant accédé à l'OMC depuis 1995, 16 ont pris des engagements en vue de libéraliser un ou plusieurs services culturels. La majorité des 19 Membres ayant pris, à ce jour, des engagements dans les services audiovisuels ont suivi la classification indiquée dans le document W/120, à quelques modifications ou exceptions près. Cependant, dans certains cas, ils ont eu recours à des définitions nationales[510]. Pour voir l'évolution de l'attitude des pays déjà membres de l'OMC, il convient de se pencher sur le cycle de Doha.

3. Services audiovisuels dans le cycle de Doha

Les deux premières conférences ministérielles, tenues à Singapour en 1996 et à Genève en 1998, se déroulèrent sans trop de heurts. Par contre, la conférence de Seattle en 1999, où les

---

[508]République centrafricaine, République Dominicaine, El Salvador, Cambia, Hong-Kong, Chine, Inde, Israël, Japon, Kenya, Corée du sud, Malaisie, Mexique, Nouvelle Zélande, Nicaragua, Singapore, Thaïlande et les Etats-Unis. Voir, Roy (Martin), *Audiovisual Services in the Doha Round « Dialogue de sourds, The sequel »?,* The Journal of world investment and trade, vol.6, n°6, dec.2005.

[509]Ces pays sont l'Arabie saoudite, Arménie, la Chine, la Géorgie, le Népal, Oman, la Jordanie, le Panama, la république Kirghize, les territoires distinct de Taiwan, Penghu,Kinmen et Matsu et le Vietnam.

[510]Dans un cas notamment, des engagements ont été pris au titre de la catégorie 2.C (services de télécommunications) mais les sous-positions indiquées ensuite (CPC 75241 et CPC 75242) relèvent des services audiovisuels dans le document W/120 et dans la CPC provisoire.

contestations de la « mondialisation » se cristallisèrent, retentit comme un échec, ébranlant sérieusement l'OMC[511]. La Conférence ministérielle de Doha, en novembre 2001, décida du lancement d'un nouveau cycle de négociations, intitulé « Programme de Doha pour le développement ». Il s'agit du premier « round » dans le cadre de l'OMC. Vingt et un points furent énoncés dans ce programme, donnant lieu à des négociations ou à des « mises en œuvre ». Le cycle de Doha devait être conclu et finalisé en 2005, puis en 2006.Mais, le 24 juillet 2006, le Directeur général P. Lamy, président du Comité des négociations commerciales (CNC), constate que les négociations sont dans l'impasse. Elles sont officiellement suspendues le 27 juillet 2006 par le Conseil général. Elles reprennent toutefois timidement durant les années 2007, 2008 et 2009. La conclusion du cycle de Doha se fait toujours attendre[512].

Tout comme l'ensemble des services, les services culturels devaient reprendre en vertu du principe de libéralisation progressive. Les services audiovisuels sont l'un des secteurs où le nombre de Membres de l'OMC ayant pris des engagements est le plus faible, même si la plupart des principaux producteurs ont pris certains engagements[513]. Ces engagements sont plutôt plus nombreux dans les services liés aux films cinématographiques que dans les services télévisuels et radiophoniques. Ce secteur se caractérise également par un nombre élevé d'exemptions du traitement de la nation la plus favorisée (NPF). Ces exemptions concernent par exemple les coproductions cinématographiques.Trois propositions de négociation concernant les services audiovisuels ont été

[511]Abbas Mehdi, *L'Organisation mondiale du commerce. Un essai d'interprétation en termes d'économie politique internationale*, Thèse doctorale, Université de Grenoble, octobre 2000, p.54

[512]Abbas M. (2010). *Mondialisation-développement-multilatéralisme.Les contradictions de l'Organisation mondiale du commerce.* Grenoble, LEPII, 17 p. ; Pierre Sauvé, The WTO beyond Doha: thinking ahead, ICC Commission on Trade and Investment Policy , Paris,may 2010.

[513]Véronique GUÈVREMONT « Industries culturelles et négociations internationales: portrait d'une dynamique multidimensionnelle. L'exemple des pays de la zone euro-méditerranéenne », EUI Working Papers, RSCAS 2007/33, Méditerranéen Programme Séries, Décembre 2007,p.3.

présentées (par les États Unis, la Suisse et le Brésil) au cours des premières années des négociations sur les services. Plus tard, en 2005, avant la Conférence ministérielle de Hong Kong, une déclaration conjointe sur les négociations concernant les services audiovisuels a été distribuée par les délégations de Hong Kong, Chine, du Japon, du Mexique, du Taipei chinois et des États-Unis[514] . Elle est fondée sur l'idée de flexibilité du régime normatif de l'OMC:

« L'AGCS offre aux Membres une grande flexibilité pour prendre, dans le secteur audiovisuel, des engagements conformes à leurs objectifs de politique nationale. Sur les 61 offres initiales ou révisées, 26 comportent des offres dans le secteur audiovisuel, principalement pour les services de production et de distribution de films cinématographiques et de bandes vidéo et les services de projection de films cinématographiques. Six offres initiales ou révisées contiennent de nouvelles offres révisées dans ce secteur. Nous invitons instamment les Membres à considérer attentivement les larges avantages économiques que peut leur apporter l'inclusion dans leurs offres d'engagements concernant les services audiovisuels. Par-dessus tout, le commerce des services audiovisuels entraîne des échanges culturels, qui sont le meilleur moyen de favoriser la diversité culturelle »[515].

Le Brésil plus nuancé que d'autres pays avait proposé que le Conseil du commerce des services réuni en session extraordinaire engage un débat sur les programmes de subventions visant à promouvoir les objectifs de politique nationale concernant la promotion et la préservation de l'identité et de la diversité culturelles et un débat sur les dispositions en matière de défense commerciale et/ou de concurrence nécessaires pour lutter contre les pratiques commerciales déloyales et/ou les pratiques commerciales restrictives dans le secteur[516].

---

[514]Voir Daniel PRUZIN, "Audiovisual 'Friends' Moderate Demands in WTO Plurilateral Requests", *International Trade Daily*, 8 mars 2006

[515] TN/S/W/49 du30 juin 2005,§5-6.

[516] S/CSS/W/999 du juillet 2001,§18.

La Suisse quant elle avait une position on ne peut plus concrète : » La diversité culturelle est devenue, ces dernières années, une formule résumant un objectif de politique générale pour le secteur audiovisuel qui recueille une très large adhésion. S'ils veulent parvenir à un niveau élevé d'engagements dans le secteur audiovisuel au titre de l'AGCS, les Membres devront voir comment faire en sorte que la notion de diversité culturelle soit suffisamment prise en compte. Cela peut être fait de manière implicite en faisant porter les efforts sur les instruments mis en place par les pouvoirs publics pour préserver la diversité culturelle et en s'assurant que leur mise en œuvre reste possible, sous réserve de l'élaboration de certaines disciplines. Il est autrement, ou également, possible d'agir explicitement en prévoyant une clause d'habilitation générale à cet effet. Dans ce cas, il serait probablement nécessaire de définir, ou tout au moins de délimiter, convenablement la notion de diversité culturelle et de prévoir des sauvegardes appropriées pour éviter tout abus. Cette question mérite à notre sens d'être examinée de façon approfondie par les Membres »[517].

Ces propositions et les discussions qui ont suivi ont abordé un certain nombre de questions de classification et de réglementation, mais elles ont porté principalement sur l'accès aux marchés. Les délégations favorables à une libéralisation accrue ont déploré que des engagements n'aient été pris dans le secteur que par un petit nombre de Membres et elles ont attiré l'attention sur les principaux obstacles qu'elles souhaitaient voir réduits, notamment les quotas de contenu, les examens des besoins économiques (examen utilisant des critères économiques pour décider si l'entrée d'une entreprise étrangère sur le marché est justifiée), les restrictions touchant la participation au capital ou les prescriptions en matière de nationalité ou de résidence. Les exemptions de l'obligation NPF, qui sont particulièrement nombreuses dans ce secteur, ont également été abordées au cours des discussions. Les délégations reconnaissaient généralement que les services audiovisuels avaient des aspects à la fois commerciaux et culturels. Plusieurs délégations estimaient qu'il était possible de

[517] S/CSS/W/74 du 4 mai 2001, §29.

concilier les considérations économiques et culturelles des pouvoirs publics dans le cadre de l'AGCS, grâce surtout à la flexibilité offerte au moment de l'inscription des engagements dans les listes, mais d'autres délégations n'étaient pas du même avis[518].

Après la Déclaration ministérielle de Hong Kong de décembre 2005, un groupe de pays en développement et pays développés Membres a élaboré une demande plurilatérale concernant les services audiovisuels. Cette demande porte essentiellement sur les services relatifs aux films cinématographiques et aux enregistrements sonores. En substance, elle vise à obtenir des engagements concernant le mode 1 (fourniture de services d'un pays à un autre) et le mode 2 (consommation d'un service dans un autre pays) correspondant au niveau d'ouverture de facto. Pour le mode 3 (établissement de filiales ou de succursales par une entreprise étrangère en vue de la fourniture de services dans un autre pays), la demande vise à obtenir des engagements qui, dans toute la mesure du possible, ne prévoiraient pas un certain nombre de limitations, y compris des quotas de contenu, des restrictions à la participation étrangère au capital, la limitation du nombre de fournisseurs et des taxes et prescriptions discriminatoires. En pleine mondialisation, la protection des droits de propriété intellectuelle (DPI) revêt de plus en plus une signification particulière pour le commerce international et elle se situe au cœur des préoccupations des gouvernements nationaux et des organisations internationales[519].

C. Le droit de propriété intellectuelle : entre équilibre classique et défis modernes

Jusqu'en 1994 et l'adoption de l'ADPIC, le GATT s'était peu soucié des questions de propriété intellectuelle. Les deux

---

[518]Pour les détails les rapports de 2005 du Président de la Session extraordinaire du Conseil du commerce des services au Comité des négociations commerciales (documents TN/S/20 et TN/S/23).
[519] Cela est notamment manifeste dans la récente publication du Spécial 301 Report par le Bureau du Représentant américain au commerce (USTR) qui cible tous les partenaires commerciaux des États- Unis jugés « laxistes » ou « délinquants » en matière de protection des DPI.

conventions principales (la Convention de Paris pour la protection de la propriété industrielle et la Convention de Berne pour la protection des œuvres littéraires et artistiques) sont à l'origine chacune de la création d'un Bureau international chargé d'assurer les tâches administratives.

La protection des droits d'auteur et des droits voisins est d'une importance capitale comme support à la création artistique. L'économie de l'immatériel est certainement le secteur d'activités qui a connu le développement le plus important de ces dernières années. La culture se nourrit en effet de la création, laquelle suppose que les créateurs soient protégés et puissent être rémunérés de façon satisfaisante. Cependant, le fondement du droit d'auteur, cette propriété sacrée, qui soustrait l'œuvre aux lois normales du marché et aux règles de la concurrence, n'a plus de justification dans un univers où l'œuvre de l'esprit a perdu sa valeur exceptionnelle, son rôle éthique, ses exigences. A la faveur du « tournant numérique », et du métabolisme normatif (de la manière dont les normes se forment, s'imposent, se contestent), la mutation vers une économie de l'immatériel nécessite d'entamer une réflexion poussée sur l'adaptation du cadre législatif pour répondre aux enjeux économiques et culturels.

1. Relations entre droit d'auteur et diversité culturelle : état des lieux et perspectives

Le droit d'auteur prend racine dans les idées des Lumières. En effet, les philosophes du XVIIIe siècle ont plaidé pour la reconnaissance d'un droit de propriété intellectuelle à l'auteur afin de lui garantir les fruits de son travail, dans le but supérieur d'assurer un développement culturel et social. La première loi sur le droit d'auteur est une loi anglaise qui date de 1709. Elle à la base d'un mouvement qui envahit toute l'Europe et les États-Unis, accordant à l'auteur une certaine protection et un monopole d'exploitation sur ses œuvres. La naissance du droit d'auteur à cette époque n'est pas un hasard historique. Elle tient à la conjonction de plusieurs facteurs. Une première explication relève de la notion philosophique de la propriété, principalement développée par John Locke au dix-septième siècle. Imprégnant la pensée de l'époque et les idéaux révolutionnaires de liberté, l'idée de propriété comme droit naturel et attribut de l'individu a directement influencé les penseurs de la propriété littéraire et artistique. La propriété est sacralisée car elle permet d'assurer la liberté du citoyen révolutionnaire, et quelle propriété plus sacrée peut-il exister que celle relative aux œuvres de l'esprit, fruits du travail d'un écrivain ou d'un peintre ? En outre, le droit d'auteur est apparu à l'époque des Lumières dans laquelle l' auteur occupe une place nouvelle.

Ainsi, le statut de l'œuvre change : de sacrée elle devient un bien soumis au commerce et suscitant la critique et la discussion[520]. Les revendications pour la reconnaissance d'une protection juridique des œuvres se déroulent en effet à une époque où apparaît un marché nouveau pour des biens culturels tels que les livres, les œuvres dramatiques, les journaux, marché qui se développe pour répondre aux besoins d'un public très demandeur, qui gagne en indépendance politique et financière.

Cependant, la genèse du droit d'auteur, que ce soit en France ou dans les pays anglo-saxons, est celle d'un équilibre entre droits de l'auteur et intérêt public, ou intérêts du public[521]. Dans cet intérêt du public sont compris à la fois les intérêts des utilisateurs finaux des œuvres, mais aussi et surtout, celui des futurs/es créateurs et créatrices pour lesquels l'accès aux œuvres qui les ont précédés est essentiel, la création étant bien entendu un processus qui se construit et se nourrit d'elle-même.

---

[520] Le mécénat joue un rôle moindre et laisse la place aux éditeurs, acteurs économiques ; l'institution de la censure préalable disparaît. Démuni du mécène et du censeur, l'auteur gagne en autonomie. Sa protection devient importante : il faut lui réserver l'accès au marché pour son œuvre et l'indépendance financière indispensable à la poursuite de son activité créatrice. Les lois sur le droit d'auteur consacrent donc l'auteur comme un « propriétaire », un « génie » et un « acteur économique ».

[521]La constitution américaine traduit parfaitement cet objectif social du droit d'auteur lorsqu'elle permet au Congrès de légiférer en matière de droit d'auteur « to promote the progress of science and useful arts, by securing for limited times to authors and inventors the exclusive right to their respective writings and discoveries ».

Le droit d'auteur a évolué de deux manières. Dans un premier temps, il s'est recentré sur l'auteur, le plaçant au centre de l'équilibre : la protection de l'auteur face aux éditeurs et aux producteurs. Plus récemment, c'est la transition du droit d'auteur vers une notion plus économique qui en a marqué l'évolution non sans soulever les tensions[522]. Le préalable à la liberté de création et d'accès à l'art semble alors être le renforcement des politiques d'éducation culturelle et la consolidation des droits économiques et sociaux. Comme le remarque M. Cohen, « *l'abstention de l'État ne suffit plus à maintenir la liberté de créer ; à quelques très rares exceptions près, celle-ci perd toute réalité si les moyens de son exercice ne sont pas fournis perd toute réalité si les moyens de son exercice ne sont pas fournis* »[523].

Mais certains États n'ont pas de politique culturelle tandis que d'autres ont une politique mais ne font rien. Entre volonté interventionniste ou indifférence relative, les États en voie de développement offrent une grande diversité de situations et de politiques. Ce tableau peu reluisant rend difficile la vitalité de la diversité culturelle. « *Que signifie la liberté de la presse, si la pénurie de papier entrave la diffusion des journaux ?* »[524].Les nouvelles technologies de l'information ont profondément bouleversé le droit d'auteur. En rendant l'utilisation des œuvres difficilement contrôlable et en facilitant la reproduction et la diffusion massive des créations. A côté de la reconnaissance des dangers que peuvent consister les nouvelles technologies pour la protection des droits d'auteur, s'est également répandue l'idée que celles-ci offrent la possibilité d'un accès large et simplifié à l'information et qu'elles pourraient jouer un rôle de premier plan dans le domaine de l'éducation, de la recherche et de la culture en général.

---

[522]J.-B. Racine, « L'ordre concurrentiel et les droits de l'homme », in *Mélanges en l'honneur d'Antoine Pirovano*, Édition Frison-Roche, 2003, p. 420.

[523] COHEN Dany, « La liberté de créer, liberté spécifique ? », p.332.

[524]DECAUX Emmanuel « Comment la prise en compte des droits culturels interfère sur la compréhension des autres droits de l'Homme? » *in* MEYER-BISCH Patrice, *Les droits culturels...*, *op.cit.*, p.187.

La question des exceptions au droit d'auteur et limitations dans l'environnement numérique est désormais actuellement discutée au sein de l'Organisation Mondiale pour la Propriété Intellectuelle (OMPI) qui a inscrit le sujet à l'ordre du jour du Comité permanent du droit d'auteur et des droits connexes (SCCR). L'OMP projette de *maintenir un équilibre approprié entre les intérêts des titulaires de droits et ceux des utilisateurs d'œuvres protégées* .Parmi les limites qui méritent d'être considérées particulièrement, il est possible d'identifier les exceptions au bénéfice des bibliothèques et des archives, les exceptions à des fins d'enseignement et de recherche, l'exception permettant les compte rendu d'actualité, les revues de presse, l'exception de citation, plus accessoirement les exceptions au bénéfice des personnes affectées d'un handicap, ainsi que la copie privée lorsqu'elle permet l'accès à l'information et qu'elle n'est pas déjà couverte par une des exceptions déjà mentionnée[525].

Dans le sillage, prenant acte d'un « essoufflement des justifications classiques et un déséquilibre au profit de la justification économique »[526], Christophe GEIGER a récemment proposé une justification de la propriété littéraire ancrée dans les droits fondamentaux, et singulièrement dans le droit du public à l'information. A cet effet, l'analyse de différentes déclarations des droits de l'homme révèle un « lien très étroit entre l'auteur et la société », faisant du droit d'auteur un « droit social », en ce sens que son existence profite non seulement à l'auteur, mais également à la société dans son ensemble[527].Le principe d'un droit d'auteur qui profite non seulement à l'auteur mais également à la société dans son ensemble, n'est pas sans rappeler la justification utilitariste de la propriété littéraire. Ce sont des droits fondamentaux qui sont ici en jeu, et non plus des intérêts purement économiques. Cette analyse permettrait d'enrichir l'analyse économique et d'y ajouter un supplément

---

[525]Christophe GEIGER, L'avenir du droit d'auteur en Europe : Vers un juste équilibre entre protection et accès à l'information, http://130.79.225.47/pdf/actualite/Rapport_droit_auteur.

[526] Ch. GEIGER, *Droit d'auteur et droit du public à l'information. Approche de droit comparé*, Paris, Litec, 2004, p. 43.

[527] Idem.

d'éthique, invitant à réfléchir en termes de « proportionnalité » chaque fois que « l'utilisation du droit d'auteur viendrait entrer en conflit avec un autre droit de l'homme »[528].

2. Le droit d'auteur à l'épreuve des libertés économiques et culturelles

Les libertés économiques et, entre toutes, celle d'entreprendre, gagnent en importance dans les ordres juridiques contemporains. Pour beaucoup, elles sont devenues fondamentales[529]. Le glissement terminologique s'accompagne ainsi d'un glissement conceptuel qui contribue à institutionnaliser une extension des titulaires de droits fondamentaux. Les droits fondamentaux sont inhérents à l'homme en tant qu'il est homme, et sont nécessaires à l'épanouissement individuel, à la dignité et à l'identité de l'homme dans la société. Soutenir le caractère fondamental des libertés économiques revient alors à considérer qu'il est inhérent à l'homme d'entreprendre et de se constituer dans des rapports marchands. Si traditionnellement les libertés économiques sont un moyen mais non une fin, ou non l'unique fin possible, avec l'*homo economicus qui* devient une qualité humaine substantielle, la liberté économique semble être la seule fin possible.

Ces dernières années le droit d'auteur a assumé une fonction de plus en plus économique, ce qui a suscité de nombreuses critiques de la part de la société civile et culturelle. Cette évolution économique tient à plusieurs raisons. La première relève de la nature même du droit d'auteur. Dès le début, un des objectifs du droit d'auteur a été de garantir la protection de l'œuvre et de l'auteur sur le marché qui se constituait. La plupart des règles du droit d'auteur visent donc à réglementer la

---

[528] Ibid, p.52.

[529] Ernst-Ulrich PETERSMANN, "Human Rights, Constitutionalism and the World Trade Organization: Challenges for World Trade Organization Jurisprudence and Civil Society", Leiden, *Leiden Journal of International Law*, 2006, p.663.

circulation de l'œuvre sur le marché, sa commercialisation et sa diffusion auprès du public.

L'évolution du marché des biens culturels explique également l'accent de plus en plus économique du droit d'auteur. La culture est devenue, à certains égards, une marchandise soumise aux lois du marché. La fabrication de livres, de disques et autres produits tangibles incorporant les œuvres s'est intensifiée et le public des consommateurs n'a cessé d'augmenter. La place de la culture dans la société des loisirs (*entertainment*) ainsi que le développement de la société de l'information (*infotainment*) ont encore accru la place des biens culturels dans l'économie globale. Désormais, le domaine du droit d'auteur est, selon la Commission européenne, celui qui suscite le plus grand mouvement de lobby, après celui de la pétrochimie. Le secteur économique de la culture est de plus en plus un secteur essentiel de l'économie des Etats et les acteurs s'y sont diversifiés. Cette évolution a eu une incidence sur l'évolution de la législation au niveau national et international. Certaines règles juridiques internationales jouent un rôle non négligeable, rôle qui s'intensifie en raison de l'augmentation des possibilités de diffusion transnationale des œuvres qui a marqué ces trente dernières années. Les textes internationaux les plus importants sont la Convention de Berne et les accords ADPIC[530].

La Convention de Berne de 1886 (de nombreuses fois modifiée depuis) a été adoptée suite au Congrès international des Auteurs et Artistes de 1885 dont l'objectif était d'assurer une protection minimale aux auteurs. Cette Convention de Berne instaure une protection minimale des œuvres que les signataires doivent inclure dans leur loi interne et renvoie pour le reste aux lois nationales. Elle n'est jamais directement applicable devant un tribunal national. Plus de cent Etats sont actuellement signataires de la Convention de Berne. Cette Convention est gérée par l'Organisation Mondiale de la Propriété Intellectuelle qui

---

[530]L'Accord sur les ADPIC, qui comme tous les accords issus du cycle d'Uruguay est entré en vigueur le 1er janvier 1995, est à ce jour l'accord multilatéral le plus complet en matière de propriété intellectuelle touchant au commerce.

constitue l'organisme international le plus important en matière de droit d'auteur.Les traités de l'Organisation Mondiale de la Propriété Intellectuelle de 1996 et de 2000 avaient pour objectif d'adapter la Convention de Berne aux développements technologiques. Ces Traités sont également des textes non directement applicables mais imposent aux Etats signataires d'inclure certaines dispositions dans leur droit. De manière indirecte, ils contribueront toutefois à l'harmonisation de certains principes minimaux dans les systèmes juridiques de différents pays.

Une grande distinction peut être faite entre les systèmes de droit d'auteur des pays dits civilistes, c'est-à-dire dont le régime juridique découle plus ou moins directement du Code Civil de Napoléon (France, Belgique, Espagne, Italie, etc.) et les systèmes de droit anglo-saxon (Royaume-Uni, Etats-Unis, Australie). Les premiers connaissent le système du « droit d'auteur », les seconds celui du « copyright ». Il existe des différences notables entre les deux systèmes. Certaines de ces différences, même si elles ont tendance à disparaître en raison de l'intensification de la protection internationale du droit d'auteur, peuvent être résumées rapidement de la manière suivante : L'élément essentiel du droit d'auteur est l'auteur, alors que l'objet du copyright est plutôt soit l'œuvre, soit la copie. La justification personnaliste offre une explication concluante au principe selon lequel la propriété littéraire protège la forme et non les idées. En effet, seule la forme peut être privativement réservée au créateur « parce qu'elle seule est susceptible de porter l'empreinte de la personnalité du créateur »[531].

Le droit d'auteur serait un droit naturel, protecteur de la création, alors que le droit anglo-saxon serait un droit purement économique, protégeant la commercialisation des produits culturels. L'intérêt du créateur occupe le premier plan dans le système français, alors que c'est surtout l'investisseur qui est important dans le copyright. Par exemple, l'auteur sur un film est le producteur aux Etats-Unis, alors qu'il s'agit du réalisateur,

---

[531]L. PFISTER, « La propriété littéraire est-elle une propriété ? Controverses sur la nature du droit d'auteur au XIXème siècle », R.I.D.A., 2005, p.161.

du créateur en Europe. Le processus législatif y subit de plus en plus les influences des lobbies, plus forts du côté des producteurs et investisseurs, que du côté des créateurs ou du public. Ce jeu de pressions des lobbies donne certainement un accent plus économique à la législation.

Dans le domaine de la propriété littéraire et artistique, de nouveaux droits ont été progressivement reconnus, depuis une trentaine d'années, non plus aux créateurs mais aux auxiliaires de la création. Ce sont les droits voisins. En premier lieu il s'agit des artistes-interprètes qui bénéficient sur leurs prestations de droits similaires à ceux des auteurs. Ensuite, ce sont les producteurs de films et de disques et les organismes de radiodiffusion qui se sont vus reconnaître le bénéfice de droits de reproduction et de communication au public sur leurs produits ou leurs émissions. Ici, ce n'est plus la création qui est protégée mais le seul investissement financier.

En 1952, l'UNESCO reprend les termes de la Convention sur le droit d'auteur de 1883 en l'intégrant dans la Convention universelle sur le droit d'auteur, révisée en 1971[532]. Elle ajoute à cela la Convention de Rome pour la protection des artistes, interprètes ou exécutants, des producteurs de phonogrammes et des organismes de radiodiffusion de 1961 et un ensemble de conventions assurant la protection des droits d'auteur dans un contexte de large diffusion des œuvres grâce aux nouvelles technologies. La protection du droit d'auteur au niveau international est placée sous la surveillance de l'Organisation Mondiale de la Propriété Intellectuelle (OMPI) en liaison avec l'UNESCO.

Ces instruments protègent les droits individuels d'auteurs identifiables, pour des œuvres originales et fixées sur un support matériel. Cette restriction de la protection juridique a laissé pendant longtemps tout un pan des créations culturelles de ce monde hors de toute protection internationale, s'agissant ici de la culture traditionnelle et le folklore. Ainsi, au cœur de la

[532]La Convention universelle sur le droit d'auteur, révisée par la convention de Paris du 24 juillet 1971, entrée en vigueur le 10 juillet 1974, Doc. UNESCO.

culture, les droits de propriété intellectuelle deviennent contraire au sens intrinsèque des droits culturels pour une partie de l'humanité pour qui le savoir et l'art ne se créent pas mais se transmettent oralement et sont le simple fruit d'une tradition immémoriale. Les changements induits par la technologie et par le commerce, comme la mondialisation des chaînes de production et la généralisation des produits « fabriqués dans le monde », l'émergence d'un commerce axé sur la propriété intellectuelle « pure » sous la forme de contenus numériques, et la structuration de l'accès aux contenus protégés par des moyens technologiques plutôt que juridiques représentent-ils une érosion du système territorial des DPI ou bien sont-ils un aboutissement logique, le commerce des DPI? Il convient d'examiner l'accord ADPIC pour mieux apprécier son impact sur la diversité culturelle.

3. L'Accord ADPIC : un régime attractif mais inadapté pour la diversité culture

L'introduction de règles relatives à la propriété intellectuelle dans le système commercial mondial, par le biais de l'Accord sur les ADPIC, est l'un des résultats importants du Cycle d'Uruguay qui reflète les intérêts économiques perçus des économies développées, et donc leurs stratégies de négociation. L'avènement de l'Accord sur les ADPIC a suscité des débats et des analyses parmi les économistes et les juristes du commerce sur le rôle que les normes de propriété intellectuelle devraient jouer dans le système du droit commercial. L'Accord sur les ADPIC définit formellement le fondement juridique et institutionnel de la propriété intellectuelle dans le système commercial multilatéral.

L'Accord sur les ADPIC était une réponse à l'accroissement des biens et services protégés par des droits de propriété intellectuelle dans le commerce international, intégrant des règles relatives à la propriété intellectuelle dans le système commercial multilatéral. Il reconnaissait qu'une protection équilibrée de la propriété intellectuelle était un élément essentiel des relations commerciales internationales, reflétant l'accent mis par les responsables politiques sur l'innovation et la créativité, et sur l'accès à la connaissance et à la technologie, comme facteurs de développement économique, social et culturel. Il va sans dire que l'enjeu de la protection des DPI se caractérise par « l'enchevêtrement »[533] des normes et des principes permettant l'émergence d'un « espace polycentrique ». Cela conduit au défi de la cohérence politique dans le système de gouvernance mondiale en pleine évolution, dont l'OMC fait partie.

La négociation de l'Accord sur les ADPIC a été un point central pour la culture dans le Cycle d'Uruguay. Plusieurs des propositions mises de l'avant, surtout par les États-Unis, concernant le droit d'auteur auraient eu pour effet additionnel de limiter, sinon d'interdire, bon nombre de types de programmes culturels[534]. Pour bien comprendre ces propositions, il faut ici aussi décrire brièvement la structure de l'accord, et la nature des droits et des obligations qu'il renferme.

Selon cet Accord, qui lie définitivement les DPI au commerce international, le terme PI comprend ces catégories: droit d'auteur et droits connexes (articles 9 à 14), marques (articles 15 à 21), indications géographiques (articles 22 à 24), dessins industriels (articles 25 et 26), brevets (articles 27 à 34), topographie de circuits intégrés (articles 35 à 38) et protection de renseignement confidentiel (article 39). La protection des droits d'auteur et des droits voisins est d'une importance capitale comme support à la création artistique[535]. Pour

---

[533]Jacques Chevalier, *L'État post-moderne*, Paris, L.G.D.J., 3ème édition, 2008, p. 135. La multiplication sans précédent des réglementations bilatérales et régionales dans le domaine de la propriété intellectuelle et l'évolution post-ADPIC ont des conséquences importantes, non seulement pour la propriété intellectuelle et le commerce, mais aussi pour de nombreux domaines des politiques publiques qui font l'objet de conventions internationales distinctes.

[534]Pour les détails voir Christophe Germann, *Diversité culturelle et libre-échange à la lumière du cinéma – Réflexions critiques sur le droit naissant de la diversité culturelle sous les angles du droit du commerce international, de la concurrence et de la propriété intellectuelle, op.cit,* p.367 ; BENABOU VAlérie-Laure, « Propriété intellectuelle et diversité culturelle ? Approche juridique », *in* BRUGUIÈRE, Jean -Michel (ed.), *Droit d'auteur et culture*, Paris, Dalloz, coll. « Thèmes et Commentaires », 2007, p.77-93.

[535]Dans le domaine de la propriété littéraire et artistique, de nouveaux droits ont été progressivement reconnus, depuis une trentaine d'années, non plus

bénéficier de la protection au titre du droit d'auteur, l'œuvre doit revêtir deux qualités : être matérialisée dans un support et originale. *« La forme est à l'œuvre ce que le corps est à la personne »*[536]. A suivre certains auteurs, il est même surprenant à ce titre de constater que le droit d'auteur soit mentionné expressément comme un droit de la personne dans la Déclaration universelle des droits de l'homme, le Pacte international relatif aux droits économiques, sociaux et culturels ainsi que dans la Déclaration américaine des droits et devoirs de la personne[537]. Mais l'importance croissante du commerce des produits culturels, tels le livre, les enregistrements sonores, le contenu télévisuel et cinématographique, montre et démontre à suffisance la place centrale que ces questions doivent prendre dans le système commercial multilatéral.

L'accord remédie certes à une lacune de longue date dans les traités de l'OMPI, dont l'application avait toujours été entravée par l'absence de mécanismes d'exécution effectifs. Mais il s'agit plus d'une protection plutôt patrimoniale qui se révèle parfois insuffisante pour les créations immatérielles qui, bien souvent, n'ont pas un support tangible. Il en est ainsi des contes, des légendes, des danses et autres expressions du folklore qui se transmettent de génération en génération par voie orale. De plus, depuis la conclusion de l'Accord sur les ADPIC, le rôle et l'importance réels de la propriété intellectuelle dans le commerce international ont radicalement changé, créant des marchés totalement nouveaux, de nouvelles opportunités pour les économies émergentes et une nouvelle génération d'entreprises mondiales dès l'origine et implantées dans tous les pays quel que soit leur stade de développement. Les produits

---

aux créateurs mais aux auxiliaires de la création. Ce sont les droits voisins. En premier lieu il s'agit des artistes-interprètes qui bénéficient sur leurs prestations de droits similaires à ceux des auteurs. Ensuite, ce sont les producteurs de films et de disques et les organismes de radiodiffusion qui se sont vus reconnaître le bénéfice de droits de reproduction et de communication au public sur leurs produits ou leurs émissions. Ici, ce n'est plus la création qui est protégée mais le seul investissement financier.

[536] P-Y.GAUTIER, Propriété littéraire et artistique, PUF, 2004, 5e éd., n° 24.

[537] Pierre SAUVE, *op .cit.*, p.9 ; H.RUIZ FABRI, Évaluation de la faisabilité juridique d'un instrument international sur la diversité culturelle, *op.cit*, p.5.

sont conçus et fabriqués de manière radicalement différente, les composants et les intrants incorporels (conception, technologie, marque) provenant de différents endroits du monde et passant par des chaînes d'approvisionnement internationales dans le cadre des réseaux de production mondiaux. Les entreprises répartissent leurs activités dans le monde entier, depuis la conception du produit et la fabrication des composants jusqu'à l'assemblage et la commercialisation. Dans ce nouvel environnement, un régime de propriété intellectuelle efficace est vu comme un facteur déterminant pour la participation effective des pays aux réseaux de production mondiaux.

Les technologies numériques et le développement d'Internet en tant qu'outil à la disposition des consommateurs ont fondamentalement modifié la façon dont les produits culturels, les divertissements et l'information sont produits, distribués et consommés. L'Internet permet d'ailleurs la diffusion instantanée des produits culturels à l'échelle mondiale. Il est certes évident que la portée mondiale d'Internet permet aux cultures de niche, aux créateurs individuels, aux producteurs et aux artisans locaux, et aux PME ingénieuses, dans les pays en développement comme dans les pays développés, de prospérer grâce au commerce international, avec une réduction spectaculaire du coût de l'accès au marché mondial.

Cependant, pour une grande partie des sociétés du monde, l'expression culturelle n'est pas laissée à l'interprétation des seuls artistes, mais provient de toute la communauté. Elle est issue d'un système de valeurs traditionnelles qui valorise le bien-être de la communauté avant l'individu. En outre, une majorité des expressions culturelles traditionnelles ne sont fixées sur aucun support et sont le fruit de la tradition orale inscrite dans les arts chantés, dansés, les représentations, symboliques et pratiques quotidiennes. Cela se traduit dans le domaine de l'artisanat (tissages, broderie, cuisine, poterie, etc.) par des motifs codifiés dont la signification prend sa source dans l'histoire du peuple. A cela, il faut ajouter que parmi les peuples autochtones la notion même de propriété individuelle ou encore de propriété intellectuelle n'a aucun sens et va à l'encontre du système de valeurs[538]. De plus, le concept de savoir traditionnel varie beaucoup selon les auteurs; l'étendue de sa définition peut se limiter aux connaissances qui concernent les ressources génétiques, comme le soutiennent Thomas Cottier et Panizzon[539], ou bien se confondre avec la définition de culture, selon Visser[540].

Ainsi, selon l'OMPI, ces savoirs traditionnels « représentent des valeurs culturelles, sont généralement détenus collectivement et leur maîtrise n'est pas nécessairement aux mains d'individus qui se servent de savoirs fragmentés, mais aux mains de la communauté ou de la collectivité toute entière »[541]. Les textes internationaux utilisent tour à tour les notions de « communautés »de « peuples autochtones, communautés traditionnelles ou culturelles »[542], ou encore de « communautés autochtones et locales qui incarnent des modes de vie traditionnels ». A partir de cette divergence de notions, l'OMPI a réalisé une différenciation entre les savoirs traditionnels et les savoirs autochtones en ce sens que, compte tenu de la

[538]En 1973, le gouvernement bolivien demande à l'UNESCO d'étudier la possibilité d'inclure la protection du folklore dans le cadre de la convention universelle sur le droit d'auteur. L'UNESCO et l'OMPI amorcent alors un large débat sur le besoin de protéger le folklore dans son contenu comme de lui assurer une protection juridique à l'occasion de son exploitation sociale. L'enjeu de l'instauration de tels instruments internationaux est de permettre aux sociétés traditionnelles de bénéficier des retombées économiques de la diffusion de leur art.

[539]Thomas Cottier, Marion Panizzon, « Legal perspectives on traditional knowledge: the case for intellectual property protection» (2004) 7:2 J. 101'1 Econ. L 371, p.371.

[540] Coenraad J. Visser « Making intellectual property laws work for traditional knowledge» dans J. Michael Finger et Philip Schuler, dir., *POOl' people* 's *knowledge: promoting intellectual property in developing COLm/ries,* Washington (OC), Banque mondiale et Oxford University Press, 2004, 207.

[541]OMPI, « Savoirs traditionnels : Besoins et attentes en matière de propriété intellectuelle », *Rapport de l'OMPI sur les missions d'enquête menées consacrées à la propriété intellectuelle et aux savoirs traditionnels (1998-1999)*, Genève, 2001, p. 232.

[542]OMPI, La protection des expressions culturelles traditionnelles ou expressions du folklore : Objectifs et principes révisés, 7 juin 2005, WIPO/GRTFK/IC/8/4 Corr.

particularité de la notion de communauté autochtone, les savoirs autochtones sont « les savoirs traditionnels des peuples autochtones[543].

Certains auteurs considèrent qu'il y a une incompatibilité entre les concepts capitalistes des DPI et les pratiques et valeurs philosophiques des autochtones et, dans le cas des brevets spécifiquement, ils craignent que le caractère exclusif de propriété conféré par les brevets puisse priver les populations détentrices des savoirs de leurs usages traditionnels. Pour Thomas Cottier et Panizzon : « *Il ya, donc, une difficulté à surmonter: les deux sous-systèmes de protections de la PI en vigueur - droits d'auteurs et propriété industrielle -utilisent une méthodologie fondée sur des valeurs individualistes de protection intellectuelle. Il faut concevoir un mécanisme de protection qui prévoit une propriété collective du savoir traditionnel qui appartienne à toute une collectivité/communauté »*[544]. C'est dans ce sens que le Comité des DESC souligne que « les États parties devraient adopter des mesures garantissant aux peuples autochtones la protection efficace des intérêts liés à leurs productions, qui sont souvent des expressions de leur patrimoine culturel et savoir traditionnel » et « lorsqu'ils adoptent des mesures de protection des productions scientifiques, littéraires et artistiques des peuples

[543] Les notions de peuples ou communautés autochtones doivent être comprises au sens où l'entendait le Rapporteur spécial Martinez Cobo, dans le cadre de la Sous-Commission des droits de l'Homme du Conseil économique et social de l'ONU, pour lequel « par communautés, populations et nations autochtones, il faut entendre celles qui, liées par une continuité historique avec les sociétés antérieures à l'invasion et avec les sociétés précoloniales qui se sont développées sur leurs territoires, se jugent distinctes des autres éléments des sociétés qui dominent à présent sur leurs territoires ou parties de ces territoires. Ce sont à présent des éléments non dominants de la société, et elles sont déterminées à conserver, développer et transmettre aux générations futures les territoires de leurs ancêtres et leur identité ethnique en tant que peuple, conformément à leurs propres modèles culturels, à leurs institutions sociales et à leurs systèmes juridiques » ; E/CN.4/Sub.2/1986/7/Add.4, p. 31-32, §379-381.

[544]TH.Cottier et Panizzon, *op.cit,* p.385.

autochtones, les États parties devraient tenir compte de leurs préférences »[545].

L'ADPIC prévoit certes une protection minimale de la propriété intellectuelle des peuples autochtones.Il faut souligner que la protection envisagée est souvent plutôt patrimoniale qui se révèle insuffisante pour les créations immatérielles qui, bien souvent, n'ont pas un support tangible. Il en est ainsi des contes, des légendes, des danses et autres expressions du folklore qui se transmettent de génération en génération par voie orale. C'est pourquoi une protection fondée sur le régime de la propriété intellectuelle pourrait être envisagée ainsi qu'une protection sur la base d'une loi *sui generis*[546]. L'adoption d'un traité créant un droit de propriété intellectuelle traditionnel, de préférence, dans le cadre de l'OMC, participerait mieux à la protection des savoirs traditionnels[547].

L'apparition du concept de patrimoine culturel immatériel pourrait être une solution à une prise en charge plus large de la protection de la production culturelle traditionnelle. L'OMC depuis la conférence ministérielle de Doha a pris conscience de cette question. Citons tout d'abord la reconnaissance de la protection des créations populaires et traditionnelles tels que le folklore et les savoirs traditionnels qui font partie du patrimoine culturel en général et qui sont d'une grande importance pour la protection des expressions culturelles nationales[548]. Dans son

---

[545]Observation Générale n°17 du Comité DESC, *op.cit.*, §32.

[546] T.COTTIER et PANIZZON, *op.cit*, pp. 387-399.

[547] Ibid. p.399

[548]« Au sens large, les savoirs traditionnels désignent tant les idées que les formes d'expression de ces idées qui ont été élaborées par les communautés autochtones et locales de manière traditionnelle. Au sens strict du terme, les savoirs traditionnels ne s'entendent que des savoirs en tant que tels, c'est-à-dire uniquement des idées et non de leur forme d'expression. » Cependant, il est généralement admis que les savoirs traditionnels ne sont « traditionnels » que dans la mesure où leur création et leur utilisation ont pour source les traditions des communautés autochtones. Le fait qu'ils soient qualifiés de « traditionnels » n'implique pas nécessairement l'ancienneté de ces savoirs. Les savoirs locaux désignent les ensembles cumulatifs et complexes de savoir, savoir-faire, pratiques et représentations qui sont perpétués et développés par des personnes ayant une longue histoire d'interaction avec

paragraphe 19, la Déclaration de Doha affirme : « *nous donnons pour instructions le Conseil des ADPIC(...) d'examiner, entre autres choses, la relation entre l'Accord sur les ADPIC et(...) la protection des savoirs traditionnels et du folklore et autres faits nouveaux pertinent réglés par les Membres conformément à l'article 71 :1* ». Compte tenu de la diminution de la diversité biologique et de l'impact de la mondialisation sur les savoirs traditionnels et le folklore, la Déclaration de Doha de 2001 prévoit un examen de la relation entre l'Accord A.D.P.I.C et la Convention des Nations Unies sur la diversité biologique ainsi que la protection des savoirs traditionnels et du folklore[549].

C'est dans ce cadre que des études ont été revigorées au sein de l'OMPI au niveau du Comité intergouvernemental de la propriété intellectuelle relative aux ressources génétiques, aux savoirs traditionnels et au folklore[550]. Celui-ci recommande que cet organe accélère le processus concernant la protection des ressources génétiques, des savoirs traditionnels et du folklore qui ne sont pas actuellement pris en compte par le droit de la propriété intellectuelle[551]. Des débats ont été soulevés notamment à propos de la question de l'utilisation de ces ressources génétiques et savoirs traditionnels donnant lieu à des avantages commerciaux et autres. C'est dans ce cadre également que la recommandation n° 45 du Plan d'action de l'OMPI pour le développement sur l'application des droits de propriété intellectuelle et les travaux de l'OMPI dans ce domaine a été adoptée. L'article 7 de l'Accord sur les ADPIC, élément central de la recommandation, prévoit la réalisation de divers objectifs

---

leur environnement naturel, « *Système de savoirs locaux et autochtones, Links* ». Qu'est-ce que les savoirs locaux?, (2003), Organisation des Nations Unies pour l'éducation, la science et la culture, en ligne :<http://portal.unesco.org/science/fr/.

549 Paragraphe 19 de la Déclaration de Doha du 14 novembre 2001.

550 T. M. SANOU, L'Agenda de l'OMPI pour le développement : vers une réforme de la propriété intellectuelle ? Revue. Internationale de Droit Economique 2009/2.

551 Recommandation n° 18. Inviter instamment le comité intergouvernemental à accélérer le processus concernant la protection des ressources génétiques, des savoirs traditionnels et du folklore, sans préjudice du résultat, y compris l'élaboration éventuelle d'un ou plusieurs instruments internationaux.

qui laissent supposer de multiples intérêts en jeu, dont la diversité culturelle.

Il est plus avantageux pour l'humanité de faire circuler librement les idées et les connaissances que de limiter cette circulation. Aristote affirmait que l'homme est l'animal mimétique par excellence. Les Lumières reprirent cette idée. Les biens culturel et la propriété intellectuelle constitue un objectif politique potentiellement conflictuel. Deux tendances sont en contradiction : la volonté de dérégulation et de « concurrence loyale », d'une part, et la montée en puissance des oligopoles et des monopoles, d'autre part. Les conséquences de ce contrôle monopolistique sont effrayantes. Les quelques groupes dominant l'industrie culturelle ne diffusent que les œuvres artistiques ou de divertissement dont ils détiennent les droits. Ils se concentrent sur la promotion de quelques stars, investissent massivement sur elles et gagnent de l'argent sur les produits dérivés. En raison des risques élevés et des exigences de retour sur investissement, le marketing en direction de chaque citoyen du monde est si agressif que toutes les autres créations culturelles sont évacuées du paysage mental de beaucoup de peuples.

La Convention de l'UNESCO de 2005 ne traite pas expressément de la propriété intellectuelle. Néanmoins, elle ne sous-estime pas l'importance des droits de propriété intellectuelle pour la protection et la promotion de la diversité des expressions culturelles. Elle reconnaît dans son préambule l'importance de ces droits pour soutenir les personnes qui participent à la créativité culturelle (considérant 17). Au regard de la récente « révolution digitale », ne devrait-il pas y avoir un nouvel accord de type ADPIC spécifique aux biens culturels ? N'est-il pas illusoire de compter sur l'accord ADPIC pour améliorer les transferts de technologies sans trouver, tout d'abord, des réponses appropriées au déficit d'alphabétisation, aux carences de l'enseignement supérieur et la « fuite des cerveaux » que rencontrent de nombreux pays en développement ? La combinaison du droit de la concurrence et du droit de la propriété intellectuelle peut apporter une solution à cette situation.Cette protection dépend d'activités et de ressources de l'État telles que l'élaboration et la mise en œuvre de législations et de politiques nationales et régionales en matière de droits d'auteur et des droits voisins, de marques commerciales et d'appellations commerciales, entre autres. Ce problème ne concerne pas tellement les lacunes du système mondial d'échanges commerciaux, mais plutôt le manque de conscience des États de la possibilité de lutter contre la distorsion de la concurrence et du commerce via la législation anti-trust nationale. De plus, ce manque de conscience s'étend aussi à la relation entre les politiques culturelles, le droit de la concurrence et les droits de propriété intellectuelle.

Or, si indispensable soit-elle, cette démarche souveraine de chaque Etat devient opérationnellement ineffective à mesure que se développent les dynamiques de mondialisation économique. En effet, si deux entreprises américaines décident de se partager le marché chinois sur la base d'un partage illicite du marché ou d'une entente de prix sans y être toutes les deux implantées, les autorités chinoises ne pourront sévir contre cette entente illégale que si elles disposent d'informations venant des Etats-Unis. A supposer que ces derniers leur donnent ces informations sur la base d'un accord interétatique, les autorités chinoises pourraient faire condamner ces entreprises aux Etats-Unis où elles ont leur siège. Mais pour pouvoir condamner ces firmes américaines, il faudrait pouvoir prouver qu'elles ont enfreint les lois américaines sur la concurrence[552].

Il ressort de ce qui précède que la culture, lorsqu'elle est pensée dans le cadre du droit du commerce, est fractionnée dans ses différents aspects et composantes. Ici l'audiovisuel, là le patrimoine, et encore ici la propriété intellectuelle et droit de la concurrence. Ce travail à la pièce empêche une vision globale du problème et de sa solution. La lacune la plus sérieuse et la plus évidente réside dans le fait que les instruments existants approchent le problème de la préservation de la diversité culturelle de façon parcellaire, à partir de points de vue distincts : biens culturels, services, investissements,

---

[552] Frédéric JENNY, «L'environnement économique international et les autorités de concurrence» in Conseil d'Etat, *Rapport public 2001*, Paris, La Documentation Française, 2001, p. 450.

télécommunications etc. Dans ce contexte, la politique publique s'appuie sur différentes stratégies de négociation faisant apparaître une fragmentation des niveaux de décision de la politique culturelle.

SECTION II. POUR UNE MEILLEUR COHERENCE AU SEIN DE L'OMC

La cohérence formelle de l'ordre juridique international, différemment de ce qui se passe en droit interne, doit être comprise dans le sens de l'existence de techniques ou mécanismes qui permettent d'éviter ou de résoudre les conflits de normes.

L'OMC dispose d'un mécanisme de règlement des différends qui permet aux États membres, agissant au nom de leurs entreprises, de se porter partie plaignante contre les lois, les politiques et les programmes de n'importe quel État membre.(§1) Cette quasi-juridiction dont la fonction est d'abord de dire le droit sur la base des accords strictement commerciaux, a, par nécessité logique ou politique, fait évoluer l'application de certaines dispositions des accords et a développé une politique jurisprudentielle qui tient compte des normes extra commerciales(§2).

§1. LE RÈGLEMENT DES DIFFÉRENDS DE L'OMC

L'Accord de Marrakech instituant l'Organisation Mondiale du Commerce a établi un ensemble de dispositions nouvelles en matière de règlement des différends, dont il est généralement affirmé qu'elles constituent le nouveau socle sur lequel repose le système commercial multilatéral que nous connaissons aujourd'hui, et qu'elles contribuent à la stabilité de l'économie mondiale. L'existence d'un tel mécanisme de règlement des différends s'inscrit dans une logique multilatérale, empêchant ainsi les États lésés de se faire justice eux-mêmes en recourant à des mesures unilatérales. Dès l'introduction de cette procédure de règlement des différends, les États membres l'ont abondamment[553] utilisée afin de contraindre, sur le plan juridique, leurs partenaires à mettre en œuvre les engagements formulés à Marrakech et à en respecter les principes essentiels. Cette procédure de règlement des différends n'est toutefois pas une innovation. Il en existait déjà une dans le cadre de l'ancien Accord général sur les tarifs douaniers et le commerce (GATT), mais celle-ci accusa bien vite une série de lacunes qui appelèrent à sa réformation. A cette fin, nous retracerons d'abord un historique mettant en évidence les raisons ayant amené à une réformation de l'ancien système du GATT (A) avant de mettre en évidence les principales caractéristiques du système de l'OMC. Nous aborderons ensuite le règlement des litiges proprement dit(B).

A. Cadre général de règlement de différends : du GATT à l'OMC

Un système s'appuyant sur la réglementation n'est opérationnel que s'il existe un moyen de résoudre les conflits. Un mécanisme de règlement des différends est par conséquent un élément essentiel pour assurer la sécurité et la prévisibilité du système commercial multilatéral. Le GATT de 1947 prévoyait un mécanisme de ce type dans les Articles XXII et XXIII. Mais au cours du temps, les défauts de ce système sont devenus évidents et il a fallu améliorer son efficacité. Visant à garantir les droits et obligations des membres de l'OMC, ce nouveau mécanisme a corrigé les défauts majeurs qui altéraient le bon fonctionnement du système de l'ancien GATT, à savoir la fragmentation excessive des règles résultant de la coexistence de diverses procédures de règlement des différends, les retards dans la procédure provoqués par la partie mise en cause et enfin le non-respect des recommandations et décisions des groupes spéciaux, conduisant à une sorte de « talion commercial ». C'est ce nouveau système particulièrement original oscillant adroitement entre le politique et le juridique, qu'il convient de présenter dans

[553] Plus de 300 différends, portant sur un large éventail d'activités économiques, ont été soumis à l'OMC depuis sa création en janvier 1995.

ses caractéristiques principales et différentes phases(2) après avoir présenté le système du GATT(1).

1. Le système du GATT de1947

Lorsqu'un État membre se considérait lésé par un manquement d'un autre Etat membre aux obligations qui lui incombaient en vertu de l'Accord, les articles XXII et XXIII du GATT prévoyaient que le conflit devait être réglé *entre ces Etats* et par voie de *conciliation*. La procédure se déroulait en deux étapes successives : lors de la première étape, l'accent a toujours été mis sur la recherche d'une solution mutuellement satisfaisante et ce, par voie de négociations bilatérales. En cas d'échec, l'ensemble des membres du GATT devait examiner la question et statuer ou formuler des recommandations selon le cas, et autoriser des sanctions, si nécessaire. Un groupe spécial de trois (ou parfois cinq) experts était généralement désigné. La recommandation du groupe spécial devenait contraignante à dater de son adoption par le Conseil des Représentants du GATT[554].

A partir des années 1980, la procédure rencontra certaines limites. Premièrement, d'après l'ancienne procédure du GATT, les décisions ne pouvaient être adoptées que par consensus. Les décisions prises par le Conseil devaient obligatoirement refléter le consensus des membres, tout au long de la procédure, qu'il s'agisse de l'établissement du groupe spécial, de la détermination de son mandat et de sa composition ou de l'approbation de ses recommandations. Il découlait de ce mode décisionnel que n'importe quel État membre pouvait exercer son « droit de veto » et par conséquent bloquer la procédure. Ainsi, faute de consensus, un certain nombre de rapports du groupe spécial ne purent être adoptées par le Conseil. En outre, même en cas d'adoption, les recommandations contenues dans ces rapports étaient rarement suivies d'effet, leur portée étant non contraignante.

---

[554] H. RUIZ FABRI, « Le règlement des différends dans le cadre de l'Organisation mondiale du commerce », *J.D.I.*, 1997, Tome III, p. 711 et ss.

Deuxièmement, la situation s'est empirée fin des années 70 avec l'entrée en vigueur d'un certain nombre d'accords sur des mesures non tarifaires qui n'intéressaient qu'un nombre limité d'États membres : « les codes du Cycle de Tokyo ». Certains de ces codes avaient leur propre procédure de règlement des différends et des obligations de codes distinctes de celles du GATT, d'où un risque d'incompatibilité entre les différents verdicts. En effet, les règles du GATT et celles du code du Cycle de Tokyo coexistaient à propos de certaines questions commerciales, prévoyant ainsi plusieurs procédures[555]. Les États signataires du GATT et de ces codes avaient ainsi la possibilité de choisir la procédure de règlement des différends qui leur semblait la plus favorable. Cette pratique dite du *forum shopping* [556]était susceptible de conduire à des incohérences au sein même du GATT, forçant parfois les États à respecter des recommandations contradictoires parce que rendues par des instances différentes.

Troisièmement, la cumulation de toutes ces difficultés finirent par mettre en péril la crédibilité du mécanisme lui-même dans la mesure où le nombre de différends ne cessait d'augmenter et surtout d'impliquer les principales puissances économiques tout en butant sur les limites et blocages auparavant énoncées. Ce manque de crédibilité du système était également dû aux compétences et aux comportements des personnes qui composaient les groupes spéciaux : il s'agissait rarement de juristes, mais plutôt de représentants des administrations des

---

[555] E. CANAL-FORGUES, *op.cit.,* p. 11 et ss.

[556]Lorsque deux ou plusieurs juridictions sont simultanément compétentes, rien n'empêche le demandeur de choisir la juridiction sur la base de considérations stratégiques, voire d'en saisir plusieurs simultanément ou successivement. On pensera notamment à la décision des États-Unis de porter l'affaire des périodiques devant l'ORD. Ce faisant, ils ont évité la procédure offerte dans l'enceinte de l'ALENA, où le Canada, autre partie au litige, aurait pu arguer d'un moyen de défense bien plus efficace, à savoir l'exception culturelle, qu'il n'est pas en mesure d'invoquer devant l'ORD. .cet émiettement de forums se double d'un law shoping. Le « law shopping » étant alors à la loi applicable ce que le « forum shopping » est à la juridiction compétente : un « self-service » normatif. Voir A. Supiot, « Du nouveau au self-service normatif: la responsabilité sociale des entreprises », in *Analyse juridique et valeurs en droit social*, submitted to J. Pelissier, Dalloz, Paris, 2004, p.541.

affaires étrangères ou des attachés commerciaux d'ambassade[557].C'est dans ce contexte que l'ancienne procédure de règlement des différends du GATT a été réformée pour laisser la place à une nouvelle, apportant d'importantes modifications et améliorations au « vieux système ». Désormais, la nouvelle procédure de règlement des différends prend appui sur le « Mémorandum d'accord sur les règles et procédures régissant le règlement des différends » qui fait partie intégrante de l'Accord de Marrakech instituant l'OMC.

2. La nouvelle procédure de règlement des différends du cycle d'Uruguay

Cette procédure est décrite de manière détaillée dans le *Mémorandum d'accord sur les règles et procédures régissant le règlement des différends.* Avant même de se pencher sur le contenu de ce Mémorandum, la seule comparaison de la taille des textes (Accord général et Mémorandum) permet de se rendre compte de l'ampleur de la réforme. Pour administrer les règles et procédures régissant le règlement des différends, l'article 2 du Mémorandum a institué un organe de règlement des différends (ORD)[558]. Cet organe, placé sous le contrôle du Conseil général de l'OMC, est un *« organe de conciliation quasi-judiciaire »*[559] auprès duquel les Etats membres de l'OMC qui s'estiment lésés peuvent porter plainte.

Il est composé de tous les membres de l'OMC et il supervise l'ensemble de la procédure de résolution des litiges, à savoir : établir les groupes spéciaux, adopter leurs rapports et ceux de

---

[557]H.RUIZ FABRI, « Le règlement des différends dans le cadre de l'Organisation mondiale du commerce », *op.cit.*, p.711.

[558]Dans le cadre du GATT, il n'existait pas d'institution spécialement compétente pour le règlement des différends : les litiges relatifs à l'Accord général étaient portés devant le Conseil des Représentants agissant à la place des parties contractantes et ceux afférents aux codes non tarifaires du Cycle de Tokyo devant les Comités pertinents ; CARREAU, D. et JUILLARD, P., *Droit international économique*, Dalloz, Paris, 2003, p. 71 et ss.

[559]Cet organe s'apparente à une cour judiciaire mais il n'en est pas une. Voir P. VAN DEN BOSSCHE et G. MARCEAU, « Le système de règlement des différends de l'Organisation mondiale du commerce : analyse d'un système particulier et distinctif », *RMUE*, 1998, Tome III, p. 34.

l'Organe d'appel, assurer la surveillance et la mise en œuvre des décisions et des recommandations, et autoriser la suspension des concessions ou d'autres obligations résultants des accords visés par le Mémorandum. En outre, il informe les Conseils et Comités compétents de l'OMC de l'évolution des différends touchant les accords visés. Afin de remplir ses différentes missions, l'ORD se réunit aussi souvent qu'il est nécessaire, en moyenne une à deux fois par mois. Chaque fois qu'il a une décision à prendre au titre des prérogatives qui lui sont confiées par le Mémorandum, il la prend en vertu de la règle selon laquelle la décision est réputée adoptée sauf consensus contre ou inversé[560]. Le Mémorandum d'accord a apporté d'autres nouveautés importantes afin de pallier les défauts de l'ancienne procédure.

La règle du consensus qui était le principe sous l'empire du système de règlement des différends du GATT avait un caractère particulièrement paralysant puisqu'une seule opposition suffisait pour bloquer l'adoption de rapports. Désormais, avec l'entrée en vigueur du Mémorandum, les rapports tant des groupes spéciaux que surtout de l'Organe d'appel sont considérés comme automatiquement adoptés[561], sauf s'il y a consensus pour les rejeter article[562]. Ainsi, un État désireux de bloquer un rapport doit amener tous les autres États membres de l'OMC (y compris la partie adverse dans le différend) à partager ses vues. Cette procédure a été qualifiée de *« consensus négatif »*, ce qui élimine les vetos antérieurs[563].

Le système de règlement des différends du GATT de 1947 avait été affecté et affaibli par un problème de crédibilité résultant à la fois des limites rencontrées, et des compétences et des comportements des personnes qui composaient les groupes spéciaux. A cet égard, le Mémorandum innove puisqu'il impose désormais des exigences strictes de compétence et de qualification des membres des groupes spéciaux mais aussi de

---

[560] Article 16.4 et 17.4 du Mémorandum.

[561] O. BLIN, *L'organisation mondiale du commerce*, 2ème éd., Ellipses, Paris, 2004, p. 99.

[562] Article 16.4 du Mémorandum.

[563] Article 17.14 du Mémorandum.

l'OAP[564]. Ces règles strictes ont été fixées dans le but de garantir l'indépendance du système mais aussi de lui permettre de retrouver une certaine crédibilité. Au terme de cette réforme, on remarque que la nouvelle procédure de règlement des différends de l'OMC s'est progressivement « juridictionnalisée »[565].

Le système actuel est donc strictement interétatique[566] et les personnes privées ne peuvent en principe y participer, ni en qualité de parties, ni même en qualité d'observateurs. Le Mémorandum d'accord prévoit un large éventail de procédures utilisables, tels que le recours à l'arbitrage (article 25 du Mémorandum) ou le recours à des mécanismes d'ordre diplomatique comme la consultation, la médiation ou les bons offices du Directeur général. En pratique, ceux-ci sont restés lettre morte et c'est la procédure dite du « groupe spécial » qui se trouve investie d'une sorte de primauté[567].

La nouvelle procédure de règlement des différents de l'OMC met fin à ce qu'on appelait le « GATT à la carte »[568]. La nature de la procédure de règlement des litiges de l'OMC est incontestablement plus juridique que ne l'était la pratique suivie dans le GATT, laquelle faisait une place décisive à la diplomatie[569]. Au terme de cette affirmation, on constate que la nature juridique de la procédure semble l'emporter, même s'il convient de nuancer ce constat. Selon plusieurs auteurs de la

---

[564]Article 8 du Mémorandum ; H., RUIZ FABRI, « Le règlement des différends dans le cadre de l'Organisation mondiale du commerce », *J.D.I.*, 1997, Tome III, p. 734.

[565]Voir H. RUIZ FABRI, « La juridictionnalisation du règlement des litiges économiques entre Etats » in *Cahier français de l'arbitrage*, 2003, n°3, p. 947.

[566]D. CARREAU et P. JUILLARD, *Droit international économique*, 4ème Ed., Pedone, Paris, 1999, p. 72 et ss.

[567]H. GHERARI et R. CHEMAIN, « Chronique : l'Union européenne et l'Organisation mondiale du commerce 2004-2005 » (1ère Partie), *RMUE*, 2006, p. 338.

[568]J. Cazala, « L'OMC à la carte ? Les aménagements conventionnels aux obligations des membres permis par le droit conventionnel de l'organisation mondiale du commerce »,*RGDIP*, 2009-1, pp. 45-74.

[569] O. BLIN, *L'organisation mondiale du commerce*, 2ème éd., Ellipses, Paris, 2004, p. 94.

doctrine, la procédure serait de nature mi-juridique et mi-politique[570]. En effet, la « juridiction de l'OMC » est assurée par un organe politique. Il n'est donc pas étonnant de remarquer que la procédure de règlement des différends soit imprégnée à la fois par une logique politique (diplomatique) et juridique (droit). Le système instauré par le Mémorandum se trouve ainsi à cheval entre ces deux tendances.

Cette nature particulièrement hybride de la nouvelle procédure de règlement des différends se retrouve aussi lors de la procédure proprement dite. La procédure se déroule en trois phases : la première phase se passe entre Etats membres ; la deuxième phase devant les groupes spéciaux ; et la troisième phase devant l'Organe d'appel. La première phase est incontestablement orientée vers la conciliation, la diplomatie. L'OMC insiste sur ce mode de résolution des litiges car il est préférable que les États concernés débattent de leur différend, plutôt qu'ils ne « se déchirent » tout au long de la procédure. Si au terme de ces négociations, l'État plaignant n'est pas satisfait de l'accord à l'amiable qui résulte de cette concertation, celui-ci a la possibilité d'engager une procédure juridictionnelle qui débute par l'établissement du groupe spécial. Ainsi, ce qui était initialement considéré comme un différend politique s'est transformé en un différend juridique. Toutefois, même lorsque cette phase juridictionnelle a été entamée, les États intéressés disposent toujours de la possibilité de revenir vers le mode initial de résolution des litiges, à savoir la conciliation. C'est là que réside précisément l'une des originalités de la nouvelle procédure. Il y a du juridique dans la première et la deuxième phase, comme il y a du politique dans la troisième phase.

B. Procédure et portée du règlement des différends

Bien que le Mémorandum d'Accord insiste sur le fait que la procédure de règlement des litiges devant l'ORD doive assumer

[570] H.RUIZ FABRI, « Le Juge de l'OMC : ombres et lumières d'une figure judiciaire singulière », RGDIP, 2006, n°1, pp. 39-83.

un rôle subsidiaire au profit des modes alternatifs de résolution des litiges (arbitrage, médiation,…), la pratique a démontré que le recours à ces modes alternatifs demeure lettre morte. Il convient donc d'examiner le mode de règlement des litiges le plus employés au sein de l'OMC, à savoir la procédure devant l'ORD, procédure pouvant comprendre jusqu'à 4 phases.
Présenter la portée de ce système comporte un intérêt particulier en ce sens que l'ORD l'ORD est appelé à être la clé d'une plus grande cohérence du droit international et laboratoire d'hybridation entre le commerce et la culture.

1. Procédure du règlement des conflits

Afin d'obtenir une solution la plus satisfaisante possible pour les parties, le Mémorandum, en son article 3.7, impose aux parties de tenter de se mettre d'accord à l'amiable. Une telle « solution mutuellement acceptable pour les parties » peut être trouvée durant la phase des consultations. Cette solution doit évidemment rester conforme aux règles de l'OMC et doit être notifiée à l'ORD[571]. Il incombe à la partie plaignante d'introduire une demande en consultations devant l'ORD, demande écrite et motivée par la mention des mesures en cause et du fondement juridique invoqué. Bien que les parties puissent convenir de poursuivre ces consultations aussi longtemps qu'elles le souhaitent, à compter de 60 jours après la réception de la demande de consultations par la partie défenderesse, la partie plaignante a le droit de d'abandonner cette phase pour demander la constitution d'un groupe spécial[572].Lorsque les consultations n'aboutissent pas, soit qu'une solution amiable n'a pas été trouvée dans les 60 jours, soit que la partie défenderesse n'a pas donné suite à cette demande, la partie plaignante peut introduire une demande de constitution d'un groupe spécial .Cette demande doit essentiellement contenir les mesures reprochées à la partie défenderesse, ainsi que les allégations invoquées à l'appui de sa plainte (c'est-à-dire, l'exposé des

[571] Art 3.5. Mémorandum.
[572] E. CANAL-FORGUES, Le règlement des différends à l'OMC, 2004, p.45.

dispositions des Accords de l'OMC dont elle invoque la violation).

La plainte émanant de la partie plaignante peut se présenter sous trois formes. Tout d'abord, une plainte en situation de violation, par laquelle elle reproche à la partie adverse, la violation d'une ou plusieurs dispositions des Accords de l'OMC, violation entraînant une annulation ou réduction des avantages que la partie plaignante pouvait prétendre retirer de ces accords. Ensuite, il existe des plaintes en situation de non violation : dans ce cas, la mission du groupe spécial consiste à examiner si, bien que ne violant pas le droit de l'OMC, la mesure incriminée n'implique pas la réduction ou l'annulation de l'avantage résultant d'une disposition du droit de l'OMC, auquel la partie défenderesse pouvait prétendre. Enfin, il existe les plaintes résultant de toute autre situation : lorsqu'une situation, dont l'imputabilité à un autre État est incertaine, a pour effet directement ou indirectement de l'empêcher de bénéficier des avantages qu'il peut raisonnablement tirer des Accords de l'OMC ou de poursuivre les objectifs visés par ces derniers[573]. Depuis la réforme de l'ancien système du GATT, hormis l'hypothèse peu probable du consensus inversé (en ce qu'elle requiert l'assentiment de la partie défenderesse), la constitution du groupe spécial est automatique[574].

Au terme de cette procédure (dont la durée moyenne avoisine les 6 mois (article 12 Mémorandum)), le groupe spécial doit élaborer un rapport. Ce rapport, qui sera transmis aux Membres de l'OMC et à l'ORD, contient essentiellement la décision du groupe spécial quant la violation éventuelle, par les mesures incriminées, des dispositions pertinentes des Accords de l'OMC, ainsi que des recommandations de mise en conformité des mesures incriminées au droit de l'OMC) (article 3.5 Mémorandum).Pour être valable, ce rapport doit être suffisamment motivé en ce qu'il doit contenir les justifications fondamentales des constatations et des recommandations qu'il effectue (article 12.7 Mémorandum). Cet article, qui fait office

[573] W.ZDOUC, « The panel process », in The World Trade Organization: legal, economic and political analysis, 2005, pp.1236-1238.
[574] Article 6.1 Mémorandum.

de garantie minimale afin d'assurer le respect du principe de procès équitable, impose au groupe spécial de procéder de façon objective aux constatations de fait et de droit (évoquées aux articles 7 et 11 du Mémorandum) et d'exposer pourquoi et comment il a appliqué les dispositions des Accords OMC qu'il a estimé pertinentes au cas d'espèce[575].

Les groupes spéciaux bénéficient du principe d'économie jurisprudentielle : ils veilleront à se contenter de répondre aux allégations qui appellent nécessairement une réponse pour aboutir à la résolution du litige sans nécessairement répondre aux autres. L'objectif de la résolution des litiges se définit en termes d'efficacité, c'est pourquoi le groupe spécial examine les allégations de la partie demanderesse de façon à ce que l'ORD puisse prendre rapidement des recommandations concrètes que la partie défenderesse pourra mettre en œuvre. Ce principe d'économie jurisprudentielle nous rappelle, à l'image de la possibilité de trouver un accord à l'amiable, que le mode de règlement des conflits ne s'inscrit pas dans une logique purement juridictionnelle[576].Une fois rédigé, le rapport est remis aux Membres de l'OMC et de l'ORD. Hormis l'hypothèse de l'appel ou du consensus inversé, l'ORD l'approuve de manière quasi-automatique dans les 60 jours (article 16 Mémorandum).

2. Compétence de l'Organe d'Appel

L'Organe d'appel est une nouveauté et n'avait pas été prévu en 1989[577]. Il peut confirmer, modifier ou infirmer les constations du groupe spécial et comme une cour de cassation ne peut statuer que sur les questions de droit et donc ne peut jamais remettre en cause l'appréciation des faits.Seules les parties au litige devant le groupe spécial peuvent interjeter appel du

---

[575] W. ZDOUC, *op.cit.*, pp.1268-1269.

[576] E. CANAL-FORGUES, *Le règlement des différends à l'OMC*, 2004, pp.63-65.

[577]Conscient de ces problèmes, le GATT dans une décision « amélioration de règles et procédures de règlement des différends du GATT » du 12 avril 1989 a préparé et anticipé le Mémorandum d'accord sur les règles et procédures régissant le règlement des différends qui constitue l'annexe 2 de la charte de l'OMC.

rapport de ce dernier (article 17.4 Mémorandum). Le champ du travail de l'Organe d'appel est restreint en ce qu'il ne concerne que l'examen « des questions de droit couvertes par le rapport du groupe spécial et les interprétations des dispositions des Accords de l'OMC données par celui-ci » (article 17.6 Mémorandum d'accord).

Outre les questions de droit, l'Organe d'appel se déclare compétent pour examiner les allégations de violation de règles de procédure par les groupes spéciaux ; ceux-ci bénéficiant d'une grande marge de manœuvre dans la conduite de la procédure, cet examen se bornera généralement à d'éventuelles règles de procédure ayant violé les droits fondamentaux de la défense. Contrairement au groupe spécial, l'Organe d'appel se doit de répondre à toutes les allégations d'erreur présentes dans la déclaration d'appel et ce alors même qu'il lui suffirait de répondre à certaines allégations pour infirmer le rapport du groupe spécial (article 17.12 Mémorandum). Il ne doit donc pas respecter le principe d'économie jurisprudentielle[578].

L'Organe d'appel jouit d'une latitude dans la conduite de la procédure assez équivalente à celle des groupes spéciaux. Il dispose également des mêmes pouvoirs d'investigation lui permettant de requérir tous les renseignements qu'il estime nécessaires, devant être communiqués à toutes les parties intéressées au litige, auxquelles il doit être ménagé un droit de réponse (article 28 Procédures de travail). A l'image de la procédure devant les groupes spéciaux, la procédure d'appel est confidentielle[579].

L'Organe d'appel, outre le pouvoir de confirmer, modifier ou infirmer le rapport du groupe spécial, ne semble pas disposer d'un pouvoir de renvoi à celui-ci. Si l'absence de consécration d'un tel pouvoir de renvoi dans le Mémorandum n'a jamais vraiment été mise en évidence comme une lacune au pouvoir de l'Organe d'appel, cela tient sans doute au fait qu'il existe un moyen pratique pour y pallier : si les constatations de fait

[578] D. LUFF, *op.cit*, p.913.
[579] Rapport de l'Organe d'appel, *Canada-Aéronefs civils*, WT/DS70/AB/R, §141-148.

effectuées par le groupe spécial sont insuffisantes, il suffit à l'Organe d'appel d'infirmer le rapport du groupe spécial en mentionnant dans son propre rapport adressé à l'ORD que sa décision est justifiée par une insuffisance au niveau des constatations de fait plutôt que par une lacune au niveau du raisonnement juridique du groupe spécial. L'ORD pourrait alors ré-convoquer le groupe spécial originel ou convoquer un nouveau groupe spécial pour approfondir l'examen des faits[580].

L'adoption des décisions de l'Organe d'appel par l'ORD étant quasi-automatique, cet organe assume un rôle essentiel au cœur de la résolution des litiges. Ce rôle est d'ailleurs d'autant plus important et délicat à assumer que les litiges que l'Organe d'appel doit connaître impliquent des questions d'intérêt vital pour les Etats membres. Il s'agit d'un mécanisme de « juridiction obligatoire » fonctionnant donc sur saisine unilatérale. Les possibilités de blocage de la procédure ont été évacuées (comme le fait de ne pas nommer un expert) et celle-ci a été enfermée dans des délais stricts (qui jusqu'à présent ont été tenus). Elle débouche en outre sur des décisions contraignantes dont la technique d'adoption (dite de consensus négatif ou consensus inversé) rend illusoire tout rejet.

Enfin, l'exécution des décisions n'est pas laissée au libre arbitre des parties : des délais sont prévus, l'organisation doit être informée de ses termes et, enfin, les mesures susceptibles d'être adoptées en réplique à une inexécution sont encadrées. La part du droit y est croissante à la fois sur le plan de la procédure et sur le plan du fond. Cette croissance doit beaucoup à la présence de l'Organe d'appel, organe permanent, à la différence des groupes d'experts qui interviennent en première instance, et qui, comme tel et parce que sa mission consiste exclusivement à se prononcer sur les questions de droit, joue un rôle unificateur. Fréquemment saisi, il a exercé à chaque occasion un contrôle approfondi, n'hésitant pas, au demeurant, à rappeler ses décisions antérieures. L'Organe d'appel s'est autorisé à compléter l'analyse juridique des faits (lorsque par exemple le panel n'a pas examiné un argument juridique par un souci

[580] M. MATSUSHITA, *op.cit.*, p. 1394.

d'économie juridique, ou a considéré telle disposition inapplicable, alors que l'Organe d'appel a rejeté le fondement des conclusions du panel ou a considéré que la disposition était applicable) pour autant qu'il y ait suffisamment de base dans le rapport du panel pour le faire (Canada - *Périodiques*, §469 que nous verrons dans la suite)[581].

Si le GATT de 1947 en tant qu'institution a bel et bien disparu, son droit matériel a été intégré dans le « GATT de 1994 ». Sur le registre de règlement des différends, le système antérieur à l'OMC était caractérisé par une fragmentation des règles de droit applicables et des instances de procédure de règlement des différends. Avec l'OMC tous les litiges issus du système sont canalisés vers un mécanisme de règlement unique.

Dès la conclusion de l'Accord de Marrakech, il avait été convenu de procéder à une évaluation et à une révision de l'ORD en 1999. Aucun accord n'a pu être alors atteint et les règles sont demeurées inchangées. La réforme de l'ORD a été relancée lors du lancement du cycle de Doha, mais déconnectée de l'agenda de Doha en ce sens qu'un échec éventuel de celui-ci n'affecterait pas la réforme des procédures. Un texte de synthèse fut rédigé en mai 2003 par la présidence de la session spéciale de l'ORD, mais il ne fut pas adopté. Après ce rappel du système de règlement des différends de l'OMC, qui est assez singulier notamment du fait qu'il ne mentione pas dans son memorandum d'accord, le terme de compétence, il convient de voir comment le droit de l'OMC s'article avec les valeurs non commerciales. La question est ici de savoir quelle est la fonction de l'article XX du GATT en tant que porte d'entrée pour les considérations non commerciales dans la logique du commerce international.

---

[581]Voir Julien BURDA, « L'efficacité du mécanisme de règlement des différends de l'OMC : vers une meilleure prévisibilité du système commercial multilatéral », in *Revue Québécoise de Droit International*, vol. 18, n°2, 2005,pp.1-37.

§2.LE DROIT DE L'OMC AU COEUR DE LA COHERNCE DU DROIT INTERNATONAL

Les membres de l'OMC ont pour obligation de respecter les engagements qu'ils ont conclus et acceptés comme « package deal » même si celui-ci n'est pas complétement digéré. L'OMC est en effet une *lex specialis* pas comme les autres. Bien que concentrée sur l'aspect commercial et ne propose pas, pour cette raison, de législations dans d'autres domaines[582], elle constitue l'interface entre le commerce et de nombreux autres domaines de l'activité internationale. Et les Etats membres n'ont plus la possibilité de poursuivre des politiques internes sans rapport avec le commerce[583] et sans que ces mesures internes ne soient compatibles avec la législation de l'OMC[584]. Certains accords de l'OMC prévoient ces interfaces à travers des exceptions[585]. C'est donc par la voie périphérique que certains accords peuvent être invoqués à l'OMC. L'Organe d'appel s'est également largement appuyé sur le préambule de l'Accord de Marrakech pour déterminer son sens et son but lui permettant de prendre en compte certaines préoccupations non commerciales(A). L'intégration légitime de ces préoccupations dans le règlement des différends à l'O.M.C. passe par plusieurs canaux et techniques d'articulation qui nécessite un examen méticuleux de la jurisprudence de l'ORD(B).

---

[582]G. MARCEAU, *Ibid*, p. 22; S. MALJEAN-DUBOIS (dir.), *op.cit.*, p.13.

[583] M. MATSUSHITA, T.-J. SCHOENBAUM, P.-C. MAVROIDIS, *op. cit.*, p.599.

[584] D. LUFF, *op. cit.*, p. 1049; S. MALJEAN-DUBOIS (dir.), *op. cit.*, p.35.

[585]Voir le document G/AG/NG/W/36/Rev.1 présenté par plusieurs pays au sujet des considérations autres que d'ordre commercial. Voir également le document G/AG/NG/W/88 du30/11/2000 sur (Communication technique de l'Argentine sur les préoccupations non commerciales légitimes) : « La pauvreté rurale, le chômage et la protection de l'environnement représentent trois de nos grandes préoccupations non commerciales. Nous sommes convaincus que ce sont des préoccupations légitimes car elles pourraient être prises en considération par tous les Membres de l'OMC conformément à l'objectif qui est d'établir « un système de commerce des produits agricoles qui soit équitable et axé sur le marché ». La sécurité alimentaire constitue également pour le Venezuela une préoccupation fondamentale.

A. Les considérations non commerciales dans le préambule de l'Accord de l'OMC

À plusieurs occasions, l'Organe d'appel de l'OMC a souligné que l'article 31 de la Convention de Vienne sur le droit des traités, qui établit les règles fondamentales d'interprétation des traités, constituait un point de référence fondamental pour le règlement des différends au sein de l'OMC. Aux termes de cet article, un traité « doit être interprété de bonne foi suivant le sens ordinaire à attribuer aux termes du traité dans leur contexte et à la lumière de son objet et de son but ». Le texte même du traité, « préambule et annexes inclus », est ici un contexte important[586]. Le préambule constitue donc une source importante de « contexte » pour l'interprétation de n'importe quelle disposition d'un traité. Il a autant d'importance que n'importe quel article du traité quand il s'agit de régler un différend. Le préambule de l'Accord de l'OMC a toutefois un statut spécial. L'Accord de Marrakech constitue l'entente cadre de tout le système de l'OMC, et son préambule est l'énoncé le plus complet des objectifs ou des buts de ce système. Il cst donc déterminant non seulement en ce qui regarde le contexte, mais aussi l'objet et les buts au sens de l'article 31 de la Convention de Vienne.

C'est ce qui explique pourquoi l'Organe d'appel s'est grandement appuyé sur le préambule de l'Accord de Marrakech dans l'affaire des Tortues marines. Dans cette cause, les États-Unis cherchaient à justifier des restrictions commerciales en invoquant des motifs d'ordre environnemental, en particulier aux fins de protéger les tortues marines, catégorisées comme une espèce menacée d'extinction. L'Organe d'appel a statué que l'article XX du GATT devait être interprété à la lumière du préambule de l'Accord de Marrakech, et en particulier en tenant compte de l'engagement en faveur du développement durable en tant qu'objectif du système commercial multilatéral. Il faut souligner, cependant, que le préambule ne mentionne pas les droits de l'homme ou la diversité culturelle, bien qu'il parle de «

[586]Convention de Vienne sur le droit des traités, article 31.

relèvement des niveaux de vie » et de la nécessité d'un « développement durable ».

Compte tenu de la référence à ce concept de développement durable dans le droit positif de l'OMC, le développement durable peut donc devenir un outil d'interprétation intéressant qui permettrait à l'ORD de tenir compte de considérations autres que commerciales dont les droits de l'homme et la diversité culturelle comme nous le verrons dans la deuxième partie. Interprétées sous cet angle, plusieurs dispositions des accords de l'OMC peuvent être utilisées pour prendre en compte de préférences collectives aussi nombreuses que diversifiées.

B. Les considérations non commerciales dans la jurisprudence de l'ORD

L'Organisation mondiale du commerce est au cœur d'une redéfinition des bases marchandes de l'ordre international à venir.[587]. L'ORD joue un rôle très important dans cette configuration. Ses décisions prises par les organes de l'ORD n'ont d'effet qu'*inter partes.* Même en ce qui concerne les États mis en cause, le maximum qu'elles puissent faire dans la phase post adjudicative est de suggérer une façon d'adapter leurs législations nationales afin de les porter en conformité avec la dimension non commerciale du droit de l'OMC[588]. Au sein de sa jurisprudence abondante, l'article XX du GATT a souvent été invoqué par des États pour interdire l'entrée de produits en provenance d'autres alors que ces pays exportateurs se défendaient en disant que cela ne respectait pas le chapeau de ce

---

[587]Julien Chaisse, « L'énonciation des normes à caractère non commercial par l'Organe de règlement des différends de l'OMC » in Yves Schemeil and Wolf-Dieter Eberwein (dir) *Normer le monde : l'énonciation des normes internationales,* Paris, L'Harmattan, 2008. 225-248 ; SOREL J.M, « Institutions économiques internationales et droit international des droits de l'homme : un respect cosmétique en effet miroir », dans : *La soumission des organisations internationales aux normes internationales relatives aux droits de l'homme,* Journée d'études SFDI de Strasbourg, Pedone, Paris, 2009, pp. 35-56.

[588] G. MARCEAU, *Ibid*, p. 68.

même article. D'un côté, l'ORD a toujours été très prudent en évitant d'accepter ce moyen trop facilement de peur de donner lieu à un prétexte pour plus de protectionnisme, mais d'un autre, de nombreux groupes de pression ont critiqué de telles décisions faisant remarquer que cela rendait l'article XX totalement inefficace puisque nié dans les situations concrètes[589].

Par exemple, dans l'affaire des Cigarettes thaïlandaises, la Thaïlande avait limité les importations de tabac américain justifiant cette attitude par le besoin d'éviter d'encourager la consommation de cigarettes, de porter atteinte à la santé de sa population et d'augmenter le budget dédié à la recherche dans la lutte contre le cancer du poumon, etc. L'ORD décida que la Thaïlande aurait pu trouver un moyen alternatif restreignant moins le libre échange tel que l'étiquetage et l'inscription des ingrédients sur les paquets[590]. Au contraire, dans l'affaire Amiante, l'ORD autorisa la France à choisir quel niveau de protection de la santé elle souhaitait dans son ordre interne. Ce comportement d'interdiction des importations fut, dans ce cas, entièrement accepté et considéré comme nécessaire au sens de l'article XX (b) du GATT. Mais on voit bien le risque d'une telle décision qui serait de mener à une totale interdiction des échanges[591]. Dans les deux affaires des Thons, les Etats-Unis prirent une mesure nationale en 1972 et l'amendèrent en 1990 afin de prohiber les importations de thons pêchés d'une manière blessant les dauphins : le Marine Mammal Protection Act (MMPA). Dans le premier arrêt, les USA justifièrent cet embargo par l'article XX (b) et (g) visant à protéger la vie des animaux.

L'ORD ne pris pas en compte la Convention sur le commerce international des espèces de faune et de flore sauvages (CITES)

---

[589] D. LUFF, *op. cit.*, p. 146.

[590] S. LEADER, « Human Rights and International Trade », *ibid*, p. 2259; *Thailand-Restrictions on Importation of and Internal Taxes on Cigarettes*, GATT Panel Report: DS10/R, November 7, 1990.

[591] S. LEADER, « Human Rights and International Trade », *Ibid*, p. 2260, *European Communities-Measures Affecting Asbestos and Asbestos Containing Products*, Appellate Body Report: WT/DS135/AB/R, March 12, 2001.

ni plusieurs autres accords internationaux car l'ensemble des États membres de l'OMC ne les avait pas ratifiés et ils n'étaient donc pas applicables à tous. Il conclut qu'étant donné que ces obligations au sujet des droits de l'homme ne liaient pas tous les Etats membres, l'article XX ne devait pas impérativement les respecter. Il ajouta qu'une telle mesure n'était pas « nécessaire » eu sens du chapeau du même article puisqu'il existait une alternative : la conclusion d'un traité international protégeant les dauphins.

Dans le second arrêt de l'affaire des Thons, en 1992, les faits étaient similaires sauf que les demandeurs étaient la Communauté Européenne et les Pays-Bas. A nouveau, l'ORD reconnu l'inconsistance avec l'article XI.1 du GATT mais ici au contraire, il changea d'opinion en élargissant l'article XX aux affaires extraterritoriales[592]. En effet, cette fois, il considéra le fait que les mots de l'article XX devaient être compris dans un sens plus large. Il étendit l'article 31(3)(c) aux règles coutumières comme celle contenues dans la Déclaration Universelle des droits de l'homme et pas seulement aux traités liant un nombre limité de parties. Il interpréta aussi cette disposition comme contenant des notions évolutives et devant donc être interprétées à la lumière du contexte, c'est à dire, en conformité avec les droits de l'homme[593]. L'ORD conclut que les mesures prises en dehors d'un territoire n'étaient acceptables qu'autant qu'elles ne nécessitaient aucune autre intervention pour prendre effet. Dans ce cas-ci, pour que la mesure américaine ait pu devenir réellement effective, il aurait fallu que les pays exportateurs adaptent leurs habitudes de pêche. Par conséquent, l'organe de résolution des différends la rejeta estima qu'elle déterminait unilatéralement les politiques intérieures des autres pays, chose qu'elle ne pouvait pas faire[594].

Peu après cette affaire, la même question ressurgit dans l'affaire des Crevettes. En 1991, les États-Unis ajoutèrent dans la Section 609 de leur Public Law 101-162 une interdiction des importations de crevettes pêchées grâce à des technologies

---

[592]F.MACMILLAN, *op. cit.* p. 75.
[593]G. MARCEAU, *op. cit.*, pp. 41, 46, 49.
[594] D. LUFF, *op. cit.*, p. 1069; F. MACMILLAN, *op.cit.*, p. 107.

portant atteinte à certaines espèces de tortues de mer. Cette fois, les USA n'invoquèrent pas seulement que les tortues de mer étaient « une ressource appartenant au patrimoine de l'humanité » mais aussi le fait qu'elles passaient énormément de temps dans ses zones de mer territoriale[595]. L'ORD évita de se prononcer au sujet de l'étendue juridictionnelle de l'article XX mais procéda d'une autre manière. En résumé, il décida que les tortues de mer étaient « une ressource naturelle exhaustive » au sens de l'article XX (g) du GATT et qu'il y avait un « lien suffisant entre les populations marines migrantes et en danger ainsi impliquées et les États-Unis pour le but de l'article XX(g) » [596]. Il ajouta que le fait que les USA étaient engagés dans une série d'autres traités internationaux sur les droits de l'homme était une preuve de leur bonne foi et de leur véritable intérêt pour la protection des tortues de mer[597]. Néanmoins, l'ORD rejeta la Section 609 considérant qu'elle n'était pas compatible avec le chapeau à cause d'une absence de proportionnalité entre la mesure prise et le but poursuivi. Quoi qu'il en soit, le rôle de l'ORD demeure fondamental dans la recherche d'une prise en compte réelle et efficace des considérations non commerciales liées aux produits, aux biens et services culturels. Les outils mis à sa disposition pour agir en ce sens dans le cadre du *Mémorandum d'accord* sont cependant peu nombreux, surtout en ce qui a trait aux biens et services culturels, et sont sous utilisés.

En effet, même si l'ORD se montre vigilant sur la façon dont les mesures nationales sont appliquées et qu'il vérifie qu'elles ne constituent ni une discrimination arbitraire ou injustifiée, il faut noter que dans le Rapport *Normes concernant l'essence nouvelle et ancienne formules*, l'Organe d'appel a indiqué que les mesures relevant des exceptions particulières devaient être appliquées « de manière raisonnable, compte dûment tenu à la fois des obligations légales de la partie qui invoque l'exception

---

[595]L. BARTELS, « Applicable Law in WTO Dispute Settlement Proceedings » (2001) 35 J.., p. 387.
[596] R. HOWSE, *op. cit.*, p. 656; F. MACMILLAN, *op. cit.*, p. 107.
[597]G. MARCEAU, *op. cit.*, p.59.

et des droits légaux des autres parties intéressées »[598]. Il s'agit ici d'une application du principe de bonne foi qui gouverne le droit international. Il nous semble donc que le pari de la prise en considération de la dimension non commerciale des échanges culturels passera par une réflexion et une révision à ce niveau, afin d'envisager le système de règlement des différends de l'OMC en tant qu'instrument de cohésion du droit international public.

CONCLUSION DU TITRE I

L'ambition dans ce titre était de rendre compte de l'épaisseur conceptuelle de la notion de culture. Avant de mettre en relief les interstices du droit international, il était judicieux d'appréhender les concepts clé dont tout découle.Au total, il ressort que le concept de « culture » a été l'objet de désaccords sémantique passionnels, liés aux désaccords sociaux et nationaux. La pensée romantique distinguait entre *kultur* positivement connotée et civilisation, son négatif. *Kultur* était l'organique, l'authentique, l'émanation du *volkgeeist*, de la *volksgemeinschaft* alors que la civilisation était l'artificiel et la fanfreluche salonnade. Les débats actuels témoignent certes de la postérité acquise par certains thèmes majeurs du romantisme mais la diversité culturelle trace son sillon au sein même d'un cadre de pensée humaniste, modelé par le rationalisme et l'universalisme. Dès lors la crise peut être interprétée comme provenant d'une interruption de la transmission du sens qui structurait jusque-là le vivre ensemble selon la tradition partagée, dont l'autorité serait destituée par le désenchantement du monde produit par la mondialisation. Cette dernière apparaît comme l'héritière de la pensée utilitariste qui structure le droit international du commerce et dans laquelle Nietzsche voyait

[598]Rapport de l'Organe d'appel, *Etats-Unis - Normes concernant l'essence nouvelle et ancienne formules*, WT/DS2/AB/R, 29 Avril 1996, paragraphe IV, p. 25.

déjà la morale des esclaves s'adressant au troupeau que sont les hommes à la recherche de leurs propres intérêts égoïstes[599].

La culture prend de nombreuses formes.En droit international des droits de l'homme, ce qui ressort avant tout des différentes normes internationales destinées à protéger les droits culturels est une triple acception de la culture. La culture est conçue comme un «capital », un patrimoine matériel accumulé par l'humanité, comme une production artistique et scientifique et comme un mode de vie. Ces acceptions révèlent les diverses dimensions qui marquent la culture : son caractère dynamique, ses composantes symboliques, sa dimension collective ou sociale qui singularise les regroupements humains, ses expressions et manifestations.

Le long débat sur l'exception culturelle a eu un mérite éminent, celui de montrer que dès lors qu'une volonté politique s'affirmait, elle prenait le dessus sur le commerce. Peut-on pourtant affirme que le cadre juridique existant est adapté à ce nouveau contexte et offre une protection suffisante à la diversité culturelle ? Les impératifs de la diversité culturelle s'accommodent difficilement des règles du droit international économique à l'heure actuelle. La question qui reste est de savoir si le droit de l'OMC sera être un savant mélange entre la rassurante rigidité des normes classiques et la créative souplesse des principes directeurs.

---

[599]« Tant que l'utilité qui règne dans les appréciations de valeur morale est la seule utilité pour le troupeau, tant que le regard est uniquement tourné vers le maintien de la communauté, que l'on trouve l'immoralité, exactement ou exclusivement, dans ce qui paraissait dangereux à l'existence de la communauté, il ne peut pas y avoir de morale altruiste ». Or, souligne Nietzsche : « Aucune de ces pesantes têtes de troupeau à la conscience troublée (qui ont entrepris de faire la cause de l'égoïsme pour celle du bien-être général-) n'a jamais voulu comprendre et flairer que le « bien-être général » n'est pas un idéal, un but, une chose concevable d'une façon quelconque, mais tout simplement un vomitif, que ce qui est juste pour l'un ne *peut* être juste pour l'autre, que la prétention d'une morale pour tous est précisément un préjudice à l'homme supérieur (…) ». cf. Nietzsche, *Par-delà le bien et le mal*, p.328.

TITRE II. L'OMC : ENTRE SAUVEGARDE ET PROMOTION DE LA DIVERSITE CULTURELLE

La cohérence du droit international, suppose une meilleure coordination entre les institutions internationales et partant, d'une plus grande intégration des considérations non commerciales dans le droit de l'OMC. L'ORD apparaît aujourd'hui comme le pilier du système commercial multilatéral. Les Accords de Marrakech ont fait naître une nouvelle confrontation entre les intérêts non commerciales des Membres et les objectifs économiques du système. La tension entre ces deux séries de valeurs cède désormais la place à une opposition entre, d'un côté, le pouvoir des Membres de protéger la diversité culturelle et, de l'autre, le contrôle du juge de l'OMC sur les politiques culturelles qu'ils ont adoptees.

A l'examen de la pratique, si des considérations non commerciales ont été graduellement incorporées dans un droit commercial qui leur était jusqu'alors largement imperméable[600], il n'est pas rare, encore à l'heure actuelle, de constater que ces deux espaces normatifs se mefient l'un de l'autre alors même qu'ils reposent sur les même valeurs.Il est dès lors important de s'interroger sur les relations entre le droit de l'OMC et le droit international général (chapitre I).On constate que l'ORD n'hésite pas à se référer à des principes et règles externes et que les lignes de séparation entre le droit de l'OMC le droit non-OMC évoluent sans cesse pour parfois s'estomper. L'Organe d'appel exerce de manière pragmatique son pouvoir juridictionnel afin de préserver, d'un côté, le droit des Membres de protéger les valeurs non commerciales et, de l'autre, les

[600]Les groupes spéciaux et l'Organe d'appel développent, étape par étape, une «jurisprudence» qui, sans être réellement audacieuse, favorise grandement cette prise en compte.

exigences multilatérales qu'il estime fondamentales. Le juge de l'OMC apparaît dès lors comme le gardien de l'équilibre normal des droits et obligations des Membres dans un système multilatéral.La multiplication des juridictions internationales et des organes d'application du droit lato sensu met en doute la possibilité de reconnaître une certaine cohérence au système juridique international, voire renforce le risque d'interprétations contradictoires et/ou incompatibles des normes juridiques. Plusieurs analyses ont été proposées de cet éclatement institutionnel et de ses conséquences normatives.Il va sans dire que la mise en cohérence des normes internationales constitue l'un des principaux remparts contre les risques de fragmentation (Chap. II).

CHAPITRE I. LE DROIT DE L'OMC ET LE DROIT INTERNATIONAL GÉNÉRAL

L'ORD joue un rôle croissant dans l'interprétation d'un droit commercial international moins autonome aujourd'hui que par le passé, réintégré comme on a pu le dire dans le «giron» du droit international. L'Organe d'appel précisé, dans son premier affaire, le droit de l'OMC n'est pas *«cliniquement isolé »* du droit international public. Cette position ne peut que renforcer la légitimité de l'OMC au moment où son image d'une OMC impérialiste et tentaculaire, empêchant les États de protéger leurs intérêts légitimes, est amplifiée. Ce chapitre sera consacré à l'analyse du débat doctrinal autour de la fragmentation (section I) et de la cohérence du droit international et pertinence de la théorie de constitutionnalisation au regard des mutations du droit international (section II).

SECTION I. DE LA FRAGMENTATION DU DROIT INTERNATIONAL

Un grand spectre menace de manière constante la réflexion sur le droit international. C'est l' «alarmisme», c'est-à-dire la tendance à rendre compte de l'évolution du droit international sous le mode du risque, de la catastrophe imminente.Le danger serait celui d'une fragmentation du droit international. Ce droit des gens, héritage commun que nous avons reçu du XIXe siècle et du XXe siècle, courrait le risque de se briser sous le coup de décisions divergentes de la part des différentes juridictions[601]. Les auteurs opposent à ce catastrophisme un optimisme certain,

[601] Julien FOURET et Mario PROST, « La multiplication des juridictions internationales: de la nécessite de remettre quelques pendules à l'heure », (2002) 15.2 Revue québécoise de droit international, p.120.

faisant valoir que cette multiplication est le facteur nécessaire d'une meilleure « justiciabilité » du droit international[602].

Nombreux sont les internationalistes qui s'interrogent aujourd'hui sur les conséquences découlant de la parcellisation du droit international en des domaines divers dont beaucoup semblent vouloir affirmer leur autonomie. La commission du droit international des Nations unies (CDI) a institué un groupe d'étude qui a rédigé pendant six ans plusieurs rapports dont le dernier, sorti en 2006, se composait de 256 pages[603]. Il est aujourd'hui difficile de ne pas être redondant, voire ennuyeux, au sujet de la fragmentation du droit international (§1). Il semble que l'on vienne trop tard pour espérer dire quoi que ce soit de neuf. Mais comme le disait Roger Caillois « il n'y pas d'efforts inutiles. Sisyphe se faisait des muscles »[604]. Sans vraiment chercher à tordre le cou à la raison alarmiste, il nous faudra prendre au sérieux la question de la fragmentation du droit de l'OMC pour mieux résister aux pressions de l'angoisse (§2). Pari difficile à tenir compte tenu de l'existence des discours institués et préconstituées qui font office de vérités établies.

[602] Voir A.-C. Martineau, 'The Rhetoric of Fragmentation: Fear and Faith in International Law' (2009) 22 *LeidenJournal of International Law* 1, p.28.

[603]Voir CDI, 58e Sess (2006) « Fragmentation du droit international : *difficultés découlant de la diversification et de l'expansion du droit international*, rapport du Groupe d'étude sur la fragmentation, Commission du droit international, Doc/A/CN/.4/L.682.

[604]Fatsah OUGUERGOUZ, *La charte africaine des droits de l'homme. Une approche juridique des droits de l'homme : entre tradition et modernité*, Paris, PUF, 1984, p.5.

§1. LE PHÉNOMÈNE DE LA FRAGMENTATION DU DROIT INTERNATIONAL

Le phénomène de la prolifération du droit international suscite la peur la fragmentation du droit international[605]. Le débat sur la fragmentation présuppose plus précisément une définition matérielle du système juridique puisqu'on présente le droit international comme un ensemble possédant les qualités d'unicité, de complétude et de cohérence[606]. Le terme sert aussi à dénoncer le morcellement du droit par région mais aussi par matière[607]. Dès lors une tentative de définition de ce phénomène est nécessaire (A) avant d'aborder ses causes(B).

A. Variations sur la fragmentation du droit international

La société internationale a profondément changé depuis une quinzaine d'années. Avec la disparition de l'Union soviétique, l'ancien système s'est effondré sans qu'il ait été encore remplacé par un système aux fondements solidement assurés. A la question de fondement du droit international, les doctrines objectivistes et volontaristes ont historiquement apporté deux réponses contradictoires. Les uns, objectivistes, ont placé le fondement, en dehors de l'ordre juridique international (droit naturel, la nature raisonnable et sociable des hommes etc.). La doctrine volontariste décrit le droit international comme un droit de promesses, doit né du consentement mutuel et réciproque de ses sujets. D'inspiration Hobbesienne, la tradition volontariste, devenue majoritaire malgré les critiques, présente un ordre juridique immanent et non transcendant[608] : Etat n'est lié par le

---

[605] M. KOSKENNIEMI, Rapport préliminaire sur la fragmentation du droit international : difficultés découlant de la diversification et de l'expansion du droit international, Groupe d'étude sur la fragmentation, Commission du droit international, ILC(CVI)/SG/FIL/CRD.1, 2004, p 1.

[606] M. KOSKENNIEMI, Rapport préliminaire sur la fragmentation du droit international, *op.cit.*, p. 3.

[607] P.-M. DUPUY, « Sur le maintien ou la disparition de l'unité de l'ordre juridique international », p. 19,*in* R. Ben Achour et S. Laghmani (*dir.*), *Harmonie et contradictions en droit international*, Pedone, Paris, 1996, 346p.

[608] Roberto Ago, «Science juridique et droit international», Rec. des Cours, 1956, pp. 849 et s.

droit international que dans la mesure où il y a consenti. Robert KOLB illustre bien le caractère fragmentaire originel, traditionnel, du droit international : « *Appliqué aux rapports entre États, le positivisme fragmentait tout l'ordre juridique international. La règle était qu'il ne peut pas y avoir de droit international général, qu'il n'y a que du droit particulier, issu d'un accord de volontés empiriques. [...] Le droit international n'est donc qu'une série d'îlots accommodant les volontés et réciprocités momentanés du pouvoir* »[609].

Le souci de la fragmentation du droit international conduit à la conquête de son unité L'exigence d'unité est donc fondée sur certaines prémisses normatives particulières comme le souligne Mario Prost : « *Il se développe de façon empirique et parcellaire, sans véritable plan d'ensemble cohérent ni systématique. Ce qui le caractérise, c'est avant tout son ad-hocisme, et non sa généralité. Il s'appréhende difficilement comme un système juridique complet et cohérent. Ou s'il est un système, le droit international est d'abord un «système de diplomatie» en ce sens qu'il constitue la pratique d'un groupe relativement restreint d'individus, qui parlent à peu près de la même chose, dans un langage à peu près uniforme. Mais passée cette systématicité sémantique de surface, une systématicité assez molle on en conviendra, le droit international- chantier sans architecte - se présente d'avantage comme un espace juridique multipolaire, et à géométrie variable, au sein duquel des objets juridiques épars, produits de rationalités politiques et juridiques diverses, s'entrecroisent et s'enchevêtrent sans n'être jamais vraiment hiérarchisés ni synchronisés* »[610].

La scène du droit international est animée par une pluralité d'acteurs qui participent activement à la production d'un récit juridique qui a définitivement perdu son « narrateur omniscient », son garant de l'unité et de la cohérence de la

---

[609]R. KOLB, *Réflexions de philosophie du droit international – Problèmes fondamentaux du droit international public : théorie et philosophie du droit international*, Bruxelles, Bruylant, 2003, p. 21.

[610]Mario Prost, « Discours sur le fondement, l'unité et la fragmentation du droit international : à propos d'une utopie paresseuse », *op.cit*, p.665.

narration[611]. Et la maturité de la communauté internationale ne se traduit pas en une communauté de valeurs [612].

Depuis la seconde moitié du XXème siècle, la prolifération de règles ou d'ensembles de règles, d'institutions juridiques et de systèmes juridiques spécialisés a pris de l'importance. De cette prolifération découle un processus d'autonomisation des domaines du droit international (régimes spécialisés comme le droit commercial, les droits de l'homme, le droit de l'environnement, le droit de la mer, le droit européen, chacun de ces régimes possédant ses propres principes et institutions). Cette prolifération est l'objet d'interrogations pour certains juristes, qui craignent la création de systèmes juridiques autonomes (des « îles » du développement de pratiques divergentes, bref un risque de fragmentation du droit international : « *C'est un lieu commun que de souligner aujourd'hui l'évolution contemporaine du droit international vers une expansion continue de son champ d'application, une technicisation croissante de son objet et une diversification accélérée de sa pratique, entraînant par là-même -et à l'instar de tout ordre juridique qui se complexifie- sa division, voire sa fragmentation, inéluctable en différentes branches ou ordres juridiques spécialisés* »[613].

---

[611]Massimo VOGLIOTTI, « de la pureté à l'hybridation : pour un dépassement de la modernité juridique » in *Revue Interdisciplinaires d'études juridiques*, Bruxelles,2009,p.110 ; Traversée de multiples contradictions, cette communauté est sensiblement plus complexe que par le passé, comme le soulignent d'ailleurs la montée en puissance, aux côtés des Etats et des organisations internationales classiques, d'acteurs aussi nombreux et puissants (le monde des affaires) que parfois bruyant (26 000 ONG qui prétendent être les relais d'une opinion publique internationale). ; M. DELMAS-MARTY, *Les forces imaginantes du droit(I). Le relatif et l'universel*, Paris, Seuil, 2004, p.146. On peut noter à cet égard de nouveaux ordres normatifs transnationaux, tels la *lex sportiva*, l'ordre transnational des investissements étrangers, la *lex petrolea*, la *lex constructionis*, ou encore la *lex maritima, lex mercatoria.*

[612]Voir DUPUY R.J., *L'avenir du droit international dans un monde multiculturel* (dir), Colloque de La Haye ; Dordrecht, 1984, 510 p.

[613]E. JOUANNET, L'influence des principes généraux face aux phénomènes de fragmentation du droit international contemporain ou l'ambivalence des principes généraux face au caractère étrange et complexe de l'ordre juridique

Dans un rapport remontant à 2006, la Commission du droit international a fait l'observation suivante : « *D'un côté, la fragmentation crée effectivement un risque de conflit et d'incompatibilité entre des règles, principes, régimes et pratiques institutionnelles. De l'autre, elle reflète l'expansion de l'activité juridique internationale dans des domaines nouveaux et la diversification concomitante de ses objets et techniques. La fragmentation et la diversification correspondent au développement et à l'expansion du droit international en réponse aux exigences d'un monde pluraliste* »[614].La question se pose alors d'une suffisante garantie de cohérence (linkage) et d'unité d'interprétation des normes internationales appliquées par les diverses juridictions[615]. Serge Sur a montré que les mouvements de fragmentation et de mondialisation sont en réalité deux dynamiques complémentaires plus qu'alternatives. Dans une version optimiste, il estime que l'évolution de l'État peut conduire-si l'on partage une vision harmoniste de la société internationale- à la réalisation progressive d'un fédéralisme cosmopolitique. Il relie cette perspective à l'espérance normative d'un Kelsen ou solidariste d'un Georges Scelle[616].

En effet, cerné par les incertitudes[617], les paradoxes et les contradictions de son droit, l'internationaliste fait montre d'un attachement compulsif à l'unité de l'ordre juridique

---

international, article rédigé dans le cadre de la conférence de la SEDI, 2005, p.2.

[614]Voir Rapport de la Commission du droit international, 58è session, 1 mai 9 juin et 1 août 2006, Nations Unies, Assemblée générale, Documents officiels, 61e session, Supplément n° 10 (A/61/10), p. 424 (accessible en ligne : http://untreaty.un.org/ilc/reports/2006/2006report.htm).

[615]La Commission du Droit International des Nations Unies (CDI) a mis en place un groupe d'étude chargé de la question de la fragmentation de l'ordre juridique international, excluant toutefois de son mandat la question de la multiplication des juridictions internationales. Voir le rapport du Groupe d'étude de la Commission du Droit International sur la fragmentation du droit international, complété par Martti Koskenniemi, UN Doc. A/CN.4/L.682 du 13 Avril 2006 et Add.1 du 2 Mai 2006 A/CN.4/L.702.

[616]Serge SUR, « L'État entre éclatement et mondialisation », *R.B.D.I.*, 1997/1, pp.5-20.

[617] I.Prigogine et al. , *L'homme devant l'incertain*, Odile Jacobs, Paris, 2001.

international[618]. Plus profondément, la présentation systémique du droit est l'objet de controverses épistémologiques et elle suppose une définition stipulative de la notion de système. Si l'on parle de fragmentation, c'est que l'on considère que le droit international est un système reliant tous les droits entre eux, les institutions chargées de mettre en musique ces droits étant dûment reliées et hiérarchisées :« *le droit international est un système juridique. Ses règles et principes (c'est-à-dire ses normes) opèrent en relation avec d'autres règles et principes et devraient être interprétés dans le contexte de ces derniers. En tant que système juridique, le droit international n'est pas une accumulation aléatoire de telles normes. Il existe des relations significatives entre ces normes. Celles-ci peuvent donc occuper un niveau hiérarchique plus ou moins élevé, leur formulation peut être plus ou moins générale ou spécifique et leur validité peut être récente ou de longue date* »[619].

Acceptée partout, ou presque, comme une évidence, l'idée même d'unité du droit international mérite pourtant un examen critique. Le concept d'ordre juridique, concède Dupuy : « *est sans doute le reflet d'une Weltanschauung, mêlant à la fois l'idéologie de l'observateur et ses choix méthodologiques personnels* »[620]. Comme le souligne Mario Proust : « *Unité et fragmentation sont la préoccupation commune de ceux des internationalistes qui pensent le droit international en pyramide, une pyramide de pure normativité, distincte du monde de la politique, un univers arborescent d'ordre et de hiérarchie(...) Mais il est des juristes qui, en lieu et place de la pyramide, pensent le droit en réseau, en champs sémantiques ouverts et*

---

[618] C'est chez Kelsen que l'exigence d'unité est formulée de la façon la plus explicite. Pour lui le droit «est un ensemble de règles doué d'une unité telle qu'il nous est permis de l'appréhender comme un système »; voir Hans Kelsen, Théorie générale du droit et de l'Etat, Paris, LGDJ, 1997, p. 55.

[619] Conclusion 1. Le droit international en tant que système juridique {Rapport de la Commission du droit international sur les travaux de la cinquante-huitième session, A/61/10, § 251).

[620]Pierre-Marie Dupuy, « Fragmentation du droit international ou des perceptions qu'on en a? » dans Rosario Huesa Vinaixa et Karel Wellens, (dir), *L'influence des sources sur l'unité et la fragmentation du droit international*, Bruxelles, Bruylant, 2006, p.4.

inachevés au sein desquels s'affrontent interprétations et pratiques concurrentes[621] ».

Selon la CDI trois types possibles de fragmentation peuvent se produire à l'intérieur du droit international classique en raison des nouvelles institutions et des nouveaux régimes spécialisés ou régionalisés introduits au sein de l'ordre juridique international :

1) la première hypothèse est celle des nouvelles institutions qui interprètent parfois le droit international général d'une manière différente.

2) la seconde hypothèse vient de ce que l'on peut considérer les nouveaux régimes comme des exceptions du droit général. Les Traités de droits de l'homme par exemple sont interprétés par les organes des droits de l'homme différemment des traités classiques et cette différence est justifiée par l'objet et la finalité de ces traités qui diffèrent du strict formalisme du droit traditionnel. Cela autorise aussi les organes à interpréter leurs pouvoirs de façon extensive.

3) la troisième hypothèse possible de fragmentation est entre chaque régime juridique. Si un problème est susceptible de plusieurs qualifications différentes, il pourra susciter des conflits de compétence délicats à trancher et sera source peut-être d'obligations contradictoires. Une situation ou un fait peut ainsi être considéré comme relevant du droit du marché, de la santé ou des droits de l'homme et dans chaque régime, une autorité différente sera amenée à décider quel régime il faut privilégier.

L'ordre juridique international ne bénéficie pas, en effet, d'une centralisation institutionnelle telle qu'elle permette d'apprécier de manière unitaire les prétentions de ses différents acteur Pour certains, cette incohérence vient en premier lieu du double langage tenu par des États au plan international et au plan national. Le Rapport du Rapporteur Spécial sur le droit à l'alimentation, Olivier De Schutter, note à cet égard que :*« les*

---

[621]Mario Proust, « Discours sur le fondement, l'unité et la fragmentation du droit international : à propos d'une utopie paresseuse », *op.cit.*, p.641, voir également Mireille Delmas-Marty, Pour un droit commun, Paris, Seuil, 1994, pp.90-113.

obligations des Membres de l'OMC sur le plan des droits de l'homme et les engagements qu'ils souscrivent au travers de la conclusion d'accords dans le cadre de l'OMC ne sont pas adéquatement coordonnés. Envisagé au niveau mondial, ce défaut de coordination constitue une illustration parmi d'autres du problème de la fragmentation du droit international en différents régimes séparés les uns des autres, chacun d'entre eux ayant ses propres règles et ses mécanismes de règlement de différends et tous étant relativement autonomes que ce soit les uns envers les autres ou vis-à-vis du droit international général »[622]. Trop souvent, cet échec des mécanismes de la gouvernance globale est reproduit sur le plan national : les négociateurs commerciaux ne sont pas conscients des obligations liées aux droits de l'homme des gouvernements qu'ils représentent ou bien ils n'identifient pas les implications des positions qu'ils adoptent dans les négociations commerciales.

B. Les causes de la fragmentation

Plusieurs raisons à cette fragmentation du droit international peuvent être avancées. Nous examinerons, après avoir définir le conflit normatif, les conflits axiologiques entre les normes et la prolifération des instruments normatifs.

1. La notion de conflit entre les normes

La notion de conflits entre normes est l'une des plus courantes pour le juriste. Pour parler d'un conflit, il faut établir au préalable l'existence d'un chevauchement entre normes ou ensembles normatifs[623]. Il doit exister entre les deux un point de contact à la fois subjectif (les normes doivent s'appliquer aux mêmes sujets) et objectif (les normes doivent traiter de la même

[622]Rapport du Rapporteur spécial sur le droit à l'alimentation (15/12/2008)A/HRC/10/005/Add.2§33.
[623]Christophe Germann, *Diversité culturelle et libre-échange à la lumière du cinéma – Réflexions critiques sur le droit naissant de la diversité culturelle sous les angles du droit du commerce international, de la concurrence et de la propriété intellectuelle, op.cit*, p.360-365.

matière)[624]. Le conflit désigne la situation où il est impossible de mettre en œuvre deux normes simultanément[625]. On ne sera en présence d'un véritable conflit que lorsque cette lecture harmonieuse n'est pas possible. Pour Joost Pauwelyn, étant donné que l'interprétation des traités laisse place à une vaste marge de manœuvre, des vraies situations de conflit normatif devraient être plutôt rares[626].

La vision étroite du conflit prévaut non seulement en doctrine, mais dans la jurisprudence internationale également, et notamment dans le droit de l'OMC. Dans l'affaire *Indonésie - Automobile* par exemple, une plainte a été déposée par le Japon, les Communautés européennes et les États-Unis au sujet du programme national pour le secteur automobile de l'Indonésie. Dans cette affaire le Groupe spécial a retenu une définition stricte du conflit : « *En droit international, pour qu'il y ait conflit entre deux traités, trois conditions doivent être remplies. Premièrement, les traités considérés doivent avoir les mêmes parties. Deuxièmement, ils doivent porter sur la même matière. S'il en était autrement, il ne pourrait pas y avoir de conflit.*

---

[624]Joost Pauwelyn, *Conflict of Norms in Public International law: How WTO Rules Relate to Other Rules of International Law*, Cambridge, Cambridge University Press, 2003, p. 109.

[625] L'affaire *SPP c. Egypte* illustre parfaitement cette conflictualité. Le tribunal devait se prononcer sur le retrait des autorisations ainsi que la clôture d'un site proche des pyramides, sur lequel l'investisseur cherchait à développer un complexe touristique. L'investisseur a avancé que les actes attribués à l'Egypte, survenus en 1978, constituaient une expropriation de son investissement en violation du traité bilatéral d'investissement applicable. L'Egypte a pour sa part allégué, entre autres, qu'il avait agi en conformité avec ses obligations découlant de la Convention UNESCO sur la protection du patrimoine mondial culturel et naturel, qu'il avait ratifiée en 1975. Le tribunal a conclu que les deux obligations étaient décalées dans le temps, donc il n'y avait pas de conflit. Il sied de souligner, pourtant, que le tribunal a limité les dommages accordés à l'investisseur sur la base du fait que ses activités seraient devenues contraires à la Convention UNESCO après 1979, suggérant ainsi que les obligations découlant de cette dernière Convention pouvaient l'emporter sur les normes de protection des investissements. Voir, *Southern Pacific Properties (Middle East) Limited (SPP) v. Arab Republic of Egypt*, ICSID Case No. ARB/84/3, sentence du 20 mai 1999.

[626]Joost PAUWELYN, « The Role of Public International Law in the WTO: How far can We go? », (2001) 95 *A.J.I.L.*, 535, 550-551.

Troisièmement, les dispositions doivent être en conflit, en ce sens que les dispositions doivent imposer des obligations s'excluant mutuellement »[627].

Les Conclusions du Groupe d'étude de la Commission de droit international sur la fragmentation en droit international (2006)[628] distinguent deux types de relations entre les normes de l'ordre juridique international, à savoir des relations d'interprétation et des relations de conflit. Lorsque deux ou plusieurs normes ont vocation à s'appliquer à une même situation de fait, il se peut que leur interaction éclaire leurs sens respectifs et permette ainsi de déterminer comment la situation de fait est appréhendée par ces normes (relations d'interprétation). Alternativement, cette interaction peut conduire à la conclusion que deux ou plusieurs normes sont susceptibles de s'appliquer non pas conjointement mais individuellement, de sorte qu'il devient nécessaire de savoir quelle norme aura la priorité (relations de conflit)[629].

Lorsqu'un conflit entre deux normes surgit, la priorité normative peut être recherchée à trois niveaux[630]. Premièrement, s'agissant

---

[627] *Indonésie/Certaines mesures affectant l'industrie automobile (Plaintes du Japon, des Communautés européennes et des Etats-Unis)* (1998), OMC Doc. WT/DS54/R, WT/DS55/R, WT/DS59/R, WT/DS64/R au para. 14.28 (Rapport du Groupe spécial).

[628] Conclusions des travaux du Groupe d'étude de la fragmentation du droit international: difficultés découlant de la diversification et de l'expansion du droit international, 2006 (« Conclusions-Fragmentation), adoptées par la Commission du droit international à sa cinquante huitième session, en 2006, et soumises à l'Assemblée générale dans le cadre de son rapport sur les travaux de ladite session (A/61/10, para. 251). Voir aussi le Rapport établi sous sa forme définitive par Martii Koskenniemi, du 13 avril 2006 (A/CN.4/L.682) et le rectificatif du 11 août 2006 (A/CN.4/L.682/Corr.1), («Rapport-Fragmentation »).

[629] Les Conclusions-Fragmentation caractérisent cette relation comme suit: *« Tel est le cas lorsque deux normes à la fois valables et applicables mènent à des décisions incompatibles, si bien qu'il faut opérer un choix entre ces normes. Les règles fondamentales concernant la résolution des conflits normatifs figurent dans la Convention de Vienne sur le droit des traités »*, Conclusions-Fragmentation, par. 2.

[630] Sur la question de l'existence de la hiérarchie normative en droit international, voir, WEILER, J.H., PAULUS, A.L., The Structure of Change in International Law or is there a Hierarchy of Norms in International Law?, in *European Journal of International Law*, vol. 8, no. 4, 1997, pp. 545-565 ;

de la hiérarchie en raison de la source formelle dont une norme découle, il est admis en droit international que, même s'il n'existe pas une hiérarchie entre sources formelles, les rapports entre ces sources suivent une certaine logique d'application[631]. De la même manière, Marceau affirme que les accords appartenant au système juridique de l'OMC, comme n'importe quel autre traité, devraient être interprétés en prenant en considération d'autres règles pertinentes et applicables de droit international, y compris le droit international des droits de l'homme.

Deuxièmement, la hiérarchie normative peut découler du contenu des normes en conflit. Cette hiérarchie matérielle découle de concepts comme ceux de *jus cogens*, [632]d'obligation *erga omnes*, [633]de norme fondamentale (art. 103 de la Charte ONU) [634]ou d'intérêt essentiel (art. 25 du Projet CDI sur la responsabilité internationale de l'État). Troisièmement, à l'intérieur du cadre fixé par les considérations précédentes, à savoir, essentiellement, quand des normes de source conventionnelle ou coutumière sans hiérarchie matérielle entre elles ont vocation à régir une même situation, la priorité est

---

PAUWELYN, J., *Conflict of Norms in Public International Law*, Cambridge University Press, Cambridge, 2003; SHELTON, D.,Normative Hierarchy in International Law, in *American Journal of International Law*, vol. 100, no. 2, 2006,pp. 291-323.

[631]Voir à cet égard: Conclusions-Fragmentation, par. 31; ABI-SAAB, G., Les sources du droit international: essai de déconstruction, in RAMA MONTALDO, R. (dir.), *Le droit international dans un* monde en mutation. Liber Amicorum en hommage au Professeur Eduardo Jiménez de Aréchaga, Montevideo, 1994, vol.I, pp. 29-49.

[632]Sur la notion de *jus cogens* voir, notamment: Conclusions-Fragmentation, par. 32-33, 38, 40-41; Rapport-Fragmentation, par. 361-379; GAJA, G.,Jus cogens beyond the Vienna Convention, in *Recueil des cours de l'Académie de droit international*, t. 172, 1981-III, pp. 271-316 ; KOLB, R., *Théorie du Ius Cogens international : Essai de relecture du concept*, Paris/Genève : PUF/IUHEI, 2001 ; A. ORAKHELASHVILI, A., *Peremptory Norms in International* Law, Oxford : Oxford University Press, 2006.

[633]Conclusions-Fragmentation, par. 37-39; Rapport-Fragmentation, par. 380-409.

[634] Sur l'article 103 de la Charte des Nations Unies voir, notamment: Conclusions-Fragmentation, par. 34-36 et 40-41; Rapport-Fragmentation, par. 328-360.

déterminée par des principes tels que la *lex posterior*,[635] la *lex specialis*[636] ou la détermination de la volonté des parties[637].

2. Les conflits axiologiques entre les normes

Comme le relève N. Bobbio, « *nos systèmes juridiques ne sont pas des systèmes éthiques unitaires (...); ils ne se fondent pas sur un unique postulat éthique, ou sur un groupe de postulats cohérents, mais ils sont des systèmes à plusieurs valeurs et ces valeurs sont souvent antinomiques entre elles, comme (...) celle de la liberté individuelle et de la justice sociale* »[638].En effet, chaque norme repose sur des valeurs, des éthiques qui en constituent le fondement axiologique. Or ces valeurs diffèrent et peuvent être contradictoires et les normes qui sont fondées sur ces valeurs ne peuvent qu'entrer en conflit. Comme le souligne Robert Kolb : *«Peut-être nul autre droit n'a le don d'autant faire coaguler ses conflits essentiels en des oppositions entre les grands principes qui captivent en un point unique les faisceaux épars du différend concret. [...] Le soubassement concret qui tisse des liens aussi divers que discrets tend au niveau suprême à être éclipsé par l'implacable antagonisme des deux impératifs généraux »*[639].

Les échanges internationaux et le droit international économique qui le gouverne sont en effet fondé sur la théorie du libre-échange, qui a elle-même pour origine l'utilitarisme[640].Un moyen de mettre en pratique l'utilitarisme est le marché

---

[635]Sur le principe *lex posterior derogat legi priori* voir notamment: Conclusions-Fragmentation, par. 24-30; Rapport-Fragmentation, par. 223-323.

[636]Sur le principe *lex specialis derogat legi generalis* voir notamment: Conclusions-Fragmentation, par. 5-16; Rapport-Fragmentation, par. 46-222.

[637]Conclusions-Fragmentation, par. 5, 10 et 24.

[638]N. Bobbio, « Des critères pour résoudre les antinomies », *Essais de théorie du droit*, L.G.D.J., 1998, p. 91

[639] R.KOLB, « La structure constitutionnelle… », *op.cit.*, pp.106-107.

[640]L'utilitarisme a pris son essor au cours des dix-septièmes et dix-huitième siècles en Angleterre par le biais d'une rupture de ses auteurs avec la tradition représentée par la morale aristotélico chrétienne. Des auteurs tels que David Hume (17512), Jeremy Bentham (17893), John Stuart Mill (18614), ou encore Henry Sidgwick 1874) ont permis de donner corps, développement et diffusion à cette pensée. Voir supra p.16.

concurrentiel, qui doit conduire à une allocation optimale de ressources. Le marché doit conduire naturellement à cette allocation grâce aux théories des avantages comparatifs de Ricardo et à la libre concurrence. Les valeurs du libre échange et de l'utilitarisme constituent ainsi les sources matérielles des accords de l'OMC, par conséquent l'ensemble des accords multilatéraux constituant l'OMC reflète ces fondements idéologiques. *« L'objectif premier de l'OMC... est d'ouvrir les échanges dans l'intérêt de tous. Nos valeurs politiques fondamentales demeurent la poursuite de l'ouverture, la garantie du principe de la nation la plus favorisée et d'un traitement non discriminatoire entre les Membres, ainsi que la ferme volonté d'assurer la transparence dans la conduite des activitésde cette Organisation »*[641]

Le libre-échange constitue la « morale internationale », la valeur internationale sous- tendant les accords de l'OMC[642]. Quand on sait que ces penseurs utilitaristes ont renouvelé l'histoire de la pensée morale en ne fondant plus cette dernière sur les coutumes, les traditions, on comprend dès lors que les accords de l'OMC puissent entrer en contradiction avec les accords touchant aux valeurs non cormerciales. Bien que le phénomène de prolifération des normes ne soit pas nécessairement chaotique[643], il est indéniable que les institutions du commerce voient toute norme autorisant les politiques publiques comme une restriction potentielle au commerce[644].

---

[641]Discours prononcé le 29 avril 2009 par le Directeur général de l'OMC; M. Pascal Lamy.

[642]Robert KOLB, *Réflexions de philosophie du droit international. Problèmes fondamentaux du droit international public*, Bruxelles, Brulant, 2003, p.356.

[643]Les régimes fonctionnels ne flottent pas dans un vide normatif. Leur revendication en matière de validité et de spécialité est complètement dépendante d'un droit général. Même si le droit international est doté de cette cohérence formelle, il n'en reste pas moins que la cohérence matérielle est une quête harassante. Rafâa BEN ACHOUR et Slim LAGHMANI (dir.), *Les droits de l'Homme : une nouvelle cohérence pour le droit international ?* Pedone, 2008, p.280.

[644]Martti KOSKENNIEMI, Le Droit International et la Voie de l'Éducation Juridique: Entre. « Constitutionnalisme » et « Gestionnariat »,European Journal of Legal Studies,2007En ligne : http://www.ejls.eu/1/3FR.pdf.

3. La prolifération d'instruments normatifs

Le phénomène d'expansion du droit international est porteur d'incertitudes et de complexité. La prolifération d'institutions internationales et la création de multiples tribunaux judiciaires internationaux entraînent de nouvelles formes de normativités, un potentiel accru de conflits de normes et l'existence de régimes autonomes. Pour certains, les traités seraient la principale cause de fragmentation.Ce « buissonnement normatif » montre et démontre à l'évidence combien l'alerte de la conscience des juristes a été vive[645] . Il instaure des régimes juridiques différents, notamment avec le jeu des réserves et des clauses d'exclusion ou lorsque qu'il existe une pluralité de traités portant sur la même matière[646]. Cette prolifération participe à cette tectonique des fondements du droit international, tiraillé entre l'obédience à la souveraineté étatique et l'affirmation des droits de l'homme[647].

Aussi, d'importantes juridictions ont-elles été créées ces vingt dernières années[648]. On pourra penser au Tribunal international pour le droit de la mer, aux deux Tribunaux *ad hoc*, à l'Organe de règlement des différends (ORD) de l'OMC ou encore à la Cour pénale Internationale(CPI) qui vient donner une assise institutionnelle permanente à ses prédécesseurs *ad hoc*. Comme l'a signalé Pierre-Marie Dupuy : « *On assiste en effet aujourd'hui à la multiplication des cas dans lesquels les mêmes États se trouvent liés par des engagements sinon toujours incompatibles, du moins souvent partiellement contradictoires. Ici, le même phénomène de diversification des objets du droit et*

---

[645]R.J. DUPUY, *L'humanité dans l'imaginaire des nations,* Julliard, Paris, Conférences et essais du Collège de France, 1991, p. 240.

[646]Jorge CARDONA LLORENS, « Le rôle des traités» in Huesa Vinaixa et Wellens, dir., *L'influence des sources sur l'unité et la fragmentation du droit international*, Bruxelles, Bruylant, 2006 , pp.21-55.

[647]Pierre-Marie Dupuy, « Un débat doctrinal à l'ère de la globalisation: sur la fragmentation du droit international » (2007) 1 European Journal of Legal Studies 1 à la p.19.

[648]COUSTON,M, « La multiplication des juridictions internationales. Sens et dynamiques », *in : Journal du droit international*, n° 1, Janvier-Février-Mars 2002, p. 5-53.

l'affermissement corrélatif de domaines ayant leur objet, leur caractère et leur régime juridique particuliers font de plus en plus souvent qu'étant à la fois parties à plusieurs conventions multilatérales (dont certaines peuvent également être des actes constitutifs d'organisations internationales) les États sont alors confrontés à une sorte de « conflits de lois» internationales, sans que celles-ci ni les techniques les plus éprouvées d'interprétation conventionnelle ne permettent toujours d'y remédier »[649].

Le chevauchement de ces juridictions internationales peut amener à des interprétations parfois divergentes de la même norme, ce qui peut menacer la cohérence du système. Mais la majorité des tribunaux internationaux est engagée dans une convergence. Au travers d'un dialogue inter- juridictionnel animé par un esprit de complémentarité, plutôt que de rivalité, un développement créatif et itératif du droit international doit pouvoir prendre place.

§2. DE LA FRAGMENTATION DU DROIT APPLICABLE AUX RELATIONS INTERNATIONALES COMMERCIALES

La mondialisation engendre une moisson de dichotomies et de contradictions. Le désarroi est grand, notamment à l'intérieur de la citadelle économique. Le cadre juridique international est de plus en plus fragmenté[650]. Il existe à l'OMC les tensions entre les approches fonctionnaliste et systémique du droit. La première privilégie l'idée selon laquelle l'OMC a un devoir lié à son mandat de 1994 axé sur le commerce et laisse les questions de conflit de lois à la sphère politique. La seconde fait valoir

---

649 P.-M. DUPUY, « L'unité de l'ordre juridique international », *op.cit.*, p. 429,

650 Delimatsis PANAGIOTIS, The Fragmentation of International Trade Law, TILEC Discussion Paper, 2010, p.9.

que l'ORD devrait être considéréé comme une création du droit international et être, partant, plus ouvert à une conception interdépendante évolutionniste de ses décisions L'analyse de la fragmentation relative au droit de l'OMC sera envisagée ici en termes de conflits entendu comme la situation où un État partie à deux traités ne peut pas se conformer simultanément à ses obligations en vertu des deux traités. Du coup, on ne traitera pas la superposition des normes qui rajoutent simplement des droits ou des obligations à ceux déjà posés par une autre. Une norme règlementant le commerce des services complète les règles sur le commerce de marchandises. Il y a là un phénomène d'accumulation, d'avantage que de contradiction. Le droit de l'OMC est régulièrement cité comme l'exemple d'une *lex specialis*, voire d'un régime auto-suffisant, il convient dès lors examiner le problème de conflit des normes(A) avant de voir la place du droit de l'OMC, tel que le met en oeuvre l'ORD et, tout particulièrement, l'Organe d'appel, qui en garantit la cohérence (B) et l'impact des accords régionaux dans la fragmentation du droit international (C).

A. Le droit de l'OMC et conflits de normes

Peut-on assurer une cohérence politique et une synergie entre le droit international de la culture et le droit commercial international afin de mieux répondre aux défis de gouvernance mondiale? Quels sont les moyens d'intégrer les considérations non commerciales dans le système commercial international? Il existe au sein de l'ordre juridique international général des sous-systèmes qui, pour une discipline donnée, comportent à la fois des normes substantielles (conventionnelles le plus souvent) qui gouvernent le comportement des Etats et des dispositions sur le règlement obligatoire des différends qui ne laissent plus à la compétence unique de l'Etat l'interprétation des règles matérielles, la détermination d'une éventuelle violation de ces règles. Ces différents sous-systèmes de droit ne sont pas coordonnés entre eux et peuvent entrer en « collision ». L'exemple souvent donné est celui du droit de l'OMC dans ses rapports avec les préocupations non commerciales[651], d'autant plus que l'OMC peut être saisie des différends à chéval entre deux ordres normatifs.

La mise en oeuvre de la politique interprétative des organes en charge du règlement des différends contribuerait ainsi au caractère autosuffisant du droit de l'OMC. Toutefois, comme le souligne P.M Dupuy « *la notion de « régime autosuffisant »mérite qu'on poursuive son analyse critique tant elle est symptomatique d'une vision fragmentaire et parcellisée du droit international partagée par trop d'auteurs, dans laquelle, faute d'une claire perception de ce que constitue un ordre juridique et l'ordre juridique international en particulier, ces auteurs se perdent aujourd'hui dans la contemplation de régimes qu'ils croient aussi clos sur eux-mêmes qu'ils le sont trop souvent eux-mêmes sur leur propre spécialité* »[652].

En effet, le droit de l'OMC forme un véritable système, géneralement cohérent mais dont les textes pleins d'exceptions ne manquent de produire des conflits de normes[653].La préservation de la cohérence juridique et de l'équilibre commercial des avantages et concessions négociés serait susceptible d'induire un renfermement du système sur lui-même, au point de ne répondre qu'à sa logique propre, en totale désincarnation des autres règles du droit international.L'objectif poursuivi par les négociateurs du Mémorandum d'accord sur le règlement des différends (qui, paradoxe, n'utilise pas une seule fois le mot «responsabilité » et « commpétence »), d'assurer la

---

[651] Pour une approche « conflictualiste » en droit de l'OMC, V. Pauwelyn J., *Conflict of Norms in Public International Law: How the WTO Law relates to other rules of international law*, Cambridge, Cambridge University Press, 2003, 554p; KUYPER, P.J., « The law of GATT as a special field of international law », *op. cit.*, p. 245.

[652] P.-M. DUPUY, L'unité de l'ordre juridique international, *op.cit.*, spéc. p. 436.

[653] Sur la question voir les développements intérresants de Jean-Marc THOUVENIN, « L' OMC et conflits de normes » in M. FORTEAU (dir.), *La fragmentation du droit applicable aux relations internationales. Regards croisées d'internationalistes privatistes et publicistes,* Paris,Edition Pedone,2010,pp.29-47.

sécurité et la prévisibilité du système commercialmultilatéral, est assuré par « un régime, certes propre à l'Organisation, mais qui en réalité emprunte beaucoup, quand il ne le calque pas, au droit international général. Le danger avec cette propension à la compartimentalisation, c'est qu'elle créée l'illusion de sous-systèmes complètement autonomes, fondés sur des principes propres, et totalement indépendants du droit international général[654]. Relayée par les tribunaux internationaux, elle peut avoir des conséquences extrêmement fâcheuses pour le développement du droit international.

Comme l'écrit Hubert Lesaffre, « *l'étude du sous système de l'OMC démontre que l'institution d'une juridiction, quand bien même elle est spécialisée et chargée de faire respecter des règles secondaires spéciales, loin d'affaiblir le droit commun par sa fragmentation, contribue au contraire à son renforcement» ; et d'ajouter: «cette autonomie n'est pas synonyme d'hermétisme au droit commun, les deux systèmes se complètent ou s'excluent mais ne s'ignorent pas* »[655]. A maintes fois, les organes de règlement des différends de l'OMC se sont prononcés à l'égard de la relation du droit de l'OMC et le Droit international public[656]. Les exceptions de l'article XX et XXI du GATT, bien que verrouillées par les critères du chapeau introductif, et les dérogations admises par le système de l'OMC peuvent servir comme mécanismes de cohérence entre les règles de fond issues d'autres régimes et celles de l'OMC. Ces mécanismes admettent la prise en compte d'autres valeurs que ceux commerciaux, mais ils n'épuisent pas les réponses à toutes les possibilités des conflits de règles.

Ainsi, c'est par la voie de négociation politique que les Membres de l'OMC tenter de regler la question d'articulation

---

[654]Pierre-Marie Dupuy, "The Danger of Fragmentation or Unification of the International Legal System and the International Court of Justice" (1999) 31 N.Y.U.J. Int'l L. & Pol. 697, p. 796.

[655]Hubert Lesaffre, *Le Règlement des différends au sein de l'OMC et le droit de la responsabilité internationale*, Paris, L.G.D.J, 2007, p.580.

[656]OMC Affaire *États-Unis-Normes concernant l'essence nouvelle et ancienne formule*, WT/DS2/AB/R, p.16.

du droit de l'OMC et de certaines préoccupations non commerciales. Il convient de souligner par exemple le processus de Kimberley, les ADPIC et les dérogations concernant la santé publique. Mais il arrive que le processus échoue comme le démontre à suffisance l'actuel cycle de Doha.Les organismes de défense des droits de l'homme ont d'ailleurs pris conscience du risque que les obligations dans le cadre de l'OMC affectent les droits de l'homme. Par exemple, le Rapporteur spécial des Nations Unies pour le droit à l'alimentation a exprimé la crainte que les accords relatifs à l'agriculture et aux services compromettent le droit à l'alimentation des populations vulnérables dans les pays les moins avancé. On peut noter ainsi, comme le fait Anne-Charlotte MARTINEAU, que « ce sont principalement les conséquences à attribuer aux phénomènes de fragmentation qui font l'objet de désaccords tandis que leur existence n'est guère contestée. Le débat porte essentiellement sur la question de savoir si la fragmentation est positivie ou négative, et non pas si elle renvoie à une réalité empirique », sur laquelle à peu près tous les acteurs juridiques s'accordent.

L'idée de fragmentation renvoie à deux sens différents, étant à la fois processus et résultat, activité et produit. Soit la fragmentation est un processus d'éclatement (le droit se fragmente et se divise), soit elle en est le résultat (le droit est fragmentaire et parcellaire). Il est dès lors utile d'examiner comment l'ORD peut participer à la fragmentation du droit international.

B. L'ORD : machine à fragmentation du droit international ?

L'ORD est présenté par certains comme une machine à fragmentation du droit international. Le système de règlement des différends de l'OMC, selon le professeur Joost Pauwelyn[657], se situe à l'avant-scène du débat sur la fragmentation et ce, pour deux raisons. La première est la portée des accords de l'OMC, qui réglementent de nombreux domaines allant de l'environnement à la propriété intellectuelle. La seconde est la nature obligatoire et automatique du système commercial de règlement des différends. Ces facteurs font en sorte que les litiges impliquant des domaines variés, mais possédant un volet commercial, sont facilement portés devant les organes quasi juridictionnels de l'OMC.

Appelé à se prononcer sur le statut juridique du principe de précaution, l'Organe d'appel de l'OMC offre, dans l'affaire du bœuf aux hormones, la conclusion suivante : « *le principe de précaution est devenu un principe général du droit international coutumier de l'environnement mais la question de savoir s'il est largement admis comme principe de droit international coutumier ou général est moins claire* ». L'Organe d'appel ponctue son raisonnement en affirmant que « *le principe de précaution, du moins en dehors du droit international de l'environnement, n'a pas encore fait l'objet d'une formulation faisant autorité* »[658]. Sans nuance aucune, l'Organe d'appel

---

[657]Joost Pauwelyn, « Le règlement des différends au sein de l'OMC » in Rosario Huesa Vinaixa et Karel Wellens, dir. *L'influence des sources sur l'unité et la fragmentation du droit international*, Bruxelles, Bruylant, 2006 aux pp. 211-29.

[658]Mesures communautaires concernant les viandes et les produits carnés, (1998) OMC Doc. DS26/AB/R - OMC Doc, WT/DS48/AB/R au no. 123 (rapport de l'Organe d'appel).J. Salmon définit la notion de principe en plusieurs acceptions. : « - cause ou source première des règles, axiome de base (…) ; proposition d'une portée générale, présentée sous forme ramassée et synthétique, exprimant une norme juridique d'une importance particulière et susceptible de servir de fondement à des règles de droit par le biais d'un raisonnement déductif (…) ; proposition généraliste obtenue par un raisonnement inductif sur la base de règles particulières (…)» ; SALMON J., Dictionnaire de droit international public, p. 876. Les principes

transforme ici en droit le cloisonnement académique des disciplines. Il affirme que le principe de précaution peut bien être consacré en tant que droit coutumier de l'environnement, il ne se sent pas lié par lui, puisqu'il est mandaté pour interpréter l'Accord général à la lumière du droit international général. Cette approche suggère que le droit international nous parvient dans des boîtes séparées, tels que droit du commerce et droit de l'environnement pouvant répondre à des principes et à des objectifs différents ne s'appliquant pas au-delà des frontières fixées par de telles boîtes.

Dans l'affaire relative à l'interdiction européenne d'organismes génétiquement modifiés dans le cadre de l'OMC, la question se posa de savoir si le Groupe spécial devait prendre en considération la Convention de 1992 sur la diversité biologique et son Protocole sur la prévention des risques biotechnologiques de 2000. Il pouvait le faire selon l'article 31 § 3 (c) de la Convention de Vienne sur le droit des traités d'après lequel les accords internationaux, y compris les accords OMC doivent être interprétés en prenant en compte les *autres obligations* des parties. Le Groupe spécial considéra cependant que toutes les parties au traité OMC devaient également être parties à cet autre traité. Parce que les États-Unis n'étaient pas partie au Protocole sur la prévention des risques biotechnologiques, celui-ci ne pouvait être appliqué[659]. Comme le souligne Jean-Paul Jacqué *« la galaxie juridique contemporaine est constituée de planètes qui évoluent les unes par rapport aux autres et dont la course se*

---

fondamentaux de droit international doivent en être induits sur la base de trois conditions, pour se prémunir d'un jugement subjectif : le principe doit être exceptionnellement important en droit international, doit se démarquer par l'amplitude de sa couverture des cas et se résumer en un titre, doit enfin être un élément essentiel de tout ordre juridique international connu, ou attester de son caractère vital pour le système en question. G. Schwarzenberger extrait 7 principes essentiels: souveraineté, reconnaissance, consentement, bonne foi, liberté des mers, responsabilité internationale, et légitime défense. Voir SCHWARZENBERGER G., A manual of international law, *op.cit*, p.43.

[659] *European Communities-Measures Affecting the Approval and Marketing of Biotech Products*, 29 Sept. 2006, WT/DS291-293/R, p. 335, § 7.74;C. McLACHLAN,The Principle of Systemic Integration and Article 31 § 3 (c) of the Vienna Convention., *ICLQ*, 2005, pp. 279-320.

croise à des multiples reprises »[660].En effet, le droit international de manière générale et la société internationale répondent, de manière synthétique, à l'interaction de variables souvent contradictoires telles que la globalisation et la régionalisation, l'unité et la fragmentation[661]. La pensée dominante en matière de relations économiques internationales, véhiculée notamment par l'OMC, propose une dichotomie analytique entre, d'une part, les accords multilatéraux, dans le cadre du GATT (à partir de 1947) puis de l'OMC (à partir de 1995), aujourd'hui à vocation mondiale, et d'autre part les accords commerciaux régionaux (ACR)[662]. Ces constructions régionales volontaristes, visant à une déconnexion vis-à-vis du marché mondial, font non seulement place à des accords de libre-échange, mais peuvent aussi participent à la fragmentation du droit international[663].

---

[660]Jean-Paul Jacqué, « Droit constitutionnel national, Droit communautaire, CEDH, Charte des Nations Unies. L'instabilité des rapports de système entre ordres juridiques », in *Revue française de Droit constitutionnel*, n°69, 2007, p.3.

[661]Voir Jorge Cardona Lorens : « Ma vision du droit international », in *Regards d'une génération sur le droit international*, pp.123-148.

[662]La régionalisation est multiforme. Elle est plus ou moins portée par des institutions et par des accords commerciaux régionaux (ACR): «régionalisme *de jure*». Elle peut résulter, au contraire, de pratiques d'acteurs constituant des réseaux commerciaux, financiers, culturels, technologiques dans des espaces régionaux: «régionalisme *de facto*» (exemple de la *régionalisation réticulaire* est-asiatique ou du commerce transfrontalier africain). Elle peut également resulter d'une fragmentation de l'espace mondial tenant à des stratégies de segmentation de la part des acteurs transnationaux. Dans le cadre de l'OMC, les accords commerciaux régionaux ont une signification plus spécifique car sont qualifiés de régionaux tous les accords dérogeant à la règle du multilatéralisme qui est fondé sur le principe NPF.

[663]Un phénomène qui contribue à la fragmentation tient à ce que l'Union, en tant qu'acteur international, occupe un certain nombre de rôles sur la scène internationale. Voir rapport sur la ragmentation,§207.

C. (De) fragmenter le droit de l'OMC ou comment sortir du « bol de spaghetti» ?

Bien que la question ne soit pas nouvelle[664], l'évolution récente du régionalisme suscite toutefois des préoccupations quant à la stabilité réelle de cette interaction synergique entre multilatéralisme et régionalisme. Comme le souligne R.-J Dupuy : « *L'antinomie entre universalisme et régionalisme pourrait même passer à une phase plus avancée de maturité des relations internationales, après la reconnaissance de l'existence de normes universelles ainsi que de normes régionales* »[665]. Pour parodier Dupuy *« il faut compter aussi avec ce buissonnement organique ; quand la norme ne s'impose pas, on multiplie les organes sans pour autant la rendre plus effective, faute, notamment, de coordination* »[666] .

L'image du « bol de spaghetti « (*spaghetti bowl*) est trop connue pour qu'il soit besoin d'insister sur les risques d'enchevêtrement qui résultent de cette prolifération[667].Ce phénomène est d'autant plus inquiétant que l'OMC s'est montrée incapable de véritablement rationaliser le régionalisme. Poussé à l'extrême, le « bol de spaghettis » pourrait complètement émasculer le système multilatéral. Certains d'ailleurs se sont demandés si :

---

[664]Louis Le Fur s'inquiétait déjà dès 1933 « *Si chacun de ces groupements a une existence internationale distincte, avec des règles qui lui sont propres, n'y a-t-il pas coexistence de plusieurs droits internationaux, donc rupture de l'unité du droit international* [...] *? Et ce séparatisme ne sera-t-il pas aggravé si ce groupement possède non pas seulement des règles propres, une législation particulière, mais aussi des organes propres ? N'y aura-t-il pas là scission, fractionnement du droit international ?* Voir *L. Le Fur, Précis de droit international public, 2ème éd., Paris, Dalloz, 1933, p. 303.*

[665]René-Jean DUPUY, Daniel VIGNES, *Traité du Nouveau Droit de la Mer*, Paris, Economica/Bruylant, 1985,p.44.

[666]René-Jean, DUPUY, « Conclusions générales du colloque », in *Les Nations unies et le droit international économique*, SFDI, colloque de Nice, 1985, p.376.

[667]J.Bahagwati,Termites in the Trading System. How Preferential Agreements Undermine Free Trade, Oxford, 2008, 139 p.

« le régionalisme n'est-il pas une solution susceptible de remédier à l'anarchie dans la société internationale ou loin d'affaiblir la solidarité internationale universelle, n'est-il pas de nature à la fortifier, parce qu'il procède conformément à l'ordre logique et naturel des choses : en créant d'abord des règles et des organismes internationaux capables de réalisations pratiques immédiates, et par là en donnant confiance aux nations dans la possibilité pratique d'une organisation internationale ? »[668].

Suite à l'impasse à laquelle le Cycle de Doha a abouti, et l'orientation vers des accords régionaux, le système de règlement des différends deviendra inévitablement plus compliqué et plus complexe. Pour certains auteurs, cette prolifération des accords commerciaux régionaux et autres accords internationaux, chacun avec son propre système de règlement des différends, porte en elle un germe de fragmentation du droit international : « *le régionalisme serait porteur de risques graves s'il était envisagé comme une alternative au multilatéralisme : fragmentation économique et donc perte d'efficience, complexification juridique et procédurale, inégalités d'accès aux biens collectifs, discrimination à l'égard des pays isolés, aiguisement des conflits, constitution de zones d'hégémonie...Qui plus est, la multiplication d'accords à géométrie variable fait courir un risque d'opacité et d'instabilité juridique et institutionnelle* »[669].

Le volet le plus marquant de la nouvelle diplomatie commerciale reste en effet le retour en force du bilatéralisme et du régionalisme. Le phénomène a évidemment donné lieu à une abondante littérature. Deux traits distinguent fondamentalement le « régionalisme » actuel de celui qui l'a précédé : premièrement, il n'a pas pour objet de construire des espaces d'intégration et des institutions communes, mais de rechercher

[668]STEFANOVICI Octavian, *Le régionalisme en droit international public*, Paris, Librairie du Recueil Sirey, 1935, p. 3.
[669]Voir Pierre Jacquet/Jean Pisani- Ferry/Laurence Tubiana (dir.), Gouvernance mondiale, La Documentation française, Paris, 2002, rapport de synthèse, p.89.

une meilleure intégration compétitive dans l'économie mondiale; et deuxièmement, les pays ne négocient pas nécessairement entre pays voisins, mais avec ceux qui offrent un intérêt stratégique et répondent aux critères qu'ils ont eux-mêmes définis.

L'accord général GATT de 1994 officialise certains types d'accords économiques régionaux. Il s'agit des accords de coopération d'une part (type OCDE ou ASEAN qui ne font peser aucune contrainte sur la libéralisation du commerce mondiale) et les accords d'intégration qui eux en revanche sont contraignants car imposent le démantèlement d'obstacles aux échanges ou l'institution de politiques communes. Ces intégrations doivent faciliter le commerce entre les participants et s'abstenir d'opposer des obstacles au commerce avec les tiers (art 24 §5). Cette distinction entre bonne et mauvaise intégration a fait l'objet de vives controverses. La prolifération des accords commerciaux bilatéraux ou « régionaux » menace-t-elle la spécificité du système commercial international, basé sur le multilatéralisme ? Aujourd'hui, plus de 450 accords commerciaux régionaux ont été notifié au GATT et lors de la conférence de Doha s'est posée la question de savoir si les accords commerciaux régionaux étaient en contradiction avec le système commercial multilatéral ou s'ils le soutenaient.

Le vaste système d'accords commerciaux bilatéraux, sous-régionaux et régionaux en passe de s'établir dans le monde entier est vécu par la société civile et les organisations internationales comme une régression *« à une espèce de droit féodal ou corporatif, situé à l'opposée du droit public national et international, et qui fonctionne exclusivement selon les intérêts du grand capital transnational et des États riches, au détriment des droits fondamentaux des États appelés périphériques et de leurs peuples »*[670]. Ces contraintes ont une circonstance aggravante, à savoir qu'elles s'accompagnent d'un

[670]Droits de l'homme et traités bilatéraux. Exposition conjointe présentée par le Centre européen Tiers-Monde, une organisation non gouvernementale avec un statut de consultation générale et l'Association américaine de juristes. Commission des droits de l'homme, 56è période de sessions – du 26 juillet au 13 août 2004.

système de coercitions qui permet de s'assurer de leur application: amendes, pressions économiques, diplomatiques et militaires, et les litiges sont tranchés par les exigences du plus fort ou par des mécanismes qui restent en marge du droit public national ou international. Celles-ci sont consolidées par « *l'application obligatoire d'un système juridique, les politiques de libéralisation et de privatisation, et l'usage des accords internationaux pour tenter d'empêcher un possible retour sur ces politiques* »[671].

Le régionalisme est devenu un champ d'affirmation de la volonté des Etats, de leur libre choix de passer des alliances avec qui ils souhaitent, de ne pas se laisser imposer un monde isotrope qui ne leur permettrait pas de faire valoir leurs multiples intérêts nationaux, économiques, culturels, sécuritaires[672]. Dès lors le régionalisme peut être interprété comme la revanche du politique sur l'économique. D'autres y verront un moyen de revitaliser « par le bas » les idéaux libre échangistes sérieusement écornés par les rivalités économiques et les critiques développementalistes, voire de construire un nouvel ordre économique mondial en emboîtant les blocs les uns dans les autres. Comme le souligne le rapport sur la fragmentation : « *Il est certes possible de discerner les influences sociologiques, culturelles et politiques que des régions particulières ont eues sur le droit international, mais ces études ne concernent pas vraiment la fragmentation* »[673].

L'idée selon laquelle le droit international se développe dans un cadre régional en raison de l'homogénéité relative des intérêts ou des perspectives des acteurs, garantes d'une application plus efficace ou plus équitable des normes pertinentes, du fait d'une communauté culturelle soudée qui garantit la légitimité des réglementations et permet qu'elles soient comprises et

---

[671] Idem.

[672] Ninou GARABAGHI, « Processus et politiques d'intégration régionale à l'œuvre à l'ère de la mondialisation : multilatéralisme régional et gouvernance mondiale » in *Multilatéralisme régional N°1http://unesdoc.unesco.org/images/0014/001436/143688f.pdf.*

[673] Rapport sur la Fragmentation, §204.

appliquées de manière cohérente, est devenue une réalité [674]. Il s'agit d'une tentative de reprise en main d'un destin commun menacé par une dilution dans la mondialisation.La multiplication des conventions et accords bilatéraux pose de problèmes de cohérence. La désarticulation des procédures de règlement des différends, avec les risques induits de *forum shopping* et *in fine* d'interprétations divergentes, peuvent menacer l'unité du droit international.

Pour que les initiatives régionales contribuent pleinement, parallèlement aux efforts multilatéraux, à promouvoir le développement du commerce mondial et des relations commerciales internationales équilibrées, il faut des règles et des mécanismes permettant de bien encadrer les ACR pour qu'ils rejoignent le système commercial multilatéral. C'est ce qu'on appeler multilatéraliser le régionalisme. La multilatéralisation du régionalisme nécessite l'adoption par l'OMC de nouvelles règles en partant des définitions établies dans les ACR pour résoudre les questions en suspens. Les arguments en faveur d'une subsidiarité donnant la primauté à l'OMC dans plusieurs domaines sont importants. L'article 23 MRD établit d'ailleurs une exclusivité de juridiction en faveur des groupes spéciaux et de l'Organe d'appel[675]. L'idée de subsidiarité est que l'OMC, intervient seulement si - et dans la mesure où - les objectifs de l'action envisagée ne peuvent être atteints de façon suffisante au niveau régionale.

---

[674]Voir rapport sur la Fragmentation, §206.

[675]Pour le groupe l'article 23:1 « Le MRD impose à tous les Membres le recours au processus multilatéral défini dans le Mémorandum d'accord lorsqu'ils cherchent à obtenir réparation d'une incompatibilité au regard de l'OMC. Dans ces circonstances, les Membres doivent avoir recours au système de règlement des différends prévu dans le Mémorandum d'accord à l'exclusion de tout autre système, en particulier un système d'exécution unilatérale des droits et obligations au regard de l'OMC. Cette disposition, que l'on pourrait qualifier de « clause d'exclusivité en matière de règlement des différends », est un nouvel élément important des droits et obligations des Membres au titre du Mémorandum d'accord ». Groupe spécial, *États-Unis-Articles 301 à 310 de la Loi de 1974 sur le commerce extérieur*, WT/DS152/R, 22 décembre 1999, 7.43.

Pour articuler la responsabilité mondiale et la responsabilité nationale, le principe de subsidiarité, plutot qu'une recherche de maximisation de la décentralisation. est également particulièrement adapté dans la mesure où il pose les bases tant d'un nécessaire respect des formes locales de responsabilité que d'une légitimité de l'action mondiale. En rappelant l'origine de ce principe tant dans la philosophie aristotélicienne que dans le personnalisme chrétien, Chantal Delsol en résume ses fondements en trois points. *« 1/ La dignité de la personne représente la dernière finalité de l'actionpolitique ;2/ la personne individuelle se grandit davantage par son acte propre que par ce qu'elle reçoit ;3/ la personne individuelle ne peut atteindre seule son plein épanouissement. Il lui faut vivre dans la cité : son bonheur propre passe aussi par un bonheur commun. C'est dire qu'il existe un bien commun, qui n'est pas la simple addition d'intérêts particuliers.* [676]*»*.Il découle de ces considérations « une double norme : l'autorité ne peut s'exercer que lorsque les libertés s'avèrent défaillantes mais, dans ce cas, elle doit s'exercer ». Le cœur du principe de subsidiarité est que toutes les décisions doivent être prises au niveau le plus bas possible. Le niveau supérieur ne peut intervenir que si et seulement si les décisions ne peuvent être prises au niveau inférieur. Il est conçu comme un « subsidium » qui aide mais jamais ne se substitue au niveau aidé.

---

[676]Chantal Delsol, *« La subsidiarité dans les idées politiques » in* La Subsidiarité, de la théorie à la pratique*, sous la dir. de Joël-Benoît D'Onorio, Paris, Téqui, p. 43-44. La société décrite par Aristotese compose de groupes emboîtés les uns dans les autres, dont chacun a la capacité et la responsabilité d'accomplir des tâches spécifiques. Cependant ces groupes sont incapables d'une totale autosuffisance. La famille pallie donc les insuffisances de l'individu, la cité celles de la famille, etc.Mais* il faudra attendre St Thomas d'Aquin pour voir apparaître un fondement philosophique à la subsidiarité. Ce fondement est que la personne est première par rapport à toute institution ou structure politique, parce qu'elle est image de Dieu, (fille) fils de Dieu, tandis que les structures politiques sont au service du Bien Commun. Elles tirent leur sens ontologique (ultime) de la personne au service de laquelle elles sont:La personne est maîtresse de ses actes en tant qu'il est en elle d'agir ou de ne pas agir" *Priorité donc de la personne par rapport à la communauté politique:* « L'homme n'est pas ordonné dans son être et dans tous ses biens à la communauté politique. » cf. *Thomas Aquinus, "Summa Theologica", I,II qu. 21, art.4.*

SECTION II. LA RECHERCHE D'UNE MEILLEURE COHÉRENCE ENTRE LE DROIT DE L'OMC ET LES AUTRES NORMES INTERNATIONALES

Le droit international évolue et se traduit par une augmentation des normes, des organisations et des juridictions internationales. Toutes les branches du droit international reposent en effet sur une idée maîtresse. Le droit international du commerce est largement commandé par la théorie économique libérale qui fait qu'il prend des allures spécifiques par rapport au droit international classique : le libéralisme économique rejette avec force toute intervention de l'Etat. Le «laisser faire et le « laisser passer »ne peuvent que conduire à la «désétatisation», et plus précisément la «dépolitisation» et à la déconstitutionnalisation .

Ce développement exponentiel d'un droit international tous azimuts qui s'étend désormais à tous les domaines de la vie économique et sociale des États appelle à la mise en cohérence du droit international par les juges chargés à la fois de régler les différends et d'identifier des valeurs et principes communs à tous. La «juridictionnalisation du droit international » est ici à l'œuvre[677] Et l'on comprend mieux, à la lumière de cette jurisprudence, pourquoi certains s'inquiètent des risques de fragmentation que ce phénomène de multiplication des juridictions internationales pourrait faire peser sur l'ordre juridique international. L'existence d'un ordre juridique international suppose une unité qui doit être recherchée à travers deux séries d'éléments : les uns qui participent à consacrer une unité formelle (critères d'identification et de validité des normes juridiques internationales), les autres participants à son unité matérielle (principes et valeurs fondamentaux du droit international).Mais la tentation de reproduire une société

---

[677]Voir l'étude très détaillée et complète des juridictions régionales faite par L. Burgorgue-Larsen, « Le fait régional dans la juridictionnalisation du droit international », *in La juridictionnalisation du droit international*, Colloque SFDI de Lille, Paris, A. Pedone, 2003, pp. 203ss.

internationale hiérarchisée est source de débat passionné sur la constitutionnalisation du droit international (§1). Il importe de voir quels arguments juridiques mobilisées les juges dans la formation de corps proto-étatique (§2).

§1. LA CONSTITUTIONNALISATION DU DROIT INTERNATIONAL : SOLUTION AUX DEFIS EMERGENTS ?

Le droit international stato-centré semble inadapté pour résoudre les questions que soulève l'étude de la régulation globale. Ainsi l'idée d'une constitutionnalisation du droit international a envahi le débat juridique. Les notions de « constitution internationale » et de «constitutionnalisme international » sont devenues de mots à la mode dans les discours juridiques[678]. Dans l'état actuel du droit international, cette idée ne semble plus une utopie académique. L'intérêt récent de la doctrine se traduit par une évolution générale actuelle de la pensée constitutionnaliste tendant à la restructuration des relations internationales autour des principes nécessaires à la survie de la société mondiale d'aujourd'hui. On peut légitimement se demandent s'il ne s'agit pas de considérations inactuelles ou considérations intempestives pour reprendre Friedrich Nietzsche. Les différentes significations des concepts liés à ces termes sont actuellement explorées et clarifiées[679].

---

[678]Samantha VELLUTI, New Governance and EU Constitutionalism: Friends or Foes?; KOLB (R.), « La structure constitutionnelle du droit international public », *Canadian Yearbook of international law*, vol. 38, 2001, pp. 69-115.; KOSKENNIEMI (M.), « International law : between fragmentation and constitutionalism », Conférence donnée à Canberra le 27 novembre 2006, J.-F. Flauss, Les droits de l'homme comme élément d'une constitution de l'ordre européen, *LPA*, 30 avril 1995, n°52, pp. 8s.

[679]Deborah Z. CASS, *The 'Constitutionalization' of International Trade Law: Judicial Norm-Generation as the engine of constitutional Development in International Trade*, 12 EUR. J. INT'L L. 39, 40-41, 47-49,2001; CASS, Deborah, The Constitutionalization of the World Trade Organization, Oxford, Oxford University Press, 2005.

La notion de « constitutionnalisme international » est associée à des développements de droit international aussi différents et variés que le rôle clé de la protection des droits de l'homme pour l'ordre juridique international, l'érosion du principe du consentement dans le droit des traités, la judiciarisation du mécanisme de règlement des différends de l'OMC ou l'émergence de limites légales pour l'action du Conseil de sécurité des Nations Unies. On a parfois affirmé que la constitution de la communauté internationale était coutumière. Mais la qualification de constitutionnalisation fait l'objet de controverses, non seulement sur le fait de savoir si c'est une description correcte de l'évolution actuelle du droit international, mais aussi sur le fait de savoir s'il s'agit d'un paradigme utile. Il convient donc d'interroger ce débat en émergence (A) avant d'analyser le débat sur la constitutionnalisation du droit de l'OMC et sa « valeur ajoutée » sur la cohérence du droit international(B).

A. LA CONSTITUTIONNALISATION : LA RECHERCHE DE LA COHÉRENCE DU SYSTÈME JURIDIQUE

En droit public, la définition du mot *Constitution* est fonction de l'approche à laquelle on se réfère. Si on envisage la constitution d'un point de vue descriptif, Constitution signifie gouvernement d'un État; par jeu de miroirs, et tour à tour, elle s'y amalgame et s'y identifie. Ainsi conçue, la Constitution revêt une dimension purement institutionnelle. Elle peut être définie comme le produit d'un compromis politique et social qui, d'une part, détermine les « *principes et règles selon lesquels seront résolues les questions communes et générales* »[680] d'une société donnée ou d'un peuple déterminé et, d'autre part, établit une hiérarchie des valeurs sur les quelles s'accordent à un moment de l'histoire les membres de ladite société. Ainsi, « *toute Constitution, qu'elle soit coutumière ou écrite, qu'elle soit sommaire ou détaillée, est empreinte par la force des choses*

[680] E. ZOLLER, *Droit constitutionnel*, PUF, Paris, 1998, p.37.

d'une idéologie, d'une certaine conception du droit régissant les rapports de la communauté et de ses membres ; et c'est là ce qu'elle représente de véritablement fondamental »[681].

Prenant acte de l'impuissance institutionnelle du droit international, G. SCELLE affirmait que « *le fédéralisme universel peut dans beaucoup de cas s'arrêter à un fédéralisme normatif...dans lequel les normes de la société globale dominent celles des systèmes »juridiques des sociétés composantes et les conditionnent, mais sans que le droit constructif ait eu le temps ou la possibilité matérielle de dégager les institutions dont l'intervention assurerait »dans tous les cas la hiérarchie des ordres juridiques superposés* »[682].

Alfred Verdross a été le premier à employer l'expression « Constitution de la Communauté internationale ». Il écrit notamment qu'il faut désigner comme constitution internationale « la règle juridique ou l'ensemble des règles juridiques qui est la condition de toutes les autres sans être lui-même conditionné par elles[683] ». Tout en construisant sa vision de la constitution internationale en analogie avec la constitution d'un Etat, il admet qu'il ne peut s'agir que d'une constitution au sens matériel. En tant que partisan de la théorie moniste avec primauté du droit international, il adopte une vision très large de la constitution internationale. D'après lui, « le droit des gens contient des règles coutumières bien établies qui forment une véritable constitution internationale obligeant toutes les autorités. La primauté du droit des gens, ou mieux de la constitution internationale, n'est donc pas un postulat mais une réalité ».Georges Scelle, tout en reconnaissant la faiblesse et le caractère fragmentaire du droit international, il estime que celui-ci se trouve encore à un stade d'évolution correspondant dans l'histoire des Etats à celui de la société féodale. Par rapport aux

---

[681] P. BASTID, *L'idée de Constitution*, *op.cit.*, p. 184.

[682]G. SCELLE Le droit constitutionnel international, Mélanges Carré de Malberg p 511 Librairie Duchemin1977.

[683]A.Verdross ,*Die Einheit des rechtlichen Weltvildes auf der Grundlague der Völkerrechtsverfassung*, Wien 1923, p. 59.

ordres juridiques internes, seul diffère donc le « degré de réalisation »[684] .

La dé-constitutionnalisation des ordres juridiques internes (puisque de nombreuses questions sont maintenant régies par le droit international), les évolutions en cours de la construction européenne inspirent l'idée du constitutionnalisme international. Comme le dit U. Beck, la pression du constitutionnalisme international est orientée vers la création d'une identité constitutionnelle de l'État qui passe du caractère de l'exclusivité à celui de l'inclusivité. La question est de savoir si le constitutionnalisme, né pour limiter le pouvoir de l'État au service de l'homme, peut être utilisé pour construire un pouvoir supranational au service des droits de l'Homme ? Nous assistons sans doute à un changement de signification de la souveraineté mais certainement pas à sa disparition[685].

L'affaiblissement du modèle pyramidal au profit du réseau conduit en effet à relativiser la position centrale du modèle étatique et à envisager la constitutionnalisation du droit international mais il va sans dire que les« transplantations juridiques » et de « migration » des idées constitutionnelles de système à système emportent leur lot de problèmes. Selon Karim Benyehlef, « *la pluralité de foyers de juridicité et d'interprétation des normes dans un modèle cosmopolitique renvoie aux théories du réseau grâce auxquelles on peut imaginer un enchevêtrement de nodules juridiques qui se répondent, dialoguent, négocient, se prononcent et statuent. Nous sommes loin de la pyramide normative et d'une vision du droit que les objectifs de cohérence, de prévisibilité et de hiérarchie ont rendu purement statique. Le contexte contemporain requiert une conception plus complexe que la pensée juridique moderne. Un droit en réseau suppose bien évidemment l'élaboration de règles d'internormativité permettant le dialogue, la négociation et la décision ; règles qui*

[684]G .Scelle, « Pouvoir étatique et droit des gens, Réponse à une négation de l'ordre juridique international »", *RDP*, 1943, p. 201.
[685]Robert O. KEOHANE, « Hobbes's Dilemma and Institutional Change in World Politics: Sovereignty and International Society", *loc.cit.* p.117.

s'éloignent sans aucun doute des attributs de la norme moderne » [686]. Un droit en réseau suppose bien évidemment l'élaboration de règles d'internormativité permettant le dialogue, la négociation.

En effet, la perte de souveraineté s'accompagne d'une perte du pouvoir constituant. Il n'existe plus de bouclier constitutionnel qui ne soit perforé. A cet égard on peut aisément comprendre la pertinence du débat sur la constitutionnalisation du droit international ; il existe en effet, un lien entre la « déconstitutionnalisation » au niveau interne et la constitutionnalisation au niveau international[687]. Celle-ci part du principe que le droit international manquait de structure hiérarchique et que cette approche évolutionnaire (et non révolutionnaire) du droit viendrait organiser la prolifération d'institutions et le potentiel de conflits de normes[688].

Les juristes internationaux qui pensent la cohérence du droit international recourent largement au lexique du *constitutionnalisme*. Ils tentent d'imaginer qu'une sorte de monde fédéral existe, que la Charte des Nations Unies peut (ou devrait) être considérée comme une constitution mondiale[689]. Le

---

[686] Karim BENYEKHLEF, « Vers un droit post national ? Un court essai sur le droit cosmopolitique comme modèle de gouvernance » in *Mélanges Andrée Lajoie,* 2008, p.5.

[687]Olivier de. Frouville « Le paradigme de la constitutionnalisation vu du droit international », communication lors du colloque organisé par le CERCO, le CREDHO et l'IREDIES, Les droits de l'Homme ont-ils « constitutionnalisé le monde » ? Retour sur la construction savante du droit européen des droits de l'homme, à l'occasion du 60ème anniversaire de la Convention européenne des droits de l'homme, 5-6 mars 2010, Maison de l'Europe, Paris, 2011. H. RUIZ FABRI, M. ROSENFELD (dir.), *Redéfinir le constitutionnalisme à l'ère de la mondialisation*, Paris, Ed. de la Société de législation comparée, 2009.

[688]Voir Eve-Lyne COMTOIS-DINEL, « La fragmentation du droit international : vers un changement de paradigme? », *op.cit*, p.8.

[689]Il importe de souligner que la doctrine est foisonnante sur la question de savoir si la *Charte des Nations Unies* peut être considérée comme un « acte constitutionnel » international (voir en particulier: Philip ALLOT, *Eunomia: New Order for a New World* cité dans P.-M. Dupuy, *op.cit*,p., 215;B. FASSBENDER, « *The United Nations Charter as Constitution of the International Community»,* (I998) 36 *Columbia Journal of Transnational Law 531.*

constitutionnalisme répond aux inquiétudes relatives à l'unité du droit international en suggérant une priorité hiérarchique au profit des institutions représentant le droit international général (plus particulièrement la Charte des Nations Unies)[690]. Il est loisible de citer ici Mireille Delmas-Marty : « *Le droit a horreur du multiple. Sa vocation, c'est l'ordre unifié et hiérarchisé, unifié parce que hiérarchisé. Et l'image qui vient à l'esprit des juristes, c'est la pyramide des normes, construite pour l'éternité, plutôt que celle des nuages, fussent-ils ordonnés. Pourtant, la résistance [...] est telle qu'il faudra bien apprendre à ordonner le multiple* »[691]. Il n'existe aucune définition du concept de constitutionnalisation stabilisée. En fonction des auteurs, le sens et la portée de l'expression peuvent varier significativement. L'adoption de l'article 103 de la Charte des Nations Unies aurait ouvert la voie à un tel développement[692]. Les interrogations récurrentes de la doctrine contemporaine sur la constitutionnalisation du système international ou son unité sont ainsi le signe de cette évolution car les principes généraux sont cités au premier chef comme la clef de voûte matérielle d'un ordre international unifié que vient conforter la mise en œuvre de l'article 103[693].

En effet, l'évolution du droit international peut être, selon un rapport d'un colloque de Neuchâtel, illustrée ainsi, en utilisant à nouveau la métaphore du navire :

« *Le monde a pu fonctionner comme un navire dont on n'avait pas à s'occuper. Chacun gérait sa cabine sans se*

[690]Voir P.-M. DUPUY, L'unité de l'ordre juridique international, Cours général de droit international public. *RCADI,* 2002, Vol. 297, tout particulièrement pp. 269-313 (relativement au *jus cogens).*

[691]Mireille Delmas-Marty, *Trois défis pour un droit mondial,* Seuil, 1998, p.104.

[692]Charte des Nations Unies, art. 103, « en cas de conflit entre les obligations des Membres des Nations Unies en vertu de la présente Charte et leurs obligations en vertu de tout accord international, les premières prévaudront ».

[693]E. Jouannet,« L'influence des principes généraux face aux phénomènes de fragmentation du droit international contemporain ou l'ambivalence des principes généraux face au caractère étrange et complexe de l'ordre juridique international, article rédigé dans le cadre de la conférence de la SEDI en 2005, p.16.

soucier de la manière dont les autres étaient tenues. Progressivement, des relations se sont établies entre les cabines et des règles ont facilités ces échanges. Puis, face aux cris des victimes d'exactions dans certaines des cabines, l'ont a introduit des règles de bonne conduite que chacun devait observer. Les passagers se sont même organisés en se donnant le droit d'intervenir de force dans les cabines qui menaçaient sérieusement la tranquillité de la vie à bord. La nouveauté de la situation actuelle réside dans le fait que le navire est aujourd'hui en péril et que certains actes commis ne serait-ce que dans une seule cabine mette en danger toute l'embarcation : on ne peut tolérer de quiconque qu'il fasse des trous dans la coque. Il est donc indispensable aujourd'hui, dans l'intérêt de chacun, que le bateau soit protégé par des règles claires, impératives et sans échappatoire »[694].

Pour Tahvanainen, la protection de certaines normes par obligations *erga omnes*[695] et l'approbation de l'existence de règles impératives (*jus cogens*) contribuent à la constitutionnalisation du droit international, mais aussi à une certaine forme de hiérarchie des normes. La constitutionnalisation du droit international mènerait au développement d'un ordre juridique international plus objectif[696]. En ce sens, le droit positif doit se poursuivre en élevant les droits de la personne au statut d'obligations *erga omnes* ou de *jus cogens* pour ainsi protéger les valeurs fondamentales et les intérêts communs de la communauté internationale.

Sur le registre opérationnel, un modèle institutionnel devrait être mis en place. Le système du parlement mondial, du conseil de sécurité recomposé et des tribunaux internationaux verrait sa juridiction limitée au respect de la Charte des Nations Unies, à

---

[694]Voir Colloque international ouvert au public Neuchâtel, 6-7 mai 2005, Quel droit international pour le 21ème siècle ?, p.15.

[695]Barcelona Tractation, Light & Power Co. (Belg. c. Spain), 1970 I.C.J. 3. Une règle *erga omnes* est la reconnaissance d'obligations impératives impossible de dérogation conventionnelle

[696]Annika TAHVANAINEN, « Comments to Professor Hafner » (2003-2004) 25(4) Mich. J. Int'l L., 685 à la p. 867.

la sauvegarde de la sécurité collective et des droits de l'homme, tandis que les autres questions d'intérêt mondial, comme les questions économiques, financières,écologiques, d'infrastructure, etc. continueraient d'être confiées soit aux organisations actuelles pour la coordination des aspects techniques, soit au compromis des puissances, pour les enjeux politiques, mais, pour ces dernières, selon des voies qui dépasseraient les mécanismes contractuels du droit international classique[697]. Dans la foulée, la Cour internationale de justice (CIJ) pourrait remplir un rôle accru d'harmonisation pour réduire les conflits de normes[698]. Il s'agit plus d'une question de politique judiciaire que de faisabilité technique, car selon Pierre-Marie Dupuy, la CIJ est hantée par sa propre ambition démontrée dans l'affaire *Nicaragua*[699] où elle a exercé son pouvoir *jurisdicto* (pouvoir normatif)[700].

Pour Pierre-Marie Dupuy, la création d'un ordre juridique international doit passer nécessairement par l'attribution d'un rôle central à la CIJ pour venir interpréter la substance et

[697] J.Habermas, J. Habermas, *La Constitution de l'Europe*, Gallimard, 2012, en particulier ch. IV « La crise de l'Union européenne à la lumière d'une constitutionnalisation du droit international. Un essai sur la constitution de l'Europe », p. 117 et s.

[698]Pour appréhender la notion d'harmonisation (dér. lat. *harmonia* : arrangement), le dictionnaire juridique établi sous la direction de Gérard CORNU affiche les trois significations suivantes : «1. Opération législative consistant à mettre en accord des dispositions d'origine (et souvent de date) différente, plus spécialement à modifier des dispositions existantes afin de les mettre en cohérence avec une réforme nouvelle. V. *codification, coordination, modification, ordre* ; 2. Opération consistant à unifier des ensembles législatifs différents par élaboration d'un droit nouveau empruntant aux uns et aux autres. V. *unification, unité* ; 3. Désigne parfois un simple rapprochement entre deux ou plusieurs systèmes juridiques. Ex. harmonisation des législations européennes. V. *coordination* (...) », Gérard CORNU (dir.), Vocabulaire juridique, ASSOCIATION HENRI CAPITANT (édit.), 7e éd., Paris 2005, p. 423.

[699] Pierre-Marie Dupuy, *Droit international public*, 5e éd., Paris, Dalloz, 2000, p.806.

[700]Pierre-Marie DUPUY,"The Danger of Fragmentation or Unification of the International Legal System and the International Court of Justice" (1998-1999) N.Y.U. J. Int'l L. & Pol., pp. 803-804.

l'étendue des principes du droit international[701]. Plus le système évolue et se complexifie, emportant avec lui un potentiel de conflits d'obligations, plus les États nécessitent l'aide d'un tiers neutre. On voit ici pointer à l'horizon l'objectif d'un état de droit mondial avec la particularité que celui-ci est confié à la garde non pas seulement des juges, mais d'un système institutionnel complet incluant, outre la cour internationale de justice et le tribunal pénal international, une assemblée délibérative et un exécutif pouvant appliquer des sanctions et si nécessaire mobiliser la force.

Selon les pénétrantes remarques de KOSKENNIEM:

« *Le souci avec le constitutionnalisme est qu'il s'imagine comme un projet d'architectonique institutionnelle fondé sur le présupposé que la source des problèmes mondiaux réside dans l'hétérogénéité des intérêts, des préférences et des valeurs, la nature du monde international, société anarchique... De ce point de vue, le droit international doit être envisagé comme un projet institutionnel, un projet posant les lignes directrices d'une paix perpétuelle, une civitas maxima, un gouvernement mondial* »[702].

Le développement du droit positif et volontaire comme limite à la souveraineté des États se distingue toutefois du mouvement de constitutionnalisation observé dans la sphère interne : « *Plus que la société internationale, très décentralisée, les organisations internationales sécrètent un ordre juridique hiérarchisé dont le sommet est occupé par leur charte constitutive. [...] Cependant, si l'image de la constitution est séduisante, elle ne doit pas conduire à une assimilation simpliste aux constitutions nationales. Les Etats jouent un rôle*

[701] *Idem*, p.804.Cette juridiction est effectivement universelle puisque le Statut qui la régit constitue une annexe de la Charte, qui comprend désormais la participation de la quasi-totalité des Etats. Ainsi la CIJ est virtuellement en mesure de maintenir l'unité du droit international, et seule en mesure de le faire, alors que la prolifération des juridictions internationales de toute nature risque de conduire à un éclatement des conceptions du droit, risque inhérent à l'indépendance de chacune des juridictions.
[702]Martti KOSKENNIEMI, *op.cit*, p.13.

trop important[703]». La généralisation de la forme étatique constitue un puissant facteur d'unification de la société internationale: en établissant une constitution du droit international relationnel structurée par les principes de souveraineté, d'autonomie. L'amendement de cette constitution se fera davantage sur le substantiel sur le registre des droits de l'homme comme normes matérielles de références : « *le nouveau droit des gens fondé sur l'interdépendance sociale a des fins différentes de celles du droit international classique : harmoniser les droits des États, favoriser leur coopération, faire une large place à l'intérêt général ; il vise, également, à favoriser le progrès social et culturel. En somme, il tend à la réalisation de ce qu'on peut appeler la justice sociale internationale* »[704].

En effet, l'absence d'autorité politique centralisée et de pouvoir judiciaire compétent (indépendamment du consentement des États) et de législateur universel empêchent théoriquement l'instauration d'un système véritablement hiérarchique équivalent à celui de l'État de droit[705]. Il est toutefois possible de concevoir un système international basé sur la primauté du droit dans les relations entre États indépendants et souverains[706].

---

[703]Nguyen Quoc Dinh, P. Daillier et A. Pellet, *Droit international public*, *op.cit.*, p.581.

[704] Opinion dissidente du Juge Alvarez, *Statut international du Sud-Ouest africain*, avis consultatif du 11 juillet 1950, *CIJ Recueil 1950*, p.176.

[705]Même si des nuances peuvent certainement être apportées à ce constat. On ne peut évoquer l'absence de législateur dans la société internationale que si l'on a de cette institution une vision « interniste », rigide et restrictive. Il est exact qu'il n'existe pas d'organe spécialisé dans l'édiction de normes; mais, comme dans tout ordre juridique, les normes internationales font l'objet d'un processus formel d'élaboration dans lequel interviennent au premier chef les États, à la fois auteurs et destinataires principaux de ces règles (de même qu'en droit interne les parties à un contrat en sont les auteurs et les destinataires). C'est ce que G. Scelle appelle le « dédoublement fonctionnel » de l'État, palliatif imparfait selon lui, à la « carence institutionnelle » de la société internationale.

[706]Jean COMBACAU, « Le droit international : bric-à-brac ou système ?», *Archives de philosophie du droit*, tome 31, 1986, pp. 84-105. V. le projet de paix perpétuelle de Kant et le système de sécurité collective imaginé par Kelsen, Cécile TOURNAYE, *Kelsen et la sécurité collective,* Paris, L.G.D.J., 1995, 111 p.

Il convient cependant de garder à l'esprit la spécificité de la société internationale pour en comprendre le fonctionnement effectif et les limites. Sa constitutionnalisation se ferait par palliers successifs. « A l'horizon peut être l'émergence d'un futur droit commun de l'humanité supposerait un lent travail d'ajustement entre le droit relatif, le global et l'universel »[707].

L'ordre juridique réunie deux conditions : l'autonomie et la cohérence à l'échelle formelle et matérielle. La logique objectiviste du droit international soutient la non-hiérarchie des sources en droit international, tout en avançant une hiérarchie des normes qui échappe à la volonté étatique en raison de son contenu. Certains voient ainsi dans les droits de l'homme, des valeurs fondatrices et suprêmes qui constitueraient l'épine dorsale de l'ordre juridique international. Appréhendés comme source de cohérence du droit international au plan matériel[708], les droits de l'homme seraient une « molécule du constitutionnalisme international[709].

---

[707] M. Delmas-Marty, *Vers un droit commun de l'humanité*, Textuel, 2005, p.9.

[708] S. LAGHMANI, « Le jus cogens et la cohérence de l'ordre juridique international », *in* R. B. ACHOUR et S. LAGHMANI (sous la direction de), *Les droits de l'homme : une nouvelle cohérence pour le droit international ?*, Colloque de Tunis des 17, 18 et 19 avril 2008, Paris, Éditions A. Pedone, pp. 63-96, spéc. p. 6 ; Voir aussi Linos-Alexandre SICILIANOS, L'influence des droits de l'homme sur la structure du droit international. Première partie : La hiérarchisation de l'ordre juridique international, RGDIP, CXVI / 2012, 2.

[709] Pour F.Sudre : « l'affirmation que les normes relatives aux droits de l'homme ont la qualité de normes de *ius cogens* participe « de l'ancrage du principe de respect des droits de l'homme comme éléments constitutifs de l'ordre public international » *Droit européen et international des droits de l'homme*, P.U.F., coll. ... R.A.E *2006*-1, p.86. Dans le sillage R.Kolb note : « L'ordre public comme exigence juridique inconditionnelle refoule la réciprocité : un certain devoir est toujours dû, eu égard à son importance fondamentale. Il ne dépend plus de l'attitude de l'autre partie, ni du respect qu'elle manifeste de son côté pour le respect de l'obligation en question. Aucun *tu quoque* n'est plus admissible. » Voir R. *KOLB*, *Réflexions de philosophie du droit international*, Bruxelles, Bruylant, 2003, p. 329. Dans ce sillage on peut mieux comprendre la déclaration de la Directrice générale de l'UNESCO à l'Assemblée nationale française, le 10 février 2010, selon laquelle « la diversité culturelle, c'est la cohérence de l'humanité ».

B. La constitutionnalisation du droit de l'OMC

La constitutionnalisation renvoie à un processus d'élaboration d'un droit commun visant à unifier le droit international en le dotant d'une norme suprême. La constitutionnalisation du droit de l'OMC impliquerait alors la reconaisannce de la primauté des valeurs prônées par l'OMC. Il convient dès lors d'examiner comment ce processus est apprehendé par certaines théories qui oscillent entre une analyse descriptive et une analyse prescriptive. Plusieurs auteurs descrivant les métamorphoses du système commercial multilatéral accordent à l'OMC et à son mécanisme de règlement des différends une potentialité pour devenir le fer de lance d'une « constitutionnalisation » du droit international[710]. Selon Bob Kieffer : « *Le système juridique de l'économie mondiale peut être représenté comme un système solaire. Le droit de l'OMC en est le soleil, le centre de gravité ; d'autres planètes, dont le droit communautaire, gravitent autour de lui. Leur trajectoire, ils ne pourront jamais la quitter*[711] ».

Le débat est axé sur deux aspects fondamentaux : d'abord, celui de la pertinence d'inclure dans la régulation du commerce international des normes externes au champ du commerce[712] ;

---

[710]Voir H. *Ruiz Fabri*, « L'*appel* dans le *règlement* des *différends* de l'*OMC* : *trois ans après, quinze rapports plus tard* », RGDIP, tome CIII-1999, p. 51-52 ; E-U. Petersmann, "Constitutionalism and WTO Law : From a State-Centered Approach Towards a Human RightsApproach in International Economic Law", *in* D.L.M. Kennedy & J.D. Southwick (ed.), *The Political Economy, op. cit.*, pp. 32-67; Thomas Cottier/Maya Hertig, *The Prospects of 21st Century Constitutionalism,* 7 MAX PLANCK YEARBOOK OF UNITED NATIONS LAW 261(2004); Jürgen Habermas, *The Constitutionalization of International Law and the Legitimation Problem of a Constitution for World Society,* 15 Constellations 444-455 (2008) . D.P. Steger, "The World Trade Organization: A Constitution for the Trading System" in M. Broncker & R. Quick, eds.,*New Directions in International Economic Law: Essays in Honour of John Jackson* (The Hague: Kluwer Law International, 2000) 135 at137.

[711]Bob KIEFFER, *L'Organisation Mondiale du Commerce et l'évolution du droit international public*, *op.cit.*p.262.

[712]Voir Rostam J. Neuwirth, The Cultural Industries and the Legacy of Article *IV GATT*: Rethinking the Relation of Culture and. Trade in Light of the New WTO Round,p.17; *NEUWIRTH Rostam J., The Cultural Industries*

ensuite, la question de savoir comment articuler ces différentes règles, ce qui renvoie à s'interroger sur le rôle ultime de l'OMC dans le système de gouvernance mondiale.

Ainsi Thomas Cottier parle de constitutionnalisme pour décrire « *un attitude and framework capable of reasonably balacing and weighing different, equally legitimate and democraticaly definided basic values and policy goals of a polity dedicated to promote liberty and welfare in abroad sense* »[713]. Ainsi, pour certains, il faut renforcer le dialogue entre l'OMC et d'autres espaces normatifs, alors que pour d'autres il faut renforcer la constitutionnalisation du droit de l'OMC à travers ses accords. L'aspect matériel de cette constitutionnalisation ne se limite donc pas à structurer l'ordre juridique crée par l'institution en question, mais configure également les relations de celui-ci avec les ordres juridiques avec lesquels il entretien un linkage. Selon R.Monaco, en effet, « *un traité institutif » né sur la base d'une convention, (...) dépasse, avec le temps, son origine formelle, jusqu'à devenir une constitution de durée indéterminée dont le développement déborde le cadre intérieur duquel elle avait été initialement conçue* »[714]. Ainsi l'OMC est analysée comme institution dynamique qui contribue à la constitutionnalisation du droit international.

La constitutionnalisation du droit économique au niveau du GATT et de l'OMC a pris son origine dans quelques propos de Jan Tumlir[715]. Ce dernier travaillant comme économiste au secrétariat du GATT, s'inquiétait du pouvoir politique que des

---

*in International Trade Law : Insights form NAFTA, the WTO, and the EU, Hamburg, Dr Kovac, 2006;*D.P. Steger, "The Boundaries of the WTO: Afterword: The "Trade and ..." Conundrum – A Commentary" (2002) 96 *American Journal of International Law* 135.

[713] T.*Cottier*, « *Limits to International Trade: The Constitutional Challenge* », ASIL, Proceedings of the 91th annual Meeting, Washington, 200, p.221.

[714]R .MONACO, « Le caractère constitutionnel des actes institutifs d'organisations internationales » in mélanges Rousseau cité par Bob KIEFFER, *L'Organisation Mondiale du Commerce et l'évolution du droit international public*, Bruxelles, De Boeck, Larcier, 2008, 257p.

[715]Tumlir, The Need for an Open Multilateral Trading System, World Econ, 1983, pp.393-403.

groupes de pression désavantagés par l'une ou l'autre mesure de libéralisation du commerce mondial pouvaient exercer sur la politique économique à l'intérieur de leur pays à des fins purement protectionnistes. Afin de contrecarrer de telles tendances, il proposait de rendre les règles du GATT directement applicables pour que les gouvernements puissent répondre à toute critique de leurs électorats en se référant au droit international et à son application indépendante par les juridictions nationales.

Dans le cadre de la mondialisation, la constitutionnalisation d'un ordre juridique international à travers, d'une part, la juridicisation des règles internationales du commerce et, d'autre part, la reconnaissance de principes de protection des intérêts non économiques, présentent donc un champ vaste d'investigation. La « constitutionnalisation » de l'ordre économique international sur base de droits fondamentaux aspire à réconcilier les antimondialistes avec l'OMC en introduisant plus de transparence dans le fonctionnement de l'institution et en la faisant reposer sur la règle de droit, l'accès à la justice, la bonne gouvernance et plus de démocratie[716]. Selon Pierre Calame et Gustavo Marin, une « Constitution mondiale, issue d'un processus instituant d'une communauté mondiale, servira de référence commune à l'établissement d'une hiérarchie des droits et des devoirs applicables aux agences des Nations Unies et aux autres institutions multilatérales telles que le Fonds Monétaire International, la Banque Mondiale, l'Organisation Mondial du Commerce[717]».

Le traitement du problème prépondérant dans la doctrine actuelle est caractérisé par une certaine ambivalence : d'une part, on fait de son mieux pour suggérer que les règles fondamentales de l'OMC soient considérées comme directement applicables faisant semblant de constituer des droits de

---

[716] E. M. FOX, "Globalization and Human Rights: Looking Out For the Welfare of the Worst Off", *N.Y.U.J.Int'l.L&P,* vol. 35, 2002, p. 218.

[717]Calame, Pierre et Gustavo Marin, « Les points essentiels du débat avec le Secrétariat de l'ONU », Document présenté à la réunion organisée par Bridge Initiative International archive et le Secrétariat de l'ONU à New York, Alliance pour un monde responsable, pluriel et solidaire, mars 2005.

l'homme[718]; d'autre part, on est assez réservé quant à l'application, dans le cadre de l'Accord de Marrakech, des droits de l'homme généraux comme ils sont définis dans les deux Pactes sur les droits civils et politiques et sur les droits économiques, sociaux et culturels[719]. En effet, quelques auteurs rejettent l'idée que les organes du règlement des différends de l'OMC seraient autorisés de se référer à d'autres règles juridiques que celles contenues dans les accords sur la liberté du commerce[720]. Les éléments diplomatiques caractéristiques du règlement des différends de l'OMC, ne semble plaider en faveur de cette perspective[721].Le règlement de différends, en dépit de son efficacité impressionnante, n'aboutit qu'à un résultat plutôt traditionnel en ouvrant la voie aux sanctions à prendre dans n'importe quel secteur commercial au lieu de redresser la légalité des mesures mêmes prises par les états membres[722].

Dans le registre d'analyse prescriptive, l'OMC devrait assumer une bien plus grande part de responsabilité dans le respect des droits de l'homme. C'est la position défendue par le Professeur Ernst-Unlrich Petersmann, quand il soutient l'idée d'une constitutionnalisation » de l'OMC[723]. Selon lui, un ensemble minimal de droits fondamentaux devrait être reconnu par tous

---

[718]CASS, Deborah, The Constitutionalization of the World Trade Organization, Oxford, Oxford University Press, 2005, p.3.

[719]Voir TH.Cottier, Trade and Human Rights: A Relationship to Discover, J. Int'l Econ. L. 2002, 111.

[720] Marceau,WTO Dispute Settlement and Human Rights, Eur. J. Int'l Econ. L. 2002, 753, 813.

[721]Karl M. Meessen, « Les droits de l'homme et la liberté du commerce mondial », paru dans *PIE*, Perspectives, 2005, p.4. En ligne : http://revel.unice.fr/pie/index.html?id.

[722] Art. 22 (3) du Mémorandum d'accord sur le règlement des différends.

[723]« L'orientation exclusive de la doctrine traditionnelle du droit public international sur la souveraineté extérieure de l'État et l'orientation non moins exclusive des théories ... constitutionnelles sur les abus de pouvoir internes et les droits des citoyens à l'intérieur des États doivent être corrigées par des théories constitutionnelles ransnationales sur la manière de protéger ... plus efficacement, par-delà les frontières, la démocratie et la primauté du droit. » (Petersmann, From the Hobbesian International Law of Coexistence to Modern Integration Law: The WTO Dispute Settlement System', *Journal of International Economic Law* 1 : 175-198. 1998 ,p. 177).

les Etats, toutes les entreprises et toutes les organisations. Pour Petersmann, les États perdent progressivement leur avantage institutionnel dans la fourniture de biens publics. Les différents pays ne peuvent plus répondre aux besoins de participation démocratique, de légitimité et de respect des droits inaliénables de l'individu. Comme les échanges commerciaux se font entre acteurs privés (producteurs, commerçants et consommateurs) et non entre gouvernements, la loi internationale doit garantir les droits privés qui ne sont pas nécessairement au centre des préoccupations des gouvernements.

Pour le Professeur Ernst-Unlrich Petersmann : « *Le droit économique international moderne est axé sur le citoyen et vise à limiter l'insistance hobbesienne traditionnellesur les droits souverains des gouvernements, les contrôles aux frontières, la protection mercantiliste des industries nationales et la discrimination nationale à l'encontre des étrangers, qui(...) entravent une coopération mutuellement avantageuse entre citoyens par-delà les frontières. Ce n'est pas l'État-nation et son économie nationale, mais leur intégration mondiale et leur déréglementation au profit des producteurs, des commerçants et des consommateurs individuels qui sont l'objectif du droit économique international moderne.* »[724].

Prenant apui sur le point de vue kantien sur l'individualisme normatif, il explique que « les valeurs découlant du respect de l'auto-développement individuel et de la protection constitutionnelle de la liberté et des marchés reposant sur les citoyens – tant dans l'économie que dans la collectivité »[725]. Il estime que chaque acteur économique naît avec un ensemble de droits inaliénables qui lui permettent d'échapper à la concurrence discriminatoire, à la taxation arbitraire, à la redistribution et à l'expropriation et d'être libre d'effectuer des échanges économiques sans entrave et de conclure des contacts. De ce point de vue, une constitution économique limitant le

---

[724]E-U Petersmann, From the Hobbesian International Law of Coexistence to Modern Integration Law:p.179.

[725]E-U Petersmann'Multilevel Trade Governance in the WTO Requires Multilevel Constitutionalism, op.cit,p.56.

pouvoir discrétionnaire du gouvernement dans le domaine économique est un moyen naturel de protéger les droits économiques fondamentaux. Cette conception constitutionnelle du droit international axée sur le citoyen postule simplement que le monde est comme une grande nation de « citoyens du monde », qui se dote d'une constitution commerciale à plusieurs niveaux, avec les mêmes objectifs de concurrence non discriminatoire et de prévention du protectionnisme.

L'idée que les accords commerciaux sont des constitutions internationales à plusieurs niveaux a été critiquée par les spécialistes du droit international. Premièrement, elle semble effacer la distinction importante entre description et prescription. L'approche mondiale traite plus de ce que l'OMC devrait être que de ce qu'elle est aujourd'hui. D'autres critiques se basent surtout sur la perception néo-libérale des droits de l'homme, qui se préoccupe, pour l'essentiel, de faire appliquer «les libertés économiques, les droits de propriété et la liberté de concurrence ». Les libertés économiques sont comprises comme « des libertés de produire et d'échanger des biens et des services incluant le travail et les idées de l'individu »[726].

La conception des droits de l'homme de Petersmann se concentre sur les droits aux libertés économiques,qu'il élève au rang de droits de l'homme, en commençant par la propriété et en allant jusqu'à la concurrence en passant par la non discrimination. Il ne laisse subsister aucun doute sur le fait qu'il intégrerait les droits et les libertés économiques dans le cercle des droits de l'homme essentiels.

La fusion des droits de l'homme et des libertés économiques débouche aussi chez Petersmann sur l'effet d'une hiérarchisation qui conférerait alors la primauté les droits aux libertés économiques auxquels tous les autres droits de l'homme sont fonctionnellement subordonnés[727]. Il n'est pas oiseux de

---

[726]E.-U. Petersmann, 2002, Time for a United Nations "Global Compact" for Integrating Human Rights into the Law of Worldwide Organizations: Lessons from European Integration. In: 13EJIL, S. 621 ff, p. 629.

[727] Sophie Grosbon , « La primauté du commerce sur les droits de l'Homme dans le cadre de l'OMC », in *Libertés économiques et Droits de l'Homme*, D.

rappeler que la position des jusnaturalistes des temps anciens consistait au contraire à voir dans la liberté du commerce un droit naturel dont la violation pouvait justifier la guerre. Selon Vattel, « la liberté étant très favorable au commerce, il est convenable aux devoirs des nations de la maintenir autant qu'il est possible » et « toute nation, en vertu de la liberté naturelle, est en droit de faire commerce avec celles qui voudront bien s'y prêter ; et quiconque entreprend de le troubler dans l'exercice de son droit lui fait injure »[728]. Le point de départ du raisonnement doctrinal de l'époque était donc que la liberté du commerce est inhérente à la société des hommes, sans que les frontières politiques puissent s'y opposer de manière injuste.Ainsi plutôt que comme moyen de renforcer la légitimité, la constitutionnalisation du droit de l'OMC participerait à son affaiblissement.

§2. L' INTERACTION DU DROIT DE L'OMC AVEC LES AUTRES RÈGLES DE DROIT INTERNATIONAL

Le droit international a une nature particulière en comparaison du droit national : on n'y retrouve ni véritable hiérarchie des normes ni interprète unique et final. On a souligné la nature longtemps purement formelle du droit international plus intéressé à assurer la coexistence des souverainetés (rapports formels entre États) qu'à réguler des activités humaines qui tombent, à première vue, dans le champ de compétence des souverainetés nationales.

Comme dit précédemment, la législation de l'OMC est une *lex specialis* concentrée sur l'aspect commercial et ne propose pas,

---

Lochak et V. Champeil-Desplats (dir.), Presses Universitaires de Paris Ouest Nanterre la Défense, 2011, p. 177-193.

[728] E. de Vattel, Le droit des gens ou principe de la loi naturelle appliqués à la conduite et aux affaires des nations et des souverains, Leide, 1758, vol. 1, Livre II, chapitre II, p. 118.

pour cette raison, de législations dans d'autres domaines[729]. Néanmoins, cela ne veut pas dire que les Etats membres n'ont plus la possibilité de poursuivre des politiques internes sans rapport avec le commerce[730]. Selon une partie de la doctrine, une telle politique est envisageable uniquement si les mesures internes restent compatibles avec la législation de l'OMC[731]. D'ailleurs, l'OMC lui-même encourage le développement de pareilles politiques internes compatibles avec les obligations internationales des Etats.

Bien que les accords de l'OMC constituent du droit international, les auteurs de ceux-ci auraient pu les isoler au maximum des autres règles de droit international, exception faite du *ius cogens*, garantissant des valeurs fondamentales (interdiction de l'esclavage, des génocides,...) et s'appliquant sans exception à tous les Etats[732]. Ce ne fut pas le cas, et l'article 3.2 du Mémorandum d'accord manifeste clairement cette ouverture du droit de l'OMC au reste du droit international en précisant que ce droit ne doit pas seulement être interprété sur base du texte des traités conclus, mais également selon toute règle de droit international applicable à la relation entre les parties concernées.

A défaut de pouvoir résoudre les conflits de valeurs, il est nécessaire de procéder à des arbitrages qui garantissent à terme la cohérence du droit international. Que trouve-t-on dans la boîte à outils du droit international pour régler ces conflits qui se multiplient ? De vieux outils mal aiguisés car ils ont peu servi, qui ne sont pas forcément adaptés, mais qu'on mobilise de plus en plus. Ces outils, loin d'être une panacée contre la fragmentation, indiquent aux juristes comment interpréter les traités de manière à assurer la cohérence systémique. Plus spécialement par rapport à l'interprétation des traités, celle-ci ne

---

729 S. MALJEAN-DUBOIS (dir.), *op. cit.*, p.13.
730 P.-C. MAVROIDIS, *op. cit.*, p. 599.
731 D. LUFF, *op. cit.*, p. 1049.
732 J. PAUWELYN, « The application of non-WTO rules of international law in WTO dispute settlement », in *The World Trade Organization: legal, economic and political analysis*, 2005, pp. 1406-1423.

peut se faire que par recours aux règles herméneutiques qui se trouvent en droit international général et qui ont été largement codifiées et développées par la Convention de Vienne de 1969 dont les articles 31 et 32 constituent les piliers dans le domaine de l'herméneutique juridique (A) et de la technique d'interprétation évolutive (B).

A. L'intégration systémique codifiée par l'article 31 de la Convention de Vienne

L'article 31 :3(c) de la Convention de Vienne est particulièrement pertinent pour interpréter les obligations d'un traité, telles que celles de l'Accord sur l'OMC, qui interagissent avec divers autres traités. Il consacre l'interprétation systémique, c'est-à-dire la lecture qui « vise à éclairer un fragment du texte par un autre, voire par d'autres textes[733].Comme le soulignait pascal Lamy : « *Suivant la Convention de Vienne et les principes qui y sont énoncés, les groupes spéciaux et l'Organe d'appel ont, depuis, souvent fait référence au "contexte" du traité de l'OMC et à des normes autres que celles de l'OMC lorsqu'elles étaient pertinentes. Je me suis laissé dire qu'aucun autre système international de règlement des différends n'était aussi attaché à la Convention de Vienne Selon moi, invoquer la Convention de Vienne avec une telle persistance confirme clairement que l'OMC se veut aussi pleinement intégrée que possible dans l'ordre juridique international* [734] ».

---

[733]La Cour européenne des Droits de l'Homme est allée le plus loin en matière d'interprétation systémique : « En son paragraphe 3 c), l'article 31 de la Convention de Vienne invita à tenir compte, en même temps que du contexte, de toute règle pertinente de droit international applicable dans les relations entre les parties'. Parmi ces règles figurent des principes généraux de droit, notamment des principes généraux de droit reconnus par les nations civilisés (article 38 § 1 c) du Statut de la Cour internationale de Justice ». Golder c. Royaume-Uni (Requête n° 4451/70), Cour EDH, arrêt du 21 février 1975, § 35.

[734]P.Lamy, « *La place et le rôle (du droit) de l'OMC dans l'ordre juridique international* » Intervention devant la Société européenne de droit international du 19mai 2006,En ligne:,»http://www.wto.org/french/news_f/sppl_f/sppl26_f.htm ;McLachlan, Campbell,"The Principle of Systemic Integration and Article 31 (3)(c) of the

Cet article qui est au centre de la discussion sur la cohérence du droit international du point de vue de la technique juridique. Dans sa décision de l'affaire « États- Unis- essence », l'Organe d'appel a mis en exergue l'importance que revêt la règle interprétative de l'article 31(1) de la Convention de Vienne:« Cette règle générale d'interprétation est devenue une règle du droit international coutumier ou général. En tant que telle, elle fait partie des « règles coutumières d'interprétation du droit international public » que l'Organe d'appel a pour instruction, en vertu de l'article 3 2) du Mémorandum d'accord sur le règlement des différends, d'appliquer lorsqu'il s'emploie à clarifier les dispositions de l'*Accord général* et des autres "accords visés" de l'*Accord de Marrakech instituant l'Organisation mondiale du commerce* (l'*Accord sur l'OMC*) »[735].

La condition qui veut qu'une règle soit « applicable dans les relations entre les parties», implique que la règle de droit international doit lier les parties. Mais de quelles parties s'agit-il ? Une interprétation étroite comprendrait le terme « parties » comme signifiant « tous les Membres de l'OMC ». En d'autres termes, pour qu'une règle de droit international extérieure à l'OMC soit utilisée dans l'interprétation des obligations de l'OMC, il faudrait que tous les Membres de l'OMC en soient également « Membres » Pour interpréter l'expression « les parties » figurant à l'article 31 3) c), il conviendrait de s'inspirer de ce qu'a dit l'Organe d'appel :

« *Nous reconnaissons qu'une interprétation appropriée de l'expression "les parties" doit aussi tenir compte du fait que l'article 31 3) c) de la Convention de Vienne est considéré comme une expression du « principe de l'intégration systémique » qui, selon la CDI, vise à garantir que les "obligations internationales sont interprétées par référence à leur milieu normatif" d'une manière qui assure « cohérence et*

Vienna Convention" (2005) 54 International and Comparative Law Quarterly 279.

[735] *États-Unis-Normes concernant l'essence nouvelle et ancienne formules*, rapport de l'Organe d'appel, WT/DS2/AB/R (29 avril 1996), sect. III.B, p. 18-19.

... efficacité » au processus d'interprétation juridique. Dans un contexte multilatéral comme l'OMC, lorsque l'on recourt à une règle ne relevant pas de l'OMC pour interpréter des dispositions des Accords de l'OMC, il faut établir un équilibre délicat entre, d'une part, le fait de prendre dûment en compte les obligations internationales d'un Membre de l'OMC donné et, d'autre part, le fait d'assurer une approche cohérente et harmonieuse de l'interprétation du droit de l'OMC entre tous les Membres de l'OMC »[736].

Dans l'affaire *Etats-Unis-Thon (CEE)*, dans son rapport qui n'a pas fait l'objet d'une adoption, le groupe spécial a décidé d'exclure toute considération relative à la Convention sur le commerce international des espèces de faune et flore sauvages menacées d'extinction (ci-après Convention CITES), car il s'agissait d'un accord multilatéral signé seulement par quelques parties contractantes du GATT. Bien que cette approche nous fournisse une norme conceptuellement claire, elle génère certains problèmes.

En effet, cette approche réduirait le nombre de traités extérieurs et de principes de droit pouvant être utilisés dans l'interprétation des obligations à l'OMC au titre de l'article 31:3(c), et cela ne ferait qu'introduire des incohérences et des contradictions entre systèmes juridiques. Peu d'accords internationaux, voire aucun, ont les mêmes Membres, bien que certains puissent inclure tous les Membres de l'OMC, plus d'autres Membres n'en faisant pas partie. Mais exiger qu'un tel traité extérieur à l'OMC ait au moins les mêmes Membres que l'OMC créerait également des situations illogiques.

Les parties aux traités changent constamment[737]. A mesure que le nombre des Membres de l'OMC augmenterait, de moins en

---

[736]Communautés européennes et certains Etats membres-Mesures affectant le commerce des aéronefs civils gros porteurs" (WT/DS316/AB/R),§845.

[737]A plusieurs reprises au cours des années, quelques pays ont quitté l'Organisation pour des raisons politiques, mais ils sont tous rejoint l'UNESCO par la suite. L'Afrique du Sud a été absente de 1957 à 1994, les Etats-Unis de 1985 à 2003, le Royaume-Uni de 1986 à 1997 et Singapour de 1986 à 2000. La Chine était l'un des 23 signataires originels de l'Accord

moins d'accords internationaux pourraient suivre la même évolution. Ceci est d'autant plus vrai que l'OMC admet des Membres non-souverains : il serait donc impossible pour l'OMC d'avoir les mêmes Membres qu'un autre traité. D'où un résultat paradoxal de voir l'OMC, du moins en théorie, être de plus en plus isolée des autres systèmes juridiques à mesure qu'elle s'agrandirait. En outre, il peut exister, dans un traité international (comptant moins de Membres que l'OMC), des principes et des dispositions ayant acquis le statut de règles coutumières de droit international, liant tous les pays, même non signataires de ce traité (le traité devient alors preuve de cette coutume).

Il semble justifié d'avancer qu'une règle de droit international utilisée dans l'interprétation de l'Accord sur l'OMC doit être suffisamment commune au niveau international, sans pour autant que le nombre d'Etats Membres soit une garantie de sa pertinence : on trouve en fait ces règles de droit international dans des traités régionaux. Une disposition de l'ALENA ou du traité sur les Communautés européennes, par exemple, peut avoir un intérêt et une pertinence directs, et servir de guide dans l'interprétation d'une disposition de l'Accord sur l'OMC, dans la mesure où cette disposition porte en elle la preuve de sa pertinence à l'échelle internationale. Ceci marque le dépassement du paradigme volontariste et l'affranchissement de la seule volonté des parties contractantes pour introniser le droit international en tant qu'ordre juridique comme l'a affirmé le groupe de travail de la CDI « *Le droit international est un système juridique. Ses règles et principes (c'est-à-dire ses normes) opèrent en relation avec d'autres règles et principes et devraient être interprétés dans le contexte de ces derniers. En tant que système juridique, le droit international n'est pas une accumulation aléatoire de telles normes ... Les relations d'interprétation. Tel est le cas lorsqu'une norme aide à*

---

général sur les tarifs douaniers et le commerce (GATT) en 1948. Après la révolution chinoise de 1949, le gouvernement de Taiwan a annoncé que la Chine quitterait le système du GATT. Bien que le gouvernement de Beijing n'ait jamais reconnu cette décision de retrait, près de 40 ans plus tard, en 1986, la Chine a notifié au GATT qu'elle souhaitait retrouver son statut de partie contractante au GATT.

l'interprétation d'une autre. Une norme peut aider à l'interprétation d'une autre norme si elle sert par exemple à appliquer, préciser, mettre à jour ou modifier cette dernière. Dans une telle situation, les deux normes sont appliquées conjointement »[738].

D'un point de vue technique, cette interprétation est soutenue par les emplois divers du terme « parties « tout au long de l'article 31 en général, surtout à l'article 31 :3(c). L'article 31 :2(a) fait référence à «tout accord ayant rapport au traité et qui est intervenu entre *toutes les parties »*, et l'Article 31 :2(b) à un instrument établi par «*une ou plusieurs* parties », et accepté par « les *autres* parties ». Par conséquent, on pourrait avancer que l'utilisation, sans ces précisions, du terme « les parties » à l'article 31 :3(b) et (c) autorise à prendre en compte un traité signé par un sous-groupe des Membres de l'OMC, qui serait moins que la totalité des parties, mais plus qu'une seule partie, et serait *accepté* par les autres parties[739].

Par exemple, pour interpréter le droit de l'OMC, l'Organe d'appel a utilisé et s'est parfois référé à des traités dont les Membres n'étaient pas les mêmes que ceux de l'OMC. Dans *CE-Bananes III*, la disposition de l'OMC examinée était la « dérogation de Lomé », adoptée au titre de l'article IX de l'Accord de Marrakech instituant l'OMC. L'Organe d'appel s'est servi de la Convention de Lomé pour interpréter la dérogation à l'OMC. La dite Convention était par conséquent « pertinente ». Dans *CE-Matériel informatique*,[740] l'Organe d'appel a reproché au groupe spécial de ne pas s'être référé à la Convention sur le Système harmonisé de désignation et de codification des marchandises (la Convention sur le SH) pour interpréter la liste d'engagements des États-Unis, alors même

---

[738]Fragmentation du droit international : difficultés découlant de la diversification et de l'expansion du droit international. Rapport du groupe d'études de la Commission du droit international, A/CN.4/L.702,28 juillet 2006, § 14.

[739]Palmeter et Mavroidis, "The WTO Legal System: Sources of Law", *American Journal of International Law* (1998) vol.92, No.3, p. 398.

[740] Gabrielle Marceau, " A Call for Coherence in International Law", *op.cit*, p. 123-127.

que les Membres de la Convention SH n'étaient pas les mêmes que ceux de l'OMC, même si les deux parties au différend en étaient Membres.

En d'autres termes, l'article 31:3(c) pourrait renvoyer à toute une série de normes internationales. Ce qui détermine, en fin de compte, quelles règles de droit international doivent être utilisées pour interpréter un traité spécifique, c'est plutôt la pertinence de ces règles particulières de droit international, ce qui doit être appréciée selon la nature des dispositions de l'OMC qui doivent être interprétées au cours du différend. Alexandros Kolliopoulos note à cet égard qu'en vertu de l'article 31 paragraphe 3 (c) de la convention de Vienne, les dispositions de la convention de l'UNESCO pourraient entrer dans la catégorie de règles pertinentes lors de l'interprétation du droit de l'OMC[741]. Le contexte serait ici entendu au « sens plus large », savoir la prise en compte de tout élément extrinsèque qui est utilisé pour jeter de la lumière sur la clause à interpréter »[742]. C'est d'ailleurs la CVDT elle-même qui nous suggère d'opérer une distinction entre le contexte proprement dit et un contexte plus large que l'on a accoutumé de dénommer le « système », c'est-à-dire le système normatif dans lequel sont noyé le traité et la clause qu'il contient, objet de l'interprétation. D'où l'expression interprétation systémique. L'article 31(3)(c) de la Convention de Vienne est le « pont » qui garantit que le droit du système de l'OMC ne se trouve pas en situation d'isolement par rapport au reste du droit international, y compris la convention de l'UNESCO de 2005.Cette lecture herméneutique est confortée par la présence d'un article 32 qui énonce les « moyens complémentaires d'interprétation ».

---

[741]Alexandros Kolliopoulos, « La Convention de l'UNESCO sur la protection et la promotion de la diversité des expressions culturelles », Annuaire français de droit international, 2005, p.5009.

[742] KOLB, R., Interprétation et création du droit international, Bruxelles, 2006, pp. 466-7.

B. La technique de l'interprétation évolutive

Comme le soulignait Paul Reuter « on a parfois estimé que les cours de justice s'arrêtaient volontiers à des interprétations littérales, stabilisant le sens des mots au contenu qu'ils pouvaient avoir au moment de l'établissement des règles, retirant finalement aux termes à interpréter toute pertinence, puisque ceux-ci pour la conserver auraient dû suivre l'évolution des faits et de la science »[743]. Le mérite de l'interprétation évolutive des traités réside dans sa vocation à concilier, en s'appuyant sur les techniques de renvoi mobile et d'ouverture du texte, l'adaptation de la norme dans le temps avec la volonté des parties contractantes[744].Cette méthode pose donc le problème de déterminer à quelle date il faut se placer pour procéder à l'interprétation.

L'art.32 de la CVDT ramène aux circonstances d'adoption, mais aussi à la pratique subséquente et ne donne donc pas de réponse. Elle n'est pas mentionnée dans la CVDT mais on peut l'appréhender comme une méthode d'interprétation prenant en considération l'évolution depuis la conclusion du traité en cause, du système juridique dans lequel s'insère la disposition à interpréter, et celles des situations juridiques aux quelles il convient de répondre par la mise en ouvre de la norme posée par cette disposition, ou par une norme tenue pour dériver implicitement de celle-ci[745].

La ligne jurisprudentielle de l'ORD s'appuie sur le chemin déjà tracé par la Cour internationale de justice (CIJ) dans ce domaine. La Cour internationale de Justice a affirmé, dans son avis consultatif de l'affaire de la *compétence de l'Assemblée*

[743]P. Reuter, « Quelques réflexions sur le vocabulaire du droit international » in *Mélanges offerts à Monsieur le doyen Louis Trotabas,*Paris, LGDJ, 1970,p.428.

[744]Theodore GEORGOPOULOS, « Le droit inter temporel et les dispositions conventionnelles évolutives- quelle thérapie contre la vieillesse des traites », RGDIP, 2004, p.129.

[745]J. Salmon (dir) dictionnaire de droit international public, Brulant, Bruxelles,2001,p.605.

générale pour l'admission d'un État aux Nations Unies, que « si les mots pertinents, lorsqu'on leur attribue une signification naturelle et ordinaire ont un sens dans leur contexte, l'examen doit s'arrêter là »[746]. Dans l'arrêt du sud-ouest africain de 1966, la CIJ se place au moment de l'adoption du texte, en 1920. Mais en 1971, dans l'avis consultatif sur la Namibie, c'est l'autre cas de figure qui est retenu. C'est cette interprétation évolutive qui est majoritairement retenue, entre autre pour l'affaire Gabcykovo/Nagymaros. La CIJ a dit qu'il fallait examiner l'affaire au regard des circonstances actuelles, dont l'évolution du droit en matière environnementale).[747]La Cour européenne des droits de l'homme, dans l'affaire Loisidou entre Chypre et la Turquie, a aussi retenu cette interprétation évolutive, car la Convention européenne des droits de l'homme est un instrument vivant, qu'il convient d'interpréter à la lumière des conceptions actuelles[748].

Un débat fait rage quant à la question de savoir si l'art. 31 § 3, c doit se comprendre comme englobant *également* la dimension dynamique (ou diachronique) en sus de celle statique[749].La

---

[746]CIJ Recueil 1950, p.8.

[747]Affaire du Projet de Gabcíkovo-Nagymaros (Slovaquie c. Hongrie), arrêt, C.I.J. Recueil 1997, p. 4. « La Cour tient à relever que de nouvelles normes du droit de l'environnement, récemment apparues, sont pertinentes pour l'exécution du traité (...). En insérant dans le traité [des] dispositions évolutives, les parties ont reconnu la nécessité d'adapter éventuellement le projet. En conséquence, le traité n'est pas un instrument figé et est susceptible de s'adapter à de nouvelles normes du droit international.Au moyen des dispositions conventionnelles de nouvelles normes en matière d'environnement peuvent être incorporées dans le plan contractuel conjoint. » (pp. 67-68). Or, comme le soulignait le juge Bedjaoui « les intentions des parties sont présumées avoir été influencées par *le droit en vigueur au moment de la conclusion du traité,* droit qu'elles étaient censées connaître, et non pas par le droit à venir, qui était encore inconnu » (Op. individuelle du juge Bedjaoui jointe à l'arrêt de la CIJ dans l'affaire relative au Projet Gabcikovo / Nagymaros (Hongrie / Slovaquie), arrêt du 25 septembre 1997 : *C.I.J. Recueil 1997*, § 7 ii), p.121).

[748]C.E.D.H., 23 mars 1995, Loizidou c/ Turquie, Série A, n° 310.

[749] Il faut noter que l'art. 69 § 1 b (ancêtre du futur art. 31 § 3 c), proposé par le Rapporteur spécial de la Commission du droit international sur la question du droit des traités, comportait l'indication de la date critique à laquelle il fallait figer le moment de l'interprétation systémique, à savoir « l'époque de la conclusion du traité.

Convention de Vienne sur le droit des traités soutient cette méthode. Elle stipule, dans son article 31, paragraphe 3, qu' « il sera tenu compte, en même temps que du contexte :(c) de *toute règle pertinente* de droit international applicable dans les relations entre les Parties ». Il est loisible de considérer que le mot «pertinent » implique qu'une règle de la Convention qui est l'objet de l'interprétation et d'autres règles conventionnelles soient étroitement liées. L'article 31 :3(c) introduit donc le principe de l' « interprétation évolutive », un principe d'une importance toute particulière lorsque l'on aborde des concepts tels que « les droits de l'homme », ou l'invocation des exceptions du GATT sur la « moralité publique » à l'article XX(a) ou sur le « travail dans les prisons « à l'article XX(e), qui ont constamment évolué depuis la création des Nations Unies.

L'Organe d'appel a considéré comme étant pertinent le recours à des instruments internationaux autres que le traité OMC et les accords visés, en argumentant que : «les conventions et déclarations internationales modernes font souvent référence aux ressources naturelles comme étant à la fois des ressources biologiques et non biologiques », comme par exemple, la Convention des Nations Unies sur le droit de la mer de 1982 ou la Convention sur la diversité biologique[750]. Dans l'affaire *Crevettes*, l'Organe d'appel de l'OMC a utilisé la même technique évolutive à propos de l'article XX (g)[751] du GATT. Il a dit : *« L'expression « ressources naturelles épuisables » figurant à l'article XX g) a en fait été façonnée il y a 50 ans. Elle doit être analysée par un interprète des traités à la lumière des préoccupations actuelles de la communauté des nations en matière de protection et de conservation de l'environnement ».*

---

[750]*États-Unis – Prohibition à l'importation de certaines crevettes et de certains produits à base de crevettes*, rapport de l'Organe d'appel, §. 130.

[751]Art. XX « Sous réserve que ces mesures ne soient pas appliquées de façon à constituer soit un moyen de discrimination arbitraire ou injustifiable entre les pays où les mêmes conditions existent, soit une restriction déguisée au commerce international, rien dans le présent Accord ne sera interprété comme empêchant l'adoption ou l'application par toute partie contractante des mesures :
g) se rapportant à la conservation des ressources naturelles épuisables, si de telles mesures sont appliquées conjointement avec des restrictions à la production ou à la consommation nationales »

Ainsi, l'Organe d'appel a-t-il changé la signification originelle de l'expression «ressources naturelles épuisables» de l'article XX (g), qui visait auparavant strictement les ressources naturelles non biologiques épuisables, en les ressources naturelles *non biologique et même biologiques* épuisables, en prenant en considération le développement du droit international de l'environnement. Le recours à ces accords non commerciaux a permis ainsi à l'Organe d'appel d'adopter une démarche interprétative évolutive. A l'analyse, la jurisprudence du système OMC/GATT prône une approche interprétative qui s'éloigne de la rigidité inhérente à une démarche herméneutique qui privilégierait les travaux préparatoires du traité.

L'approche « évolutive » autorise une lecture des règles de cet accord constamment mise à jour et perméable aux évolutions de la communauté internationale contemporaine. Sinclair note, au sujet de l'article 31 :3(c), que : « *il existe certaines preuves que l'évolution et le développement du droit international puissent exercer une influence décisive sur le sens à donner aux expressions incorporées dans un traité, particulièrement si ces expressions elles-mêmes dénotent des notions relatives ou évolutives telles que celles d' « ordre public » ou de «protection de la moralité* »[752].

Pour résumer, l'article 31 :3(c) de la Convention de Vienne a pour objectif de promouvoir une certaine « cohérence » en droit international, afin que le traité soit interprété de manière à éviter les conflits avec d'autres traités. L'Accord sur l'OMC, comme tout autre traité, devrait être interprété en prenant en compte les autres règles de droit international pertinentes et applicables, y compris les normes sur les droits de l'homme. Francioni soutient d'ailleurs qu'il n'y a pas de doute quant au fait que parmi les règles de droit international applicables aux rapports entre les

---

[752]I. Sinclair, *The Vienna Convention on the Law of Treaties*, 2eme édition, (1984, Manchester, MUP)
p.139. voir également Mustafa Kamil Yasseen, L'interprétation des traités d'après la Convention de
Vienne sur le droit des traités, *Recueil de Cours*, 1976 – III, tome 151, p.64, Gabrielle Marceau, WTO dispute settlement and human rights, *European Journal of International Law*, vol. 13, n° 4 (2002), p.785.

États membres de l'OMC se trouvent des règles relatives à la protection des droits de l'homme[753]. Il serait donc surprenant que l'ORD ne prenne pas en considération les normes internationales en matière de protection de la diversité culturelle[754]. De fait, sa jurisprudence marque par petites touches une évolution nette, s'agissant de la prise en compte des valeurs non commerciales, notamment par rapport à la politique d'interprétation des traités du GATT de 1947 bien plus « *cliniquement isolante* ».

Les moyens complémentaires d'interprétation, notamment les travaux préparatoires, possèdent un caractère subsidiaire ; c'est-à-dire que, conformément à l'article 32 de la Convention de Vienne sur le droit des traités, le recours aux moyens complémentaires sera justifié uniquement pour pallier les insuffisances de la règle générale de l'article 31 de la même convention. Le travail des juges est ici capital. Le juge de l'OMC dispose d'un arsenal d'instruments et d'une large marge de manœuvre, étant donné les imprécisions des textes négociés. Son interprétation remplit donc une fonction cardinale. Pivot du système OMC, le juge se présente comme l'ouvrier d'un processus d'interactions entre le droit de l'OMC et les règles externes, refusant par là de considérer le droit de l'OMC comme un régime auto-suffisant ou autogéré, à supposer que de tels régimes existent[755].

---

[753]Francesco FRANCIONI, « WTO law in context: the integration of international human rights and environmental law in the dispute settlement process », in Giorgio SACERDOTI, Alan YANOVICH et Jan BOHANES (dir.), *The WTO at Ten. The Contribution of the Dispute Settlement System*, Cambridge, Cambridge University Press, 2006, p.143,p.145.

[754]Bien entendu, la prise en compte des règles du droit international du travail au moment d'interpréter celles du système de l'OMC devra être faite tout en respectant les prescriptions des articles 3(2) et 19(2) du DSU selon les quelles, « les recommandations et décisions de l'ORD ne peuvent pas accroître ou diminuer les droits et obligations énoncés dans les accords visés ».

[755]Joost Pauwelyn, Manfred Elsig, "The Politics of Treaty Interpretation: Variations and Explanations Across International Tribunals",in J. Dunoff and M. Pollack (eds), *International Law and International Relations: Taking Stock,* Cambridge University Press 3, 2012.

CHAPITRE II. LE JUGE FACE AUX ENJEUX DE LA DIVERSITÉ CULTURELLE

Portés devant l'ORD, les conflits entre les règles du commerce international et les mesures commerciales poursuivant un but culturel ont presque toujours été résolus au profit des intérêts commerciaux, engendrant une jurisprudence qui laisse peu de chances aux politiques culturelles. Depuis quelques années, on assiste à une multiplication des conflits relatifs au statut des biens et services dans le système commercial. Une dizaine de plaintes officielles qui concernent les produits culturels ont déjà été déposées à l'OMC et plusieurs d'entre elles intéressent spécialement les industries culturelles.

La protection de la diversité culturelle manquant un véritable cadre juridique cohérent puisque les règles sont éparses, il convient de voir de quelle manière ces règles, même dispersées, peuvent garantir une protection de la diversité culturelle. Le voyage à travers quelques décisions nous permettra d'apprécier le rôle du juge dans le processus de libéralisation des produits culturels (section I) et voir comment il peut combler les lacunes du droit existant pour protéger la diversité linguistique (section II).

SECTION I. UNE PRATIQUE « AUTONOMISANTE » PAR LES AUTORITES CHARGEES DAPPLIQUER LE DROIT DE L'OMC

Comme le souligne Maurice Kamto : « *La densification normative à la faveur de son effectuation par truchement de la jurisprudence internationale voire de la codification technique affermit la norme et, ce faisant, dissipe progressivement son imprécision, source d'incertitude* »[756]. Le rôle du juge est donc déterminant de l'affermissement de ses principes et de ses dispositions. Comme le souligne G.Abi-saab : « A *chaque niveau de densité normative correspond un certain niveau de densité institutionnelle permettant aux normes d'être mises en œuvre de manière satisfaisante*[757].

Depuis la création de l'OMC, les Etats-Unis ont déposé trois plaintes relatives aux restrictions concernant certains produits culturels[758]. L'Union européenne a déposé quant à elle une plainte qui dénonçait les mesures mises en place par le Canada dans la distribution de films. Nous traiterons ici les affaires qui ont dépassé la phase des consultations et atteint leur examen par l'Organe d'appel et le groupe spécial. Une première décision de l'ORD concernant directement les politiques et mesures visant à protéger et à promouvoir la diversité des expressions culturelles est l'affaire Canada- Certaines mesures concernant les

[756]Voir Maurice Kamto, « Remarques introductives », *in Le droit international face aux enjeux environnementaux*, éd. Pédone, Paris 2010, p.60.

[757]Georges *Abi-Saab*, « *Cours* général de droit international public », Recueil des *cours* de l'*Académie* de droit international, 1987, vol. VII, tome 207, p.51.

[758] La première plainte remonte à 1996 et concernait la taxe prélevée par la Turquie sur les recettes des entrées de cinéma des films étrangers. La deuxième plainte a été déposée la même année et concernait les mesures canadiennes appliquées à l'industrie des périodiques. La troisième est l'affaire Chine-produits audiovisuels.

périodiques *(§1)*[759]. La récente affaire « Chine-Mesures affectant les droits de commercialisation et les services de distribution pour certaines publications et certains produits de divertissement audiovisuels » est également d'une importance certaine (§2).

§1. LA JURISPRUDENCE DU GATT

Le conflit qui a opposé les Gouvernements canadien et américain devant un groupe spécial de l'OMC concernait l'application de mesures relatives à l'industrie de publication de périodiques. Les pratiques canadiennes ayant fait l'objet de contestation par les États-Unis dans cette affaire touchaient l'application de tarifs postaux préférentiels, l'interdiction d'importation de certaines publications édictée par le *Code tarifaire 9958,* et l'instauration de la taxe d'accise sur la valeur des annonces publicitaires dans les éditions à tirage dédoublé[760]. Cette législation canadienne contestée avait pour objectif la protection des assises financières de l'industrie canadienne des périodiques, qui constitue un élément vital de l'expression culturelle canadienne.

Pour bien saisir les tenants et aboutissants de cette affaire, il importe de comprendre le contexte factuel. En effet, depuis 1965, le Canada interdisait l'importation de périodiques étrangers contenant de la publicité si celle-ci ne se trouvait pas

---

[759]OMC, Canada-Certaines mesures concernant les périodiques, rapport du Groupe spécial, WT/DS31/R, 14 mars 1997, (ci-après : OMC, Canada-Certaines mesures concernant les périodiques, Groupe spécial, 1997) ; Canada-Certaines mesures concernant les périodiques, rapport de l'Organe d'appel, WT/DS31/AB/R, 30 juin 1997, (ci-après : OMC, Canada-Certaines mesures concernant les périodiques, Organe d'appel, 1997). Les deux rapports sont disponibles sur le site : http://www.wto.org, (date d'accès : juillet 2009).

[760]Pour les détails voir Gilbert Gagné, « Libéralisation et exception culturelle : Le différend canado-américain sur les périodiques », *Revue Études internationales, volume xxx, n° 3, septembre 1999, p.580.*

non plus dans les éditions du pays d'origine. Autrement dit, le Canada interdisait l'importation de périodiques « *à tirage dédoublé* » de façon à réserver son marché publicitaire intérieur à ses propres éditeurs[761]. Les éditions de périodiques à tirage dédoublé dont il est question sont de périodiques dont le contenu, à partir de l'édition nationale, est sensiblement modifié et destiné à l'étranger. Ils comprennent deux choses importantes : le contenu rédactionnel, qui est généralement le même que l'édition « mère », et le contenu publicitaire. En fait, ce type de magazines ne coûte pas cher à celui qui le produit car les frais qu'implique le contenu rédactionnel comme les photographes sont déjà payés et amortis sur le territoire national. Les périodiques à tirage dédoublé permettent donc, à ceux qui les produisent et les distribuent, de faire du profit sur un périodique déjà amorti sur le territoire national.

Les faits qui sont à l'origine de ce conflit daté de 1993. Le Canada avait mis en place certaines mesures visant à protéger l'industrie canadienne des périodiques. L'une d'entre elles, le Code Tarifaire 9958 qui interdisait l'importation d'éditions régionales, a eu pour conséquence d'arrêter à la frontière les importations de périodiques à tirage dédoublé américains. En 1993, Time Warner Inc. a transmis par courrier électronique, via satellite, l'édition canadienne dédoublée du magazine *Sports Illustrated*[762].

En agissant de la sorte, Time Werner a contourné l'interdiction d'importer du Code Tarifaire 9958. Ainsi, grâce au progrès technologique, qui ne pouvait être prévisible au moment de l'entrée en vigueur de la mesure canadienne, les États-Unis ont réussi à ébranler le système de protection canadienne prévu pour l'industrie des périodiques[763]. Le Canada a annoncé son intention de suivre les recommandations du Groupe de travail

[761] Christophe Germann, *Diversité culturelle et libre-échange à la lumière du cinéma – Réflexions critiques sur le droit naissant de la diversité culturelle sous les angles du droit du commerce international, de la concurrence et de la propriété intellectuelle, op.cit,* p.420.

[762]Marie Tison, « Politiques Canadiennes sur les périodiques : représailles envisagées par les Américains », Le Soleil, vendredi 1èr avril 1994, p.13.

[763] *Idem*

sur l'industrie canadienne des périodiques qui lui conseillait d'introduire une taxe sur la publicité[764]. C'est cette mesure qui a déclenché les hostilités, les États-Unis dénonçant l'introduction de cette taxe et faisant savoir au Canada qu'ils envisageaient de prendre des sanctions commerciales[765]. Malgré ces menaces, le 15 décembre 1995, le Canada a adopté une loi qui introduisait une taxe de 80% sur la publicité provenant d'annonceurs canadiens contenue dans les périodiques à tirage dédoublé importés[766] .

Le 11 mars 1996, les États-Unis ont déposé plainte officielle devant l'OMC remettant en cause la politique canadienne dans l'industrie des périodiques et ont demandé au Canada d'entrer en consultation. Selon les États-Unis, le Canada se rendait coupable de ne pas respecter les obligations qu'il avait contractées devant le GATT de 1994. Le 10 avril 1996, les consultations entre les deux pays ont échoué et le 24 mai 1996, les États-Unis ont demandé la formation d'un groupe spécial, ce qui sera fait le 19 juin.[767]. Le Groupe de spécial a entendu les plaintes des deux parties à l'automne 1996[768] et le 21 février 1997, ce dernier a remis son rapport qui a été rendu public le 14 mars 1997[769]. Suite aux conclusions rendues par le Groupe spécial, le Canada et les États-Unis ont chacun fait appel de la décision et l'organe d'appel remis son rapport le 23 juin 1997[770]. Afin de faire ressortir les éléments importants de cette décision

---

[764]A la fin de mars 1994, lorsque le Groupe de travail sur l'industrie des périodiques a remis son rapport au Gouvernement canadien, il a recommandé la mise en place d'une taxe sur la publicité contenue dans les périodiques américains et payée par les annonceurs canadiens, Rapport du Groupe de travail sur l'industrie canadienne des périodiques, « Une question d'équilibre », (1994), Approvisionnement et services Canada, Ottawa, p.94.

[765]Marie Tison, « Politiques Canadiennes sur les périodiques : représailles envisagées par les Américains », *op.cit.* p.14.

[766]Loi modifiant la Loi sur la taxe d'accise et la Loi de l'impôt sur le revenu, L.C.1995, ch. 46.

[767]OMC, Focus, Bulletin d'informations, N°12, août-Septembre 1996, p.5.

[768]Drew Fagan, « U.S. Heats Up Magazine Battle », The Globe and Mail, Saturday, September 7, 1996, p.A.1 ; OMC, Focus, Bulletin d'information, N° 14, décembre 1996, p.3.

[769]OMC, Canada-Certaines mesures concernant les périodiques, Group spécial, 1997.

[770]OMC, Focus, Bulletin d'information, N° 21, août 1997, p.5.

pour notre propos, on se penchera d'abord sur les conclusions rendues par le groupe spécial (A) et ensuite sur les questions soulevés dans le rapport de l'Organe d'appel (B).

A. Les constatations et les conclusions rendues par le Groupe spécial

Le Groupe spécial formé à la demande des États-Unis au sein de l'OMC a examiné les mesures canadiennes au regard des articles XI:1(interdictions des restrictions quantitatives), III : 2, III : 4 (traitement national du GATT). Les États-Unis dénonçaient l'ensemble de ces mesures, les trouvant incompatibles avec ces dispositions du GATT. Les États-Unis prétendaient que le Code tarifaire 9958 était incompatible avec l'article XI du GATT de 1994. Ils avançaient aussi que la partie V.1 de la Loi sur la taxe d'accise était incompatible avec le paragraphe 2 de l'article II du GATT de 1994. Les États-Unis affirmaient enfin que les tarifs postaux préférentiels étaient incompatibles avec le paragraphe 4 de l'article III du GATT de 1994 et que les tarifs subventionnés n'étaient pas couverts par l'exception de l'article III 8 b) du GATT de 1994.

Pour le Canada, le Groupe spécial devait rejeter les arguments américains. Il prétendait que le Code tarifaire 9958 pouvait se légitimer selon l'article XX d) du GATT de 1994. En ce qui concerne la Loi sur la taxe d'accise, le Canada avançait que l'article III du GATT de 1994 ne pouvait pas s'étendre à cette dernière et que, si tel était le cas, les dispositions de la loi n'allaient par à l'encontre du dit article, car relevant du commerce des services régis par l'AGCS. Pour ce qui est des mesures se rapportant aux tarifs postaux, le Canada affirmait que le paragraphe 4 de l'article III du GATT de 1994 ne pouvait pas être appliqué aux tarifs de la Société canadienne des postes étant donné que ces derniers sont issus d'une politique commerciale. Il avançait en dernier lieu que la barrière mise en place correspondait à une affectation de subventions compatibles avec l'article III 8 b) du GATT de 1994. Le groupe spécial a donné raison aux États unis dans son rapport du 21 février 1997. Et le Canada a fait appel du jugement.

B. Les questions soulevées dans le rapport de l'Organe d'appel

Le Canada a soulevé deux questions dans l'appel, reconnaissant implicitement le bien fondé de la décision du Groupe spécial sur la question de l'interdiction d'importer les périodiques à tirage dédoublé et sur la question des tarifs commerciaux. Il a demandé d'abord à l'Organe d'appel si la partie V.1 de la Loi sur la taxe d'accise s'appliquait à une marchandise, et de déterminer si les périodiques à tirage dédoublé américains et les périodiques à tirage dédoublé canadiens étaient des « produits similaires » au regard de la première phrase du paragraphe 2 de l'article III du GATT de 1994. Quant aux États-Unis, ils soulevaient une seule question, celle de savoir si les tarifs postaux subventionnés étaient une attribution aux seuls producteurs nationaux de subventions telles que le prévoit l'article III 8 b) du GATT de 1994. Les trois mesures canadiennes mises en cause par les autorités américaines furent toutes jugées incompatibles eu égard aux obligations que le Canada se doit d'assumer en vertu du GATT. Le Canada fut contraint de se conformer rapidement à ses obligations internationales.

Après que l'Organe d'appel ait donné raison aux États unis, en juillet 1998, pour se conformer à la décision de l'OMC, le gouvernement canadien abandonna sa politique sur les périodiques et annonça sa nouvelle stratégie. Le projet de loi C-55 interdirait aux éditeurs étrangers la vente d'espaces publicitaires à des annonceurs canadiens. Parce que cette loi porte essentiellement sur les services publicitaires, et parce qu'il n'a pris aucun engagement pour libéraliser la vente de tels services dans le cadre de l'OMC, le Canada espérait ainsi continuer à préserver son marché publicitaire pour les seuls éditeurs nationaux tout en se conformant à ses obligations internationales en matière de commerce.

Les États-Unis ne tardèrent pas à réagir. Ils menacèrent d'utiliser des mesures de représailles en vertu des dispositions de l'ALENA[771]. Selon leur interprétation, le Canada devait se prévaloir de la clause d'exception culturelle contenue dans cet accord. Mais, l'application de celle-ci leur permettait, le cas échéant, d'user de représailles commerciales. Faute de pouvoir accéder au marché publicitaire que représentent celui des magazines canadiens (manque à gagner estimé à 450 millions de dollars canadiens), les États-Unis envisagèrent des mesures à l'encontre des industries canadiennes de l'acier, du plastique, du bois et du textile. Les coûts de celles-ci sont estimés entre 3 et 4 milliards de dollars par les Canadiens. Ces menaces furent suffisantes pour amener les industries concernées à faire pression sur le gouvernement pour que celui-ci n'aille pas plus avant. Finalement, en mai 1999, les deux gouvernements s'accordent. Les éditeurs américains pourront vendre de l'espace publicitaire à des annonceurs canadiens jusqu'à concurrence de 18% de la valeur totale des revenus publicitaires de leurs magazines, ceci après une période de trois ans après l'entrée en vigueur de l'entente. De plus, ils n'auront pas à inclure dans leurs publications des contenus rédactionnels canadiens[772].

Dans cette affaire des *Périodiques* bien que le Groupe spécial et l'Organe d'appel ont tous deux précisé ne pas s'être prononcés sur la faculté des États de prendre des mesures en vue de

---

[771] L'Accord de libre échange nord américain (ALENA) entre le Canada, les États-Unis et le Mexique, entrée en vigueur le 1er janvier 1994 est limité à des dispositions qui visent à supprimer les tarifs douaniers sur de nombreux produits. Il existe toutefois une clause d'exception à ce régime juridique qui permettent de limiter la portée de l'accord sur les mesures et politiques visant à préserver ou promouvoir la diversité des expressions culturelles. L'exception générale, qui ne concerne que le Canada, se trouve à l'article 2106 renvoyant à l'article 2005.1 de l'Accord de libre échange entre le Canada et les Etats-Unis (ALE). Cet article exempte le commerce des biens culturels des dispositions de l'ALENA sauf en ce qui concerne l'élimination des tarifs douaniers et les cas d'expropriation lorsque l'investisseur a droit à une compensation. La portée réelle de cette clause d'exemption culturelle est toutefois grandement limitée par le paragraphe 2 qui permet, si le Canada se prévaut de cette clause aux États-Unis ou au Mexique, de prendre des mesures de représailles ayant un effet commercial équivalent. Voir Lilian Richierie Hanania, *op.cit*, pp.228-229.

[772] Voir Dave ATKINSON, Dave, « De l'exception culturelle à la diversité culturelle : les relations internationales au cœur d'une bataille planétaire », *Annuaire français de relations internationales* 663-675, 2002.

protéger leur identité culturelle, les deux organes de l'OMC ont tout de même condamné les mesures destinées à protéger l'industrie canadienne des périodiques au titre des articles III (traitement national) et XI (restrictions quantitatives) du GATT de 1994:

« *Avant de conclure, nous tenons à souligner, afin d'éviter tout malentendu concernant la portée et l'incidence des constatations qui précèdent, que le présent différend ne portait pas sur la faculté qu'ont les Membres de prendre des mesures pour protéger leur identité culturelle. La seule tâche qui a été confiée au Groupe spécial était d'examiner si le traitement accordé aux périodiques importés dans le cadre des mesures mentionnées spécifiquement dans les allégations de la partie plaignante était compatibles avec les règles du GATT de 1994* »[773] .

Ce premier différend, rendu avant l'existence d'une convention sur la diversité culturelle, a fortement contribué à alimenter les craintes quant à l'incompatibilité des instruments nationaux de politique culturelle avec le régime commercial international.A la lecture de cette jurisprudence , il ressort que l'aspect culturel de la question n'a trouvé aucune place dans la procédure et que l'objectif ultime recherché par le gouvernement canadien par le biais de mesures restreignant le pouvoir d'importation de magazines américaines fut complètement occulté lors des débats. L'incontestable primauté est revenue aux principes de libre-échange et aux aspects économiques sans considération pour les valeurs culturelles. L'affaire a pourtant été l'occasion du déclic d'un débat sur la protection internationale de la diversité culturelle.

Dans le contexte de l'évolution des activités d'expression et des industries culturelles, la Convention de 2005 est désormais un instrument juridique, avec son dispositif normatif pour les États parties. Et son champ de compétence s'étend sur l'ensemble du processus de production, de la création à la distribution ou

---

[773] OMC, Canada- Certaines mesures concernant les périodiques, *op.cit.* para.5.45.

diffusion. Il convient de rappeler que selon la Convention, dans son article 4 :

« *Diversité culturelle « renvoie à la multiplicité des formes par lesquelles les cultures des groupes et des sociétés trouvent leur expression. Ces expressions se transmettent au sein des groupes et des sociétés et entre eux. La diversité culturelle se manifeste non seulement dans les formes variées à travers lesquelles le patrimoine culturel de l'humanité est exprimé, enrichi et transmis grâce à la variété des expressions culturelles, mais aussi à travers divers modes de création artistique, de production, de diffusion, de distribution et de jouissance des expressions culturelles, quels que soient les moyens et les technologies utilisés* ».

§2. LA JURISPRUDENCE DE L'OMC : AFFAIRE « CHINE-PUBLICATIONS AUDIOVISUELLES »

L'irruption de la télévision a reconfiguré les voies d'accès à la culture. L'avènement de l'ère numérique remodèle, intimement, les pratiques culturelles, de moins en moins collectives, de plus en plus individuelles.

Cette affaire fait suite à une plainte des Etats-Unis du 10 avril 2007 à l'encontre de la Chine devant l'OMC. Elle concerne plus précisément les obstacles posés par le gouvernement chinois à la distribution de livres, de musiques et de films étrangers. Le Groupe spécial a rendu son rapport le 12 août 2009. La Chine et les USA ont fait tous les deux appel. Le 21 décembre 2009, le rapport de l'Organe d'appel a été distribué aux Membres. Le 18 février 2010, la Chine a informé l'ORD de son intention de mettre en œuvre les recommandations et décisions de celui-ci.

L'affaire « Chine- publication audiovisuelles » concerne certaines mesures qui restreignent les droits de commercialisation des films importés pour projection en salle, les produits de divertissement audiovisuels à domicile (par exemple vidéocassettes et DVD), les enregistrements sonores et publications (par exemple livres, magazines, journaux et publications électroniques), et de certaines mesures qui restreignent l'accès aux marchés des fournisseurs étrangers de services de distribution, de publications et des fournisseurs étrangers de services audiovisuels (y compris les services de distribution) pour les produits de divertissement audiovisuels à domicile.

Après les consultations bilatérales infructueuses avec les États-Unis souhaitées par la Chine, en octobre 2006 pour permettre d'écarter une plainte américaine en matière de droits de propriété intellectuelle, les États-Unis ont demandé, l'ouverture de consultations avec le gouvernement chinois conformément à l'article 4 du Mémorandum d'accord sur les règles et procédures régissant le règlement des différends, à l'article XXII de l'Accord général sur les tarifs douaniers et le commerce de 1994 , et à l'article XXII de l'Accord général sur le commerce des services au sujet de 1) certaines mesures qui paraissent restreindre les droits de commercialisation concernant les films importés pour projection en salle, les produits de divertissement audiovisuels à domicile, les enregistrements sonores et les publications, et 2) certaines mesures qui paraissent restreindre l'accès au marché des fournisseurs étrangers de services de distribution et de publications et des fournisseurs étrangers de services audiovisuels (y compris les services de distribution) pour les produits de divertissement audiovisuels à domicile ou qui établissent une discrimination à l'égard de ces fournisseurs[774].

L'affaire est particulièrement intéressante dans la mesure où elle la première rendue par l'OMC après l'entrée en vigueur de la Convention de 2005[775]. La Convention de 2005 n'a pas été

---

[774]Chine -Mesures affectant les droits de commercialisation et les services de distribution pour certaines publications et certains produits de divertissement audiovisuels, OMC, *Affaire DS363*, 2009.

[775] voir Ivan BERNIER , Les relations entre la convention et les autres instruments internationaux : l'émergence d'un nouvel équilibre dans l'interface entre le commerce et la culture ,En ligne :

invoquée mais simplement évoquée. La Chine a soutenu que « les biens culturels ont une incidence majeure sur la morale sociétale et individuelle telle qu'elle est soulignée dans les instruments de l'UNESCO, en particulier dans la Convention sur la protection et la promotion de la diversité des expressions culturelles et a invoqué à titre de défense l'exception de l'article XX a) relatif à la protection de la moralité publique. Dans son analyse, le Groupe spécial n'a fait aucune référence à la Convention. Se référant néanmoins au texte de la Déclaration universelle sur la diversité culturelle, il a reconnu le lien qui existe entre la protection de la moralité publique et le contenu des produits en cause, qualifiés par la Chine de « biens culturels »[776].

A. Arguments des parties

Selon les États-Unis, l'engagement pris par la Chine d'améliorer notablement l'accès au marché chinois pour les livres, journaux, périodiques, DVD, musique et films pour projection en salle « a ouvert la perspective de marchés plus libéraux et plus efficaces, d'échanges plus importants dans le domaine de l'éducation et de possibilités commerciales plus grandes pour des concurrents mondiaux très prospères »[777]. Ils soutiennent toutefois que « la Chine n'a pas respecté ses engagements dans le cadre de l'OMC à maints égards »[778].

Selon eux, « la Chine agit d'une manière incompatible avec ses obligations dans le cadre de l'OMC dans les trois domaines suivants : 1) elle interdit aux entreprises et personnes physiques étrangères, ainsi qu'aux entreprises privées en Chine, d'importer des matériels de lecture, des produits DAVD, des

---

http://www.diversiteculturelle.qc.ca;Voir aussi Mira BURRI, Christoph BEAT GRABER and Thomas STEINER, The protection and promotion of cultural diversity in a digital networked environment: Mapping possible advances to coherence, Working Paper No 2009/36 August 2009.

[776] Idem, paragraphes 4.111 et 7.758, y compris la note 538.

[777] Paragraphe 4.5.

[778] Paragraphe 4.6.

enregistrements sonores et des films pour projection en salle ; 2) elle applique des restrictions injustes aux distributeurs étrangers de matériels de lecture et de produits DAVD et interdit aux distributeurs étrangers de se livrer à la distribution électronique d'enregistrements sonores en Chine ; et 3) elle utilise toute une série de mesures restrictives pour établir une discrimination à l'égard des matériels de lecture, enregistrements sonores et films pour projection en salle importés en Chine »[779]. Les États-Unis considèrent que les mesures chinoises en causes sont incompatibles avec son protocole d'accession, ses obligations au titre de l'AGCS et ses obligations au titre du GATT de1994[780].

Selon la Chine, les États-Unis « feignent d'ignorer la nature unique des marchandises et des services visés par la présente procédure. Les biens et services culturels ont en commun le fait d'être des *vecteurs d'identité culturelle* et de valeurs et, à ce titre, de justifier la mise en place de mesures réglementaires spécifiques et cependant conformes aux règles de l'OMC »[781]. Elle soutient en outre que « les États-Unis n'ont pas tenu compte du droit qu'a la Chine de réglementer les échanges d'une manière compatible avec l'Accord sur l'OMC, y compris l'article XX du GATT »[782].

Pour la Chine, le régime applicable à l'importation de matériels de lecture et de produits audiovisuels (y compris les enregistrements sonores) « *est destiné à garantir l'application efficace et efficiente de l'examen du contenu décidé par la Chine et est pleinement conforme aux droits et obligations de la Chine dans le cadre de l'OMC »[783]. Elle considère que « les biens culturels ont une incidence majeure sur la morale sociétale et individuelle telle qu'elle est soulignée en particulier dans la Convention sur la protection et la promotion de la diversité des expressions culturelles de l'UNESCO* »[784]. Elle juge qu' « *il est d'un intérêt vital pour la Chine d'imposer un niveau de*

[779] Paragraphe 4.7.
[780] Voir les paragraphes 4.34 à 4.90.
[781] Paragraphe 4.92.
[782] Paragraphe 4.95.
[783] Paragraphe 4.110.
[784] Paragraphe 4.111.

protection élevé de la moralité publique au moyen d'un mécanisme d'examen du contenu approprié qui interdise tout bien culturel dont le contenu pourrait avoir une incidence négative sur la moralité publique »[785].

Selon la Chine, « *La sélection des entités importatrices a pour objet de protéger la moralité publique en Chine. En fait, la Chine a décidé de ne pas autoriser l'importation de biens culturels dont le contenu pourrait avoir une incidence négative sur la moralité publique, en particulier ceux qui représentent ou légitiment la violence ou la pornographie. Les mesures établissent donc un mécanisme d'examen du contenu pour les biens culturels importés sur la base d'une sélection des entités importatrices qui assure la contribution effective de celles-ci au dit examen du contenu* »[786].

Dans leur présentation orale lors de la première rencontre sur le fond du Groupe spécial, les États-Unis, reviennent notamment sur la question de justification des exceptions. Répondant à un argument de la Chine voulant que la Convention sur la protection et la promotion de la diversité des expressions culturelles justifie le recours à des règles de protection spéciales pour les biens culturels à l'encontre des règles de l'OMC, les États-Unis s'attarde à l'argument de la Chine selon laquelle les mesures contestées seraient justifiées : « *La Chine s'efforce de justifier ses mesures en commençant par invoquer la Convention de l'UNESCO sur la protection et la promotion de la diversité des expressions culturelles ainsi qu'une déclaration de l'UNESCO connexe ».* Cependant, soutiennent-ils que « la Chine ne relève pas que la Convention de l'UNESCO dispose expressément ce qui suit : « Rien dans la présente convention ne peut être interprété comme modifiant les droits et obligations des parties au titre d'autres traités auxquels elles sont parties »[787]. Pour renforcer leurs arguments, les États-Unis se sont référés au texte de l'OMC pour dire ceci : » *En tout état de cause, rien dans le texte de l'OMC ni le Protocole d'adhésion*

---

[785] Paragraphe 4.112.

[786] Paragraphe 4.117.

[787] *Ibid.* Référant à l'article 20 de la Convention sur la diversité des expressions culturelles.

de la Chine ne contient aucune de ces exceptions.Les États-Unis soutiennent en outre qu'il existe « de nombreuses mesures de rechange de ce type à disposition »[788].

La Chine commence ses efforts pour tenter de justifier ses mesures en invoquant l'article XX et la Convention de l'UNESCO .Selon la Chine, plusieurs questions soulevées dans le différend sont liées au « droit de la Chine de réglementer le commerce des biens culturels conformément à ses objectifs de politique légitimes, comme le prévoient les disciplines de l'OMC, y compris le Protocole d'accession de la Chine »[789].

La question fût reprise dans les échanges subséquents entre les Parties. Toutefois, la Chine, en tentant de justifier certaines des mesures contestées sur la base de l'article XX (a) du GATT (mesures nécessaires à la protection de la moralité publique), mit en avant l'argument qui n'est pas dénué d'intérêt. Invoquant les instruments de l'UNESCO, la Chine explique que, du fait qu'ils sont porteurs d'identité, de valeurs et de sens, les biens culturels jouent un rôle essentiel dans l'évolution et la définition d'éléments tels que les particularités de la société, les valeurs, les modes de vie en groupe, l'éthique et les comportements[790]. Elle note à cet égard la *Déclaration universelle de l'UNESCO sur la diversité culturelle* qui, dit-elle, a été adoptée par tous les membres de l'UNESCO, y compris les États-Unis. L'article 8 de la *Déclaration* dit que les biens culturels sont « porteurs d'identité, de valeurs et de sens » et qu'ils « ne doivent pas être considérés comme des marchandises ou des biens de consommation comme les autres ». Selon la Chine, il est donc clair que, selon leur contenu, les biens culturels peuvent avoir une incidence majeure sur la moralité publique[791].

Si le règlement du différend doit avant tout répondre aux exigences des parties en litige, il existe aussi parfois un intérêt

---

788 Paragraphe 4.211.

789 Paragraphe 4.239.

790 Voir Ivan Bernier, « Les relations entre la convention et les autres instruments internationaux : l'émergence d'un nouvel équilibre dans l'interface entre le commerce et la culture », *op.cit.* p.17.

791 WT/DS363, paragraphe 7.751 du Rapport

pour d'autres Membres à intervenir et participer à l'instance. Le Mémorandum d'accord l'admet à travers le statut de tierce partie (l'article 10 du Mémorandum d'accord). C'est ainsi que l'Australie, le Japon et la République de Corée se sont intéressés à la défense de la Chine fondée sur l'exception de moralité publique de l'article XX du GATT. L'Australie a par exemple reconnu que « les valeurs culturelles peuvent contribuer à faire régner la moralité publique dans un pays Membre de l'OMC »[792], tout en soutenant que « les produits ayant une véritable valeur culturelle pour un Membre ne seront pas tous automatiquement englobés dans l'expression « moralité publique » au sens de l'article XX »[793].

Selon l'Australie, il revient donc à la Chine de démontrer « *qu'il existe une relation entre la valeur culturelle des articles en cause, c'est- à- dire, des matériels de lecture et des produits audiovisuels, y compris les enregistrements sonores, et les normes de bonne ou mauvaise conduite appliquées en Chine* »[794]. L'Australie ajoute que la Chine « ne peut pas se fonder sur les instruments de l'UNESCO cités pour démontrer l'existence d'une telle relation »[795] et souligne que cette dernière « n'a pas pris en compte les aspirations exprimées dans la Déclaration universelle de l'UNESCO sur la diversité culturelle » et « a fait abstraction de l'article 20 2) de la Convention sur la protection et la promotion de la diversité des expressions culturelles »[796] qui dispose que « rien dans la présente Convention ne peut être interprété comme modifiant les droits et obligations des Parties au titre d'autres traités auxquels elles sont parties », argument sur lequel revient ensuite le Japon[797]. Enfin, la République de Corée s'intéresse aussi à la référence de la Chine à la Convention sur la diversité des expressions culturelles et soutient que « non seulement la Convention sur la diversité culturelle elle-même exclut une situation dans laquelle elle sert d'une façon quelconque de motif

---

[792] Paragraphe 5.620.
[793] Idem.
[794] Paragraphe 5.621.
[795] Idem.
[796] Ibid.
[797] Paragraphes 5.656 et 5.657.

pour justifier des violations alléguées des Accords de l'OMC, mais les dispositions pertinentes du Mémorandum d'accord interdisent explicitement aussi à un groupe spécial d'accepter un tel argument »[798].

B. Constatations du Groupe spécial

Le Groupe spécial a d'abord rappelé que « l'examen d'une mesure au regard de l'article XX est double »[799]. En effet, « un groupe spécial doit d'abord examiner si une mesure relève de l'une des exceptions énumérées aux divers alinéas de l'article XX. Par la suite, il doit examiner si la mesure en question satisfait aux prescriptions du texte introductif de l'article XX »[800]. En ce qui concerne le fardeau de la preuve, il appartient à la partie invoquant une exception « de montrer, premièrement, que les mesures pertinentes relèvent du champ d'application de l'alinéa a) de l'article XX et, deuxièmement, que ces mesures satisfont aux prescriptions du texte introductif de l'article XX »[801].

Le Groupe spécial a d'abord examiné « le lien qui, selon la Chine, existerait entre les entités importatrices, le mécanisme d'examen du contenu pour les importations de matériels de lecture, de publications électroniques et de produits audiovisuels finis, et la protection de la moralité publique sur le territoire chinois »[802]. Suite à un rappel des arguments de la Chine[803], le

---

[798] Paragraphe 5.669.

[799] Paragraphe 7.746.

[800] Idem. Citant le Rapport de l'Organe d'appel *Brésil – Pneumatiques rechapés*, paragraphe 139.

[801] Paragraphe 7.748.

[802] Paragraphe 7.750.

[803] Voir les paragraphes 7.751 à 7.753. Le Groupe spécial a notamment rappelé les explications de la Chine à l'effet que « du fait qu'ils sont porteurs d'identité, de valeurs et de sens, les biens culturels jouent un rôle essentiel dans l'évolution et la définition d'éléments tels que les particularités de la société, les valeurs, les modes de vie en groupe, l'éthique et les comportements ». Le Groupe spécial a également souligné que la Chine « note à cet égard la *Déclaration universelle de l'UNESCO sur la diversité culturelle* qui [...] a été adoptée par tous les membres de l'UNESCO, y

Groupe spécial a noté « l'affirmation de la Chine selon laquelle les types de contenus qui sont prohibés au titre des mesures susmentionnées peuvent avoir une incidence négative sur la moralité publique en Chine, s'ils y étaient introduits en tant qu'éléments de produits matériels »[804].

Le Groupe spécial a ensuite cherché à savoir « si tous les contenus énumérés comme prohibés pouvaient avoir une incidence négative sur la moralité publique »[805]. La Chine a soutenu que « s'ils étaient diffusés sur le territoire chinois, tous ces types de contenus prohibés pouvaient avoir une telle incidence sur son territoire ». Le Groupe spécial a alors souligné que « les États-Unis ne contestent pas spécifiquement l'affirmation de la Chine selon laquelle les matériels de lecture et les produits audiovisuels finis ayant les types de contenus prohibés par la Chine pouvaient avoir une incidence négative sur la moralité publique en Chine », distinguant ainsi la présente affaire de la situation « à laquelle était confronté le Groupe spécial *États-Unis-Jeux*, où Antigua-et-Barbuda contestait que les jeux sur Internet aient été effectivement contraires à la moralité publique aux États-Unis »[806].

Le Groupe spécial a également rappelé que « la teneur et la portée du concept de « moralité publique » peuvent varier d'un Membre à un autre car elles dépendent des valeurs sociales, culturelles, éthiques et religieuses dominantes de chaque Membre »[807]. Pour toutes ces raisons, le Groupe spécial a procédé à son analyse « en partant de l'hypothèse que chacun des types de contenus prohibés énumérés dans les mesures chinoises est tel que, s'il était introduit en Chine en tant qu'élément d'un produit matériel, il pouvait avoir une incidence négative sur la moralité publique en Chine au sens de l'article

---

compris les Etats-Unis. L'article 8 de la *Déclaration* dit que les biens culturels sont «porteurs d'identité, de valeurs et de sens» et qu'ils «ne doivent pas être considérés comme des marchandises ou des biens de consommation comme les autres» ». Paragraphe 7.751.

804 Paragraphe 7.757.

805 Paragraphe 7.762.

806 Idem.

807 Paragraphe 7.763.

XX a) du GATT de 1994 »[808]. Dans ce cadre, le groupe spécial ne peut statuer *ultra petita*, c'est-à-dire, sur la violation d'une disposition non invoquée par la partie plaignante : le mandat du groupe spécial est délimité par la demande de constitution du groupe spécial[809].

Le Groupe spécial a ensuite poursuivi son analyse en examinant la « nécessité » des mesures en cause pour protéger la moralité publique. Il a rappelé que dans son rapport *États-Unis – Jeux et paris*, l'Organe d'appel avait bien mis en évidence les facteurs qu'il fallait soupeser et mettre en balance pour statuer sur le critère de nécessité, soit l'importance relative des intérêts ou valeurs promus par la mesure contestée, la contribution de la mesure à la réalisation de l'objectif poursuivi et l'incidence restrictive de la mesure sur le contenu du commerce international. Le Groupe spécial a également rappelé que dans ce même rapport, l'Organe d'appel avait indiqué qu'il pouvait aussi s'avérer nécessaire d'examiner les solutions de rechange possibles aux mesures contestées[810].

C'est précisément sur ce dernier point que le test de nécessité a échoué : le Groupe spécial a noté « que les Etats-Unis ont proposé plusieurs solutions de rechange dont ils considèrent qu'elles seraient raisonnablement disponibles pour la Chine »[811], soulignant qu'il « *n'est pas nécessaire d'examiner chacune des solutions de rechange proposées par les États-Unis, du moment que le Groupe spécial est convaincu que l'une d'entre elles au moins constitue une véritable solution de rechange et est raisonnablement disponible, compte tenu de l'intérêt recherché et du niveau de protection souhaité par la Chine* »[812]. Constatant finalement que la Chine n'a pas démontré « qu'une solution de rechange proposée par les États-Unis n'était pas une véritable solution de rechange ou n'était pas raisonnablement disponible pour elle, compte- tenu de l'intérêt recherché et du niveau de

---

[808] Idem.

[809] W. ZDOUC, *op cit*, p.1264

[810] Voir les paragraphes 7.783 et 7.784, renvoyant aux paragraphes 306 et 307 du rapport de l'Organe d'appel *Etats-Unis – Jeux*.

[811] Paragraphe 7.886.

[812] Idem.

protection qu'elle souhaite' »[813], le Groupe spécial a statué qu'aucune mesure chinoise contestée n'est nécessaire au sens de l'article XX a) du GATT. Le Groupe spécial conclut que « la Chine n'a pas démontré que l'une quelconque des mesures pertinentes était nécessaire à la protection de la moralité publique, au sens de l'article XX a). Par conséquent, elle n'a pas établi que ces mesures étaient justifiées au regard de l'article XX a) »[814].

Il est intéressant de souligner que l'article 8 de la Déclaration de l'UNESCO sur la diversité culturelle auquel fait référence la Chine est repris textuellement dans la Préambule de la Convention sur la protection et la promotion de la diversité des expressions culturelles et apparait également à l'article 1 (g) de la Conventions parmi les objectifs de celle-ci. L'argument fut reçu positivement par le Groupe spécial qui déclara ce qui suit :

« *Nous observons à cet égard que la Chine n'a pas invoqué la Déclaration comme moyen de défense contre ses manquements aux engagements en matière de droits de commercialisation qu'elle a pris dans son Protocole d'accession. La Chine a plutôt fait référence à la Déclaration à l'appui de l'affirmation générale selon laquelle l'importation de produits du type en cause en l'espèce pourrait, selon leur contenu, avoir une incidence négative sur la moralité publique en Chine. Nous n'avons aucun problème à accepter cette affirmation générale, mais nous faisons observer, comme nous l'avons indiqué, que nous devons nous concentrer de façon plus spécifique sur les types de contenus qui sont effectivement prohibés au titre des mesures chinoises pertinentes* »[815].

À la lumière de ces propos, Ivan Bernier pense qu'il est permis de penser qu'un argument utilisant la Convention pour interpréter l'article XX (a) du GATT aurait été recevable si les

---

[813] Paragraphe 7.911.
[814] Paragraphe 8.1712.
[815] WT/DS363, note 558 du Rapport.

États-Unis avaient été parties à la Convention[816]. Il se pose en suite la question de savoir si l'affaire aurait été recevable si l'ensemble des Membres de l'OMC n'avait pas ratifié la Convention. Sa réponse est négative : «*Si un argument basé sur l'article 20 de la Convention lui avait été soumis par exemple dans ces conditions, le Groupe spécial aurait pu se contenter de faire valoir que l'ensemble des membres de l'OMC n'y étaient pas parties et refuser de prendre en considération celui-ci, suivant en cela l'approche adoptée en 2006 dans l'affaire Communautés européennes-Mesures affectant l'approbation et la commercialisation des produits biotechnologiques* » [817].

C. Les questions soulevées dans le rapport de l'Organe d'Appel

La Chine et les États-Unis ont fait tous deux appels de certaines questions de droit et interprétations du droit figurant dans le rapport du Groupe spécial[818]. La Chine se base sur le fait que le groupe spécial a commis une erreur en constatant que plusieurs des mesures chinoises en cause dans le présent différend ne sont pas « nécessaires », au sens de l'article XX a) du GATT de 1994, à la protection de la moralité publique, et selon lesquelles elles ne peuvent pas être justifiées au titre de cette disposition, demande que l'Organe d'appel infirme ces constatations du Groupe spécial. Invoquant encore une fois la *Déclaration universelle de l'UNESCO sur la diversité culturelle* et la *Convention de l'UNESCO sur la protection et la promotion de la diversité des expressions culturelles*, la Chine demande que l'Organe d'appel soit « conscient »[819] de la nature spécifique des biens culturels.

---

[816]Ivan Bernier, « Les relations entre la convention et les autres instruments internationaux : l'émergence d'un nouvel équilibre dans l'interface entre le commerce et la culture », *op.cit*, p.18.
[817] Idem.
[818]Le 22 septembre 2009, la chine a déposée une déclaration d'appel dans l'affaire « Chine- Mesures affectant les droits de commercialisation et les services de distribution pour certaines publications et certains produits de divertissement audiovisuels ».
[819]*Ibid*, §12.

L'organe d'appel énonce d'abord la double analyse que l'on doit porter sur l'article XX pour pouvoir l'appliquer. La première étape consiste à voir si la mesure en cause relève de l'une des exceptions de l'article XX. La deuxième étape consiste à analyser si la mesure satisfait aussi les prescriptions dans les clauses introductives de l'article XX. Il faut tenir compte du fait que cet ordre n'est pas aléatoire.La plus grande évolution, qui s'est produite lors de cet affaire est venue du fait qu'une mesure de restrictions poursuivant des objectifs culturels pouvait être fondée sur la Convention sur la diversité culturelle, et que les mesures ont été invoquées au titre d'exception du point a) de l'article XX et pouvaient être justifiées au regard d'objectifs culturels. La notion de « moralité» a reçu une interprétation assez large.

La mesure en cause a été condamnée uniquement pour sa nature arbitraire injustifiable et le manque de négociations préalables avec le pays concerné.Le risque est qu'à travers cette exception chaque membre soit tenté d'exporter sa propre conception de la moralité publique[820]. Cette technique de l'exception est néanmoins le canal possible de la prise en compte des valeurs non commerciales dans le système juridique de l'OMC. La moralité publique participe de ces modalités d'inclusions des valeurs non commerciales à l'OMC au titre de l'article XX.

Même si cet affaire « Chine- publications audiovisuelles »[821] montre que la cause n'est pas inaudible aux yeux des juges de l'OMC, il est difficile actuellement de partager enthousiasme de certains analyses. En effet le contenu de la Déclaration universelle sur la diversité culturelle est très large par rapport à la Convention de 2005. Quand la Convention sera largement acceptée et vénérée par les gouvernements qui l'invoqueront et y feront référence ou s'en inspirant pour formuler leurs politiques internes et extérieures, on pourra déceler les indices d'une *opinio juris sive necessitatis*, c'est-à-dire une pratique que

---

[820]Voir Steve CHARNOVITZ, "The Moral Exception in Trade Policy", in Virginia Journal of International Law vol. 38 (1998).
[821] WT/DS363, note 558 du Rapport.

les États observent parce qu'ils s'y sentent légalement obligés[822].

L'activité juridictionnelle s'est surtout bornée à confirmer une jurisprudence désormais solidement ancrée même si l'on y trouve, ponctuellement, quelques précisions utiles. Les deux affaires décrites ci-dessus concernent des «industries culturelles» dont les marchés sont particulièrement affectés par des distorsions créées au niveau international via des consolidations horizontales et verticales et via des oligopoles.L'affaire Chine-production audiovisuelle révèle certaines des faiblesses inhérentes de la Convention de l'UNESCO par comparaison avec le système robuste de règlement des différends de l'OMC.

---

[822] Cette position nous renvoie à la doctrine des sources qui est structurée notamment autour de la tension entre une ligne « hard » ou « apologétique », d'une part, qui rattache le caractère obligatoire du droit international à la notion de « consentement » de l'Etat, et une ligne « soft » ou « utopique », d'autre part, où la validité du droit est démontrée en relation aux notions extra-consensuelles de justice et de sécurité juridique.. On affirme que la coutume requiert l'*opinio juris*, c'est-à-dire l'intention de s'obliger (argument « hard «) *mais* on tempère en admettant que cette intention n'est pas requise de la totalité des Etats. Voir David Kennedy, " The Sources of International Law " (1987) 2 American University Journal of International Law and Policy et Martti Koskenniemi, *From Apology to Utopia Ŕ The Structure of International Legal Argument*, Cambridge Cambridge University Press, 2e éd., 2005, aux pp. 303-387.

SECTION II. INSUFFISANCE DU REGIME JURIDIQUE DE LA PROTECTION DE LA DIVERSITÉ LINGUISTIQUE

La langue constitue l'un des éléments les plus fondamentaux de la culture[823] comme cela a été démontré à travers la jurisprudence[824]. Le droit à la langue n'est pas un droit parmi d'autres, c'est l'accès à une capacité de conceptualisation et de communication qui ouvre sur toutes les autres».Paradoxalement, alors que le problème de la préservation de la diversité culturelle a été très tôt associé au phénomène de la mondialisation de l'économie, il n'en va pas de même de la préservation de la diversité linguistique qui est toujours envisagée dans une perspective des rapports internes au sein de l'État. De plus la langue ne figure pas en tant que telle au nombre des éléments de sauvegarde la Convention pour la sauvegarde du patrimoine culturel immatériel mais en tant que supports des traditions.Si les langues ne peuvent être maintenues artificiellement en vie, il est en revanche possible de créer des conditions favorables pour que les locuteurs parlent leur langue. Cependant la capacité des

[823]La langue est un phénomène éminemment social : pour reprendre la définition proposée par le sociologue Bernard Poche, elle constitue le stock de matériaux ou de ressources qui sert à produire et diffuser du sens au sein d'un groupe.

[824]L'affaire linguistique belge de 1968 est souvent présentée comme le parfait exemple de la connexion des droits culturels aux garanties prévues par une Convention européenne des droits de l'homme propre aux droits civils et politiques ; La Commission des droits de l'homme des Nations-Unies a constaté dans *l'affaire Malawi African Association et autres contre Mauritanie une violation entre autres,* portant sur l'interdiction faite à des négro-mauritaniens de parler leurs propres langues, du droit de participer à la vie culturelle: « *la commission souligne que la langue fait partie intégrante de la structure de la culture dont elle constitue le support et le moyen d'expression par excellence. Le fait d'utiliser sa langue enrichit l'individu et lui permet de prendre une part active dans sa communauté et dans les activités de celle-ci. Ainsi donc, le fait de priver un homme de cette participation équivaut à le priver de son identité* » Communications 54/91, 61/91 , 98/93, 164/97 à 196/97 et 210/98 Malawi African Association, Amnesty International, Mme Sarr Diop, Union Interafricaine des Droits de l' Homme et RADDHO, Collectif des Veuves et Ayants Droit, Association Mauritanienne des Droits de l'Homme contre Mauritanie.

Etats en la matière est remise en cause par le nombre croissant des accords internationaux du commerce (§1).Il convient également de souligner les limites de l'exemption culturelle dans le droit de l'OMC (§2).

§1. INADAPTATION DU RÉGIME JURIDIQUE DE LA DIVERSITÉ LINGUISTIQUE AU REGARD DES ACCORDS COMMERCIAUX INTERNATIONAUX

L'impact de la mondialisation de l'économie sur la diversité linguistique peut s'analyser de diverses façons. Deux menaces distinctes sont à prendre en considération à cet égard, l'une se trouvant liée au développement d'un réseau de plus en plus complexe et contraignant d'accords commerciaux internationaux, l'autre, au développement de nouvelles technologies, les deux phénomènes étant au cœur de la mondialisation de l'économie. L'entreprise qui produit et vend des biens ou des services s'internationalise sous l'effet de causes telles que la prise de contrôle par une société étrangère, la fusion avec une entreprise étrangère, la prise de participation de capitaux étrangers, mais aussi par accords de coopération technique (transferts de technologie) ou industrielle (fabrication commune) entre sociétés.On verra dans la suite qu'il n'existe que très rarement des exceptions générales ou même particulières susceptibles d'englober des interventions étatiques destinées à protéger ou à favoriser l'usage d'une langue. Les approches du GATT(A) et de l'AGCS (B) au regard de la diversité culturelle sont insuffisantes.

A. Le système commercial multilatéral et diversité linguistique

Les langues ne sont pas de simples instruments de communication. Elles ont des fonctions sociales. Elles contribuent à assurer l'équilibre, voire l'existence, des sociétés qui les parlent et les utilisent[825]. C'est par la langue que nous pouvons former des concepts, structurer et ordonner le monde autour de nous. Comme le soulignait M. Faucault : « *Devenu réalité historique épaisse et consistante, le langage forme le lieu des traditions, des habitudes muettes de la pensée, de l'esprit obscur des peuples; il accumule une mémoire fatale qui ne se connaît même pas comme mémoire* »[826].

La question de la promotion de leurs langues officielles est un enjeu majeur qui est susceptible de justifier des mesures de soutien : *«Chaque langue est un fond d'archives, une bibliothèque et une mine de savoir .Dénier à quelqu'un l'accès à l'information dans sa langue maternelle équivaut à la négation d'un droit fondamental », «C'est une erreur de croire qu'une nation peut réaliser tout son potentiel productif si l'on impose à ses ressortissants de travailler dans une langue étrangère. »,(...) « La langue est source de créativité, de spontanéité et d'estime de soi- même : c'est un élément de notre identité »*[827].

Dans l'étude sur les déterminants socioculturels du commerce international, Silvio HONG TIING TAI montre que la langue est parmi les éléments qui influencent le commerce soit par une augmentation des préférences bilatérales, soit par une réduction des coûts de transaction. Il montre la façon dont les croyances, valeurs et perceptions communes à deux pays peuvent être captées par le commerce de biens culturels et avoir un impact sur le commerce total. La langue commune augmente les flux bilatéraux, notamment de livres et de journaux[828].Il est

---

[825] Dans l'affaire *Ford* c. *P.G. Québec,* la Cour dit , «La langue est si intimement liée à la forme et au contenu de l'expression qu'il ne peut y avoir de véritable liberté d'expression linguistique s'il est interdit de se servir de la langue de son choix. Le langage n'est pas seulement un moyen ou un mode d'expression. Il colore le contenu et le sens de l'expression» (p. 748).

[826]M. Foucault, *Les mots et les choses*, Paris, Gallimard, 1966, p.310.

[827]UNESCO, Réunion thématique de l'UNESCO pour le SMSI « Multilinguisme pour la diversité culturelle et la participation de tous dans le cyberespace »,2005.

[828]Silvio HONG TIING TAI, *Une étude des facteurs socioculturels déterminant le commerce international,* l'Université Paris I, 2009,pp.5-7,

généralement plus facile d'exporter une œuvre culturelle à faible contenu linguistique, comme une toile de maître, qu'une autre à fort contenu langagier, comme un film. Ce qui explique que les Nations consomment généralement les produits et les services culturels à fort contenu linguistique qu'ils achètent dans leur propre langue plutôt que dans la langue dans laquelle ils ont été conçus.

Dans le cadre du GATT, trois dispositions de cet accord peuvent être invoquées plus particulièrement à l'encontre de mesures linguistiques nuisant au commerce des biens. Il s'agit des articles I (traitement de la nation la plus favorisée), III (traitement national) et XI (interdiction des restrictions quantitatives). En vertu de l'article I, les États membres de l'OMC s'engagent à octroyer à tous les autres membres de l'OMC, en matière commerciale, un traitement aussi favorable que le traitement le plus favorable qu'ils accordent à tout autre État, qu'il soit membre ou non de l'OMC. Cela signifie concrètement que toute forme de discrimination entre les États membres de l'OMC est interdite. Or, des interventions destinées à promouvoir l'utilisation d'une langue peuvent entraîner parfois l'octroi d'un traitement préférentiel à certains États.

Aux termes de l'article III du GATT de 1994, les États membres de l'OMC s'engagent à octroyer aux produits étrangers un traitement qui ne sera pas moins favorable que le traitement accordé aux produits similaires d'origine nationale en ce qui concerne les taxes et autres impositions intérieures ainsi que les lois, règlements et autres prescriptions concernant la vente, la mise en vente, l'achat, le transport, la distribution ou l'utilisation de produits sur le marché intérieur. De tous les articles du GATT, l'article III est sans conteste celui qui est le plus fréquemment invoqué dans les plaintes portées devant l'OMC. Jusqu'à maintenant, toutefois, il ne semble pas qu'il l'ait été dans une affaire mettant en cause des mesures linguistiques influant sur le commerce.

---

voir également MAYER, T., DISDIER, A.-C., TAI, S. & FONTAGNÉ, L. (2007), *Etude sur les échanges internationaux de produits culturels français : situation et perspectives*, Rapport pour le ministère de la culture.

Dans l'affaire *Canada-Certaines mesures concernant les périodiques*, la langue paraît avoir joué un rôle dans la décision de l'Organe d'appel de considérer des périodiques américains dédoublés et des périodiques canadiens dans le domaine de l'information comme des produits directement concurrents ou substituables au sens de la note interprétative annexée à l'article III du GATT de 1994. Cette conclusion, en effet, semble avoir fortement subi l'influence du rapport du Groupe de travail sur l'industrie canadienne des magazines, mis sur pied par le gouvernement du Canada, lequel reconnaissait ouvertement que les magazines de langue anglaise de grande diffusion subissaient au Canada une importante concurrence de la part des périodiques américains[829]. Curieusement, ni le Groupe spécial ni l'Organe d'appel ne se sont interrogés sur la question de savoir si une telle concurrence existait entre les périodiques dédoublés américains de langue anglaise et les périodiques canadiens de langue française, ignorant de ce fait la problématique de la dualité linguistique au Canada.

Parmi les mesures destinées à préserver la diversité linguistique les plus susceptibles d'être attaquées au titre de l'article III du GATT, se trouvent les quotas à l'écran établis sur la base de la langue ainsi que les subventions accordées d'après des critères incluant la langue. Un exemple particulièrement intéressant, en ce qui concerne le premier cas, est celui de la *Loi sur la politique de la langue* de la Catalogne, adoptée en 1998, qui met en place un système de quotas destinés à augmenter le nombre de films en version originale catalane. Toutefois, la mise en œuvre de la loi devait être subséquemment retardée en raison de l'opposition des États-Unis, notamment. Dans son rapport sur les barrières au commerce maintenues par les États étrangers pour 2000, le représentant américain au commerce explique à cet égard que les entreprises américaines demeuraient préoccupées par le précédent qu'une telle mesure risquait

[829] I.BERNIER, *La préservation de la diversité linguistique à l'heure de la mondialisation*, Québec, ministère de la Culture et des Communications, 2001, p.22.

d'établir pour les autres minorités linguistiques de l'Espagne[830]. En ce qui concerne les subventions accordées sur la base de critères incluant la langue, elles se présentent en particulier dans le secteur du film où elles viennent appuyer la production ainsi que la distribution.

Les subventions aux producteurs pourraient vraisemblablement trouver justification dans l'article III : 8 (b) qui autorise l'attribution de subventions aux seuls producteurs nationaux; il n'en va toutefois pas de même des subventions à la distribution et à la promotion, qui pourraient sans doute être attaquées comme incompatibles avec l'article III : 4 du GATT de 1994. La troisième disposition du GATT de 1994 susceptible d'être utilisée pour contester des mesures linguistiques modifiant le commerce est l'article XI qui interdit toute forme de prohibition ou de restriction aux échanges de biens autre que des droits de douanes, taxes et autres impositions intérieures. Les mesures linguistiques les plus susceptibles de faire l'objet d'une plainte à cet égard sont celles qui ont trait au doublage des films et celles qui portent sur l'étiquetage des produits. En matière d'étiquetage, un grand nombre d'États ont adopté une réglementation qui prescrit l'étiquetage des produits de consommation dans la ou les langues officielles nationales.

Paradoxalement, c'est d'abord et avant tout la dimension « protection du consommateur » qui vient justifier dans les accords commerciaux internationaux de telles interventions axées sur la protection de la langue mais qui ont, en même temps, un effet restrictif sur les échanges de biens. S'agissant plus particulièrement du GATT de 1994, c'est dans les exceptions générales de l'article XX qu'il faut puiser pour trouver une justification à des interventions de cette nature. Bien que les exigences linguistiques en matière d'étiquetage n'aient jamais fait l'objet de plaintes à ce jour, il ne faudrait pas penser

[830]OFFICE OF THE UNITED STATES TRADE REPRESENTATIVE, *National Trade Estimate Report on Foreign Trade Barriers 2000*, En ligne: [http://www.ustr.gov/html/2000_contents.html.

qu'elles passent inaperçues en tant qu'entrave aux échanges de biens ou de services[831].

Les principales dispositions susceptibles de s'appliquer à des mesures linguistiques nuisant au commerce des services sont l'article II (traitement de la nation la plus favorisée), l'article VI (réglementation intérieure), l'article XVI (accès au marché) et, enfin, l'article XVII (traitement national). Pour bien comprendre la portée des engagements des membres par rapport à ces articles, il faut distinguer entre les engagements de la partie II, qui traite des obligations et disciplines générales des membres et est applicable à tous les services, à l'exception des services fournis dans l'exercice du pouvoir gouvernemental, et les engagements de la partie III, qui porte sur des engagements spécifiques pris par les membres en matière d'accès au marché et de traitement national.

Concernant les services, les exemptions les plus fréquemment mentionnées dans l'annexe sur les exemptions des obligations énoncées à l'article II sont les accords de coproduction et de codistribution cinématographiques qui octroient des privilèges et avantages à un nombre restreint d'États. De tels accords étant, de par leur nature même, incompatibles avec le traitement de la nation la plus favorisée, il fallait, si on voulait les conserver, les inscrire dans l'annexe. Or un certain nombre de ces accords pour lesquels des exemptions ont été demandées sont fondés en totalité ou en partie sur des critères linguistiques. Si un État membre de l'AGCS maintient ou adopte des mesures linguistiques qui ont pour effet d'accorder en matière de services un traitement préférentiel à certains États au détriment d'autres États membres, sans avoir inscrit de réserve particulière à cet

[831] Dans le rapport du représentant américain au commerce sur les barrières au commerce maintenues par les États étrangers pour l'an 2000, il est fait état des plaintes des exportateurs américains selon lesquelles les exigences de l'Égypte en matière d'emballage et d'étiquetage de la viande et de la volaille incluent l'apposition de mentions en langue arabe à l'intérieur et à l'extérieur de l'emballage, ce qui a pour effet d'augmenter le coût de mise en marché et de décourager les exportations. Nous verrons également plus loin que, dans le contexte de l'Union européenne, certaines exigences linguistiques participent de la diversité culturelle.

égard dans l'annexe I, il s'expose à des poursuites de la part de ces autres États membres.

Toujours dans la partie II de l'AGCS, une autre disposition, l'article VI, pourrait facilement trouver application dans le cas d'exigences linguistiques liées à des demandes d'autorisation d'exercer. L'article VI (1) concerne de façon générale la réglementation intérieure. Il prescrit que, dans les secteurs où des engagements particuliers auront été pris, « chaque membre fera en sorte que toutes les mesures d'application générale qui affectent le commerce des services soient administrées d'une manière raisonnable, objective et impartiale ». Ces mesures comprennent notamment les prescriptions et procédures en matière de qualification professionnelle ainsi que les procédures en matière de licences.

Bien que les exigences linguistiques ne soient pas mentionnées en tant que telles dans l'article VI, il semble que celles-ci font effectivement partie des « critères objectifs et transparents » mentionnés au paragraphe 4. C'est du moins la conclusion à tirer de l'adoption par le Conseil du commerce des services, le 14 décembre 1998, du document intitulé *Disciplines relatives à la réglementation intérieure dans le secteur des services comptables* lequel, à son article 20, établit que « les prescriptions en matière de qualifications peuvent inclure l'enseignement reçu, les examens, la formation pratique, l'expérience et les connaissances linguistiques[832] ».

Les langues participent intrinsèquement à la diversité des expressions culturelles[833].Pour Gilles Deleuze et Félix Guattari, la langue est un lieu de pouvoir, la littérature un lieu de lutte. Prenant comme modèle Kafka, ils prônent le renversement :

[832] Ivan BERNIER, La préservation de la diversité linguistique à l'heure de la mondialisation, *op.cit.* p.25.

[833] Des biens ou de services culturels comme la danse, la peinture ou la musique classique, possèdent une composante linguistique faible, mas d'autres, comme le livre, la chanson, le long métrage de fiction ou la série télévisée, ne sauraient exister sans le support du français, de l'anglais, de l'espagnol ou d'une autre langue.

plutôt que de vouloir être dans son « territoire », être « nomade » dans sa propre langue :

« *Combien de gens aujourd'hui vivent dans une langue qui n'est pas la leur ? Ou bien ne connaissent même plus la leur, ou pas encore, et connaissent mal la langue majeure dont ils sont forcés de se servir ? Problème des immigrés, et surtout de leurs enfants. Problème des minorités. Problème d'une littérature mineure, mais aussi pour nous tous : comment arracher à sa propre langue une littérature mineure, capable de creuser le langage, et de le faire filer suivant une ligne révolutionnaire sobre ? Comment devenir le nomade et l'immigré et le tzigane de sa propre langue ?* [834] ».

La Déclaration universelle des droits linguistiques adoptée en 1996 à Barcelone est plus précise : « *afin de corriger les déséquilibres linguistiques et assurer le respect et le plein épanouissement de toutes les langues «en stigmatisant » la tendance séculaire et unificatrice de la plupart des États à réduire la diversité et à décourager la pluralité culturelle et le particularisme linguistique ».Cette déclaration s'appesantit sur les droits linguistiques collectifs, notamment le droit à l'enseignement de sa propre langue et de sa culture, le droit de disposer de services culturels, le droit à une présence équitable de sa langue et de sa culture dans les moyens de communication, le droit d'être accueilli dans sa langue dans les organismes officiels et dans les relations socio-économiques* »[835].

Pour cette raison, le rôle fondamental de la diversité linguistique dans la promotion de la diversité culturelle est rappelé dans le Préambule de la Convention de l'UNESCO de 2005. De plus, l'article 6.2.b consacré aux mesures pouvant être prises par les Parties à la Convention afin d'offrir, d'une manière appropriée, des opportunités aux activités, biens et services locaux de trouver leur place au sein de l'ensemble des

[834]Gilles Deleuze et Félix Guattari, *Kafka, pour une littérature mineure*, Paris, Éditions de Minuit, 1975, p.35.

[835]*Déclaration des droits linguistiques*, http://www.egt.ie/udhr/udlr-fr.html.

activités, biens et services disponibles sur leur territoire, concerne aussi les mesures relatives à la langue utilisée pour les dites activités, biens et services. C'est-à-dire que les Parties, dans l'ensemble des politiques et mesures qu'elles sont en droit de mettre en œuvre pour favoriser la diversité des expressions culturelles, peuvent également, dans le respect des libertés fondamentales ainsi que des principes d'équilibre et d'ouverture propres à cette Convention, favoriser la diversité linguistique aux différentes étapes de création, production, diffusion et distribution des expressions culturelles par le biais des activités, biens et services culturels.

B. LE JUGE ET LADIVERSITÉ LINGUISTIQUE : ARRÊT UTECA

La libre circulation des services constitue, avec celle des marchandises, des capitaux et des personnes, l'une des quatre libertés communautaires dont le respect est nécessaire à la réalisation du marché commun[836].Si elle apparaît être un corollaire évident de la libéralisation des biens et des services, sa mise en œuvre n'en est pas moins difficile à obtenir. La « Directive Services», illustre les problèmes que pose la libéralisation des services. La multiplicité d'activités concernées entraîne l'existence d'un grand nombre de règles nationales différentes susceptibles de constituer des obstacles à la libéralisation du commerce des services, l'encadrement requis n'étant pas le même selon qu'une activité concerne un intérêt sensible de l'Etat concerné, touche aux intérêts de corporations

[836]Après avoir été longtemps désavantagée au profit du commerce, la culture est entrée dans la Construction européenne lors du Traité de Maastricht en décembre 1991. Par la suite, la culture est perçue comme un facteur d'union politique de cet espace où cohabitent près d'un demi-milliard d'hommes et de femmes. On attribue à Jean Monnet le regret de n'avoir pas commencé pas par la construction de l'Europe. « Si c'était à refaire je commencerais par la culture » cette phrase célèbre qui lui est prêté a l'avantage de mettre en pleine lumière l'importance de la dimension culturelle dans l'identité européenne. Bien plus qu'un marché commun dont on ne tombe pas amoureux, ce qui fait le lien est la culture et les valeurs communes.

nationales plus ou moins puissantes, relève de secteurs d'emplois plus ou moins importants pour l'économie de l'Etat en question, etc.

L'art. 52 TFUE (ancien art. 46 TCE), fournit une base textuelle pour les cas où seraient concernés l'ordre public, la santé publique ou la sécurité publique, mais la Cour de justice a montré une ouverture importante aux exigences invoquées par les Etats membres et une différence significative par rapport au *numerus clausus* des motifs prévus à l'art. 52 TFUE. Selon G.S. KARYDIS l'article 151 § 4 « pourrait constituer, également, une source d'inspiration très utile, pour un traitement moins sévère, par le juge communautaire, des mesures étatiques qui poursuivent la conservation de la diversité culturelle et la défense des valeurs culturelles contre le jeu des forces du marché »[837] .

Toutefois, face au caractère vague des textes, c'est à la Cour de justice, notamment par le biais des questions préjudicielles, qu'est revenue la tâche d'éclaircir les contours du régime. Une appréhension correcte de ce dernier passe donc nécessairement par l'étude de la jurisprudence. Celle-ci s'est focalisée pendant longtemps sur la définition et la portée des notions de restriction et de justification avant de déplacer récemment le cœur de son analyse sur le contrôle de proportionnalité qui prend davantage en compte les préoccupations des Etats. Ce mouvement conduit à s'interroger sur les spécificités du contrôle qu'effectue la Cour en matière de restrictions à la libre prestation de services, notamment de services culturelles.

Le juge communautaire a été saisi par une question préjudicielle soulevée par le juge du « Tribunal Supremo » (Espagne), par

---

[837]Voir G.S.KARYDIS, « Le juge communautaire et la préservation de l'identité culturelle nationale » (1994), 30 (4), *Revue trimestrielle de droit européen*, p. 559.Voir également les auteurs qui ont avancé que l'article 151 a permis de renforcer la théorie jurisprudentielle relative aux exigences impératives et raisons impérieuses d'intérêt général : G.VANDERSANDEN et L. DUBOUIS, L. DUBOUIS, Commentaire MEGRET, Le droit de la CEE, notamment « La place de la culture dans la CE, analyse de l'article 128 », 2e éd., Bruxelles, Études européennes, n° 8,1996, p. 6.

décision du 18 avril 2007, parvenue à la Cour le 3 mai 2007. La demande en question portait sur l'interprétation des articles 12 CE et 87 CE, ainsi que sur l'article 3 de la directive 89/552/CEE du Conseil, du 03/10/1989, visant à la coordination de certaines dispositions législatives, réglementaires et administratives des États membres relatives à l'exercice d'activités de radiodiffusion télévisuelle[838] .

Ladite demande a été présentée dans le cadre d'un recours formé par UTECA contre un décret royal de l'Administración General del Estado, imposant aux opérateurs de télévision d'affecter, d'une part 5% de leurs recettes d'exploitation de l'année précédente au financement de la production de longs et de courts métrages cinématographiques ainsi que de films de télévision européens et d'autre part, 60% de ce financement à des productions dont la langue originale est l'une des langues officielles du Royaume d'Espagne[839]. Le décret royal litigieux est donc fondé sur des raisons culturelles de défense du multilinguisme espagnol.

Le juge espagnol a eu des doutes quant aux marges de manœuvre dont disposent les États membres pour imposer des normes plus strictes dans les domaines coordonnées par la directive, surtout en ce qui concerne son article 3§1. La difficulté était au niveau de la compatibilité avec les articles 12 CE et 87 CE concernant l'obligation de réserver 60% du financement obligatoire à des œuvres dont la langue originale est l'une des langues officielles du Royaume d'Espagne. En l'espèce, la Cour suprême espagnole avait adressé trois questions préjudicielles à la juridiction communautaire. La Cour de Justice est invitée à se prononcer sur la compatibilité d'une telle mesure avec les dispositions de la directive Télévision Sans Frontières, les règles communautaires en matière d'aides d'Etat et l'interdiction des discriminations en fonction de la nationalité.

---

[838] Ladite Directive a été modifiée par la Directive 97/36/CE du Parlement européen et du Conseil du 30 juin 1997.

[839] Affaire C-222/07,Unión de Televisiones Comerciales Asociadas (UTECA) contre Administración General del Estado.

Dans cet arrêt du 5 mars 2009, la Cour devait se prononcer sur des mesures espagnoles visant à protéger leurs langues officielles. Pour la première fois, la Cour fait référence à la Convention de l'UNESCO sur la diversité culturelle[840]. La Cour n'a eu aucune difficulté à considérer comme légitimes les raisons culturelles de défense du multilinguisme avancées par l'Espagne. Le législateur communautaire avait déjà opéré une telle reconnaissance par le biais des directives TSF. Une telle solution s'inscrit dans la lignée de la jurisprudence de la Cour envers les mesures nationales fondées sur des considérations culturelles[841]. Les mesures visant plus particulièrement à protéger les minorités en les autorisant par exemple à utiliser leurs langues durant une procédure juridictionnelle sont également acceptées par la Cour[842].

Pour le juge communautaire, l'objectif de promotion d'une langue se suffit à lui-même et ne doit pas nécessairement être assorti d'autres critères culturels pour pouvoir justifier une restriction à l'une des libertés fondamentales du traité. La Cour s'appuie sur le lien intrinsèque entre la langue et la culture en se référant à la Convention sur la protection et la promotion de la diversité des expressions culturelles, approuvée au nom de la Communauté par la décision 2006/515/CE du Conseil, du 18 mai 2006[843]. Il convient de rappeler que ladite Convention énonce au 14e alinéa de son Préambule que « (…) *la diversité linguistique est un élément fondamental de la diversité culturelle ».Indirectement, la Convention de l'UNESCO a permis aux mesures protectrices des langues nationales d'être*

---

[840]Pour les détails voir les Commentaire de Jean-Christophe Barbato, et le résumé de RIJDEC,En ligne : *www.fd.ulaval.ca/site//fichier1663.doc.*

[841] Voir Commentaire de Jean-Christophe Barbato. Comme il le souligne, la Cour, dans un arrêt Boucherau de 1977, avait limité la prise en compte éventuelle de la notion d'intérêt culturel pour déroger au principe de libre circulation et quand cette « dérogation » était justifiée, c'était a condition que les mesures en cause soient bien « proportionnées » a l'objectif recherche.

[842]CJCE, 11 juillet 1985, Ministère public contre Robert Heinrich Maria Mutsch, aff. 137/84, Rec. p.2681 et CJCE, 24 novembre 1998, Procédure pénale contre Horst Otto Bickel et Ulrich Franz, aff. C-274/96, Rec. p.I-7637.

[843]JO L 201, p.15.

plus facilement justifiées sur le fondement des raisons impérieuses d'intérêt général »[844].

Les juges de Luxembourg ont reconnu à l'Espagne la possibilité d'adopter des mesures destinées à protéger et promouvoir la diversité des expressions culturelles sur son territoire. La référence à la Convention permet à la Cour d'affirmer que la langue est bien un vecteur essentiel de la culture, suffisant pour justifier une restriction (point 33).Comme le souligne Anne Peigné, la technique jurisprudentielle des raisons impérieuses d'intérêt général permet d'introduire un tempérament à la justification[845]. La Cour dans l'un des premiers arrêts pertinents à cet égard, a affirmé que les restrictions non discriminatoires peuvent être justifiées par « *des raisons impérieuses liées à l'intérêt général si cet intérêt n'est pas déjà assuré par les règles de l'Etat d'établissement et [...] le même résultat ne peut pas être obtenu par des règles moins contraignantes* »[846]. La Convention renforce la valeur de l'objectif mais sans faire disparaître le test de proportionnalité[847]. Or cette recherche de

---

[844]Voir Anne Peigné, « La convention de l'UNESCO sur la diversité culturelle, un nouvel instrument pour déroger au principe communautaire de la libre circulation? », Interactions entre le droit international et le droit européen, mai 2009: http://m2bde.u-paris10.fr/blogs/idie/index.php/category.

[845] L'expression 'raisons impérieuses d'intérêt général (overriding reasons in the public interest) que la Cour emploie systématiquement a été utilisée récemment, par exemple, dans l'affaire C-326/07, *Commission contre Italie*, Rec. 2009 p. I-0000, point 41. Voir également Arrêt de la Cour (Grande chambre) du 8 septembre 2009. *Liga Portuguesa de Futebol Profissional et Bwin International Ltd contre Departamento de Jogos da Santa Casa da Misericórdia de Lisboa.* Affaire C-42/07, I-07633. Point 63 : *« il convient de relever [...] que la lutte contre la criminalité peut constituer une raison impérieuse d'intérêt général susceptible de justifier des restrictions quant aux opérateurs autorisés à proposer des services dans le secteur des jeux de hasard. En effet, compte tenu de l'importance des sommes qu'ils permettent de collecter et des gains qu'ils peuvent offrir aux joueurs, ces jeux comportent des risques élevés de délits et de fraudes ».*

[846]Arrêt de la Cour du 4 décembre 1986. *Commission des Communautés européennes contre Royaume de Danemark.* Affaire 252/83, 03713, n° 19; Arrêt de la Cour du 4 décembre 1986. *Commission des Communautés européennes contre République fédérale d'Allemagne.* Affaire 205/84, 03755, n° 29.

[847]Le test de proportionnalité est plus classiquement décrit comme un contrôle se déroulant sur trois phases distinctes. Une définition couramment

proportionnalité permet au principe de diversité culturelle de trouver un certain équilibre, de rester un principe « actif non synonyme de repli mais au contraire d'ouverture équilibrée des différentes cultures »[848]. Puisque la Convention ne peut pas modifier les Traités et accords commerciaux sans l'accord de toutes les Parties, son influence se fera du côté de leur interprétation.

La Convention de 2005 identifie clairement la «langue» comme une caractéristique primordiale de l'identité culturelle d'une personne ou d'une communauté. La Convention mentionne également la «diversité linguistique» dans son préambule, rappelant que «la diversité linguistique est un élément fondamental de la diversité culturelle». On peut également considérer la langue comme une expression culturelle au sens où l'envisage la Convention de 2005. Cependant, des recherches supplémentaires seront nécessaires pour déterminer comment la Convention de 2005 pourrait renforcer la protection et la promotion de la diversité linguistique. Les critères d'adhésion actuels de l'UE en matière de langues minoritaires constituent un exemple utile de la façon dont la Convention de 2005 pourrait jouer un rôle important dans le renforcement de la

---

acceptée le divise ainsi en un contrôle de l'adéquation de la mesure (la contribution de la mesure à l'objectif de l'Etat), un contrôle de sa nécessité (le fait que la mesure n'aille pas au- delà de ce qui est nécessaire) et un contrôle de la proportionnalité entendu strictement (une balance des intérêts en cause). La proportionnalité va au-delà de la question de l'existence d'un lien de causalité entre la mesure et l'objectif poursuivi et conduit « *à réfléchir à la transformation possible de la fonction de juger : de déontique vouée à la mise en œuvre de règles préétablies, elle deviendrait téléologique «conséquentialiste, modulant les solutions au regard de leurs conséquences politico-sociales* ». voir François Ost et Françoise TULKENS, « Préface », in S. Van Drooghenbroeck, *La proportionnalité dans le droit de la Convention européenne des droits de l'homme*, Bruxelles, Bruylant-Publications des FUSL, 2001, p. I-V. Voir également Simon, D. « Le contrôle de proportionnalité exercé par la Cour de Justice des Communautés Européennes » *Les petites affiches*, 2009 n° 46, p.17.

[848]Anne Peigné, *op.cit.*, p.7. Si les traités constitutifs ne contenaient pas à l'origine de dispositions consacrant de manière générale le principe de proportionnalité, la Cour en a fait un « principe général du droit communautaire » dont l'application « s'impose aux autorités nationales lorsqu'elles ont à appliquer le droit communautaire ».

diversité linguistique dans les politiques de l'UE. La protection des langues minoritaires et de la diversité linguistique est un critère important pour l'adhésion à l'UE[849].

La Convention de 2005 ne protège ni les personnes en tant que telles prioritairement, ni les peuples ou groupes sociaux, mais leurs conditions de création qui ont des impacts sur leur survie.L'adoption d'une telle approche par la Cour de justice traduirait dans la pratique jurisprudentielle la place capitale qu'a la diversité culturelle pour l'Union européenne et renforcerait dans le même temps le rôle de cour constitutionnelle que les juges du Luxembourg ont progressivement acquis[850].Pour le professeur Jean-Christophe Barbato, la référence de la Cour à la convention de 2005 présente une utilité symbolique, car le juge communautaire souligne ainsi l'importance qu'il accorde à la Convention et montre que l'ordre communautaire respecte ce traité international. Elle est de nature à donner plus de poids à la parole européenne lorsque la Communauté demande à d'autres parties de prendre en compte la diversité culturelle.

§2. DROIT DE L'OMC ET EXEMPTIONS CULTURELLES : PERSPECTIVES LIMITEES

Depuis l'adoption de la Déclaration universelle des droits de l'homme en 1948, moment inaugural de l'épanouissement du droit international des droits de l'homme après le second conflit mondial, toute la trajectoire de celui-ci peut s'interpréter comme ayant visé à surmonter la division entre les droits dits « civils et

---

[849]Les mesures visant à protéger les minorités et leurs langues sont d'ailleurs considérées comme «structurelles» ou de «principe politique» pour l'adhésion.

[850]Stone Sweet, Alec Mathews, Jud. "Proportionality Balancing and Global Constitutionalism". *Columbia Journal of Transnational Law*, 2008 n° 47, p.75.

politiques » d'une part, les droits « économiques, sociaux et culturels » d'autre part[851].

Les défis à la culture provoquent des réponses émotionnelles fortes concernant la survie[852]. Le respect, la protection et la réalisation des droits culturels implique une remise en question de neutralités de l'Etat, du marché et de l'information (espace public)[853]. Toutes ces techniques connaissent des limites. On a vu, dans les développements qui précèdent, la portée de l'exemption culturelle, spécificité culturelle et l'exception culturelle. Il est opportun à présent d'examiner la portée de clause de la « moralité publique » (B). Le droit à la liberté d'expression, nettement mieux assis en droit positif pourrait fortement impacter le droit à l'offre culturelle diversifié et partant favoriser la diversité linguistique et culturelle(A).

A. La liberté d'expression et diversité culturelle

Naturellement rebelle aux cloisonnements spatio-temporels, la liberté d'expression se pose d'emblée, comme la manifestation authentique de la liberté. L'explosion technologique des dernières années a certes eu pour effet de multiplier les canaux de communication, mais cette croissance exponentielle ne s'est pas accompagné, loin s'en faut, d'une diversification des contenus.. Il reste que l'homogénéisation des mœurs accroît le sentiment d'aliénation et de ressentiment. Les questions entourant le développement et l'utilisation des technologies de communication sont aujourd'hui au centre des luttes sociales et politiques contemporaines. Alors que les luttes précédentes se concentraient sur la liberté d'expression face à l'autorité de

---

[851] Mylène BIDAULT, *La protection internationale des droits culturels, culture et droits de l'homme,* Bruxelles, Bruylant, 2009, pp.13-25.

[852]Déformées dans leur contenu, les revendications identitaires représentent un danger pour la paix et pour la compréhension de l'ensemble des droits de l'homme : ils « justifient » le relativisme et l'inaction, ou au contraire l'exclusion, les discriminations et les purifications ethniques, avec des actions humiliantes et violentes. Voir Patrice Meyer-Bisch, Définir les droits culturels, *op.cit*,p.3.

[853] Idem.

l'État, les luttes actuelles ajoutent à ces nouvelles questions des caractéristiques propres à la phase actuelle de la mondialisation. Comme le souligne Christophe Germann :

« La spécificité culturelle repose sur essentiellement sur les facteurs de création et non sur les facteurs de commercialisation. Dès lors, du point de vue juridique, il s'agit en premier lieu de protéger les parties les plus faibles dans les relations entre les facteurs de créations et facteurs de consommation d'une part et les facteurs de productions et commercialisation d'autre part. Le cadre juridique à développer doit, par conséquent permettre aux facteurs de consommation. Ce cadre juridique doit réaliser la liberté d'expression des facteurs de créations et la liberté d'opinion des facteurs de consommation »[854].

Le droit à la liberté d'expression est un droit culturel et un préalable à l'amélioration de l'accès à la diversité culturelle[855]. C'est ce que souligne l'article 3 de la déclaration de Fribourg, lorsqu'il précise que le droit de toute personne de choisir et de voir respecter son identité culturelle s'entend « dans la diversité de ses modes d'expression », et qu'il « s'exerce dans la connexion notamment des libertés de pensée, de conscience, de religion, d'opinion et d'expressions » . Il est donc nécessaire que plusieurs sources d'expressions culturelles et d'informations soient disponibles en particulier dans le domaine de l'audiovisuel en raison de l'importance de ce secteur pour les communications actuelles. Ce n'est pas un hasard si le débat sur la diversité culturelle a concerné d'abord l'audiovisuel dans le cadre du GATT. C'est dans ce contexte qu'il faut également

---

[854]Christophe Germann, *Diversité culturelle et libre-échange à la lumière du cinéma – Réflexions critiques sur le droit naissant de la diversité culturelle sous les angles du droit du commerce international, de la concurrence et de la propriété intellectuelle, op.cit*, p.382.

[855]Voir également : article 6, Déclaration universelle de l'UNESCO sur la diversité culturelle. Il dispose : « La liberté d'expression, le pluralisme des médias, le multilinguisme, l'égalité d'accès aux expressions artistiques, au savoir scientifique et technologique - y compris sous la forme numérique - et la possibilité, pour toutes les cultures, d'être présentes dans les moyens d'expression et de diffusion, sont les garants de la diversité culturelle».

situer la demande adressée par les États-Unis à la Communauté européenne d'éliminer les quotas audiovisuels autorisés par la directive « Télévision dans frontières ».

De nombreuses dispositions insérées au sein des instruments internationaux protègent la liberté d'expression : mentionnons, au-delà de la liberté d'expression qui englobe la liberté artistique[856], la liberté de recherche scientifique et d'activités créatrices. La liberté d'expression a été interprétée dans plusieurs pays[857], ainsi que par certains organes d'application de conventions internationales sur les droits de la personne, comme comprenant le droit de s'exprimer dans la langue de son choix. La langue étant le « premier moyen naturel de la faculté d'exprimer sa pensée, elle est le premier outil d'expression culturelle. Il faut cependant distinguer entre l'usage *officiel* des langues (dans les relations «verticales» entre les citoyens et la puissance publique), pour lequel l'État peut prescrire une ou plusieurs langues déterminées et interdire les autres, et l'usage *privé* (dans les relations «horizontales» entre particuliers), pour lequel il doit respecter la liberté de chacun de s'exprimer dans la langue de son choix.

L'article 10 de la Convention européenne des droits de l'homme prévoit le droit de toute personne à la liberté d'expression. Son vaste champ d'application a été très tôt confirmé dans la jurisprudence par la Cour elle-même. Dès son

---

[856] L'article 19 (2) du PIDCP.

[857] Au Canada, dans une décision de 1988, les requérants contestaient les dispositions déjà mentionnées précédemment de la *Charte de la langue française* du Québec qui, à l'époque, interdisaient l'utilisation de toute langue autre que le français dans l'affichage public, la publicité commerciale et les raisons sociales. Ces exigences ont été considérées par la Cour suprême comme incompatibles avec la liberté d'expression. La même loi a également été attaquée devant le Comité des Nations Unies des droits de l'homme qui, dans l'affaire *Ballantyne* en 1993, l'a considérée contraire à la liberté d'expression garantie dans le Pacte international. À la suite de cette intervention du Comité des droits de l'homme, le gouvernement du Québec a fait adopter un nouveau régime dans lequel l'affichage public et la publicité commerciale peuvent désormais être faits à la fois en français et dans une ou plusieurs autres langues, pourvu que le français y figure de façon nettement prédominante. Voir *Ford* c. *P.G. Québec*, [1988] 2 R.C.S. 712.

arrêt *Handyside*,[858] un des premiers arrêts rendu en cette matière, elle donna une définition de la liberté d'expression cadrant parfaitement avec l'importance centrale accordée à cette liberté[859]. Elle nota ainsi que la liberté d'expression vaut non seulement pour les « *informations » ou « idées » accueillies avec faveur ou considérées comme inoffensives ou indifférentes, mais aussi pour celles qui heurtent, choquent ou inquiètent l'Etat ou une fraction quelconque de la population. Ainsi le veulent le pluralisme, la tolérance et l'esprit d'ouverture sans lesquels il n'est pas de société démocratique* »[860].

Il est clair que la liberté d'expression est un droit dont la protection est relative puisqu'elle autorise des exceptions. L'État peut réglementer l'usage des langues dans la mesure où il poursuit un objectif légitime d'intérêt général, par exemple protéger les consommateurs ou protéger une langue menacée, par des moyens qui respectent le principe de proportionnalité. Ainsi dans les procédures judiciaires, il pourrait permettre de mettre en cause la protection excessive de la propriété intellectuelle et d'avancer que la protection du droit d'auteur et des marques commerciales pour les investissements de marketing ne permet pas au public d' « avoir accès aux diverses expressions culturelles provenant de leur territoire ainsi que des autres pays du monde», ce qui est contraire à l'article 7, paragraphe 1, point b), de la Convention de l'UNESCO.

Le pluralisme des sources de production de l'information est indispensable au développement des industries culturelles et particulièrement à la diversité culturelle. La Déclaration sur la diversité culturelle du Conseil de l'Europe des média l'affirme au paragraphe 2 de son premier article : « *la diversité culturelle*

---

[858]Arrêt *Handyside c. Royaume-Uni, op.cit.* Sur cette affaire, voyez G. COHEN-JONATHAN, Observation sous CEDH 7 décembre 1976, *Handyside, Cahiers de Droit Européen*, 1978, p. 350.

[859]Toutefois, le premier arrêt rendu sur l'article 10 CEDH date du 27 mars 1962 (Cour eur. dr. h., arrêt du 27mars 1962, *De Becker c. Belgique*). Il opposait M. de Becker à l'État belge et concernait l'interdiction faite à ce dernier d'exercer sa profession de journaliste en Belgique suite à une condamnation pour collaboration avec l'occupant allemand pendant la guerre.

[860]Arrêt *Handyside c. Royaume-Uni, op. cit.§49.*

*ne peut s'exprimer en l'absence des conditions nécessaires à la libre expression créatrice et à la liberté d'information qui existe dans toutes les formes d'échanges culturels, notamment ceux opérés au travers des services audiovisuels ».*L'article 7 de la Déclaration de Fribourg, consacre également au droit de toute personne, seule ou en commun, « à une information libre et pluraliste qui contribue au plein développement de son identité culturelle ».Ce droit, qui «s'exerce sans considération de frontières », comprend notamment « la liberté de rechercher, recevoir et transmettre les informations », et «le droit de participer à une information pluraliste, dans la ou les langues de son choix, de contribuer à sa production ou à sa diffusion au travers de toutes les technologies de l'information et de la communication ».

Dans cette perspective, la désétatisation de la production de l'information conditionne le développement des entreprises de production et de diffusion. Mais, comme la reproduction est souvent plus rentable que la création de nouveaux produits, la diversité des expressions culturelles, qui illustre la pluralité des identités, s'appauvrit. Aujourd'hui, le nombre croissant de produits culturels pourrait laisser croire que cette industrie est sur la bonne voie, mais comme le souligne Peter S. Grant et Chris Wood, « *au milieu de cette apparente abondance des médias et des messages, on néglige de plus en plus la nourriture spirituelle et intellectuelle, qui ne peut provenir que d'une véritable diversité dans le menu culturel* »[861].

Les obligations liées à l'exercice du droit à la liberté d'expression peuvent donc, être interprétées à la lumière du respect de la diversité des ressources culturelles et des droits culturels, compris au sein de l'indivisibilité des droits de l'homme. La liberté d'expression concerne toutes les formes d'expression intellectuelle : liberté de presse et de l'édition en général, la création artistique, la critique philosophique, scientifique ou historique. Elle concerne donc toute l'activité intellectuelle humaine, y compris la publicité et la propagande

[861] P. S. GRANT et WOOD C., *Le Marché des Étoiles : culture populaire et mondialisation*, Montréal, Les Éditions du Boréal, 2004.

culturelle, politique ou religieuse. C'est dans cet élan qu'on peut comprendre la décision rendu, dans l'affaire *Aubry* c. *Éditions Vice-Versa*, par la Cour suprême du Canada qui a confirmé que l'expression artistique relève essentiellement de la liberté d'expression : « *Nous croyons que la liberté d'expression comprend la liberté d'expression artistique.[...] Il n'y a donc pas lieu de créer une catégorie particulière pour tenir compte de la liberté d'expression artistique. L'expression artistique n'a pas besoin d'une catégorie spéciale pour se réaliser. Il n'y a pas, non plus, de justification pour lui attribuer un statut supérieur à la liberté d'expression générale* »[862].

Si l'État doit néanmoins reste neutre en matière religieuse (neutralité qui peut se traduire par l'absence de soutien à toute religion ou par un soutien égal à toutes les religions), il ne saurait manifestement rester neutre en matière linguistique puisqu'il doit forcément s'exprimer dans une ou plusieurs langues qui occuperont dès lors une position privilégiée. Tous les États du monde reconnaissent (expressément ou implicitement) un caractère officiel à une ou plusieurs langues; aucun ne reconnaît un tel caractère à toutes les langues parlées sur son territoire. Le droit international ne va sûrement pas aussi loin.

Sur le registre du commerce international, alors que les principes fondamentaux du droit de l'OMC (traitement national et clause de la nation la plus favorisée) interdisent la discrimination économique, il n'existe actuellement pas d'instruments internationaux ayant des effets comparables aux accords de l'OMC, qui viseraient la prohibition de la discrimination culturelle. Comme le souligne Christophe Germann, « *l'introduction de la métarègle de l'interdiction de discriminer culturellement et sa mise en œuvre par les principes du « traitement culturel » et de la « culture la plus favorisée » nous apparaissent ainsi être des moyens juridiques à adopter pour stimuler un changement de paradigme en faveur de l'idéal*

---

[862]*Aubry* c. *Éditions Vice-Versa*, [1998] 1 R.C.S. 591,§55.

de la diversité culturelle »[863]. Il est souhaitable que l'interdiction de la discrimination culturelle s'impose comme une prescription toute aussi légitime que l'interdiction de la discrimination économique[864].

Pour Christophe Germann, cette approche innovante pourrait contribuer « à résoudre de manière constructive l'antinomie communément admise entre libre-échange et diversité culturelle. Elle aspire à contribuer à réaliser la diversité culturelle et le bien-être qui en résulte pour la société, de renforcer la liberté d'expression artistique des créateurs et la liberté d'opinion des consommateurs, et ceci sans mettre en péril l'existence des distributeurs. Cette approche réduirait également la dépendance des politiques culturelles par rapport au financement public, qui représente l'apanage des pays nantis »[865].

Actuellement, une politique linguistique qui ne serait définie que par et pour un seul pays, et surtout qui ne prendrait pas en compte la dimension internationale des problèmes, serait largement inefficace. Elle risquerait d'être mal comprise par l'ensemble de ses citoyens qui ont à faire face aux problèmes de globalisation. Il faut, pour être plus efficace, les solutions sur le plan international, qui seront ensuite adaptées aux conditions locales. Une critique fondamentale parfois adressée au droit de l'OMC réside dans le peu de place que ce dernier accorde aux valeurs non marchandes. Néanmoins, deux clauses permettent de couvrir en partie certaines politiques culturelles des États membres. Premièrement, l'exception relative à la protection de la moralité publique, à l'article XX (a) du GATT et l'article XIV du GATS, a déjà servi comme défense d'une politique culturelle. L'article XX a) du GATT de 1994 traitant de l'exception de moralité publique, on le sait, est déployé en tant

---

[863]Christophe GERMANN, *Diversité culturelle à l'OMC et l'UNESCO à l'exemple du cinéma*, Revue internationale de droit économique, n°3, 1er juillet 2004, p.349.
[864]Christophe GERMANN, *Diversité culturelle et libre-échange à la lumière du cinéma – Réflexions critiques sur le droit naissant de la diversité culturelle sous les angles du droit du commerce international, de la concurrence et de la propriété intellectuelle, op.cit, pp.374*-382.
[865] Idem.

que bouclier pour stopper la force centripète du droit hégémonique de l'OMC. Il convient dès lors examiner si l'exception de moralité publique peut être une passerelle possible et durable entre le droit du commerce et culture. Les développements qui suivent viseront donc à analyser le contexte de la mise en oeuvre de l'exception de moralité publique prévue à l'alinéa XX a) du GATT de 1994.

B. Article XX du GATT : arrimage possible entre moralité publique et diversité culturelle

Envisager la moralité telle une passerelle entre systèmes juridiques différents implique que l'on recherche quelle était la volonté des États dans l'inscription de cette disposition dans les accords de l'OMC et dans d'autres systèmes juridiques. En effet, cette notion reste une véritable boîte de Pandore[866]. L'histoire et l'actualité témoignent de la diversité des morales publiques tirées-ou imputées- aux coutumes et traditions, aux philosophies et religions, aux attitudes et aux comportements. Que ne limiterait-on pas au nom de la moralité publique. C'est, certainement, dans ce domaine que les appréciations des États, des sociétés et des individus sont les plus divergentes. Il revient en premier lieu aux autorités nationales d'évaluer s'il existe un « besoin social impérieux » susceptible de justifier cette restriction, exercice pour lequel elles bénéficient d'une certaine marge d'appréciation[867].

Dans l'observation générale n° 22 portant sur l'article 18 le Comité des droit de l'homme souligne que « les restrictions ne doivent être appliquées qu'aux fins pour lesquelles elles ont été prescrites et doivent être en rapport direct avec l'objectif spécifique qui les inspire et proportionnelles à celui-ci ».

---

[866] Selon Jean Baechler : « *la moralité porte sur les mœurs, et les mœurs définissent ce qui se fait et ne se fait pas dans un cercle social et culturel donné. Du moment que la distinction est introduite entre ce qui se fait et ne se fait pas, les mœurs et leurs normes relèvent de la justice punitive* ».Jean BAECHLER « Naturalité, universalité, objectivité », *Revue du MAUSS* 1/2002 (n° 19), p. 60.

[867]CEDH, l'affaire Fressoz et Roire c. France, para 45.

Relativement à la question de la morale visée tant par les articles 18 et 19 que par d'autres articles du Pacte, le Comité fait observer que la conception de la morale découle de nombreuses traditions sociales, philosophiques ou religieuses. En conséquence « les restrictions…pour protéger la morale doivent être fondées sur des principes qui ne procèdent pas d'une tradition unique ». Dans l'observation générale n°27, le Comité précise que « les mesures restrictives doivent être conformes au principe de la proportionnalité ; elles doivent constituer le moyen le moins perturbateur parmi ceux qui pourraient permettre d'obtenir le résultat recherché et elles doivent être proportionnées à l'intérêt à protéger ».

L'exception de moralité publique suscite bien des questions quant à savoir si l'existence d'une atteinte à la moralité publique est laissée à la précaution de chaque membre, ou encore quant à savoir si au nom de la moralité, il est permis de s'attaquer aux causes de cette atteinte, même lorsqu'elles sont extérieures à la juridiction du pays concernés. Le risque est qu'à travers cette exception chaque membre soit tenté d'exporter sa propre conception de la moralité publique[868]. Les droits de l'homme et toutes les valeurs que véhicule ce concept central et dynamique du système des Nations Unies exercent cette heureuse influence de décantation sur toutes les expressions de la valeur éminente de l'homme contenues dans les cultures traditionnelles. On voit mal comment il serait possible de limiter l'appréciation souveraine des États membres de l'OMC quant à la définition de l'atteinte à leur moralité publique. Comme le souligne Robert Howse *«une conception de la moralité publique excluant la notion de droits fondamentaux serait tout simplement contraire au sens que l'on donne aujourd'hui ordinairement à ce concept »*[869].

---

[868]Steve CHARNOVITZ, "The Moral Exception in Trade Policy", in Virginia Journal of International Law vol. 38 (1998).

[869]Robert HOWSE, " Back to Court After Shrimp/Turtle? Almost but Not Quiet Yet: India's Short-Lived Challenge to Labor and Environnemental Exceptions in the European Union's Generalized System of Preferences ", *American University International Law Review*,2003, vol 18, n° 6, p. 1368.

En effet, selon Steve Charnovitz, il n'y a eu pratiquement aucun débat sur le sens de l'article XX a) au cours des négociations qui ont abouti au GATT[870]. Et même si chaque aspect du GATT a été réexaminé au cours du Cycle d'Uruguay, l'article XX n'a pas fait l'objet de réelles négociations à l'époque. En se fondant sur l'analyse de ces traités antérieurs et sur les modalités d'application des termes pertinents, il a été établi que : «Les mesures visées par l'article XX a) concerneraient apparemment, au moins, l'esclavage, les armes, les stupéfiants, les boissons alcoolisées, la pornographie, la religion, le travail obligatoire et la protection des animaux[871]». Ces considérations laissent penser que relevaient de l' « exception de moralité publique», des mesures diverses fondées sur des valeurs éclectiques supposées et concernant des questions jugées importantes dans la société de l'époque.

Le rapport du Haut commissariat des Nations unies aux droits de l'homme[872] souligne que la quasi-absence de débat autour de la notion de moralité publique lors des négociations qui ont abouti au GATT signifie qu'il y avait une sorte de définition commune de la moralité publique fondée sur des clauses similaires insérées dans les autres traités commerciaux. Ainsi, le rapport conclut que « dans ce contexte, l'expression « moralité publique « pourrait s'étendre aux droits de l'Homme ».

La teneur du concept de moralité publique a été clarifiée par un Groupe spécial de l'OMC dans l'affaire de l'interdiction par les Etats-Unis de l'organisation en ligne de jeux et paris : « *la signification de moralité publique pour les Membres peut varier dans le temps et dans l'espace, en fonction d'une série de facteurs, y compris les valeurs sociales, culturelles, éthiques et*

---

[870]Steve CHARNOVITZ, The moral exception in trade policy. in *Trade Law and Global Governance* (Cameron May, 2002), p. 338.

[871] Ibid., p. 361.

[872]Haut-commissariat des Nations Unies aux droits de l'Homme, Les droits de l'Homme et les accords commerciaux internationaux, utilisation des clauses d'exception générales pour la protection des droits de l'Homme, Nations unies, New York et Genève, 2005,p.13.

religieuses dominantes »[873] .Le panel de l'OMC a constaté quant à lui que « *La fourniture de jeux en ligne, en raison du volume, de la rapidité et de la portée internationale des transactions de jeux à distance combinée à l'implantation extraterritoriale des prestataires de services, facilite le blanchiment de l'argent provenant du crime... Au vu de ces risques pour l'ordre public ainsi que des dangers des jeux en ligne pour les consommateurs, l'organe d'appel de l'OMC a estimé que les mesures restrictives adoptées par les Etats-Unis d'Amérique étaient nécessaires à la protection de la moralité publique ou au maintien de l'ordre public* »[874].

Dans une affaire, devant la Cour européenne de justice, concernant l'importation d'articles pornographiques, l'application de la disposition relative à la moralité publique peut nous éclairer davantage. Dans l'affaire *Henn et Darby*[875], les défendeurs ont été reconnus coupables de contourner frauduleusement l'interdiction de l'importation d'articles pornographiques au Royaume-Uni. La CEDH a estimé qu' « il appartient en principe à chaque État membre de déterminer les exigences de la moralité publique sur son territoire, selon sa propre échelle de valeurs et dans la forme qu'il a choisie». Cette décision a été interprétée comme signifiant que les États membres ont le droit de définir «*le sens de la moralité publique sur leur propre territoire» mais ne peuvent pas invoquer cette exception morale simplement pour imposer aux importateurs étrangers des restrictions plus contraignantes que celles imposées aux producteurs nationaux* »[876].

Dans l'affaire *Handyside* c.*Royaume-Uni*, un éditeur reconnu coupable de violation de la loi sur les publications obscènes au

---

[873] *États-Unis — Mesures visant la fourniture transfrontières de services de jeux et paris*, Rapport du Groupe spécial, WT/DS285/R, 10 novembre 2004, para. 6.461.

[874]Voir rapport de l'organe d'appel de l'OMC, Etats-Unis -Mesures visant la fourniture transfrontière de services de jeux et paris, WT/DS285/AB/R, adopté le 7 avril 2005, point 327)

[875]Affaire 34/79 *R.* c. *Henn et Darby,* 1979, ECR 3795.

[876]Affaire 121/85, *Conegate Ltd.* c. *Commissioners of Customs and Excise,* 1986, ECR 1007.

Royaume-Uni a porté l'affaire devant la Cour européenne des droits de l'homme au titre de l'article 10 de la Convention européenne de sauvegarde des droits de l'homme et des libertés fondamentales (liberté d'expression). Le Gouvernement du Royaume-Uni s'est défendu en invoquant la nécessité de protéger la moralité publique. La Cour a estimé qu'il n'y avait pas de conception uniforme de la morale dans les États contractants et que les États disposaient d'une «marge d'appréciation» parce qu'ils étaient mieux à même d'évaluer cette notion qu'un juge international[877].

Si les Groupes spéciaux de l'OMC devaient retenir une approche similaire à celle de la Cour européenne des droits de l'homme et de la Cour européenne de justice, une interprétation large de la notion de moralité publique serait appropriée dès lors qu'il existe un véritable fondement pour l'invoquer, et les Groupes spéciaux de l'OMC devraient être encouragés à ne pas «anticiper les préférences morales du gouvernement qui prend la mesure[878] ». La question qui se pose est de savoir jusqu'à quel point un groupe spécial de l'OMC ou l'Organe d'appel pourraient considérer qu'une mesure en matière de diversité culturelle est «nécessaire» à la protection de la « moralité publique ».

La jurisprudence de l'OMC concernant cet article fournit une méthode pour savoir comment sont interprétées et appliquées les clauses d'exception dans tous les accords pertinents de l'OMC. L'interprétation et l'application de l'article XX du GATT impliquent un examen en deux étapes[879]. D'abord, la mesure en cause doit répondre aux critères de l'une des exceptions énumérées à l'article XX a) à g). Dans le contexte pertinent, il faut que la mesure en cause vise un intérêt particulier indiqué dans la disposition et il faut également examiner s'il y a un lien suffisamment fort entre la mesure et cet intérêt en déterminant

---

[877] S. CHARNOVITZ, The moral exception, *op.cit*, p. 357.

[878]*Ibid.* p.361.

[879]Christoph T. Feddersen, Focusing on substantive law in international economic relations: the *public morals* of GATT.s article XX a) and conventional rules of interpretation, *Minnesota Journal of Global Trade*, vol. 7. n° 1 (1998), p.91.

que la mesure est «nécessaire» pour le protéger. Deuxièmement, la mesure doit satisfaire aux obligations de la clause liminaire de l'article XX, qui permet en substance d'assurer que les exceptions générales ne sont pas utilisées à des fins protectionnistes.

La première étape de l'examen, qui prescrit qu'une mesure en matière de diversité culturelle doit être «nécessaire» pour protéger la «moralité publique » soulève la question de l'interprétation de ce qui est «nécessaire». L'Organe d'appel a fait observer que le critère de la nécessité était une norme objective. Un groupe spécial peut examiner comment un membre de l'OMC décrit les objectifs de la mesure et l'efficacité de son approche réglementaire, mais il n'est pas nécessairement lié par cette description et peut donc aussi trouver des indications dans la structure et le fonctionnement de la mesure[880].

Dans l'affaire *États-Unis. Services de jeux et paris*, le Groupe spécial a estimé que la «moralité publique » désignait « les normes de bonne ou mauvaise conduite appliquées par une collectivité ou une nation ou en son nom », alors que l' « ordre public» désignait «la préservation des intérêts fondamentaux d'une société, tels qu'ils sont reflétés dans l'intérêt et le droit publics. Ces intérêts fondamentaux peuvent se rapporter entre autres aux normes de droit, de sécurité et de moralité». Le Groupe spécial a soutenu en outre que la « moralité publique» et l' « ordre public» étaient deux concepts distincts mais qu'un certain chevauchement pouvait exister, dans la mesure où tous les deux cherchaient à protéger des valeurs largement similaires.

Dans cette affaire, Antigua avait porté plainte contre les États-Unis interdisant à des opérateurs exploitant des sites de paris et de jeux d'argent en ligne localisés à Antigua de proposer leurs services à des joueurs établis sur le territoire américain[881]. Ce qui est intéressant dans cette affaire c'est que l'Organe d'Appel a considéré que les préoccupations, que visent à répondre ces

---

[880] *États-Unis. Services de jeux et paris*, rapport de l'Organe d'appel, par. 304.
[881] Idem.

trois lois fédérales, relèvent de la « moralité publique « et/ou de « l'ordre public mais qu'elles n'ont pas établi que ces mesures satisfaisaient aux prescriptions du texte introductif de l'article XIV de l'AGCS.

Il est également utile de rappeler ici l'opinion du Groupe spécial selon laquelle la teneur des expressions «moralité publique« et «ordre public» pouvait varier dans le temps et dans l'espace en fonction des valeurs sociales, culturelles, éthiques et religieuses dominantes, et qu'«*il conviendrait d'accorder aux Membres une certaine latitude pour définir et appliquer pour eux-mêmes ces concepts sur leurs territoires respectifs, selon leurs propres systèmes et échelles de valeurs*[882] ». Dans ce contexte, la portée de l'expression « moralité publique » pourrait sans doute s'étendre à la diversité culturelle au sens de la Déclaration universelle sur la diversité culturelle.

La décision de l'OMC dans l'affaire États-Unis-Chine concernant les publications et produits audiovisuels a montré que la porte n'est pas fermée à la prise en compte de la Convention de 2005 par les organes de l'OMC.Le Groupe spécial a examiné d'abord la question à savoir si les mesures ont un rapport avec l'une des exceptions prévues à l'article XX GATT de 1994 et a estimé que les mesures ont rapport avec la moralité publique et tombent donc sous l'empire de l'exception prévue à l'alinéa a). Dans le cadre de son analyse, le Groupe spécial a rappellé son interprétation de l'expression « moralité publique » dans l'affaire États-Unis – Jeux. Le Groupe spécial a par ailleurs accepté l'affirmation de la Chine, appuyée sur la Déclaration de l'UNESCO, selon laquelle l'importation de produits pertinents pourrait, selon leur contenu, avoir une incidence négative sur la moralité publique en Chine.

Dans le cadre de l'invocation de l'article XX a), la Chine avait précisement plaidé l'applicabilité en renfort de l'article 8 de la Déclaration de l'UNESCO sur la diversité culturelle. D'abord, devant le Groupe spécial, la question posée avait reçu une

---

[882] *États-Unis- Services de jeux et paris*, rapport du Groupe spécial, par. 6.465 à 6.468 et 6.461.

réplique favorable. Le Groupe spécial a noté que la Chine n'invoque pas la Déclaration de l'UNESCO comme moyen de défense contre ses manquements aux engagements en matière de droits de commercialisation qu'elle a pris dans son Protocole d'accession. La section 5.1 du Protocole d'accession de la Chine dispose comme suit : « *Sans préjudice de son droit de réglementer les échanges d'une manière compatible avec l'Accord sur l'OMC, la Chine libéralisera progressivement l'accès au droit de commercer et son étendue, de manière que, dans les trois ans à compter de son accession, toutes les entreprises en Chine aient le droit de faire le commerce de toutes marchandises sur l'ensemble du territoire douanier chinois, à l'exception de celles dont la liste figure à l'annexe 2A et qui continuent de faire l'objet d'un commerce d'État conformément au présent protocole. Ce droit de commercer s'entendra du droit d'importer et d'exporter des marchandises* ».

Le Groupe spécial répondait en ces termes « La Chine a plutôt fait référence à la Déclaration à l'appui de l'affirmation générale selon laquelle l'importation de produits du type en cause en l'espèce pourrait, selon leur contenu, avoir une incidence négative sur la moralité publique en Chine. [Le Groupe spécial ne voit] aucun problème à accepter cette affirmation générale, mais [fait observer qu'il doit se] concentrer de façon plus spécifi que sur les types de contenus qui sont effectivement prohibés au titre des mesures chinoises pertinentes[883]».

Cette attitude d'ouverture du Groupe spécial est un pas en avant vers l'accueil de valeurs autre que le commerce. Mais elle ne suffi t pas à résoudre la question fondamentale de son intégration systématique dans le droit de l'OMC. Et pourtant la Chine s'est montré extrêmement active pour faire constater, par les juges que : « *les biens et les services culturels ont une nature spécifique des biens et services culturels « en tant que porteurs d'identités, de valeurs et de sens », car ils ne font pas que satisfaire un besoin commercial mais jouent aussi un rôle crucial en influençant et en définissant les caractéristiques de la*

[883] Rapport du Groupe special, préc. par. 7.758

société »[884]. Notant que cette spécificité des biens culturels a été affirmée dans la Déclaration universelle de l'UNESCO sur la diversité culturelle et dans la Convention de l'UNESCO sur la protection et la promotion de la diversité des expressions culturelles, la Chine demandait dès lors que l'Organe d'appel soit « conscient » dans le présent appel de la nature spécifique des biens culturels ».

Bien que cette décision ne suffit pas à résoudre la question fondamentale de l'intégration systématique de la diversité culturelle dans le droit de l'OMC, il reste que la singularité de cette espèce souligne le spectre large de l'articleXX a) du GATT. Ilva sans dire que la jurisprudence *Chine – Services audiovisuels ouvre une passerelle* pour la « nature spécifique des biens et services culturels en tant que porteurs d'identités, de valeurs et de sens, car ils ne font pas que satisfaire un besoin commercial mais joue aussi un rôle crucial en influençant et en défi nissant les caractéristiques de la société. L'analyse de la jurisprudence *Chine – Services audiovisuels* ne laisse aucun doute sur la volonté des juges de l'OMC de garantir un effet utile aux valeurs non marchandes.

Conclusion du titre II

Les développements qui précèdent nous ont permis d'observer que le droit international contemporain est traversé par des courants idéologiques distincts, qui transposent des conceptions partiellement contradictoires de l'idée de « droit» et d' « ordre juridique». La fragmentation et la constitutionnalisation et leurs implications pour l'ordre international demeurent les questions les plus disputées.

Le droit de l'OMC a aujourdhui atteint un degré de maturité tel qu'il lui incombe désormais de s'efforcer de concilier les valeurs marchandes et celles non marchandes. L'affaire *Chine-produits audiovisuels* a d'ailleurs lancé un appel sur la nécessité d'un

[884] Rapport de l'Organe d'appel, préc. par. 25.

aggiornamento du droit de l'OMC aux valeurs non marchandes. À l'analyse, plus sûrement que celles qui l'ont précédée- porte donc en elle des avancées majeures. En l'état actuel du droit de l'OMC l'inclusion de telles préoccupations ne peut prendre ancrage qu'à partir des règles prévues au sein des accords de l'OMC. A part l'exception spécifique aux films, il n'existe, au sein des règles du GATT, aucune autre exception particulière à la culture. Les restrictions commerciales au commerce des biens culturels ne pourront dès lors être justifiées que par le biais des exceptions générales accordés à tout bien et consacrées à l'art XX GATT.

En cette époque de « fusion et de fission » et de fragmentation, l'OMC peut devenir véritablement centre où s'harmonisent les efforts vers des fins communes[885]. Deux enjeux se dessinent pour l'avenir : proposer un instrument qui présente un point de vue culturel articulé sur le commerce. La Convention sur la diversité culturelle, est le premier des textes internationaux qui réconcilie le commerce et la culture en reconnaissant la double nature des biens et services culturels. Elle donne une assise conceptuelle et un appui juridique à un front de résistance qui s'organise progressivement avec l'idée que puisse, vis-à-vis des principes de droit de l'OMC s'arime les valeurs non marchandes.

CONCLUSION DE LA PREMIÈRE PARTIE

Après la seconde guerre mondiale, la figure centrale de la vie économique et sociale était bien l'État, à la fois parce qu'il était le seul à détenir les ressources suffisantes pour impulser une politique économique et parce qu'au lendemain de la guerre, les bouleversements sociaux et nationaux l'exigeaient. Si jusqu'à tout récemment, les débats sur la diversité culturelle étaient

[885] I.RAMONET, « Un monde à reconstruire », *Le Monde Diplomatique* mai 1992. Comme l'a dit Kofi Annan, « rester immobile alors que le monde bouge, c'est glisser désespérément en arrière ». Cité par NOVOSSELOFF A., « La réforme des Nations unies : enjeux et perspectives », http//www pro.wonadoo.fr/Ceric/publication.

d'abord posés dans ce cadre stato-national, champ de la souveraineté des États, le problème était principalement de trouver une réponse élégante sinon efficace ou une stratégie de traitement de l'altérité qui politiquement et théoriquement, ancre le respect des différences culturelles dans l'espace national. Avec la globalisation des marchés, non seulement les frontières qui séparaient les deux espaces ont-elles éclaté mais, qui plus est, le débat sur la diversité culturelle s'est lui-même trouvé élargi pour tenir compte des nouveaux défis de la mondialisation.

L'action des Etats en faveur de la diversité culturelle peut se décliner sous différentes formes d'interventions. Mais, cette action est fortement limitée par le droit international du commerce. La question centrale est celle de déterminer la teneur du droit des Etats à établir librement leurs politiques culturelles. À première vue, le commerce et la culture se complètent: la culture contribue à accroître les échanges et favorise la croissance économique tandis que le commerce permet de diffuser la culture. Le problème fondamental réside dans le traitement réservé aux produits culturels dans les accords commerciaux internationaux, qui est et reste éminemment ambigüe.

L'Etat voit son action encadrée par les traités économiques bilatéraux, régionaux. Les gouvernements utilisent plusieurs mesures de politiques culturelles qui sont à l'évidence contraire à l'esprit et la lettre de la libéralisation. Il s'agit notamment de l'utilisation de subventions, accompagnée par d'autres mesures comme les quotas à l'importation ou les taxes douanières, est particulièrement fréquente. Elles ont pour but de réduire le prix d'un bien culturel afin de le rendre accessible à un plus grand nombre de consommateurs. Les subventions peuvent aussi aider un secteur naissant ou soutenir une industrie dont le marché est trop petit pour être rentable. Sur le registre des services, les mesures les plus utilisées, on compte les subventions, les exigences de contenu local, les mesures de restriction à l'accès aux marchés, des mesures de restriction sur les licences et des mesures de taxation. Deux instruments postérieurs à l'AGCS en précisent les mesures : l'Accord sur les technologies de l'information (ATI) et l'Accord de base des télécommunications (BTA).

La jurisprudence examinée a fait l'illustration que la libéralisation du commerce des services n'est pas sans danger pour les politiques culturelles.C'est ce constat qui a fait surgir la question de l'opportunité de négocier au sein de l'OMC un accord culture-commerce et puis en dehors de lui, une Convention sur la diversité culturelle, après la bataille désordonnée de l'exception culturelle née d'un affrontement idéologique entre l'Europe et les Etats-Unis. Il s'agissait donc de trouver un régime dérogatoire au sein du droit international économique.

L'OMC n'est finalement parvenue à conclure aucune négociation commerciale d'envergure depuis sa création et affronte l'épuisement de son modèle de négociation multilatérale. Par conséquent, pour saisir les évolutions récentes dans la gouvernance mondiale des industries culturelles, il est nécessaire de mettre l'accent sur d'autres échelles.Processus conduisant à constater une dispersion croissante de la fonction normative ainsi qu'une diversification des formes de juridicité et une prolifération normative.Comment faut-il alors percevoir l'opportunité d'un éclatement du régime juridique de protection de la diversité culturelle.La fragmentation a assurément été beaucoup discutée dans la doctrine contemporaine. Elle a généré un sentiment de malaise et a classiquement été perçu péjorativement Comme le verrons dans la deuxième partie, la Convention sur la diversité culturelle en proposant un pilier culturel de la mondialisation participe de cette nouvelle gouvernance globale.

DEUXIÈME PARTIE : LA PROTECTION DE LA DIVERSITÉ CULTURELLE EN DROIT INTERNATIONAL

« Les *économistes ont cassé la machine du développement, seuls les hommes* de *culture, peuvent la remettre* en *marche* » John. Kenneth GALBRAITH in « Création et le développement »

Fait rare dans les relations internationales, un concept qui n'a pas longtemps résonné du son de l'idéal voire de l'utopie[886], s'est imposé aussi rapidement comme une richesse source de résilience et d'espérance de l'humanité. Ainsi, la «diversité culturelle » est devenue en peu d'années un objet de protection sur les scènes internationales, nationales et régionales[887].

Pour définir un régime de protection, il est nécessaire de définir l'objet de la protection, d'une part, et les règles qui s'appliquent à cet objet, d'autre part. Bien que la diversité culturelle reste un objet difficile à saisir, le régime de protection de la diversité culturelle s'appuie le plus souvent sur « le donné » constitué par

---

[886]Alors que « les différents peuples, depuis les progrès du commerce et de la civilisation, ont plus de rapport entre eux qu'ils n'en avaient autrefois.L'histoire du commerce est l'histoire de la communication des hommes. » cf. Jean-Marie Étienne Portalis, *Discours préliminaire du premier projet de Code Civil.*

[887]La multiplication spéctaculaire des déclarations internationales sur la diversité culturelle est l'illustration des grands enjeux du 21eme siècle : la déclaration sur la diversité culturelle adoptée par le Conseil de l'Europe le 7 décembre 2000, l'article 51 du traité d'Amsterdam de l'UE, la déclaration de Cotonou sur la diversité culturelle adoptée par les ministres de la Culture de l'OIF (15 juin 2001), la Résolution sur la diversité culturelle, adoptée au IIème Colloque des Trois espaces linguistiques (OIF, Union Latine, Organisation des États Ibéro-américains pour l'Éducation, la Science et la Culture) le 4 avril 2003. Déclaration universelle sur la diversité culturelle de l'UNESCO, novembre 2001, Déclaration islamique sur la diversité culturelle, adoptée par la Conférence Islamique des Ministres de la Culture, Alger, 2004.Toutes ces déclarations convergent vers la *diversité culturelle*. La relative spontanéité avec laquelle s'est constitué le consensus de l'opinion mondiale sur cette diversité culturelle illustre amplement le fait qu'au-delà des mots, les hommes et les femmes, les peuples font une expérience directe de la diversité culturelle et reconnaissent à la réalité que désigne ce concept, une réserve inaltérable.cf I.-P. L.LALEYE, *Protéger et Promouvoir la Diversité culturelle, Etude valant outil* .Commandée par l'ISESCO, Rabat, Maroc. Septembre 2006 - Janvier 2007, p.23.

les sources positives.Mais force est de constater qu'elle cristallise de nouveaux principes qui ambitionnent de revitaliser le droit international du commerce.Mais, au-delà de cette controverse particulière, c'est tout le problème des valeurs non marchandes qui est, une fois de plus, posé.La mondialisation du commerce, pose en arrière-plan, la question de la ligne de partage entre ce qui peut relever du marché et ce qui doit en être écarté .

Avec la fin de la Deuxième Guerre mondiale une ère nouvelle commence pour la coopération culturelle internationale.L'Acte constitutif de l'UNESCO repose sur l'idée fondamentale que la culture, en favorisant la compréhension et l'entente mutuelle entre les peuples, peut jouer un rôle essentiel afin que la suspicion et la méfiance entre les nations ne conduisent plus à la guerre, car « les guerres prenant naissance dans l'esprit des hommes, c'est dans l'esprit des hommes que doivent être élevées les défenses de la paix»[888]. Il inscrit la diversité culturelle au cœur du droit international de la culture[889]. Celui-ci apparait, en effet, être le récit d'une incessante quête de normativité et d'une évolution perpétuelle tendant à la couverture la plus large possible des faits pour attirer toujours davantage des réalités culturelles dans son champs d'application. Les règles du droit international de la culture font partie du « droit international de la coopération », par opposition au droit international classique, qui était, quant à lui, principalement un « droit de la coexistence. L'extension de

---

[888]Préambule de l'Acte constitutif de l'UNESCO (adopté à Londres, 16 novembre 1945 et amandé par la Conférence générale depuis sa 2ème session à 31ème session. C'est d'ailleurs sur la base de cette même idée que les Nations Unies ont proclamé 2001-2010 Décennie internationale de la promotion d'une culture de la non-violence et de la paix.

[889]Eulalia Ghazali, Contribution à l'étude des accords culturels. Vers un droit international de la Culture, Thèse doctorat en droit, Paris, 1977, 2 vol.698 p. La Déclaration de 1966 marque en effet une étape importante dans la pensée intellectuelle de l'U.N.E.S.C.O. Selon certains auteurs, cette déclaration marque le début d'une évolution vers l'édification d'un droit international de la culture qui aspire à la complétude en essayant de couvrir tous les manifestations de la culture.

celui-ci portant autant sur les matières qu'il tend à régir que sur les sujets auxquels il s'adresse, tout accroissement de l'appréhension des premières a eu pour corollaire l'élargissement potentiel du cercle des seconds.

Cette deuxième partie scrute le regime juridique de protection de protection de la diversité culturelle qui comporte deux dimensions,à savoir des instruments obligatoires assurant d'une part la sauvegarde du patrimoine culturel matériel et immateriel existant et une serie d'instrument juridiques permettant la promotion de cette diversité, le soutient de son enrichissement et la defense d'une diversité qui soit créatrice. Une attention particulière serra accordée au nouvel horizon normatif de l'UNESCO qui offre des principes directeurs de protection de la diversité culturelle. Il s'agit de la Convention sur la protection et la promotion de la diversité des expressions culturelles qui est annoncée par le Directeur général de cette institution comme un couronnement de l'édifice normatif en matière de diversité culturelle[890]. Cette convention-chapeau consacre juridiquement l'égale dignité des préoccupations culturelles avec des préoccupations économiques. Nous verrons d'abord le cadre juridique et politique d'action normative de l'UNESCO (Titre I) avant de voir l'œuvre protectrice de l'UNESCO dans le domaine de la culture (Titre II).

[890] «La naissance d'une nouvelle convention sur la protection et la promotion de la diversité des expressions culturelles est venu parachever l'édifice normatif et le vibrant soutien que la convention a reçu de la presque la totalité des États membre est un fait sans précédent dans l'histoire de notre organisation ». Voir Koïchiro Matsuura, Directeur général de l'UNESCO, déclaration faite à la session de clôture de l'adoption de la convention.

TITRE I. LE CADRE JURIDIQUE ET POLITIQUE DE L'ACTION DE L'UNESCO

La mondialisation économique n'est assurément pas un fait fortuit ; elle est la conséquence d'une démarche volontaire et (en principe) assumée des Etats qui, en s'appuyant sur le droit international, ont entrepris de démanteler progressivement mais méthodiquement l'essentiel des barrières aux échanges commerciaux internationaux. La politique ainsi mise en oeuvre présente sans doute une certaine unité conceptuelle, puisqu'elle repose sur une forte croyance dans les mérites de la théorie des avantages comparatifs dont la mise en pratique serait en tout état de cause au bénéfice de tous.

L'intense activité de coopération culturelle internationale qui caractérise notre époque a heureusement donné lieu à un nouveau domaine d'intérêt du droit international : le droit international de la culture, dont l'essor est allé de pair avec la progressive prise de conscience des menaces que le monde contemporain pose à la culture et à ses biens juridiques. En particulier, il convient d'observer que ces menaces sont étroitement liées aux risques, entraînés par la mondialisation, d'une progressive homologation des modèles culturels.

Le but prioritaire de l'Unesco est resté inchangé depuis sa création en 1946. En rassemblant aujourd'hui la quasi-totalité des pays du monde réunis autour de valeurs partagées, l'Unesco reste l'institution dont la raison d'être réside dans la sauvegarde et la promotion de la démocratie et de la diversité culturelle[891].L'ensemble du Préambule de l'Acte constitutif de l'UNESCO définit l'éthique de l'Organisation.

---

[891] Avec l'entrée du Soudan du Sud et de la Palestine à l'automne 2011, l'Organisation compte désormais 195 États membres et 8 Membres associés. Actuellement, 183 États membres disposent d'une délégation permanente

Le Préambule se réfère à l'idéal démocratique de dignité, d'égalité et de respect de la personne humaine, et il souligne que la seconde guerre mondiale a été possible par la volonté de substituer à cet idéal le dogme de l'inégalité des races et des hommes. Il invoque également pour toutes les Nations les devoirs sacrés à remplir dans un esprit de mutuelle assistance. Il déclare en outre que la paix recherchée doit être établie sur le fondement de la solidarité intellectuelle et morale de l'humanité.

Née comme un corollaire du principe de l'égale dignité et du respect de toutes les cultures, la diversité culturelle s'est imposée comme un principe autonome de la coopération culturelle internationale, devenant la nouvelle devise de l'unesco et un des piliers du droit international de la culture et des droits culturels.

Un cadre institutionnel et normatif assurant la gouvernance global du secteur culturel articulant logiques locales, nationales et globales est bien balisé (chapitre I).La multiplicité des acteurs sur la scène internationale, la versatilité des défis de la politique mondiale et le besoin impératif d'une coopération multidimensionnelle a fait que l'UNESCO adapte son cadre pour mieux promouvoir et proteger la diversité culturelle (chapitre II).

---

auprès de l'UNESCO ; sous la conduite d'ambassadeurs, ces délégations exercent des fonctions de liaison entre leurs gouvernements et l'Organisation. Celle-ci compte également 3 observateurs permanents et 10 organisations intergouvernementales ayant une mission d'observation permanente.

CHAPITRE I. UNESCO : CADRE INSTITUTIONNEL ET NORMATIF DE L'ÉMERGENCE DE LA DIVERSITÉ CULTURELLE

L'engagement de l'UNESCO en faveur de la diversité culturelle s'inscrit dans son mandat institutionnel spécifique, au sein du système des Nations Unies, et dans la continuité de l'action qu'elle mène pour « assurer la préservation et la promotion de la féconde diversité des cultures. Dans ce but, l'Organisation a déployé ses efforts sur un double front : d'une part, la réflexion et la définition des concepts ; d'autre part, l'élaboration d'instruments normatifs afin d'établir un cadre éthique et juridique accepté par la communauté internationale. C'est dans ce cadre que les pays du tiers-monde ont démontré que le droit international était fondé sur un système inégalitaire, en remettant en cause sa neutralité et son objectivité.La protection de la diversité culturelle s'inscrit dans ce registre.Ses activités ont été marquées par l'adoption des conventions dites « poids lourds » et ont pleinement démontré leur capacité à exercer la « magistrature » dans le domaine de protections des biens culturels en puisant dans ses fondements (section I). L'histoire du droit international de la culture est devenue une discipline beaucoup plus ouverte que par le passé. Les différentes obligations dessinent assurément un certain cadre pour les politiques culturelles (section II).

SECTION I. ESSOR DU CADRE NORMATIF DE LA DIVERSITÉ CULTURELLE

Au cours d'un demi-siècle, l'UNESCO s'est forgé, par son action incessante et diversifiée, une incontestable légitimité en matière de diversité culturelle. L'Organisation a toujours déployé ses efforts sur un double front : celui de l'approfondissement conceptuel et celui de l'action normative. Déjà en 1945, la Commission préparatoire du programme de l'UNESCO réserve une place à l'étude des cultures afin d'affirmer la richesse inhérente à chacune d'entre elles, après une ère de barbarie qui visait à l'extermination pure et simple de toutes les formes de différence. Répondant à cet objectif, plusieurs initiatives ont été prises pour corriger les iniquités flagrantes d'une tradition humaniste qui fut longtemps européocentrique. Le *corpus* des instruments juridiques adoptés à l'UNESCO (conventions, recommandations, déclarations) est très important. De nombreuses conventions internationales ont vu le jour et que le droit international de la culture a connu un véritable essor. (§1).Le phénomène de globalisation a fait émerger de nouveaux acteurs sur la scène internationale, de nouvelles préoccupations, de nouvelles formes de régulation, dans certains cas endo-causales, transnationales et ne reposant pas nécessairement sur le hard law, qui constituent autant de turbulences. L'Unesco a revisité ses fondements pour faire face aux défis de la mondialisation (§2).

§1. L'UNESCO : CADRE DE COOPERATION CULTURELLE INTERNATIONALE

Il n'est pas très facile de se faire une idée globale et simple de la mission de l'UNESCO à la lecture des textes constitutionnels existants. Le Préambule de la Constitution offre une énumération non exhaustive et quelque peu kaléidoscopique de ses objectifs. Il convient revisiter son histoire voire son pré-histoire (A) pour mieux appréhender sa mission (B).

A. Gestation d'une idée révolutionnaire dans la coopération internationale

L'origine de l'UNESCO doit être recherchée dans les développements intellectuels, scientifiques et économiques du monde, développements qui avaient favorisés, dès le XIX siècle, l'éclosion de toutes sortes d'organisations professionnelles à caractère privé et de formes de coopérations et d'échanges internationaux[892].C'est dans ce contexte que l'UNESCO succède à l'Organisation de coopération intellectuelle.

[892]D. Mylonas, la genèse de l'UNESCO: La conférence des ministres alliés de l'éducation, Bruxelles, Bruyant, 1976. Il est, en effet, artificiel dans la pratique de l'UNESCO de séparer activité intellectuelle, action normative et activité opérationnelle. Deux exemples en témoignent. Le premier concerne

1. L'Organisation de Coopération Intellectuelle

L'UNESCO n'est pas la première institution internationale chargée de développer la coopération intellectuelle. Elle a en effet été précédée par l'Organisation de Coopération Intellectuelle (OCI) gravitant dans l'orbite de la Société des Nations (SDN) de 1921 à 1946[893]. En effet, bien que le Pacte de la SDN n'ait contenu aucune disposition relative à la coopération intellectuelle, le Conseil et l'Assemblée de la SDN adoptèrent en septembre 1921, malgré les réticences du Royaume-Uni, une résolution proposée par la France - qui fait suite à des démarches entreprises par des associations internationales favorables à l'extension du rôle de la SDN - en faveur de la constitution d'un organisme international du travail intellectuel destiné à renforcer la collaboration dans ce domaine et à susciter la formation d'un esprit international pour consolider l'action de la SDN en faveur de la paix.

Conçu à l'origine essentiellement comme un moyen d'échange d'informations scientifique, cette collaboration internationale élargit assez rapidement ses préoccupations et étend son action au domaine de l'éducation et de l'information. L'organisation s'intéressera finalement non seulement aux problèmes de

---

la Déclaration universelle des Droits de l'homme des Nations Unies à l'élaboration de la quelle l'UNESCO a apporté une contribution significative, généralement peu connue.

[893]La Commission Internationale de Coopération Intellectuelle (CICI) est officiellement créée en janvier 1922 et constitue la première pièce d'une organisation technique de la SDN formellement reconnue en septembre 1931, l'Organisation de Coopération Intellectuelle (OCI), qui comprend d'autres institutions créées autour de la CICI : les Commissions nationales de coopération intellectuelle, créées à partir de 1923 ; l'Institut International de Coopération Intellectuelle (IICI), inauguré à Paris en janvier 1926 ; l'Institut International du Cinématographe Éducatif (IICE), ouvert à Rome en 1928 ; enfin divers organes spécialisés et comités d'experts. Le destin de ces différents organismes n'est pas le même : l'IICE est fermé le 31 décembre 1937 quand l'Italie quitte la SDN ; la CICI tient sa dernière session en juillet 1939 ; l'IICI fonctionne jusqu'en juin 1940 – date à laquelle il est fermé par les autorités allemandes –, rouvre ses portes en 1945 et disparaît en novembre 1946 pour laisser place à l'UNESCO-au sein de laquelle subsistent les commissions nationales –, qui assure donc avec l'OCI une continuité institutionnelle.

l'enseignement supérieur à travers le monde, mais aussi à l'enseignement secondaire, aux questions relatives à la révision des manuels scolaires et aux méthodes d'enseignement[894]. En effet, l'expérience de la SDN avait monté qu'une organisation politique à vocation universelle était devenue indispensable pour répondre aux besoins d'une humanité toujours plus interdépendante. Elle en avait fait la démonstration tant sur le plan fonctionnel (coopération sociale, économique, humanitaire culturelle) que sur le plan politique.

La coopération fonctionnelle a été perçue en 1945 comme un moyen non négligeable de favoriser la paix et l'entente entre les peuples. C'est l'ancienne idée selon laquelle le commerce et les échanges entre les Nations rendent les guerres moins fréquentes. C'est ainsi que dans les empires de Babylone et d'Egypte, « les besoins économiques eurent raison de l'autarcie et de la violence et obligèrent chaque empire à entrer en relation pacifique avec le monde extérieur »[895].Cette idée subit cependant ici une amplification significative. De plus, le traitement des problèmes et des abcès sociaux économiques et culturels est considéré comme un assainissement des causes profondes se condensant peu à peu, à défaut de prise en compte attentive, en différends, puis en conflits armés. C'est dans cette perspective que s'inscrit l'UNESCO.

2. La naissance de l'UNESCO

Nous sommes à la fin de l'année 1942, et la guerre fait rage aux quatre coins de la planète. En Angleterre, au cœur de Londres dévastée par les bombardements, Richard A. Butler est ministre de l'éducation. Comme beaucoup, s'il s'imagine dès à présent que la victoire est possible, Butler comprend aussi que la reconstruction sera difficile. A cette époque, Londres n'est cependant pas qu'une ville en état de siège. Elle est aussi le théâtre d'un bouillonnement intellectuel extraordinaire.

---

[894]Mylonas D., La genèse de l'UNESCO: la Conférence des ministres Alliés de l'éducation (1942-1945), Bruylant, Bruxelles, 1976.

[895]Nguyen Quoc Dinh, P. Daillier et A. Pellet, *Droit international public*, Paris, LGDJ, 7ème édition, 2002, p. 44.

Hommes et femmes de lettres, de lois, scientifiques, politiciens et généraux de tous les pays se trouvent alors réunis dans une *City* qui tient lieu de refuge pour ceux et celles qui ont fui la guerre. Richard Butler profita de cette occasion, le 16 novembre 1942, il réunit à Alexandra House les ministres de l'éducation des forces alliées et des gouvernements en exil au cours de ce qui deviendra plus tard la première séance de la Conférence des Ministres Alliés de l'Éducation (CMAE). Et en juin 1943, lors de sa 5ème séance plénière, la Conférence déclare officiellement « contenir en germe une organisation internationale éducative ».

Exactement trois ans après cette première Conférence, l'Organisation des Nations Unies pour l'éducation, la science et la culture est créée à Londres le 4 novembre 1946 selon l'idée fondamentale que les guerres prenant naissance dans l'esprit des hommes, c'est dans l'esprit des hommes que doivent être élevées les défenses de la paix :

« Qu'une paix fondée sur les seuls accords économiques et politiques des gouvernements ne saurait entraîner l'adhésion unanime, durable et sincère des peuples et que, par conséquent, cette paix doit être établie sur le fondement de la solidarité intellectuelle et morale de l'humanité. Pour ces motifs, les États signataires de cette Convention, résolus à assurer à tous le plein et égal accès à l'éducation, la libre poursuite de la vérité objective et le libre échange des idées et des connaissances, décident de développer et de multiplier les relations entre leurs peuples en vue de se mieux comprendre et d'acquérir une connaissance plus précise et plus vraie de leurs coutumes respectives».

Cette célèbre phrase du premier alinéa du préambule de l'Acte constitutif fut avancée par le Premier ministre britannique Clément Attlee, elle fut énoncée par l'américain Archibald Macleish, qui dirigeait la délégation des États Unis[896].

[896]René-Pierre ANOUMA, « Le retrait des Etats-Unis d'Amérique de l'UNESCO (1984) : conséquences et plaidoyer pour le retour à l'universalité », *Problèmes africains contemporains,* Numéro 43-2,1996, p.112.

L'avant-projet soumis à la Conférence de Londres le 1er novembre 1945 par la Conférence des Ministres alliés de l'éducation, qui a siégé à Londres à partir de 1942 pour préparer l'avenir de l'Europe libérée, reflète les préoccupations de l'après guerre. On y insiste sur la nécessité d'associer les efforts des membres de la nouvelle organisation « en vue d'assurer et de faciliter l'usage à tous les peuples, pour servir les besoins communs de l'homme, de l'ensemble des connaissances et de la culture mondiale, afin de contribuer ainsi à la stabilité économique, à la sécurité politique et au bien-être général des peuples du monde « et sur le besoin de « diriger et encourager les recherches et les études sur les problèmes d'éducation et de culture qui se rattachent au maintien de la paix et au progrès du bien-être humain »[897].

L'histoire de la création de l'Organisation des Nations-unies pour l'éducation, la science et la culture fait apparaître le rôle fondamental joué par les Occidentaux et plus particulièrement par le Royaume Uni, la France et les États-Unis d'Amérique. Convoquée par les gouvernements du Royaume Uni et de la France, la conférence préparatoire qui se tint à Londres du 1er au 16 Novembre 1945 regroupait trente quatre pays. Pour René Cassin qui présidait la délégation française la future organisation se devait *« de créer un climat international de confiance et de paix » mais aussi de créer l'esprit de paix dans le monde* »[898]. L'UNESCO est devenue ainsi l'une des multiples institutions spécialisées du système onusien qui a pour objectif de bâtir la paix dans l'esprit des hommes en développant les idéaux de justice, de solidarité intellectuelle et morale et à favoriser la liberté d'expression et une éducation qui permettent à chacun de maîtriser son destin.Les objectifs de l'UNESCO sont à ses débuts de reconstruire une société sur les bases d'une éducation saine et pacifique, ouverte sur la diversité des cultures.

---

[897] Mylonas D., La genèse de l'UNESCO: la Conférence des ministres Alliés de l'éducation (1942-1945), Bruylant, Bruxelles, 1976, p.12.
[898] Ibid., p 13.

L'UNESCO fonctionne comme un laboratoire d'idées. Elle remplit également une fonction normative en élaborant des textes universels. Cette institution sert aussi de centre d'échange d'informations qui diffuse et permet de partager l'information et le savoir tout en accompagnant les 191 États membres, les 6 États associés et les 2 États observateurs, sur le chemin du développement durable qui, au delà du seul progrès matériel, doit répondre à toutes les aspirations humaines sans entamer le patrimoine des générations futures, et sur celui de l'établissement d'une culture de paix fondée sur les droits de l'homme et la démocratie.

Au fil des années toutefois, les visions de l'UNESCO vont s'adapter aux interrogations de leurs temps et évoluer dans certaines directions. A la nécessité d'une collaboration interétatique des débuts va se substituer progressivement une conception incluant les problématiques infra-étatiques. De la représentation matérielle de la culture, l'UNESCO passera à une approche plus politique, où la culture sera non seulement un élément essentiel dans les processus d'indépendance mais aussi un appui indispensable au développement.

L'UNESCO dispose d'un certain nombre de moyens d'actions qui déterminent les formes de ses interventions. En effet, son activité s'appuie sur l'assistance technique, la recherche de méthodes d'enseignement, sur la réunion de conférences internationales sur l'éducation, les sciences, la culture, des recommandations aux États membres etc.[899]. Elle est depuis sa création un acteur de la vie intellectuelle, un producteur d'idées. La création de l'UNESCO a changé la façon de concevoir les relations entre l'universalité et la diversité, et de comprendre l'importance politique de la diversité culturelle et biologique. Elle a légitimé l'attention portée à certains types de différences, notamment aux différences raciales et nationales[900]. Les grands projets menés par l'UNESCO en faveur de ce qu'on appelle la

[899] Daniel A. HOLLLY, Les Nations Unies et la Mondialisation. Pour une économie politique des organisations internationales, op.cit, p.125.

[900] Mercredi 16 novembre 2005 - Naissance d'une organisation internationale. Table ronde n° 1 : D'une société des esprits à la création de l'UNESCO, p.50

coopération internationale, relèvent bien de l'universalisme moral et intellectuel, que René Maheu appelait *la civilisation de l'universel* (1966)[901].

Au titre de sa fonction normative, l'UNESCO a élaboré plusieurs instruments juridiques internationaux contraignants dans les quatre grands domaines touchant la diversité créative, à savoir le patrimoine culturel et naturel, les biens culturels mobiliers, le patrimoine culturel immatériel et la créativité contemporaine. Le dernier en date de ces instruments est la *Convention sur la protection et la promotion de la diversité des expressions culturelles,* adoptée par la Conférence générale de l'UNESCO le 20 octobre 2005. Cette Convention se distingue des autres instruments relatifs au patrimoine du fait qu'elle a pour objet principal la diversité des expressions culturelles, telles que celles-ci sont diffusées et partagées à travers les activités, biens et services culturels. En cela, elle complète utilement l'ensemble d'instruments juridiques déployé par l'UNESCO pour promouvoir la créativité et la diversité créative, y compris la Convention universelle sur le droit d'auteur.La période décolonisation a graíné les turburences qui ont été amplifiées par la guerre froide.

B. L'affermissement et l'extension du champ opératoire de la coopération culturelle internationale

L'UNESCO est l'expression de la société internationale en un moment donné de son évolution. La dispersion des efforts et la fragmentation des objectifs, comme la quête permanente d'impossibles missions essentielles, devaient jalonner toute

---

[901]Daniel A. HOLLLY, *Les Nations Unies et la Mondialisation. Pour une économie politique des organisations internationales*, Paris, Harmattan, p.124 Voir également Jean-Jacques Renoliet : L'UNESCO oubliée. La Société des Nations et la coopération intellectuelle (1919-1946). Paris, Sorbonne, 1999 ; Gail Archibald : Les États-Unis face à l'UNESCO, 1944-1963. Paris, Sorbonne, Paris, 1991 ; Dennis Mylonas : La genèse de l'UNESCO : la Conférence des ministres alliés de l'éducation (1942-1945). Bruxelles, Bruylant, 1976.

l'histoire de l'Organisation. La période décolonisation était accompagnée d'un grand mouvement de contestation de l'ordre juridique international - ordre crée par les « nations civilisées » et ex-colonisateurs. Le point culminant de cette contestation était l'exigence par les pays du Tiers Monde d'un Nouvel Ordre Économique International (NOEI) plus juste et plus équitable qui leur permettrait de couronner leur souveraineté politique - récemment acquise- par une réelle souveraineté économique.

1. L'UNESCO : le developpement culturel à l'épreuve de la coopération téchnique

Dans le monde de l'après-guerre en proie aux tensions politiques et aux clivages idéologiques les plus vifs, l'UNESCO connaît très vite l'extrême difficulté de respecter ses principes constitutionnels[902]. En raison de la mission dont elle fut investie à ses origines, l'UNESCO allait longtemps être organiquement ancrée au sein du bloc historique de la *Pax Americana* qui se consolide dans les décennies 1940 et 1950. L'assaut américain contre l'UNESCO pendant la guerre froide a affecté le fonctionnement de cette dernière. Le discours de la modernisation avait à la fois un aspect d'auto-légitimation du modèle américain de développement et un aspect messianique d'obligation de diffuser son modèle à l'échelle mondiale[903]. L'aspect extrêmement robuste de ce paradigme, manifeste une violence froide et technique à l'égard de la place et de l'avenir de la dimension culturelle dans le développement[904].

Comme le souligne bien judicieusement Armand Mattelart :

---

[902]Abderrazak NEFZAOUI, La crise de l'UNESCO, Paris 11, thèse de droit public, 1991.

[903]J-Ph. PEEMANS, *Le développement des peuples face à la modernisation du monde,* Academia-Bruylant et L'Harmattan, Louvain-la-Neuve et Paris, 2002.

[904]Jean-Philippe Peemans, «Le rôle de la modernisation dans les rapports entre impérialisme, capitalisme et développement», in Les cahiers marxistes n°236, oct-nov. 2007, p54.

« La création de l'UNESCO, ne va pas de pair avec une reconnaissance de la diversité. A tel point que la seule voie de sortie du sous-développement que l'organisme fait miroiter au pays du tiers monde pendant près d'un quart de siècle est l'alignement sur le modèle canonique d'évolution des grandes sociétés industrielles. La vision de l'histoire des peuples comme un mouvement général à sens unique par paliers successifs fixe le régime de vérité. Pour cette conception évolutionniste et comptable du développement par paliers vers la westernization, une nation ne commence sa montée vers la culture salvatrice de la modernisation qu'en satisfaisant aux « standards minima » d'exposition aux médias. L'UNESCO se trouve ainsi écartelée entre l'idéologie technocratique de la planification sociale et les plaidoyers en faveur de l'universel humain »[905].

En effet, après la seconde guerre mondiale, le paradigme de la modernisation va supplanter le paradigme civilisateur comme idéologie dominante à l'Ouest. Les différentes approches de la modernisation sont marquées par l'élaboration d'échelles et de hiérarchies de niveaux (pays développés, sous développés, moderne, traditionnel) qui vont remplacer celles de civilisés, barbares ou sauvages qui avait longtemps perduré. Les théoriciens de la modernisation insistaient sur le fait que tous les peuples pourraient et allaient se développer en suivant la voie suivie auparavant par l'Ouest. Et ils postulaient que cette transition serait rapide, une affaire de décades contrairement à la vision coloniale qui voyait le changement social sur des siècles[906]. Pour Toshiyuki Kono, c'est dans les années 60 qu'est

[905]Voir Armand MATTELART, La diversité culturelle: entre histoire et géopolitique, p.6.

[906] La plupart des auteurs de l'école de la modernisation ont été fortement inspirés par l'analyse fonctionnaliste de TALCOTT PARSONS qui a joué un rôle considérable dans la sociologie américaine dès les années 40. Intégrant dans son cadre analytique des éléments de la sociologie de Weber et Durkheim, des éléments de l'économie de Marshall et Pareto, de la philosophie de Kant et Marx, des éléments de la psychanalyse de Freud, ou encore de l'anthropologie de Malinowski, Parsons dans un livre qui a eu une influence majeure dans le champ des sciences sociales après guerre – *The social system* (1950) – a construit une théorie de l'action sociale centrée sur les composantes qui peuvent orienter celle-ci (sens, valeurs, normes, règles), sur les variables de comportement qui peuvent orienter l'action (sur base

intervenu un changement dans l'interprétation de la culture et du développement comme deux domaines cliniquement distincts. L'expérience avait appris aux planificateurs du développement économique que les tentatives visant à introduire des améliorations techniques dans les communautés échouaient très souvent en raison de principes qui allaient à l'encontre de ces améliorations[907].

Les politiques éducatives de la plupart des nouveaux États se sont trouvées ainsi tiraillés entre, d'une part, une volonté de réforme inspirée par une identité et une dignité réaffirmée, mais risquant de ce fait de conduire à un isolement, voire à un repli et un enfermement, et, d'autre part, la nécessité de greffer le nouveau système en gestation qui tient compte du contexte culturel, des savoirs et savoir-faire traditionnels sur le modèle hérité de la colonisation, afin de sortir de l'impasse où les avait plongés la colonisation et de bénéficier de l'indispensable aide internationale pour la formation de cadres, passerelles avec l'enseignement supérieur et la recherche, etc. Les tiraillements en question ont conduit à des hésitations, des tâtonnements, des situations paradoxales qui ont débouché sur un dispositif éducatif bancal, parce qu'en premier lieu il était à deux vitesses et en second lieu son action ne correspondait pas à ses intentions. L'assistance technique de l'UNESCO a ainsi été appelée à intervenir dans des contextes politiques et socioculturels peu ou mal connus, obéissant à des aspirations parfois confuses, soumise à des tensions, voire des conflits. Les experts envoyés par l'UNESCO connaissaient rarement les cultures de ces pays et n'étaient pas du tout préparés à rencontrer des difficultés intrinsèques aux débuts des indépendances[908].

---

d'une distinction entre sociétés préindustrielles et sociétés industrielles) et enfin sur les exigences fonctionnelles des systèmes d'action pour que ceux-ci puissent rester cohérents (adaptation, intégration, équilibre).

[907]Toshiyuki KONO, « L'UNESCO et le patrimoine culturel immatériel du point de vue du développement durable », *op.cit.*, p.254.

[908]AAFU, « *L'UNESCO et les questions de la Colonisation et de la décolonisation* », 2009,p.10http://www.UNESCO.org/archives/Archives/files/AAFU_Club%20 Hist_Contribution_Dakar.pdf .À leur décharge, il faut dire que peu d'experts ressortissant de pays occidentaux avaient eu une expérience de la « diversité

2. Cadre constitutionnel coextentiel à l'épreuve des conjonctures politique

Lorsque Ronald Reagan inaugure sa présidence en janvier 1981, l'économie américaine traverse l'une des pires récessions de l'Après-guerre et les États-Unis doutent d'eux-mêmes[909]. C'est dans ces années de crise que l'administration Regean ouvrit ce qui fut la crise la plus grave de l'histoire de l'UNESCO. Dès son avènement, en janvier 1981, la nouvelle administration passa systématiquement au crible la situation de chacune des institutions universelles dont les États-Unis faisaient partie et entreprit des démarches informelles auprès du secrétariat de celles jugées problématiques par rapport aux objectifs de la politique multilatérale reaganienne. Les États-Unis consommèrent la rupture avec l'UNESCO considéré comme le maillon le plus critiquable et donc le plus faible du système des Nations Unies, le 28 décembre 1983.Il est mis en cause notammant sa politisation et sa mauvaise gestion[910].

---

culturelle ». « L'altérité « était pour la plupart un défi sans précédent dans leur histoire professionnelle et/ou personnelle, hélas beaucoup considérant la supériorité de « la culture occidentale » comme allant de soi avec une représentation du progrès comme franchissant des étapes pour aboutir sur le système occidental. L'institution n'était pas plus consciente de ce problème comme l'atteste l'analyse des « descriptions de poste » de l'époque, qui ignoraient systématiquement l'aptitude au dialogue et l'ouverture à la diversité des cultures et des mentalités dans les compétences et qualifications requises.

[909]L'élection de Reagan réglait le problème une fois pour toutes : le renouveau économique des États-Unis passerait par le retour aux valeurs traditionnelles du marché, de la libre entreprise et de l'innovation. En matière de commerce et de finance internationale, ses positions étaient la libéralisation généralisée des marchés et retour à la règle d'or de la concurrence dans les affaires. Du point de vue des objectifs recherchés, on peut dire que c'est mission accomplie qu'il quitte la présidence : un accord de libre-échange a été conclu avec le Canada, un nouveau cycle de négociations commerciales a été lancé à Punta del Este.

[910]Voir, René-Pierre ANOUMA, Le retrait des Etats-Unis d'Amérique de l'UNESCO (1984) : conséquences et plaidoyer pour le retour à l'universalité, *Problèmes africains contemporains, 1996, p.112.Les Etats –unis* avaient déjà quitté l'OIT en 1976.

La nature intrinsèque des problèmes relatifs à l'éducation, la science, la culture et la communication- lesquels impliquent un choix de société- la préposait à être entrainée dans le débat de nature politique. Ses faiblesses originaires la rendaient plus vulnérables que d'autres institutions universelles au phénomène de la « politisation » même dans ses domaines qui sont moins susceptible à celle-ci. Pierre de Senarclens a par ailleurs montré à quel point l'organisme est figé par ses fondements trop idéologiques et par les intérêts politiques de ses États membres rendant, à toutes fins pratiques, la coopération difficile et incontrôlable. C'est à l'égard de l'étendue du mandat que l'auteur renvoie les causes des crises et l'immobilisme institutionnel.

L'examen des archives révèle que, les quarante premières années, l'UNESCO a été affectée par des enjeux politiques, essentiellement ceux liés à la guerre froide et à la décolonisation, et qu'elle s'est efforcée d'y résister. Le refus de l'URSS d'adhérer à l'UNESCO jusqu'en 1954, les répercussions du maccarthysme au secrétariat de l'UNESCO dans les années 1950, les polémiques suscitées à la conférence générale et au conseil exécutif dans les années 1960-70 par les propositions de l'URSS d'adopter des résolutions sur la paix, le désarmement, et la coexistence pacifique, et d'organiser un colloque sur Lénine (tenu en 1970), ainsi que les controverses au sujet de la question de l'adhésion à l'UNESCO de la République populaire de Chine, de la RDA, et du Vietnam du Nord et l'adoption des mesures anti-israéliens[911], sont quelques exemples de ces occasions de politisation qu'a connu l'UNESCO.

Manifestement, tout cela concourt à des comportements organisationnels plus enclins aux débats idéologiques. Comme le soulignait Pierre de Senarclens :

[911]En 1974, la conférence générale sanctionna Israël pour ses fouilles archéologiques à Jérusalem en recommandant au directeur général de suspendre toute assistance technique à cette Etat dans le domaine relevant de la compétence de l'UNESCO. En même temps elle condamna d'Israël pour sa politique culturelle et éducative dans les territoires occupés.

« La faillite de cette organisation est à bien des égards exemplaire. Elle illustre de manière caricaturale la dérive des Nations Unies. Aucune institution du système n'a reflété aussi fidèlement les rêves du libéralisme d'après-guerre, n'a été aussi marquée par les projets idéologiques des puissances occidentales. En conséquence, aucune organisation ne fut pareillement ébranlée par les contestations de l'hégémonie occidentale. La crise de l'UNESCO révèle aussi l'effondrement du modèle institutionnel libéral qui a marqué la Charte de l'ONU et les Constitutions des organisations spécialisées »[912].

La mise en cause de l'ordre culturel mondial est alors en phase avec la crise du paradigme du développement/ modernisation, rejeton de l'idéologie du progrès linéaire et infini[913].Le contrepoint de cette rupture est la reconnaissance de la singularité des cultures, comme source de l'identité, du sens, de la dignité et de l'innovation sociale[914]. La faillite de la vision linéaire de la transmission des valeurs intronise la diversité comme condition nécessaire de la quête d'une voie de sortie dudit sous-développement autre que les thérapies guidées par l'idéologie du calcul (le PNB) et le déterminisme technique. La réhabilitation de la créativité des cultures se combine avec la mise en avant de la solidarité à la fois au niveau local, à l'échelle nationale et mondiale, la valorisation du « génie du lieu », l'impératif catégorique de la participation citoyenne et le souci pour la biodiversité.

Cette nouvelle philosophie de la croissance permet de redécouvrir une mémoire historique enfouie, nourrie par les penseurs du couple unité/diversité issus du tiers monde, de Gandhi au pédagogue brésilien Paulo Freire. Elle est aussi une mise en garde à l'encontre des usages pervers de la quête de la

---

[912]Pierre de SENARCLENS, *La crise des Nations Unies*, Paris, PUF, 1988, p.173.

[913]Armand MATTELART, La nouvelle topographie des débats internationaux sur la culture, l'information et la communication in Políticas Culturais em Revista, 1(1),2008, pp. 104-121, www.politicasculturaisemrevista.ufba.br.

[914] Idem

diversité culturelle: retrait par rapport à la responsabilité globale partagée ; fragmentation chaotique sans égard aux nombreuses iniquités basées sur les systèmes de privilège enracinés dans la caste, la race, la classe, le genre et la nation.

§2. L'UNESCO comme socle du droit international de la culture

Le droit international de la culture[915] peut être appréhendé comme un ensemble des normes et institutions de droit international relatives aux relations culturelles internationales, à la protection et à la promotion de la culture. Plusieurs institutions de droit international et plusieurs instruments internationaux normatifs ou incitatifs offre de la culture une exposition beaucoup trop extensive pour, d'une part, permettre de cerner les différentes dimensions de la culture et, d'autre part, assurer d'une jonction entre celles-ci.

Si son statut constitutif offre un réservoir presque inépuisable de principes intemporels, il est inévitable qu'il porte aussi la marque des préoccupations de leur temps qui ne sont plus celles d'aujourd'hui(A). L'UNESCO est devenu ainsi le creuset au sein duquel s'affirme la conscience juridiquede lutte contre la pensée unique. Elle fournit un cadre préétabli, tant matériel que procédural, aux négociations des normes internationales et qui ont, de toute évidence, une répercussion dans l'ordre international (B).

A. Entre universalisme pluriel et préservation des identités culturelles

Dès la fin de la deuxième guerre mondiale, les fondateurs de l'Unesco ont pris conscience du danger de l'exaltation d'une

---

[915] Eulalia Ghazali, *Contribution à l'étude des accords culturels. Vers un Droit international de la Culture*, Thèse doctorat en droit, Paris, 1977, 2 vol.698 p.

seule culture. La situation actuelle exige la formulation de nouveaux paradigmes, axés sur la diversité culturelle. L'UNESCO appréhende la nature complexe et protéiforme de l'humain, une nature toujours tissé de liens et médiations symboliques(1). Jamais l'imbrication de l'universel et du particulier n'a autant requis la définition de paradigmes nouveaux pour répondre aux données complexes de la globalisation actuelle, requalifié par Aimé Césaire comme « *un universalisme décharné* » en soulignant qu' « *il y a deux manières de se perdre : par ségrégation, murée dans le particulier, ou par dilution dans l'Universel* »[916].

1. L'humanisme : moteur dynamique de la coopération culturelle internationale

Le concept de l'humanisation de la mondialisation est de fait une expression moderne des obstacles qui se dressent à l'aube du nouveau siècle, sur la voie d'un développement humain partagé. Il touche autant à l'économie qu'à la préservation des cultures. Il concerne la façon dont l'humanité relèvera ses propres défis et prendra des mesures respectueuses des valeurs humaines. Ce concept commande que l'Unesco jette des ponts en direction des autres acteurs concernés du système des Nations Unies, des institutions de Bretton Woods, de l'Organisation mondiale du commerce et des organisations non gouvernementales, en vue de l'adoption et de la mise en pratique de l'humanisation de la mondialisation. L'Organisation se doit d'être la source de la prise de conscience, par les institutions de Bretton Woods, des impératifs éthiques et moraux d'un développement « à visage humain »[917].

[916]Aimé Césaire in Lettre à Maurice Thorez, Paris, 1956.

[917]Rapport final de l'Équipe spéciale de réflexion sur l'UNESCO au XXIe siècle, « Vers la paix et la sécurité au XXIe siècle : les défis à relever et les possibilités à saisir pour humaniser la mondialisation » (document 160 EX/48 du 11 octobre 2000).

Les premiers projets de l'Unesco sont révélateurs d'une volonté universaliste de mettre en place un « gouvernement mondial » et une « civilisation universelle ». Julian Huxley, premier directeur général de l'UNESCO depuis décembre 1946, biologiste de formation et de profession était convaincu que l'UNESCO devait avoir une philosophie propre, sans toutefois se référer à une doctrine particulière, pour obtenir un large consensus. Pour lui, ce devait être un humanisme scientifique universel s'inspirant de l'évolution.

L'idée à la base de cette proposition de l'humanisme scientifique comme philosophie de travail était motivée par le besoin de parier au conflit idéologique entre le libéralisme et le communisme. C'est à cet humanisme scientifique, *philosophie exempte de tout sectarisme... globale et universelle, fondée sur un humanisme mondial, scientifique, évolutionniste*»[918] que l'UNESCO devait reposer selon lui: «*L'UNESCO a besoin de fonder son action sur une philosophie, une hypothèse de travail qui tende à expliquer les buts et les fins de l'existence humaine et qui puisse dicter, ou tout au moins suggérer une prise de position devant les différents problèmes. Si elle ne possède pas une conception philosophique de ce genre, qui lui permette d'envisager les choses sous un angle unique, l'UNESCO, avertissait-il, risquera de prendre des mesures fragmentaires, ou même contradictoires. Il lui manquera en tout cas le principe directeur de l'élément d'inspiration que fournit la croyance en une doctrine générale cohérente* »[919].

Il fut cependant très contesté car cela revenait justement à lier l'UNESCO à une philosophie spécifique. Julian Huxley ne fut pas suivi dans son interprétation des buts et des fonctions de l'UNESCO. Ses idées n'en cessèrent pas moins d'alimenter les débats et les oppositions entre les différents courants de pensée»[920]. L'universalisme affirmé au cours de la conférence constitutive de l'Unesco se traduit par la volonté de mettre en place une « culture mondiale unique », c'est-à-dire un ensemble

---

[918] L'UNESCO à la veille de son quarantième anniversaire, p.17.

[919] Julian Huxley, *L'Unesco, ses buts, sa philosophie*, Paris, Londres, Unesco, 1946, p. 5 et 18.

[920] René-Pierre ANOUMA, *op.cit, p.114.*

de connaissances, de façons de penser et d'agir commun à tous les peuples et à tous les individus, censé entraîner la compréhension internationale et l'harmonie, buts ultimes de l'Unesco. Cette ambition se fonde sur le présupposé que si l'on donne à tous les peuples, à tous les hommes, les mêmes valeurs morales de justice, de paix, qu'on leur inculque les principes des droits fondamentaux, on créera une grande communauté humaine capable de vivre sous un même gouvernement et au sein de laquelle les conflits et tensions seraient en grande partie évités.

En écartant l'idée d'une philosophie qui serait celle de l'Organisation et fonderait son action et en se ralliant, à titre de compromis, à la notion de *commune pensée pratique* avancée par le Jacques Maritain, les pères fondateurs signifiaient ainsi la volonté de leurs gouvernements respectifs de préserver leurs options nationales - politiques, idéologiques et culturelles. À l'impératif d'unir les individus et les peuples au moyen d'une culture commune, a succédé, au sein de l'Unesco, l'impératif opposé d'encourager la diversité culturelle, de préserver et de favoriser les expressions des identités culturelles particulières. Entre un universalisme arrogant et un relativisme sectaire, les droits de l'homme pourraient être le creuset d'un cosmopolitisme éclectique, gage d'un vrai dialogue des civilisations.

2. Universalisme et diversité culturelle : une fausse antinomie

Le droit international des droit de l'homme est né et s'est constitué avec pour ambition d'être universellement acceptée, parce que exprimant des valeurs morales appartenant à toutes les cultures, parce que traitant de l'universel humain[921]. L'universalité est une caractéristique essentielle des droits de

[921]L'universalité du droit signifie sa présence en tout temps, et en tous points du globe, au sein des communautés humaines. L'universalité désigne également la vocation du droit à régir l'ensemble des collectivités humaines sur la planète et à appréhender l'intégralité de leurs rapports sociaux.

l'homme. « Les droits de l'homme sont universels… ou ils ne sont pas »[922]. Le principe de l'universalité des droits de l'homme et la diversité culturelle sont parfois considérés comme antagoniques. Ceci tient en partie à une tendance fâcheuse à assimiler diversité culturelle et relativisme culturel[923].Cependant, on ne saurait ignorer que le principe d'universalité des droits de l'homme est parfois contesté sur le plan philosophique ou politique en arguant que ces droits ne seraient qu'une invention du XVIIIe siècle que les pays occidentaux cherchent à imposer au reste du monde[924].

Pierre-Henri Imbert notait que « chaque homme n'accède à l'humanité que par la médiation d'une culture particulière » et qu'il est donc possible et naturel de concevoir un universel qui n'écrase pas les identités culturelles[925].Bien plus qu'une entente, l'universalisme réconcilié implique plutôt de développer une attitude respectueuse face aux différences comme le note N. Rouland :

« Nous restons cependant convaincus que l'universalité des droits de l'Homme ne se décrète pas : elle se construit, lentement et sûrement. De plus, cette construction requiert deux conditions. La première : les cultures doivent pouvoir se nourrir les unes des autres ; pour ce faire, elles doivent se reconnaître mutuellement et il ne faut pas que l'on s'étonne si des divergences se font jour au cours de ces échanges. La deuxième : il faut, de part et d'autre, afficher une volonté de dépasser

---

[922]Héctor Gros Espiell, « Droits de l'homme et droits de l'humanité », in Federico Mayor (dir.), René-Jean Dupuy. Une oeuvre au service de l'humanité, Paris, UNESCO, 1999, p. 23.

[923]Janie Pélabay, « Jürgen Habermas et Charles Taylor : jugement interculturel et critique de la tradition », *Tracés*, n° 12 "Faut-il avoir peur du relativisme ?", 2007 /1, pp. 121-135.

[924]D'Augustin Cochin à Joseph de Maistre, d'Edmund Burke à Karl Marx, de Hannah Arendt à Michel Villey, la plupart des critiques de l'idéologie des droits de l'homme en ont dénoncé l'universalisme et l'égalitarisme abstrait. Ils ont également fait remarquer qu'en dépouillant de toutes ses caractéristiques concrètes l'homme dont elle proclame les droits, cette idéologie risquait d'aboutir au nivellement et à l'uniformisation.

[925] Pierre-Henri Imbert, *Revue universelle des droits de l'homme*, 1989, cité par Mireille Delmas-Marty, *Trois défis pour un droit mondial*, Paris, Seuil, 1998.

certaines spécificités pour mettre en avant les points d'accord plutôt que de discorde »[926].

Un des principes largement accepté aujourd'hui, et qui est mis en avant par la déclaration universelle sur la diversité culturelle et par la Convention de 2005 est que la promotion et la protection universelles des droits de l'homme, y compris des droits culturels, d'une part, et du respect de la diversité culturelle, de l'autre, se renforcent mutuellement. Ces textes visent à signaler que le principe de respect de la diversité culturelle s'inscrit dans le cadre du respect des droits de l'homme. Cela veut dire qu'on ne peut pas invoquer la diversité des traditions socioculturelles ou religieuses comme alibi pour justifier des pratiques néfastes qui sont contraires à la dignité humaine et aux droits de l'homme.

La philosophie des droits de l'homme présuppose qu'il y a des exigences de justice à l'égard de tout être humain, quelle que soit la culture à laquelle il appartient et où qu'il habite[927]. Pour Paul Ricœur cette « exigence plus vieille que toute formulation philosophique » tient à ce que « quelque chose est dû à l'être humain du seul fait qu'il est humain »[928]. L'idée d'universalité des droits de l'homme portée par la DUDH reposant sur le postulat de l'identité universelle de la personne humaine rationnelle se heurte au fait que chaque homme demeure marqué par la culture qui constitue son humanité particulière, au travers de laquelle il entre en rapport avec les autres hommes :

«Les grandes déclarations des droits de l'Homme ont elles aussi, cette force et cette faiblesse d'énoncer un idéal trop oublieux du fait que l'Homme ne réalise pas sa nature dans une humanité abstraite, mais dans des cultures traditionnelles où les

---

[926] N. ROULAND, « A propos des droits de l'homme : un regard anthropologique », *op.cit,* p.151.

[927] Cf. article 4 de la Déclaration universelle sur la diversité culturelle. Les droits de l'homme, déclare John Rawls, « découlent simplement de la définition de la justice », voir Le Monde, Paris, 30 novembre 1993, p.2.

[928]Paul Ricœur, « Pour l'être humain du seul fait qu'il est humain », dans : Jean-François de Raymond (dir.), Les enjeux des droits de l'homme, Paris, Larousse, 1988, p.236.

changements les plus révolutionnaires laissent subsister des pans entiers et s'expliquent eux-mêmes en fonction d'une situation strictement définie dans le temps et dans l'espace. Pris entre la double tentation de condamner des expériences qui le heurtent affectivement, et de nier des différences qu'il ne comprend pas intellectuellement, l'homme moderne s'est livré à cent spéculations philosophiques et sociologiques pour établir de vains compromis entre ces pôles contradictoires, et rendre compte de la diversité des cultures, tout en cherchant à supprimer ce qu'elle conserve pour lui de scandaleux et de choquant »[929].

Du point de vue des droits de l'homme, l'enjeu est la possibilité pour les individus et les groupes: a) d'exprimer et de laisser s'épanouir librement leur identité culturelle; b) d'avoir accès au patrimoine culturel et aux références culturelles qui permettent à ces processus d'expression, de développement et d'identification de s'opérer librement, ce qui passe notamment par l'apport d'informations extérieures à leur propre communauté et par la possibilité de profiter des bienfaits des progrès scientifiques; et c) de prendre part à l'interprétation, à l'élaboration et au développement du patrimoine et des références culturels et à la reformulation des contenus et des contours de leur identité culturelle[930].

Dès lors, l'accent mis sur les dimensions culturelles de tous les droits humains, selon le dernier *Rapport mondial de l'UNESCO,* ne devrait pas être perçu comme un moyen d'ébranler l'universalité par la diversité, mais bien plutôt d'encourager l'appropriation de ces droits par tous, individuellement ou collectivement[931]. La conférence mondiale de Vienne l'avait affirmé avec force : « *S'il ne faut pas perdre de vue*

[929] Claude LÉVI-STRAUSS : *Race et histoire.* Gallimard, coll. folio, Paris (1952) ; p.23 et suiv.

[930] Rapport de l'Experte indépendante dans le domaine des droits culturels, Mme Farida Shaheed, soumis en application de la résolution 10/23 du Conseil des droits de l'homme, *op.cit*, §27.

[931] UNESCO, *Rapport mondial 2009*, *Investir dans la diversité culturelle et le dialogue interculturel* Paris, 2009. p. 224.

l'importance des particularismes nationaux et régionaux et la diversité historique, culturelle et religieuse, il est du devoir des États, quel qu'en soit le système politique, économique et culturel, de promouvoir et de protéger tous les droits de l'homme et toutes les libertés fondamentales ».Pour le Groupe de Fribourg, il faut prendre en compte « la *dimension culturelle de tous les droits de l'homme, afin d'enrichir l'universalité par la diversité et de favoriser l'appropriation de ces droits par toute personne, seule ou en commun*»[932].

On a parfois avancé que les droits culturels peuvent en fait contrevenir à d'autres droits de l'homme, argument fondé sur une confusion conceptuelle entre droits culturels et pratiques, coutumes ou préjugés culturels qui portent atteinte à la dignité de l'être humain, comme la mutilation génitale féminine .Sur cette question, la Charte africaine des Droits de l'Homme et des Peuples nous apporte une contribution importante. Ainsi, dans le point 7 de son article 29, celle-ci prévoit que : «*L'individu a en outre le devoir de veiller, dans ses relations avec la société, à la préservation et au renforcement des valeurs culturelles africaines positives, dans un esprit de tolérance, de dialogue et de concertation et d'une façon générale de contribuer à la promotion de la santé morale de la société* ».

La Déclaration universelle de l'UNESCO sur la diversité culturelle réaffirme que les droits culturels font partie intégrante des droits de l'homme, qui sont universels, indivisibles et interdépendants, et que nul ne peut invoquer la diversité culturelle pour enfreindre des droits de l'homme garantis par le droit international ou en limiter la portée. Les droits de l'homme deviennent d'une certaine façon un objectif culturel qui n'affecte plus les cultures existantes mais permet au contraire de les valoriser dans leurs dimensions les plus positives. Le comité des droits économiques, sociaux et culturels, évoque quant à lui la notion d' « acceptabilité culturelle» ou d' adéquation, dans le cadre de la mise en œuvre, entre autres, des droits à l'éducation[933] à l'alimentation et à la santé[934].

---

[932] La Déclaration de Fribourg sur les droits culturels, article 9, alinéa d.

[933]Comité des droits économiques, sociaux et culturels, Observation générale no 13 (1999) sur le droit à l'éducation (art. 13), par. 6 c).

L'objectif ultime de la « diversité culturelle » est non seulement d'assurer la préservation de la pluralité des expressions culturelles et de favoriser leur émergence, mais aussi d'autres grands objectifs de la communauté internationale : « *Les droits de l'homme ne peuvent en effet donner naissance à un véritable droit commun que s'ils sont perçus, non pas comme un acte de foi énonçant des axiomes indémontrables, mais comme un processus dynamique*»[935].

Un passage du Rapport mondial 2009 de l'UNESCO mérite d'être souligné:

«*La reconnaissance de la diversité culturelle ancre l'universalité des droits de l'homme dans les réalités de nos sociétés en mettant l'accent sur leur appropriation par tous, de sorte que chacun puisse se reconnaître dans ces droits, sans considérations de langue, de traditions ou de situation*

---

[934]Observation générale no 12 (1999) sur le droit à une nourriture suffisante (art. 11), par. 8; Voir aussi Comité des droits économiques, sociaux et culturels, Observation générale no 21, par. 16 e). Les effets de comportement mimétique, pour la plupart du temps imposé de l'extérieur, a parfois des conséquences graves. Par exemple l'introduction des aliments pour bébés dans les régions où l'hygiène est précaire pose de nombreux problèmes et a souvent un effet contraire à celui prévu au début, voire tragique. A force de publicité agressive et continue, les fabricants d'aliments pour bébés et de lait artificiel ont réussi à faire croire aux mères qu'elles doivent nourrir leur enfant avec ce genre de lait afin de lui assurer une bonne croissance. Or, en abandonnant l'alimentation au sein ou en sevrant les nourrissons prématurément, les mères, dans certaines zones particulièrement démunies, contribuent à aggraver la malnutrition de leurs enfants (en protéines et en calories) pour plusieurs raisons. Tout d'abord, parce que le lait maternel donné pendant trois ou quatre mois leur fournit la meilleure alimentation qui soit et la meilleure protection contre les maladies infectieuses comme celles qui provoquent la toxicose. De même, comme les mères ne savent pas lire, et qu'elles souhaitent allonger cette nourriture coûteuse, elles la délayent dans trop d'eau ou la préparent mal, ce qui est une des sources principales de la malnutrition enfantine. Les installations précaires qui ne permettent pas de stériliser correctement les biberons et d'autres facteurs tels que le manque de réfrigération pour conserver convenablement les préparations ou l'eau utilisée sont à l'origine des gastro-entérites.

[935]Mireille Delmas-Marty, Cours : vers une communauté de valeurs ?-les droits fondamentaux, p.1

géographique. Dans la même veine, le fait que ces droits et ces libertés ont vocation à être exercés dans des milieux culturels très divers ne signifie en aucun cas que les règles universelles peuvent être relativisées quant à leur application »[936].

Au sein des démocraties contemporaines, l'un de ces enjeux est que la recherche d'un entre-deux, qui n'absolutiserait ni la raison universelle ni les particularismes que les autres qualifient de factualité des mondes vécus, ne se réalise au détriment du respect des droits fondamentaux. Selon Janie Pélabay : *« ce n'est pas de manière générale que cette question pratique peut être tranchée : d'abord parce qu'elle se pose au regard des conflits de valeurs qui surgissent dans des contextes sociopolitiques forcément singuliers et, ensuite, parce qu'elle se discute en évaluant les implications normatives de chacune des formules d'arbitrage proposées* »[937].

Ainsi que l'écrivait Louis Dumont en écho à Marcel Mauss dont il se proclamait l'héritier, dire et postuler l'unité du genre humain, c'est affirmer que « les hommes ne sont des hommes que par leur appartenance à une société globale, déterminée, concrète »[938]. Tenir les deux bouts de la corde, c'est renoncer à l'humanisme abstrait pour se tourner vers un universel que Merleau-Ponty ou Michael Walzer ont nommé d' « un universalisme réitératif »[939]. Pour Bertrand Badie, *« Une analyse culturelle « revisitée » et émancipée de telles*

---

[936]Rapport mondial 2009 de l'UNESCO, *op.cit.*, p.225.

[937]Janie Pélabay, « Jürgen Habermas et Charles Taylor : jugement interculturel et critique de la tradition », *Tracés* 1/2007 (n° 12), p.133.

[938]Louis Dumont, *Essais sur l'individualisme. Une perspective anthropologique sur l'idéologie moderne*, Paris, Seuil, 1983, p.219.

[939]Michael Walzer, « Les deux universalismes », dans *Pluralisme et démocratie*, Paris, Éd. Esprit, 1997. S'opposant à un « universalisme de surplomb », qui cherche à énoncer les valeurs morales valables pour toute l'humanité et qui s'appuyer sur des valeurs abstraites et éternelles, il veut de tenir compte de l'ensemble des histoires singulières des peuples et de construire l'humanité dans la pluralité des cultures. Mais d'autres formules existent, notamment celle d'un « universalisme pluriel » (Pierre HASSNER, « Vers un universalisme pluriel ? », Esprit, n° 187, décembre 1992, pp. 102-113.) ou celle d'un « universalisme critique » (Sylvie MESURE et Alain RENAUT, Alter Ego. Les paradoxes de l'identité démocratique, Paris, Aubier, coll. « Alto », 1999, p.23).

simplifications peut permettre de penser les rapports interculturels en d'autres termes. Ceux-ci peuvent en effet avoir une signification toute différente dès lors qu'ils ne sont plus dominés par la dialectique de l'importation et de la résistance, de la négation de la différence et de l'exclusion(...)»[940].

Le programme intersectoriel au cours des biennia 2010-2011 et 2012-2013 ; «Rabindranath Tagore, Pablo Neruda et Aimé Césaire pour un universel réconcilié[941] , engage l'UNESCO dans une réflexion substantielle et une action renouvelée sur un « Universel » réconcilié avec la « diversité », qui correspond au mandat de « veille intellectuelle « dévolue à l'Organisation au sein du système des Nations Unies, depuis l'adoption de son Acte constitutif en 1945.

B. UNESCO : Essor et affirmation d'un « nouvel ordre culturel »

Depuis quelques années, l'ordre international subit une profonde transition : les dominations évidentes du passé se

---

[940] Bertrand BADIE, *op.cit,* 1992, pp.315-316.

[941]Rabindranath Tagore (1861-1941), poète, éducateur et humaniste, auquel l'Organisation a consacré, pour son centenaire, un numéro spécial du Courrier de l'UNESCO, en décembre 1961, enseigne que « *l'homme, dont la vision intime baigne dans la conscience, se rend compte sans peine de la vision spirituelle qui domine toutes les différences raciales, et son esprit ne trébuchera pas désormais sur des faits particuliers, en les considérant comme définitifs. Il comprend que la paix est harmonie intime et non pas accommodement extérieur »* ; Pablo Neruda, poète, diplomate et membre du Conseil exécutif de 1971 jusqu'à sa disparition en 1973, engagé dans l'éradication de fléaux comme « *l'ignorance et le préjugé, le dogme de l'inégalité des races et des hommes ;* d'Aimé Césaire (1913-2008), poète, dramaturge, politique, est tout entier consacré à lutter contre la dérive hégémonique d' « *un universalisme décharné* «, et souligne qu'» *il y a deux manières de se perdre : par ségrégation, murée dans le particulier, ou par dilution dans l'Universel* « en ajoutant « *Ma conception de l'Universel est celle d'un Universel riche de tout le particulier, riche de tous les particuliers, approfondissement et coexistence de tous les particuliers »,*(Aimé Césaire dans Lettre à Maurice Thorez (Paris 1956).Voir Document de la 35e session de la Conférence générale 35 C/53.

voient confrontées à l'émergence déstabilisatrice de nouvelles puissances, motivées par des dynamiques de croissance fortement désoccidentalisées. L'UNESCO peut être considéré comme le fer de lance de l'internationalisation des politiques culturelles et de la dénonciation sur les déséquilibres communicationnels structurels du système économique international. L'UNESCO a créé sa propre légende noire sur la période des années 1980, où le débat sur les politiques culturelles allait de pair avec celui sur les politiques de communication. Né dans un contexte offensif contre l'ordre mondial injuste et inégal, le nouvel ordre économique international a nourri bien des espoirs et entretenu bien des illusions dans les pays du Sud.

1. La stratégie en vue d'un NOEI dans le cadre de l'Unesco

Le droit international s'est fondé dès l'origine sur le système de valeurs issu du libéralisme et fut le résultat des effets de pays dont le niveau du développent économique, social et culturel était uniforme, c'est-à-dire qu'il jouissait d'une certaine homogénéité. Des phénomènes tels que la décolonisation, bien que n'ayant pas pu changer radicalement la structure westphalienne, ont cependant entrainé la diminution de l'homogénéité de la société internationale, car les nouveaux Etats issus du processus de la décolonisation présentaient, à tous les niveaux, des différences notoires avec les pays anciens.

Après la décolonisation, la reconnaissance d'un statut égal pour tous va être la manifestation par excellence de la reconnaissance de l'identité des nouveaux Etats[942]. L'insertion quasi-généralisée

[942] La décolonisation qui recouvre trois évolutions liées étroitement tout en s'inscrivant dans trois phases correspondant schématiquement à trois décades: 1960-1970, décennie de l'indépendance politique; 1970-1980, décennie de l'indépendance économique; 1980-1990, décennie qui pourrait être celle de l'indépendance culturelle et technologique. Ce triple mouvement, dont les différentes articulations s'insèrent au sein même du système international dominant, dans les relations entre le centre et la périphérie , est porteur de grosses contradictions qui viennent secouer

des anciens peuples dominés et colonisés dans le cercle des sujets du droit international, basée sur la licéité du droit des peuples à disposer d'eux-mêmes (Résolution 1514 du 14 décembre 1960) et non pas sur le critère de civilisation et la vieille technique juridique de la reconnaissance,a donné niasance d'un nouveau concept qui a brièvement dominé le champ des relations internationales : celui du nouvel ordre mondial[943].

Au cours du vingtième siècle, marqué par des conflits majeurs, les luttes militaires, idéologiques et économiques ont permis d'évoquer plusieurs formes d'*ordre mondial.* L'idée d'un nouvel ordre mondial est en effet récurrente depuis 1948 qu'il soit économique, politique ou juridique, la communauté internationale ne cesse de l'appeler de ses vœux[944].Il est réapparu paradoxalement sous l'appellation nouvel ordre mondial (NOM) avec beaucoup d'ambiguïté comme le soulignait le Secrétaire général de l'ONU lui-même, Boutros Boutros Ghali : « *Chacun sait, la notion d'ordre international est chargé d'ambiguïtés profondes. Car le concept d'ordre international – si tant est qu'il en soit un- remplit, dans la vie des États et des peuples des fonctions diverses. Il contient tout à la fois une dimension économique, une dimension sociale, une dimension culturelle... il peut tout autant servir d'argument juridique aux États les plus puissants que de discours militant aux États les plus faibles. Bref, ce que nous appelons l'ordre*

---

l'édifice juridique, tracer les premières fissures en révélant la nature véritable et profonde des règles actuelles, abstraites et prétendues universelles.

943 Forgé de manière progressive, ce concept désignait d'abord le nouvel ordre économique mondial qu'avaient réclamé les pays en voie de développement dans les années 1970. Cet ordre avait constitué l'objet du discours historique adressé par le président algérien Haouari Boumedienne à l'Assemblée Générale des Nations Unies en 1974, au nom de tous les pays aspirant à atteindre l'ère industrielle.

944 Rappelons que les visionnaires auteurs du DUDH qui a marqué un point de départ dans l'aspiration collective d'édifier un monde de liberté, de justice et de paix, ont établit à l'Article 28 que « toute personne a droit à ce que règne, sur le plan social et sur le plan international, un ordre tel que les droits et libertés puissent y trouver plein effet ». En d'autres termes, l'ordre social et le progrès social devraient être promus, de manière à défendre les droits de tous les individus sans discrimination. Disons-le avec clarté : à l'heure actuelle, cet ordre n'existe plus et chaque jour, il semblerait plus éloigné.

international est tout aussi bien l'expression d'un rapport de forces présent que l'idéalisation d'une société à venir »[945].

C'est ainsi que lors de la Session spéciale de l'Assemblée générale des Nations unies de 1974, sous l'impulsion des pays du Sud organisés au sein du Groupe des 77, est proclamée le « Nouvel ordre économique international » (NOEI), suite au déchirement du voile de la décolonisation. L'idéologie dite « tiers-mondiste » époque faste de la revendication, va prédominer à l'Assemblée générale des Nations Unies.Ceux-ci s'appuient sur la théorie de la dépendance et sur la théorie de l'échange inégal qui se traduit par la réclamation d'un « Nouvel Ordre économique international » (NOEI). Une série de textes fondamentaux destinés à jeter les bases d'un nouvel ordre économique international plus juste et plus équitable fut adoptée[946].

Le NOEI témoigne avant tout de la volonté des nouveaux États issus de la décolonisation de participer effectivement à la vie internationale et, sinon de remettre en cause, du moins de réformer profondément le système économique mondial mis en place au lendemain de la seconde guerre mondiale. Ils considèrent que ce système d'inspiration libérale (représenté par le Fonds monétaire international, la Banque mondiale et l'Accord général sur les tarifs douaniers et le commerce (GATT)) et placé sous l'hégémonie de quelques puissances occidentales, avec à leur tête les États-Unis, ne correspond plus aux nouveaux besoins. Pour tenter de le changer, ils constituent le Groupe des 77 afin de coordonner leurs positions et leurs revendications face aux pays développés.L'entrée dans cette ère

---

[945]« Message du Secrétaire Général des Nations Unies à l'occasion du Colloque International : «Les Nouveaux aspects du droits international» délivré par Hassen Fodha, Directeur du Centre d'Information des Nations Unies à Paris, *Les nouveaux aspects du droit international*, Rencontres internationales de la Faculté des sciences juridiques politique et sociales de Tunis, Préface de Yadh Ben Achour, Pedone, 1994, p.10.

[946]Déclaration et le Programme d'action concernant l'instauration d'un nouvel ordre économique international (Rés. 3201 et 3202 du 1e mai 1974) : NOEI reposant sur l'équité, l'égalité souveraine, l'interdépendance, la justice, et la coopération réparatrice des inégalités.

postcoloniale a inversé dans l'ensemble du système des Nations Unies le rapport de forces Nord/ Sud.

Le mérite du NOEI est d'introduire le facteur économique et le niveau de développement dans l'analyse juridique et l'appréciation des relations entre les États ; chaque État est situé dans le contexte des échanges internationaux, en prenant en considération ses capacités et contributions. En effet, le NOEI interpelle le postulat de l'égalité juridique abstraite en le confrontant aux situations réelles et objectives qui montrent que les États ne jouent pas le même rôle dans la société internationale. Il s'efforce de donner un contenu concret à une stratégie de développement.

Parmi les principaux changements institutionnels significatifs résultant de la revendication pour un NOEI, on peut citer les suivants :

- la réforme de la plupart des règles relatives au commerce international, avec l'introduction de la partie IV (Commerce et développement) dans les accords du GATT, puis le maintien de ce régime spécifique dans le cadre de l'Organisation mondiale du commerce avec le cycle de Doha qui s'efforce de trouver une solution aux revendications des pays du tiers monde en envisageant notamment d'inclure l'agriculture dans la future réglementation des échanges internationaux.

Des deux grands organes subsidiaires, Organisation des Nations Unies pour le développement industriel(ONUDI), Conférence des Nations Unies sur le commerce et le développement, (CNUCED), créés sous la pression des pays en développement[947].On doit noter également l'influence incontestable exercée dans l'élaboration de certains régimes juridiques internationaux qu'ils soient universels (statut du fonds des mers comme patrimoine commun de l'humanité, transfert de technologie, protection de l'environnement, etc.), régionaux (accords de développement entre l'Europe et les pays d'Afrique,

[947]Pour cette question, on pourra lire *Mahiou Ahmed*,« Du droit *économique* au *nouvel ordre économique international* : quelques réflexions »,. Revue *internationale* de droit *économique*, 2013/4 .

des Caraïbes et du Pacifique, encouragement des intégrations régionales dans les pays du Sud) ou bilatéraux (aide au développement, accords de protection des investissements).

La cristallisation des relations Nord- Sud à l'UNESCO est clairement apparue à la suite de la quatrième conférence du sommet des pays non-alignés organisée à Alger en 1973. Cette réunion, qui catalysa l'attention générale à cause du Nouvel ordre économique international réclamé par les pays du Sud, dénonçait les déséquilibres structurels du système économique international. Elle visait, entre autres, la domination des pays industrialisés sur les flux d'information et les moyens de communication. Le Sud taxa les pays du Nord, et en particulier les États-Unis, d'impérialisme à travers leur mainmise sur les médias et la culture[948]. Les tenants de la « décolonisation de l'information » investirent officiellement la tribune de l'UNESCO. Ils furent suivis par son directeur général, M. Amadou Mahtar M'Bow du Sénégal, qui fit du Nouvel ordre mondial de l'information et de la communication une priorité de l'UNESCO[949]. Le NOMIC devint à l'UNESCO l'abcès de fixation conflictuel de la « politisation » et un facteur de division sans précédent.

En 1980, le rapport McBride, issu de la Commission du même nom érigée par l'UNESCO, fut l'épicentre de ce vif débat qui, couronné par le départ de l'organisation en 1984 des États-Unis, de la Grande-Bretagne et de Singapour, créa une brèche entre les points de vue Nord-Sud et Est-Ouest. Les travaux dirigés par le prix Nobel de la paix et fondateur d'Amnesty International, dressent le constat du déséquilibre et formulent quatre-vingts recommandations pour l'instauration d'un NOMIC.Premier document émanant d'une institution internationale sur l'inégalité des échanges culturels et informationnels, le rapport MacBride, entériné par la Conférence générale de l'UNESCO de 1980, et

---

[948]Collen ROACH, « The Western World and the NWICO, United They Stand ? », in Peter GOLDING et Phil HARRIS (dir.), Beyond Cultural Imperialism.Globalization, Communication and the New International Order, Londres, Sage, 1997, p.95.

[949] Ibid., p.96.

publié sous le titre symbolique *Voix multiples, un seul monde,* montrait pourquoi il devenait urgent de penser la diversité des expressions culturelles en s'en prenant notamment à la doctrine de la « libre circulation » de l'information :« *Ce nouvel ordre économique international, tout en renforçant les possibilités de ceux qui sont les plus avantagés, permettra aux autres de vivre aussi. [...] La question qui se pose est de savoir si les gouvernements et les peuples ne peuvent pas déterminer les moyens par lesquels ils pourraient assumer collectivement le progrès de l'ensemble des peuples de cette terre (1977)* ».

Le NOMIC visait donc à renforcer les prérogatives des États en matière de communication et d'information. Ni l'industrialisation de la culture, ni les politiques culturelles des Etats n'étaient alors mises en cause. En revanche ce qui était mise en cause concernait l'échange inégal des flux d'information entre les pays industrialisés et les pays en voie de développement. Le rapport prônait la libération de l'accès à l'information. Cela parut inacceptable tant aux Soviétiques qu'aux médias américains et à leurs gouvernements, qui craignaient de perdre ainsi l'avantage dont ils jouissaient dans le contrôle mondial de l'information et de la communication[950].Opposée à la libéralisation des marchés des communications et défenderesse de la souveraineté étatique, l'UNESCO continuait de défendre les grands idéaux politiques de la modernité qui avaient été mis au cœur de sa mission lors de sa création.

La réponse alternative proposée par les pays industrialisés consista en un programme international pour le développement des communications (IPDC). De façon pragmatique, il s'agissait d'étendre le marché global de la communication. Bien que l'année 1983, déclarée Année mondiale des communications par l'ONU, cherchait à relier les communications au développement, l'IPDC a vu le jour de manière bilatérale et selon les conditions des pourvoyeurs[951]. L'endettement des pays du Sud, le départ du

[950] Jean-Pierre WARNIER, *La mondialisation de la culture*, Paris, La Découverte, 1999, p.74.
[951] Collen ROACH, op.cit., p.112.

principal accusé et démiurge de l'ordre néolibéral, et la lassitude eurent raison du projet d'un ordre mondial de l'information plus équilibré au bénéfice des sans-voix[952] .

En mettant en cause la conception classique des libertés, le projet du NOMIC portait aussi directement atteinte à l'un d'un des fondements de l'idéologie libérale proclamée par la constitution américaine dans ce premier amendement. En fin, d'un point de vue économique, il touchait à un domaine d'activité qui représentait un marché de quelques soixante milliards de dollars sur lequel les Etats Unies exerçaient une influence dominante. Il est assez significatif que les américains aient, lors d'une réunion de l'OCDE en 1983, qualifié l'information de pouvoirs plus précieux que le pétrole et plus précieux que l'or »[953]. Suite au départ de l'hégémon états-unien en 1984 et de son acolyte britannique en 1985, et devant les tentatives de certains pays de délégitimer son action, l'UNESCO, pour tenir tête à la « contre-offensive» orchestrée contre le NOMIC, devait changer de stratégies[954], même si sa capacité à participer au façonnement des régimes internationaux dans ses domaines de compétence était affectée. Ainsi, l'objectif de la nouvelle stratégie de l'UNESCO en matière de communication, officiellement adoptée en 1989, allait être de *: « rendre l'engagement de l'UNESCO plus opérationnel, d'encourager la libre circulation de l'information aux plans international aussi bien que national et sa diffusion plus large et mieux équilibrée sans aucune entrave à la liberté d'expression, et de renforcer les capacités de communication* [955] ». La culture condense en elle un antagonisme irréconciliable

[952] Jean-Pierre WARNIER, *op.cit.* p.75;

[953] Daniel Holly, *op.cit.*, p.67.

[954]Alan Alegre, Sean ü'Siochru, « Droits de la communication » in A. Ambrosi, V. Peugeot et D. Pimienta (dir.), *Enjeux de Mofs. Regards mu/fieu/furets sur les sociétés de l'information,* C & F Éditions, 2005. En ligne: <http://vecam.org/article603.html.

[955]Federico Mayor, « Introduction »,in *Paroles à l'Afrique,* 1996 ;(www.unngls.org). Voir aussi la première allocution qu'il prononça devant la Conférence internationale des ONG, précisant que l'action de l'UNESCO en matière d'information et de communication consisterait dorénavant [...] à travers l'ensemble des réseaux de communication, à l'échelle internationale comme à celle de chaque région et de chaque nation, à développer

qui la fait osciller entre création et communication. L'Internet a révolutionné les médias traditionnels et notre manière d'accèder à la culture et à l'information. Tant les médias privés que publics se sont lancés dans une course au numérique pour parvenir à se positionner sur les nouveaux supports.

2. Emergence d'un droit à liberté d'expression culturelle

Le droit international est une combinaison de différence et d'identité. Il est doté d'une signification constamment révisable. De fait le droit international est un projet perpétuellement en acte, il n'est pas une simple technique, il exprime des valeurs, il porte des utopies qui vont jusqu'à espérer à travers lui, à une humanité mondiale maîtresse de sa destinée. La consécration du principe de diversité culturelle tend en effet à mettre fin à des siècles de déni de reconnaissance des coutumes, des cultures et des traditions de certains peuples qui ont été si longuement dominés ou marginalises.

Adossée au respect des droits de l'Homme et de la *liberté d'expression*, la notion de *diversité culturelle* acquiert une valeur politique universelle.La diversité culturelle suppose la liberté d'expression, d'information et de communication, ainsi que la possibilité de choisir pour chacun sa propre expression culturelle. La liberté d'expression comprend la liberté de recherche et de recevoir des informations. Tout en assurant la libre circulation des idées par le mot et par l'image, il faut veiller à ce que toutes les cultures puissent s'exprimer et se faire connaître. La liberté d'expression, le pluralisme des médias, le multilinguisme, l'égalité d'accès aux expressions artistiques, au savoir scientifique et technologique – y compris sous la forme numérique – et la possibilité, pour toutes les cultures, d'être présentes dans les moyens d'expression et de diffusion, sont les garants de la diversité culturelle. (...)Seules des politiques

---

simultanément la *liberté de ['information* et la compréhension mutuelle entre les peuples et entre les cultures (1988).

culturelles appropriées peuvent garantir la préservation de la diversité créatrice contre le risque d'une culture unique »[956].

Le droit impose donc à l'État de respecter la liberté d'expression en matière culturelle et de respecter également les choix des individus dans le secteur culturel. De plus, le droit à la liberté d'expression culturelle commande à l'État de ne pas poser d'obstacles dans l'accès à la culture et dans la participation à la vie culturelle. Cette obligation de respect se pose également à l'encontre des processus permettant la participation aux décisions en matière culturelle. Le droit à l'expression culturelle considéré sous cet angle reprend des éléments déjà protégés par d'autres droits, comme la liberté d'expression ou la liberté individuelle, en y ajoutant une nouvelle dimension : ils sont spécifiés et particularisés dans le contexte culturel.

Le système multilatéral est devenu le site de discussions et de débats concernant les questions de politiques communicationnelles. La notion de « droit à communiquer « est à l'étude dans les programmes de l'UNESCO depuis 1974, comme le souligne un document de l'UNESCO :

« Tenant compte en particulier des approfondissements réalisés dans le cadre des travaux de la Commission internationale d'étude des problèmes de la communication et par des réunions ultérieures à ce sujet, Rappelant que la notion de droit à communiquer n'a pas pour finalité d'être substituée aux droits déjà reconnus par la communauté internationale mais de développer leur portée s'agissant des individus et des groupes qu'ils forment, notamment face aux possibilités nouvelles de communication interactive et de dialogue entre les cultures suscitées par les progrès des médias, invite le Directeur général à mener dans cet esprit les activités prévues aux paragraphes 03 128 à 03 13 1 du document 22C/5 et à présenter un rapport sur les résultats obtenus lors de la vingt-troisième session de la Conférence générale »[957].

---

956 Déclaration Universelle sur la diversité culturelle, Unesco, 2002.
957 Voir UNESCO, 116 EX/Décisions du le 28 juillet 1983.

La communication a toujours été liée aux luttes démocratiques; elle est de plus en plus déterminante dans des questions aussi fondamentales que le rôle de l'État ou les droits de l'homme. Aujourd'hui, compte tenu de la situation particulière de la communication dans le contexte de la mondialisation, les questions qui s'y rapportent ont des répercussions importantes sur une grande quantité de problèmes.

Les mass médias, les industries culturelles, ainsi que les technologies de l'information et des communications, sont devenus les principaux catalyseurs de l'activité culturelle, de la consommation de masse et de la participation à la vie publique[958]. Ils constituent de plus en plus la base des communications directes à travers l'espace et le temps. Dans ces conditions, l'accès aux ressources de la communication peut être envisagé comme un des éléments fondamentaux pour édifier la citoyenneté. On est dès lors en présence d'un phénomène qui soulève des questions politiques capitales pour le développement de la société civile. L'acte de communication est à la source de la globalisation et de la satisfaction de la diversité culturelle. Il est établi dans la communication que l'individu exprime son identité, ses avis et ses intentions, et il le fait face et avec d'autres individus provenant de contextes culturels différents[959].

On peut trouver des premières tentatives de créer un droit à l'information dans l'encyclique du pape Jean XXIII, *Pacem in terris* de 1963. Dès 1969, Jean d'Arcy qui occupait la fonction de directeur des services de radio et de télévision de l'office des Nations Unies pour l'information publique, a proposé pour la première fois ce concept de « droit à la communication ». Il

---

[958] « *Mais c'est au début du XXe siècle que l'imaginaire déferle sur les mass-media. Une presse périodique, uniquement romanesque (sentimentale, aventureuse, ou policière) se constitue. Le cinématographe se métamorphose en spectacle et se voue principalement aux films et aux fictions. Puis la radio devient le grand véhicule des chansons et des jeux, suivie de la télévision.* » MORIN Edgar. In, *L'esprit du temps*. Paris. Armand Colin. 2008. p.110.

[959]Tadao TAKAHASHI, « Diversité culturelle et droit à la communication » in Coopération, diversité et paix, Actes du IIe Colloque international des Trois espaces linguistiques Mexico, 2-4 avril 2003, p.96.

affirmait alors que « le temps viendra où la Déclaration universelle des droits de l'homme devra inclure un droit plus étendu que le droit de l'homme à l'information[960]. Il s'agit du droit de l'homme à communiquer ». Son souci, d'une étonnante anticipation, était de penser la communication comme un échange interactif, à double sens et un processus de dialogue[961].

Prenant acte de la quantité inégale de contenu informatif du Nord vers le Sud la mise au point de technologies par satellites rendant possible la transmission d'images et de sons par-dessus les frontières nationales, certains analyses ont formulé, la thèse de l' « impérialisme culturel » d'où l'émergence politique des efforts visant à créer un « nouvel ordre mondial de l'information et des communications ».

Mais c'est surtout à la fin des années 80 et au début des années 90 que le concept a fait irruption sur le devant de la scène internationale à l'occasion du débat sur le NOMIC. Les pays non-alignés revendiquaient un droit à une auto-détermination culturelle, condition de leur développement. Le droit à communiquer allait être associé à un échec politique retentissant : les États-Unis, s'arc-boutant sur le concept de « free flow of information » prenait prétexte de ce rapport pour quitter l'UNESCO. Les pays dictatoriaux retournaient le concept pour en faire un prétexte à museler leurs médias et l'Union soviétique s'en servait comme alibi pour empêcher l'entrée d'information provenant de l'étranger.

Le Rapport MacBride, défendait une définition large et englobant du droit à communiquer en ces termes : « *Chacun a le droit de communiquer. Les éléments qui composent ce droit fondamental de l'homme comprennent les droits suivants, sans qu'ils soient aucunement limitatifs : (a) le droit d'assemblée, de discussion, de participation et autres droits d'association; (b) le*

---

[960]Voir Desmond Fisher, « *Le droit de l'homme à communiquer*. 1 - Le *concept*. 2 - Vers une définition », document no 37.Commission internationale.Voir: http://unesdoc.unesco.org/images.

[961]Jean-Pierre Chamoux, *Droit de la communication*, Paris, Presses Universitaires de France, coll. Quesais-je?, 1994 p.5.

droit de poser des questions, d'être informé, d'informer et autres droits d'information; et (c) le droit à la culture, le droit de choisir, le droit à la vie privée et autres droits relatifs au développement de l'individu. Assurer le droit à communiquer exigerait que les ressources techniques de la communication soient disponibles pour satisfaire les besoins de l'humanité en la matière »[962].

Entre-temps parut le rapport de l'Union internationale des télécommunications (UIT) sur la même période démontrant la distribution inégale des ressources techniques dans le domaine de la communication mondiale[963]. En 1995, une commission mondiale sur la culture et le développement de l'ONU/UNESCO publia un important rapport qui remit à l'ordre du jour plusieurs des débats précédents. Un des résultats concrets de ce rapport fut la Conférence intergouvernementale sur les politiques culturelles pour le développement tenue à Stockholm en 1998.

Le droit à communiquer est un prolongement logique du progrès continu vers la liberté et la démocratie. A chaque époque, l'homme a lutté pour se libérer des pouvoirs qui le dominaient, qu'ils soient politiques, économiques, sociaux ou religieux, et qui tentaient d'entraver sa communication. Le monde entier qui, en quelque sorte, ne forme qu'une communauté politique, a le pouvoir de porter des lois justes ordonnées au bien de tous, qui constituent le droit des gens »[964].Et si les frontières fixées entre

---

[962]UNESCO, *Voix multiples, un seul monde,* rapport de la Commission internationale d'étude sur les problèmes de la communication, présidé par Sean MacBride, Londres, Kogan Page, 1980. *Le Droit à la communication: rapport sur l'état de la question*, p.216.

[963]Voir UIT/UNESCO, *The Right to Communicate: At What Price? Economic Constraints to the Effective Use of Telecommunications in Education, Science, Culture and in the Circulation of Information*, Paris, ITU/UNESCO, 1995.Cette étude mixte se demande dans quelle mesure les objectifs de société peuvent rejoindre les interventions commerciales sur le plan des télécommunications. Le rapport de l'agence représente un effort louable pour réduire l'écart entre les aspects techniques et socioculturels des politiques communicationnelles internationales.

[964]Th. Ruyssen, *Les sources doctrinales de l'internationalisme*, Paris, PUF,1958, p.356.

les États sont bien une réalité, ces divisions artificielles n'empêchent pas à la communauté primitive de demeurer. D'où l'affirmation par Vitoria du *jus communicationis*, qui signifie le droit naturel des individus de se déplacer où ils le souhaitent. Ce *jus communicationis* dans lequel le droit de la mer tenait une place prééminente, semble sous-tendre la réflexion sur le droit à communiquer.

Vitoria exprime la raison d'être *du Jus communicationis* en ces termes : « *À l'origine du monde, seule la communauté parfaite existait et entraînait, par voie de conséquence, le régime de la liberté de communication ; les hommes depuis, se sont fixés au sol, la propriété est devenue un droit personnel, mais on ne voit pas comment la liberté de communication aurait été enlevée aux hommes par des faits nouveaux. Nier ce droit ce serait condamner l'humanité à la stagnation, ce serait annihiler dans l'homme les éléments de sa nature, en particulier son besoin de sociabilité. Ce n'est pas du tout une action punissable que celle qui consiste à communiquer avec ses semblables* [965] ».Prenant pour point de départ l'analyse de Benedict Anderson selon laquelle le « capitalisme de l'imprimé », à travers la lecture de la presse, a créé les nations, Arjun Appadurai estime que le« capitalisme électronique » (Internet, médias audiovisuels) peut jouer le même rôle à une échelle supérieure dans la mesure où il peut être à l'origine de « communautés de sentiment » « transnationales et même post-nationales »[966].

Ce n'est que par des efforts fervents et infatigables que les peuples ont obtenu la liberté de parole, de la presse et de l'information. L'idée du droit à communiquer élève tout le débat sur la « libre circulation » à un niveau supérieur, et promet de le faire sortir de l'impasse[967]. Ce propos des années 80 n'a pris aucune ride. Dans cet écheveau, les avancées réalisées ou

---

[965]Cité par Jean Baumel, *Les problèmes de la colonisation et de la guerre dans l'oeuvre de Francisco de Vitoria*,Paris, Librairie Bloud et Gay, 1936, p.223.

[966]A. Appadurai, *Modernity at Large. Cultural Dimensions of Globalization*, Minneapolis, University of Minnesota Press, 1997, p.8.

[967]Voix multiples, un seul monde, Rapport de la Commission internationale d'étude des problèmes de la communication, Unesco, Paris, 1980, p.215.

réalisables cristallise les attentes (et les craintes) des Etats en termes de régulation de la mondialisation.Du point de vue juridique, deux approches proposent une reconnaissance d'un tel droit à communiquer soit, d'une part, la reconnaissance expresse d'un tel droit dans un instrument juridique et, d'autre part, la reconnaissance implicite de ce droit rattaché à d'autres droits économiques, sociaux et culturels. Dans la foulée de l'article 19 de la *Déclaration universelle des droits de l'homme et du Pacte relatif aux droits économiques, sociaux et culturels* peut assurer implicitement le droit d'accès à Internet (et aux services et infrastructures sous-jacents) pour protéger le droit à l'éducation, le droit de participer à la vie culturelle et de bénéficier du progrès scientifique et de ses applications[968].

À l'occasion du Sommet mondial sur la Société de l'information, le concept a fait un retour en force, porté par un collectif d'acteurs issus de la société civile - ONG et universitaires pour l'essentiel - réunis dans une campagne intitulé CRIS « Communication right in the information society ». Entre temps, les technologies de l'information et de la communication ont explosé et rendu au questionnement dont il était porteur une étonnante actualité : en passant de medias diffusés (radio, télévision...) à des medias distribués (les réseaux), les questions de l'interactivité et de la place de l'individu non plus comme simple consommateur d'information mais comme potentiel créateur de contenus prennent toute leur signification. Les tenants du droit à la communication considèrent que le droit à l'information, tel qu'il est défini par les textes existants à l'échelle internationale (Déclaration des droits de l'homme, Pacte international sur les droits civils et politiques...) ne suffit pas, loin s'en faut, à recouvrir cette réalité.

La déclaration de principes adoptée lors de la conférence de Genève du SMSI regroupe la diversité et l'identité culturelles avec la diversité linguistique et les contenus locaux vont dans ce

[968]Pacte international relatif aux droits économiques, sociaux et culturels, 19 décembre 1966, 993R.T.N.U. 3, arts. 6, 13, 15.

sens[969]. Lors de la phase de Tunis du SMIS, les Etats signataires se sont engagés « *à promouvoir l'accès de tous les peuples à la société de l'information par le développement et l'utilisation des langues locales et/ou indigènes dans les TIC* » et, d'une manière générale, à poursuivre leurs efforts « *pour protéger et promouvoir la diversité culturelle, ainsi que des identités culturelles, au sein de la société de l'information*[970] ». Dans le cadre des travaux de suivi du SMSI, c'est entre autres l'Association internationale des études et recherches sur l'information et la communication (IAMCR) qui continue à travailler sur ces sujets, selon ce que l'on appelle la «Ligne d'action C8 « (diversité culturelle).Il est possible que la reconnaissance de ce droit à communiquer puisse gagner en popularité, non seulement par l'ouverture des marchés à la concurrence, mais également par l'augmentation de la nécessité de l'Internet et des nouveaux médias pour tous les secteurs de la société.

Comme l'indique la Déclaration de la Conférence des ministres francophones de la Culture à Cotonou (15 juin 2001) : *« les progrès des technologies de l'information constituent une chance de participation à la vie sociale, culturelle et économique pour l'ensemble des cultures et des langues, notamment les moins répandues... mais les évolutions techniques posent en des termes sans cesse plus aigus la question de disparités d'accès aux matériels et aux réseaux creusent les inégalités d'expression des cultures, au détriment surtout des populations les moins favorisées…* ».

Les débats actuels dans un contexte de libéralisation des services de télécommunication, audiovisuels et informatiques ainsi que dans un contexte d'épanouissement de la société globale de l'information et des communications prolonger en quelque sorte cette problématique initié à l'UNESCO. L'implantation de la concurrence dans l'industrie des

[969]SMSI (Déclaration de principes de Genève) « Construire la société de l'information : un défi mondial pour le nouveau millénaire », 12 décembre 2003, Doc. WSIS-03/GENEVA/DOC/4-E, article B8, paragraphes 52-54.
[970] Déclaration de principes de Tunis, SMSI, 18 novembre 2005, Doc. No. WSIS-05/TUNIS/DOC/7-E, para. 32.

télécommunications pourrait relancer cette question de la reconnaissance d'un droit à communiquer plus inclusif, ou du moins, renforcer la position en faveur d'une telle reconnaissance.

SECTION II. PRODUCTION NORMATIVE DE L'UNESCO EN MATIERE DE DROIT INTERNATINAL DE LA CULTURE

Le contexte de mondialisation actuel a révélé le rôle fondamental de l'UNESCO et sa capacité à ancrer les relations intergouvernementales dans la voie d'une mondialisation maîtrisée. Il montre comment le droit international se voit attribuer des finalités nouvelles qui ne sont plus fondées sur les intérêts égoïstes des États mais reposent sur les valeurs communes aux hommes : patrimoine commun de l'humanité .Ces finalités modifient le droit international contemporain dans la mesure où celui-ci n' apparait plus seulement comme un instrument neutre de régulation entre les États mais également comme un droit porteur de transformation au service de l'humanité entière.

Depuis sa création, l'UNESCO a adopté un nombre impressionnant d'instruments juridiques internationaux portant sur une grande variété des questions clé du ressort global et international. L'organisation est habilitée aux termes de l'article IV.4 de son Acte constitutif, à adopter des conventions et à formuler des recommandations dans les domaines délimités par son mandat. Ainsi elle a adopté plus de trente cinq conventions, plus d'une trentaine de recommandations et treize déclarations. Il convient dès lors examiner comment l'Unesco fait face aux défis de la mondialisation (§1) et plus spécifiquement protéger le patrimoine culturel (§2).

§1. L'EVOLUTION DU DROIT INTERNATIONAL DE LA CULTURE

Il est devenu un lieu commun de dire que la globalisation économique s'accompagne de nombreux problèmes sociaux, politiques, culturels, environnementaux et autres, qui ne peuvent pas être résolus au seul niveau de l'État-nation. Il existe, certes, une grande diversité d'institutions internationales, mais la capacité d'agir, au niveau international et de manière contraignante, pour réguler les marchés et pour corriger les effets secondaires indésirables, est fortement conditionnée par un certain nombre de caractéristiques du droit international en vigueur. Face aux défis de la mondialisation, l'UNESCO a réajusté ses outils conceptuels et renforcé son action normative pour parier au déficit communautaire de la société internationale. En matière de culture, quatre principes de droit international public gouvernent la coopération culturelle internationale : il s'agit des principes de souveraineté, d'égalité, de réciprocité et, enfin, de la non-immixtion dans les affaires intérieures culturelles.La protection et la promotion de la diversité culturelle est désormais être un nouvel objectif de la coopération culturelle. Les règles du droit international de la culture font partie de ce droit que Fridman a appelé le droit international de la coopération(A).La portée de la convention de 2005 ne peut être pleinement appréhendé que si l'on analyse la force normative de certains instruments de l'UNESCO(B).

A. Vers un droit international de la coopération culturelle globale

Le « droit global » renvoie à l'idée d'un droit international moderne s'adaptant à l'ère de la mondialisation. Il entraîne donc une remise en question des approches traditionnelles du droit international qui ne peuvent fournir un éclairage totalement satisfaisant sur l'évolution d'un droit international.Avec la mondialisation, l'exercice de l'autorité publique au niveau international s'est singulièrement diversifiée et s'est affranchi des canaux inter-gouvernementaux classiques. Avec l'accroissement des relations transnationales, le monde est aujourd'hui entré dans une composition dualiste qui se manifeste par la coexistence de deux mondes : un monde d'États et un monde « multicentré », selon l'expression du politologue américain James Rosenau. Le monde des États est un monde codifié, réglementé,«routinisé », formé d'un nombre fini d'acteurs reconnus par les membres légitimes de la société internationale. Le monde multicentré est un monde composé de trèsnombreux acteurs qui possèdent une certaine autonomie face au monde des États. Ces acteurs peuvent être des individus, des associations ou des acteurs subétatiques, comme les provinces ou les organisations non gouvernementales. Ces flux touchent les secteurs les plus divers de l'activité sociale, comme l'économie, la culture.Il y a une faculté d'adaptation forte des mécanismes du monde westphalien au monde que certains requalifient de « post- wesphalien ». Le droit global s'appuie largement sur le droit international. Il y a une sorte de cohabitation du droit international et du droit global. Ce dernier ne désigne pas un ordre juridique indépendant qui planerait au dessus des ordres juridiques existants.

1. De l'ordre juridique coopératif au droit global

Il convient d'abord mettre en perspective le droit international en s'interrogeant sur l'évolution du droit international de la coexistence vers le droit global[971]. Le droit international issu de l'effondrement de la chrétienté médiévale suite aux guerres de religions étant un droit de coexistence régissant les entités, qui comme des boules de billards, étaient potentiellement antagonistes.Reposant sur la cohabitation d'États souverains depuis les traités de Westphalie, le droit international, jusqu'à la deuxième guerre mondiale, ne s'est préoccupé que de régir les

[971] G. TEUBNER (Ed.), *Global Law Without a State*, Dartsmouth, Aldershot, 1996 ; W. WINNING, *General Jurisprudence : Understanding Law From a Global Perspective*, Cambridge, Cambridge UniversityPress, 2009 ; B. DE SOUSA SANTOS, *Vers un nouveau sens commun juridique : droit, science et politique dans la transition paradigmatique*, Paris, LGDJ, 2004.

rapports entres les États, sans s'occuper de ce qui pouvait se passer à l'intérieur de ceux-ci. Ce schéma rudimentaire constitue encore la toile de fond de la société internationale à l'heure actuelle, malgré la réalité toujours plus prégnante de la « globalisation », laquelle rend illusoire toute autarcie étatique.Les constructions intellectuelles visant à démontrer les transformations du droit moderne à l'ère globale se concrétisent imanquablement dans les textes de l'UNESCO et dans le travail de cette organisation.

La globalisation est source d'une normativité réticulaire qui postule le deuil d'une hiérarchie harmonieuse des normes présentée sous la forme pyramidal. Elle oppose à cette construction une régulation élaborée et mise en œuvre par différents acteurs situés en réseaux et non plus hiérarchisés. Cet affaiblissement des Léviathans paraît ouvrir une niche favorable à l'évolution d'autres organismes normatifs, de formes diverses, qui investissent les décombres et les interstices entre les droits nationaux et le droit international. Comme le souligne avec finesse Laurence Boisson de Chazournes : « *La mondialisation et le lot de complexité et d'interdépendance qu'elle entraîne avec elle met fin au modèle linéaire de la pensée du droit international et consacre l'avènement d'un modèle circulaire ou récursif en vertu duquel une pluralité d'acteurs se succède aux commandes du navire affréteur du processus normatif. La régulation présente alors l'image d'un rhizome et traduit l'existence de « poches d'autonomie normative»" qui n'ont point besoin de l'onction étatique pour exister et produire des effets juridiques* »[972].

Les normes surgissent de toutes parts, proclamées par autant de législateurs improvisés, publics ou privés. Ces réseaux d'acteurs nouveaux sur la scène internationale et témoigne de l'hétéronomie de l'ordre juridique international. Bien entendu, cette démultiplication extrême du droit nuit à son efficacité. Comme l'exprime Wittgenstein « Suivre une règle, c'est suivre

---

[972]L.BOISSON DE CHAZOURNES, « Gouvernance et régulation au 21ème siècle : quelques propos iconoclastes ». In: *Société internationale en mutation : quels acteurs pour une nouvelle gouvernance ?*Bruxelles : Bruylant, 2005. p. 19-40, p.23.

la même règle »[973]. Sichacun suit sa propre règle, cela revient en pratique au même que s'il n'y avait pas de règle du tout. Reconnaître cette « incontinence » systémique ne signifie pas réévaluer ou réinventer un cadre « institutionnaliste » oeuvrant comme « narrateur omniscient » mais plutôt reconnaître le surgissement et la prospérité d'une situation chaotique dans laquelle se dupliquent et/ou se multiplient les instances de *governance*.Le paradigme du « réseau » est alors privilégié car plus apte à faire coexister des valeurs diverses et des systèmes.

La sauvegarde de l'humanité et de la liberté des hommes au-delà de l'Etat exige d'être en mesure d'articuler l'intérêt géneral au niveau global. L'UNESCO développe une boite à outil utile à la gouvernance globale et propose l'émergence de nouveaux paradigmes.Après une période de conception de la supériorité ontologique des civilisations[974] l'adoption de la Charte des Nations Unies et l'accélération du processus de décolonisation dans la deuxième moitié du 20ième siècle on en est arrivé, à quelques exceptions près, à une planète dont le territoire est entièrement couvert d'États souverains, en principe égaux en droit. La nouvelle configuration du droit international prend en compte des nouvelles légitimations intellectuelles ; bien des idées reçues sont remises en cause, les idées largement acceptées allaient devenir des idées obsoletes. L'UNESCO, en vertu du mandat qui lui est assigné par son Acte constitutif, a vocation à développer la solidarité et la coopération intellectuelle sous toutes ses formes. Le Préambule de l'Acte constitutif de l'UNESCO affirme que « la dignité de l'homme exigeant la diffusion de la culture et de l'éducation de tous en vue de la justice, de la liberté et de la paix, il y a là, pour toutes les nations, des devoirs sacrés à remplir dans un esprit de mutuelle assistance ».

---

[973] L. Wittgenstein, *Investigations philosophiques*, Paris, Gallimard, 1961, § 199.

[974] J.HORNUNG, « civilisée et barbares »Revue de droit international et de législation comparée, 1885,t XVV,p.7 ; Le droit international public, dans ses théories et pratiques exprimait bien cette volonté de limiter l'applicabilité du droit à un cercle restreint d'État. Ceux qui n'étaient pas partie de ce cercle privilégié n'avaient pas les mêmes droits.

Avec la mise en place de l'ordre mondial néolibéral dans les années 1980 et sa consolidation dans les années 1990, la régulation du complexe institutionnel mondial en est venue à ne plus reposer que sur l'intervention des États. Il s'agit ici de montrer comment, dans les nouvelles conditions provoquées par la mondialisation, l'UNESCO a réévalué l'universel et l'orientation humaniste, et a remplacé le profil strictement intergouvernemental à une réponse mondiale. Si l'UNESCO a proposé, puis poursuivit de manière cohérente, la mise en œuvre d'un modèle de gouvernance globale qui englobe non seulement les projets culturels et éducatifs, mais aussi éthiques et politiques ambitieux, elle rencontre plusieurs difficultés.

Aux dires de René Maheu, directeur général de l'UNESCO de 1961 et 1974, les auteurs de l'Acte constitutif ont effectivement prévu « deux grandes voies pour permettre à l'UNESCO d'élargir son audience et ses possibilités d'action en dépassant le cadre intergouvernemental qui définit sa structure ». Il s'agit d'une part de la création dans tous les États membres de commissions nationales et, d'autre part, des rapports que l'UNESCO entretient avec les organisations internationales non gouvernementales[975]. Koïricho Matsuura vient à la même conclusion : « *Au moment où se dessinent les contours d'un système qui, en deçà et au delà des relations interétatiques, devient à proprement parler mondial, le besoin se fait sentir, dans de nombreux domaines de la vie économique, sociale et culturelle, de définir de nouvelles règles du jeu, d'établir des normes et des principes de régulation, ou tout simplement de fonctionnement, qui puissent être acceptables pour tous, parce qu'ils reposent sur des valeurs reconnues et partagées par tous* [976]».

---

[975]R.MAHEU, Allocution de M. René Maheu à l'ouverture de la quatorzième Conférence des organisations internationales non gouvernementales entretenant des relations de consultation, 1973, UNESCO. DG/73/17.

[976]Koïricho Matsuura, Directeur général de l'UNESCO cité par Patrice Meyer-Bisch, « L'éthique économique : une contrainte méthodologique et une condition d'effectivité des droits humains », UNESCO, *Rapport à la réunion d'experts, Ethique économique, défis et stratégies pour l'UNESCO, 2003, p.1.*

L'UNESCO a fait preuve d'une résilience stratégique remarquable aux changements fondamentaux produits dans le système international, aussi bien qu'aux défis successifs auxquels elle a été exposée et dont elle est en fait sortie fortifiée. Ce fut d'abord le cas avec la guerre froide, qui menaça l'intégrité de sa structure voire de son existence. Avec la mondialisation, elle est en mesure pour la première fois de faire ce pourquoi elle avait été créée avec l'ensemble des moyens dont elle avait été dotée à cet effet.

L'Organisation revendique ainsi aujourd'hui une modalité d'action fondée sur le travail de divers acteurs qui ensemble constituent une communauté internationale. Cette communauté se compose, entre autres, des gouvernements, des parlementaires, des commissions nationales, des associations, des ONG, des médias, des institutions scientifiques et culturelles, des entreprises, des écoles ainsi que de l'ensemble de la famille des Nations Unies. Ce sont ces acteurs sociaux qui donnent vie aux idéaux et aux valeurs de l'UNESCO partout dans le monde, aux niveaux international, national et local[977]. C'est dans ce sens que le travail idéologique accompli par le discours de l'UNESCO dépasse largement le cadre des États et s'adresse directement aux représentants de la société civile. De plus en plus les ONG « *influent, parfois de façon déterminante, sur la formation de mentalités juridiques ("*opiniones juris*"), c'est-à-dire sur la prise de conscience par les États et leurs ressortissants des nécessités juridiques imposées par les évolutions économiques, politiques et sociales dans un monde de plus en plus transnational* »[978]. Par exemple, afin de promouvoir la diversité culturelle, deux réseaux transnationaux de société civile se sont établis: le Réseau international pour la diversité culturelle (RIDC) et les Coalitions pour la diversité culturelle.

---

977 UNESCO, 2004, *Communautés UNESCO.* En ligne: <http://portal.unesco.org/frlev.php.

978 P.-M. DUPUY et Y. KERBRAT, *Droit international public*, Paris, Dalloz, 2010, p. 2.

2. Le droit de l'éducation dans une économie mondialisée

Selon Manfred Nowak l'éducation permet à l'individu de développer librement sa personnalité et sa dignité, rend possible sa participation active à la vie sociale dans un esprit de tolérance, favorise le respect des parents et des valeurs nationales et le souci de l'environnement, et contribue au développement des droits de l'homme[979].Il affirme qu'il ya une convergence d'objectifs entre le droit à l'éducation et le droit au développement, tous deux tendant au plein respect et à la protection de tous les droits de l'homme[980] .

L'UNESCO dès sa création réfléchit sur l'élaboration d'une charte des droits de l'homme. Elle demande à des intellectuels, philosophes, anthropologues, juristes, etc. de rédiger des documents sur la possibilité d'un accord international sur les droits de l'homme universels, fondés sur les valeurs communes[981]. Ces années sont aussi des années d'intenses activités normatives pour l'UNESCO : notamment l'adoption de la Convention concernant la lutte contre la discrimination dans le domaine de l'enseignement (1960). Cette Convention occupe une place primordiale parmi les instruments normatifs de

---

[979]Manfred Nowak, The right to education", *in* A. Eide *et al.*, *Economic, Social and Cultural Rights*, Dordrecht, M. Nijhoff, 1995, p.12.

[980] Ibid, p.198.

[981]L'UNESCO a entreprit de consulter des philosophes sur les interprétations et justifications rationnelles possibles pour les droits de l'homme. Un questionnaire fut envoyé à environ 150 personnalités du monde entier (philosophes, scientifiques, écrivains…). Les conclusions de l'enquête furent rédigées, dans un texte datée de juillet 1947 et intitulé Pour une nouvelle déclaration des droits de l'homme, par un comité d'experts présidé par Edward H. Carr et comprenant Richard O. Mc Keon, Pierre Auger, Georges Friedmann, Harold J. Laski, Chun-Shu et Loc Somerhausen. Elles furent transmises à la Commission des droits de l'homme et on sait que cette enquête l'influença. Les principales contributions des philosophes consultés devinrent un livre publié en 1949 et préfacé par Jacques Maritain. Ce sont notamment celles de Gandhi, Benedetto Croce, Aldous Huxley, Salvador de Madriaga, Pierre Teilhard de Chardin et de Maritain lui-même. Patrice VERMEREN, La philosophie saisie par l'UNESCO, Voir : http://portal. UNESCO.org/shs/fr/file_download.php/69.

l'UNESCO relatifs à l'éducation. Elle établit un cadre normatif et les éléments essentiels du droit à l'éducation, assortis d'obligations internationales. Son cœur normatif est l'interdiction de la discrimination : Rendre accessible à tous en pleine égalité, en fonction des capacités de chacun, l'enseignement supérieur (art4).

La Convention sur la lutte contre la discrimination dans le domaine de l'enseignement , conclue en 1960, inclut le droit des personnes appartenant à des minorités : «il importe de reconnaître aux membres des minorités nationales le droit d'exercer des activités éducatives qui leur soient propres, y compris la gestion d'écoles et, selon la politique de chaque Etat en matière d'éducation, l'emploi ou l'enseignement de leur propre langue» (art. 5 §1c). Notons en outre que deux déclarations de l'UNESCO reconnaissent les droits des minorités : celle sur la race et les préjugés raciaux de 1978, qui déclare que «tous les individus et tous les groupes ont le droit d'être différents, de se concevoir et d'être perçus comme tels» (art. 1).

Dans son article 5, la Convention de l'UNESCO concernant la lutte contre la discrimination dans le domaine de l'enseignement lie explicitement les objectifs propres à l'éducation en général aux valeurs de solidarité : « 1. Les États parties à la présente Convention conviennent : a) que l'éducation doit viser au plein épanouissement de la personnalité humaine et au renforcement du respect des droits de l'homme et des libertés fondamentales et qu'elle doit favoriser la compréhension, la tolérance et l'amitié entre toutes les nations et tous les groupes raciaux et religieux, ainsi que le développement des activités des Nations Unies pour le maintien de la paix ».Le même article traite aussi de la question des minorités nationales : « b) Qu'il importe de reconnaître aux membres des minorités nationales le droit d'exercer des activités éducatives qui leur soient propres, y compris la gestion d'écoles et, selon la politique de chaque État en matière d'éducation, l'emploi ou l'enseignement de leur propre langue ».

La production et la diffusion de contenus éducatifs, scientifiques et culturels, la conservation du patrimoine numérique, la qualité de l'enseignement et de l'apprentissage sont autant de composantes essentielles des sociétés de la connaissance et du dévelopement. Rappelons d'emblée que les droits culturels est un ensemble nébuleux qui regroupe notamment, le droit à la liberté d'expression, le droit de bénéficier des progrès scientifiques et ses application, le droit de bénéficier de la protection des intérêts matériels et moraux découlant de toute production scientifique, artistique et littéraire, la liberté scientifique et culturelle et le droit à l'éducation.

Plusieurs lignes essentielles du Plan d'action pour la mise en œuvre de la Déclaration universelle de l'U.N.E.S.C.O. sur la diversité culturelle font référence à la nécessité de sauvegarder et de promouvoir la diversité linguistique et à l'éducation .La ligne 6 affirme qu'il faut « e*ncourager la diversité linguistique dans le respect de la langue maternelle à tous les niveaux de l'éducation, partout où c'est possible, et stimuler l'apprentissage du plurilinguisme dès le plus jeune âge* ».

Le droit à l'éducation figure parmi les droits fondamentaux de l'être humain. Il est aussi considéré comme la clef de l'exercice des autres droits liés à la personne humaine. C'est un droit qui contribue d'une manière très décisive à l'autonomisation de l'individu. Il constitue à cet égard un outil principal pour la personne humaine, notamment pour les personnes économiquement et socialement marginalisées, pour sortir de la misère et de la pauvreté. Qu'elle soit conventionnelle ou non, basée sur la famille ou la communauté, l'éducation est essentielle pour perpétuer une culture ou la culture en général. L'éducation a toujours été considérée comme la pré-condition indispensable au développement de la société, à la réalisation des changements structurels dans tous les domaines de l'activité sociale, culturelle et économique. Elle a été reconnue aussi comme un facteur essentiel pour assurer la continuité des connaissances approfondies de la réalité socio-économique et de son évolution historique d'un pays donné ainsi que pour exercer une influence sur son développement[982].

La marchandisation actuelle de l'éducation pose ainsi la question cruciale de sa propre finalité : vise-t-elle à créer un monde ou à former un homme ? En effet, le souligne Raymond Ranjeva, il n'est pas évident que l'homme soit encore aujourd'hui le pôle d'intérêt principal sinon exclusif de l'organisation des relations sociales[983]. La primauté de l'homme et de ses droits ne représente pas un impératif et ne saurait faire obstacle à l'effectivité de la loi naturelle du marché et au caractère inéluctable de son avènement.Conscient que le développement complet de l'individu, de sa dignité et de sa valeur absolue s'enracinent dans l'éducation, de par sa mission, l'UNESCO se trouve au cœur des enjeux globaux.

Le principal objectif de la communauté internationale dans le nouveau siècle est la création de ce qu'il est convenu d'appeler « la société de la connaissance ».Étant à la base de la nouvelle société du savoir, les systèmes éducatifs ont besoin, comme le souligne la Commission européenne, d' *«une transformation radicale » pour rendre accessible en permanence un choix d'éducation et de formation à tous les citoyens »*[984]. A notre avis, ce changement ne peut se comprendre de manière adéquate sans le situer dans un contexte global.

Le refus du fatalisme représente le rejet de l'exclusion de l'espace où est exercée la parole pour apporter une interpellation du discours dominant. Nous disposons actuellement d'un cadre normatif et d'une herméneutique complets en ce qui concerne le

---

982 C'est dans l'arrêt *Campbell et Cosans c. Royaume-Uni* (25 février 1982, § 33, série A no 48), que la Cour a défini le concept d'éducation : « *(...) l'éducation des enfants est la somme des procédés par lesquels, dans toute société, les adultes tentent d'inculquer aux plus jeunes leurs croyances, coutumes et autres valeurs »*.

983 Communication de Raymond Ranjeva *Acte conversation .fr-CCIC-UNESCO* En ligne : www.ccic- UNESCO.org/actus/Acte_conversation-Francais-02-2004-10.doc.

984 Commission européenne, *Réaliser un espace européen de l'éducation et de la formation tout au long de la vie*, 2001.

droit à l'éducation. La Déclaration Universelle de l'UNESCO sur la diversité culturelle qui a introduit dans la norme réglant l'éducation les notions de qualité et d'identité culturelle, est, à ce titre, une contribution essentielle malgré la timidité de certaines dispositions. La politique générale de l'UNESCO a été de rappeler aux différents acteurs publics et privés que l'éducation et les biens et les services culturels, en général, ne peuvent pas être traités comme des marchandises comme les autres. Dans ce contexte, l'éducation devrait cesser d'être une « affaire de l'Etat » pour devenir une « affaire de tous », seul moyen : qu'elle réponde au standard défini par l'UNESCO (Déclaration de Dakar, 2000) : *« toute personne a droit à une éducation et à une formation de qualité qui respectent pleinement son identité culturelle »* (Déclaration sur la diversité culturelle, art. 5).

Les rédacteurs de la Déclaration ont attaché une telle importance à la question de la diversité culturelle qu'ils ont estimé nécessaire de lui consacrer un article spécifique, l'article 12, intitulé « Respect de la diversité culturelle et du pluralisme », d'après lequel, « *il devrait être tenu dûment compte de l'importance de la diversité culturelle et du pluralisme. Toutefois, ces considérations ne doivent pas être invoquées pour porter atteinte à la dignité humaine, aux droits de l'homme et aux libertés fondamentales ou aux principes énoncés dans la présente Déclaration, ni pour en limiter la portée* ». Les politiques linguistiques étatiques peuvent permettre de réaliser cet environnement favorable au maintien de l'usage de certaines langues par différents moyens, principalement la reconnaissance et la protection des langues minoritaires ainsi que des actions dans le domaine de l'éducation comme la promotion de l'enseignement en langue maternelle. Il convient pour le moment examiner l'incidence des autres instruments de l'UNESCO sur la gouvernance globale à travers quelques exemples.

B. **La cohérence conventionnelle des instruments normatifs de l'UNESCO**

De sa création à nos jours, les actions de l'UNESCO se sont généralement révélées trop fragmentées, dispersées, éparpillées pour exercer une influence significative dans le monde, ainsi que la montre l'étude de l'image de l'UNESCO et de son action culturelle dans l'opinion publique[985].Mais une analyse fine de son action normative révèle que les instruments de l'UNESCO ont considérablement influencé le droit international général.

1. L'affirmation de l'impérativité du principe de respect de la dignité humaine

Très nombreux sont les textes internationaux qui font référence au principe de dignité. Le préambule de la Déclaration universelle des droits de l'homme (de 1948) associe étroitement deux aspects essentiels indispensables pour comprendre la dignité humaine : (1) les droits de l'homme sont déclarés « considérant que la reconnaissance de la dignité inhérente à tous les membres de la famille humaine et de leurs droits égaux et inaliénables constitue le fondement de la liberté, de la justice et de la paix dans le monde. Considérant que la méconnaissance et le mépris des droits de l'homme ont conduit à des actes de barbarie qui révoltent la conscience de l'humanité et que l'avènement d'un monde où les êtres humains seront libres de parler et de croire, libérés de la terreur et de la misère, a été proclamé comme la plus haute aspiration de l'homme. ».

Ainsi, la Déclaration sur la protection du génome humain, élaboré par l'Unesco et adopté par l'Assemblée générale de l'ONU inscrit dans son article 1 le principe selon lequel « la protection du génome humain a pour but la sauvegarde de l'intégrité de l'espèce humaine comme valeur en soi, ainsi que la dignité de chacun de ses membres ». De même la Déclaration

985 Chloé Maurel, « L'UNESCO de 1945 à 1974 », thèse de doctorat d'histoire contemporaine, université Paris I, 2006, p. 924-932.

universelle sur la bioéthique et les droits de l'homme adoptée par la Conférence générale de l'Unesco le 19 octobre 2005, précise dès l'article premier que « La dignité humaine, les droits de l'homme et les libertés fondamentales doivent être pleinement respectés».

Le principe de non-discrimination, inscrit dans la Charte des Nations Unies, est un principe fondamental, dont l'importance est de plus en plus reconnue et reflétée dans d'autres instruments négociés sous les auspices de l'UNESCO[986]. Reconnaissant que la Convention et la Recommandation concernant la lutte contre la discrimination dans le domaine de l'enseignement constituent une pierre angulaire du processus de l'éducation pour tous, le conseil exécutif de l'UNESCO[987] a renforcé le droit d'accès non discriminatoire comme un élément déterminant de la dignité humaine proclamé par la Charte et dans ses textes fils, qu'ils soient du *soft law* (droit vert plus que mou)[988].

2. L'UNESCO et la consécration du patrimoine commun de l'humanité

La communauté des intérêts et des bénéfices de l'humanité a conduit impérieusement à la notion de patrimoine commun de l'humanité, notion dont la nature n'est pas philosophique mais juridique. Au sein de l'UNESCO, s'est édifié un système culturel qui tend à placer l'humanité d'aujourd'hui sous l'emprise progressive des valeurs d'égalité et celle de demain dans la perspective de sa pérennité. L'UNESCO a ouvert la voie

---

[986]Voir P. M. Dupuy, « L'Incidence des instruments juridiques adoptés par l'UNESCO sur le droit international général » in 'Action normative à l'UNESCO, volume I: élaboration de règles internationales sur l'éducation, la science et la culture, essais à l'occasion du 60e anniversaire de l'UNESCO, p.374. Ce principe est mis en exergue dans les résolutions adoptées par l'Assemblée générale des Nations Unies ainsi que par l'ex-Commission des droits de l'homme et le Conseil des droits de l'homme.

[987]Décision 170 EX/28 du avril 2005.

[988]Leur convergence substantielle répétitive contribue à façonner progressivement l'existence d'une conviction juridique ou *opinion juris*.

en classant un certain nombre de sites et de monuments dans le patrimoine commun de l'humanité. C'est aussi à cette notion que se réfèrent ceux qui voudraient apporter une solution à des problèmes insolubles, comme celui du statut de Jérusalem. Ville mère des trois grandes religions monothéistes du monde, Jérusalem ne retrouvera la paix, pour certains esprits éclairés, que le jour où la communauté internationale[989] lui définira un statut particulier correspondant à cette notion.

Le concept de patrimoine commun a lentement émergé dans l'action normative de l'UNESCO. L'acte constitutif de l'UNESCO dispose que cette agence veille à la conservation et à la protection du patrimoine universel dans une acception très culturelle (livres, monuments, œuvres d'art). La Convention pour la protection du patrimoine mondial, culturel et naturel de 1972 constate, dans son préambule, que la disparition de ce patrimoine culturel et naturel appauvrit de manière néfaste le patrimoine des peuples du monde et détaille, dans ses articles premier et deuxième, la notion de patrimoine culturel et naturel.

La Déclaration des principes de la coopération culturelle internationale de l'UNESCO de 1966 déclare dans son article premier: paragraphe 3 : « *Dans leur variété féconde, leur diversité et l'influence réciproque qu'elles exercent les unes sur les autres, toutes les cultures font partie du patrimoine commun de l'humanité* ».Se situant sur un plan éthique, la Déclaration universelle de l'UNESCO sur la diversité culturelle adoptée le 2 novembre 2001, reconnaît la diversité culturelle comme « patrimoine commun de l'humanité ». La Déclaration prend au sérieux la diversité culturelle en affirma l'égale dignité des cultures. L'égale dignité signifie qu'il convient de supposer *a priori* que chaque culture, comprise comme ensemble de références culturelles située dans le temps, possède un potentiel

---

[989]Pour un examen général de cette notion, voir A.TRUYOL Y SERRA, « Genèse et structure de la société internationale », R.C.A.D.I., 1959, tome I, volume 95, pages 557-640. Pour un examen critique de cette notion, voir G.SCELLE, « Le concept de société internationale », J.D.I., 1935, pages 7-35.

d'universel qui peut contribuer au patrimoine de l'humanité, à notre compréhension commune[990].

§2. L'UNESCO ET PROTECTION DU PATRIMOINE CULTUREL

Lorsque l'on traite de patrimoine, il convient d'envisager cette notion dans un sens large, incluant aussi bien le patrimoine naturel que culturel, matériel et immatériel. Le droit international applicable aux biens culturels a connu un progrès constant et remarquable. Des dispositions relatives à la restitution mutuelle d'« archives, écrits et autres biens meubles », figurent déjà dans les Traités dits de Westphalie. À la veille du XXe siècle, l'idée d'une poursuite judiciaire des responsables de destruction du patrimoine par une puissance occupante fait son apparition[991]. La déclaration de Bruxelles, qui ne fut jamais ratifiée, fut un pas dans la création de règles concernant le patrimoine culturel[992]. La conférence internationale de la paix de 1907 donna naissance aux Conventions de la Haye qui précisent et élargissent les règles concernant les biens culturels. Ces réglementations, bien que encore insuffisantes, ont connu une force nouvelle à partir de la création de l'UNESCO. Avec sa création, de nombreux traités multilatéraux ont été adoptés et ont contribué à donner une définition précise de concept de « patrimoine culturel » jadis élusif et fragmenté[993].

---

[990]Voir, Patrice MEYER-BISCH, Analyse des droits culturels, *Droits fondamentaux*, n° 7, janvier 2008 – décembre 2009, p.23.

[991]Nahlik, La protection internationale des biens culturels en cas de conflit armé, dans Recueil des cours de l'Académie de Droit International de La Haye, vol. I, 1967, p.65.

[992]Dans cette déclaration, « toute saisie ou destruction intentionnelle de semblables établissements, des monuments, des œuvres d'art ou des musées scientifiques, doit être poursuivie par l'autorité compétente » si ces établissements ne sont pas utilisés à des fins militaires, bien sûr. Elle assigne également des devoirs aux occupés, tel que « désigner ces édifices par des signes visibles spéciaux à indiquer d'avance par l'assiégé.

[993]Francesco FRANCIONI, « Au-delà des traités: l'émergence d'un nouveau droit coutumier pour la protection du patrimoine culturel », Revue générale de droit international public, Vol. 111, N° 1, 2007, p.19.

Des obligations de prévention et de répressions du trafic illicite des biens culturels meubles, de protection des biens culturels en cas de conflit armé, ont été reconnues par un nombre croissant d'États(A). Le concept innovateur de « patrimoine mondial » a fourni la base pour le développement d'un système de coopération internationale pour la conservation et la mise en valeur de certains biens culturels et naturels de valeur exceptionnelle universelle[994].La prévention et la répression du trafic illicite des biens culturels participent également de la protection de la diversité culturelle(B).

A. L'obligation de protéger les biens culturels en cas de conflit armé

Les patrimoines culturels participent de la diversité culturelle. Le patrimoine irakien, pour ne citer que lui, qui est situé à un carrefour majeur entre Orient et Occident, est souvent, à juste titre, considéré comme le berceau des civilisations et suscite actuellement de vives inquiétudes. Son patrimoine culturel exceptionnel témoigne de la création des premières cités, de la naissance de l'écriture, ainsi que de l'existence des textes poétiques et juridiques les plus anciens. Son histoire a été marquée par l'avènement successif de plusieurs royaumes prestigieux dès le quatrième millénaire avant l'ère chrétienne, au rang desquels on peut citer le Sumérien, le Babylonien, l'Assyrien, l'Achémide et l'Abbaside. Depuis la Guerre du Golfe de 1991, le patrimoine culturel iraquien a malheureusement été victime tout à la fois de négligence et de pillages des musées, des bibliothèques et des sites archéologiques.

Les auteurs qui abordent la question de la protection des biens culturels en cas de conflit armé montrent unanimement que le droit international classique posait très peu de limites à la liberté des États de détruire ou de piller les biens artistiques ou historiques de l'adversaire. C'est avec les Règlements de La

[994] Ibid, p.20.

Haye de 1899 et 1907 qu'apparaît enfin pour la première fois l'idée que toute saisie, destruction ou dégradation intentionnelle de monuments historiques, d'œuvres d'art et de science est non seulement interdite mais doit être également poursuivie (article 56, alinéa 2). La Convention pour la prévention et la répression du crime de génocide (art.2), interdit également la destruction délibérée de la culture d'un peuple.

Il convient de noter que la protection n'est pas accordés aux biens culturels, mais d'une manière fragmentaire, à certains biens de manière empirique, comme site historique, religieux et éducationnel. En plus la protection est conditionnée par la clause « *si omnes* » qui affaiblit considérablement le caractère normatifs des dispositions conventionnelles[995]. C'est après la deuxième guerre mondiale, avec l'adoption de la Charte des Nations Unies, que le contexte historique devient favorable à l'élaboration sur le plan universel, de principes généraux en matière de protection des biens culturels en cas de conflit armé[996].

La résolution 6.42 de 1949 prise à la IVe session de la Conférence générale de l'UNESCO, attirant l'attention sur la défense des biens de valeur culturelle, fut le départ d'une profonde étude des biens culturels en cas de conflit. Après plusieurs rapports et projets de convention soumis aux États membres, une conférence intergouvernementale tint place à La Haye, afin d'adopter une convention internationale sur les biens culturels en cas de conflit armé. Il faudra donc attendre la Convention de La Haye de 1954 pour trouver une première référence concrète à la question. En vertu de cet instrument, la destruction et le pillage de biens culturels, l'utilisation abusive du signe distinctif, l'agression, le vol, ainsi que toute forme de menace dirigée contre le personnel affecté à la protection des biens culturels sont passibles de sanction. Cette Convention constitue l'un des instruments les plus importants pour la protection des biens culturels en droit international contemporain.

---

[995] Francesco FRANCIONI, *op.cit*, p.23.
[996] Idem.

Comme le souligne Vittorio Mainetti, Après l'adoption de la Convention de La Haye de 1954, le processus de criminalisation des atteintes au patrimoine culturel a suivi trois lignes principales d'évolution: la réaffirmation et le développement du droit international humanitaire, l'évolution du droit international pénal, et l'émergence d'un droit international de la culture[997]. C'est ce versant pénal qu'il importe de souligne ici. Il apparait à travers le deuxième protocole additionnel à la Convention de La Haye de 1954 qui répond à deux exigences : adapter la convention de La Haye aux réalités des conflits contemporains, y compris les conflits non internationaux ; à harmoniser la Convention de La Haye avec les nouveaux instruments, du droit international, comme le Statut de la Cour Pénale Internationale.

L'article 8 du statut de la cour pénale internationale définit les «crimes de guerre » que les biens culturels sont envisagés. Cet article, long et complexe, est une reformulation de l'ensemble du droit international des conflits armés existant. Celui-ci distingue deux catégories d'infractions qualifiées de «violations graves»: 1) l'interdiction de lancer des attaques et de détruire délibérément des biens non défendus et 2) l'interdiction de pillage, de saisie et de destruction de biens de l'ennemi. Parmi les violations graves appartenant à la première catégorie, on trouve: «Le fait de lancer des attaques délibérées contre des bâtiments consacrés à la religion, à l'enseignement, à l'art, à la science ou à l'action caritative, des monuments historiques (...), pour autant que ces bâtiments ne soient pas des objectifs militaires[998]. Le tout dernier développement en la matière est représenté par le Statut du Tribunal spécial pour l'Irak, approuvé par l'Autorité provisoire le 10 décembre 2003, qui prévoit aussi des dispositions visant les biens culturels, notamment, l'article

[997] Vittorio MAINETTI, Des crimes contre le patrimoine culturel? Réflexions à propos de la criminalisation internationale des atteintes aux biens culturels » communication au Forum de recherche de la SEDI sur le droit international: Problèmes contemporains, Genève, jeudi 26-samedi 28 mai 2005, p.9.

[998] Article 8, paragraphe 2, lettre (b), (ix) (pour les conflits armés internationaux) et article 8, paragraphe 2, lettre (e), (iv) (pour les conflits armés non internationaux).

13 (crimes de guerre), alinéas b/10 et d/4; et l'article 12 (crimes contre l'humanité), alinéa 8.

La grande nouveauté du second protocole est qu'il englobe non seulement les conflits armés non internationaux (cf. annexe 3, article 22) mais aussi qu'il consacre un devoir d' « ingérence culturelle » en cas de violations graves. Son article 31 prévoit que : « *dans les cas de violations graves du présent Protocole, les Parties s'engagent à agir, tant conjointement, par l'intermédiaire du Comité, que séparément, en coopération avec l'UNESCO et l'Organisation des Nations Unies et en conformité avec la Charte des Nations Unies*»[999].Cette disposition semble annoncer la possibilité d'une sorte d'*actio popularis* lorsque les violations du Deuxième Protocole constituent des «violations graves». Il ne s'agit d'ailleurs pas d'une simple possibilité offerte aux Parties mais d'une obligation : elles sont en effet tenues («s'engagent à agir») de ne pas tolérer que certaines violations puissent avoir lieu. Cet article envisage un véritable devoir d'intervention, ce qu'on pourrait appeler un «devoir d'ingérence culturelle ».

Le 17 octobre 2003, la conférence générale de l'UNESCO a adopté par consensus la Déclaration concernant la destruction intentionnelle du patrimoine culturel qui s'applique en tant de paix et en tant de guerre[1000].Un an après cette déclaration, la destruction intentionnelle d'un bien d'importance historique et culturelle a été qualifiée comme illicite au sens du droit international coutumier par la jurisprudence internationale. Dans le cas de la destruction de la Stela de Matara dans le contexte

---

[999] L'article 89 reprend, à son tour, *mutatis mutandis*, le même schéma conceptuel que l'article 56 de la Charte de Nations Unies, visant la coopération au respect universel et effectif des droits de l'homme et des libertés fondamentales, en vue d'assurer des relations pacifiques et amicales entre les nations. Voir Y.Sandoz, C. Swinarski et B. Zimmermann (sous la dir.), *Commentaire des Protocoles additionnels du 8* juin 1977 aux Conventions de Genève du 12 août 1949, Genève, CICR/Martinus Nijhoff, 1986, pp. 1055-1059.

[1000]Voir la Déclaration de l'UNESCO concernant la destruction intentionnelle du patrimoine culturel (Paris, septembre-octobre 2003), qui contient des dispositions visant la responsabilité pénale internationale.

d'un conflit qui avait opposé l'Erythrée à l'Éthiopie dans les années 1998-2000, la commission de réclamation, établie par les accords de paix conclus à Alger le 12 décembre 2003,a décidé que l'Éthiopie devait être tenue responsable, en tant qu'Etat occupant, de la destruction intentionnelle de la Stela, objet de grande d'importance historique pour l'Érythrée. Comme ni l'Érythrée ni l'Éthiopie n'étaient pas partie à la Convention de 1954, cette décision est d'une grande importance pour la construction du droit international coutumier faite par la Commission en matière de protection des biens culturels en cas de conflit armé. Dans le paragraphe 113 de la décision, la Commission reconnait expressément « that the felling of Stela was a violation of customary international humanitarian law »[1001]. En droit international coutumier, si un acte délictueux a été commis, l'État responsable est tenu, *inter alia*, de rétablir si possible le *statu quo ante* (*restitutio in integrum*).

Dans la pratique internationale récente, la règle selon laquelle les biens culturels ne peuvent pas être enlevés en temps de guerre et doivent ainsi être restitués acquiert aujourd'hui un champ assez large. Le Chili a rendu au Pérou les biens culturels qu'il lui avait enlevés 126 ans plus tôt. L'Italie a restitué à l'Éthiopie un monument qu'elle lui avait enlevé 68 ans plus tôt et s'est chargée d'améliorer la situation initiale en le réinstallant[1002]. L'Italie a rendu à la Libye une statue qu'elle lui avait enlevé 93 ans plus tôt, non seulement pour respecter des principes éthiques, mais aussi en application du droit international coutumier[1003].

[1001] PARTIAL AWARD, Central Front, Ethiopia's Claim , The Hague, April 28, 2004,§ 2, 4,6,8 et 22

[1002]Conseil exécutif de l'UNESCO, *Décisions adoptées par le Conseil exécutif à sa 180e session*, document 180 EX/Décisions du 17 novembre 2008, p.55.

[1003] Le 31 août 2008, à l'occasion d'une visite du Président du Conseil des Ministres italien, l'Italie a restitué à la Libye la statue de la Vénus de Cyrène ; statue de marbre sans tête datant du IIe siècle avant Jésus-Christ.

B. La prévention et la répression du trafic illicite des biens culturels

Deux conventions codifient la lutte contre le trafic des biens culturels : la Convention de l'UNESCO de 1970 et la Convention Unidroit de 1995[1004]. Leur rôle est complémentaire face à la question du trafic illégal de biens culturels. La Convention de l'UNESCO relative aux mesures à prendre pour interdire et empêcher l'importation, l'exportation et le transfert de propriété illicite de biens culturels va nous intéresse ici. Les mouvements illégaux peuvent résulter non seulement de vols, mais aussi d'infractions à la législation nationale interdisant ou limitant l'exportation des biens culturels du territoire national. On tentera de souligner certains principes généraux dont sont inspirés les deux traités.

Au début des années 1970, un grand nombre de conservateurs et collectionneurs de premier plan, tant du domaine public que privé, considéraient cette Convention comme une restriction injustifiée au bon fonctionnement du marché. Entrée en vigueur en 1972 pour lutter contre le trafic de biens culturels, elle ne s'adresse qu'à un certain type de biens : les biens meubles. Les États s'engagent, dans cette convention, sur quatre mesures essentielles, comprises dans les articles 6 et 7 ; la première est d'instaurer un contrôle sur l'exportation des œuvres, et la possibilité d'interdire toute exportation d'un bien précis.

[1004] Mais le désavantage majeur de cette convention est le nombre d'États-parties : seulement 29 États, dont la plupart sont des États victimes du trafic de biens culturels, l'ont signée, et ni les États-Unis, ni la Grande-Bretagne, les plus grands pays receveurs d'antiquités exportées illicitement, ne l'ont signée. La Convention UNIDROIT a pour but de donner aux victimes individuelles le droit de saisir les tribunaux de leur pays pour que leur soient restitués des objets culturels volés ou exportés illégalement. Pour la Convention UNIDROIT, le commerce illicite des objets culturels cause des torts irréparables qui affectent également le patrimoine de tous les peuples. Sous certaines conditions, le possesseur de bonne foi d'un objet culturel volé ou exporté illégalement a droit à une compensation équitable et raisonnable (article 4, paragraphe 1, et article 6, paragraphe 1). En outre, la Convention UNIDROIT ne peut être appliquée rétroactivement.

Ils prennent également l'engagement d'empêcher l'acquisition d'œuvres exportées illicitement par les musées et institutions semblables. Ils décident d'interdire l'importation sur leurs territoires de biens culturels volés dans un musée ou institution similaire ; enfin, ils doivent prendre toute mesure pour saisir et restituer le bien culturel volé et importé dans leur pays, sous réserve que l'État requérant paye une indemnité équitable. Cette Convention a été signée par tous les États principalement victimes du pillage, comme la Grèce, les États d'Amérique du Sud, ou l'Irak. À ce jour, 119 pays ont ratifié le traité, y compris certains de ceux qui s'étaient toujours montrés les moins favorables à cet instrument, tels que le Japon, la Suisse, le Royaume-Uni, la Suède, le Danemark, la Norvège et l'Allemagne, pour n'en citer que quelques-uns[1005].

Prenant en compte l'importance des biens culturels, la Convention de 1970 énonce l'obligation qu'a chaque État de respecter à la fois son propre patrimoine culturel et celui des autres pays :

« *Considérant que les biens culturels sont un des éléments fondamentaux de la civilisation et de la culture des peuples, et qu'ils ne prennent leur valeur réelle que si leur origine, leur histoire et leur environnement sont connus avec la plus grande précision, Considérant que chaque État a le devoir de protéger le patrimoine constitué par les biens culturels existant sur son territoire contre les dangers de vol, de fouilles clandestines et d'exportation illicite, Considérant que, pour parer à ces dangers, il est indispensable que chaque État prenne davantage conscience des obligations morales touchant au respect de son patrimoine culturel comme de celui de toutes les nations* » (préambule).

La Convention de 1970 a ses limites. Elle n'est pas rétroactive et s'applique aux biens ayant fait l'objet de mouvements illicites après l'entrée en vigueur de la Convention pour les deux États Parties concernés. Elle ne couvre que certains types de

[1005] 119 États sont parties à cette convention. Certains d'entre eux ont émis des réserves qui limitent considérablement l'application de la Convention à leur égard.

mouvements illicites. Le champ d'application est restreint : seuls les biens volés dans les musées peuvent être restitués. Le principe fondamental de la Convention de 1970 est le non-appauvrissement du patrimoine culturel des États d'origine.

Neil Brodie soutient que la situation de trafic illicite est devenue incontrôlable depuis les années 1980[1006]. Il faut souligner qu'une antiquité illicite peut changer d'acquéreur plusieurs fois avant d'être acquise par un collectionneur privé ou institutionnel, et donc les origines illicites de son acquisition sont effacées. Il peut également arriver qu'au bout de centaines, voire de milliers d'années, les objets aient fini par avoir avec l'État de destination un lien plus étroit qu'avec leur pays d'origine. Enfin, dans la Convention, rien n'indique qu'une pièce sera traitée comme volée si le pays requérant ne peut prouver qu'elle a été exportée après la date d'application de la loi nationale. Neil Brodie donne l'exemple de la statue romaine d'Héraclès au repos : La partie supérieure de la statue apparaît aux États-Unis dans les années 1980, mais la partie inférieure de la statue a été découverte à Antalya, en Turquie, en même temps. Mais les propriétaires américains soutiennent que rien ne prouve que la partie supérieure ait été volée après 1906, date de la loi sur le patrimoine de Turquie. La Turquie ne peut donc pas engager de poursuites.

Par ailleurs, inspirés par la Convention de 1970, la majorité des musées ont adopté le *Code de déontologie de l'ICOM pour les musées*, qui énonce un ensemble de principes régissant les musées et les métiers des musées en général, et l'acquisition et le transfert de propriété des collections en particulier. L'UNESCO a également instauré le Code international de déontologie pour les négociants en biens culturels. On note actuellement une augmentation du nombre de pays qui demandent le retour de biens conservés en dehors de leurs frontières et une aide pour reconstituer leur mémoire, notamment l'Afrique qui a perdu près de 95 % de ses biens culturels.

[1006]N. BRODIE, L'Histoire volée : le pillage et le trafic illicite, vol.55, n°3-4 2003, p14.

Un autre instrument multilatéral utilisable pour lutter contre le trafic illégal de biens culturels est la Convention sur la protection du patrimoine culturel subaquatique (Paris, 2001)[1007]. Les parties à la Convention se déclarent « *profondément préoccupées par l'intensification de l'exploitation commerciale du patrimoine culturel subaquatique et, en particulier, par certaines activités tendant à la vente, l'acquisition ou le troc d'élément du patrimoine culturel subaquatique* » (préambule). La Convention prévoit que les États parties doivent prendre des mesures pour saisir le patrimoine culturel subaquatique de leur territoire qui a été récupéré d'une manière non conforme à la Convention (article 18, paragraphe 1). Du fait du statut juridique particulier des eaux marines relevant du droit international, les biens culturels sont soumis à un régime spécial fondé sur le concept de bien public, et une attention particulière est accordée aux intérêts des États ayant « un lien vérifiable » avec l'objet[1008].

Les objets enlevés de leur contexte dans un but lucratif ne peuvent guère fournir d'informations sur l'histoire et la culture des endroits souvent inconnus d'où ils ont été enlevés et sur les

---

[1007]Voir L. SAVADOGO, La convention sur la protection du patrimoine culturel subaquatique, RGDIP, 2003, n° 1, pp. 31-72. La Convention sur le patrimoine subaquatique est basée sur deux principes fondamentaux: la préservation *in situ* du patrimoine culturel subaquatique ainsi que la prohibition de son exploitation économique. Le champ d'application de la Convention est plutôt large, n'excluant que les pipelines et les câbles enfouis sous l'eau qui n'ont aucune valeur culturelle ou historique. Cela étant dit, la Convention de 2001 ne s'applique pas au patrimoine culturel subaquatique immergé depuis moins de 100 ans. C'est une limitation très importante puisqu'elle exclut tous les biens culturels perdus lors des deux guerres mondiales. Par exemple, l'épave du Titanic, qui a sombré dans l'océan Atlantique en 1912, vient tout juste de tomber sous la protection du traité.

[1008] L'État partie qui a procédé à la saisie d'éléments du patrimoine culturel subaquatique veille à ce qu'il en soit disposé dans l'intérêt général, en tenant compte des impératifs de préservation et de recherche, de la nécessité de reconstituer les collections dispersées, des besoins en matière d'accès du public, d'exposition et d'éducation, ainsi que des intérêts de tout État ayant un lien vérifiable, en particulier un lien culturel, historique ou archéologique, avec le patrimoine culturel subaquatique concerné" (Article 18, par. 4).

civilisations auxquelles ils appartenaient[1009]. L'art et la culture sont toujours liés à un contexte géographique et historique.

La préservation de l'intégrité des contextes culturels peut être considérée comme un moyen d'assurer la diversité culturelle. La Convention de 1970 évoque parmi les biens qui font partie du patrimoine culturel des Etats « les biens culturels nés du génie individuel ou collectif des ressortissants de l'Etat considéré ».Comme l'a bien souligné en 1978 un ancien directeur général de l'UNESCO : « *Restituer au pays qui l'a produit telle œuvre d'art ou tel document, c'est permettre à un peuple de recouvrer une partie de sa mémoire, de son identité, c'est faire la preuve que, dans le respect mutuel entre nations, se poursuive toujours le long dialogue des civilisations qui définit l'histoire du monde* »[1010]. L'expérience de la Seconde Guerre mondiale est à l'origine des dispositions du Protocole à la pour la protection des biens culturels en cas de conflit armé (La Haye, 1954) sur l'interdiction de l'exportation de biens culturels de territoires occupés, et l'obligation de les restituer[1011].

CHAPITRE II. L'UNESCO ET LA PROMOTION DES ECHANGES CULTURELS

Les échanges culturels internationaux sont déterminés par trois principaux facteurs: les relations politiques entre les pays, le marché international des biens culturels et les échanges proprement culturels. Le droit international de la culture s'est construit par sédimentation et de manière sectorisée. Il repose sur un appareil conventionnel tout à fait impressionnant. Il s'agit d'une action privilégie de l'UNESCO. Il est frappant de constater que, parmi 35 conventions (dont sept protocoles s'y

---

[1009]Voir N. Brodie, *op.cit.* p.52. Pour les commentaires voir Tullio Scovazzi, Diviser c'est détruire : principes éthiques et règles juridiques applicables au retour des biens culturels, p.33.

[1010]A Plea for the Return of an Irreplaceable Cultural Heritage to Those Who Created It, appel lancé le 7 juin 1978 par M. Amadou-Mahtar M'Bow.

[1011] 123 États sont aujourd'hui parties à la Convention et 100 au Protocole.

rapportant), 31 recommandations et 13 déclarations élaborées par l'UNESCO au titre de sa fonction normative, la culture occupe une place de choix. Le champ couvert par cette la matière n'a cessé de s'étendre; l'approche secteur par secteur, s'il fut indispensable, n'était pas suffisante pour répondre à un objectif de protection globale. C'est ce constant qui est à la base de l'émergence du concept de patrimoine commun de l'humanité et du souci constant des biens et patrimoine culturels. Ce chapitre consiste à explorer différents instruments, principes, intérêts et logiques qui ont précédent la naissance du concept de la diversité culturelle (section I) , tout en essayant de reconstituer les étapes par lesquelles l'UNESCO a densifié le droit international de la culture .Nous montrerons comment le concept de développement durable est devenu la pierre angulaire de l'approche de la mondialisation et de la structure de gouvernance mondiale (Section II).

SECTION I. FACILITATION DU COMMERCE DE PRODUITS EDUCATIFS ET CULTURELS

La libre circulation des produits à caractère éducatif, scientifique et culturel constitue un bien public international. La communauté internationale a conclu un certain nombre d'accords destinés à faciliter le commerce et la diffusion de tels produits. Nombre de ceux-ci ont été conclus dans la foulée de la fondation du GATT, sans toutefois en avoir le même caractère juridiquement contraignant. Nous verrons dans les lignes qui suivent les instruments qui gouvernent les échanges culturels strictement intergouvernementaux (§1) et des échanges relatifs aux cultures vivantes (§2).

§1. LES ÉCHANGES CULTURELS INTERGOUVERNEMENTAUX

L'action normative de l'UNESCO dans le domaine de la promotion de la diversité et des échanges culturels procède du souci d'éviter l'uniformisation culturelle mondiale. Cela concerne la Déclaration des principes de la coopération culturelle internationale qui marque la naissance du droit international de la culture(A), et l'Accord pour l'importation d'objets de caractère éducatif, scientifique ou culturel connu sous le nom d'Accord de Florence (B).

A. La réemergence de la coopération culturelle internationale

Les débats des années 1960 relatifs à la culture et à son influence sur les relations internationales donnèrent naissance à un document important, la Déclaration des principes de la coopération culturelle internationale, sous la forme d'une résolution adoptée par la Conférence générale à sa 16e session le 4 novembre 1966. Cette *Déclaration,* qui ponctue en quelque sorte le vingtième anniversaire de l'Organisation, préconise d'abord une large diffusion des idées et des connaissances, fondée sur l'échange et la confrontation les plus libres ; d'autre part, une coopération culturelle qui mettrait en relief les idées et les valeurs de nature à créer un climat d'amitié et de paix, afin d'établir des relations stables et durables entre les peuples.

Leurs préoccupations culturelles, dans un premier temps portées par les textes relatifs à la protection des droits fondamentaux, sortent de leur lit naturel, pour se diffuser vers le droit des biens culturels[1012]. Elles font leur apparition dans les textes et réflexions produits dans le cadre de l'UNESCO, l'OIT et les

[1012]Marie CORNU, Marc-André RENOLD, « Le renouveau des restitutions de biens culturels: les modes alternatifs de règlement des litiges », *Journal du droit international (Clunet),* 01/04/2009, n°2/2009, p. 493 -533 notamment à la page 502. Voir :hhttp://portal.unesco.org/culture/fr/files/3915.

Nations Unies.La Déclaration de 1966 marque une étape importante dans la pensée intellectuelle de l'U.N.E.S.C.O. Selon certains auteurs, cette déclaration marque le début d'une évolution vers l'édification d'un droit international de la culture[1013] qui aspire à la complétude en essayant de couvrir tous les manifestations de la culture. En effet, elle consacre le principe de l'égale valeur et dignité des cultures, que ce soient celles des Etats, des nations, des peuples, des groupes ou communautés, dans leur diversité et leur « *variété féconde* », le droit et le devoir de « *tout peuple* » de développer sa culture et, enfin, l'appartenance de toutes les cultures au patrimoine commun de l'humanité (art1).Elle cristallise l'esprit de solidarité qui caractérise les relations internationales au XXI siècle. Son Article V dispose que la coopération culturelle est un droit et un devoir pour tous les peuples et toutes les nations, qui doivent partager leur savoir et leurs connaissances.

La Déclaration s'en prenait déjà à « l'ignorance du mode de vie et des usages des peuples ». L'article I affirme l'importance de chaque culture, à la fois pour le peuple auquel elle appartient (article 1.2) et en tant qu'élément du patrimoine commun de l'humanité (article 1.3). L'article IV.4 traduit un équilibre analogue, en déclarant que chaque individu doit pouvoir jouir de la culture de n'importe quel peuple, et non pas simplement de la sienne propre.

L'UNESCO se livre ainsi à la promotion de l'identité culturelle. La Déclaration des principes de la coopération culturelle internationale, témoigne de ce souci. Elle insiste sur le fait que la coopération internationale doit respecter l'originalité de chaque culture : « Toute culture a une dignité et une valeur qui doivent être respectées et sauvegardées. Tout peuple a le droit et le devoir de développer sa culture, la coopération culturelle est un droit et un devoir pour tous les peuples et toutes les nations, qui doivent partager leur savoir et leurs connaissances. La coopération culturelle internationale doit s'exercer « dans un large esprit de réciprocité » et « au bénéfice mutuel de toutes les

---

[1013]A. BOURGI, J.P.COLIN, P.WEISS, *Aspects internationaux des droits culturels*, UNESCO, p.1

nations qui la pratiquent », elle doit « mettre en relief les idées et les valeurs qui sont de nature à créer un climat d'amitié et de paix, (...) exclure toute marque d'hostilité dans les attitudes et dans l'expression des opinions », et contribuer à éviter les « tensions qui viendraient à se produire dans les relations internationales ».

B. L'Accord de Florence de l'UNESCO

Comme leur titre l'indique, l'Accord et son Protocole sont essentiellement destinés à faciliter l'importation d'objets de caractère éducatif, scientifique ou culturel. Ils réduisent les obstacles en matière de tarifs, de taxes, de devises et d'échanges que rencontre la libre circulation de ces objets, permettant ainsi aux organisations et aux individus de les obtenir à l'étranger avec moins de difficulté et à meilleur prix. A sa naissance cet accord avait déjà été mis en harmonie avec les termes du GATT alors en vigueur mais le regard actuel du droit de l'OMC permet de dire que celui contient cet accord et son protocole sous plusieurs aspects[1014] .

Cet Accord connu sous le nom d'Accord de Florence, a été adopté, par la conférence générale, à sa cinquième session, sous l'égide de l'Organisation des Nations Unies pour l'éducation, la science et la culture (UNESCO) à Florence le 17 juin 1950[1015]. L'Accord de Florence et son protocole constituent des mécanismes destinés à faciliter l'importation d'objets de caractère éducatif, scientifique ou culturel. Il contient également des dispositions de libéralisations du commerce des produits éducatifs scientifiques et culturels et prévoit le régime d'exonération des droits de douane. Le protocole quant à lui élargit le champ d'application de l'Accord de Florence en étendant les avantages offerts par ce dernier à de nouveaux

[1014]L. RICHIERIE HANANIA, *Diversité culturelle et droit international du commerce*, *op.cit*, p.98.

[1015] Il est entré en vigueur le 21 mai 1952 conformément aux dispositions de l'article 11. Vingt six ans plus tard il a été complété par un protocole dit de Nairobi, adopté le 26 novembre 1976.

objets et en octroyant de nouveaux avantages à certains objets déjà visés[1016].

L'Accord de Florence comprend un préambule, un dispositif ainsi que des annexes. Dans le préambule, il est question des avantages de la libre circulation des idées et des connaissances, de l'adoption d'un accord international favorisant la libre circulation des livres, leur publication et des objets de caractère éducatif, scientifique ou culturel. Le dispositif comporte dix huit articles qui portent sur les engagements et les obligations des Etats contractants, les difficultés d'application, les déclarations et les dénonciations relatives à l'Accord de Florence et enfin les modalités de révision.

Le protocole de Nairobi comporte quant à lui un préambule, un dispositif de 24 paragraphes et 9 annexes. Le préambule réaffirme les principes sur lesquels repose l'Accord de Florence et souligne la nécessité de prendre en considération les besoins et les préoccupations des pays afin de leur permettre d'accéder avec plus de facilité et à moindres frais à l'éducation, à la science, à la technologie et à la culture. Le dispositif qui reprend les dispositions de l'Accord de Florence, comporte des mécanismes de sauvegarde afin que l'importation des produits culturels n'entrave pas le développement des produits culturels nationaux. La réserve introduite par un Etat membre visant la possibilité de suspendre en totalité ou en partie les engagements pris par cet Etat en vertu de l'Accord fait partie intégrante de l'Accord, et peut être invoquée par tous les Etats parties à l'égard de cet Etat. Les annexes du protocole énumèrent quant à eux les objets qui bénéficient de l'exemption des droits de douane et autres impositions à l'importation.

Dans son document élaboré pour le Conseil Exécutif, le Secrétariat de l'UNESCO, listant les instruments internationaux existant sur la diversité culturelle, a envisagé un nouveau Protocole à l'Accord de Florence dont l'objet essentiel est l'exemption des droits de douane mais cette approche est

---

[1016] Lilian R. Hanania, *Diversité culturelle et droit international du commerce*, op.cit., pp.98-103.

apparue excessivement réductrice par rapport à l'étendue de la notion de diversité culturelle[1017].Il est intéressant de noter qu'en 1950, ce sont les États-Unis qui ont exigé qu'une clause de réserve soit ajoutée à cet Accord :

a) *Si, par l'effet des engagements assumés par un État contractant aux termes du présent Accord, les importations dans son territoire d'un quelconque des objets visés dans le présent Accord accusent une augmentation relative telle et s'effectuent dans des conditions telles qu'elles portent ou menacent de porter un préjudice grave aux producteurs nationaux de produits similaires ou directement concurrents, il sera loisible à cet État contractant, compte tenu des dispositions du paragraphe 2 ci-dessus, et dans la mesure et pendant le temps qui pourront être nécessaires pour prévenir ou réparer ce préjudice, de suspendre, en totalité ou en partie, les engagements pris par lui en vertu du présent Accord en ce qui concerne l'objet en question.*

b) *Avant d'introduire des mesures en application des dispositions du paragraphe a) qui précède, l'État contractant intéressé en donnera préavis par écrit à l'Organisation des Nations Unies pour l'éducation, la science et la culture, aussi longtemps à l'avance que possible, et fournira, à l'Organisation et aux États contractants parties au présent Accord, la possibilité de conférer avec lui au sujet de la mesure envisagée.*

c) *Dans les cas critiques, lorsqu'un retard entraînerait des dommages qu'il serait difficile de réparer, des mesures provisoires pourront être prises en vertu du paragraphe a) du présent Protocole, sans consultations préalables, à condition qu'il y ait consultations immédiatement après l'introduction des mesures en question.*

[1017] UNESCO, « *Étude préliminaire sur les aspects techniques et juridiques relatifs à l'opportunité d'un instrument normatif sur la diversité culturelle* », 166 EX/28 du 12 mars 2003, §22. Ces quatre autres domaines ou options sont: (a) un nouvel instrument compréhensif sur les droits culturels (c-à-d la participation à la vie culturelle, la liberté d'activité créatrice, le droit à l'éducation etc); (b) un instrument sur la condition de l'artiste; (c) un nouveau Protocole à l'Accord de Florence (sur la circulation des biens culturels) et (d) la protection de la diversité des contenus culturels et des expressions artistiques.

En vertu de cet Accord, les Etats contractants s'engagent à ne pas appliquer des droits de douane ni d'autres impositions à l'importation de livres, journaux, revues et d'autres publications imprimées (annexe A). Le même traitement est consacré aux biens culturels détaillés dans les annexes B (œuvres d'art), C (films et enregistrements sonores), D (instruments et équipements scientifiques destinés à l'enseignement), et E (objets éducatifs destinés aux aveugles). Si le traitement accordé aux livres et publications imprimées ne connaît aucune discrimination quant à leur contenu et destination, les biens culturels énumérés dans les annexes B à E doivent avoir un caractère éducatif, scientifique ou culturel pour pouvoir bénéficier des avantages consentis par l'Accord. L'avis consultatif du Directeur général de l'UNESCO peut être sollicité à cet égard en cas de litige ou divergences d'interprétation. Les annexes A, B, C, D et E ainsi que le Protocole annexe contenant la réserve formulée par les Etats-Unis comme condition à leur adhésion à ce traité font partie intégrante de l'Accord en vertu de son article XVII[1018].

Les avantages de cet accord sont que, les livres, publications, documents, supports magnétiques ou électroniques et autres objets à caractère éducatif, scientifiques ou culturel, doivent provenir d'un Etat contractant ; ils doivent être destinés aux organismes agrées se consacrant à l'enseignement, à la recherche ou à la culture ; ils ne doivent pas revêtir un caractère commercial. Cet accord contient aussi des clauses de sauvegarde qui permettent aux pays en développement de faire des réserves en faveur de leurs industries nationaux L'article VII du protocole de Nairobi : « *Nonobstant toutes autres dispositions du présent Protocole, un pays en développement, qui est défini comme tel par l'usage établi de l'Assemblée générale des Nations Unies et qui est partie à ce Protocole, peut suspendre ou restreindre les obligations résultant de ce Protocole et concernant l'importation de tout objet ou matériel*

[1018] Cette réserve vise la possibilité de suspendre en totalité ou en partie les engagements pris par cet Etat en vertu de l'Accord si l'augmentation des importations de ces biens culturels sur son territoire venait à porter ou à menacer de porter un préjudice grave aux producteurs nationaux des produits similaires ou directement concurrents.

si cette importation cause ou menace de causer un grave préjudice à l'industrie indigène naissante de ce pays en développement. Le pays en question appliquera cette mesure de manière non discriminatoire. Il informera le Directeur général de l'Organisation des Nations Unies pour l'éducation, la science et la culture de toute mesure de ce genre, autant que possible avant son entrée en vigueur, et le Directeur général de l'Organisation des Nations Unies pour l'éducation, la science et la culture en informera toutes les parties au Protocole». Bien que le champ matériel de cet accord soit réduit, sa libéralisation complète pourrait soulever les mêmes questions que ceux des autres produits culturels.

Si l'UNESCO considère de longue date que les échanges de biens culturels sont un facteur de paix et de compréhension mutuelle et a toujours tendu à favoriser plutôt qu'à restreindre leur circulation, l'Accord de Florence et son Protocole de Nairobi ont été adoptés en vue de libéraliser le commerce et la circulation des biens culturels. Cependant, compte tenu de leur date d'adoption, ces traités ne tiennent pas compte des nouvelles modalités de circulation des produits culturels. Mais en favorisant les échanges commerciaux et en contribuant à proposer des prix inférieurs pour les livres sur place, permet toujours de réduire l'analphabétisme et on encourage les échanges entre les cultures. Dans la perspective de l'application de la Convention de l'UNESCO sur la protection et la promotion de la diversité des expressions culturelles, il convient d'encourage ses partenaires à mettre en place des politiques du livre adaptées à leur contexte national

§2. LA PROTECTION INTERNATIONALE DES CULTURES VIVANTES

La pensée de Nicolas Machiavel a longtemps ébranlé nos esprits en déclarant dans la plus célèbre de ses œuvres que « *les hommes oublient plus facilement la mort de leur père que la perte de leur patrimoine »*[1019]. Bien d'autres après lui, ont exprimé leur inquiétude quant à la disparition des éléments garants du passage de milliards d'hommes sur la Terre pour les générations futures. La Convention pour la sauvegarde du patrimoine culturel immatériel adoptée en 2003 à Séoul est l'aboutissement heureux de cette clarification. Un patrimoine culturel constitue un ensemble de références aux dimensions multiples, matérielles et spirituelles, économiques et sociales qui constitue une unité de signification, dans la mesure où le culturel signifie une intégration du sens à travers les multiples dimensions de la vie humaine[1020]. Après avoir privilégie la conception occidentale du patrimoine culturel, le droit international, sous les auspices de l'UNESCO tend à combler la lacune en protégeant les cultures traditionnelles et vernaculaires. Le droit international se préoccupe davantage de supprimer les entraves à la circulation des biens et services culturels qu'à ceux qui sont à l'origine de la création. La protection et la mobilité des artistes et des créateurs est l'une des clefs de la diversité culturelle (A). La Convention sur la protection du patrimoine immatériel est également la tentative la plus aboutie pour garantir la diversité des cultures (B).

A. Promouvoir et protéger les artistes : le rôle du fonds international pour la promotion de la culture

La créativité des artistes et la qualité de leur création nécessitent une liberté d'expression leur garantissant la possibilité d'exprimer leurs idées et leurs choix esthétiques. La garantie de cette liberté est la condition de leurs échanges avec d'autres créateurs dans le monde et de leur accès à d'autres publics et marchés ; elle est aussi un facteur important de la vie démocratique. L'UNESCO considère que la protection des

[1019] Nicolas MACHIAVEL *Le Prince,* Le Livre de Poche, 2000, p. 113.

[1020] Le droit de participer aux patrimoines est reconnu, dans ses multiples dimensions, en tant que droit individuel d'accès dans la Convention du Conseil de l'Europe, la *Convention-cadre sur la valeur du patrimoine culturel pour la société* (No199, 27.10.2005), dite « *Convention de Faro* » actuellement ouverte à la signature.

artistes créateurs et interprètes fait partie de son mandant. Dans ce domaine, elle a accompli sa fonction normative en collaboration avec d'autres institutions compétentes de la famille des Nations Unies, notamment l'organisation internationale du travail (OIT)[1021]et l'organisation mondiale de la propriété intellectuelle (OMPI).

Il y a trente ans, la profession d'artiste était généralement ignorée au niveau international. C'est pourquoi, la Conférence générale de l'UNESCO a adopté, en 1980, la Recommandation relative à la condition de l'artiste (Recommandation de Belgrade) [1022]. Les États membres de l'UNESCO ont été invités à prendre des mesures législatives ou réglementaires afin de reconnaître notamment le statut professionnel de l'artiste, la liberté et le droit d'association de même que le droit de l'artiste à être considéré s'il le désire, comme travailleur et à bénéficier des avantages de ce statut.

La Recommandation réaffirme les droits de l'artiste à être considéré comme un travailleur culturel et la nécessité d'améliorer ses conditions de travail. Pour donner suite à la Déclaration finale du Congrès mondial sur l'application de la Recommandation relative à la condition de l'artiste, l'UNESCO a créé en 2003 *l'Observatoire mondial sur la condition sociale de l'artiste*. Outil pratique proposé sur le Web en vue du suivi périodique de la Convention, l'Observatoire est aussi un des moyens opérationnels conçus pour assurer la mise en œuvre de

---

[1021]La Recommandation (n° 198) de l'OIT sur la relation de travail, 2006, qui a été adoptée lors de la quatre-vingt-quinzième session de la Conférence internationale du Travail, en juin 2006, est d'une importance toute particulière pour les artistes interprètes et autres exécutants. De nombreux travailleurs des médias et du spectacle n'ont que des contrats de travail temporaires ou à court terme, signés dans le cadre de contrats de sous-traitance. L'absence de continuité dans l'emploi associée à un statut d'indépendant" peut les mettre à l'écart des systèmes de sécurité sociale, des congés payés, de la protection de la maternité et de la protection en matière de sécurité et santé au travail.

[1022]*La recommandation relative à la condition de l'artiste*, adoptée par la Conférence générale de l'Organisation des Nations Unies pour l'Éducation, la Science et la Culture, à sa 21e session, Belgrade, 27 octobre 1980.

la Convention de 2005 sur la protection et la promotion de la diversité des expressions culturelles.

L'Observatoire offre un ensemble de données concrètes et utiles aux artistes et autres parties prenantes des activités de création. Il regroupe des informations sur les aspects essentiels de la condition sociale de l'artiste dans les États membres de l'UNESCO, qui sont régulièrement actualisées à la lumière des contributions annuelles des États membres. Ses principaux objectifs sont les suivants : contribuer à l'analyse de la condition sociale de l'artiste dans le monde; sensibiliser les pouvoirs publics et promouvoir la Recommandation de 1980; mesurer les progrès accomplis au niveau national dans la mise en œuvre de la Recommandation; contribuer à l'amélioration des conditions de vie et de travail des artistes et des créateurs. Le Comité intergouvernemental du droit d'auteur, à sa treizième session (2005), a demandé à l'UNESCO de contribuer à la lutte contre la piraterie en centralisant l'information et en offrant un forum en vue de sensibiliser l'opinion et de faciliter l'échange d'information. Suite à cette recommandation, l'UNESCO a entrepris des travaux préliminaires de création d'un outil Internet (*Observatoire mondial de lutte contre la piraterie*) dont l'objectif est de servir de centre de ressources et d'échange des informations et des données sur les meilleures pratiques.

Le Fonds international pour la promotion de la culture (FIPC) promeut les cultures en tant que sources de connaissances, de sens, de valeurs et d'identité. Il est le premier mécanisme international consacré au financement d'une vaste gamme de possibilités permettant d'intervenir, selon le cas, comme une banque culturelle. Conformément aux Statuts amendés, les ressources du FIPC sont utilisées en vue de soutenir :
(a) les projets culturels et artistiques de créateurs dans les pays en développement ;
(b) des stratégies et des programmes en matière de culture et de développement ;
(c) le renforcement de mécanismes, de structures et d'équipements nationaux dont l'objectif est de soutenir les activités culturelles et les créateurs artistiques dans les pays en développement ;

(d) l'organisation d'échanges pour favoriser la coopération internationale.
(e) Il s'agit de fournir une assistance technique et financière aux organismes publics chargés de la promotion de la culture et de la création artistique, aux ONG et aux personnes physiques. Le FIPC est alimenté par des contributions volontaires et doit agir en synergie avec d'autres fonds de l'UNESCO.

Le FIPC se distingue des autres Fonds créés par l'UNESCO pour la mise en œuvre des diverses Conventions relatives à la culture. Il a été créé en Novembre 1974 à la 18e session de la Conférence générale afin de *«promouvoir la dimension culturelle du développement des individus et des sociétés et de renforcer la coopération culturelle internationale* » ainsi que de fournir de *«l'aide à la création artistique et à l'action culturelle »*.Reprenant les recommandations des conférences de Venise et de Kingston de 1970[1023] et les travaux de ses 16e et 17e sessions, la Conférence générale se déclarait «*convaincue de l'urgente nécessité de promouvoir la dimension culturelle du développement des individus et des sociétés et de renforcer la coopération culturelle internationale* » et « *consciente de l'importance que revêt, dans cette perspective, l'aide à la création artistique et à l'action culturelle* »[1024].

Le Fonds est géré par un conseil d'administration composé de quinze membres désignés par le Directeur général, « *sur la base d'une répartition géographique et culturelle équitable, en fonction de leur compétence et en tenant compte de l'origine des ressources du Fonds* ». Ce conseil jouit d'une «*large autonomie intellectuelle et fonctionnelle au sein de l'UNESCO »*[1025]. L'activité opérationnelle du Fonds a débuté en 1977. Il vise à soutenir les projets culturels et artistiques des créateurs dans les

[1023] *Conférence intergouvernementale sur les aspects institutionnels, administratifs et financiers des politiques culturelles* (Résolution 15 C/3.331 de 1968) et *Conférence régionale des Caraïbes sur la culture.*
[1024]Voir UNESCO, « Rapport sur le Fonds international pour la promotion de la culture (FIPC) incluant un audit et une évaluation couvrant la période 1999-2009 », Conseil exécutif, 185 EX/32, Partie I, Paris, 23 septembre 2010, p.8.
[1025] Article 5, alinéa 7, des statuts de 1974.

pays en développement; des stratégies et des programmes en matière de culture et de développement ; le renforcement de mécanismes, de structures et d'équipements nationaux dont l'objectif est de soutenir les activités culturelles et les créateurs artistiques dans les pays en développement; l'organisation d'échanges pour favoriser la coopération internationale.

Les opérations soutenues par le Fonds doivent participer à des stratégies du développement culturel ; à la mise en place ou au renforcement d'institutions, de structures, d'équipements à vocation culturelle ou artistique ; à la formation de spécialistes du développement et de l'action culturels ; à la production et à la diffusion culturelles ; à la recherche en matière de développement culturel. Le Fonds intervient par : « *assistance intellectuelle ou technique* » ; «*aide financière sous différentes formes, y compris les investissements, les prêts, les subventions et les participations*» ; «*d'une manière générale, toutes autres formes d'activités que son conseil d'administration considère comme étant conformes aux objectifs fondamentaux du Fonds ainsi qu'à sa politique opérationnelle »*[1026].

En 2003, la situation financière du fonds a conduit le comité exécutif à envisager la suspension de ses activités mais préféra amender son statut et de le rapprocher avec de la donation Aschberg dédié à soutenir les artistes[1027]. Au bout de trente ans,

---

[1026]Les projets doivent servir la cause de la préservation de la diversité culturelle, s'attacher à promouvoir les cultures nationales, être conçus dans le respect des traditions culturelles du pays ou de la région, être conçus dans le respect des droits de la personne humaine, constituer une participation active au renforcement de l'égalité des sexes, de la tolérance et de la lutte contre le racisme.

[1027]Le programme de bourses pour artistes UNESCO-Aschberg favorise la mobilité des jeunes artistes dans le but d'enrichir leurs projets de création en leur permettant de pratiquer un dialogue dans la diversité culturelle. Le Programme des Bourses UNESCO-Aschberg s'inscrit, depuis 1994, dans une stratégie de l'UNESCO d'encouragement à la diversité culturelle et au dialogue interculturel. Son objectif est d'offrir de nouvelles expériences à de jeunes artistes (entre 25 et 35 ans) et de les aider à compléter leur formation dans des pays dont ils ne sont pas originaires. Ces expériences de résidences exercent un rôle catalytique dans le développement des expressions artistiques de toutes les cultures du monde.

le FIPC avait cumulé plusieurs problèmes structurels, notamment de ressources financières modestes, manque de visibilité, dispersion et impact isolé de ses activités. C'est dans ce contexte que l'UNESCO décida alors de suspendre son fonctionnement en 2006[1028].

Après plusieurs années de discussion sur les orientations et méthodes de travail futures du FIPC et compte tenu des résultats d'un audit externe, le Conseil exécutif a décidé, à sa 186ème session, de revitaliser le FIPC et de relancer ses activités. Des amendements aux statuts du FIPC ont été adoptés à la 187ème session du Conseil et présentés à la 36ème session de la Conférence générale pour information (36 C/REP/24). Le FIPC devrait redevenir opérationnel.

Après l'entrée en vigueur de la Convention de 2005 sur la promotion et la protection de la diversité des expressions culturelles, l'Unesco envisagait de reviser les mécanismes opérationnels qui poursuivent des objectifs similaires, tels que l'Alliance globale pour la diversité culturelle ou encore le Fonds international pour la promotion de la culture[1029]. L'accent est mis sur la formation des professionnels et praticiens de la culture et sur le respect interculturel et la culture de la paix. Le contexte dans lequel le FIPC doit inscrire son action a profondément évolué depuis 1974, en raison notamment du développement de l'action de l'UNESCO en matière culturelle. La question qui se pose avec acuité est celle de la mise en cohérence avec le Fonds international pour la diversité culturelle et avec le Fonds pour la sauvegarde du patrimoine culturel immatériel[1030].Un Groupe de liaison des Conventions culturelles

[1028]L'exercice 2006 a par ailleurs été marqué par une forte activité : 213 projets examinés, 131 K$ dépensés pour des projets. Après la suspension de l'activité du fonds, les seules dépenses opérationnelles enregistrées en 2007 et 2008 ont correspondu aux derniers versements sur les projets sélectionnés les années précédentes.

[1029]Résolution 35 C/48 de l'UNESCO.

[1030] Le Fonds international pour la promotion de la culture (FIPC) fait partie des différents fonds qui appuient l'action normative de l'UNESCO dans le domaine de la culture. Les autres fonds sont les suivants :

a été établi début 2012, ainsi que plusieurs groupes de travail, afin de contribuer à améliorer la synergie des interventions et d'éviter les doubles emplois, notamment en ce qui concerne l'assistance fournie par l'intermédiaire des différents fonds.

B. Convention UNESCO de 2003 sur le patrimoine culturel immatériel

La notion de patrimoine ne cesse de s'élargir, connaissant une extension quasi-illimitée. Le patrimoine ne se limite pas seulement aux monuments et aux lieux qui ont été préservé à travers le temps. Le patrimoine est ce que les anciens fabriquent

---

o Le Fonds du patrimoine mondial : créé en application de la Convention de 1972 concernant la protection du patrimoine mondial, culturel et naturel, il fournit aux États parties une assistance internationale pour les aider à protéger, conserver, présenter et remettre en état leur patrimoine culturel ou naturel situé sur leurs territoires ;

- Le Fonds pour la sauvegarde du patrimoine culturel immatériel : créé en application de la Convention de 2003 pour la sauvegarde du patrimoine culturel immatériel, il fournit une assistance internationale pour la sauvegarde du patrimoine culturel immatériel ;

-Le Fonds pour la protection des biens culturels en cas de conflit armé : créé en application du Deuxième Protocole (1999) relatif à la Convention de La Haye de 1954 pour la protection des biens culturels en cas de conflit armé, il vise à fournir une assistance financière ou autre pour l'adoption de mesures en temps de paix, en situation d'urgence pour protéger les biens culturels en période de conflit armé, ou pour le rétablissement suivant immédiatement la fin des hostilités ; et

-Le Fonds du Comité intergouvernemental pour la promotion du retour de biens culturels à leur pays d'origine ou de leur restitution en cas d'appropriation illégale : créé en 1999 par la Conférence générale de l'UNESCO à sa 30ème session (Résolution 27), il vise à aider les États membres dans leurs efforts pour obtenir le retour ou la restitution de biens culturels et pour lutter efficacement contre le trafic illicite de biens culturels.

Le Fonds international pour la diversité culturelle (FIDC) établi en application de l'article 18 de la Convention de 2005 comme un mécanisme afin de soutenir la coopération pour le développement durable et la réduction de la pauvreté, en vue de favoriser l'émergence d'un secteur culturel dynamique dans les pays en développement.

en vue de le léguer aux descendants, que cet héritage soit accepté ou non, modifié, interprété, ou même inventé.

La notion de patrimoine immatériel est apparue relativement récemment dans le langage juridique. Il est défini dans la Convention de 2003 comme pouvant être recréé, ce qui transparait d'ailleurs dans les fictions cinématographiques et télévisuelles. La langue notamment occupe une place prépondérante et joue un rôle des plus déterminants, dans la mesure où c'est bien longtemps avant de la comprendre que le sujet humain est immergé dans sa langue si justement qualifiée de maternelle[1031]. Elle appartient à ces patrimoines qui se construisent dans un bain émotionnel[1032]. Pour appréhender la Convention de l'UNESCO pour la sauvegarde du patrimoine culturel immatériel, il convient de voir quelles ont été les raisons de sa création, quel a été le contexte de son élaboration, quels sont les points essentiels du texte.

La Convention de l'UNESCO sur le patrimoine culturel immatériel est étroitement liée à la Convention de l'UNESCO sur le patrimoine mondial. La Convention sur le patrimoine culturel immatériel prolonge la dynamique de mondialisation et d'expansion du concept de patrimoine initiée par la Convention de 1972[1033]. Les innovations proposées par la Convention sur

---

[1031]Issiaka-Prosper LALEYE, Le même et l'autre de l'homme. Le savoir aux prises avec la différence, *Rue Descartes* 2002/2, N° 36, p. 73.

[1032]«*En fait, aucun élément patrimonial n'a de sens en dehors de l'attachement des sociétés intéressées, un attachement ou, pourquoi ne pas prononcer le mot ? un amour, qui se manifeste de façon instinctive dans la conscience des terroirs, et de façon éclairée dans les démarches du savoir* » voir André Chastel, « La notion de patrimoine », *in* P. Nora (dir.), *Les Lieux de mémoire*, *La nation 2*, Paris, Gallimard, p. 446.

[1033]Toshiyuki KONO, « L'UNESCO et le patrimoine culturel immatériel du point de vue du développement durable » in L'action normative a l'UNESCO, Elaboration de règles internationales sur l'éducation, la science et la culture : essais a l'occasion du 60e anniversaire de l'UNESCO, Vol 1, Paris, Editions UNESCO, Leiden/Boston, Martinus Nijhoff, 2007, p.249. Comme le montre bien François-Bernard Huyghe : « La Convention reste tout imprégnée des notions de merveille de l'art ou de la nature, de chef-d'œuvre absolu, d'achèvement prodigieux du génie de l'homme ou de la Création. Unicité, universalité et responsabilité forment une trilogie : l'homme planétaire jouit solidairement des biens sublimes que lui révèlent

l'immatériel ne sont donc pas à chercher dans l'opposition matériel/immatériel. Les enjeux engendrés par cette nouvelle catégorie patrimoniale émergent de façon plus claire lors de la comparaison entre le texte de *la Convention pour la protection du patrimoine mondial, culturel et naturel* (1972).

La Convention de 1972 est marquée par une conception de la notion de patrimoine héritée de la tradition des civilisations européennes. Sensible au départ aux aspects matériels du patrimoine et soucieuse de distinguer des œuvres « exceptionnelles » par leur qualité intrinsèque et leur rayonnement, les évolutions ultérieures, telles que le développement de l'intérêt porté aux sites naturels ou l'intégration des paysages culturels, ont permis une prise en compte des conceptions non européens[1034]. Il n'en demeure pas moins que la répartition des biens inscrits sur la liste du patrimoine mondial reflète encore ces déséquilibres natifs. Les villes européennes comptent pour plus de la moitié des sites urbains présents sur la liste. On peut aisément comprendre, comme le souligne Chiara Bortolotto que les États Occidentaux ont été hostiles à cette Convention de 2003 : «Le choix de l'UNESCO de faire de l' « *immatériel » son programme phare a été initialement accueillie avec méfiance par la plupart des pays européens qui en ont dénoncé les contradictions et les dangers. Au sein de l'UNESCO, cette « révolution patrimoniale », expression d'instances non occidentales, a été*

universellement science, raison et sentiment du beau » voir François-Bernard Huyghe, « Un patrimoine sans patrie ? «, *Cahiers de médiologie* 7, « La confusion des monuments », Paris,1999, p. 63.

[1034]Christian HOTTIN, «De la théorisation à la mise en œuvre d'une nouvelle conception du patrimoine : le patrimoine immatériel, 2009,p.4. La Convention de 1972 a un champ d'application restreint. Pour être protégé, le bien culturel ou naturel doit présenter deux caractéristiques essentielles : il doit être immeuble, c'est-à-dire qu'il ne peut être déplacé, et posséder une « valeur universelle exceptionnelle ». Selon le Comité intergouvernemental de la protection du patrimoine mondial culturel et naturel, « la valeur universelle exceptionnelle signifie une importance culturelle ou naturelle tellement exceptionnelle qu'elle transcende les frontières nationales et qu'elle présente le même caractère inestimable pour les générations actuelles et futures de l'ensemble de l'humanité. À ce titre, la protection permanente de ce patrimoine est de la plus haute importance pour la communauté internationale tout entière ».

perçue comme venant perturber des valeurs et des pratiques consolidées »[1035].

La définition du patrimoine retenue dans la Convention exclut *de facto* nombre de pays qui ne possèdent pas de patrimoine bâti doté d'une valeur exceptionnelle, alors même que ceux-ci détiennent souvent des savoir-faire anciens ou sont le lieu de pratique d'expressions orales, de chants, de danses remarquables. Pour autant, ce déséquilibre ne se résume pas à une opposition entre pays riches et pauvres, entre pays du Nord et ceux du Sud. Le Japon s'est également trouvé aux prises avec de réelles difficultés pour défendre l'inscription sur les listes de certains de ses temples : ces derniers avaient pu être plusieurs fois reconstruits, sans que cela porte atteinte dans la culture japonaise à leur valeur patrimoniale, puisque l'essentiel réside non dans l'authenticité formelle de l'édifice, mais dans la continuité et l'ancienneté du rite qui s'y pratique.

Ce glissement d'un paradigme monumental à celui d'un patrimoine dit « immatériel « ou « vivant « est aussi le reflet du passage d'une vision statique du patrimoine à une vision dynamique à la fois inspirée et efficacement appuyée par le Japon[1036]. Reste que cette appréhension de la notion de patrimoine ne s'accordait pas aisément avec les règles d'appréciation en vigueur à l'UNESCO pour l'obtention de la distinction de chef d'œuvre du patrimoine mondial. La Convention du 16 novembre 1972 connaît désormais une application étendue. Toutefois les débats restent nombreux sur le contenu même de la notion de patrimoine. A une vision un peu élitiste s'oppose le « tout patrimoine », tentation moderne de groupes ou de populations en recherche d'identité. Les choix sont délicats tant les passions, souvent contradictoires, sont présentes.

Cette inadéquation entre la Convention de 1972 et la variété des conceptions du fait patrimonial au plan mondial ont ouvert la

[1035]Chiara BORTOLOTTO, Résumé de la communication présentée le 16 juin 2006, à la réunion des conseillers à l'ethnologie et des ethnologues régionaux, Mission à l'ethnologie (Dapa, Ministère de la culture).

voie à une série de réflexions et de programmes destinés à assurer une meilleure prise en compte des aspects immatériels. Dès 1982, est développé le concept de « non material heritage ». C'est en 1989, que la première initiative de l'UNESCO à travers une recommandation pour la sauvegarde de la culture traditionnelle et du folklore émerge. Mais comme le souligne Francioni : *« il s'agit d'un instrument de soft law qui témoigne encore du climat de guerre froide dans son opposition entre culture d'élite et culture populaire et vernaculaire et dans l'utilisation du terme « folklore » aujourd'hui considéré comme réducteur en ce qu'il se réfère à des traditions qui ont perdu leur vitalité et leur capacité de se reproduire et donc sont réinterprété pour des raisons principalement commerciales »*[1037].

Tout au long de la décennie suivante, des pays, tels que le Japon, ou des institutions, en particulier le *Smithonian Center for cultural heritage*, œuvrent pour la reconnaissance du patrimoine culturel immatériel. Une autre étape décisive est franchie en 1997 avec le lancement du programme de proclamations des chefs-d'œuvre du patrimoine culturel immatériel de l'humanité[1038]. Ce programme aboutit à trois séries de proclamations, en 2001, 2003 et 2005. Entre temps, le texte de la Convention a été élaboré et définitivement mis au point en 2003 et entra officiellement en vigueur en 2006. Cette Convention donne une définition de ce qu'est le Patrimoine culturel immatériel : « *On entend par « patrimoine culturel immatériel » les pratiques représentations, expressions, connaissances et savoir-faire - ainsi que les instruments, objets, artefacts et espaces culturels qui leur sont associés - que les communautés, les groupes, et le cas échéant, les individus reconnaissent comme faisant partie de leur patrimoine culturel* ». (art.2)

D'après cette définition, la pratique vient en premier, elle est effectivement l'objet patrimonial par excellence. Dans cette définition sont importantes les notions de transmission entre les

---

[1037] F. FRANCIONI, *op.cit*, p.36.
[1038] Voir Toshiyuki KONO, « L'UNESCO et le patrimoine culturel immatériel du point de vue du développement durable », *op.cit.*, pp.250-252.

générations et de récréation continue : la première permet de définir la valeur patrimoniale immatérielle d'un bien culturel, qui doit, pour correspondre à cette définition, s'inscrire dans le temps, la seconde attire l'attention sur le fait qu'il ne saurait être question de formes figées, appréciées en référence à une période ou un style jugés canoniques, mais que, bien au contraire, ce patrimoine est par définition évolutif. Enfin, en insérant la notion d'interaction avec le milieu, les rédacteurs du texte mettent en évidence qu'il n'y a pas de lien fixe et définitif entre une pratique et un espace particulier : l'interaction avec un milieu suppose l'adaptabilité du phénomène patrimonial immatériel à d'autres contextes que ceux d'origine. Les différents éléments de cette définition (les objets immatériels considérés et leur inscription dans le temps et l'espace) sont mis en relation avec la place qu'ils occupent dans les sociétés humaines : ils sont porteurs d'identité[1039].

La Convention de 2003 a pour objectif de sauvegarder le patrimoine immatériel dans le respect des communautés, de sensibiliser à son importance et de favoriser la coopération entre les États pour sa protection. Son champ d'application est donc très étendu. Le traité classifie le patrimoine culturel immatériel en cinq grands domaines : (1) les traditions et les expressions orales (2) les arts du spectacle (3) les pratiques sociales, les rituels et les évènements festifs (4) les connaissances et pratiques sur la nature et l'univers et (5) les savoir-faire liés à l'artisanat traditionnel. La sauvegarde est entendue dans un sens très large, depuis « l'identification » jusqu'aux actions de « revitalisation », en passant par « la documentation, les recherche, la préservation, la protection, la promotion, la mise en valeur, la transmission ». Il convient d'insister sur l'importance de cette notion de sauvegarde : elle tend à devenir, à mesure que se précisent les politiques découlant du texte, la pierre angulaire du dispositif : beaucoup plus qu'une liste officielle des pratiques culturelles immatérielles les plus remarquables ou les plus représentatives, la convention doit être

[1039]Christian HOTTIN, « De la théorisation à la mise en œuvre d'une nouvelle conception du patrimoine : le patrimoine immatériel », *op.cit*, p.6.

un outil permettant de sauver de la disparition des biens du patrimoine de l'humanité aujourd'hui menacés[1040].

Pour fonctionner, la convention s'appuie principalement sur un comité intergouvernemental de 24 membres (art. 5) qui est une émanation de l'assemblée générale des États parties (art.4). Le comité est chargé de la mise en œuvre de la Convention pour l'UNESCO et tout particulièrement de l'examen des demandes présentées par les Etats parties en vue de l'inscription sur les listes représentatives ou de sauvegarde du patrimoine culturel immatériel (art. 7).C'est également le comité qui propose à l'assemblée générale l'accréditation d'organisations non gouvernementales qui auront une fonction consultative auprès de lui (art. 9).

Il est particulièrement à remarquer que la « participation des communautés, des groupes et des organisations non gouvernementales pertinentes » est requise pour l'identification du patrimoine culturel immatériel (art. 11). En cela réside l'autre bouleversement majeur opéré par la mise en œuvre du concept de patrimoine culturel immatériel : les porteurs de pratiques, détenteurs de traditions, se voient conférer une légitimité considérable pour dire ce qu'est, selon eux, leur patrimoine. Entre les États, les chercheurs et les porteurs de traditions, une nouvelle configuration des relations est établie, qui fait de ces derniers des acteurs majeurs et non plus de simples objets d'étude.

Issue d'une lente gestation, la Convention de l'UNESCO sur le patrimoine culturel immatériel et les politiques culturelles

---

[1040]Les parties doivent inventorier le patrimoine se trouvant sur leur territoire et en faire rapport au Comité intergouvernemental de sauvegarde du patrimoine culturel immatériel en deux listes. La première est la *Liste représentative du patrimoine culturel immatériel de l'humanité*'(Le repas gastronomique des Français et des Françaises est un exemple d'élément du patrimoine culturel immatériel protégé depuis 2010).La deuxième est la *Liste du patrimoine immatériel nécessitant une sauvegarde urgente* qui comporte des éléments culturels menacés.(Par exemple, la conception et les pratiques traditionnelles de construction des ponts chinois de bois en arc ont été inscrites en 2009).

internationales qui en découlent ne créent pas seulement une nouvelle catégorie de patrimoine, qui vient s'ajouter à une liste déjà longue, mais constitue aussi un élargissement nécessaire du concept global de patrimoine. Le concept de patrimoine culturel immatériel, en leur conférant une unité nouvelle par delà leurs spécificités, permet de les nommer, de les identifier plus efficacement et invite les acteurs de ces différentes pratiques à se réclamer d'un dénominateur commun. Les deux innovations majeures opérées par le texte de la Convention- soit d'une part l'importance accordée à la pratique par rapport aux objets qui en sont les supports et d'autre part la place centrale accordée aux praticiens par rapport aux États et aux experts dans la définition comme dans l'explicitation du fait patrimonial- reprennent, mais en les officialisant, certains processus également observables dans d'autres domaines. La Déclaration d'Istanbul de 2002 considère d'ailleurs le patrimoine immatériel comme l'expression privilégiée de la diversité culturelle[1041].

Ce sont les Etats qui font le droit international et ils le font pour eux[1042]. Ainsi, comme le constate Francesco Francioni, cette Convention formellement de création interétatique, « *consacre du point de vue substantiel, un système d'obligation internationales que les États contractants prennent à l'égard des groupes humains, des communautés culturelles, établies dans leur territoire ou à l'étranger, en vue d'en sauvegarder les traditions et la culture vivante* »[1043]. Il n'est pas sans pertinence de rappeler à cet égard que l'objet de la sauvegarde n'est pas l'intérêt étatique, mais au contraire la valeur humaine créatrice, la liberté de manifestation des propres croyances et de convictions individuelles soit en communauté, tant en public qu'en privé, des peuples et des groupes ou des minorités »[1044].

[1041]UNESCO, Troisième table ronde des Ministres de la culture sur « Le patrimoine culturel immatériel, miroir de la diversité culturelle », Déclaration d'Istanbul, Communiqué final, Istanbul, Turquie, 16-17 septembre 2002.

[1042] A. PELLET, « Quel avenir pour le droit des peuples à disposer d'eux-mêmes ? » *in Mélanges E. Jiménez de Aréchaga*, *op.cit.*, p. 258.

[1043]F. FRANCIONI,*op.cit.*p.37

[1044]Ibid. p.38. Pour l'UNESCO, la fin des populations autochtones et minorités est synonyme d'une perte énorme en matière de patrimoine culturel. Protégés dans le passé par l'isolement géographique et le faible

Elle consacre le patrimoine culturel immatériel comme élément fondamental de l'identité des groupes humains qui l'ont crée selon l'article 2. Mais elle attire davantage l'attention sur l'impact de la globalisation sur les cultures du monde.

La question de la sauvegarde d'une expression culturelle vivante n'est pas aisée. Pour être sauvé, il est incontestable que le patrimoine immatériel doit s'incarner dans des manifestations matérielles, des signes visibles que peuvent être les enregistrements, les films documentaires, au risque que cette conservation ne fige une expression culturelle évolutive, changeante, au rythme de la vie des sociétés. Par ailleurs il y aurait un risque à ne pas dissocier les expressions culturelles « immatérielles » des modes de vie traditionnels, qui sont comme partout dans le monde menacés et mettant en question le développement durable.

SECTION II. DEVELOPPEMENT DURABLE : REPONSE GLOBALE AUX DEFIS GLOBAUX

L'Unesco présente des atous en tant que lieu de production de normes globales. Depuis la fin des années 1980, le développement durable est activé par de nombreux acteurs comme support d'une dynamique collective à laquelle tous contribueraient. L'idée de développement durable peut être envisagée comme la conciliation de la protection de la diversité culturelle et de la mondialisation dans un objectif de développement. Il convient dès lors examiner le contexte de son enfantement (§1) avant de voir comment ce concept devenu multidimentionnel peut être la pierre angulaire de la gouvernance mondiale (§2).

---

niveau de développement de leurs régions, ces populations ne sont plus à l'abri des conséquences de l'industrialisation et de la mondialisation.

§1. CULTURE ET DEVELOPPEMENT : LEUR ASSISE DANS LA STRUCTURE CHANGEANTE DU DROIT INTERNATIONAL

La mondialisation est perçue par certains, à terme, comme un danger pour les cultures qui ne la portent pas. Or, chaque culture porte en elle, de manière ontologique, les potentialités qui peuvent lui permettre d'atteindre les horizons les plus lointains en matière de création pour donner un sens à la conscience humaine. C'est donc sans surprise qu'elle se pose comme quatrième pilier du développement durable. Ce dernier est un concept discuté du fait de son caractère polysémique.

La mondialisation a souvent été associée à un développement économique effréné, alors que peu d'attention était portée aux conséquences humaines, écologiques et culturelles. Au sein de la communauté internationale, la culture est de plus en plus reconnue comme étant au cœur des enjeux du développement durable. Le développement, enjeu d'un perpétuel conflit entre acteurs dominants et née de la réflexion suscitée par les échecs de l'aide au développement, nécessite de repenser la coopération internationale dans un cadre moins mercantiliste.Comment mettre en cohérence le temps de la culture, de l'économie et du social ? Le droit au développement implique le droit à l'amélioration et au progrès des conditions économiques, sociales, culturelles et politiques. Il convient dès lors d'examiner le parcours du droit au développement(A) avant d'examiner le développement durable en droit international(B).

A. Le parcours du droit au développement

La configuration institutionnelle des rapports Nord-Sud est déterminante dans l'analyse et la compréhension à la fois de l'émergence du développement dans les relations internationales et de sa fragmentation dans le droit international.

Le droit du développement[1045] et le droit au développement traduisent une certaine conception de la vie en communauté. On comprend donc dès lors que le droit du développement soit un droit orienté[1046].La littérature sur le développement, abonde de perspectives théoriques, de stratégies d'action et de formation. Pour KÄ MANA, ce mot séduisant à bien des égards est un « poudroiement voluptueux de rêves et d'enchantements »[1047].Le droit au développement est la revendication d'une normativité nouvelle, il est l'expression symbolique d'une frustration et d'un espoir[1048].

Le droit au développement est un droit inaliénable de l'homme en vertu duquel toute personne humaine et tous les peuples ont le droit de participer et de contribuer à un développement économique, social, culturel et politique dans lequel tous les droits de l'homme et toutes les libertés fondamentales puissent être pleinement réalisées, et bénéficier de ce développement[1049]. En effet, de droit au développement est né dans un contexte international secoué par la guerre froide, alors que les pays du Tiers monde revendiquaient un nouvel ordre économique international (NOEI). Au niveau politique, cela s'est traduit par le positionnement des pays sur une ligne de fragmentation Nord-Sud au sein de la Commission des droits de l'homme.

Le « droit au développement », a été considéré comme un droit au contenu incertain, un concept plus politique que juridique,

---

[1045]Le droit international du développement désigne *: « Ensemble des règles du droit international ayant pour objet, par l'octroi d'un traitement différencié et plus favorable aux pays en développement, de conduire ces pays à parfaire leur indépendance économique, à promouvoir leur développement économique, social et culturel et, à la limite, à contribuer, en coopération avec les pays développés, à édifier un ordre mondial plus équitable ». Contrairement au droit international classique qui est un droit conservateur et qui vise à maintenir l'ordre existant, Le droit international du développement vise à transformer la société. Orienté techniquement (adoption de mécanismes juridiques particuliers), il se veut un droit composite éparpillé entre diverses conventions dont l'effectivité fait défaut.*

[1046]G. Feuer, H. Cassan, *op.cit.*, pp. 23-28.

[1047]KÄ MANA, *L'Afrique va t-elle mourir ? Bousculer l'imaginaire africain. Essai d'éthique politique*, Paris, Cerf, 1991.

[1048] Idem, p.7.

[1049] La Déclaration des Nations Unies sur le droit au développement (art. 1).

difficile à classer dans les catégories connues et qualifié de « pseudo-droit car n'ayant ni sujet, ni objet, ni débiteur »[1050]. La Déclaration sur le droit au développement adoptée par l'Assemblée générale en 1986 fait partie de ces (rares) résolutions, et elle porte sur un droit que seule à ce jour la Charte de Banjul a codifié dans une convention[1051]. Dans le même temps, il s'agit là d'un aboutissement de nombreuses initiatives entreprises depuis de longues années afin d'ancrer solidement ce droit dans le canon des droits de l'homme[1052]. L'objectif de cette résolution très détaillée est la reconnaissance de tous les droits de l'homme, notamment des droits économiques, sociaux et culturels en tant que partie inhérente et indépendante de tout développement, et qui doivent être tout particulièrement protégés en raison justement de leur rôle dans le processus de développement.

C'est en 1972, à l'occasion d'une leçon inaugurale que lui avait demandé de faire René Cassin, à l'Institut international des droits de l'homme de Strasbourg, que Keba M'Baye choisira le sujet : *« Le droit au développement comme un droit de l'homme »*[1053]. L'environnement dans lequel Keba M'Baye a entrepris de parler de « droit au développement » est à situer

---

[1050]Frédéric SUDRE, Droit international et européen des droits de l'Homme, 5 è éd., Paris, PUF, 2001, n° 125. F. Sudre, estiment également que « *les droits économiques, sociaux et culturels,...font partie de la nébuleuse des droits de l'homme mais ne s'inscrivent pas dans le champ du droit* ». Cité par Orianne Paul, *Mythe ou réalité des droits économiques sociaux et culturels,* in Mélanges Velu Jacques, Bruxelles, Bruylant, 1992, pp. 1870-1887.

[1051]L'article 22 de la Charte africaine des droits de l'homme et des peuples (Charte de Banjul) précise: «1. Tous les peuples ont droit à leur propre développement économique, social et culturel sous réserve de respecter de manière adéquate leur liberté et leur identité ainsi que le droit de participer de manière égale à l'héritage commun de l'humanité. 2. Les États sont engagés chacun de son côté ou ensemble à garantir l'exercice du droit ou développement ».

[1052]Voir les trois études détaillées sur le droit au développement de l'expert indépendant Arjun K. Sengupta du 27 juillet 1999, à la demande de la Commission des droits de l'homme et de l'Assemblée générale, E/CN.4/1999/WG.18/2; du 17 août 2000, GA A/55/306 et du 02 janvier 2001, E/CN.4/2001/WG.18/2.

[1053] Voir Revue internationale des droits de l'homme, vol.2-3, 1972, pp. 503-504.

dans les rapports entre les États du Nord et ceux du Sud qui ne lui semblaient correspondre ni à des principes justes et équitables ni obéir aux prescriptions du droit international nouveau, ni, à long terme, garantir la coexistence pacifique entre les nations. Le droit au développement doit être compris comme *« une prérogative reconnue à chaque peuple et à chaque individu de pouvoir satisfaire ses besoins en accord avec ses aspirations dans toute la mesure que permet la jouissance équitable des biens et services produits par la Communauté »*[1054].

Avec l'accession de nouveaux États à l'indépendance et après leur admission à l'ONU, ceux-ci tenteront dès lors de faire accepter par le reste de la communauté internationale l'affirmation que la décolonisation appelle la coopération et qu'à l'inverse le développement ne peut s'effectuer sans la décolonisation. Cette idée apparaît de manière explicite dans la *Déclaration sur l'octroi de l'indépendance aux pays et aux peuples coloniaux* (Rés. 1514 (XV) du 14 décembre 1960) qui proclame solennellement *« la nécessité de mettre rapidement et inconditionnellement fin au colonialisme sous toutes ses formes et dans toutes ses manifestations »*, l'Assemblée générale se déclare convaincue que le maintien du colonialisme « *empêche le développement de la coopération économique internationale, entrave le développement social, culturel et économique des peuples dépendants et va à l'encontre de l'idéal de paix universelle des Nations Unies* ».

Après l'échec de la première décennie du développement certains auteurs ont commencé à s'interroger si l'on ne devait pas considérer le développement non seulement comme un droit, mais aussi et surtout comme un droit de l'homme : d'où les notions d' « aide-obligation » et de « devoir de développement »[1055]. Le droit au développement est apparu dans le contexte du droit international du développement. Ce dernier est né dans les années 1960 avec la création d'institutions

[1054]Keba M'BAYE, « Le droit au développement est-il un droit de l'homme ? », in Centre des droits de l'homme, UCL, Bruylant, Bruxelles, 1989, p.70

[1055]Keba M'BAYE, *Art.cit.* p.36.

spécialisées pour le développement[1056]. Alors que le nouvel ordre économique international est passé dans l'oubli faute de soutien des pays occidentaux, le droit au développement fait l'objet d'un grand nombre d'études. Ce droit au développement fait partie actuellement de la troisième génération des droits de l'homme incluant entre autres, le droit à un environnement sain et équilibré, le droit à la paix et le droit à participer au patrimoine commun de l'humanité. Comme le soulignait le secrétaire général des NU, le droit contemporain se doit être un droit du développement[1057].

Si le « le marché est en passe de réussir là où ont échoué les grands empires et les religions fondatrices : fusionner l'ensemble des êtres humains dans une communauté globale »[1058], il peut obscurcir l'horizon comme le souligne Zaki Laïdi : « *L'événement planétaire se vit comme une avalanche des faits que les systèmes symboliques ont du mal à interpréter. La mondialisation est un événement dont le sens et la valeur résident dans la radicalisation de l'incertitude* »[1059]. C'est la raison pour laquelle le concept de développement respectueux des cultures est venu enrichir la conception du développement qui, de progrès économique à modèle unique, recouvre actuellement des notions plus larges de développement humain et durable : « *Le progrès n'est plus rédempteur à nos yeux. Il ne nous laisse plus espérer cette métabolisation automatique du mal en bien, à laquelle croyaient les hommes du siècle des*

[1056]Organisation des Nations Unies pour le développement industriel (ONUDI) Programme des Nations Unies pour le développement(PNUD) et Conférence des Nations Unies sur le Commerce et le Développement (CNUCED).

[1057]Rapport du secrétaire général des Nations Unies, A/59/2005 du 24 mars 2005. Et Paul IV de déclarer que *« le développement est le nouveau nom de la paix »*. De son côté le Conseil des droits de l'homme a mis sur pied un groupe de travail qui cherche à opérationnaliser le droit au développement, droit proclamé en 1986 par l'Assemblée générale5. Conseil des droits de l'homme, *Rapport du groupe de travail sur le droit au développement sur les travaux de sa neuvième session*, Doc off AG NU, 9e sess, Doc NU A/HRC/9/17 (2008).

[1058]Armand MATTELART, Histoire de l'utopie planétaire. De la cité prophétique à la société globale, Paris, La Découverte, 1999, p.7.

[1059]Zaki Laïdi, « La mondialisation ou la radicalisation de l'incertitude », in Etudes, mars, 1997, p. 297.

Lumières. Impensable il y a encore peu de temps, le principe de précaution auquel on en appelle aujourd'hui signifie cette défiance a priori pour les effets pervers qu'engendre la moindre action, surtout si elle vise à réaliser le meilleur pour tous »[1060].

B. Le développement durable : matrice de la cohérence du droit international

Les aspects juridiques du développement durable posent des questions complexes et les voies d'accès à la normativité sont multiples. Issu d'une réflexion à l'origine centrée sur les impacts sociaux et environnementaux, le concept de développement durable exige une prise en compte et une articulation harmonieuse des divers aspects de l'activité humaine, associés aux quatre piliers du développement durable : économique, social, environnemental et culturel. Il a véritablement émergé et acquis une certaine reconnaissance institutionnelle dans les années 80 suite à une idée relativement vague proposée par l'union internationale pour la conservation de la nature (IUCN), avec pour point d'orgue le premier rapport sur le développement humain de 1990. Il est devenu actuellement un concept phare pour élaborer des politiques publiques de nombreux pays, de grandes sociétés et des organisations internationales[1061].Il introduit un changement dans le discours international sur le développement, mettant en question la prééminence de la croissance économique et s'orientant vers une recherche plus large du bien-être, remettant l'être humain au centre[1062]. À la suite de l'élaboration par le

[1060] Dominique Bourg et de Jean-Michel Besnier (dir.), *Peut-on encore croire au progrès ?*Paris, Editions du Seuil, 2000, p. 252.
[1061]Avec ce concept les États recomposent leur périmètre d'action en essayant de préserver leurs missions régaliennes et en recherchant des formes nouvelles de régulation pour maintenir une certaine cohésion sociale. Pour certains l'investissement de ce nouveau champs consister davantage à freiner la désillusion des citoyens à l'égard des politiques.
[1062]L'accumulation de sinistres de grande ampleur comme les catastrophes de Seveso en 1976, de Bhopal en 1984, de Tchernobyl en 1986, et la prise en compte des risques d'épuisement des ressources naturelles, ont renforcé la

PNUD du modèle du développement humain, une plus grande importance a été accordée à l'intégration de la dimension culturelle dans la réflexion sur le développement durable[1063].

La conception qui en découle du rapport Brundtland est assez floue et nécessite le recours à des principes d'actions plus opérationnels tels que ceux contenus dans la Déclaration de Rio ou l'Agenda 21.C'est en 1992, lors de la Conférence de Rio que sera défini plus précisément ce concept. Cette conférence de Rio marque l'émergence du droit international du développement durable[1064]. Elle avait initialement pour but de jeter les bases d'une grande réconciliation entre les intérêts du développement, de l'environnement et du bien-être social à travers la notion de développement durable ce qui sembla atteint au vu du nombre d'initiatives qui y voient le jour- l'agenda 21, la déclaration de Rio sur l'environnement et le développement, la déclaration de principes concernant les forêts, la CCC et la CBD. A la clôture du sommet, Maurice Strong, Secrétaire général de la conférence, qualifia ainsi la rencontre de « moment historique pour l'humanité ». Faisant suite au rapport Brundtland de 1987, le concept suppose que l'on « s'efforce de répondre aux besoins du présent sans compromettre la capacité de satisfaire ceux des générations futures »[1065].

---

sensibilisation internationale aux risques irréversibles qui menacent la planète et qui mettent en jeu l'avenir des générations futures.

[1063]Voir F. Féral, Février JM et al. « Le développement durable, émergence d'une norme juridique « *Némésis* n° 4 PUP, Perpignan 2002.

[1064] La Déclaration de Rio ou « Charte de la Terre consiste en une suite de 27 principes dont les principaux sont : la réaffirmation d'une vision anthropocentrée du développement durable (principe 1), dans lequel chacun a un rôle à jouer (principe 10), y compris les femmes (principe 20) et les plus jeunes (principe 21). La participation des populations aux prises de décision, constitue donc une exigence pour parvenir à un développement durable (principe 10), de même que celle des collectivités territoriales (principe 22).

[1065]Les racines institutionnelles du Rapport Brundtland sont relativement anciennes. En1972, se tenait à Stockholm, la première grande conférence des Nations Unies traitant des problèmes environnementaux et au cours de laquelle son secrétaire général, Maurice Strong, lance le terme d'écodéveloppement précurseur du développement durable. Malgré l'échec du Sommet de la Terre suivant, tenu en 1982 à Nairobi, la 38ème session de l'Assemblée Générale des Nations Unies adopte, à la fin de l'année 1983, la

Pour Theys, le développement durable tel que défini par le rapport Brundtland représente « une ambiguïté potentiellement très riche, mais extrêmement propice à la mauvaise foi»[1066]. Pour Corine Gendron et JP Revéret, la commission Brundtland aurait volontairement crée les conditions de ce flou terminologique pour assurer la popularité de ce concept[1067]. En effet, le rapport a laissé en suspens la détermination des moyens pour venir à bout des problématiques soulevées dans le débat sur la relation entre développement, croissance et environnement, ce qui va donner lieu à de multiples interprétations. Mais au delà des ambigüités terminologiques, il demeure que le développement durable tend à devenir le nouveau principe régulateur mondial.

L'articulation des dimensions sociales, politiques, culturelles et environnementales du développement durable semble aujourd'hui indiscutable, et l'essentiel des recherches sur le développement, en particulier au sein des institutions internationales en charge de l'aide, se concentre sur les liens entre la lutte contre la pauvreté et la défense des droits de l'homme. Le développement n'est plus simplement une question de croissance mais d'épanouissement des communautés dans leur singularité et leur diversité[1068]. Cette approche a été

---

résolution de créer une Commission mondiale sur l'environnement et le développement.

1066 Theys, «À la recherche du développement durable : un détour par les indicateurs », in *Le développement durable, de l'utopie au concept,* Jolivet, M (dir.), Coll. Nature, Sciences et Sociétés, Paris: Elsevier,2001, p. 271.

1067 C.Gendron. et Revéret *J.*-P. 2000. « Le *développement durable* », *Économies et Sociétés*, *Série F*, *no 37*, 9/*2000*, *p*. 113 ; Chartier Denis, « Aux origines des flous sémantiques du développement durable : une lecture critique de la Stratégie mondiale de la conservation de la nature », in *Ecologie politique*, n°28, p173-183.

1068 Voir *Convention sur la protection et la promotion de la diversité des expressions culturelles*, préambule, al. 3, 6 ; art. 2(6), 13-14. Voir aussi *Culture et développement*, Rés. AG 57/249, Doc. off. AG NU, 57e sess., supp. no 49, Doc. NU A/RES/57/249 (2002) ; UNESCO, *Déclaration universelle*, *supra* note 101, art. 3. Le rapport de la Commission mondiale de la culture et du développement précise que « chacun des membres de la Commission était convaincu que la culture est un facteur essentiel, sinon l'essence même d'un développement durable, tant il est vrai que nos attitudes et nos styles de vie déterminent nos façons de gérer l'ensemble des

récemment renouvelée par l'économiste Amartya Sen[1069] grâce à une approche éthique qui définit les bien premiers non comme des biens ou des ressources, au sens habituel d'objets ou de moyens de consommation, mais comme des « capabilités «c'est-à-dire tout ce dont un être humain a besoin pour s'épanouir selon ses propres critères, pour son fonctionnement optimal.

Le Sommet mondial sur le développement durable (Johannesburg, 28 août- 4 septembre 2002) entendait traiter prioritairement trois objectifs majeurs du développement : l'économique, l'écologique et le social. Au cours de cette rencontre censée précisément faire le bilan des avancées depuis le Sommet de la Terre de Rio, il a été souligné qu'à côté de ces trois piliers du développement, il en existait un quatrième : le culturel. Cette position, présentée lors d'une Table ronde organisée par l'UNESCO et le PNUE, postule que, pour être durable, le développement doit être fondé sur la diversité des cultures. S'il semble difficile de soutenir que ce sommet ait beaucoup mieux réussi que ceux qui l'ont précédé ou suivi à infléchir le cours de la mondialisation, ses analyses ont tout de même permis de faire prendre conscience, au sein du système des Nations Unies et au-delà, d'une atrophie de sa dimension culturelle dangereuse pour la pérennité du phénomène ainsi que de la nécessité d'une plus grande « *policy coherence* » entre les préoccupations d'ordre économique, social, environnemental et culturel parmi les États membres.

---

ressources disponibles», (UNESCO, *Notre diversité créatrice : rapport de la Commission mondiale de la culture et du développement*, Paris, UNESCO, 1996 à la p. 10). Voir aussi UNESCO et PNUE, *Diversité culturelle et biodiversité pour un développement durable : Table ronde de haut niveau organisée conjointement par l'UNESCO et le PNUE le 3 septembre 2002 à Johannesburg (Afrique du Sud) à l'occasion du Sommet mondial pour le développement durable*, Paris, UNESCO, 2003.

[1069]Amartya SEN, *Éthique et économie,* p.218 : « Dans l'évaluation de la justice qui se fonde sur la capabilité, les exigences des individus ne sont pas évaluées en fonction des ressources ou des biens premiers qu'ils possèdent, mais d'après la liberté qu'ont effectivement les individus de choisir entre différents modes de vie auxquels ils peuvent tenir. C'est cette liberté réelle qu'on désigne par la» capabilité « d'accomplir plusieurs combinaisons possibles de modes de fonctionnement ».

Le droit international du développement durable se présente actuellement comme un corps de textes légaux, de traités et d'instruments internationaux gouvernant l'intersection où se rejoignent le droit de l'environnement, le droit social, le droit économique et la diversité culturelle qui vient d'intégrer le droit international public. L'Association de droit international adoptait, en 2002, la *Déclaration de New Delhi sur les principes du droit international relatif au développement durable* énonçant sept principes important pour atteindre l'objectif du développement durable[1070]. Il ne s'agit plus simplement d'un principe de droit international, mais davantage d'une norme interstitielle en droit public général[1071]. Il n'est pas encore certain que la notion de développement durable ait réellement acquis le caractère de règle de droit coutumier international[1072]. On peut soutenir que le concept de développement durable a une double nature en droit international. Il peut être considéré comme une norme interstitielle qui sert à la fois à réconcilier des règles conflictuelles reliées à l'environnement, à l'économie et au développement social (incluant les droits de la personne)[1073].

La mention du développement durable peut apparaître soit dans le Préambule, comme c'est le cas de l'accord créant l'OMC, soit

---

[1070]International Law Association, New Delhi Declaration of Principles of International Law Relating to Sustainable Development, ILA Res 2/2002, 2-6 avril 2002, New Delhi.

[1071]Sur le débat entourant le statut juridique du développement durable, voir Jaye Ellis, « Sustainable.

Development as a Legal Principle: A Rhetorical Analysis » dans Hélène Ruiz Fabri, Rudiger olfrum et Jana Gogolin, dir, *Select Proceedings of the European Society of International Law*, vol 2, London, Hart,2008, 641; Vaughan Lowe, « Sustainable Development and Unsustainable Arguments » in Alan Boyle et David Freestone, dir, *International Law and Sustainable Development: Past Achievements and Future Challenges*, Oxford, Oxford University Press, 1999, à la p 19; Philippe Sands, « International Law in the Field of Sustainable development » (1994) 65 Brit YB Int'l L 303;M. Gehring & M.C. Cordonier Segger, eds., Sustainable Development in World Trade Law (The Hague: Kluwer Law International, 2005,p.134.

[1072]V. Lowe, "Sustainable Development and Unsustainable Arguments" in A. Boyle and D. Freestone, International Law and Sustainable Development: Past Achievements and Future Challenges (Oxford: Oxford University Press, 1999) at 36.

[1073] M. Gehring & M.C. Cordonier Segger, *op.cit.*,p.51.

incorporé dans la partie non normative du traité. La notion de développement durable peut être incorporée dans un instrument écrit juridiquement contraignant, ou s'incarne dans des normes molles au sein d'un tel instrument. Ainsi selon que sa nature est l'objectif ou l'objet, son incidence est variable en droit des traités. Elle peut par exemple permettre de donner un effet utile aux possibilités de dérogation offertes par l'article XX du GATT. En adéquation avec la fonction conciliatoire du concept de développement durable, elle autorise une articulation harmonieuse des logiques commerciale et environnementale.

Dans de récentes décisions des tribunaux et cours internationaux, le concept de développement durable a favorisé la réconciliation et l'intégration d'autres normes concernant notamment le développement socio-économique et la protection de l'environnement[1074]. Pour la CIJ, le concept de développement durable « traduit bien cette nécessité de concilier développement économique et protection de l'environnement »[1075]. Très remarquée, cette première référence au développement durable sous la plume du juge de La Haye, n'est pourtant guère éclairante quant au statut juridique de la notion. La Cour renvoie à la notion, alors même qu'aucune base textuelle ne l'impose dans le cas d'espèce.

Comme nous le verrons dans la suite, le concept porte en lui des virtualités de nature à concilier le commerce et la culture. L'apport essentiel de la convention de 2005 à travers son préambule et à travers un certain nombre de ses dispositions[1076], est qu'elle vient insuffler une certaine densité normative aux instruments *soft law* consacrant ce quatrième

---

[1074] V. Barral, *La sentence du Rhin de fer, une nouvelle étape dans la prise en compte du droit de l'environnement par la justice internationale, RGDIP, 2006, p.647.*

[1075] Cf. *Projet Gabčíkovo-Nagymaros (Hongrie c Slovaquie)*, [1997] CIJ rec 7.§40.

[1076] Notamment l'article 13 qui exige des Parties qu'elles intègrent « la culture dans leurs politiques de développement, à tous les niveaux, en vue de créer des conditions propices au développement durable et, dans ce cadre, de favoriser les aspects liés à la protection et à la promotion de la diversité des expressions culturelles.

pilier. Sans vouloir lui prêter une charge messianique, il convient de noter que la dimension culturelle demeurée dans l'ombre du pilier social s'est graduellement constituée en pilier distinct du développement durable. La question de la juridicité de la notion peut ainsi être entendue dans un sens plus large et conduire à s'interroger, non sur le statut formel, mais sur le potentiel normatif de la notion, sa capacité à produire des effets juridiques dans l'ordre international[1077].

Schématiquement, on peut définir le « virtuel » comme ce qui pourrait être possible, soit une dimension hypothétique. La possibilité est de l'ordre de la simple faculté. En contraste, le « potentiel » est ce qui est possible, soit une dimension du réel[1078]. Ici la possibilité est de l'ordre de la tendance et non plus de la simple faculté[1079]. Le passage du virtuel au potentiel permet de retrouver la distinction aristotélicienne entre puissance et acte ou potentiel et actuel « distinction d'une grande fécondité cognitive en matière environnemental comme l'affirme Papaux[1080] ». Ainsi, pour Vaughan Lowe, le développement durable en tant que « norme interstitielle » aurait pour fonction la mise en cohérence de l'ensemble des règles, tant celles appartenant au droit de l'environnement, que celles relevant des autres domaines appréhendés par le droit international. La norme permettrait de pallier les difficultés nées de la fragmentation du droit international et apparaitrait alors, non comme un principe encadrant en tant que tel le

---

1077 P.M. Dupuy, *« Formation of customary international law end general principles »in* Daniel BODANSKY, Jutta BRUNNÉE, and Ellen HEY (eds), The Oxford Handbook of International Environmental Law, Oxford, Oxford University Press, 2007. p.462.

1078 A. Papaux, « De la nature au « milieu »: l'homme plongé dans l'environnement » In: *Revue interdisciplinaire d'études juridiques.* Facultés universitaires Saint-Louis, Bruxelles, 2008,p.43.

1079 En termes philosophiques, la puissance n'est donc pas seulement une simple possibilité, ni même une simple tendance à être, mais bien une tendance à un certain être ce que révèle L.Robin,à propos des concepts aristotéliciens de matière et de forme voir, André Lalande, vocabulaire technique de la philosophie, quadrige, PUF, Paris 1997,p.860.

1080 A. Papaux, « De la nature au « milieu »: l'homme plongé dans l'environnement *», op.cit,*p.47

comportement des Etats, mais comme un outil entre les mains du juge[1081].Si les premiers jalons du développement durable ont été liés à l'environnement, la réflexion sur la relation entre culture et développement a fait son chemin de façon parallèle[1082].

§2. LE LIEN ENTRE CULTURE ET DEVELOPPEMENT DURABLE EN DROIT INTERNATIONAL

Si l'on considère que tous les peuples ont besoin de produire leurs textes, leurs images, leurs sons mais aussi leurs mythes, leurs symboles et de développer leur imaginaire, alors nous devons affirmer que le bien culturel n'est pas une marchandise comme une autre. Nahlik ne dit pas autre chose lorsqu'il écrit que : « *«L'individu humain est mortel, et les générations d'hommes se succèdent l'une à l'autre. Mais il est loisible à chacune, aussi passagère que soit son existence, de laisser ici-bas une trace immortelle de son génie, incarnée dans telle œuvre d'art, tel monument historique, tel bien culturel. N'oublions jamais le rapport entre ce qui est passager et ce qui, seul, peut assurer à l'homme et à son œuvre la pérennité. Vita brevis-Ars longa... »* [1083] . Dans cette perspective, sans politique publique de la culture, sans systèmes de soutien, quotas, subventions etc., la culture risque d'être l'otage du marché : seuls les biens culturels rentables, seuls les programmes profitables auraient droit de cité.

[1081] V. Lowe*, op. cit, p.31.*

[1082] Notamment le rapport Pérez de Cuéllar, *Notre diversité créatrice*, de la Commission mondiale de la culture et du développement (1996) et la Déclaration universelle de l'UNESCO sur la diversité culturelle (2001).

[1083] S.E. Nahlik, «La protection des biens culturels en cas de conflit armé», *Recueil des Cours de l'Académie de droit international*, 1967, vol.I, tome 120, p. 159.

Selon les représentations modernes, le découpage du réel permettait de considérer que le processus de développement était cloisonné dans la seule sphère techno-économique, indépendamment des questions environnementales ou socioculturelles, et qu'il se confondait largement avec un objectif fondamental : celui de la croissance économique la croissance qui se suffirait à elle-même puisqu'elle serait à la base d'un cycle vertueux .La mondialisation pose cependant un défi à la diversité culturelle du fait des risques induits par la marchandisation croissante de l'offre culturel. Ces défis ont amené à repenser ce développement unidimensionnel qui ne pouvait plus se résumer à une croissance économique. Les nouvelles orientations de l'UNESCO visent à explorer le lien entre la culture et les autres dimensions du développement. Nous verrons d'abord son action dans l'intégration de la culture dans le développement durable(A) avant de comment le cadre normatif de l'OMC peut intégrer cette dimension (B).

A. L'UNESCO dans la construction du quatrième pilier du développement durable

Comme le souligne Christoph Beat Graber, le lien entre culture et développement s'est vu renforcé par une résolution proclamant la période 1988-1997 « décennie de développement culturel »[1084]. Il convient d'examiner sa montée en légitimité avant de voir sa légitimation comme valeur sociétale.

1. La montée en légitimité de la dimension culturelle du développement

Le développement culturel sous-tend les différentes dimensions du patrimoine culturel, depuis ses représentations classiques jusqu'aux formes vivantes, qui se révèlent dans les expressions, traditions et savoir-faire artistiques et qui constituent l'héritage

[1084]Christoph Beat Graber, Handel und kultur in audiovionsrecht der WTO volkerrechliche,Lucerne,2003, p.86.

intangible des peuples et des communautés[1085].Il y a lieu de trouver des dispositions constitutives du développement culturel dans l'Acte constitutif de l'UNESCO (Convention du 16 novembre 1945) qui se propose de *« contribuer au maintien de la paix et de la sécurité, en resserrant par l'éducation, la science et la culture, la collaboration des nations, afin d'assurer le respect universel de la justice, de la loi, des droits de l'homme et des libertés fondamentales pour tous, (...) que la Charte des Nations Unies reconnaît à tous les peuples ».*

Depuis la création de l'UNESCO son rôle en la matière a sans cesse évolué, tout comme la vision de la culture et de sa place dans les sociétés. Selon l'Acte constitutif de l'UNESCO « la dignité de l'homme exigeant la diffusion de la culture et l'éducation de tous en vue de la justice, de la liberté et de la paix, il y a là, pour toutes les nations, des devoirs sacrés à remplir dans un esprit de mutuelle assistance ». A la fin des années 40, priorité était donnée à la reconstruction de la « solidarité intellectuelle et morale de l'humanité ». Mais comme le souligne Toshiyuki KONO, la culture utilisait une définition restrictive, ne faisant référence qu'aux Beaux Arts et autres formes suprêmes du patrimoine culturel [1086].

Dans la décennie 70, l'entrée massive dans l'ère postcoloniale inverse dans l'ensemble du système des Nations unies le rapport de forces entre les pays du Sud et du Nord. Le retour à la culture, comme source de l'identité, du sens, de la survie, de l'expression et de la dignité est en concomitance avec la crise de la pensée unique de la modernisation lié au développement. La diversité culturelle est promue en prémisse d'une voie alternative à l'universalisme porté par l'idéologie du calcul (le PNB) et le déterminisme des vecteurs techniques. Cette réhabilitation de la créativité des cultures implique la

[1085] D.THORSBY, La place de la culture dans le développement durable : réflexions sur la future mise en œuvre de l'article 13 : http://unesdoc.UNESCO.org/images/0015/001572/157287F.pdf];

[1086]Toshiyuki KONO, « L'UNESCO et le patrimoine culturel immatériel du point de vue du développement durable »*op.cit.*,p.254.

valorisation des ressources locales, met l'accent sur la nécessité de la participation citoyenne[1087].

La Conférence mondiale de 1982 sur les politiques culturelles, connue sous l'appellation de MONDIACULT, a été une référence importante pour le débat sur le caractère indivisible de développement et culture, définissant celle-ci, dans le sens anthropologique plus large du terme. Le terme culture en est venu à embrasser tout ce que les êtres humains ont et font pour produire, communiquer entre eux et s'adapter à l'environnement physique. Ainsi, il a été demandé à la Commission mondiale des Nations Unies sur Culture et Développement de donner à la culture une place permanente dans la conception du développement en raison du fait qu'un développement divorcé de son contexte humain ou culturel est une croissance sans âme[1088]. D'après la définition proposée par la *Commission mondiale sur la culture et le développement* (2001), la culture constitue « le patrimoine commun de l'humanité ». Les *Résultats du Sommet mondial 2005* montrent combien il est important de respecter et de comprendre la diversité culturelle car elle contribue à l'enrichissement de l'humanité.

Les avancées conceptuelles reconnaissant le caractère indivisible de culture et développement ont trouvé un écho dans la sphère normative. La Déclaration universelle de l'UNESCO sur la diversité culturelle (2001) ainsi que les conventions qui s'y rapportent font se rejoindre les dimensions politiques de l'identité et les dimensions économiques du développement humain durable et aident les individus et les communautés ainsi que les États-Nations à promouvoir leur propre développement comme ils l'entendent. La diversité culturelle forme le fondement d'une vision du développement qui englobe l'accès aux biens et services, mais aussi la possibilité de choisir une

---

[1087] A. MATTELART, *Diversité culturelle et mondialisation*, Paris, Repères - La Découverte, 2007.

[1088] Voir Notre diversité créative : Rapport de la Commission mondiale sur culture et développement (Paris, Organisation des Nations unies pour l'éducation, la science et la culture, 1996).

façon de vivre ensemble à la fois satisfaisante, intéressante et valorisée[1089].

Il apparaît aujourd'hui, de plus en plus clairement, que le non-développement, ou le mal développement, de certains pays ne dépend pas exclusivement de paramètres économiques, écologiques, sociaux ou politiques, mais que la culture exerce une influence énorme et revêt une importance égale à la bonne gestion des affaires publiques, à l'égalité des sexes ou à l'éducation scolaire. Une culture repliée sur elle-même, très hiérarchisée et axée uniquement sur des valeurs traditionnelles, peut devenir trop rigide et rendre d'autant plus difficile l'adaptation à des changements profonds. Or les comportements sont divers et évoluent constamment. A priori, créer un cadre de définition-limite serait comme vouloir « mettre du vent dans une cage ».

La diversité culturelle est un ressort fondamental du développement durable, de sorte que sa protection ainsi que son maintien en sont des conditions essentielles[1090]. Le rôle de

---

[1089]Le caractère indivisible de culture et développement a été clairement établi dans le programme officiel d'action pour la décennie 2005-2014 (A/60/270 et Add.1), qui recommande d'intégrer la culture comme condition préalable et comme base de la conception des projets de développement en vue de réaliser un «développement respectueux de l'identité », soucieux de la vie des gens et de la nécessité de développer durablement les ressources humaines.

[1090]Voir *Convention sur la protection et la promotion de la diversité des expressions culturelles*, *supra* note 68, préambule, al. 3, 6 ; *ibid.*, art. 2(6), 13-14. Voir aussi *Culture et développement*, Rés. AG 57/249, Doc. off. AG NU, 57e sess., supp. no 49, Doc. NU A/RES/57/249 (2002) ; UNESCO, *Déclaration universelle*, *supra* note 101, art. 3. Le rapport de la Commission mondiale de la culture et du développement précise que «chacun des membres de la Commission était convaincu que la culture est un facteur essentiel, sinon l'essence même d'un développement durable, tant il est vrai que nos attitudes et nos styles de vie déterminent nos façons de gérer l'ensemble des ressources disponibles» (UNESCO, *Notre diversité créatrice : rapport de la Commission mondiale de la culture et du développement*, Paris, UNESCO, 1996 à la p. 10). Voir aussi UNESCO et PNUE, *Diversité culturelle et biodiversité pour un développement durable : Table ronde de haut niveau organisée conjointement par l'UNESCO et le PNUE le 3 septembre 2002 à Johannesburg (Afrique du Sud) à l'occasion du Sommet mondial pour le développement durable*, Paris, UNESCO, 2003 ; Arjun

l'UNESCO pour l'évolution de la conception du développement est donc primordial. A la différence des autres organismes internationaux, l'évolution de cette organisation a été sensiblement différente : son champ d'action, tel qu'il est prévu par son acte constitutif, a été progressivement élargi vers de nouveaux domaines culturels et vers une conception de plus en plus globalisante de la culture. Le développement durable répond actuellement à une forte demande sociétale de voir poser des règles ou des normes dans tous les domaines : économique, social, culturel, environnemental. Les préférences sociétales et la résistance culturelle de la part de ceux qui veulent se débarrasse de toute sorte d'hégémonie et garder toute richesse de la diversité culturelle qui caractérise le monde sont de plus en plus nombreux[1091]. Nous sommes en présence d'un nouveau paradigme qui contribue à construire un nouvel ordre économique et social où l'on prend en compte l'intérêt non seulement immédiat de la société mais aussi celui des générations futures.

2. La confirmation des valeurs sociétales

L'ordre juridique international s'articule autour du principe fondamental de la souveraineté des États. À la fois prémisse et conséquence de cette souveraineté étatique, l'égalité souveraine des États, est le fondement du droit international public. Malgré son caractère incontestablement structurant pour les relations interétatiques, cette égalité s'avère être purement formelle et est à appeler à évoluer avec l'environnement mondiale .Comme le souligne avec justesse Maurice Kamto : « *On espérait que la*

Appadurai, «La diversité durable : l'indivisibilité de la culture et du développement» dans UNESCO, *Déclaration universelle sur la diversité culturelle : une vision, une plate-forme conceptuelle, une boîte à idées, un nouveau paradigme*, Paris, UNESCO, 2003, 9 ; Francisco Javier Encinas López, «Liens théoriques et pratiques entre développement durable et diversité culturelle» dans UNESCO, *Déclaration universelle de l'UNESCO sur la diversité culturelle : commentaires et propositions*, Paris, UNESCO, 2003, 73.

[1091] Marietta STEPANIANTS, « repenser l'histoire de la philosophie », Diogène, Juillet 2008, p.77.

mondialisation juridique, en véhiculant des valeurs communes partagées créerait un nouvel humanisme débarrassé du paternalisme et des préjugés raciaux qui ont infligé tant de traumatisme à l'humanité par le passé. Si la mondialisation inaugure une nouvelle étape décisive dans l'aventure humaine, elle ne leste pas l'humanité de son histoire. Et le droit, même mondialisé, traduira encore et toujours l'état des rapports de force à l'œuvre dans la société internationale en l'occurrence »[1092].

Certaines valeurs, qu'on pourrait qualifiées de valeurs œcuméniques de la société internationale, perforent néamoins la voile de cette société inter-étatique. Il y a en effet suivant les époques, des expressions qui concentrent en quelque sorte les espoirs de ceux qui luttent pour une certaine idée de l'émancipation humaine[1093]. La notion de valeur sociétale peut jouer un tel rôle. Elle est dans l'air du temps si l'on suit certaines discours médiatiques, politiques et intellectuels de parler de la valeur sociétale à l'ère de la mondialisation.

La Responsabilité sociétale des entreprises (RSE) s'est développée dans ce contexte économique particulier qu'est la globalisation de l'économie et dans un contexte juridique inadapté à cette nouvelle donne. Bien qu'elles soient parfois bien plus puissantes que les Etats, les entreprises transnationales n'ont ni personnalité juridique, ni obligations juridiques en matière de droits de l'homme au travail. Dans ce contexte économique et juridique, la RSE peut être considérée comme une réponse à l'absence de régulation juridique des activités des entreprises transnationales dans le domaine des droits de l'homme. Depuis, la formulation de la notion elle-même a

---

[1092]Maurice Kamto, « Mondialisation et droit », *RHDI*, 2000-2, p.485.

[1093]Mais il reste que certains mots reste sont à un moment donné surdéterminés : le signifiant auxquels ils renvoient doit jouer un rôle fondateur et constitue alors inévitablement le réceptacle de tous les fantasmes.

évolué, passant de la responsabilité sociale des entreprises à la responsabilité sociétale des entreprises[1094].

En effet, après la tentative avortée en 1996 d'insérer une clause sociale dans le droit de l'OMC», nonobstant la réaffirmation du mandat de l'OIT au plus haut niveau, on a assisté à un isolement de la question sociale sur le plan institutionnel et à son affaiblissement, voire sa marginalisation, sur le plan normatif. Cette éviction du social et de l'environnemental des instances de décision et de régulation de l'économie mondiale a été une véritable aubaine pour les entreprises transnationales. Ainsi ont-elles pu imposer via leur Etat d'origine l'adoption de normes dans les traités bilatéraux d'investissement visant à protéger les investissements, la propriété intellectuelle, la levée des barrières commerciales ainsi qu'à interdire d'établir desdistinctions entre entreprises nationales et étrangères.C'est dans ce sens qu'on peut comprendre Michèle Jarton lorsqu'il affirme que l'appel à la notion de diversité culturelle, qui nous convoque aujourd'hui, apparaît comme un instrument de survie de l'humain: à ce titre, il peut être qualifié de prophétique[1095]. Il convient donc de l'ausculter pour tenter d'en extraire la signification.

Comme le précise Edgard Morin, un grand nombre d'évolutions sociétales sont le corollaire « *d'un nouveau degré d'individualisation de l'existence humaine* ». La sécularisation de la société posant les bases de cette individualisation, elle en devient un des fondements ancestraux et indirects du libéralisme[1096]. L'idée selon laquelle la loi de l'offre et de la demande, celle dite du marché, n'est pas la seule qui assurerait

---

[1094]I.DAUGAREILH, *Responsabilités de l'entreprise transnationale dans la globalisation de l'économie*, éd. Bruylant/LGDJ, Bruxelles, 2009.

[1095]Michèle JARTON, « La diversité culturelle, nouvelle norme universelle au service de la paix », *op.cit*, p.9. Selon Parekh, il y a quatre valeurs morales universelles méritant le respect de tous les êtres humains: la valeur humaine, la dignité humaine, les conditions communes de bien-être et l'égalité. Il précise cependant que ces valeurs n'ont pas un poids équivalent selon les êtres humains et leur communauté d'appanenance, d'où l'importance du dialogue intrculturelle.

[1096]Edgar MORIN, In *L'esprit du temps, op.cit*, p.112.

de manière harmonieuse des échanges culturels et la régulation des rapports au sein d'un groupe humain, a acquis une très grande visibilité politique et participe de l'émergence des valeurs sociétales[1097].

La responsabilité sociétale en tant que déclinaison du développement durable dans l'entreprise ne tient pas assez compte dans son fondement théorique et dans ses stratégies opérationnelles, de la dimension culturelle et interculturelle. La Convention de 2005 consacre la valeur sociétale des produits culturels en droit international. La reconnaissance de la spécificité des biens et des services culturels « parce qu'ils sont porteurs d'identité, de valeurs et de sens » a été comme une sorte de cri de guerre pendant tout le processus sur la négociation sur la diversité culturelle. À côté des exigences de RSE formalisées dans la norme ISO26000, le respecter les lois nationales, et des droits de l'homme peut stimuler l'interculturalité afin de développer l'interaction culturelle dans l'esprit de bâtir des passerelles entre les peuple et cristaliser l'interculturalité comme composante de la RSE. Le mouvement RSE se déploie actuellement sous de multiples formes.Il trouve son biotope en Afrique pour se déployer avec plus ou moins d'intensité, épousant ainsi des aspects polymorphes.

L'adjectivation sociétale renvoie ici aux ressorts matériels métaphysiques constitutifs de nos sociétés (imaginaires, représentations, échanges et autres pratiques quotidiens). La critique de plus justifiée des développementalistes appelle une conception complexe du développement plutôt qu'une

---

[1097]Dans la même perspective, les entreprises deviennent des "communautés entreprenantes", où le travail s'effectue de manière coopérative pour produire des ressources qui ont une *valeur sociétale* réelle pour une "communauté plus large" (Humbert et alii, 2003, p. 954). A travers ces réécritures du contenu du travail et de l'entreprise, la *valeur sociétale* s'affirme donc comme un concept fédérateur. Elle constitue à la fois un étalon de mesure de la "vraie richesse" et le moyen d'évaluer comment l'activité productive peut contribuer à la création de cette ressource collective par le travail. A cet égard, les indicateurs du développement humain élaborés par le PNUD constituent une évaluation approchée des enjeux *sociétaux* et de ses implications.

condamnation irrémédiable du concept lié à une apologie de la décroissance[1098]. Il s'agit d'un développement plus harmonieux au plan écologique, humain et technologique. Par souci de rentabilité immédiatement utile, les projets de développement ont été souvent tributaires de certaines exigences à courte vue des bailleurs financiers, d'échéances de calendrier et de résultats à atteindre. Les projets manquent souvent de s'inscrire dans la « longue durée » et ignorent ce que Jean-François Bayart appelle*« l'historicité propre des sociétés »*, c'est-à-dire leurs valeurs, leurs « propres raisons d'être » des raisonnements endogènes.

Reconsidérer l'humain aujourd'hui, ce n'est pas recentrer l'activité économique uniquement sur le développement humain, mais lui adjoindre d'autres indicateurs. Cette extension permet de compléter la conception de l'homme par une inscription dans son milieu et son agir. Ce supplément est apporté par la *valeur sociétale* qui nous introduit à logique de la création des valeurs[1099]. Le sociétal, pour cette raison, rend possible une conception enrichie de l'institution du *socius* caractéristiques de la postmodernité. Avec la modernité, faut-il le rappeler, le sujet a acquis une sorte de solitude ontologique dans laquelle l'individu n'a plus besoin d'un rapport à l'autre pour exister.

La valeur sociétale de la diversité culturelle repose un trait d'union entre le collectif et l'individuel. Elle complète également la dichotomie de l'économique et du culturel par le technologique dans sa réactualisation de la durée, véritable condition de tout agir. Cette dichotomie, pour reprendre une réflexion de Franck Dominique Vivien, a eu jusqu'à maintenant pour conséquence *« de centrer le calcul économique sur les conditions de reproduction du capital, lesquelles ne*

[1098]Serge LATOUCHE, *Survivre au développement, de la décolonisation de l'imaginaire économique à la construction d'une société alternative*, Mille et une nuits/UNESCO, Paris, 2005. L'enjeu est d'évaluer autrement le développement (cf. « Reconsidérer la richesse » , Rapport d'étape de la mission *Nouveaux facteurs de richesses*, rédigé par Pascal Viveret).

[1099]Notons que la notion de *capability* chez Sen ne prend en compte ni les dimensions technologiques, ni les dimensions naturelles.

correspondent pas à celles qui assurent la reproduction des ressources naturelles et humaines »[1100].

La valeur sociétale de la diversité culturelle s'inscrit dans une économie politique de la durée. Elle traduit l'aptitude des sociétés à préserver et à créer des richesses plurielles, pour s'émanciper des contraintes économiques et financières de court terme, facteurs d'atrophie et d'anomie, liées à l'alignement sur le temps mondial de la production *hyper industrielle*. Pour Nicole Koulayan, il faut chercher à donner un « sens humain » à la mondialisation[1101] en l'impliquant, comme nous le proposons, dans un humanisme de notre temps, qui relève d'une philosophie venue d'Afrique du Sud, connue sous le nom d'Ubuntu[1102]. Kader Asma abonde dans le même sens: "*These are the values of what we call ubuntu, the profound tenet of African philosophy, which holds that one is only fully human when recognizing the humanityof others*"[1103].

La culture devient de ce fait habitée par la technologie, dialoguant avec elle, la contenant parfois et se laissant souvent élaborer par elle. Si la technologie a laissé dans l'ombre toute une partie de la population, celle qui continue à vivre suivant les principes de la nature, celle qui ne croit pas à l'État, mais au

[1100] F-D.VIVIEN, *Le développement soutenable*, La Découverte, Paris, 2005, p.60.

[1101]Le monde humain est « un système ouvert ou inachevé et même la contingence fondamentale qui le menace de discordance le soustrait aussi à la fatalité du désordre et interdit d'en désespérer, à condition seulement qu'on se rappelle que les appareils, ce sont des hommes, et qu'on maintienne et multiplie des rapports d'homme à homme. » Maurice MERLEAU-PONTY : *Humanisme et terreur. Essai sur le problème communiste.* Gallimard, Paris (1947), p.309.

[1102] Nicole Koulayan, Mondialisation et dialogue des cultures : L'Ubuntu d'Afrique du Sud, Revue Hermès n°51, p.5.

[1103]Kader ASMAL, "What the Convention means to me", in N. Obuljen, J. Smiers, UNESCO's Convention on the Protection and the Promotion of the Diversity of Cultural Expressions: Making it Work, Culturelink Joint Publications Series, Zagreb, 2006, p. 356.Voir aussi *Déclaration d'UBUNTU,* Forum mondial des réseaux de la société civile, 4.3.2008 lors du60e anniversaire de la Déclaration Universelle des Droits de l'Homme (net). Nicole Koulayan – Mondialisation et dialogue des cultures : L'ubuntu d'Afrique du Sud. - Revue Hermès n°51.

pouvoir des ancêtres, celle qui ne croit pas à la science mais au savoir traditionnel, comment faire pour favoriser le dialogue des cultures ?

Aujourd'hui, les expressions culturelles d'une communauté lui sont indispensables pour refléter et accompagner son identité[1104] et les évolutions qu'elle rencontre. Ces expressions culturelles, sous toutes leurs formes, sans être exclues du commerce, ne peuvent y être uniquement et totalement soumises. Elles répondent à des besoins vitaux pour l'identité de chaque communauté et doivent donc être préservées et encouragées. Le rapport quadriennal soumis par l'Autriche en 2012 indique comment « la Convention de l'Unesco de 2005 a introduit une nouvelle perspective et un cadre général de référence en Autriche, qui est reflété dans la prise de conscience croissante de la nature transversale de la culture et de la valeur ajoutée qu'elle constitue pour le développement économique et sociétal »[1105].

Au cœur de cette approche fondée sur la diversité culturelle réside l'idée que les cultures sont des trajectoires vers le futur. Pour reprendre les termes d'Arjun Appadurai : « *Nous avons besoin d'un changement radical dans la manière dont nous percevons la culture afin de créer une relation plus productive entre l'anthropologie et l'économie, entre la culture et le développement, dans la lutte contre la pauvreté. Ce changement nous impose de placer l'avenir, plutôt que le passé, au centre de notre réflexion sur la culture* ». Il s'agit donc de libérer la capacité à éprouver des aspirations et de permettre aux individus et aux groupes de devenir les acteurs de leur développement. Idéalisé au lendemain de la seconde guerre mondiale, puis discrédité et condamné à la fin des années 80, le développement, traditionnellement envisagé sous un angle strictement économique, est graduellement devenu un concept

[1104]L'identité culturelle est selon Y. Brunswick, «le noyau vivant d'une culture, le principe dynamique par lequel un individu ou une communauté s'appuyant sur son passé, se nourrissant de ses potentialités, accueillant des apports extérieurs en fonction de ses besoins, poursuit le processus continu de sa propre création ».

[1105] Gouvernement autrichien, 'Austrian Report 2012 on Measures to Protect and Promote the Diversity of Cultural Expressions' (2012), p. 2.

multidimensionnel. Le respect et la promotion de la diversité culturelle est donc une condition nécessaire à la perpétuité de l'humanité. Elle se décline opérationnellement dans plusieurs principes qu'on trouve déjà en droit international, dont le traitement différencié.

B. Le traitement différencié en « matière culturelle »

Le Rapport Brundtland avance plusieurs définitions de ce que doit être un développement durable. Quatre points nous semblent importants dans la compréhension de la conception du développement durable véhiculé dans le rapport Brundtland de 1987 en lien avec le Traitement différencié. Pour le rapport la pauvreté constitue une dimension centrale du développement durable, en ce qu'elle reconnue à la fois comme effet et cause des problèmes mondiaux. L'accent est également mis sur l'aspect de solidarité intergénérationnelle[1106]. Le développement soutenable vise « *à favoriser un état d'harmonie entre les êtres humains et entre l'homme et la nature ... Le développement soutenable, c'est autre chose qu'une simple croissance. Il faut en effet modifier le contenu même de cette croissance, faire en sorte qu'elle engloutisse moins de matières premières et d'énergies et que ses fruits soient répartis plus équitablement* » (p.61).

Si le commerce international a de fait accru l'interdépendance entre les hommes, il s'agit principalement d'une interdépendance concurrentielle, régie par une raison calculatrice, déterminée par le souci de maximisation des intérêts particuliers. Et dans la mesure où ces interactions supposent des partenaires ayant des rapports plus ou moins asymétriques dans le mécanisme des échanges, les personnes et les sociétés n'ayant pas les moyens d'exprimer leurs cultures

---

[1106] «Les comptes ne sont pas positifs pour notre génération, mais nos enfant hériteront d'une balance négative. Nous empruntons un capital écologique aux générations à venir, en sachant pertinemment que nous ne pourrons jamais leur rembourser » (*rapport*, p. 9).

semblent irrémédiablement condamnées à la marginalisation. Pour remédier à ces dés équilibres, le principe du traitement différencié s'est redéployé dans la perspective des négociations en cours à l'OMC dans le cadre du cycle de Doha et s'est matérialisé en droit international de l'environnement, sous l'appellation nouvelle des « responsabilités communes mais différenciées ». Signe d'une incontestable vitalité juridique, ce concept s'insinue progressivement dans la pratique conventionnelle des États et dans de nouvelles sphères du droit international comme celle relative à la diversité culturelle.

1. L'émergence du traitement spécial et différentié en droit international

Alors même que les États nouvellement décolonisés allaient former le plus gros contingent des membres du GATT dans les années 1960, ils se tournèrent vers les Nations Unies afin de faire entendre leurs revendications en matière de droit économique, notamment via la CNUCED[1107], mais également dans différentes organisations et agences associées aux Nations Unies (en particulier les banques régionales de développement). Abdulqawi YUSUF note que « The case for preferential treatment for exports of developing countries is that it would help the industries of developing countries to overcome the difficulties that they encounter in export markets because of their high initial cost»[1108].

[1107]Dès sa naissance, la CNUCED s'est voulu le symbole et le maître d'œuvre d'une nouvelle architecture des échanges marchands internationaux destinée à tourner la page du néocolonialisme, cela par l'instillation d'une dose de volontarisme dans les rapports Nord-Sud. Elle a inscrit son action en rupture du libéralisme économique, toujours présenté comme constituant la panacée du développement économique. Jusqu'au début des années 90 et en développant l'idée de la nécessaire solidarité entre les PVD, la CNUCED a souvent suscité la réticence des pays industrialisés qui n'ont pas voulu participer aux négociations.

[1108] Abdulqawi YUSUF, *Legal aspects of trade preferences for developing states: a study in the influence of development needs on the evolution of international law,* Netherlands, Martinus NijhoffPublishers, 1982, p.19.

Le principal problème essentiel d'une telle stratégie de pression externe est que les accords du GATT ne peuvent intégrer au plan juridique les négociations entreprises hors du cadre de l'organisation. L'exemple le plus frappant en est le système généralisé de préférences élaboré lors de la seconde conférence de la CNUCED et qui, pour pouvoir être pris en compte dans le GATT, requerra une dérogation à la clause de la nation la plus favorisée de l'article I du GATT qui fût finalement adopté par les Parties contractantes en 1974. Plus généralement l'approche qui considérait le GATT comme un système juridique séparé du reste du droit international public (théorie du « self-contained regime »), posait un obstacle majeur à la reconnaissance de normes extérieures.

Le cycle de Tokyo vit une tendance à l'extension du droit économique international à divers domaines jusqu'alors réservés à la discrétion des États gérant leurs affaires internes. Pour la première fois, le droit du GATT s'étendit à des domaines de régulation bien au-delà des matières tarifaires, touchant à la gestion administrative douanière, aux subventions et mesures compensatoires, au dumping et mesures antidumping ainsi qu'aux marchés publics. Cette décision, mieux connue sous le nom de « Clause d'habilitation » (ou « Enabling clause »), légitime deux sortes de dérogations au GATT (Accord général sur les tarifs douaniers et le commerce) : les systèmes généralisés de préférences, d'ordre tarifaire ou non tarifaire, émanant de pays industrialisés envers les PVD (article 2 points a) et b) de la Clause d'habilitation) ; les accords de coopération préférentiels entre PVD (article 2 point c) de la Clause d'habilitation)[1109].

[1109] Dans les accords commerciaux multilatéraux de l'OMC, le traitement préférentiel envers les pays en développement s'exprime à travers plusieurs dispositions permettant une dérogation aux obligations communes. Pour le GATT, il s'agit de l'application de la clause d'habilitation (de 1979), telle qu'elle est mise en œuvre dans les schémas de Système généralisé de préférences (schémas SGP). Elle permet une réduction non réciproque des tarifs douaniers ou des préférences unilatérales par le biais d'accord commerciaux régionaux ou bilatéraux.

Après les transformations géostratégiques des années 1990 au plan international, l'OMC émergea comme quasi seul pôle de la régulation économique internationale, avec un champ d'activité allant bien au-delà des questions tarifaires. L'ONU n'avait pas tenu les promesses des « décennies du développement » successives ni de la CNUCED ; les stratégies du FMI et de la Banque Mondiale volaient en éclat en Amérique Latine et plus tard en Asie alors que l'Afrique n'enregistrait que très peu de progrès économique, voire un net recul dans certaines régions subsahariennes[1110]. En conséquence, les questions liées au développement se cristallisèrent autour de l'OMC avec une force et une vitesse remarquable alors que le développement demeurait au sein de cette organisation une préoccupation marginale, faite d'exemptions et d'exceptions sans réelle cohérence économique, juridique ou politique. Les pays en développement revendiquent désormais une participation institutionnelle accrue (tant quantitativement que qualitativement) ainsi qu'une plus grande influence sur le produit normatif de l'organisation.La nature du traitement du développement n'a cependant pas fondamentalement changé, la question restant traitée au travers des clauses de traitement spécial (dont le principe a été institutionnalisé par la Décision de 1979[1111]), alors même que le traitement spécial avait déjà montré ses effets pervers pour les pays en développement, notamment concernant l'ambivalence de la non-réciprocité[1112].

[1110] En quinze ans, l'Afrique est incontestablement devenue un pôle de l'économie mondiale. Ces dernières années, elle a en effet connu l'expansion économique la plus importante de la planète, avec un taux de croissance allant jusqu'à 5% par an depuis 2008, malgré la crise économique. Entre 2013 et 2023, un taux moyen de 6 % par an est encore attendu. Par la richesse de son sous-sol (or, pétrole, terres arables, uranium…) et de sa nature (eau, forêts, etc.), le continent africain est devenu un nouvel eldorado pour des entreprises internationales. En 2014, les investissements étrangers devaient y atteindre un niveau record de 80 milliards de dollars.

[1111] Voir la Décision du 28 novembre 1979 au sujet du traitement différencié et plus favorable, de la réciprocité et de la participation plus complète des pays en voie de développement, GATT, B.I.S.D. (26eme Supp.) (1980).

[1112] La montée en puissance du phénomène régional (la régionalisation) a également favorisé la création de blocs sous-continentaux plus ou moins homogènes qui ont permis aux PMA d'inscrire leurs projets de développement sur une échelle plus large. De ce fait, le soutien apporté aux PMA par l'intermédiaire des préférences commerciales est voué à disparaître

Le programme de Doha donne un rôle central au traitement spécial et différencié. Le lancement, suite à la 4e Conférence ministérielle de l'OMC à Doha fin 2001, d'un cycle de négociations baptisé « Agenda de Doha pour le développement » (ADD) a remis au centre des relations économiques internationales la problématique du développement et les conflits-coopérations Nord-Sud. L'inscription du thème du développement dans les négociations commerciales de l'OMC répond, d'une part, à la crise de légitimité de l'institution et, d'autre part, aux critiques relatives à la marginalisation des économies en développement et à l'iniquité de certains accords.

Dans le cadre de l'OMC, un grand nombre d'articles recommandent aux membres de l'OMC de mettre en œuvre des mesures qui vont développer les opportunités de commerce des pays en voie de développement, surtout en ce qui concerne les pays les moins avancés(PMA)[1113]. Le TSD comporte six catégories de dispositions : i) les dispositions visant à améliorer les opportunités commerciales pour les PED-PMA, parmi lesquelles celles relatives à l'accès aux marchés des pays du Nord ; ii) les dispositions impliquant la prise en compte des intérêts des PED-PMA lors de l'adoption par les pays du Nord de mesures commerciales ; iii) les dispositions donnant aux PED-PMA une capacité discrétionnaire dans l'élaboration de leur politique commerciale et les exemptant des disciplines commerciales appliquées par et aux pays développés ; iv) les dispositions relatives à l'aide et à l'assistance technique ; v) les provisions relatives à la protection de leur marché intérieur ; vi)

---

au profit de schémas d'échanges élargis à des blocs régionaux. En effet, le fondement d'un traitement différencié entre les pays en développement et développés posé en 1971 a placé les pays en développement hors de la logique de réciprocité des obligations mais également des droits et avantages. Dans un système qui reste fondé sur un échange de concessions économiques de type mercantiliste, ceux qui n'ont que peu à offrir tendent à devenir des interlocuteurs de seconde zone à qui les pays développés ne sont que peu enclins à faire des concessions de valeur.

[1113]Catégorie bénéficiant de plus d'avantages à l'OMC. Ce sont les pays qui sont à leurs premiers stades de développement économique ou qui ne peuvent assurer à leur population qu'un faible niveau de vie, art. 18 GATT.

les provisions accordant aux PED-PMA des délais plus longs d'exemption à la norme multilatérale.

Le traitement spécial et différencié diffère donc dans son application selon qu'il s'applique aux pays en développement[1114] ou aux PMA tels que définis par les Nations Unies[1115]. Le TSD en tant que régime dérogatoire à destination des PED-PMA possède deux dimensions principales. D'une part, il vise à accroître l'accès des PED-PMA aux marchés des pays industrialisés. D'autre part, il autorise l'adoption de mesures unilatérales de protection des marchés domestiques. Comme le souligne Sonia Elise Rolland : « *Le TSD est un élément nécessaire de modulation d'accords commerciaux entre États ayant différentes priorités politiques et économiques. Ainsi, il a été soutenu que des mécanismes de flexibilité en matière de subventions et de contrôle des importations étaient nécessaires pour promouvoir des industries naissantes dans les pays en développement* »[1116].

La revendication à une prise en compte des différentiels de développement entre les Etats a abouti à un traitement différencié des pays en voie de développement dans le cadre du GATT puis au sein de l'OMC, mais sans véritable effet positif sur le développement des dits Etats. Finalement, l'approche du libéralisme capitaliste triomphe, comme le montre notamment la prolifération des «bilaterial investment treaties» actuelle.Il faut bien comprendre que la question du développement se situe bien

[1114]Pas de définition légale, il existe un processus d'auto-élection, est PVD le pays qui s'estime comme tel, ils sont au moins 150, mais pas d'effet juridique à cette élection. Cette désignation se fait au cas par cas par un comité de l'OMC selon les règles préférentielles et des conventions d'accession. Il convient enfin de citer parmi les PVD, les nouveaux pays industrialisés (NPI), incluant majoritairement des pays asiatiques et d'Amérique latine: les quatre dragons, les tigres et les jaguars.

[1115]K. EDWINI, "The legal status of special and differential treatment provisions under the WTO agreements", in *WTO Law and developing countries,* Cambridge University Press, 2007, p. 1 – 36

[1116] Sonia Elise ROLLAND, Une dimension du développement à l'OMC : pourquoi et comment?, European Society of International Law Biennial Conference, May 2006. En ligne : http://www.esilsedi.eu/english/paris_agora_papers.html.

au-delà de la simple question de l'accès aux marchés. Un PVD à tout autant des besoins sociaux, environnementaux, culturels que purement économique. Or, au fil des décennies, les questions de développement ont d'avantage reçu de réponses en termes commerciaux qu'en termes d'aide spécifique. Ainsi, les doutes émis autour de l'efficacité réelle des Système Généralisé de Préférences (SGP) mais également leurs coûts[1117] semblent clairement démontrer les limites de l'approche commerciale du développement qui ne peut se concevoir que dans le cadre de la mise en œuvre d'une politique d'aide globale et multilatérale.

2. Le traitement spécial et différencié en droit international de la culture

Le concept de « traitement spécial et différencié bien connu en droit international économique s'appuie sur la demande des pays en développement *d'une dérogation à la règle générale des accords de libéralisation du commerce international de l'OMC.* L'argument avancé est l'existence d'inégalités structurelles entre les pays développés et les pays en développement, qui sont les uns et les autres parties au même accord commercial.

L'hiérarchisation dans la détermination des obligations des parties, qui est une pratique courante dans les relations internationales et dans les accords internationaux et peut être reçue comme un succès diplomatique. Elle a entraîné une remise en cause du droit international et de son adaptation aux inégalités du développement économique. Néanmoins elle n'a

---

[1117]A titre d'exemple, en 2003, on estimait qu'accorder un dollar d'accès préférentiel aux PED coutait plus ou moins 5 dollars aux USA ou à l'UE. Le Professeur Dominique CARREAU définit le SGP comme « un cadre à l'intérieur duquel les pays développés *(ou* pays donneurs) sont invités à offrir par des offres ou schémas des préférences non réciproques et non discriminatoires pour les exportations des produits manufacturés et semi finis en provenance des pays en voie de développement ou pays bénéficiaires». Ce principe repose essentiellement sur «l'idée de protection des intérêts économiques et commerciaux des pays en voie de développement» et tient compte des échanges commerciaux en déséquilibre du fait des inégalités de développement qui entravent toute réciprocité réelle entre les deux catégories de pays en matière de commerce international. Voir D. CARREAU, T. FLORY et P. JUILLIARD, *op.cit*, p.227.

pas encore induit un changement qualitatif dans les relations politiques, économiques et commerciales et culturelles entre les pays développés et les pays en développement. Ce statut juridique favorable n'a pas permis aux pays en développement de s'insérer réellement dans le système commercial international.

Dans le cadre de l'UNESCO, la notion prend plusieurs visages. La *Déclaration universelle sur la bioéthique et les droits de l'homme*, adoptée par la Conférence générale de l'UNESCO lors de sa 33e session, le 19 octobre 2005, reconnaît la promotion d'un accès équitable aux progrès de la médecine, de la science et de la technique, ainsi qu'une circulation aussi large et aussi rapide que possible des connaissances et des bienfaits qui en découlent, en accordant une attention particulière aux besoins des pays en développement[1118].

Le traitement préférentiel au sens de la Convention de l'UNESCO de 2005 est un concept plus large et plus complexe que dans sa stricte acception en vertu des accords de l'OMC et dans le domaine commercial en général. Son article 16 recommande aux membres de l'UNESCO de mettre en œuvre des mesures qui vont développer les opportunités de commerce des pays en voie de développement, surtout en ce qui concerne les pays les moins avancés[1119]. D'autres, permettent aux pays développés d'accorder des préférences seulement aux PVD

[1118] Article 2(f).

[1119] Le concept de traitement préférentiel défini à l'Article 16 de la Convention de 2005 doit être interprété à la lumière d'autres dispositions pertinentes de cet instrument, et en particulier des dispositions suivantes :
-Préambule : référence, en ce qui concerne la mondialisation, aux « risques de déséquilibres entre pays riches et pays pauvres » ;
- Article 1 (c) : « afin d'assurer des échanges culturels plus intenses et plus équilibrés dans le monde « ;- Article 2.4, principe de solidarité et de coopérations internationales et Article 2.7, principe d'accès équitable ;
- Article 14 (a) ii : « en facilitant l'accès plus large de leurs activités, biens et services culturels au marché mondial et aux circuits de distribution internationaux » et iv : « en adoptant, chaque fois que possible, des mesures appropriées dans les pays développés en vue de faciliter l'accès à leur territoire des activités, biens et services culturels des pays en développement ».

stimulant leur industrie d'exportation. Certaines dispositions sont légales, d'autres ne créent aucun droit pour les réciprocités. Ces articles n'imposent qu'un devoir pour les pays développés de considérer quel serait l'impact de leurs mesures sur les réciprocités. Il n'est en aucun cas spécifié que ces derniers doivent s'abstenir d'imposer ou de mettre en place leurs mesures quand il a été démontré par un PVD que ces dernières pourraient heurter leur intérêt commercial. Pour être effectif, le traitement préférentiel nécessite donc que certaines conditions soient remplies[1120].

Bien que la relation de la Convention de l'UNESCO sur la protection et la promotion de la diversité des expressions culturelles avec les accords de commerce ne fût pas officiellement à l'ordre du jour, les directives opérationnelles de l'Article 16 empiètent sur le champ de compétence de l'OMC. Le débat initial autour de ce thème, enrichi par six rapports d'experts - a révélé qu'à ce jour, les États membres du Comité intergouvernemental divergent passablement d'opinion quant à la manière d'aborder cette question.

L'idée que la culture n'est pas un appendice du développement économique comme une ressource trop peu exploitée, fait son chemin sur la scène internationale, notamment dans la coopération culturelle. L'Accord UE-Cariforum est le premier APE régional conclu et son Protocole sur la coopération culturelle (PCC) constitue la première application du mandat de négociation de l'APE et de la Convention de l'UNESCO, en particulier de son Article 16, dans un accord entre l'UE et des

[1120] D'après les pratiques actuelles observées dans les relations commerciales internationales, les mécanismes du traitement préférentiel envers les pays en développement s'accompagnent des principes opérationnels suivants :
- l'éligibilité (qui peut bénéficier du traitement préférentiel) ;
- la réciprocité (atteindre des tarifs douaniers de même niveau entre deux parties) ;
- la gradation (jusqu'à quel moment le traitement préférentiel doit-il durer) ;
- les règles d'origine (comment déterminer l'origine nationale des produits (biens ou services) ou des personnes physiques qui profiteront du traitement préférentiel) ;
- la conditionnalité (les exigences préalables à satisfaire ou les autres conditions nécessaires pour bénéficier du mécanisme).

pays tiers[1121].Le Protocole a pour but de promouvoir la ratification de la Convention de l'UNESCO en encourageant les signataires à ratifier promptement la Convention, s'il ne l'ont pas déjà fait, et à veiller à ce qu'elle soit appliquée, en particulier son Article 20, en vertu duquel les parties sont tenues de prendre en compte la Convention dans le cadre de tous les accords dont elles sont signataires[1122].Son Article 16, qui stipule que les parties doivent accorder un traitement préférentiel aux artistes et autres professionnels et praticiens de la culture des pays en développement. Cette mesure vise à accroître le flux de produits et de services culturels des pays en développement vers les pays développés, afin de faciliter la multiplication des

---

[1121]Voir H. Ghérari, « L'accord de partenariat économique CARIFORUM-CE : vers une nouvelle génération d'accord de libre-échange ? », *RGDIP*, 2009-3, pp. 523-554 L'accord de partenariat économique CARIFORUM-UE (APE), signé le 16 décembre 2007, est, dans le cadre de l'ACP. Le CARICOM est un groupement régional d'archipels en développement. Ses 15 membres sont Antigua-et- Barbuda, Bahamas, Barbade, Belize, Dominique, Grenade, Guyana, Haïti, Jamaïque, Montserrat (RU), Saint-Kitts-et-Nevis, Sainte-Lucie, Saint-Vincent-et-les Grenadines, Suriname et Trinité-et-Tobago. Néanmoins, l'expérience de la négociation de PCC dans le cadre de l'accord de partenariat économique (APE) UE / Etats du Cariforum et de l'accord de libre-échange (ALE) UE / Corée du Sud a révélé que ce type de protocole de coopération culturelle pouvait soulever des difficultés, pouvant même aller à l'encontre des objectifs de la Convention de l'UNESCO. Lors des négociations commerciales bilatérales menées avec la Corée du Sud, en raison de la puissance des industries culturelles et audiovisuelles de ce pays, les coalitions pour la diversité culturelle en Europe, regroupant des organisations professionnelles du monde culturel (cinéma, télévision, spectacle vivant, édition, musique, arts graphiques et plastiques et multimédia), ont émis de vives critiques à la généralisation de cette pratique et se sont ainsi opposées à la transposition du modèle de PCC négocié avec les Etats du Cariforum à un pays doté d'industries culturelles développées.

[1122]L'établissement d'un lien de conditionnalité entre la négociation ou l'entrée en vigueur des cadres de coopération culturelle et la ratification préalable de la Convention de l'UNESCO pourrait au demeurant avoir un effet d'entraînement sur le mouvement de ratification dans son ensemble. Le préambule du protocole de coopération culturelle conclu avec la Corée du Sud tient compte de cet impératif. Il indique ainsi que les deux parties ont l'intention de mettre en œuvre la Convention de l'UNESCO de manière effective, de fonder leur action sur ses principes et de développer des actions conformes à ses dispositions.

échanges culturels entre ces pays[1123]. En ce sens, le protocole invoque pour la première fois la Convention de l'UNESCO dans un accord commercial, pour justifier que la culture soit traitée de manière distincte.

L'article 16 de la Convention de l'UNESCO entend améliorer l'entrée des expressions culturelles des pays en développement dans les pays développés en accordant un traitement préférentiel aux artistes et praticiens des pays en développement. Ce faisant, il reprend la logique du traitement préférentiel accordé en vertu des instruments de l'OMC dans le but d'augmenter la participation des pays en développement à la circulation et à l'échange de biens et de services. Il diffère cependant de celui-ci (et en particulier de la Clause d'habilitation) dans la mesure où il laisse les gouvernements libres de décider des mesures à prendre pour accorder un traitement préférentiel à une autre partie.

[1123]Voir CE/08/2IGC/8 et son Annexe, *op.cit*, p.135.

CONCLUSION DU TITRE I

Créée avec le mandat de faciliter la libre circulation des idées et dans le but de promouvoir une meilleure diffusion du savoir, l'UNESCO continuera son œuvre au soutien d'un pluralisme culturel et d'un accès des personnes à leur propre culture ainsi qu'à la richesse culturelle qui les entoure. Que ce soit par une meilleure protection et promotion du patrimoine matériel et immatériel, que par la diversité des expressions culturelles; ou par des initiatives en faveur du multilinguisme, l'Organisation contribue, directement ou indirectement, à un meilleur accès aux fruits du processus culturel et à l'enracinement suite à plusieurs défis lié la dépossession culturelle.La dépossession peut avoir plusieurs causes : le trafic illicite (vol ou exportation sans autorisation), mais aussi les échanges marchands, les spoliations du fait de guerres ou les prises en période de colonisation ou d'occupation. Ces différentes hypothèses de dépossession reçoivent un traitement juridique distinct, mobilisant tour à tour des outils du droit privé et du droit public.

Si la mondialisation est indubitablement voulue par les Etats comme le montre l'extraordinaire succès de l'OMC jusqu'au cycle de Doha, ses effets parfois socialement ou même culturellement dommageables dans les ordres internes génèrent des réactions de repli des mêmes Etats, qui prennent alors des mesures nationales protectrices de leurs marchés, entrant en conflit ouvert avec les normes internationales.

Alors que sur la scène commerciale internationale, encombrée par un archipel de textes en augmentation constante, semble se célébrer le triomphe des textes en teneur culturel sous les auspices de l'UNESCO. Ce grand essor normatif n'a pas eu lieu d'une façon cohérente et a abouti à un relatif « désordre » juridique, caractérisé par une forte fragmentation normative. Pour trouver leur interaction et complémentarité de ces systèmes juridiques, nous avons examiné la portée et les conséquences juridiques de l'émergence du concept de développement durable. Les trop pauvres et les trop riches ne peuvent assurément pas former société commune en participant d'une commune humanité, c'est en « la mise en commun des actes et des paroles » en leur diversité culturelle plutôt que la rivalité exacerbée entre les hommes à l'échelle du monde en voie d'uniformisation que gît le développement durable proné par la convention de 2005.

TITRE II. UN NOUVEAU REGIME DE PROTECTION ET PROMOTION DE LA DIVERSITE CULTURELLE

Parmi les instruments normatifs qui ont jalonné l'action normative de l'Unesco, la Convention sur la protection et la promotion de la diversité des expressions culturelles, adoptée par l'UNESCO en 2005, est l'aboutissement d'une longue histoire durant laquelle la culture s'est imposée peu à peu comme un enjeu majeur de la mondialisation. La Convention se distingue des conventions précédentes en ce qu'elle s'intéresse non pas tant aux manifestations passées de la créativité culturelle qu'à l'exercice même de cette créativité dans le présent. Cet instrument juridique pose les prémices d'un droit international qui va à l'encontre du projet de libéralisation à outrance de la culture, se positionne comme un nouvel horizon normatif. Son cheminement sera d'abord examiner (Chapitre I) avant de voir sa force normative dans la gouvernance globale de la culture (Chapitre II).

CHAPITRE I. LECHEMINEMENT VERS LACONVENTION DE 2005

La Convention sur la protection et la promotion de la diversité des contenus culturels et des expressions artistiques a été adoptée en novembre 2005 à l'UNESCO. Conformément à son article 29, la Convention de 2005 est entrée en vigueur le 18 mars 2007 pour les 38 États et l'organisation d'intégration économique régionale qui avaient déposé leur instrument de ratification (d'acceptation ou d'adhésion) au 18 décembre 2006.

À l'heure de la présente évaluation, un total de 134 Parties (133 États – soit 68 % des États membres de l'UNESCO – et une organisation d'intégration économique régionale (l'Union européenne)) ont ratifié (accepté ou adhéré à) la Convention. Alors qu'il s'agit de la Convention de l'UNESCO relative à la culture la plus récente, la Convention de 2005 a obtenu un nombre exceptionnellement élevé de ratifications en très peu de temps. Elle permet à l'idée de diversité culturelle introduite par la déclaration universelle sur la diversité culturelle de prendre la forme d'un instrument légal et d'un traité international. Il convient dès lors voir son émergence en droit international de la culture (section I) avant de voir sa faiblesse normative (section II).

SECTION I. L'ÉMERGENCE DE LA DIVERSITÉ CULTURELLE EN DROIT INTERNATIONAL DE LA CULTURE

L'émergence de la diversité culturelle comme norme en est ici examinée à travers notamment la théorie du *soft law* (§1). Celle-ci révèle que l'élaboration du droit international s'inscrit dans un long processus au cours duquel les normes sont d'abord introduites dans de textes non juridiquement contraignants, puis (souvent) réinscrites et précisées dans des textes juridiquement contraignants. L'implication des autres organisations internationales dans la cohérence normative de ce régime sera examiné (§2).

§1. LA DÉCLARATION UNIVERSELLE SUR LA DIVERSITE CULTURELLE

Il existe une dialectique constante entre le soft et le *hard law*, la lettre et l'esprit. C'est dans cette relation que s'inscrit la Déclaration universelle sur la diversité culturelle. En effet, le contexte international actuel marqué par le pluralisme des valeurs et le relativisme culturel rendent les convergences moins spontanées, plus discutées. De ce fait la dureté du droit contraignant, sa rigueur et sa rigidité, apparaissent immédiatement inadaptée[1124]. Aussi, l'idée qu'un accord minimal est préférable à une absence totale d'accord est souvent privilégiée. Ainsi des normes molles gagnent du terrain. La diversité culturelle a pris également le bateau de la mollesse à travers plusieurs déclarations. Les déclarations universelles incarnent généralement des documents juridiques solennels, intemporels, porteurs d'aspirations et d'un grand poids moral. Elles doivent être ancrées dans des objectifs clairs qui engagent durablement l'Organisation tout entière. Bien qu'elles n'imposent pas en soi des obligations juridiques contraignantes pour les États membres, elles constituent néanmoins un guide précieux dans l'élaboration de leurs politiques nationales. La déclaration universelle sur la diversité culturelle a permis aux États promoteurs de la diversité culturelle de semer les prémices idéologiques et cognitives de l'émergence d'une norme internationale et de pousser la communauté internationale à aller dans cette voie (A). Les autres organisations ont largement contribué à sa socialisation[1125] et ont alimenté son contenu (B).

[1124]Isabelle DUPLESSIS, La mollesse et le droit international du travail : mode de régulation privilégié pour société Décentralisée, Georges ABI-SAAB, « Éloge du ' droit assourdi'. Quelques réflexions sur le rôle de la soft law en droit international contemporain », in Nouveaux itinéraires en droit. Hommage à François Rigaux, Bruxelles, Bruylant, 1993, pp. 59-68, p.60.

[1125]La diffusion de la norme (*norm cascade*), un mécanisme à travers lequel les entrepreneurs de la norme persuadent les autres membres de la société internationale d'adhérer à la promotion de la norme Voir, sur la question des plateformes organisationnelles, Finnemore (Martha), Sikkink (Kathryn), *International Norm Dynamics and Political Change,* International Organization, 52, 4, Autumn 1998 .

A. La déclaration universelle sur la diversité culturelle : *soft law* prébiscité

Calée sur la légitimité de la culture, la déclaration universelle sur la diversité culturelle vient construire une *soft law* qui lui permette de faire prévaloir ses intérêts dans le cadre d'une *hard law* d'un système de commerce international apolaire. Ce qui nous intéresse ici est de souligner le passage de la *soft law* au *hard law* comme ontologie de la gouvernance global, par réduction des domaines d'application de la notion de diversité culture. Ceci pose la question de la plus ou moins grande extension du contenu matériel apporté à la notion, en particulier celle de son confinement ou non à des instruments formels logés dans un cadre juridique contraignant.

Par rapport aux sources traditionnelles en droit, les déclarations sont des instruments de *soft Law qui* se négocient plus aisément et font gagner du temps[1126]. Leurs dispositions ne doivent pas être rédigées de manière trop détaillée afin que l'instrument normatif demeure pertinent au fil du temps et accorde aux États membres une certaine latitude dans les moyens déployés pour atteindre des objectifs clairement énoncés. La translation d'une «déclaration de principes » vers une «convention internationale» signifie le passage de l'étape politique à l'étape juridique, à travers la création d'un instrument destiné à inscrire la diversité culturelle dans le droit positif, sous la forme d'un traité[1127].

[1126]Selon une déclaration faite en 1962 par le Conseiller juridique des Nations Unies, «dans la pratique de l'Organisation des Nations Unies, une déclaration est un instrument officiel et solennel, approprié dans de rares cas où sont énoncés des principes d'importance fondamentale et durable, comme la Déclaration universelle des droits de l'homme. Compte tenu de la solennité et de l'importance particulières d'une "déclaration", on peut considérer qu'elle porte en elle, selon l'organe qui l'adopte, une forte espérance que les membres de la communauté internationale s'y conformeront. En conséquence, dans la mesure où cette espérance est peu à peu justifiée par la pratique étatique, une déclaration peut en finir par être reconnue comme énonçant des règles contraignantes pour les États».

[1127]Divina Frau-Meigs. La Convention sur la diversité culturelle. Un instrument obsolète pour une réalité en expansion? Annuaire français de relation internationale, vol. VIII, 2007, p. 896http://www.afri-ct.org/IMG/pdf/63_Frau-Meigs.pdf.

Au rebours des théories des régimes internationaux pour qui une norme internationale est une norme imposée par une puissance hégémonique (*a hegemon*) ou est le fruit de l'interaction entre grandes puissances, la saga de cette norme a nécessité une certaine pédagogie pour gagner en diffusion[1128]. Dans la littérature sur les Relations internationales, une norme est généralement définie comme *standard de comportement adéquat pour un type d'acteur spécifique »*[1129]. En tant que «*standard »*, la norme internationale est clairement socialement construite et intersubjective, elle n'existe donc que parce qu'elle est partagée avec d'autres.

Au lendemain des attentats du 11 septembre, la Déclaration universelle sur la diversité culturelle se relève comme une occasion pour les États de réaffirmer leur conviction que le dialogue interculturel est le meilleur gage pour la paix et de rejeter catégoriquement la thèse des conflits inéluctables des cultures et des civilisations. Elle a énoncé un certain nombre de positions fondamentales qui déterminent sa place dans le procès de la mondialisation en cours. Toutefois, la Déclaration est accompagnée des lignes essentielles d'un plan d'action pour sa mise en œuvre. Si on peut la comparer à une « recommandation génétiquement modifiée » (c'est-à-dire une recommandation pourvue d'un mécanisme de suivi « intégré »), la formule de la

---

[1128]Les régimes internationaux sont ces « ensembles de principes, normes, règles et procédures de prises de décision, implicites ou explicites, autour desquelles les attentes des acteurs convergent dans une aire donnée des relations internationales »,voir Robert Keohane, *After Hegemony: Cooperation and Discord in the World Political Economy,* Princeton et Oxford, Princeton Université Press, 1984, p. 57. Le concept d'hégémonie apparaît comme l'un des outils théoriques les plus riches de l'approche gramscienne pour qualifier la nature du complexe État/société civile (plutôt que des seuls États comme entité constituante de l'ordre mondial) car il permet d'aller au-delà à la fois du concept de « culture » et de celui d' « idéologie » Voir Robert W. Cox, « Gramsci, hegemony, and international relations «, In Robert W. Cox et Timothy Sinclair (dir.), p. 127et Raymond Williams, *Marxism and Literacy,* Oxford, Oxford University Press, 1977, p.108.

[1129] La norme se différencie du principe, qui est lui d'ordre général, par son caractère concret. Elle a trait aux *« comportements »* réels et est, en quelque sorte, l'opérationnalisation d'un principe. Voir Finnemore and Sikkink, *op.cit*, p.891.

Déclaration ne peut pas être assimilée à un instrument normatif[1130]. Elle s'en distingue par la procédure suivie pour son adoption. Elle a toutefois pavé la voie à l'adoption de la Convention de l'UNESCO de 2005. C'est dire l'enjeu que constitue le droit déclaratoire, dans une tactique de contournement des blocages étatiques.

En effet, les choses se sont précisées grâce à des initiatives variées qui accoutumaient les esprits au caractère essentiel de la diversité culturelle, ceci pour sa protection. Plus précisément, « *elle a servi à tester si la communauté internationale était prête à s'engager vers un instrument plus contraignant en matière de diversité culturelle* »[1131]. Les initiatives venaient aussi bien des milieux gouvernementaux que de certains réseaux institutionnels, tels que celui de la Francophonie ou des professionnels de la culture qui se fédéraient en coalitions qui se fédéraient elles-mêmes au niveau international. La Déclaration nous laisse cependant l'impression d'être destinée à des effets débordant le cadre strict de l'UNESCO. Elle contient une symbolique qui transcende par définition les États pour bouleverser profondément toutes les mentalités, quelles qu'elles soient. Elle cherche à créer une opinion publique internationale avertie autour d'un certain nombre d'enjeux de la diversité culturelle.

Dans cette déclaration, la diversité culturelle interpelle les différentes dimensions d'une forme d'« intérêt public universel » et devient une responsabilité de niveau mondial à travers au moins quatre considérations, du point de vue de l'universalité du droit. Premièrement, s'agissant de garantir cet accès dans les pays en développement, le financement

[1130]La définition de norme proposée par les chercheurs constructivistes fait donc référence à la construction d'une identité commune qui entraîne des comportements attendus et acceptés par les acteurs qui y adhérent. Selon cette vision, les États ne sont pas autonomes, mais plutôt des agents insérés dans des structures globales, dans un système d'interrelations déterminant pour les acteurs.

[1131]Voir H . RUIZ FABRI « Naissance d'une convention », *Mélanges offerts à J. Salmon*, Bruylant, 2007,pp.547-575.

international, et les conditions qu'il impose[1132]; deuxièmement, même dans les pays développés, la globalisation des marchés, associée à la privatisation des services culturels, entraîne une transnationalisation des firmes qui contrôlent ce secteur; troisièmement, l'inégale répartition des industries culturelles au regard de la dignité de toutes les cultures et de leur droit à diffuser leur image, leur mythes soulève désormais l'épineuse question de l' équilibre dans les échanges culturels; enfin, si la culture est un droit humain, elle relève de l'obligation de coopération, de la responsabilité internationale de tous les États, individuellement et solidairement. Tout en reprenant la même assise conceptuelle, la Convention de l'UNESCO sur la protection et la promotion de la diversité des expressions culturelles représente, elle, un déplacement sémantique et conceptuel par rapport à la déclaration.

B. La normativité flexible de la Déclaration

La Déclaration de l'UNESCO sur la diversité culturelle réunit les différentes justifications pour la promotion de la diversité culturelle. Sa valeur explicative est précieuse. Elle démêle les liens importants entre théorie et pratique. Les États réaffirmèrent leur conviction que le dialogue interculturel constitue le meilleur gage pour la paix. A la thèse de Samuel Huntington sur l'inéluctabilité du « choc des cultures et des civilisations «, la Déclaration oppose le modèle de la « diversité en dialogue »[1133]. Notons que l'article 11 mentionne l'importance pour ce faire de forger des partenariats pragmatique entre le secteur public, le secteur privé et la société civile, les seules forces du marché ne pouvant garantir la préservation et la promotion de la diversité culturelle. L'article 12b) quant à lui

---

[1132]Dans de nombreux pays en développement, l'Etat ne peut pas garantir l'accès aux « services publics » par manque de ressources nationales pour les financer. En conséquence, de nombreux droits ne sont pas garantis. L'inclusion des droits dans la liste des BPM aurait la vertu de globaliser le financement de leur application, d'assurer qu'ils seraient financés par la communauté internationale et donc appliqués de façon plus égalitaire.

[1133]Samuel HUNTINGTON, *Le Choc des Civilisations*, Odile Jacob, 1997.

attribue à l'UNESCO des rôles, dont celui de servir d'instance de référence et de concertation entre les États, les organismes gouvernementaux et non gouvernementaux internationaux, la société civile et le secteur privé en faveur de la diversité culturelle.

La déclaration tente d'englober la culture dans une définition la plus large possible (article 7 : «le patrimoine culturel, aux sources de la créativité ») dans un sens qui rappelle les récentes recommandations sur le patrimoine immatériel. La Déclaration a aussi la qualité d'inclure le respect de la diversité culturelle comme facteur favorisant le développement (article 3) en insistant sur le fait que le développement n'est pas seulement dû à une augmentation de la croissance économique.

La diversité culturelle ne peut devenir une réalité que si le pluralisme est garanti dans toute la société, c'est-à-dire que les groupes sont en mesure de développer et d'exprimer leur identité culturelle, et de pratiquer la culture qui leur est propre, tant dans l'espace public qu'en privé. Cette pensée se retrouve explicitement dans la Convention-cadre du Conseil de l'Europe pour la protection des minorités nationales (CPMN), qui reconnaît le lien entre la liberté d'exercer les droits culturels, le pluralisme social et la diversité culturelle[1134].

En raison du lien étroit entre culture et identité personnelle, le respect de la dignité des individus implique de respecter les cultures auxquelles ils s'identifient ainsi que leur liberté de se construire en tant que membre d'un groupe culturel : si une culture est méprisée ou dévalorisée dans la société environnante, le respect de soi des personnes liées à cette culture en sera affecté[1135]. En revanche la pauvreté et le sous-développement économique aggravent la faiblesse culturelle, limitent la créativité et la capacité de produire et de diffuser des produits culturels locaux. En aménageant les règles qui régissent l'espace social et public de manière à permettre aux membres des

---

[1134]Mylène BIDAULT, *La protection internationale des droits culturels, culture et droits de l'homme,* Bruxelles, Bruylant, 2009, p.59.
[1135]Voir Ch. Taylor (« The Politics of Recognition », in A. Gutman (ed.), *Multiculturalism*, Princeton, Princeton University Press, 1994, pp. 25-73.

minorités de préserver, d'exprimer et de développer leur identité culturelle, l'État sert également un autre objectif : il favorise l'inclusion et la participation de tous à la vie sociale, économique, culturelle ou politique.

Cette conception du pluralisme transparait à l'article 2 de la déclaration universelle de l'UNESCO sur la diversité culturelle :

« *Dans nos sociétés de plus en plus diversifiées, il est indispensable d'assurer une interaction harmonieuse et un vouloir vivre ensemble de personnes et de groupes aux identités culturelles à la fois plurielles, variées et dynamiques. Des politiques favorisant l'inclusion et la participation de tous les citoyens sont garantes de la cohésion sociale, de la vitalité de la société civile et de la paix. Ainsi défini, le pluralisme culturel constitue la réponse politique au fait de la diversité culturelle. Indissociable d'un cadre démocratique, le pluralisme culturel est propice aux échanges culturels et à l'épanouissement des capacités créatrices qui nourrissent la vie publique* »[1136].

Le pluralisme est étroitement lié au respect de l'autonomie des individus, qui leur permet de déterminer leur existence. Pour que cette autonomie soit effective, il faut cependant que les individus aient non seulement la possibilité réelle de sauvegarder un héritage culturel, mais aussi la capacité de le questionner, de le remettre en cause et de s'en détacher. De ce point de vue, l'Etat doit assurer les conditions. La lutte pour la promotion de la diversité culturelle fait aujourd'hui partie de l'action des principaux acteurs du système international.

§2. LA CORDINATION MULTILATERALE AUTOUR DU PROCESSUS NORMATIF

Dans les processus de construction et de mise en discussion de la matrice des futurs, surgissent des acteurs nouveaux ou dotés de capacités d'action. L'Union européenne et l'Organisation internationale de la francophonie (OIF) sont deux exemples de cadres institutionnels permettant l'encadrement juridique, au

---

[1136] Adopté à la 31è session de la Conférence Générale de l'UNESCO, Paris, 2 novembre 2001.

niveau international, de la diversité culturelle.Ces deux organisations intergouvernementaux se sont singulièrement mobilisés afin d'assurer la promotion de l'ensemble de la diversité des expressions culturelles dans un contexte de souveraineté fragmentée. Il convient dès lors examiner le rôle de l'Union européenne (A) avant de voir le rôle incitatif et croissant de l'OIF (B).

A. La participation de l'Union européenne

L'Union Européenne(UE) est une organisation internationale atypique, mais surtout elle présente des aspects qui la distinguent des autres sujets de droit international. C'est sa volonté d'affirmation internationale qui fait de l'UE un acteur particulier, tant en raison de sa puissance économique que de son ouverture vers presque tous les pays du globe. L'Union européenne, souvent désignée comme un « laboratoire controversé de la diversité culturelle »[1137], a adopté depuis longtemps une position ambiguë vis-à-vis de la diversité culturelle. D'un côté, elle montre une véritable volonté de prendre en considération les dispositions de la Convention ; d'un autre côté, elle ne réussit pas toujours à faire prévaloir les intérêts culturels face aux intérêts économiques[1138].

Depuis le traité de Maastricht, l'Union européenne a su tout de même concilier les préoccupations de libéralisation commerciale et la diversité des cultures. C'est ainsi que la déclaration sur la diversité culturelle adoptée par le Conseil de l'Europe le 7 décembre 2000.Pour saisir la genèse de la déclaration il faut partir du rapport de Catherine Lalumière, députée européenne mais aussi ancienne Secrétaire générale du Conseil de l'Europe à Strasbourg, et Jean-Pierre Landau, Inspecteur général des finances, rendu public, en juillet 1999, dans lequel ils suggèrent la mise au point d'un nouvel instrument international :«*On pourrait donc envisager le lancement d'une grande négociation*

[1137]BAER (J.-M.), « L'Europe, laboratoire controversé de la diversité culturelle », Mouvements, 2005, n°37, pp. 33-40.

[1138]Voir infra, La déconnexion, p.531.

spécifiquement consacrée au commerce international des biens culturels et, notamment audiovisuel et à l'investissement dans ces secteurs. Cette négociation pourrait se tenir dans une conférence internationale spécifique, par exemple dans le cadre de l'UNESCO. »[1139].

Il soulignait que cette initiative viserait à mettre au point un instrument juridique nouveau, adapté au secteur culturel, et dont les principes et modalités pourraient éventuellement ensuite être transférés dans le système de l'OMC. Dans sa décision du 18 Mai 2006, le Conseil a approuvé la Convention au nom de la Communauté faisant ainsi entrer cet instrument dans l'ordre juridique européen[1140]. La Convention sur la protection et la promotion de la diversité des expressions culturelles est donc désormais contraignante pour les institutions européennes et les Etats membres de l'Union européenne[1141].

En tant que partie à la Convention de 2005 de l'UNESCO sur la protection et la promotion de la diversité des expressions culturelles (« Convention de 2005 »), l'Union européenne (« UE ») contribue activement à la mise en œuvre de cet instrument au niveau interne et internationale. La Commission lance en 2007 l'idée d'un Agenda européen de la culture à l'ère de la mondialisation, dans lequel la promotion de la culture serait placée parmi les objectifs de l'Agenda en tant qu'élément indispensable dans les relations extérieures de l'Union européenne[1142]. Quelques mois plus tard, le Conseil européen

---

1139 *Rapport sur les négociations commerciales multilatérales,* disponible sur Internet.

1140 Conseil de l'Union européenne, Décision du Conseil du 18 mai 2006 relative à la conclusion de la Convention sur la protection et la promotion de la diversité des expressions culturelles (2006/515/CE), J.O.C.E. L.201, 25 juillet 2006, pp.15-30.

1141 WOUTERS (J.), DE MEESTER (B.), « The Implementation by the European Community of the U.N.E.S.C.O. Convention on Cultural Diversity », Parlement Européen, Bruxelles, 27 Février 2008, p. 2, Leuven Centre for Global Governance Studies.

1142 Commission européenne, « Communication au Parlement européen, au Conseil, au Comité économique et social européen et au Comité des régions relative à un agenda européen de la culture à l'ère de la mondialisation », COM (2007)242 final, 10 mai 2007.

approuve les trois objectifs stratégiques définis par la Commission en vue d'élaborer un tel agenda européen commun de la culture. Concernant l'objectif de promotion de la diversité culturelle et du dialogue interculturel[1143]. En 2010, elle a appuyé le lancement d'un projet conjoint UNESCO/UE (2010-2012) visant à créer une banque d'expertise pour renforcer le système de gouvernance de la culture dans les pays en développement et accroître le rôle de la culture en tant que facteur de développement durable et de réduction de la pauvreté.

Le traité de Lisbonne est le reflet de cette conciliation. Ainsi, l'article 167 du traité sur le fonctionnement de l'Union européenne (UE) prévoit que « l'Union tient compte des aspects culturels dans son action au titre d'autres dispositions du présent traité, afin notamment de respecter et de promouvoir la diversité de ses cultures ». La diversité culturelle figure d'ailleurs parmi les objectifs de l'Union, à l'article 3 du traité sur l'Union européenne, selon lequel celle-ci « respecte la richesse de sa diversité culturelle et linguistique, et veille à la sauvegarde et au développement du patrimoine culturel européen ».

B. Le rôle incitatif et de vigie de l'Organisation internationale de la Francophonie

La diversité culturelle a toujours fait partie du combat francophone et ce dès le lancement du concept de Communauté francophone dans les années 50. Elle est au cœur des problématiques abordées par le mouvement francophone voire de son code génétique : la charte de la Francophonie et les plans d'action établis lors des différents sommets mettent en avant la défense de cette diversité culturelle. La Francophonie est un « espace géoculturel qui conjugue unité d'une langue et de valeurs communes, et la diversité que lui confère sa composition géographique, culturelle et économique. (…). Elle est par essence et par expérience un laboratoire de la diversité culturelle

[1143]Conseil européen, Résolution 2007/C287/01, « Résolution du Conseil relative à l'agenda européen de la culture », 16 novembre 2007.

»[1144] .La défense de la diversité culturelle va ainsi devenir l'un de ses grands chevaux de bataille de l'Organisation. Celle-ci va en effet jouer un rôle précurseur dans ce domaine en se ralliant, dès le sommet de la Francophonie de 1993.Acteur important de l'adoption en 2005 par l'UNESCO de la « Convention sur la protection et la promotion de la diversité des expression culturelles », l'identité francophone de l'OIF ne peut être saisie qu'en termes, de défense de la diversité culturelle et de « dialogue des cultures » et civilisations.

Les premières organisations de la Francophonie créées dans les années soixante ont mis l'accent sur la langue commune, un accent qui est resté un point de repère malgré tous les développements des quarante dernières années. Cette première organisation était la « Conférence des ministres de l'Éducation nationale des pays ayant en commun l'usage du français » (CONFEMEN). De ce point là, la Francophonie est devenue une organisation internationale des pays et États non souverains qui veulent coopérer aux plans éducatif, culturel, technique et scientifique. Des nos jours, la Francophonie a accepté des pays où le français n'est ni langue officielle ni langue co-officielle.

C'est dès 1993 au Sommet de Maurice consacré à « l'unité dans la diversité » que la question de l'importance de la diversité culturelle a été posée par les pays ayant le français en partage avec l'adoption, pour la première fois, d'une résolution sur « l'exception culturelle au GATT ». Par la suite, cette question a été reprise avec force au Sommet de Moncton et consacrée par la Déclaration de Cotonou, en juin 2001. Le Sommet de Beyrouth était axé sur le « dialogue des cultures », thème emblématique. La Déclaration finale du 20 octobre 2002 pose bien la diversité culturelle comme moteur de la paix, de la démocratisation, et du développement, et d'une mondialisation plus équitable. Cette optique se traduit aussi dans la programmation de l'Agence intergouvernementale de la Francophonie, opérateur principal de l'OIF.

[1144] R.DEHAYBE, « Introduction », in Diversité culturelle et mondialisation, Edition Autrement, Paris, 2004, n°233, p.6.

L'OIF s'est fortement investie ces dernières années pour susciter puis maintenir la mobilisation des États en faveur de l'adoption et de la mise en œuvre de la Convention à l'Unesco. Cette mobilisation a pris plusieurs formes, parmi lesquelles: la réalisation de plusieurs études. La Francophonie a animé sans relâche la mobilisation internationale. L'OIF organise colloques d'experts, conférences, concertation entre pays membres et avec d'autres, consulte d'autres OI et soutient les nombreuses OIG engagées dans le combat pour la diversité culturelle. Elle engage, surtout, un dialogue et une coopération avec d'autres espaces linguistico-culturels, les espaces hispanophone et lusophone.

L'Agence intergouvernementale de la Francophonie, a organisé une série de séminaires régionaux impliquant des experts gouvernementaux ainsi que les responsables des commissions nationales pour l'UNESCO, mais aussi divers experts venant d'autres organisations régionales partenaires. Pour le Secrétaire général de la Francophonie : *«La mobilisation francophone aura été exemplaire et nous devons nous féliciter de cette victoire et de l'engagement déterminé de nos États et gouvernements (...) il nous faut sur deux aspects nous mettre immédiatement au travail* […] : *le premier contrôle l'appui au renforcement des politiques et des industries culturelles du Sud ; le second concerne la mise en œuvre d'une coopération culturelle internationale renouvelée et renforcée »*[1145].

[1145]Voir le Discours du Secrétaire général de l'Organisation internationale de la francophonie M. ABDOU DIOUF à Paris, le 16 janvier 2006 à Paris : http://www.diplomatie.gouv.fr/fr/article_imprim.php3.

SECTION II. LA CONVENTION DE 2005 : INSTRUMENT REVOLUTIONNAIRE DE PROTECTION DE LA DIVERSITE CULTURELLLE

Le 20 octobre 2005, l'UNESCO a adopté la *Convention sur la protection et la promotion de la diversité des expressions culturelles* par sa 33e Conférence générale. Fruit d'un large processus de négociation, jalonné par de nombreuses réunions d'experts indépendants et de réunions intergouvernementales, la Convention est entrée en vigueur le 18 mars 2007.Elle représente une étape majeure pour l'émergence d'un droit culturel international.

La séduction qu'exerce le concept de diversité culturelle doit beaucoup à sa malléabilité, pour ne pas dire à son côté « auberge espagnole », où chacun trouve ce qu'il y apporte. Pour éviter que le concept soit un pavillon commode derrière lequel pouvaient être développés des projets répondant en réalité à des priorités dictées par d'autres considérations de politique interne, les Etats ont tracé une « ligne rouge » à ne pas franchir autour de la question à travers son titre[1146].

D'abord nous analyserons sa naissance dont la brièveté peut faire penser à un « self service normatif »[1147] et puis le contenu de la Convention sur la diversité culturelle qui laisse l' impression qu'elle contienne des éléments d'une mollesse programmée. Ce faisant nous tenterons de clarifier les enjeux qui se cristallisent autour de la Convention. Enfin nous nous pencherons sur la manière dont la diversité culturelle est ballottée entre les exigences politiques et économiques depuis sa naissance (§1) qui nous permet de comprendre les limites de sa portée (§2).

[1146] Divina Frau-Meigs, «La Convention sur la diversité culturelle. Un instrument obsolète pour une réalité en expansion?», Annuaire français de relations internationales, vol. VIII, 2007, pp. 895-909.

[1147] A. SUPIOT, « Du nouveau au self service normatif », Analyses juridiques et valeurs en droit social, in Mélanges en l'honneur de J. Pellssier, Paris, Dalloz, 2004.

§1. **LA NAISSANCE D'UNE CONVENTION**

La préservation et la protection de la diversité culturelle dans le contexte de la mondialisation est de toute évidence un objectif d'ordre philosophique. La déclaration montre à suffisance cet aspect. La Convention envisage quant à elle un objectif technique : élaborer et mettre en vigueur un accord contraignant. Il importe de voir comment la chenille est devenue papillon(A) dans ses principes et objectifs (B).

A. UN PROCESSUS NORMATIF EFFICACE

Si la diversité culturelle a une assise institutionnelle, elle est le reflet des nouveaux mouvements que la mondialisation a soulevé contre elle. Pour la légitimer il fallut un combat politique de haut niveau. Ainsi, voir sa gestation, nous renseigne sur les tenants et les aboutissants de cette Convention culturels.

1. Du slogan politique à la précision conceptuelle

La diversité culturelle fait partie de l'agenda de l'organisation internationale de l'UNESCO depuis les années 1950. Toutefois, elle n'était jamais reliée au droit légitime des États de mettre en œuvre leurs propres politiques culturelles[1148]. En plus, elle

[1148]Voir, *L'UNESCO et la question de la diversité culturelle, Bilan et stratégies, 1946-2004*. Etude réalisée par la direction des politiques culturelles de l'UNESCO, Paris 2004. Pour le texte de celle-ci voir :http://www.UNESCO.org/culture/policies/diversity/html.Ladiversité culturelle, entendue dans le sens de général de multiplicité et de diversité des identités culturelles, est une des priorités de l'action de l'UNESCO dans le domaine culturel depuis 1950. D'abord, la diversité des identités culturelles va rapidement devenir à l'époque de la décolonisation un argument politique en faveur de la libération et de l'indépendance des pays colonisés. A partir de la fin des années 1960, l'idée selon laquelle la diversité des cultures peut servir de fondement à un développement endogène des Etats fait son

n'était pas exclusivement associée à la spécificité des biens culturels et leur circulation à l'échelle mondiale. Dès le rapport *Notre diversité créatrice* de la Commission mondiale de la culture et du développement (1995), la diversité culturelle y apparaît comme l'expression positive d'un objectif général à atteindre : la mise en valeur et la protection des cultures du monde face au danger de l'uniformisation. L'organisation avait souligné les défis communs pour les États à propos de la préservation de la « diversité créatrice », les asymétries marquées des échanges culturels et les risques potentiels en raison du phénomène de la globalisation financière grandissante. Mais elle n'avait pas cherché á franchir l'étape déclaratoire, en passant à une action plus exécutoire et contraignante, établissant également certaines prescriptions pour les États-membres. Parmi les querelles, figure le problème du rattachement de l'instrument en question à une organisation internationale, le problème de la nature et du contenu de l'instrument lui-même.

Il convient de souligner que deux options envisageables sont à la disposition des instigateurs des normes[1149], soit l'implantation d'une plateforme institutionnelle, visant la propagation de la norme au sein de la scène internationale, soit la tentative de l'adhésion à la norme dans l'agenda d'une organisation politique déjà établie. La première option consiste généralement

---

apparition. Au début des années 1980, on assiste à un approfondissement du rapport entre le développement et la diversité culturelle, incarné par le rapport MacBride, *Voix multiples, un seul monde,* premier document émanant d'une institution internationale sur l'inégalité des échanges culturels et informationnels. Enfin, en 1995, la Commission mondiale du développement et de la culture publie le Rapport *Notre diversité créatrice.*

[1149]Finnemore et Sikkink (1998:892) abordant la question de l'évolution des normes dans le système international, affirment que les normes internationales évoluent selon un modèle à trois étages qu'elles appellent le « cycle de vie » des normes. Le premier stade concerne l'émergence de la norme, plus concrètement le rôle des *norms entrepreneurs* (élites politiques et économiques, organisations gouvernementales et non gouvernementales, communautés épistémiques, etc.) dans la création et l'adoption de nouvelles normes par les États. Le deuxième stade ou *'norm cascade'* est centré sur la diffusion de la norme dans la société internationale, c'est-à-dire la socialisation entre les États qui suivent la norme et ceux qui n'y ont pas encore adhéré. Le dernier stade concerne l'internalisation de la norme dans le processus politique domestique.

dans l'organisation d'une conférence diplomatique convoquée à l'initiative d'un ou plusieurs Etats, forme assez habituelle dans les relations internationales. Dans le cadre de la Convention on a privilégié une démarche plus institutionnelle et on a recherché à cette fin une organisation à laquelle l'accord pourrait être adossé. Le rattachement à l'ONU, n'a pas été une hypothèse vraiment mobilisatrice, alors que plusieurs textes fondamentaux de cette organisation traitent de la culture et la diversité culturelle[1150]. On a d'abord pensé à l'OMC entant qu'enceinte où les contradictions se manifestent le plus immédiatement et avec le plus d'évidence. Mais on s'est vite rendu compte que ce n'est pas la vocation de l'OMC de servir d'enceinte pour une approche cohérente de la diversité culturelle, sauf à lui reconnaître une compétence générale.

L'UNESCO est apparu comme forum adéquat et légitime pour trois raisons cumulatives. L'une est la vocation mondiale de cette organisation qui en fait une enceinte appropriée pour obtenir la présence d'un maximum d'Etats dans la négociation même si on craignait l'absence des Etats-Unis. Une autre raison est son objet qui la désigne comme particulièrement adaptée pour une approche globale de la diversité culturelle. La troisième raison est d'ordre procédural. La Charte constitutive de l'UNESCO offre en effet deux voies possibles pour la négociation d'un accord. L'une, la plus habituelle, est pleinement institutionnelle en ce que la négociation se déroule en totalité au sein de l'organisation, selon une procédure préétablie. L'autre est intermédiaire, puisqu'elle remet la négociation proprement dite à une conférence internationale d'Etats spécialement convoquée à cet effet mais que cette convocation, ainsi que la fixation du mandat et de la composition de la conférence, sont décidées par la Conférence générale de l'UNESCO et que le produit fini est destiné à revenir vers l'UNESCO[1151].

[1150]Il s'agit entre autres les articles 22 et 27 de la Déclaration universelle des droits de l'homme, l'article 15 du Pacte international relatif aux droits économiques, sociaux et culturels et les articles 1 et 27 du Pacte international relatif aux droits civils et politiques.

[1151] H. Ruiz Fabri, Un accord international sur la diversité culturelle : Objectifs, contenu, chances de succès, p.5.

Comme le souligne Jean Musitelli[1152], les responsables français ont constamment plaidé pour qu'on traite la question de la diversité culturelle à l'UNESCO. Cette conviction s'appuyait sur de solides arguments : la légitimité politique de l'UNESCO, seule organisation des Nations Unies chargée de la culture, son pouvoir normatif et une expertise technique sans égal. Forte de ses 191 membres, elle était en mesure de donner à la Convention une portée réellement universelle, argument que le retour en son sein des États-Unis en 2003 rendait imparable. Enfin, au moment où l'on s'efforçait de renforcer le rôle des institutions spécialisées pour freiner l'hégémonie croissante du droit commercial, il aurait été paradoxal de ne pas affirmer celui de l'UNESCO.

Les canadiens ne voulaient pas négocier la question de la diversité culturelle au sein de l'UNESCO et ils préféraient l'établissement d'une instance internationale autonome en matière de diversité culturelle. Au fait, ils craignaient que le discours du directeur général Matsuura soit proaméricain. La première objection du directeur général de l'UNESCO était que l'UNESCO ne négocie pas deux Conventions en même temps. En 2002, on était au cours des négociations sur la Convention sur le patrimoine immatériel, c'était le grand pari du directeur général. Selon lui, il faut finir d'abord avec le travail de la Convention sur le patrimoine immatériel pour passer aux négociations sur la diversité culturelle. Il était apparemment réticent concernant l'idée d'une Convention sur la diversité culturelle car elle serait un obstacle à son projet personnel du patrimoine immatériel. Deuxièmement, le deuxième dossier de l'UNESCO était le retour des Etats-Unis, et une Convention sur la diversité culturelle pourrait perturber leur retour[1153].

[1152] J.MUSITELLI, *La Convention sur la diversité culturelle : anatomie du succès diplomatique*, Revue Internationale et Stratégique, n°62, été 2006. Jean Musitelli, conseiller d'état, ancien ambassadeur de France auprès de l'UNESCO (1997-2002), il a été membre du groupe d'experts internationaux pour préparer le projet de Convention sur la diversité culturelle.

[1153] Antonio VLASSIS, « Diffusion et institutionnalisation des normes internationales », *op.cit*, p.7.

2. La recherche du consensus au tour du contenu normatif de la diversité culturelle

En dépit de sa force morale incontestable, la Déclaration a été jugée insuffisante par les Etats membres pour répondre aux menaces concrètes auxquelles est confrontée la diversité culturelle. La Convention est l'aboutissement d'un processus bien plus complexe, qu'on peut situer dans un contexte historique plus large. On peut dater la naissance de la convention à la fin des années 80 : « *L'histoire a commencé en réalité à la fin des années 80, lorsque l'évolution des négociations commerciales multilatérales, dans le cadre du cycle d'Uruguay, conduisit certains pays-logiquement ceux qui avait des politiques volontaristes- à s'inquiéter des effets que la mise en place d'un cadre de libéralisation du commerce internationale des services pourrait avoir sur les services culturels, en particulier audiovisuels* »[1154] .

Cette Convention est le premier document international à valeur juridique à statuer sur l'importance de la culture et de la diversité culturelle dans le domaine des politiques culturelles[1155], mais également dans ceux de la coopération internationale. Pour certains auteurs, comme le souligne Christoph Beat Graben, elle comble la lacune du droit international public [1156].

Pour arriver à ce texte, il a fallu un consensus autour de cet instrument parmi plusieurs propositions. Parmi les quatre propositions du conseil exécutif, figuraient les domaines susceptibles de bénéficier de l'action normative de l'UNESCO. Il s'agissait : les droits culturels, la condition des artistes ; la

[1154]H. RUIZ FABRI, « la naissance d'une convention », *op.cit*, p.571.

[1155]Il faut souligner ici que le droit d'adopter les politiques culturelles avait été mis à dure épreuve, notamment dans le cadre des négociations commerciales de l'OMC et de l'OCDE.

[1156] « The promoters of the new instrument originally assigned to it the ambitious role to filling a lacuna in public international law with regard to cultural values , Voir Christoph Beat Graber, Substantive Rights and Obligations under the UNESCO Convention on Cultural Diversity, NCCR Trade Working Paper",2008,p.1.

circulation des produits et services culturels (éventuellement un protocole à l'Accord de Florence) ; la protection de la diversité des contenus culturels et des expressions artistiques. Dans le but de concrétiser la Déclaration sur la diversité culturelle, cette dernière option a été privilégiée : la protection de la diversité des contenus culturels et des expressions artistiques véhiculées par les industries culturelles.

À sa 32e session (29 septembre-17 octobre 2003), la Conférence générale de l'UNESCO a décidé d'adopter une résolution invitant le Directeur général à soumettre, à la prochaine session de la Conférence générale en 2005, un rapport préliminaire sur la situation devant faire l'objet d'une réglementation, ainsi que sur l'étendue possible de cette réglementation, accompagnée d'un avant-projet de Convention internationale sur la protection de la diversité des contenus culturels et des expressions artistiques.

Les travaux pour l'élaboration de l'avant projet ont donc eu lieu entre décembre 2003 et juin 2005 lors de trois réunions d'experts indépendants, une réunion de rédaction et trois réunions d'experts gouvernementaux. Selon la procédure habituelle de l'UNESCO, des experts indépendants ont préparé un avant-projet de Convention qui fut transmis aux États membres en juillet 2004. Sur la base de cet avant-projet, les experts gouvernementaux ont proposé des amendements, ont négocié au cours des trois sessions de la réunion intergouvernementale de 2004-2005 et ont finalement adopté l'avant-projet de Convention. Cet avant-projet a été présenté par le directeur général de l'UNESCO pour adoption lors de la 33e Conférence générale de l'organisation, en octobre 2005.

En outre, à l'issue de ces trois réunions, et conformément à la résolution 32 C/34 qui invite le Directeur général à mener des consultations avec l'Organisation mondiale du commerce (OMC), la Conférence des Nations Unies sur le commerce et le développement (CNUCED) et l'Organisation mondiale de la propriété intellectuelle (OMPI), des consultations ont été engagées avec ces organisations. Elles ont été choisies parce qu'elles ont en charge ou ont une connaissance approfondie des instruments juridiques internationaux les plus susceptibles d'interférer avec l'œuvre normative entreprise au sein de l'UNESCO.

L'OMC a, au-delà des échanges informels de son secrétariat avec l'UNESCO, engagé un processus de consultation formelle de ses différents Conseils spécialisés (Conseil du commerce des services, Conseil des aspects des droits de propriété intellectuelle qui touchent au commerce, Conseil du commerce des marchandises) et de son Conseil général[1157]. Bien que certains aient craint un précédent par lequel une organisation à vocation mondiale prenne une position officielle sur ce que fait une autre organisation mondiale, ces consultations avec ces organisations dont le souci est la cohérence et la coordination, ont mis en lumière l'utilité de l'initiative de l'UNESCO qui vise à inciter les États à développer des politiques novatrices de coopération, à l'échelle nationale et internationale. Le 20 octobre 2005, la 33ème conférence générale de l'UNESCO a donc adopté la Convention sur la protection et la promotion de la diversité des expressions culturelles.

Avec ce texte, la communauté internationale fixe pour la première fois des principes généraux et des règles permettant de traiter les problèmes de diversité culturelle. La Convention vise à créer une base contraignante au regard du droit international sur laquelle se fonde le droit de tous les États à mener une politique culturelle autonome. Avec seulement deux voix contre (les États-Unis et Israël) et quatre abstentions (l'Australie, le Honduras, le Nicaragua, le Liberia) une grande majorité des 148 États a voté en faveur de cet instrument. La convention est entrée en vigueur le 18 mars 2007, soit seulement dix-sept mois après son adoption par la Conférence générale, et plus de cent-dix parties ont déjà déposé leur instrument de ratification, dont la Communauté européenne.

[1157] Voir UNESCO, CLT/CPD/2004/CONF.201/1, §13.

B. Les principes de la Convention de 2005

La théorie des régimes qualifie de régime international l'ensemble de principes, de normes, de règles et de processus de décision explicites que les acteurs étatiques adoptent dans un domaine particulier des relations internationales. La convention de l'UNESCO se pose comme un régime international et la souveraineté culturelle, comme essence de son nouveau régime. C'est ce que nous appelons sa philosophie ou son « esprit ».Cette esprit transparaît d'abord dans la conception de la diversité culturelle qui lui est sous-jacente. Les objectifs qu'il énonce traduisent sa philosophie : une conception ouverte et dynamique de la diversité. Elle a pour principe directeur « l'accès équitable à une gamme riche et diversifiée d'expressions culturelles provenant du monde entier et l'accès des cultures aux moyens d'expression et de diffusion.

1. Le caractère révolutionnaire de la Convention

La Convention de 2005, peut être analysée comme l'occasion politique pour les Etats-nations qui l'ont porté, de reconquérir une part de « souveraineté culturelle » ; celle-ci était perçue comme menacée par les accords commerciaux multilatéraux de l'Organisation mondiale du commerce. Figure ainsi parmi les objectifs énoncés à l'article 1 et dans l'article 2.Il est révélateur de constater que la souveraineté culturelle décrit de manière pénétrante par le Pape Jean- Paul II, le 2 juin 1980 à l'UNESCO, est devenu le cœur normatif de la Convention de l'UNESCO de 2005 :

« En m'adressant à vous,... je vous dis: veillez, par tous les moyens à votre disposition, sur cette souveraineté fondamentale que possède chaque Nation en vertu de sa propre culture. Protégez-la comme la prunelle de vos yeux pour l'avenir de la grande famille humaine. Protégez-la! Ne permettez pas que cette souveraineté fondamentale devienne la proie de quelque intérêt politique ou économique. Ne permettez pas qu'elle devienne victime des totalitarismes, impérialismes ou hégémonies, pour lesquels l'homme ne compte que comme objet

de domination et non comme sujet de sa propre existence humaine. N'y a-t-il pas, sur la carte de l'Europe et du monde, des nations qui ont une merveilleuse souveraineté historique provenant de leur culture et qui sont pourtant en même temps privées de leur pleine souveraineté?»[1158].

Comme le souligne Robert Keohane, nous assistons sans doute à un changement de signification de la souveraineté, théorisée d'abord par Jean Bodin et depuis reprise comme une antienne fondatrice de l'État westphalien moderne, mais certainement pas à sa disparition : « *La souveraineté est moins une barrière définie en termes de territoires qu'un pouvoir de négociation au service d'une politique caractérisée par des réseaux transnationaux complexes* »[1159]. De concept absolu et renvoyant à l'inconditionnel, la souveraineté est aujourd'hui à une notion relative, bouclier contre la mondialisation[1160]. On pourrait alors se demander s'il existe un contenu indisponible de la puissance étatique, des compétences auxquelles l'Etat ne pourrait renoncer sous peine de perdre son statut. Jean Bodin et ses successeurs se sont effectivement interrogés sur les compétences minimales qui seraient requises pour considérer qu'une entité est véritablement souveraine. Il est curieux de constater que les points évoqués par

---

[1158]Dans l'esprit des pères du Concile Vatican II on peut noter déjà le souci de la diversité culturelle : « L'église n'ignore pas du tout ce qu'elle a reçu de l'histoire et de l'évolution du genre humain. L'expérience des siècles passés, le progrès des sciences, les richesses cachées dans diverses cultures qui permettent de mieux connaître l'homme lui-même et ouvrent de nouvelles voies à la vérité, sont également utiles à l'Eglise. En effet, dès le début de son histoire, elle a appris à exprimer le message du Christ en se servant des concepts et des langues des divers peuples et, de plus, elle s'est efforcée de le mettre en valeur par la sagesse des philosophies [...] ». Collectif, « L'Église dans le monde de ce temps, Gaudium et spes » dans Vatican II. *Les seize documents conciliaires*, Montréal, Fides, 1967.

[1159]Robert O. KEOHANE, "Hobbes's Dilemma and Institutional Change in World Politics: Sovereignty and International Society, *loc.cit.* p.117.

[1160]Comme le souligne J. Derrida : , la souveraineté état-nationale peut elle-même, dans certains contextes, devenir un rempart indispensable contre tel ou tel pouvoir international, contre telle hégémonie idéologique ou religieuse ou capitalistique, etc. voire linguistique qui, sous couvert de libéralisme ou d'universalisme représenterait encore, dans un monde qui ne serait qu'un marché, la rationalisation armée d'intérêts particuliers », Voir Jacques Derrida , *Voyous*, Paris ,Galilée, 2003, 216 p.

Bodin sont exactement ceux qui sont touché par la mondialisation[1161]. La détotalisation du politique ne signifie pas pour autant la disparition du politique, mais que le politique ne prime pas tout[1162].

La souveraineté culturelle n'est justifiée et justifiable qu'au prix d'une réflexion au cours de laquelle est posé le principe de l'égale dignité des cultures qui diffère du relativisme culturel. Il convient en effet de distinguer l'égalité des cultures et l'égale dignité des cultures. Le postulat d'une «égalité des cultures» nivelle, en ôtant toute prétention à l'excellence, voire à la juste compétition ; il légitime les exactions perpétrées au nom de la diversité culturelle. Comme le souligne Patrice Meyer-Bisch : « *Le respect des cultures n'implique donc pas l'idée d'une égalité des cultures, car toute culture n'est pas respectable du seul fait de son existence : il peut y avoir en elle diverses pratiques contraires aux droits de l'homme (torture, discrimination raciale, discrimination à l'égard des personnes âgées, etc.). Ce qui est à respecter est l'égale dignité des cultures, selon que les milieux culturels contiennent des références qui sont nécessaires au respect de la dignité humaine des personnes qui s'y reconnaissent ou pourront s'y reconnaître* »[1163]. L' « égale dignité des cultures », notion

---

[1161] Il y a, dans la théorie de la souveraineté de Bodin, quatre principes essentiels qui sont aujourd'hui frappés de plein fouet par la mondialisation. Le premier principe consiste à penser le politique comme une réalité irréductible qui ne peut se placer qu'au-dessus de la société et qui, de ce fait, ne peut en aucune façon se plier aux formes d'organisation de la cité marchande. Le deuxième est de considérer que le droit et la politique sont indivisibles et de ce fait indissociables. Le troisième est de poser que souveraineté interne et souveraineté externe sont radicalement opposées. Le quatrième, enfin, consiste à voir dans la souveraineté un principe inaliénable impossible à partager, Philippe Raynaud et Stéphane Rials (dir.), *Dictionnaire de philosophie politique*, Paris, PUF, 1996, p. 56.

[1162]Niklas Luhmann, qui a théorisé les mondes vécus, montre bien combien leur prolifération s'apparente à un processus de détotalisation radicale du politique dans la mesure où chaque individu cherche non seulement à accroître le nombre des «mondes vécus» dans lesquels il se meut, mais qu'il se refuse à les unifier, à les totaliser, à les ramener à une signification univoque.. Niklas Luhmann, *Politique et complexité*, Paris, Cerf, 1999, p.19.

[1163]Patrice Meyer-Bisch, *Analyse des droits culturels*, Revue *Droits fondamentaux*, 2007 - 2008 p.23, : www.droits fondamentaux.org.

normative qui désigne la capacité d'universel que contient toute culture, n'a rien à voir avec une égalité des cultures, ni même une équivalence.

Charles Taylor ne dit pas autre chose lorsqu'il dit : «*Malgré ce qu'il comporte de recevable (c'est-à-dire l'intention de désamorcer l'ethnocentrisme, souvent inconscient, des jugements de valeur émis par les membres de la culture dominante), ce postulat ne saurait être proclamé sous la forme d'un droit, nous enjoignant de conclure que toutes les cultures sont égales en valeur ou pareillement dignes de respect* »[1164]. Pour Janie Pélabay un tel raisonnement confine à « un acte de condescendance stupéfiant » qui « implique le mépris pour l'intelligence » des bénéficiaires supposés des politiques multiculturalistes. Ainsi en va-t-il des théories postmodernes qui font l'amalgame entre le mérite reconnu à certaines créations culturelles et le soutien apporté à certains groupes présentés comme les victimes de structures de pouvoir hégémoniques[1165].

La « présomption d'égalité », point de départ du dialogue interculturel, doit permettre aux cultures de s'ouvrir à un champ interprétatif plus vaste, de repositionner leur propre mode de vie sur une palette élargie de valeurs où leurs repères familiers ne sont plus que des options « parmi d'autres » qu'il s'agit de réexaminer. L'obstacle le plus fondamental à l'affirmation de la diversité culturelle n'est pas donc les frontières étatiques, mais bien les « patries de l'esprit refermées sur leurs frontières intérieures »[1166]. La conversion primordiale est dès lors celle de « l'intelligence du vivre ensemble qui découvre la signification de l'humanité et la nécessité de ne pas ajouter encore à sa vulnérabilité »[1167].

[1164]Charles Taylor, *Multiculturalisme. Différence et démocratie*, Paris, Aubier, 1994, pp.94-95.
[1165] Voir Janie Pélabay, « Jürgen Habermas et Charles Taylor : jugement interculturel et critique de la tradition » , *op.cit*,p.125-126.
[1166] R.J. DUPUY, L'humanité dans l'imaginaire des nations.*op.cit*., p.278.
[1167] Ibid., p. 267.

2. Principes et objectifs de la Convention de 2005

Les principes de la Convention de 2005 ne sont pas nouveaux par rapport à la Déclaration, mais sont de plus grande envergure. Ils sont intégrés à un corpus législatif international, s'appliquent aux différents pans de la culture, et réunissent une série de définitions qui faisait jusque là défaut (« diversité culturelle », « industries culturelles », « politiques culturelles », etc.). Jusqu'à la ratification de la Convention sur la diversité culturelle, le champ culturel, à l'exception des conventions sur les droits d'auteurs, n'existait pas au regard des règles commerciales et ne bénéficiait d'aucun référent (valeurs, objectifs et principes). Les articles de la Convention vont dès lors lui servir de référent juridique. Les principes directeurs sont importants parce qu'ils fournissent un cadre légal de base pour une définition significative des droits et des obligations insérés dans la Convention. Les principes les plus forts ont été rendus opérationnels ailleurs dans le texte, certains autres pourraient constituer des limites aux droits. Ces principes directeurs sont au nombre de huit :

« a) de protéger et promouvoir la diversité des expressions culturelles ;
(b) de créer les conditions permettant aux cultures de s'épanouir et interagir librement de manière à s'enrichir mutuellement ;
(c) d'encourager le dialogue entre les cultures afin d'assurer des échanges culturels plus intenses et équilibrés dans le monde en faveur du respect interculturel et d'une culture de la paix ;
(d) de stimuler l'interculturalité afin de développer l'interaction culturelle dans l'esprit de bâtir des passerelles entre les peuples ;
(e) de promouvoir le respect de la diversité des expressions culturelles et la prise de conscience de sa valeur aux niveaux local, national et international ;
(f) de réaffirmer l'importance du lien entre culture et développement pour tous les pays, en particulier les pays en développement, et d'encourager les actions menées aux plans

national et international pour que soit reconnue la véritable valeur de ce lien ;
(g) de reconnaître la nature spécifique des activités, biens et services culturels en tant que porteurs d'identité, de valeurs et de sens ;
(h) de réaffirmer le droit souverain des États de conserver, d'adopter et de mettre en œuvre les politiques et mesures qu'ils jugent appropriées pour la protection et la promotion de la diversité des expressions culturelles sur leur territoire ».

Le texte affirme pour la première fois, dans le droit international, la nature spécifique des produits culturels : « les activités, biens et services culturels ont une double nature, économique et culturelle, en tant qu'ils sont porteurs d'identités, de valeurs et de sens et qu'ils ne doivent pas être traités comme ayant exclusivement une valeur commerciale ». C'est la première fois qu'un texte juridique international pose une limite explicite à la logique du libéralisme.

Les objectifs de la Convention découlent du Préambule. Si les clauses préambulaires ont une certaine incidence sur l'interprétation du traité, il est important de rappeler que l'utilité de celles-ci est généralement limitée par rapport aux dispositions opératives du traité. Le Préambule de la Convention explique l'importance d'élaborer un tel instrument contraignant et souligne les points principaux affectant les échanges de biens et services culturels et la coopération culturelle internationale. Le Préambule souligne aussi les inquiétudes au sujet de la mondialisation qui a des effets néfastes pour l'avenir de la diversité des expressions culturelles; il réaffirme l'importance fondamentale du respect des droits de l'homme; il reconnaît la nécessité pour une plus grande interaction culturelle.

En effet, les dispositions du préambule sont souvent assez vagues, fréquemment même programmatiques. Mais si un préambule a été négocié de manière sérieuse et détaillée, ce fait rehausse sa valeur normative.Le préambule de la Convention de 2005 est d'une grande importance dans la mesure où il éclaire les objectifs poursuivis et en donne le fondement éthique. La

Convention précise que la diversité culturelle est un ressort fondamental du développement durable des communautés et surtout un des éléments du respect mutuel entre les peuples et les cultures.Les Objectifs établissent les buts principaux et les priorités de la Convention. Les plus importants comprennent la protection et la promotion de la diversité des expressions culturelles; la reconnaissance du lien entre culture et développement et la nature spécifique des activités, des biens et des services culturels; le renforcement de la coopération internationale.

Un large accord s'est dégagé sur le double principe qu'une convention devrait promouvoir : (a) l'accès pour tous les consommateurs et usagers à des produits culturels et expressions culturels riches et diversifiés, y compris en termes d'origine géographique) et (b) la participation de tous les créateurs à la vie culturelle et leur accès à des possibilités de diffusion aussi étendues que possible. L'accent est mis sur les *consommateurs* et sur les *créateurs*. Par conséquent, le principe d'une promotion et d'un renforcement de la coopération et de la solidarité internationales au bénéfice particulier des pays en développement et des populations minoritaires et autochtones a été unanimement défendu comme contribution à l'équilibre entre pays en termes de capacité de production, de diffusion et d'accès au marché international des produits culturels. En outre, la Convention insiste sur la nécessité de la protection de la diversité culturelle dans un sens positif, c'est-à-dire non seulement de préserver les expressions culturelles mais également de créer les conditions nécessaires à leur évolution et épanouissement.La protection des cultures propres doit être complétée d'une ouverture aux autres cultures du monde. Le fait d'imposer le respect des droits de l'homme et des libertés fondamentales permet de poser des limites solides et nécessaires au droit souverain des États de formuler des politiques et des mesures. Cela a été confirmé dans l'Article 5.1 dont l'énoncé général respecte l'étendue de l'autorité gouvernementale.

§2. CONTENU ET PORTÉE DE LA CONVENTION DE 2005

Suite à la difficulté que rencontrent plusieurs pays à légitimer leurs politiques culturelles face à l'imposante stature des accords régissant la libéralisation du commerce international, la communauté internationale a deployé ses efforts afin de compenser l'absence de solutions satisfaisantes dans le cadre de l'OMC. La Convention sur la diversitéculturele octroie un statut spécifique aux biens et services culturels et annonce la promesse d'assurer la permanence, la légitimité et donc la sécurité juridique des politiques actuelles ou futures. Nous examinerons d'abord son cœur normatif(A) avant de voir sa portée normative (B).

A. LE NOYAU NORMATIF DE LA CONVENTION DE 2005

Les 21 considérants, le préambule donne la raison d'être de la Convention, en soulignant son importance, et la situe dans son contexte juridique. Les considérants se fondent essentiellement sur le texte de la Déclaration universelle de l'UNESCO sur la diversité culturelle de 2001, assurant ainsi une cohérence entre les deux instruments. La Convention de l'UNESCO admet explicitement la spécificité des biens et services culturels et la légitimité de l'intervention étatique dans le secteur culturel, en intégrant ces principes dans une finalité plus large, celle de la protection et de la promotion de la diversité des expressions culturelles, objectif qui apparaît pour la première fois en droit international public. La Convention cristallise la diversité culturelle en tant qu'élément stratégique dans les politiques nationales et internationales de développement. De plus, le principe de souveraineté culturelle est explicitement encadré par d'autres principes directeurs : solidarité et coopération internationales, complémentarité des aspects économiques et culturels du développement, accès équitable, respect de toutes les cultures. L'article 7 est également une norme fondamentale de la Convention de l'UNESCO qui devrait guider l'élaboration d'outils de gouvernance pour le fonctionnement des sociétés démocratiques modernes.

1. Consécration du principe de souveraineté culturelle des Etats

Le mot de souveraineté a des connotations différentes. À l'OMC, la souveraineté est entendue de diverses manières. Tous les Membres sont souverains pour ce qui concerne leur « territoire douanier ». En rejoignant l'OMC, ils s'engagent à élaborer des lois conformes aux Accords de l'OMC et à modifier celles qui ne le sont pas. L'adhésion à l'OMC est soumise à une logique de conditionnalité politique et économique. Des engagements internationaux pris souverainement par des Etats-nations, notamment dans le cadre de l'OMC peuvent paradoxalement présenter un certain nombre de caractéristiques qui semblent entamer leur *souveraineté* sur leurs politiques culturelles et plus largement l'autonomie constitutionnelle de l'État membre bornée par le respect du principe démocratique et des droits fondamentaux.

Selon l'analyse pénétrante de Jacques Derrida : *« La souveraineté état-nationale peut elle-même, dans certains contextes, devenir un rempart indispensable contre tel ou tel pouvoir international, contre telle hégémonie idéologique, religieuse ou capitalistique, etc., voire linguistique, qui, sous couvert de libéralisme et d'universalisme, représenterait encore, dans un monde qui ne serait qu'un marché, la rationalisation armée d'intérêts particuliers »*[1168]. Si l'on prend pour définition de la souveraineté que celle-ci est l'exclusivité des compétences de l'Etat sur son territoire, il est difficile aujourd'hui de distinguer un seul Etat absolument souverain dans le monde[1169].

[1168]Jacques Derrida, *Voyous*, Paris, Galilée, 2003, p. 216.
[1169]E. Suy, « Réflexions sur la distinction entre la souveraineté et la compétence territoriale », *Internationale Festschrift für Alfred Verdross*, Geburstag, München-Salzburg, 1971, p. 493. On peut ainsi s'interroger sur la pertinence actuellle de la résolution 2625 de l'Assemblée générale des

Cette sorte de dieu-soleil foudroyant est aujourd'hui confrontée aux mutations de la société internationale, notamment avec le développement des nouvelles technologies de l'information et de la communication. La fragilisation des institutions et du territoire national par les flux d'informations, de capitaux et de personnes faisant fi des frontières, portent en eux les germes d'un *«ethnos national »*[1170]. La culture serait-elle un des derniers bastions de la souveraineté ?

Aucune réponse à cette question ne peut être formulée qui ne fasse l'économie d'un examen et d'un état des lieux précis du droit international. A tout le moins, l'on peut convenir avec Emmanuel Decaux que le territoire « est au cœur d'une dialectique passionnante entre le fait et le droit mais aussi le *de facto* et le *de jure*- ce qui n'est pas la même chose - entre nature et culture, patrimoine et planification, enracinement et horizon, passé et avenir… »[1171]. Le droit qu'il soit interne ou international a du mal à réglementer le flux culturels lequel, de par sa nature immatérielle, relativise le principe de la territorialité et banalise l'Etat comme auteur de normes.La convention de 2005 opte ainsi pour un engagement actif pour l'Etat malgré les tendances actuelles de sa relativisation. Les rédacteurs ont valorisé le rôle de l'Etat dans la sauvegarde et la promotion de la diversité culturelle et cela à double titre : comme garant de la diversité culturelle et comme bénéficiaire de

---

Nations Unies selon laquelle: « Tout Etat a le droit de choisir son système politique, économique, social, culturel sans aucune forme d'ingérence de la part d'un autre Etat ».

[1170]A. Appaduraï, *Géographie de la colère. La violence à l'ère de la globalisation*, Payot, Paris., 2007, p.16. Pour Gadamer, cette dynamique « *ne doit pas conduire à l'erreur de croire que le pluralisme bien enraciné des cultures, des langues, des destins historiques puisse être réellement réprimé ou tout au moins devrait l'être. La tâche pourrait consister dans l'inverse : développer, dans une civilisation se nivelant de plus en plus, la vie propre des régions, des groupes humains et de leur style de vie. L'exil, dont le monde de l'industrie moderne, menace l'homme, stimule la quête de la patrie.*» Voir H.G. Gadamer, L'Héritage de l'Europe, *op.cit.*, p. 48.

[1171] E. Decaux, « Conclusion générale », Colloque d'Angers Territoires et Etat, *RGCT*, 2002, p. 134

sa sauvegarde. Cette vision se reflète dans l'Article 5[1172] de la Convention requalifie par Serge Regourd comme « *modèle de byzantinisme juridique où l'absence de tout contenu normatif se camoufle derrière la calamité stylistique* »[1173].

Le principe de souveraineté est fort problématique lorsqu'il s'applique à des régimes autoritaires. Dans la plupart des cas, ces régimes ont tendance à user et à abuser du pouvoir qui découle de la souveraineté et à ignorer les restrictions de cette souveraineté qu'impose le respect des droits de l'homme et des libertés fondamentales. La question des politiques culturelles adéquates est extrêmement épineuse dans des situations de quasi imperméabilité sur le plan des biens et services culturelles. L'article 6 est d'ailleurs illustratif : « chaque Partie peut adopter des mesures destinées à protéger et promouvoir la diversité des expressions culturelles sur son territoire ». Les mesures ne sont que facultatives et les Etats ne sont donc nullement obligés d'y recourir. Si les mesures retenues ne constituent que de standards juridiques minimaux, c'est parce qu'il s'agissait de proposer aux États des politiques culturelles susceptibles d'être adaptés à leur particularisme et de leur laisser le choix quant aux actions supplémentaires à entreprendre. A.KOLLIOPOULOS tente d'expliquer cette ambigüité:« *Le but de cette disposition est d'affirmer cette prérogative de l'Etat qui lui est de plus en plus contestée et c'est pour cette raison qu'elle est formulée en termes d'habilitation, sans préjuger d'une parallèle obligation de l'Etat de faire usage du pouvoir qui lui est reconnu, en vue de promouvoir la diversité culturelle sur son territoire* »[1174].

Les difficultés factuelles et conceptuelles à faire la distinction entre les véritables mesures de politique culturelle et les mesures purement protectionnistes conçues pour aider l'industrie locale

---

[1172]« Lorsqu'une Partie met en œuvre des politiques et prend des mesures pour protéger et promouvoir la diversité des expressions culturelles sur son territoire, ses politiques et mesures doivent être compatibles avec les dispositions de la présente Convention ».

[1173]S.REGOURD, « Le projet de Convention U.N.E.S.C.O. sur la diversité culturelle : Vers une victoire à la Pyrrhus», *LEGIPRESSE*, 2005, n°226, p.119.

[1174] A.KOLLIOPOULOS, *op.cit.* pp. 501-502.

sont redoutables. L'affaire Chine-productions audiovisuels sus-évoquée, a mis a nu l'absence des mécanismes appropriés pour dénoncer les politiques visant à interdire l'accès à des expressions culturelles diversifiés ou tout simplement la censure. Le principe de souveraineté qui sous-tend la Convention et ses dispositions ne sont pas à la hauteur des défis auxquels sont confrontés une grande majorité d'États, notamment dans les économies en développement ainsi que dans les régimes autoritaires. Des protections juridiques efficaces accompagnées d'une vision à long terme sont nécessaires pour faire en sorte que la diversité des expressions culturelles ne profite pas uniquement à un petit nombre de pays riches. Les Etats doivent faire preuve de créativité dans le domaine juridique et législatif.

L'article 2.2 de la Convention de l'UNESCO définit le principe de souveraineté. Selon cette disposition, les États ont, conformément à la Charte des Nations unies et aux principes du droit international, le droit souverain d'adopter des mesures et des politiques pour réaliser les objectifs de la Convention. Conformément à l'article 2.1, ce droit est soumis au respect des droits de l'homme et des libertés fondamentales. Les principes de l'accès équitable, de l'ouverture et de l'équilibre définis aux articles 2.7 et 2.8 restreignent les pouvoirs des parties en matière de politiques culturelles. Sans vouloir être aussi téméraire que René-Jean Dupuy, qu'il nous soit permis de postuler à la suite de Kofi Annan[1175] - que l'idéal porté et sous-tendu par cette communauté dite internationale est en fait la réalisation de la souveraineté de l'individu comme limite et cadre d'exercice de la souveraineté de l'État, laquelle doit progressivement se substituer à la conception originaire et archaïque de la souveraineté de l'État. La nouvelle conception de la souveraineté se recoupe alors dans cette souveraineté qui vise à respecter les droits de la personne humaine, des différentes couches de la population de l'État, étant entendu que la méconnaissance de ces droits peut-être internationalement

---

[1175]Cf. Nations Unies, New York, 19 Avril 2002, Déclaration de Kofi ANNAN à l'occasion de la 9ème session de la Commission Préparatoire de la Cour Pénale Internationale.

sanctionnée. Il s'agit là du fondement de l'affirmation progressive au plan international du principe de la légitimité démocratique-dont il est sans doute prématuré de penser qu'il constitue une exigence juridique indiscutable-mais qui ne témoigne pas moins d'un changement d'état d'esprit.

Bien que non expressément prévu par la Charte des Nations Unies, le principe de l'autonomie constitutionnelle a figuré aussi bien dans l'article premier commun aux pactes de droits civils et politiques et économiques, sociaux et culturels que dans de nombreuses résolutions de l'organe plénier de l'O.N.U. Définie en droit interne comme un pouvoir suprême et illimité, la souveraineté fonde, en droit international, la liberté de l'État, son indépendance et son autonomie. Dans l'ordre international, l'Etat n'est soumis à aucun autre pouvoir de même nature. Juridiquement, l'Etat a, en vertu de sa souveraineté, une faculté totale qui lui permet d'exercer tous les droits que l'ordre juridique international lui reconnaît. En vertu de cette autonomie, les peuples ont la possibilité de choisir le régime politique qui leur semble bon.

La reconnaissance de la liberté du choix du système politique, économique, social et culturel et par conséquent l'autonomie constitutionnelle des États a été réitérée par l'Assemblée Générale de l'O.N.U. dans sa résolution 2625 du 24 octobre 1970 portant « *Déclaration relative aux principes de droit international touchant aux relations amicales et à la coopération entre les États conformément à la Charte des Nations Unies* ». En effet, cette résolution a réaffirmé que « *Chaque État a le droit de choisir et de développer librement son système politique, social, économique et culturel* ». Selon un grand arrêt de la Cour internationale de justice : « *les orientations politiques internes d'un Etat relèvent de la compétence exclusive de celui-ci, pour autant qu'elles ne violent aucune obligation internationale. Chaque Etat possède le droit fondamental de choisir et de mettre en œuvre comme il l'entend son système politique, économique, culturel et social.* (...) *Quelque définition qu'on donne d'un régime politique, l'adhésion d'un Etat a une doctrine particulière ne constitue pas une violation du droit international coutumier ; conclure autrement reviendrait à priver de son sens le principe fondamental de souveraineté des Etats sur lequel repose tout le droit international et la liberté qu'un Etat a de choisir son système politique, social, économique et culturel*[1176]». Au regard de ce qui précède, il va sans dire que la Convention de 2005 contribue à l'évolution cohérente de l'ordre juridique international.

2. Cristallisation de la spécificité des biens et services culturels

Alors que des normes internationales contraignantes existent déjà pour la protection de l'environnement (Convention sur la biodiversité), elles faisaient encore défaut en matière de politique culturelle. La Convention permet à la culture de sortir d'un vide juridique et de faire son entrée dans le droit international, grâce à un instrument qui reconnaît la spécificité des activités, des biens et des services culturels en tant que porteurs d'identités, de valeurs et de sens. Sans que le droit international du commerce en soit directement affecté, elle garantit aux Etats le droit de prendre les mesures nécessaires à la promotion et à la protection de la diversité des expressions culturelles.

La Convention de l'UNESCO ne définit pas directement la diversité culturelle. Selon son l'article 4 la diversité culturelle :

> « *renvoie à la multiplicité des formes par lesquelles les cultures des groupes et des sociétés trouvent leur expression [...] La diversité culturelle se manifeste non seulement dans les formes variées à travers lesquelles le patrimoine culturel de l'humanité est exprimé, enrichi et transmis grâce à la variété*

[1176] CIJ, 27 juin 1986, dit *Affaire des activités militaires et paramilitaires au Nicaragua et contre celui-ci (Nicaragua c/ Etats-Unis)*, *Rec*, 1986, p. 14 ; On relèvera également l'avis consultatif de la CIJ du 16 octobre 1975, *Affaire dite du Sahara occidental* (*Rec.* 1975, p. 6) dans lequel la Cour affirme qu'« *aucune règle du droit international n'exige que l'Etat ait une structure déterminée comme le prouve la diversité des structures étatiques qui existent actuellement dans le monde* ».

des expressions culturelles, mais aussi à travers les divers modes de création artistique, de production, de diffusion, de distribution et de jouissance des expressions culturelles, quels que soient les moyens et les technologies utilisés ».

Cet article attache de l'importance aux aspects industriels de la culture tels que la production, la diffusion et la distribution des produits culturels. Il s'agit là d'une approche pragmatique de l'UNESCO[1177]. La finalité de la Convention n'est pas la protection de la diversité culturelle entendue au sens large mais bien la protection d'un aspect précis de cette diversité culturelle, à savoir la protection de la diversité des expressions culturelles.

Le texte a un objet plus restreint que celui, général, de la Déclaration universelle sur la diversité culturelle. On se rappelle que l'UNESCO, lorsqu'elle avait été saisie de la question, avait considéré qu'il ne s'agissait pas de réglementer la question de la diversité culturelle dans son ensemble, car c'était un champ trop vaste, mais d'indiquer « *un cadre de référence et un ensemble de règles acceptables par le plus grand nombre d'Etats à travers un nouvel instrument contraignant portant sur un ou des domaines culturels spécifiques* ».

Sans remettre en cause les forces du marché il est question d'affirmer l'égale dignité des cultures et de donner la capacité de régulation de l'État pour 1) favoriser la création et la diffusion de la culture 2) s'assurer que les mesures suivent à la fois une logique marchande et les critères d'équité et de justice. La culture réfère alors à la liberté des citoyens d'exprimer leurs idées, leurs valeurs, leurs opinions et à la liberté de les engager dans le débat public.La Convention reconnaît le droit souverain des Etats de se doter de politiques pour soutenir la diversité culturelle. L'objectif poursuivi vise à favoriser le développement de secteurs culturels forts qui puissent contribuer à une véritable diversité culturelle sur la scène nationale et internationale. L'article 6§1 énonce ainsi que « *chaque Partie peut adopter des mesures destinées à protéger et promouvoir la*

[1177]Christoph Beat Graber, "Substantive Rights and Obligations under the UNESCO Convention on Cultural Diversity "op.cit., p.3.

diversité des expressions culturelles sur son territoire ». Ce même article établit une liste indicative et non exhaustive des mesures qui peuvent être prises : quotas de diffusion d'œuvres nationales à la radio ou à la télévision[1178], quotas à l'écran pour les films de cinéma, prix unique du livre, subventions au spectacle vivant, aide à l'organisation de festivals ou de salons, bourses pour former de futurs artistes, soutien à l'enseignement culturel à l'école ou dans l'enseignement supérieur, etc.

La Convention est conçue pour servir de contrepoids culturel aux pressions commerciales qui peuvent s'exercer en faveur d'une libéralisation des échanges culturels. Le préambule de la Convention consacre cette vision en reconnaissant la « double nature économique et culturelle » des activités, biens et services culturels qui, « parce qu'ils sont porteurs d'identités, de valeurs et de sens, ne doivent pas être traités comme ayant exclusivement une valeur commerciale ».

C'est la première fois qu'on reconnaît la double nature des biens et des services culturels dans un instrument juridique international.La Convention de l'UNESCO consacre pour la première fois l'existence en droit positif de cette spécificité des biens et services culturels et en faisant de l'UNESCO l'enceinte appropriée du débat sur la diversité culturelle. L'article 4 de la Convention apporte un certain nombre de définitions qui n'existaient pas jusqu'alors dans l'ordre juridique international. L'article 4 précise que ces biens et services *« incarnent ou transmettent des expressions culturelles, indépendamment de la valeur commerciale qu'ils peuvent avoir* ».

Elle porte en elle les ingrédients d'une vraie révolution en ce qu'elle permet d'aborder autrement la priorité qu'il est plus que jamais nécessaire d'accorder à la culture. En adoptant un texte qui aborde pour la première fois la double nature - économique et culturelle - des biens et services culturels, les États ont permis d'affronter concrètement quelques uns des grands défis de la mondialisation.

[1178]Un exemple significatif est la directive européenne « télévision sans frontière » qui réserve un espace aux œuvres européens sur les chaînes de télévision européennes.

3. Un cadre innovant de coopération culturelle internationale

Les articles 2.5 et 2.6, 12, 13 et 14 concernent plus spécifiquement ces aspects. La Convention invite les États signataires à travailler en collaboration, à partager les informations et les réussites. Elle invite aussi les pays du Nord à ouvrir leur marché domestique à la production artistique des pays du Sud. Il est clair qu'il faut absolument rétablir un certain équilibre sur le marché des échanges culturels. La domination d'une culture sur l'ensemble de la planète est tout à fait contraire à la diversité culturelle et les pays en transition et en développement, qui ont très peu de moyens financiers, ne peuvent lutter seuls contre cette domination. Enfin, le fonds prévu à l'article 18 pour soutenir la mise en forme. La création d'un Fonds international pour la diversité culturelle permet d'envisager une aide multilatérale, mais sa dotation, sur une base volontaire, à une époque frileuse pour ce qui est de l'aide au développement, fait peser des incertitudes réelles sur la force normative de la Convention[1179].

La Convention a pour objectif d'intégrer culture et développement durable et d'aider les pays en développement à acquérir ou à développer leurs propres capacités de production culturelle, notamment en renforçant leurs industries culturelles, en renforçant leurs capacités d'élaborer et de mettre en œuvre des politiques culturelles, en suscitant à leur profit des transferts des technologies de même que des soutiens financiers, en assurant un traitement préférentiel de leurs artistes et de leurs productions etc. L'article 9 de la Convention prévoit ainsi que les Parties fournissent tous les quatre ans, dans leur rapport à l'UNESCO, l'information appropriée sur les mesures prises en

[1179] En juillet 2009, 18 Parties avaient versé des contributions volontaires pour une valeur totale de 2,1 millions de dollars US. En juillet 2010, le montant total des contributions au Fonds s'élevait à 2 459 911,52 dollars US). Il a été décidé que 70 % de cette somme serait mise à la disposition du Fonds pendant la phase pilote prévue de 2010 à 2012, et que de cette somme 60 % serait réservé au financement de programmes/projets, 20 % au financement des activités préparatoires et 2 % aux situations spéciales prévues aux articles 8 et 17 de la Convention.

vue de protéger et promouvoir la diversité des expressions culturelles sur leur territoire et au niveau international. La Convention prévoit également la désignation d'un « point de contact » par chaque Partie.

Il s'agit aussi de favoriser la coordination et la concertation des Parties pour la promotion des objectifs de la Convention dans les autres enceintes internationales ainsi que pour le renforcement de la coopération internationale. L'article 19 de la Convention prévoit en outre que l'UNESCO constitue et tienne à jour une banque de données concernant les différents secteurs et organismes gouvernementaux, privés et à but non lucratif œuvrant dans le domaine des expressions culturelles.

B. LES FAIBLESSES NORMATIVES DE LA CONVENTION

Ce n'est pas le moindre des paradoxes que de constater que la Convention sur diversité culturelle consacre juridiquement l'égale dignité des préoccupations culturelles avec des préoccupations économiques, l'indépendance de la culture par rapport à l'économie mais en même temps ne se donnent pas du tout les moyens de son effectivité. Vraisemblablement, une formulation fortement soft était nécessaire sur le plan politique pour faciliter le consensus entre les membres de l'UNESCO au moment de l'adoption du texte de la Convention .Il va sans dire que la Convention est volontairement ambigüe. Elle établit des objectifs sans moyen. La Convention de l'UNESCO, comme la plupart des Conventions, est le résultat des marchandages politiques et les textes adoptés reflètent souvent les compromis destinées à satisfaire toutes les parties contractantes. Elle comporte les ambigüités, lacunes et insuffisances soulignées par un certain nombre de commentateurs.

1. Un choix lexical imprécis

Le régime normatif de la convention charrie de confusion des termes «expressions culturelles» et «activités, biens et services culturels».La Convention définit ces termes séparément sans laisser entendre qu'ils partagent la même signification[1180].Afin d'interpréter le champ d'application de la Convention et ses grands objectifs, l'éclairage des discussions sur l'avant-projet est capital. Il faudra dans le cadre de sa mise en œuvre également mobiliser l'article 31 de la Convention de Vienne dispose qu'un traité doit être interprété de bonne foi conformément au sens donné habituellement aux termes du traité dans leur contexte et à la lumière de l'objet de ce traité.

Pour comprendre la portée de la Convention, il importe de souligner que les experts indépendants dans le premier avant-projet ont souhaité consolider les acquis de la *Déclaration universelle de l'UNESCO sur la diversité culturelle.* Ils ont fixé comme objectif prioritaire la capacité des États à définir des politiques culturelles pour la « protection et la promotion des contenus culturels et des expressions artistiques ». Cette dernière expression, qui faisait partie du mandat de l'UNESCO, fut remplacée par « protection et promotion de la diversité des expressions culturelles ».Les experts ont expliqué cette continuité par le fait que le terme « expressions culturelles » contenait à la fois « contenus culturels » et « expressions artistiques ».

Serge Regourd nous offre un regard critique sur les principes et le contenu de la Convention. Il souligne que « la Convention de l'UNESCO présente, d'une part, le mérite de proclamer la spécificité des biens et services culturels ; d'autre part, est proclamée la reconnaissance de la souveraineté culturelle des États-parties à la Convention. En ce sens, une telle énonciation du principe de souveraineté culturelle présente une incontestable force politique et symbolique au regard du droit de l'OMC selon

[1180] Un seul des neuf objectifs énumérés à l'article 1 de la Convention de l'UNESCO mentionne les «activités, biens et services culturels». Quatre objectifs font référence aux «expressions culturelles» tandis que quatre autres font référence à d'autres termes dont cet instrument ne fournit pas de définition juridique (à savoir «culture», «échanges culturels» et «interaction culturelle».

lequel tous les secteurs d'activités devraient à terme relever du marché et non des politiques publiques[1181].

Le texte concerne donc aussi bien la protection que la promotion de la diversité des expressions culturelles et elles sont presque toujours visées de pair, ce qui montre que l'approche n'est pas seulement défensive mais incorpore largement la perspective d'ouverture aux autres cultures et de développement des échanges, que ce soit au plan des objectifs de la Convention (notamment de dialogue entre les cultures et d'interculturalité), de ses principes directeurs (notamment principe d'accès équitable et principe d'ouverture et d'équilibre) ou de ses règles opérationnelles.

Il importe de relever que, après pas mal de discussions, le mot protection a été maintenu. Enfin, pour répondre à des préoccupations récurrentes de certaines délégations et faciliter l'emploi des termes « protection » et « protéger », le texte consolidé propose une définition de la protection qui avait donné lieu à quelques commentaires indignés, entre autres parce qu'elle semblait mettre l'UNESCO à la remorque de l'OMC. Comme le souligne Divina Frau-Meigs :

« *La polémique sur le terme «protection» a été engagée par les États-Unis et ses alliés, dont le Japon. Jusqu'en octobre 2005, le mot est resté entre crochets, avec une centaine de notes de bas de page attestant qu'il ne faisait pas l'unanimité. L'objection au terme tenait à ce qu'il donnait trop de force légale à la Convention, en faisant un instrument autorisant les États à saisir le droit international et à porter plainte pour enfreinte en cas de transgression patente. Les Etats-Unis ont donc fait porter le gros de leur démonstration sur la promotion, qui n'engage à rien d'autre qu'à un encouragement symbolique, et ont essayé de diluer la portée du texte global* »[1182].

[1181] Serge Regourd, « Le paradigme européen de la diversité culturelle à l'aune de la Convention UNESCO », Revue des Affaires européennes, vol.4, 2006.

[1182]Divina Frau-Meigs, «La Convention sur la diversité culturelle. Un instrument obsolète pour une réalité en expansion?», o*p.cit.* p.897.

La convention « s'applique aux politiques et aux mesures adoptées par les Parties relatives à la protection et la promotion de la diversité des expressions culturelles ». Elle concerne donc avant tout les moyens d'action des États, avec l'objectif qu'ils évitent de s'en départir sans en avoir conscience, à la faveur d'engagements de libéralisation dont ils n'auraient pas mesuré la portée.

Les destinataires de la Convention étant les Etats parties (législatif et exécutif), elle ne contient ni droits ni obligations pour les particuliers[1183]. La Convention est un traité international qui n'a pas d'effet direct (*non selfexecuting*)[1184].Chaque Etat membre s'engage à mettre en œuvre ses propres mesures et son propre régime juridique interne d'application, «compte tenu des circonstances et des besoins qui lui sont propres» (art. 6, par. 1). Cela signifie que si les principes énoncés par la Convention laissent aux Etats une grande marge d'appréciation pour leur mise en œuvre. Les Etats membres se fixent des objectifs pour répondre à ces principes, mais se réservent le droit de les atteindre de façon autonome par les méthodes les plus conformes à leur législation et leurs particularités nationales.

Sur la forme, il faut noter tout d'abord que le titre de la Convention a été modifié. Le passage de la protection de la diversité des contenus » à la protection et la promotion diversité des expressions culturelles n'est pas anodin ; il s'appuie sur un ensemble de critiques qui considéraient le terme de protection

[1183]La question au cœur de l'effet direct porte sur la séparation, ou mieux la concurrence des pouvoirs, entre un pouvoir exécutif qui généralement a négocié une norme internationale, un pouvoir législatif qui avalise et consacre cette négociation, et enfin, un pouvoir judiciaire qui peut,. le cas échéant, conférer au résultat de cette négociation un spectre parfois inattendu.
[1184]L'effet direct d'une norme internationale est « *la caractéristique d'une disposition de droit international conférant à son destinataire le droit de s'en prévaloir en justice* ». SALMON, J. (dir.), *Dictionnaire de droit international public*, Bruxelles, Bruylant, 2001, p. 413. Les critères traditionnels qui permettent au juge de reconnaître un effet direct à une norme internationale, sont au nombre de deux : un critère subjectif relatif à l'intention des Etats parties ayant ratifié la norme internationale ; et un critère objectif portant sur la précision et la complétude de la norme. Voir SCIOTTI-LAM, C., *L'applicabilité directe des traités internationaux relatifs aux droits de l'Homme en droit interne*, Bruxelles, Bruylant, 2004.

comme protectionniste et, par conséquent top peu universel[1185].Selon les critiques, il semblerait que le précédent avant projet rappelait le caractère négatif de l'exception culturelle. Le terme de « promotion », plus fédérateur y a été ainsi été adjoint. De plus en fin d'écarter toute ambigüité du terme « protection » ce nouveau projet en a proposait la définition qui a été retenue dans le texte final. Par protection, on entend l'adoption de mesures visant à la préservation, la sauvegarde et la mise en valeur de la diversité des expressions culturelles. Protéger signifie donc adopter de telles mesures[1186].

Toujours dans un souci de fédérer un maximum d'Etats, les termes cultures et capital culturels ont été supprimé de la liste de définition. En effet, les premiers projets de convention contenaient la définition de l'Unesco, mais celle-ci n'a pas été retenue dans la version finale. Cette absence de définition offre, entres autres, une grande marge de manœuvre aux Etats qui veulent pouvoir orienter leur propre politique culturelle, puisqu'elle permet à ceux-ci de dire ce qui est contenu ou non dans leurs secteur culturel, celui-ci risquant d'être différent d'un Etat à un autre. Comme le concept de culture est infiniment vaste et renvoie, lui aussi, comme la souveraineté à un inconditionnel, les marges de manœuvres sont potentiellement grandes. Cette convention élève la diversité culturelle en principe fondamental du droit international.D'importants principes dépourvus de toute reconnaissance formelle, disposent désormais une base normative.

Le champ d'application de la *Convention de 2005*, concerne précisément, ne pas la diversité culturelle au sens large, mais plutôt la diversité des expressions qui résultent de la créativité des individus, des groupes et des sociétés, et qui ont un contenu culturel. Dans un résume qu'il faisait des réunions des experts indépendants, le Directeur général de l'UNESCO rappelait que « *les experts ont convenu que les termes culture et diversité culturelle ne devaient pas être abordes dans l'ensemble de leurs acceptations et manifestations mais dans leurs relations au*

[1185]Voir *Rapport préliminaire* du Directeur général, *CLT/CPD/2005*/CONF.203/6, Paris, 3 mars 2005,p.2

[1186] Article 4 de la Convention,§7.

terme d'expressions culturelles, véhiculées notamment par les biens et services culturels ». Il faudra l'interpréter de manière large pour lui donner plein effet conformément à l'article 31, para. 2 de la Convention de Vienne qui dispose qu', aux fins de l'interprétation d'un traité, le contexte comprend le texte du traité ainsi que son préambule et ses annexes. À titre de moyen d'interprétation supplémentaire, l'article 32 dispose que : les travaux préparatoires du traité ainsi que les circonstances dans lesquelles il a été conclu peuvent servir à confirmer la signification dérivée de l'interprétation conformément à l'article 31.

On peut, en effet, penser que la volonté des parties dans la phase de gestation de la convention, n'était qu'une volonté embryonnaire et que la pratique subséquente des Etats à travers leurs rapport périodiques, nous éclaira davantage sur cette volonté sur le terrain.Il faut déjà souligner que le champ opératoire des expressions culturelles est plus étroit que celui de la diversité culturelle. La convention prend acte de la capacité de la culture de se régénérer constamment par le biais de formes nouvelles et infinies d'innovation et de créativité. Est-ce à dire que l'expression culturelle, notion centrale de la convention, monopoliserait l'espace conceptuel et absorberait, à la faire disparaître, la diversité culturelle cristallisé par la déclaration bien que n'ayant, en soi, aucune valeur juridique contraignante ? Est-ce à dire que la diversité culturelle n'a rien à voir avec les expressions culturelles ? Doit-on en conclure que la notion de diversité culturelle n'appartient pas au champ de la convention. Ce serait une conclusion prématurée. L'étroite consanguinité de la diversité culturelle et industrie(s) culturelle(s) saute aux yeux. En réponse à ceux qui affirme que la convention ne concerne que les expressions culturelles en se référent uniquement à son titre, il convient de souligner que le préambule de la Convention de l'UNESCO mentionne huit fois les «expressions culturelles» et sept fois la «diversité culturelle» alors qu'il ne mentionne qu'une seule fois les «activités, biens et services culturels.

2. Les dispositions potestatives de la convention

Il importe d'éviter ici la confusion et de distinguer la mollesse juridique liée au contenu de la norme de celle de son support normatif. Il n'est pas rare en effet de trouver une règle dans un traité assortie d'une condition du type « si les États le jugent raisonnables » ou « nécessaires ». En dépit de sa souplesse, la disposition conventionnelle est obligatoire et c'est pour cette raison qu'elle doit être distinguée de la *soft law* formelle. Elle octroie simplement à l'État une marge de manœuvre dans l'exercice de son pouvoir. Contrairement aux dispositions émotionnelles, la *soft law* matérielle dicte un certain comportement aux États, quand bien même il ne s'agirait que de faire des efforts en vue de réaliser un objectif.

L'avant-projet de la Convention envisageait l'affirmation, sur le même plan que le droit souverain, d'une obligation générale de protéger et promouvoir la diversité des expressions culturelles, déclinée ensuite en des obligations substantielles positives qui venaient lui donner un contenu minimum. Mais toute formule réellement contraignante a disparu du texte final, s'agissant de mesures à prendre comme le souligne H. Ruiz Fabri : « *Sauf en ce qui concerne la partage des informations et la transparence, en particulier l'obligation de fournir, tous les quatre sans, un rapport à l'UNESCO sur les mesures prises, il est toujours question de « s'efforcer », « s'employer », « favoriser », « encourager », c'est-à-dire des formules typiques de soft law au sens substantiel du terme, y compris lorsqu'il s'agit d'intervenir au profit d'expressions culturelles menacées* [1187] ».

L'argument invariablement avancé pour justifier ce genre de formulation, et qui pourrait donc être utilisé concernant la Convention, est que des obligations trop contraignantes pourraient dissuader les États les moins dotés économiquement d'adhérer à une Convention leur imposant des obligations dont

[1187]Hélène RUIZ FABRI, « Jeux dans la fragmentation : la Convention sur la promotion et la protection de la diversité des expressions culturelles », *op.cit.*, p.72.

ils n'ont pas les moyens[1188]. En plus, l'article 20 est particulièrement ambigu : il affirme que rien dans cette Convention « ne peut être interprété comme modifiant les droits et obligations des parties au titre d'autres traités auxquels elles sont parties ».Son pouvoir reste donc en fait très limité face à l'OMC.

La plupart des engagements que contient la Convention ne prescrivent pas de résultat précis et constituent tout au plus des obligations de comportement. Dès lors, nul doute que, plus que les contraintes juridiques, c'est sur l'incitation qu'il faut compter, qu'elle vienne de la « société civile », ou de l'encadrement multilatéral. Et, tout autant que ce qui sera fait au plan national, en particulier dans le sens de la transparence et de l'ouverture, c'est le développement de la coopération internationale qui va être le test de crédibilité de la Convention, celle-ci restant sous le soupçon non seulement d'être avant tout un instrument au profit de ceux qui, déjà dotés de politiques culturelles interventionnistes, veulent en conserver les outils, mais aussi de ne pas conjurer le risque qu'ils en abusent. Si la Convention sur la diversité culturelle confère un statut juridique aux biens et services culturels, son pouvoir face aux grands principes de l'OMC reste limité.

Dans le même sens, Christophe Germann considère la Convention « comme un instrument taillé sur mesure pour des États économiquement nantis qui veulent préserver une grande flexibilité dans leurs politiques culturelles principalement basées sur des aides publiques ainsi que dans les politiques industrielles liées aux industries culturelles. En même temps, cet instrument est censé ne pas compromettre les engagements de ces pays au niveau du droit de l'OMC. Pour lui la convention n'offre aucune sécurité juridique dans le cas d'accord de libre-échange bilatéral [1189] ».Sous l'angle du droit international public, l'auteur estime que « cette convention ne va pas au-delà des acquis de la

[1188]Ibid.p.73.

[1189]Christophe Germann, *Diversité culturelle et libre-échange à la lumière du cinéma – Réflexions critiques sur le droit naissant de la diversité culturelle sous les angles du droit du commerce international, de la concurrence et de la propriété intellectuelle, op.cit,* p.425

déclaration de l'UNESCO de 2001 et manque ainsi l'un des objectifs principaux, à savoir assumer le rôle d'un instrument se situant à pied d'égalité avec les accords de l'OMC et un garde-fou juridique préservant les intérêts culturels dans le cadre d'accords de libre-échange régionaux ainsi de la libéralisation du commerce au niveau bilatéral [1190] ».

L'auteur déplore le caractère souple, faible et stato-centré de la Convention dans la mesure où « les parties demeurent souveraines en matière culturelle sans s'engager de manière contraignante à adhérer à une discipline stricte de promotion de la diversité culturelle au niveau domestique et international. Cette souveraineté en matière de compétences culturelles a pour conséquence une plus grande vulnérabilité des parties relativement faibles sur le plan économique et politique d'être mis sous pression par les États-Unis ou d'autres pays puissants. Cette vulnérabilité peut les induire à accepter des concessions dans le cadre d'accords bilatéraux de commerce qui peuvent nuire à leurs intérêts liés à la diversité culturelle, cela en échange d'avantages commerciaux dans d'autres secteurs. Pour terminer, l'auteur estime que « la Convention de l'UNESCO se piège elle-même en ne s'engageant pas en faveur du multilatéralisme puisqu'elle « nationalise » la diversité culturelle en octroyant la compétence exclusive en la matière aux États [1191] ».

On peut aisément comprendre que le Groupe spécial et l'Organe d'appel ont permis aux intérêts commerciaux de l'emporter sur les «questions culturelles», mal définies et souvent manipulées à des fins politiques commerciales. Il ne faut pas s'attendre à ce que ces organes s'écartent de cette casuistique et se prononcent à l'avenir en faveur de la Convention de l'UNESCO. En effet, comme susvisé, certaines dispositions essentielles de la Convention sont libellées de façon à exprimer une aspiration plutôt qu'une exigence juridique et la Convention est finalement subordonnée au droit de l'OMC. La plupart des termes et concepts essentiels de la Convention de

---

[1190] Ibid., p.426.

[1191] Ibid., p.426.

l'UNESCO sont sujets à interprétation, notamment la définition de la «diversité culturelle» par rapport à la «diversité des expressions culturelles». En l'absence de jurisprudence, il faut s'attendre à ce que ces termes et concepts restent vagues et ambigus. Effectivement, étant donné que ce traité est dépourvu de mécanisme effectif de règlement des différends qui serait susceptible d'engendrer une jurisprudence interprétant la Convention, son contenu reste ambigu, juridiquement inopérant et non contraignant dans la pratique.

3. Les stigmates de la convention de 2005 liés au contexte d'enfantement

Selon le professeur Gilbert Gagné: « *Les principales menaces à la diversité culturelle tiennent à la multiplication des accords de libre-échange que les États-Unis ont conclus, ou qu'ils sont en train de négocier, avec un ensemble de pays à travers le monde. ... les États-Unis obtiennent des concessions dans des secteurs jugés cruciaux, comme les services culturels et audiovisuels. Alors que la convention autorise les États à adopter toute une panoplie d'instruments en vue de favoriser la diversité culturelle, ces accords limitent, et dans plusieurs cas de manière significative, la capacité des États parties de poursuivre des politiques culturelles* »[1192].

L'ambiguïté de la politique commerciale américaine a maintes fois été pointée du doigt, tant elle semble naviguer sans grande cohérence et au gré de la conjoncture économique ou politique, entre libre-échangisme et protectionnisme, entre multilatéralisme et continentalisme, voire encore entre

---

[1192] Gilbert GAGNÉ, « La Convention sur la protection et la promotion de la diversité des expressions culturelles et l'interface culture – commerce », dans *Diversité culturelle, identités et mondialisation, De la ratification à la mise en œuvre de la convention sur la diversité culturelle* (Guy Lachapelle, dir.), Les Presses de l'Université Laval, 2008, p. 85.

coopération et unilatéralisme [1193].Cette ambiguïté n'a peut-être jamais été aussi grande qu'aujourd'hui, avec une politique commerciale qui semble s'orienter sur une sorte de libre-échange à la carte et manie allègrement la surenchère libre-échangiste avec la politique du bâton dès lors qu'il s'agit de défendre les intérêts des États-Unis, pour ne pas dire des intérêts étroitement partisans.

La principale résistance se situe du côté des États-Unis, qui ont été les seuls, avec Israël, à voter contre la Convention, alors que 148 Etats ont voté pour (quatre se sont abstenus). L'opposition des États-Unis a été surmontée, mais les problèmes liés à la mise en œuvre de la Convention n'en sont pour autant complètement résolus. Comme le souligne Ivan Bernier: «l*es États-Unis proposent maintenant une démarche qui met l'accent sur la libre circulation des produits numériques transmis électroniquement et écarte la dichotomie entre les biens culturels et les services culturels en soumettant l'ensemble des produits numériques aux mêmes obligations de base, (traitement national, traitement de la nation la plus favorisée et accès au marché*)»[1194].

La délégation américaine a rédigé une déclaration de guerre contre un «texte final» qu'elle juge inacceptable. «Ce projet de Convention est profondément faussé et fondamentalement incompatible avec la mission de l'UNESCO de promouvoir la libre circulation des idées par le mot et l'image». En empiétant sur le commerce, «non seulement il outrepasse le mandat de l'UNESCO, mais il pourrait contrecarrer les droits et obligations contractés dans d'autres enceintes internationales, et en fin de

---

[1193]Christian Deblock et Sylvain Turcotte, *Suivre les États-Unis ou prendre une autre voie ? Diplomatie commerciale et dynamiques régionales au temps de la mondialisation*, Bruxelles, Bruylant, 2003.

[1194]I. BERNIER, *Analyse comparative des accords de libre-échange Chili- E-U. et Singapour- E.-U. en ce qui a trait plus particulièrement à leur incidence sur le secteur culturel.* En ligne. http://www.diversite-culturelle.qc.ca/fileadmin/documents/pdf/chronique03-04.pdf. Consulté le 20 mai 2010.

compte freiner les progrès en faveur de la libéralisation économique»[1195].

Les Etats-Unis ont soutenu que la Convention relevait d'une approche élitiste, passéiste et protectionniste, qu'elle contrevenait à la liberté d'expression et de consommation, qu'elle confirmait la mainmise de l'Etat sur la culture et le développement d'une mentalité d'assistés de la création et, à cet égard, constituait une entrave à l'amélioration du niveau de vie de l'ensemble de la planète tout en gaspillant les fonds publics. En outre, elle outrepassait le mandat de l'UNESCO, en contredisant ses principes fondamentaux sur la liberté d'expression. Selon eux, la Convention conservait encore toutes sortes d'incohérences sémantiques et ne respectait pas les accords internationaux existants par ailleurs. Enfin, selon eux, la procédure aurait été bâclée, les débats menés trop rapidement et le texte devait encore faire l'objet de négociations[1196].En juin 2003, le sous-secrétaire d'État américain responsable des organisations internationales, Kim R. Holmes, a envoyé une lettre à Koïchiro Matsuura, directeur général de l'UNESCO, dans laquelle il mentionnait à propos de la Convention sur la diversité culturelle : "it seems to us both unnecessary and unlikely to have any practical effect".

Le 17 septembre 2003, le sous-secrétaire d'État adjoint des États-Unis Richard Terrell Miller, chef de la délégation des observateurs de ce pays au Conseil exécutif, a déclaré sans ambages que la délégation américaine considérait ce projet de Convention sur la diversité culturelle comme « *une mauvaise idée, qui ne se justifie que si un partenaire veut contrôler le flux des produits et des créations culturelles* ».Ce n'est donc pas un hasard que les États-Unis aient réintégré l'organisation en 2003, au même moment où celle-ci décidait d'élaborer une convention protégeant la diversité des contenus culturels et des expressions

---

[1195]Voir NOCE Vincent, « Coup de maitre à l'UNESCO » in, *Libération* du 8 juin 2005 ; http://www.liberation.fr/culture/0101532061-le-coup-de-maitre-de-l-unesco.

[1196]Divina FRAU-MEIGS, «La Convention sur la diversité culturelle. Un instrument obsolète pour une réalité en expansion? », *op.cit*, p.9.

artistiques[1197]. Sans jamais ouvertement exprimer leur opposition au concept de diversité culturelle, les Etats-Unis ont tout fait pour retarder l'adoption de la Convention, mais le rapport de forces politiques était tel qu'ils n'ont pu casser le consensus qui s'est formé entre les gouvernements.

Dans un rapport intitulé « Le futur de l'OMC », il est déclaré que le système multilatéral *« est gravement menacé par les accords commerciaux régionaux et bilatéraux »* et on y critique le fait *« que dans les accords commerciaux bilatéraux, des objectifs non commerciaux ont été introduits, citant les dispositions relativement ambitieuses et partiales concernant la propriété intellectuelle »*.Les coalitions sur la diversité culturelle qui contrôlent ces processus[1198], en mars 2004, les Etats-Unis comptaient : *« 24 TLE signés, en négociation ou annoncés. 45 TBI avaient été signés ou étaient en cours d'établissement. Et 52 accords-cadres de commerce et d'investissement avaient été signés. Au total, 121 négociations commerciales avec près de 90 pays (des négociations pour les TIFA et les TBI sont quelquefois entreprises simultanément avec un même pays) »*[1199].

[1197]Voir Divina FRAU-MEIGS, «UNESCO : le retour des Etats-Unis», Annuaire français de relations internationales, vol. V, 2004, pp. 860-877.

[1198] Bulletin Coalitions en Mouvement, Vol.2, N°2, mars 2004.

[1199]Selon l'organisation « Grain », parler de négociations est l'un des mythes entourant les traités de « libre » échange : *« en observant les textes signés, on peut se rendre compte qu'il s'agit en fait de textes pré-écrits, pratiquement identiques à la lettre dans leurs contenus, mais organisés différemment pour mieux souligner la protection des intérêts des grands investisseurs. Si en plus on s'intéresse un peu à l'histoire, on pourra voir que ces textes correspondent en gros à des versions perfectionnées de textes initialement présentés par les Etats-Unis aux négociations de l'OMC, de la ZLEA et de l'AMI »*, O'Siochrú, S., Bruce Girard, Amy Mahan (2002), *Global Media Governance*.

CHAPITRE II. LA CONVENTION DE 2005 DANS LA GOUVERNANCE GLOBALE

On peut reprocher au concept de gouvernance son vide conceptuel ou la confusion qu'il engendre du fait de son usage ou interprétation multiple et contradictoire. Force est de constater qu'il répond à un besoin conceptuel afin d'analyser des réalités nouvelles, fruits d'un changement réel dans la manière de comprendre le monde[1200]. Jusqu'à présent, l'architecture des relations internationales s'est définie à partir de trois modèles : celui de l'empire, celui de l'équilibre, celui de la sécurité collective. Ce sont ces trois modèles qui, encore aujourd'hui, dominent les débats et les politiques, même si on leur accorde d'autres noms (Modèle hégémonique, politique unilatérale ou multilatérale).

Or, ces modèles furent constitués pour gérer la puissance des États, dans un environnement où le but de chacun était à la fois

[1200]C'est le cas de la théorie du droit administratif global (GAL) qui fut forgée par l'école de l'Université de New York (NYU), Les théoriciens du GAL (Global Administrative Law) partent du constat qu'une série croissante d'activités humaines et de secteurs ne peuvent plus être régulés par des autorités nationales isolées ni par des mesures administratives nationales mais requièrent des modes de régulation transnationale. En rupture avec le droit international qui a pour sujets les Etats, le GAL ouvre son champ subjectif. Les sujets du GAL sont certes les Etats et les Organisations internationales, mais ils sont également les individus, les entreprises, les organisations non gouvernementales ou encore les autres entités collectives. Les auteurs du GAL empruntent à l'Ecole anglaise des relations internationales les trois modèles d'organisation de l'ordre international pour tenter de mieux cerner leur objet et de valider les projets normatifs du GAL. Le premier modèle est le pluralisme. Il repose sur une conception classique des relations internationales et du droit international incapable de résoudre d'importants conflits de valeurs et laissant le soin à chaque Etat de mettre en œuvre les normes sans centralisation. Le deuxième est solidariste en ce sens qu'il repose sur des valeurs communes partagées et sur une mise en œuvre centralisée autour d'institutions internationales et globales négociées par les Etats. L'exemple cité ici est celui de la Cour pénale internationale. Enfin, le troisième est le modèle du cosmopolitisme qui élargit son champ d'action et d'interaction à d'autres acteurs qu'étatiques en incluant la société civile, les régulateurs privés, les opérateurs médiatiques ou encore les acteurs du marché.

de préserver sa sécurité et, suivant les cas, d'augmenter son territoire, sa puissance, son influence. Le recours à l'idée de gouvernance globale permet désormais de rendre également compte d'acteurs transnationaux longtemps ignorés par la discipline des Relations internationales des organisations non gouvernementales aux corporations du monde des affaires, en passant par les organisations religieuses -et de leurs relations avec les États et les institutions intergouvernementales[1201].

La gouvernance internationale s'est, dès l'origine, construite sur un principe de spécialisation. Chaque organisation gère, sur le fondement d'accords internationaux spécifiques, un domaine délimité et dispose, à cet effet, d'instruments juridiques et financiers spécifiques. Les relations entre ces institutions sont le plus souvent informelles et ne sont, en tout état de cause, subordonnées à aucune procédure d'arbitrage politique, du type de l'arbitrage interministériel qui constitue le moment démocratique.

Pour Pascal Lamy « *L'interdépendance croissante et la gouvernance mondiale impliquent la reconnaissance du rôle et des responsabilités des nouveaux acteurs, l'ouverture des processus, la participation authentique et effective, l'obligation de rendre des comptes de la part des responsables et la cohérence* [1202] ».

En accordant une attention particulière à un certain nombre d'instruments décrits comme revêtant une signification particulière « au regard de la gouvernance », on ne saurait trop souligner le changement d'attitude que représente la Convention de 2005. La Convention est conçue comme un instrument de gouvernance mondiale, complémentaire à ce qui existe déjà,

---

[1201] Robert Keohane, "Global Governance and Democratie Accountability", p. 3. Voir ausi P.LAMY, « *L'Organisation mondiale du commerce: un laboratoire pour la gouvernance mondiale* », allocution du 1er novembre 2006, Conférence «Malcolm Wiener» de la John. F. Kennedy School of Government (Université de Harvard), disponible sur http://www.wto.org/French/news_f/sppl_f/sppl4.

[1202]P.LAMY, Directeur Général de l'OMC, « *L'Organisation mondiale du commerce: un laboratoire pour la gouvernance mondiale », op.cit, p.3.*

mais aussi constitutive d'un contrepoids par rapport aux accords de l'OMC[1203]. C'est dans ce sens que dans la proposition de décision soumise par la commission européenne au conseil européen, la Convention est appelée à « jouer pour la diversité culturelle un rôle comparable- et au même niveau normatif- que les accords de l'OMPI pour la propriété intellectuelle, de ceux de l'OMC pour le commerce, ceux de l'OMS pour la santé et des accords multilatéraux sur l'environnement »[1204]. Il convient de voir comment sa mise en œuvre peut participer à une réelle promotion de la diversité culturelle (section I). Si le juge a un rôle essentiel dans l'articulation entre les normes, encore faut-il que ses articulations soient programmées et organisées (section2).

SECTION 1. LA MISE EN ŒUVRE ET LE SUIVI DE LA CONVENTION DE L'UNESCO

La mise en œuvre de la Convention de l'UNESO est assurée, d'une part par ses mécanismes de contrôle juridique et, d'autre part, par les politiques nationales et internationales de promotion. Pour que la diversité des expressions culturelles ne soit pas un luxe pour quelques pays riches et démocratiques, cette mise en œuvre nécessite de nouvelles actions de la part des États membres et de la société civile. Cette entreprise doit être guidée en tous points par deux objectifs essentiels: mettre fin à la fragmentation et rechercher la cohérence. Dans un premier temps, il convient d'observer les différents aspects des mécanismes de mise en œuvre et leurs effets (§1).Dans un

[1203] La diversité culturelle n'a jamais été une priorité ou un axe de l'action de l'OMC. Elle y a certes déjà été mentionnée ponctuellement mais c'était comme un des éléments à prendre en compte dans la réflexion sur la gouvernance mondiale2.voir Renato Ruggiero, Directeur général de l'OMC, " Opening Remarks to the High Level Symposium on Trade and Development" 17 March 1999 ; 32nd Annual Meeting of the Joint Advisory Group of the International Trade Centre, Geneva, 19 April 1999 ; "Group of 77 Preparatory Committee for UNCTADX", Geneva, 13 April 1999.

[1204] Pierre d'ARGENT, *op.cit.*, p.284.

deuxième temps, l'attention sera portée sur la manière dont les différentes organes participent à cette mise en œuvre (§ 2).

§1. LA MISE EN ŒUVRE DE LA CONVENTION

La création d'un instrument international est, au mieux, un résultat provisoire. Toute détermination de l'utilité réelle des instruments internationaux doit dépendre des effets et des impacts qui surviennent après la création de ces instruments : entrée en vigueur, opérations internationales, mise en œuvre nationale et application sur le terrain. Ces effets n'apparaîtront en général que progressivement, sur dix ou vingt ans après l'adoption d'un instrument international.La mise en œuvre de la Convention renvoie à un processus dynamique qui prêtent encadrer les acteurs impliqués dans l'interface commerce-culture et fournir un cadre stable d'anticipation pour réduire les incertitudes. D'un côte, elle implique l'existence des moyens qui permettront la concrétisation des objectifs de la Convention. De l'autre côte, elle implique la confrontation avec la réalité à travers l'interprétation et l'application de ses dispositions. L'interprétation étant inséparable de la juridiction- c'est-à-dire la fonction de « dire le droit », il convient d'examiner d'abord le mécanisme quasi judiciaire de règlements des defferends (A) avant de voir l'architecture de sa mise en œuvre politique(B).

A. LES MECANISMES DE SUIVI

1. Le reglement des differends

Le règlement des différends laisse flotter un certain flou, puisque le mécanisme prévu par la Convention ne comporte pas de dispositions concernant le règlement judiciaire ou arbitral des différends, c'est-à-dire des dispositions instaurant un mécanisme qui débouche sur des décisions fondées sur le droit et obligatoires. Mais le silence de la Convention sur ce sujet n'interdit pas le recours à l'un ou l'autre de ces modes de règlement des différends dès lors que les Parties impliquées sont d'accord pour agir ainsi.

La Convention prévoit tout simplement un mode de règlement des différends qui se rapproche à certains égards du règlement judiciaire ou arbitral mais qui s'en distingue en ce qu'il débouche sur une proposition de résolution du différend que les Parties examinent de bonne foi plutôt que sur une décision obligatoire. Le mécanisme en question, une commission de conciliation, est obligatoire pour toutes les Parties sauf celles qui déclarent, au moment de ratifier la Convention, qu'elles ne veulent pas être liées par celui-ci. L'intérêt d'un tel mécanisme, même s'il n'est pas contraignant, est d'amener les États à soumettre leurs différends en matière culturelle à un mécanisme spécifiquement prévu par la Convention parce que c'est seulement ainsi que des solutions autres que commerciales pourront être trouvées aux différends en questions et qu'une jurisprudence prenant appui sur des considérations culturelles pourra se développer avec le temps. Cependant, la Convention laisse dans l'ombre plusieurs points importants qui demanderaient à être clarifiés, notamment le rôle du Secrétariat de l'UNESCO dans l'administration du mécanisme en question, la possibilité ou non de rendre public le rapport de la commission ou encore la question du règlement des frais.

La conciliation comme mode de règlement des différends est quelque chose de relativement nouveau, n'apparaissant sur la scène internationale qu'au lendemain de la Première Guerre mondiale dans les Accords de Locarno de 1925 et dans l'Acte général d'arbitrage de 1928[3]. Même si elle s'apparente au premier abord aux bons offices et à la médiation (elle vise à rapprocher le point de vue des parties et proposer une solution dépourvue de caractère contraignant), elle ne peut être comprise, comme on l'a justement fait valoir, que si on l'oppose aux deux modes précédents : « Elle a été en effet très largement conçue dans un esprit de réaction contre les bons offices et la médiation considérés au XIXème siècle (à la suite des pratiques du concert européen) comme permettant de trop facilement déguiser des manœuvres de pression des grandes puissances sur les petits et moyens États »[4]. C'est ce qui explique que cette procédure est perçue comme ayant un caractère juridique et formel plus accusé et respectueux du contradictoire, le but étant que l'organe soit le plus impartial possible. D'un point de vue juridique, la Convention de l'UNESCO n'a donc que peu de poids vis-à-vis de la dynamique du GATT, de l'AGCS, de l'ADPIC et des autres accords commerciaux multilatéraux concernés.

2. Le fonds international pour la diversité culturelle

Le Fonds international pour la diversité culturelle (FIDC) a été établi en application de l'article 18 de la Convention comme un mécanisme afin de soutenir la coopération pour le développement durable et la réduction de la pauvreté, en vue de favoriser l'émergence d'un secteur culturel dynamique dans les pays en développement.

Le Comité intergouvernemental pour la protection et la promotion de la diversité des expressions culturelles décide de l'utilisation des ressources du FIDC compte tenu des Orientations sur l'utilisation des ressources du Fonds international pour la diversité culturelle. Ces Orientations, qui font partie des directives opérationnelles générales de la Convention de 2005, définissent les objectifs, les domaines d'intervention, les bénéficiaires et les procédures relatives à l'utilisation des ressources du FIDC.

Les Orientations actuelles stipulent que les ressources du FIDC doivent être utilisées pour aider les pays en développement et les pays les moins avancés parties à la Convention. L'assistance doit être principalement affectée à des programmes/projets visant à mettre en place des politiques culturelles, renforcer les capacités, et renforcer les industries culturelles existantes ou créer de nouvelles industries culturelles. Des ressources peuvent également être affectées à l'assistance préparatoire, à certaines situations spéciales telles que prévues par la Convention (articles 8 et 17), ainsi qu'à l'assistance au titre de la participation aux réunions des organes de la Convention. Les

Orientations décrivent les principes et modalités à suivre pour choisir les initiatives qui seront financées par des ressources du FIDC. Plusieurs documents ont en outre été élaborés pour compléter les Orientations et guider les différentes parties prenantes intervenant dans le processus de sélection.

A l'heure actuelle, les institutions publiques et les organisations de la société civile peuvent prétendre à bénéficier des ressources du FIDC. Les entreprises du secteur privé ne peuvent soumettre une demande qu'une fois que le FIDC a reçu des contributions du secteur privé. Jusqu'à présent, la plupart des contributions versées au FIDC l'ont été par des Parties à la Convention. Les Parties sont encouragées à verser chaque année des contributions volontaires d'un montant représentant au moins 1 % de leur contribution au budget de l'UNESCO. Il importe de noter que l'OCDE considère les contributions au FIDC comme relevant intégralement de l'APD. Plusieurs contributions ont en outre été versées par des particuliers.

B. LA MISE EN ŒUVRE POLITIQUE DE LA CONVENTION

La Convention de l'UNESCO a été rédigée sous la forme d'un programme. De ce fait, les parties à la convention disposent d'une grande marge de manœuvre pour la mise en œuvre de cet instrument. On peut distinguer trois niveaux distincts de suivi de la Convention, soit le niveau national (à travers les gouvernements), le niveau supranational (à travers la surveillance collective des États signataires) et, enfin, le niveau à la fois infranational et transnational (par l'intermédiaire de la société civile).

1. Le niveau national

Pour ce qui est du niveau national de la mise en œuvre et du suivi, rappelons que la Convention ne définit pas des objectifs mesurables et impératifs, la plupart des engagements pris par les signataires étant des engagements de bonne foi, difficilement contraignables d'un point de vue juridique. Par ailleurs, un véritable suivi de l'action des États sur un plan national n'est possible qu'en présence d'un contrôle politique sur l'action gouvernementale. Le suivi de la Convention (qui invoque comme premier principe directeur le respect des droits de l'homme) ne pourra donc pas être d'une même efficacité dans des systèmes politiques démocratiques et dans ceux où la démocratie est bafouée.

2. Le comité intergouvernemental

Le Comité intergouvernemental fonctionne sous l'autorité et les directives de la Conférence des Parties et lui rend compte (article 23(3)). Son mandat général est de promouvoir les objectifs de la Convention ainsi que d'encourager et d'assurer le suivi de sa mise en œuvre. Entre autres fonctions spécifiques qui lui sont confiées dans ce cadre, il faut mentionner celle d'établir les procédures et autres mécanismes de consultation afin de promouvoir les objectifs et principes de la Convention dans d'autres enceintes internationales (article 23(6) e)).

Basé sur le partage de l'information et de la transparence, le mécanisme de suivi de la Convention prévoit (article 9) que « les parties fournissent tous les quatre ans, dans leurs rapports à l'UNESCO, l'information appropriée sur les mesures prises en vue de protéger et de promouvoir la diversité des expressions culturelles sur leur territoire et au niveau international ». La manière dont sera réalisé ce partage de l'information sera un important indicateur du réel intérêt des États d'agir pour la diversité culturelle à travers leurs politiques nationales. Il va sans dire que l'avenir de la Convention dépendra de son internalisation. Dans la littérature des normes, deux facteurs expliquant le degré d'influence des normes internationales dans le contexte domestique : (1) les caractéristiques inhérentes à la norme (leur universalité, leur forme, leur nature, leur pertinence et leur force); et (2) le contexte domestique entourant l'introduction et la diffusion des normes internationales dans le système politique national. L'assimilation des normes internationales par les acteurs nationaux se fait principalement par le biais des interactions entre divers acteurs sociaux tels les bureaucraties nationales, les réseaux professionnels, les réseaux entrepreneuriaux, les syndicats, les organisations non gouvernementales et les Parlements. On songe ici en particulier à des mécanismes relevant de l'exercice du pouvoir législatif tels que les questions en chambre, les commissions parlementaires, les comités. Ce genre de suivi de l'action gouvernementale ne doit pas être négligé car il peut s'avérer très utile lorsqu'il existe un large appui au sein du pouvoir législatif en faveur de la Convention. D'autres acteurs se substituent donc aux souverainetés défaillantes, illustrant le développement de ce qu'on qualifie de « régulation multiniveaux ».

3. Le rôle de la société civile en « matière culturelle »

L'Etat seul ne peut contribuer à la protection et la promotion de la diversité culturelle ; il est aussi du ressort de la société civile d'y contribuer. En effet, de nombreuses initiatives émanent de la société civile, au Sud comme au Nord, et ses acteurs sont souvent à même d'apporter des propositions nouvelles, originales, dynamiques et critiques dans le processus de la gouvernance mondiale. Pour cerner la nature politique de la société civile internationale en matière de diversité culturelle et comprendre son apport à la diffusion de la diversité culturelle, il convient de distinguer d'abord trois traditions philosophiques sur le concept de société civile et son rôle en relations internationales.

La conception libérale d'Adam Smith voit la société civile comme une réponse fonctionnelle au déclin de la capacité et de la volonté des gouvernements d'assumer leur rôle prépondérant dans les relations internationales, comme l'acteur précieux d'une « gouvernance sans gouvernement ». En ce sens, la société civile assume des fonctions essentielles de « gouvernance démocratique ». La conception marxiste incarnée par d'Antonio Gramsci considère la société civile internationale comme un lieu de résistance face à l'hégémonie néolibérale, le contre-pouvoir d'une globalisation financière et l'acteur de proposition d'un ordre mondial alternatif. Enfin, la conception kantienne aborde la société civile transnationale comme un champ d'action fondé sur l'éthique de solidarité et une instance de socialisation à la démocratie cosmopolite et au service d'un intérêt universel.

De ce qui précède il ressort que la société civile est un concept ancien mais qui est devenu de nos jours un des thèmes florissants des études politiques (mais aussi économiques, sociologiques et anthropologiques) à partir des dynamiques de libéralisation économique et politique des années 1980 et surtout des années 1990. Il y a, en cette période charnière, une sorte de fétichisation du concept de société civile qui signifierait, selon le discours officiel, l'approfondissement de la démocratie. C'est une double frustration à la fois vis-à-vis du marché et vis-à-vis des pouvoirs publics, qui va expliquer le succès remarquable, mais équivoque, du mouvement associationniste et des ONG sur le plan international. Il nous parait judicieux de revisiter ce concept.

Pour Jürgen HABERMAS : *La société civile se compose de ces associations, organisations et mouvements qui à la fois accueillent, condensent et répercutent en les amplifiant dans l'es pace public politique... Le cœur de la société civile est donc constitué par un tissu associatif qui institutionnalise dans le cadre d'espaces publics organisés les discussions qui se proposent de résoudre les problèmes surgis concernant les sujets d'intérêt général »*[1205].La participation de la société civile a acquis une importance particulière dans la mise en œuvre de la Convention. La disposition la plus explicite de la Convention en ce qui concerne la société civile est l'article 11. Il est fait référence à la société civile, de façon explicite ou implicite, dans plusieurs autres dispositions de la Convention[1206].Aux termes de l'article 11 de la Convention « *Les Parties reconnaissent le rôle*

[1205] Jürgen HABERMAS, *Droit et démocratie*, Paris, Gallimard, 1997, p.394.
[1206] Notamment les articles 6, 7, 12, 15, 19.

fondamental de la société civile dans la protection et la promotion de la diversité des expressions culturelles. Les Parties encouragent la participation active de la société civile à leurs efforts en vue d'atteindre les objectifs de la présente Convention ».

Cette disposition prend tout simplement en compte le rôle qu'a joué la société civile dans la mise en agenda de la diversité et du soutien apporté à la Convention. Cette valorisation du rôle de la société est vue naturelle dès lors que celle - ci s'est mobilisée pour soutenir l'adoption de la Convention[1207]. En effet, des réseaux internationaux[1208] se sont crées et les milieux professionnels cinématographiques et culturels se sont mobilisés sous l'impulsion notamment de ces derniers[1209]. Cette plateforme organisationnelle visait à la propagation de la diversité culturelle au sein de la scène internationale. Le Réseau international sur la politique culturelle (RIPC) est un réseau informel de ministres de la Culture créé à la suite de la Rencontre internationale sur la politique culturelle, qui a eu lieu à Ottawa, en juin 1998 suite à l'invitation du ministre du Patrimoine canadien, Sheila Copps, adressée aux ministres de la Culture de vingt-deux pays[1210]. Depuis sa création en 1998, le

---

[1207]Les Organisations non gouvernementale sont de plus en plus une influence considérable sur l'évolution de certaines normes, d'autant plus si elles sont nombreuses, unies et à l'écoute de larges courants d'opinion. Cela a été notamment le cas avec le dossier des mines antipersonnel et, plus généralement, pour la protection des droits de l'homme et de l'environnement, de la Cour pénale internationale et récemment de la diversité culturelle.

[1208] « En sciences sociales, le réseau désigne des mouvements faiblement institutionnalisés, réunissant des individus et des groupes dans une association dont les termes sont variables et sujets à une réinterprétation en fonction des contraintes qui pèsent sur leurs actions ». Colonomos (Ariel) (dir.), *Sociologie des réseaux transnationaux : Communautés, entreprises et individus : lien social et système international*, Paris, L'Harmattan, 1995, p.22.

[1209]A l'appui, le 2 novembre 1999, Catherine Trautmann (ministre française de la Culture) et Sheila Copps coprésident à l'UNESCO, une table ronde sur le thème « la culture et la créativité face à la mondialisation ».

[1210]Afrique du Sud, Arménie, Barbade, Brésil, Cote d'Ivoire, Croatie, Egypte, Grèce, Islande, Italie, Maroc, Mexique, Pologne, République dominicaine, Royaume Uni, Sénégal, Suède, Suisse, Trinité-et-Tobago, Tunisie, Ukraine.

RIPC plaide pour un équilibre mondial dans le domaine de la production culturelle. Le Réseau a concrétisé ses efforts en établissant des groupes de travail et des équipes spéciales chargées des recherches sur les perspectives de la protection de la diversité culturelle à l'échelle internationale[1211].

Afin de diffuser la diversité culturelle, deux réseaux transnationaux de société civile se sont établis: le Réseau international pour la diversité culturelle (RIDC) et les Coalitions pour la diversité culturelle. Leur action est supposée affecter la distribution des idées concernant l'enjeu «commerce-culture » à l'échelle mondiale. Le *Réseau international sur la diversité culturelle* (RIDC), un regroupement mis sur pieds par le Canada dans le but d'apporter le point de vue de la société civile dans le débat sur la diversité culturelle.La Coalition française a par exemple organisé auprès de l'UNESCO deux conférences (septembre 2003-2004) destinées à persuader et à convaincre les Ambassadeurs auprès de l'UNESCO de la nécessité de soutenir l'élaboration d'une convention Internationale sur la diversité culturelle[1212]. En mars 2003, les Coalitions pour la diversité culturelle décident d'instaurer un Comité International de Liaison des Coalitions pour la Diversité culturelle (CIL). Ce dernier a créé une structure dotée d'une personnalité juridique afin d'acquérir une représentation officielle auprès des institutions internationales et d'agir pour la naissance de coalitions dans d'autres pays. Le CIL a obtenu le statut d'observateur auprès de l'UNESCO et il a formellement été consulté par celle-ci sur le contenu de la Convention sur la diversité culturelle.

[1211]Voir, Réseau international sur la Politique Culturelle (RIPC), Options et questions liées à la mise en œuvre d'un instrument : dépositaire, mécanisme et stratégie, Document préparé par les spécialistes de l'équipe spéciale chargée des recherches ESR-G) sur les questions de gouvernance relatives à un instrument international sur la diversité culturelle, juillet 2002.

[1212]Un discours adressé à un particulier vise à persuader et un discours adressé à un auditoire universel vise à *convaincre.* Un discours convainquant est un discours dont les prémisses et les arguments sont universalisables, c'est-à-dire, acceptables en principe par tous les membres de cet auditoire universel. Voir Chaïm PERELMAN : *L'Empire rhétorique; rhétorique et argumentation,* Vrin, Paris, 1997, p.31.

La demande est plus active dans la phase de mise en eouvre de la Convention. Cette prise compte de la société civile était non seulement manifestement non significatif et faiblement contraignante, mais aussi elle soufrait d'un manque de définition de la définition de la société civile[1213].Prenant acte de ce manque, le comité intergouvernemental a donné une définition de la société civile dans les directives opérationnelles : « *Pour les fins de cette Convention, par société civile on entend les organisations non gouvernementales, les organismes à but non lucratif, les professionnels de la culture et des secteurs associés, les groupes qui appuient le travail des artistes et des communautés culturelles ».*La définition donnée par ces directives englobent les personnes physiques et morales, à titre individuel ou en groupe. De ce fait, la participation au sens de l'article 11 implique une variété de parties prenantes : Associations professionnelles dans le secteur ;associations à but non lucratif et ONG menant des activités dans le secteur culturel ,fondations intervenant dans le secteur culturel, entreprises privées intervenant dans les secteurs de la culture, individus-artistes et créateurs, techniciens des secteurs de la culture, gestionnaires de la culture, enseignants et professionnels des industries culturelles, organismes et individus menant des recherches dans le domaine de la culture.

Les directives opérationnelles précisent ensuite les raisons pour les quelles la société civile joue un rôle essentiel dans la mise en œuvre de la Convention : elle relaie les préoccupations des citoyens, des associations et des entreprises auprès des pouvoirs publics, elle suit la mise en œuvre des politiques et des programmes, elle joue un rôle de veille et d'alerte, de gardienne des valeurs et d'innovatrice, en même temps qu'elle contribue à une transparence et à une responsabilité accrues dans la gouvernance. La société civile est ainsi perçue comme un champ d'action fondé sur l'éthique de solidarité qui représente une

[1213]Sur la question voir Véronique Guèvremont, « La Convention sur la diversité des expressions culturelles: le défi d'une action concertée de la société civile », Étude commandée par le Ministère de la Culture, des Communications et de la Condition Féminine, Québec, 2007, 22 pages, en ligne : http://www.diversite-culturelle.qc.ca/fileadmin/documents/pdf/societecivile.pdf

matrice idéologique et politique alternative de la sphère occupée par les États et les marchés. En ce qui concerne plus spécifiquement la protection et la promotion de la diversité des expressions culturelles, toutefois, il importe de rappeler que les premières organisations non gouvernementales spécifiquement vouées à cette question n'ont fait leur apparition qu'en 1997-1998, d'abord en France et au Canada, puis assez rapidement ensuite dans une trentaine d'autres pays d'Europe, d'Afrique, d'Amérique latine et d'Asie, dont plus de la moitié sont des pays en développement. Au vu de la coalition de la société civile en matière de diversité culturelle, on est plutôt en face d'une une construction politique qui sert la satisfaction des intérêts à la fois politiques et corporatistes. En effet, comme le remarque Ivan Bernier et H.Ruiz Fabri, « *les personnes représentées ou mobilisées sont davantage des professionnels de la culture que des «-consommateurs-», ce qui peut contribuer à donner une allure corporatiste à leur action, ce à quoi il faut accorder de l'attention pour éviter de prêter le flanc à la critique d'une démarche protectionniste* »[1214].

En effet, dans les pays du Sud qui manquent de maîtrise sur leur environnement technique et international, la société civile y est pratiquement ou totalement impuissante ou complètement artificielle n'existant que comme excroissance de la société civile des pays du Nord. La question qui se pose alors est la suivante: comment et par quel moyen il serait possible de dynamiser, voire de promouvoir une société civile au sein des sociétés dont les cultures sont de plus en plus disloquées ou simplement déstructurées.Il faudra en tout cas faire émerger une rationalité sociale autonome indépendante à la fois de l'État et du marché tout en sachant qu'elle aura besoin de l'État et du marché pour se faire reconnaître[1215].

[1214]I. BERNIER, H. RUIZ FABRI, *La mise en œuvre et le suivi de la Convention de l'UNESCO sur la protection et la promotion de la diversité des expressions*, Rapport pour le Ministère québécois de la culture, Bibliothèque nationale du Québec, 2005, p.19.

[1215]Salvador GINER, «Civil Society and its Future» in John Hall (ed), *Civil Society. Theory, History, Comparison*, Cambridge, Polity Press, 1995, p. 304.

La société civile peut participer à la promotion de la diversité culturelle de trois façons: à travers une fonction d'expertise et d'alerte sur un certain nombre d'enjeux publics mondiaux, une fonction de dévoilement des préférences culturelles collectives découlant généralement de cette expertise, une fonction enfin d'influence des choix publics à travers une capacité d'entrave, d'infléchissement ou de définition de ces mêmes choix. L'expertise est un enjeu de pouvoir entre les mains de ceux qui savent, face à ceux qui décident, et parmi ceux qui décident entre ceux qui bénéficient d'une expertise forte et ceux qui s'en trouvent dépourvus[1216].

La mise en œuvre de la Convention se fonde essentiellement sur les informations fournies par les États parties. Or, il est à craindre que ces informations restent partielles ou incomplètes dans la mesure où les critères selon lesquels s'effectueront la collecte et l'analyse des données empiriques, sont trop généraux et ne tiennent pas suffisamment compte des spécificités de chaque domaine abordé ; quant aux informations fournies par les États membres elles pourront être filtrées. Il arrive en effet que les gouvernements ne soient pas toujours très réceptifs à l'idée de transmettre des informations qu'ils considèrent pour diverses raisons confidentielles, et dans un tel cas, un rappel de leurs engagements pourrait s'avérer utile[1217]. Pour obtenir cette information, la société civile pourra faire valoir, en plus de l'article 11 sur la participation de la société civile, l'article 9 sur le partage de l'information et la transparence et l'article 10 sur l'éducation et la sensibilisation du public.

[1216]Face à la complexité croissante de la vie sociétale au XIXe siècle, induite par l'essor des innovations techniques, l'industrialisation et les sciences, les gouvernements ressentirent un net besoin d'expertise « technique » pour gouverner le pays et s'acquitter de leurs fonctions administratives. L'ex Secrétaire général de l'ONU Kofi Annan l'a lui-même dit : l'organisation mondiale ne peut plus aujourd'hui se passer des ONG, source d'expertise indispensable à l'accomplissement de sa mission sur le terrain, face à des problèmes budgétaires récurrents. Voir le site web du Service de liaison non gouvernemental des Nations unies, à www.un-ngls.org).

[1217]I. BERNIER, H. RUIZ FABRI, La mise en œuvre et le suivi de la Convention de l'UNESCO sur la protection et la promotion de la diversité des expressions culturelles, *op.cit.*p.20.

La contribution de la société civile pourra également s'exercer sur le plan international et d'amener les Parties à promouvoir activement les objectifs et principes de la Convention dans les autres enceintes internationales. A cet égard, la société civile pourrait s'appuyer à cet égard sur l'article 12-(c) qui prescrit que les Parties s'emploient à renforcer la coopération bilatérale, régionale et internationale afin de créer les conditions propices à la promotion de la diversité des expressions culturelles, en vue notamment de «renforcer les partenariats avec la société civile, les organisations non gouvernementales et le secteur privé, et entre ces entités, pour favoriser et promouvoir le diversité des expressions culturelles»[1218].Un autre rôle majeur de la société civile sera celle de la sensibilisation. Notamment auprès des personnes dont le niveau d'instruction ne permet pas de lire les langues dans lesquelles ces contenus sont disponibles et d'accéder aux idées qu'ils expriment. Par rapport à eux, il en existe plusieurs autres qui ou bien n'ont pas accès aux dits contenus, ou bien même s'ils y avaient accès, en demeureraient cependant tenus éloignés par manque d'intérêt ou par manque de moyens, linguistiques, intellectuels ou conceptuels, etc.

§2. LES AVANCEES NORMATIVES DE LA CONVENTION EN DROIT INTERNATIONAL

Les rédacteurs de la Convention ont dû affronter plusieurs défis. Pour faire face à ces derniers, il fallu faire entrer dans cet instrument juridique les outils conceptuels innovants. Ses outils permet de combler un vide juridique et de réarticuler plusieurs instruments internationaux existants, et généralement non appliqués. Il s'agit essentiellement du principe du soutien

---

[1218]Voir Véronique GUEVREMONT., La mise en œuvre et le suivi de la Convention sur la diversité des expressions culturelles : le défi d'une action concertée de la société civile, Ministère de la Culture, des Communications et de la Condition féminine du Québec, novembre 2007, 22 p. Disponible en français (anglais et espagnol en cours de traduction).En ligne :http://www.diversite-culturelle.qc.ca/fileadmin/documents.

mutuel(A) et d' hiérarchisation de normes dans l'ordre juridique international(B)

A. L'APPORT DE LA CONVENTION DANS LA CRISTALLISATION DU PRINCIPE DU SOUTIEN MUTUEL EN DROIT INTERNATIONAL

De façon très commune, le principe général renvoie soit à une règle générale considérée comme particulièrement importante pour le droit international soit à une règle générale du système à partir de laquelle on va ordonner de façon déductive ou non- la connaissance de ce système ou les autres règles du système. Les principes sont, comme le souligne Emmanuelle Jouannet, synonymes d'importance et/ou de commencement. Ils sont éléments constituants et/ou axiomes d'ordonnancement du système juridique[1219]. Ce sont les règles logiques et les principes fondamentaux de technique juridique qui sont utilisés pour guider la création, l'interprétation et l'application des autres normes. On peut citer ainsi les principes généraux d'interprétation comme le principe de l'interprétation textuelle ou celui du respect de l'objet et du but du traité, ou encore les principes de solution des contradictions entre les normes comme les principes de *lex specialis* ou de *lex posterior*[1220].

Le principe du soutien mutuel est un principe de *cohérence* et de *coexistence* entre les instruments juridiques internationaux. Pour reprendre les termes de Michel Virally, il peut s'agir d'un principe qui« n'innove pas, mais synthétise, au contraire, tout un patrimoine de solutions juridiques depuis longtemps admises et appliquées »[1221]. En tant que principe de cohérence, il dicte une *lecture harmonieuse* des différents corps de règles internationales afin de garantir à chacun de ceux-ci la pleine

[1219] Emmanuelle Jouannet, *op.cit*, p.8.

[1220] G. TUNKIN, *Droit international public. Problèmes théoriques*, Paris, Pedone, 1965, p.126.

[1221] M.VIRALLY., « Le rôle des 'principes' dans le développement du droit international », *in* VIRALLY, M., *Le droit international en devenir – Essais écrits au fil des ans*, P.U.F., Paris, 1990, p. 204.

réalisation des droits et obligations qui y sont attachés[1222]. L'ordre juridique international, comme souligné auparavant, laisse apparaître une mosaïque d'espaces normatifs. Ceux-ci sont en relation les uns avec les autres au moyen de certains principes et règles pour aider à leur interprétation et leur application[1223]. L'émergence du principe du soutien mutuel[1224]permet d'affirmer qu'il n'y a pas *ipso jure* de conflit entre deux espaces normatifs.

Raphaël Kempf soutient que ce concept a une fonction idéologique[1225] et contient un discours légitimateur[1226].La Commission du droit international (CDI) dans ses travaux sur la fragmentation du droit international a constaté que le principe du soutien mutuel s'inscrit dans le cercle des formules de compromis qui impliquent effectivement la volonté de reconnaître l'existence d'obligations conventionnelles parallèles et potentiellement conflictuelles »[1227]. Le principe du soutien mutuel est appréhendé en partie sous le prisme de la « clause de conflit » et suppose que les conflits peuvent et doivent être réglés entre les partenaires au fur et à mesure qu'ils se présentent et dans le but de ménager les intérêts des uns et des autres. Selon certains auteurs l'incorporation progressive du

---

[1222]L.BOISSON DE CHAZOURNES et Makane Moïse MBENGUE, « A Propos du principe du soutien mutuel : relations entre le Protocole de Cartagena et les accords de l'OMC », *Revue Générale du Droit International Public.* Numéro 4, 2007, p.830.

[1223]Le principe général est une norme qui indique un modèle abstrait de comportement. Voir R. DWORKIN, *L'empire du droit*, Paris, PUF, 1986, p. 80. ; E. JOUANNET, « Le juge international face aux problèmes d'incohérence et d'instabilité du droit international. Quelques réflexions à propos de l'arrêt CIJ du 6.11.2003 », *RGDIP*, 2004/4, pp. 917-948.

[1224]Voir F. X. Perrez, "The Mutual Supportiveness of Trade and Environment ", *ASIL Proceedings*, 2006, vol. 100, pp. 26-31.

[1225]Raphaël KEMPF, *L'OMC face au changement climatique*, Paris, Editions A.Pedone,2009 ,154 p. Un concept se révèle idéologique à partir du moment où il devient impossible d'en questionner la validité, quand il encadre un débat d'une façon telle que toute tentative de penser en dehors de son cadre est voué à l'échec.

[1226] Ibid., p.64.

[1227]CDI, *Fragmentation du droit international*, *op.cit.*, §276.

principe du soutien mutuel dans plusieurs instruments juridiques internationaux, a consolidé sa reconnaissance juridique[1228].

Dans le cadre de l'OMC, ce principe vise à faciliter l'articulation et la déférence entre d'une part, les Accords de l'Organisation mondiale du commerce et Accords environnementaux multilatéraux (AEM), des instruments tels la Convention de l'UNESCO sur la protection et la promotion de la diversité des expressions culturelles du 20 octobre 2005 ou encore la Convention-cadre pour la lutte anti-tabac (2003) et le Règlement sanitaire international (2005) de l'Organisation mondiale de la santé (OMS) et d'autre part[1229].

De par la lecture harmonieuse et intégrative à laquelle il tend, le principe du soutien mutuel est une émanation plus large de ce que la Commission du droit international a qualifié de « principe d'harmonisation » entendant par là que « lorsque plusieurs normes ont trait à une question unique, il convient, dans la mesure du possible, de les interpréter de manière à faire apparaître un *ensemble unique d'obligations compatibles* »[1230]. Autrement-dit, le soutien mutuel vise la cohérence et la coexistence entre instruments internationaux appartenant à un corpus donné et centrés autour d'objectifs juridiques plus ou moins communs comme c'est le cas pour la *Convention sur la protection et la promotion de la diversité des expressions culturelles* et les accords de l'OMC.

L'expression *soutien mutuel* est utilisée telle quelle dans les préambules du Protocole de Cartagena sur la prévention des risques biotechnologiques relatif à la Convention sur la diversité biologique[1231], de la Convention de Rotterdam de 1998[1232]. Il en

---

[1228]L.Boisson de CHAZOURNES, Makane Moïse MBENGUE, « A propos du principe du soutien mutuel. Les relations entre le Protocole de Cartagena et les Accords de l'OMC », *op.cit*, p.833.

[1229]*Ibid.*, p.831.

[1230] Conclusions des travaux du Groupe d'étude de La fragmentation du droit international: difficultés découlant de la diversification et de l'expansion du droit international, 2006.

[1231]Le Protocole de Cartagena adopté en 2000 est entré en vigueur en 2003.En ligne : www.cbd.int/doc/legal/cartagena-protocol-fr.

[1232]Il s'agit de la Convention de Rotterdam sur la procédure de consentement préalable en connaissance de cause applicable à certains produits chimiques

va de même pour le Traité international sur les ressources phytogénétiques pour l'alimentation et l'agriculture de 2001[1233], dans lequel les Parties reconnaissent que « le présent Traité et les autres accords internationaux pertinents devraient être complémentaires en vue d'assurer une agriculture durable et la sécurité alimentaire ».

Tout soutien mutuel est porteur de complémentarité mais toute complémentarité n'est pas porteuse de soutien mutuel. La complémentarité vise une neutralité active devant permettre à chacun des corps de normes, environnementales et commerciales, de concourir à un objectif similaire tel le développement durable mais sans qu'il n'y ait d'interpénétration juridique entre les différents régimes. La complémentarité met en avant la coexistence mais pas nécessairement la cohérence consubstantielle au principe de soutien mutuel.

La deuxième tendance de soutien mutuel peut être dénommée « tendance Cartagena » du nom du Protocole de Cartagena sur la prévention des risques biotechnologiques: « les accords sur le commerce et l'environnement devraient se *soutenir mutuellement* en vue de l'avènement d'un développement durable «.Cela lui confère une texture juridique nouvelle[1234]. Elle est reprise dans le cadre des négociations à l'OMC sur la relation entre les règles de l'OMC et de l'AEM. La Déclaration ministérielle de Hong Kong réitère le principe du soutien mutuel.

La Convention de l'UNESCO sur la diversité culturelle marque une étape nouvelle en matière de soutien mutuel. Alors que tous

---

et pesticides dangereux qui font l'objet d'un commerce international, négociée sous les auspices du Programme des Nations Unies pour l'environnement (PNUE) et de l'Organisation des Nations Unies pour l'agriculture et l'alimentation. Cette convention a été adoptée en 1998 et est entrée en vigueur en 2004.

[1233]Ce traité, négocié sous les auspices de l'Organisation des Nations Unies pour l'agriculture et l'alimentation ((FAO), a été adopté en 2001 et est entré en vigueur en 2004.

[1234]Laurence Boisson de CHAZOURNES, Makane Moïse MBENGUE, « A propos du principe du soutien mutuel. Les relations entre le Protocole de Cartagena et les Accords de l'OMC », *op.cit*, p 834.

les accords internationaux susmentionnés incorporent le principe du soutien mutuel dans leur Préambule, la Convention de l'UNESCO incorpore le principe du soutien mutuel à titre de *jus dispositivum.* La référence au principe y est explicite comme dans le cadre de la Convention « Cartagena ».La Convention UNESCO différencie le soutien mutuel de la simple « complémentarité » par le biais de l'intitulé fort intéressant de l'Article 20 de la Convention UNESCO : « *Relations avec les autres instruments : soutien mutuel, complémentarité et non subordination*». La Convention UNESCO met enfin en exergue le diptyque sur lequel s'appuie le principe de soutien mutuel, c'est-à-dire un principe d'interprétation et un principe directeur en prévoyant que « lorsqu' ils *interprètent* et *appliquent* les autres traités auxquels ils sont parties ou lorsqu'ils souscrivent à d'autres obligations internationales, les Etats Parties prennent en compte les dispositions pertinentes de la présente Convention ».

Cette migration diachronique du principe joue alors en faveur de la cristallisation du principe en droit international et déjoue partiellement les craintes d'un affrontement inéluctable entre deux régimes spéciaux. Ce n'est bien entendu qu'une tendance mais elle est significative nous semble-t-il d'une évolution en ce sens. Bien que la Convention de l'UNESCO de 2005 clarifie le contenu des concepts *soutien mutuel, complémentarité et non subordination,* le texte finalement adopté, comme nous le verrons, n'est pas dépourvu d'ambiguïté mais reflète fidèlement la volonté de la vaste majorité des États d'exclure tout lien de subordination entre la Convention et les autres traités auxquels ils sont parties sans pour autant remettre en cause les engagements pris aux termes de ces derniers. Nous devons à J.P. Taguieff d'avoir formulé de façon exemplaire la répudiation des droits collectifs lorsqu'il nous prévient que « chaque sujet a droit à sa culture » et « qu'aucune culture n'a de droit sur le sujet »[1235]. Il convient dès lors examiner ce que recèle le droit à l'identité culturelle.

[1235] Cf N. ROULAND, S. PIERRE-CAPS et J. POUMAREDE, *Droit des minorités et des peuples autochtones*, Paris, PUF, 1996, p. 458.

B. CONTRIBUTION À LA DENSIFICATION NORMATIVE DU DROIT À L'IDENTITÉ CULTURELLE

La diversité culturelle et les droits de l'homme sont intimement liés. La déclaration de l'UNESCO de 2001 et la Convention font référence à la protection des minorités et des peuples autochtones. L'article 4 de la Déclaration énonce que : « La défense de la diversité culturelle est un impératif éthique, inséparable du respect de la dignité de la personne humaine. Elle implique l'engagement de respecter les droits de l'homme et les libertés fondamentales, en particulier les droits des personnes appartenant à des minorités et ceux des peuples autochtones »[1236].Cette perspective exclut que l'État laisse opérer des mécanismes qui aboutissent à détruire ces appartenances y compris lorsque cette conséquence n'est pas souhaitée pour elle-même, mais résulte par exemple des règles du commerce, de l'enseignement (impossibilité pour les membres d'une minorité dispersés sur un territoire d'obtenir la création d'un établissement scolaire conforme à leur conception de l'éducation).

La Convention ne traite pas des droits culturels en tant que tels. Héléne Ruiz Fabri souligne à cet égard que : « *On peut le regretter en soulignant que les droits culturels sont encore peu assurés au plan international, ce qui explique d'ailleurs que l'UNESCO en ait fait une des options proposées initialement aux États quant à l'objet du texte. Mais, d'une part, on sait que c'est un débat politiquement délicat et susceptible de provoquer*

[1236] Le plus convoqué de ces impératifs catégoriques kantiens est celui qui s'exprime par la maxime fameuse : « *Agit de telle sorte que tu traites l'humanité, aussi bien dans ta personne que dans la personne de tout autre, toujours en même temps comme une fin et jamais simplement comme un moyen ».* Cette dignité qu'il s'agit de respecter dans la personne, ainsi que l'on s'exprime aujourd'hui, est celle d'un être par essence raisonnable et libre.

des réticences »[1237]. S'il y avait le risque, selon certains négociateurs de la Convention de l'UNESCO de 2005, que la diversité culturelle soit perçue comme un obstacle à l'unité des Etats, comme une source de conflits ou comme un obstacle au développement économique, la raison majeure était d'éviter l'ouverture d'un débat sur les droits culturels et collectifs[1238]. Mais la convention de 2005 apporte une contribution importante à la densification normative du droit à l'identité culturelle.

Le corpus juridique portant sur les droits culturels pourrait faire penser à l'existence en droit positif, d'un droit de l'homme à l'identité culturelle. En effet, de nombreuses sources écrites en droit international ont eu recours à l'expression » d'identité culturelle, souvent associée au terme de respect des droits culturels sans pourtant le définir[1239]. On retrouve de nombreuses références aux droits culturels dans les dispositions et instruments relatifs plutôt aux droits des minorités[1240]et aux

---

[1237]H. RUIZ FABRI, « Analyse et commentaire critique de l'avant-projet de convention sur la protection de la diversité des contenus culturels et des expressions artistiques », p.18.

[1238] Les droits culturels ont fait l'objet d'un projet de déclaration élaboré par le Groupe de Fribourg, dirigé par Patrice Meyer-Bisch. L'adoption par le Conseil des droits de l'homme de la résolution 10/23, le 26 mars 2009, créant le mandat d'un expert indépendant (actuellement Mme Farida Shaheed) dans le domaine des droits culturels, ainsi que l'adoption par le Comité des droits économiques sociaux et culturels de l'Observation générale 21 (2009) sur l'article 15 (1) (a) du Pacte international relatif aux droits économiques, sociaux et culturels concernant le droit de participer à la vie culturelle, permettent d'approfondir la réflexion sur la place des droits culturels dans le système international des droits de l'homme, d'identifier les obstacles à la réalisation de ces droits, et de réfléchir aux meilleures pratiques susceptibles d'en assurer la jouissance.

[1239] Une définition de l'identité culturelle avait été d'abord proposée dans le cadre de la déclaration de Mexico sur les politiques culturelles en 1982. Lors de la Conférence mondiale sur les politiques culturelles (Mondiacult) qui a eu lieu dans la ville de Mexico.

[1240] En particulier à l'article 27 du Pacte international relatif aux droits civils et politiques et dans la Déclaration des droits des personnes appartenant à des minorités nationales ou ethniques, religieuses et linguistiques.

droits des peuples autochtones[1241]. L'identité est l'interface entre les caractères personnel et communautaire. L'dentité culturelle est définie de façon pertinente par le Groupe de Fribourg comme « *l'ensemble des références culturelles par lequel une personne ou un groupe se définit, se manifeste et souhaite être reconnu; l'identité culturelle implique les libertés inhérentes à la dignité de la personne et intègre dans un processus permanent la diversité culturelle, le particulier et l'universel, la mémoire et le projet* »[1242].

La Déclaration universelle de l'UNESCO sur la diversité culturelle avait déjà pavée la voie en ce qu'elle recense des droits expressément qualifiés de «culturels». Selon l'article 5 de la Déclaration: «L'épanouissement d'une diversité créatrice exige la pleine réalisation des droits culturels, tels qu'ils sont définis à l'article 27 de la Déclaration universelle des droits de l'homme et aux articles 13 et 15 du Pacte international relatif aux droits économiques, sociaux et culturels ». Le préambule de ce texte en est également illustration : « *l'identité culturelle représente l'ensemble des référents ethniques, linguistiques, religieuses ou autres qui fondent l'identification consciente ou inconsciente à un groupe et (...) cette identité, loin d'être une essence immuable, peut évoluer, renvoyer à des appartenances multiples et s'enrichir du contact avec les autres cultures* ».

Cette déclaration montre que les valeurs culturelles, la diversité culturelle et les droits culturels sont intimement liées à notre

---

1241 Notamment la Déclaration des Nations Unies sur les droits des peuples autochtones et dans la Convention no 169 concernant les peuples indigènes et tribaux dans les pays indépendants, de l'Organisation internationale du Travail de 1989.

1242 Groupe de Fribourg, Projet relatif à une déclaration sur les droits culturels, Fribourg, 1998, p. 12. Dans ce projet du Groupe de Fribourg, on lit aussi que « l'identité culturelle est propre au sujet, elle lui appartient. Son non-respect est une violation de l'intégrité de la personne humaine, et rend impossible l'exercice effectif d'autres droits de l'homme. Cet objet commun aux droits culturels justifie leur caractère fondamental parmi les droits de l'homme, et donc l'illicéité de tout acte qui porterait atteinte à cette substance »" (ibid.p. 23).

identité[1243]. Aux termes de cette Déclaration, la diversité culturelle «s'incarne dans l'originalité et la pluralité des identités qui caractérisent les groupes et les sociétés composant l'humanité» (art. premier)[1244]. La densification renvoie ici à l'action de rendre compact un ensemble multiforme de normes. L'adoption de la déclaration peut être appréhendée comme un « moment densificateur ». Ainsi, la création d'un instrument destiné à inscrire la diversité culturelle dans le droit positif, sous la forme d'un traité[1245] constitue une avancée majeure dans le processus de densification normative.

Cette Convention sur la diversité culturelle s'inscrit en effet dans la panoplie des instruments internationaux voués à la protection des expressions et manifestations culturelles sous toutes leurs formes matérielles et immatérielles. Elle participe singulièrement à la densification du droit à l'identité culturelle demeuré virtuelle. Elle fait des références multiples à l'identité des individus et des groupes (article 2 et article 5) et certains biens culturels doivent recevoir un traitement spécial parce qu'ils sont porteurs d'identité (article 8).

Si le droit à l'identité culturelle, que certains appellent de leurs vœux, était évoqué dans plusieurs sources de droit écrit, il s'agissait essentiellement des textes de *soft law* qui de plus divergent quant au titulaire de ce droit[1246]. Cette convention est

---

[1243]Mylène BIDAULT, *La protection internationale des droits culturels, culture et droits de l'homme, op.cit.* p.249. La convention sur la diversité culturelle vient s'inscrire dans ce sillage d'affermissement normatif de lien. Son article 2 précise que « la diversité culturelle ne peut être protégée et promue que si les droits de l'homme et les libertés fondamentales telles que la liberté d'expression, d'information et de communication ainsi que la possibilité pour les individus de choisir les expressions culturelles.

[1244]Démasquant l'universel comme un produit de l'histoire, elle montre ainsi que chaque communauté politique construisant sa propre univers de référence méta-social pour étalonner un certain nombre de valeurs qui ne sont finalement que relatives car historiquement ou socialement situées.

[1245]Divina Frau-Meigs. La Convention sur la diversité culturelle. Un instrument obsolète pour une réalité en expansion? Annuaire français de relation internationale, vol. VIII, 2007, p. 896.

[1246] Sur le débat entre droits individuels et droits collectifs, voir Francesco CAPOTORTI, « Are Minorities Entitled to Collective International Rights ?

donc le premier instrument contraignant qui consacre ce droit à l'identité culturelle et qui met en avant une potentialité pour les États qui le souhaitent de garder une marge de manœuvre sur la définition et la réalisation de leurs politiques culturelles.

L'impossibilité ontologique de concilier les valeurs antagonistes peut pousser à choisir la hiérarchisation des valeurs. Et comme l'indique Mireille Delmas-Marty :*« A partir des droits de l'homme, il devient possible d'imaginer un "droit des droits"qui permettrait de rapprocher, et non d'unifier, les différents systèmes. Les rapprocher en une harmonie faite tout à la fois de leur subordination à un ordre supranational et de leur coordination selon des principes communs »*[1247].

C . LA CONSECRATION DE LA DIVERSITE CULTURELLE COMME PATRIMOINE DE L'HUMANITE

Avec la mondialisation, le facteur d'une *globalisation des risques* a depuis longtemps uni objectivement le monde pour en faire une communauté involontaire, fondée sur les risques encourus par tous[1248]. L'idée de bien commun a depuis toujours été liée à l'ordonnancement, tant réel qu'idéal d'une communauté comme ensemble politique[1249]. Le commun est, par

», dans Y. DINSTEIN et M. TABORY, *The Protection of Minorities and Human Rights*, Martinus Nijhoff Publishers, 1992, p. 505-511.

1247 M. Delmas-Marty, *Vers un droit commun de l'humanité*, Textuel,Paris, 2005,p.281.

1248 Jürgen HABERMAS : *La paix perpétuelle. Bicentenaire d'une idée kantienne.* Cerf, Paris ,1996.

1249 C'est ce qui permet à Jullien François de dire que le commun n'est ni logique, ni économique, mais politique : « ce à quoi on a part ou à quoi on prend part, qui est en partage et à quoi on participe ». Par rapport au semblable , qui ont des attributs commun, du genre tous les corps ont en

définition, le domaine du partageable[1250]. Que peut plus partager la communauté internationale sinon le patrimoine commun de l'humanité ? L'exigence du bien commun ne se limite plus aux seuls habitants contemporains qui, comme le disait Chesterton, sont « cette minorité qui a le privilège d'arpenter la planète aujourd'hui »[1251]. Le bien commun est une notion porteuse d'une grande prétention, ce qui en fait la difficulté. Elle s'inscrit, en effet, dans un mouvement de renouveau de la production normative internationale caractérisé par la mise en œuvre de valeurs de solidarité et de justice entre les peuples[1252].

Selon son mythe fondateur, la consécration progressive de la notion de patrimoine commun de l'humanité, a émergé subitement en 1967 lors du fameux discours présenté par l'Ambassadeur de Malte, Arvid Pardo devant, l'Assemblée générale des Nations Unies. Force est de constater que la précision des idées et leur élargissement, s'est réalisée de façon croisée en droit de la Mer et en droit de l'Espace[1253]. Dans le sillon des développements récents du droit international et de l'augmentation des États au sein des organisations internationales, notamment l'ONU et l'UNESCO, le patrimoine

---

commun d'être étendu, le commun est un concept fort : communauté de vie ou de travail ou de souci ou d'amour ou d'intérêt, fait signe vers un fonds où l'on puise collectivement.

1250 Olivier VOIROL, pluralité culturelle et démocratie chez John Dewey, p .4.

1251 Idem, p.17. C'est devenu un lieu commun : le monde est un village. Alors que dans le passé, des civilisations entières pouvaient cohabiter en ignorant jusqu'à l'existence des autres, nous vivons dans un monde globalisé au sein duquel n'importe quel événement peut avoir une portée planétaire. Un attentat à New York, Bali, Jérusalem, Bagdad ou Moscou affecte nos vies en raison des répercussions économiques qu'il induit mais aussi de l'impact qu'il a sur les consciences individuelles. La déforestation en Amérique latine, les pollutions industrielles partout dans le monde participent au réchauffement climatique susceptible de provoquer la fonte de la calotte glacière et de rendre impossible la culture traditionnelle du riz en Indonésie.

1252 B. CONFORTI, « Humanité et renouveau de la production normative », *in Mélanges R.-J. Dupuy, Humanité et droit international*, Pédone, Paris, 1991, p. 114.

1253 C. A., COLLIARD, « Espace extra-atmosphérique et grands fonds marins », in Mélanges R.-J. Dupuy, Humanité et droit international, Pédone, Paris, 1991, p 103-105.

commun de l'humanité allait doter l'humanité d'un patrimoine inaliénable et géré par la communauté internationale.

Cette « grande notion d'humanité » à qui l'on affecte un patrimoine « (...) éclaire surtout sur les contradictions fondamentales du système international, tiraillé entre des rêves de réconciliation universelle et des réalités beaucoup plus brutales et égoïstes »[1254]. S'il convient en effet de souligner le fait que l'humanité a quitté « le champ de l'incantation idéaliste pour trouver place dans le domaine du droit »[1255] et plus largement qu'elle est entrée dans l'Histoire, il est fondamental de ne pas oublier qu'elle n'a pas pour autant perdu ses dimensions idéelles et idéales. Elle soutient l'idée d'une société internationale qui doit reposer sur une communautarisation des intérêts de l'humanité, même s'il n'existe aucun pouvoir législatif global[1256].

Balloté entre la philosophie et le politique, déchirée entre une certaine conception, la relativité normative et le positivisme volontariste, la nécessité de coexistence et le désir de coopération, tiraillé entre le Nord et Sud, Est et Ouest, le débat sur le patrimoine commun de l'humanité allait devenir une véritable vitrine des contradictions internes du droit international[1257].Le patrimoine commun mis à la disposition de l'humanité comprend à la fois des espaces et des ressources. Poussée au terme de sa logique, la notion de patrimoine

---

[1254] P.MOREAU-DEFARGES, « L'humanité (...) », *op.cit.* p 693.

[1255]Juan-Antonio CARILLO SALCEDO, « La Cour pénale internationale : l'humanité trouve une place dans le droit international », *RGDIP*, 1999, p. 28.

[1256]Kant pensait que les Lumières apporteraient une fédération universelle de républiques libres gouvernée par le droit. Il croyait à un gouvernement mondial, à une *civitas maxima* Les stoïciens ont posé les premiers fondements de l'humanité, à partir d'une *civitas maxima* universelle comprenant tous les éléments de l'univers (cf. Agnès LEJBOWICZ, « Philosophie du droit international. L'impossible capture de l'humanité », PUF, Paris, 1ère édition, 1999, p. 336).

[1257]Pour Boutros Boutros-Ghali, « Le droit international à la recherche de ses valeurs : paix, développement, démocratisation », (2000) 286 Recueil des Cours 9, p. 20 : « le droit international est, par essence, un droit d'imagination et un droit d'anticipation ».

commun de l'humanité pourrait conduire à considérer les États « comme les gestionnaires d'un bien qu'ils auraient à transmettre en toute intégrité à leurs descendants ».

Deux conclusions s'imposent. Tout d'abord « les générations présentes ne sont que des gestionnaires de ce patrimoine ». Il importe peu, dès lors, que certaines des ressources qu'il contient soient sises sur le territoire d'un Etat, puisque ce dernier n'est qu'intendant ».Ensuite l'humanité d'aujourd'hui est comptable de sa gestion vis-à vis des générations futures. Elle est responsable de la conservation du patrimoine et de son administration rationnelle et programmée.la gestion des droits reconnus à l'humanité passe nécessairement par les Etas qui constituent autant de corps intermédiaires entre les peuples et l'organisation. Toutefois, il est aujourd'hui évident « que cette logique du mandataire aura bien du mal à rivaliser avec celle du souverain, même si elle reste circonscrite à la gestion de certains espaces »[1258].

En 1995, l'UNESCO lance la notion de « diversité créatrice ». Celle-ci vise « à l'épanouissement de l'existence humaine sous toutes ses formes et dans sa globalité ». Mais surtout elle va conduire à préciser et à consolider celle de « diversité culturelle » qui, en raison des craintes que suscite la montée en puissance de la mondialisation durant les années 2000, finit par être déclarée solennellement « patrimoine commun de l'humanité » (Art. 1) par la Déclaration universelle sur la diversité culturelle que la Conférence de l'UNESCO adopte à l'unanimité en 2001, texte phare essentiel qui marque un tournant en ce domaine. L'analogie avec la nature et le vivant est là encore reprise puisque la Déclaration considère la diversité culturelle comme aussi vitale « pour le genre humain que la biodiversité dans l'ordre du vivant ».

En droit international de la culture, le principe était d'abord reconnu à l'égard des biens culturels d'importance exceptionnelle universelle et les biens du patrimoine

---

[1258] Dupuy et Kerbrat, *Droit international public*, 2012, p. 861.

subaquatique. L'article premier de la Déclaration Universelle sur la diversité culturelle fait une analogie entre la diversité culturelle et la biodiversité: « *Source d'échanges d'innovation et de créativité la diversité culturelle est pour le genre humain aussi nécessaire qu'est la biodiversité dans l'ordre du vivant. En ce sens, elle constitue le patrimoine commun de l'humanité et elle doit être reconnue et affirmée au bénéfice des générations présentes et des générations futures* ». la comparaison faite entre la diversité des cultures et la diversité des organismes vivants a surtout un but stratégique : elle veut rappeler qu'on ne cesse de s'émouvoir de la menace pesant sur certaines espèces animales ou vivantes mais absolument pas de celles pesant sur les arts et les langues minoritaires qui affectent cette fois-ci le patrimoine culturel des hommes. En effet, le concept de diversité culturelle, par rapport à celui de biodiversité, va plus loin en ce qu'il envisage la multiplicité des cultures dans une perspective systémique où chaque culture se développe et évolue au contact des autres cultures.

En matière culturelle, c'est indéniablement l'interprétation néolibérale qui prédomine, probablement parce que la définition de l'intérêt de l'humanité reste hésitante, fragmentaire et défensive. Pour sortir de l'impasse entre le privé et le public, certains proposent de distinguer propriété et appropriation, la propriété renvoyant au régime juridique et l'appropriation aux conditions dans lesquelles le bien est socialisé. Dans ces conditions, les biens publics se définiraient moins par leur régime juridique (propriété publique) que par leurs conditions d'appropriation sociale[1259].MireilleCouston pose élegamment la problématique: « *comment déterminer ce qu'est l'intérêt de tous les pays ? Sur quels critères durables fonder ce concept alors même que les situations et la technologie évoluent rapidement, que les sociétés humaines n'ont pas les mêmes valeurs culturelles, politiques, économiques, etc. ? Et surtout qui peut décider de la définition de cet intérêt* ? »[1260].

[1259]Zaki Laïdi, La propriété intellectuelle à l'âge de l'économie du savoir, *Esprit*, 11, novembre 2003.

[1260] M.COUSTON, *Droit spatial économique, régimes applicables à l'exploitation de l'espace*, SIDES, Paris, 1994,p.29.

Le principe de diversité culturelle vise avant tout à sauvegarder les cultures et les politiques culturelles de chaque pays face à la possible domination d'un seul modèle culturel en raison de la libéralisation économique toujours plus grande des échanges. Il s'inscrit donc dans la logique de nécessité pour les Etats de lutter contre l'importation libéralisée à outrance des produits culturels dominants car l'hégémonie des Etats industrialisés ou émergents sur les marchés des pays pauvres menace toujours autant la diversité de leurs expressions culturelles. Il s'appuie de la même façon sur l'idée que les produits et les biens culturels ne sont pas des marchandises comme les autres et qu'il faut donc les soustraire au régime commun des échanges. Face au caractère exponentiel d'une mondialisation homogénéisante, ce principe consacre à lui seul le divers et le singulier pour conjurer la répétition à l'identique d'un même modèle. Que le principe de diversité soit également au cœur de la défense par les Etats de leurs intérêts économiques et de leurs industries culturelles est une évidence qui n'enlève en rien cette dimension forte et essentielle.

Même si le concept de bien public mondial tend à se substituer à ce dernier, il est fort possible que les enjeux mondiaux de grande envergure pourrait aujourd'hui bénéficier de la richesse conceptuelle du patrimoine commun de l'humanité[1261].Pour certains, en effet, la diversité culturelle est consubstantielle au bien public[1262]. La question de l'inscription du principe de précaution dans l'ordre juridique, permet aussi de montrer jusqu'où l'architecture du droit permet d'empêcher des dommages graves, voire irréversibles, du point de vue des dommages collectifs. Ce principe part de l'évidence que la

---

[1261]Selon Mohamed Bedjaoui, le concept de patrimoine commun de l'humanité est « promu à une généralisation à d'autres secteurs de la vie internationale, il pourrait rénover non seulement tout le droit international 'de la terre, de l'eau, de leur environnement' et de toute matière inerte, mais aussi d'ouvrir de nouvelles perspectives pour la matière vivante et d'abord pour l'homme, premier patrimoine commun de l'humanité, et pour l'humanité elle-même, nouveau sujet de droit international », Voir BEDJAOUI (M.), *Pour un nouvel ordre économique international*, UNESCO, Paris, 1979, p.228.

[1262]Commission Nationale suisse de l'UNESCO, op.cit., p.19.

transformation de l'ordre naturel peut être préjudiciable pour les communautés et leur survie[1263].

SECTION 2. ARTICULATION DU COMMERCE ET LES VALEURS NON MARCHANDES A TRAVERS LA CONVENTION DE 2005

Deux grandes critiques sont habituellement formulées à l'encontre de l'OMC. Pour les uns, l'organisation serait hégémonique: l'OMC et le commerce domineraient tout et imposeraient leur ordre, l'ordre marchand; pour les autres, elle serait isolée, et cet isolement serait la preuve d'une fragmentation. En premier lieu, l'OMC dominerait le système international. Les questions commerciales surplomberaient, en quelque sorte d'autres aspects plus importants pour les peuples, à savoir, la santé, les normes sociales ou l'environnement. En matière culturelle, l'OMC favoriserait une uniformisation de la pensée et aboutirait à la perte de la véritable richesse des nations, à savoir leur diversité culturelle. A ces critiques « sectorielles » s'ajoute une critique plus systémique, qui vise le mécanisme de règlement des différends qui, par son efficacité spécifique, serait insensible aux normes extérieure à l'OMC.En l'absence de hiérarchie des normes internationales,les multiples

[1263] Il convient de rapporter ici ces dix commandements qui constituent des principes de procédure qui pourraient encadrer les réflexions et les modes d'action du principe de précaution : « Tout risque doit être défini, évalué et gradué. 2. L'analyse des risques doit comparer les différents scénarios d'action et d'inaction. 3.Toute analyse de risque doit comporter une analyse économique qui doit déboucher sur une étude coût/bénéfice (au sens large) préalable à la prise de décision.4.Les structures d'évaluation des risques doivent être indépendantes mais coordonnées.5.Les décisions doivent, autant qu'il est possible, être révisables et les solutions adoptées réversibles et proportionnées.6.Sortir de l'incertitude impose une obligation de recherche.7.Les circuits de décisions et les dispositifs sécuritaires doivent être non seulement appropriés mais cohérents et efficaces.8.Les circuits de décisions et les dispositifs sécuritaires doivent être fiables.9.Les évaluations, les décisions et leur suivi, ainsi que les dispositifs qui y contribuent, doivent être transparents, ce qui impose l'étiquetage et la traçabilité. 10. Le public doit être informé au mieux et son degré de participation ajusté par le pouvoir politique ». Voir Philippe Kourilsky, *Du bon usage du principe de précaution. Réflexions et modes d'action,* Paris, Odile Jacob, 2002, p. 77.

enchevêtrements et contradictions laisseraient place à un chaos normatifs. Que trouve-t-on dans la boîte à outils de la Convention de 2005 pour régler ces conflits qui se multiplient ? Cela nous met au cœur de la problématique de la cohérence systémique. Pour répondre à la question, nous verrons les voies possibles de la cohérence (§2), mais avant cela il savoir quels sont les meilleurs moyens permettant au juge de donner à une efficacité maximale à la diversité culturelle (§1).

§1. LA MISE EN COHÉRENCE DE LA CONVENTION AVEC D'AUTRES ACCORDS MULTILATERAUX : ENTRE VANITÉ ET DÉFIS

La Convention n'est pas insularisée, enchaînée dans un ordre juridique trop étroit. La partie V de la Convention sur la protection et la promotion de la diversité des expressions culturelles, traite des relations avec les autres instruments. Elle comporte seulement deux articles, en l'occurrence les articles 20 et 21 qui ont provoqué le plus de débats lors des négociations. La discussion sémantique avait aussi un lien très étroit, quoique non dit, avec le rapport que la Convention pourrait avoir, dans le futur, avec les autres instruments internationaux déjà existants. Les États membres ont fini par trancher et opté pour une spécification claire du rapport de la Convention avec les autres instruments (A), qui a abouti à la décision de la mettre à égalité de poids avec les autres pour ce qui est des compétences de domaine qui sont les siennes. Quelques éléments d'une ineffectivité de la convention(B) mérite une attention particulière avant de voir les entraves inhérentes à la convention (C).

A. L'ARTICULATION DE LA CONVENTION AVEC D'AUTRES ACCORDS

La question spécifique de l'articulation entre les dispositions de la Convention et celles contenues dans les accords internationaux de commerce est une des questions ayant suscité le plus de controverses au long de la négociation de la Convention. Elle touche directement au cœur du débat commerce-culture et par conséquent, aux divergences à propos de la nature même des produits et services culturels. Il s'agit d'un aspect d'un questionnement sur l'articulation entre commerce et préoccupations non commerciales. Cela concerne tout d'abord les articles 20 et 21, deux dispositions requérant explicitement la prise en compte des préoccupations culturelles dans les autres sphères du droit international.

1. L'article 20 : soutien mutuel, complémentarité et non-subordination

L'article 20 de la Convention se lit comme suit : *1. Les parties reconnaissent qu'elles doivent remplir de bonne foi leurs obligations en vertu de la présente Convention et de tous les autres traités auxquels elles sont parties. Ainsi, sans subordonner cette Convention aux autres traités, (a) elles encouragent le soutien mutuel entre cette Convention et les autres traités auxquels elles sont parties; et (b) lorsqu'elles interprètent et appliquent les autres traités auxquels elles sont parties ou lorsqu'elles souscrivent à d'autres obligations internationales, les Parties prennent en compte les dispositions pertinentes de la présente Convention.*
2. Rien dans la présente Convention ne peut être interprété comme modifiant les droits et obligations des Parties au titre d'autres traités auxquels elles sont parties.

Le premier paragraphe impose aux parties une obligation de prise en compte des dispositions pertinentes de cette convention « lorsqu'elles interprètent et appliquent les autres traités auxquels elles sont parties ou lorsqu'elles souscrivent à d'autres obligations internationales »[1264].

Les objectifs de soutien mutuel, complémentarité et non subordination, laisse entrevoir le rapport d'égalité envisagé entre la Convention et les autres traités internationaux. Le paragraphe

[1264] Article 20:1 b.

1 réaffirme l'obligation des États parties de remplir de bonne foi toutes les obligations, dans le cadre de la Convention ou de tout autre traité. Il est certes particulier de dire comment interpréter les autres traités liant des États qui y sont parties. Même s'il n'était pas nécessaire de le rappeler ici, il convient de remarquer que cette pratique est devenue un principe d'interprétation comme règle intemporelle afin d'actualiser le sens ancien des traités ou comme règle systémique permettant de lutter contre une certaine fragmentation de l'ordre juridique international[1265].En somme, l'article 20 vise à inciter vers une application cumulative de la Convention et de tout autre accord. Mais les conflits ne manquerons de surgir et devront être examinés à la lumière des règles d'interprétation prévues à Convention de Vienne sur le droit des traités susmentionnés[1266].

Le principe du soutien mutuel requiert que lorsque deux ou plusieurs États sont parties à un instrument invoqué dans un différend ou bien que lorsqu'un seul État est partie au dit instrument, ce dernier soit pris en compte dans l'interprétation des droits et obligations qui font l'objet de litige afin de garantir une lecture harmonieuse des divers régimes conventionnels. Cette exigence s'impose d'autant plus dans les cas où l'instrument en question (cas de la convention de l'UNESCO de 2005) se réfère explicitement au principe du soutien mutuel. Comme le soulignent Laurence Boisson de Chazournes, Makane Moïse Mbengue : « *Il est dès lors important dans une perspective de soutien mutuel de transcender le « test » ratione personae de l'article 31.3 c) de la Convention de Vienne sur le droit des traités, en l'occurrence le fait de savoir si oui ou non*

[1265] Voir Pierre D'ARGENT, « L'exclusion du droit international dans les relations entre États membres de l'Union européenne : à propos de la convention de l'Unesco sur la diversité culturelle et la déclaration de déconnexion », in: Colloque de la chaire Glaverbel 2006, Chr. Frank ed(s), 2007, p.286.
[1266] Ivan BERNIER, Les relations entre la Convention de l'UNESCO sur la protection et la promotion de la diversité des expressions culturelles et les autres instruments internationaux : l'émergence d'un nouvel équilibre dans l'interface entre le commerce et la culture, août 2009.

tous les États parties à un différend sont parties aux instruments juridiques invoqués dans une affaire donnée »[1267].

Tant que la Convention de 2005 n'est pas entrée dans le droit coutumier, malgré son adoption rapide et massive, il est difficile qu'elle soit prise en compte par l'ORD au titre d'une interprétation évolutionnaire[1268]. Certains auteurs restent cependant optimistes. Pour Elie Cohen :

« *Lorsque les normes de l'OIT s'imposeront dans les négociations commerciales, ...lorsque l'Unesco sera capable de donner un contenu à la diversité culturelle, lorsqu'une organisation internationale soutiendra les enjeux environnementaux, l'OMC devra intégrer ces acquis - comme c'est déjà le cas avec l'accord SPS sur la sécurité alimentaire- Dans un tel contexte, l'ORD sera contraint de tenir compte de critères sociaux, écologiques, culturels, il n'arbitrera plus les conflits sur la seule base de l'universel marchand* »[1269] .

L'interprétation des Accords de l'OMC requiert en effet la prise en compte des instruments conventionnels pertinents applicables entre les parties et des principes pertinents du droit international général. Les Accords de l'OMC ne forment en aucun cas un régime juridique autosuffisant. A ce titre, « *le droit international coutumier s'applique d'une façon générale aux relations économiques entre les Membres de l'OMC [...] dans la mesure où les Accords de l'OMC ne contiennent pas de clauses qui les excluent de son champ d'application* »[1270]. Ce raisonnement est

---

[1267]Laurence Boisson de CHAZOURNES, Makane Moïse MBENGUE, « A propos du principe du soutien mutuel. Les relations entre le Protocole de Cartagena et les Accords de l'OMC », *op.cit*, p 839Voir également J.-M. Sorel, « Article 31 », *in* O. Corten, P. Klein (dir.), *Les Conventions de Vienne sur le droit des traités. Commentaire article par article*, Tome II, Bruylant, Bruxelles, 2006, pp. 1317-1323.

[1268] J. PAUWELYN, *The UNESCO Convention on Cultural Diversity and the WTO: Diversity in International Law-Making?*, ASIL Insight, 15 November 2005.Voir aussi , WT/DS58/AB/R, 12/10 1998, § 129, p.48.

[1269] Elie COHEN, *op.cit,* p.39.

[1270]Groupe spécial, *Corée-Mesures affectant les marchés publics*, 1er mai 2000, WT/DS163/R, § 7.96.

soutenu par les acteurs principaux de l'OMC[1271]. Ce qui signifie que le soutien mutuel produit un effet destiné à faire en sorte que le droit non-OMC soit toujours lu en harmonie, cohérence et coexistence avec les Accords de l'OMC.La prise en compte de cet instrument s'inscrit également dans une démarche d'interprétation évolutive des *Accords*. L'interprétation évolutive de l'article XX exige qu'il soit tenu compte des préoccupations grandissantes des Etats en matière de protection de la diversité culturelle. La promotion des objectifs et des principes de la Convention dans les autres enceintes internationales va exiger des efforts de la part des Parties.

2. L'article 21 : une approche opérationnelle

L'article 21 se présente comme une disposition opérationnelle qui a pour but d'encourager et d'appuyer la prise en compte des objectifs et des principes de la Convention dans les autres enceintes internationales. Les Parties à la Convention, lorsqu'elles sont parties à des accords internationaux qui interfèrent avec celle-ci, ou lorsqu'elles négocient de nouveaux accords susceptibles d'avoir des répercussions sur la Convention, ont toujours la possibilité de faire valoir les objectifs et principes de cette dernière dans ces forums. L'article 21, reconnaissant cette possibilité, les engage explicitement à agir en ce sens. Elles peuvent le faire individuellement, sans se consulter mais elles peuvent aussi le faire de façon plus collective, après s'être consultées entre elles, lorsque les circonstances s'y prêtent, ainsi que le suggère la deuxième phrase de l'article 21.
L'expression enceintes internationale*s* doit être interprétée, dans le contexte de la Convention, dans un sens relativement étendu, c'est-à-dire comprenant à la fois les organisations internationales gouvernementales, y compris des commissions et

[1271]P.LAMY., allocution du Directeur Général de l'OMC, « Vers un partage des responsabilités et une plus grande cohérence: droits humains, commerce et politique macroéconomique », Colloque sur les droits humains dans l'économie globale, co-organisé par le Conseil international sur les politiques des droits humains et Realizing rights, 13 janvier 2010, Genève.

des comités spécialisés relevant de celles-ci, et des organisations internationales non gouvernementales, les unes et les autres pouvant être multilatérales régionales ou bilatérales[1272].

Des enceintes comme l'OMC, la CNUCED, le MERCOSUR, l'ASEAN, l'OCDE, l'OMPI, Assemblée générale sont pertinentes. Comme il revient essentiellement aux Parties de promouvoir les objectifs et les principes de la Convention dans les autres enceintes internationales, les directives opérationnelles pourraient également les inciter à établir leur propre liste en fonction de leurs engagements dans celles-ci. L'énoncé de politique suivant du gouvernement de la Finlande concernant la coopération culturelle sous les auspices d'organisations internationales pourrait être une source d'inspiration[1273].

La grande majorité des membres de l'OMC n'a pas pris d'engagement de libéralisation dans le secteur des services audiovisuels à l'OMC. Cependant, le nombre de membres qui en ont pris est en constante augmentation, ce qui risque de légitimer progressivement que les services audiovisuels puissent être juridiquement traités comme tout autre type de service dans les négociations de libéralisation commerciale. Une telle thèse est absolument contraire au principe de spécificité des biens et services culturels, consacré par la Convention de l'UNESCO sur la diversité des expressions culturelles. Des efforts doivent donc être déployés afin de sensibiliser les futurs membres de l'OMC à cette spécificité.

À peine un mois après l'adoption de la Convention, en 2005, le Brésil prenait explicitement appui, dans le cadre de la négociation d'un nouveau traité de l'OMPI sur la protection des organismes de radiodiffusion, sur l'article 21 de la Convention

---

[1272]Voir Ivan Bernier, *« Les relations entre la Convention de l'UNESCO sur la protection et la promotion de la diversité des expressions culturelles et les autres instruments internationaux : l'émergence d'un nouvel équilibre dans l'interface entre le commerce et la culture »* http://www.diversite-culturelle.qc.ca.

[1273]Voir Government of Finland, Ministry of Education, Cultural Policy, International Cultural Cooperation , En ligne: http://www.minedu.fi/OPM/Kulttuuri/kulttuuripolitiikka.

pour demander l'insertion d'un article portant sur la protection et la promotion de la diversité culturelle. Son point de vue a été repris par le Pérou quelques mois plus tard. En décembre 2007, l'Union européenne, Partie à la Convention, signait une entente de partenariat économique avec le Cariforum, dans laquelle elle invoquait la Convention de l'UNESCO pour inclure en annexe un protocole de coopération culturelle[1274]. Comme d'autres ententes de même nature sont en voie de négociation, il faut s'attendre à un accroissement des accords internationaux faisant référence à la Convention[1275].Bien que le titre de l'article 21 porte sur la concertation et la coordination internationales, on n'y fait référence nulle part dans le texte qui s'y rapporte ni dans celui de l'article 23.6 (e). Il n'y est question en fait que de consultation. Le mandat confié au Comité intergouvernemental, en vertu de l'article 23.6 (e), d'établir les « procédures et autres mécanismes de consultation » lui laisse toute la latitude pour choisir ceux qu'il préfère. Il faudra clarifier le rôle du comité intergouvernemental à cet égard.

L'article 21 complète l'article 20 en prescrivant aux Parties de faire la promotion des objectifs et des principes de la Convention dans les autres enceintes internationales. Bien que l'article s'intitule « Concertation et coordination internationales », il ressort assez clairement de son historique et de son contenu qu'il laisse les Parties individuellement responsables de sa mise en œuvre, se contentant de leur suggérer de se consulter à ce sujet s'il y a lieu. L'intérêt de favoriser la bonne application des accords de l'OMC lors du règlement des différends doit être équilibré avec d'autres préoccupations non commerciales, parmi lesquelles la protection de la diversité des

[1274]Voir H. Ghérari, « L'accord de partenariat économique CARIFORUM-CE : vers une nouvelle génération d'accord de libre-échange ? », *op.cit* p.528.
[1275]ALE UE / Euromed, ALE UE / Corée du Sud, ALE UE / Inde, ALE UE / ASEAN, ALE UE /
Communauté andine, ALE UE / Amérique centrale, accord économique approfondi UE / Canada. Toutefois, les négociations avec le Conseil de coopération des Etats arabes du Golfe (CCEAG), l'Irak, la Libye et le Mercosur ne prévoient pas l'ajout d'un protocole de coopération culturelle. De même, les accords de libre-échange conclus avec le Chili et le Mexique ne contiennent pas de protocole de coopération culturelle.

expressions culturelles, lorsque le différend concerne le secteur culturel.

B. QUELQUES ÉLEMENTS DE DESILLUSION FACE AU REGIME DE PROTECTION DE LA CONVENTION DE L'UNESCO DE 2005

Charles de Visscher, remarquait à juste titre que trop de traités même dotés d'une efficacité certaine et pourvus d'adhésions nominales nombreuses restent démunis d'effectivité[1276]. L'effectivité d'une norme juridique n'est pas une vertu qui se matérialise d'un seul coup, qui se réalise une fois pour toutes. Elle est fondamentalement processus. Elle se nourrit, s'entretient et se fortifie constamment. Si l'effectivité est un programme toujours inachevé, encore faut- il que cette dernière dispose de l'aptitude à l'effectivité, c'est à dire la possibilité concrète organisée de faire constater, de faire sanctionner et de faire réparer le préjudice subi du fait de la violation de la norme. Il s'agit là des propriétés intrinsèques latentes, susceptibles d'être activées et mobilisées en vue de réaliser ou de produire l'effet entendu de la norme. Si les voies de l'effectivité sont multiples elles seraient relevées du miracle. Les lignes qui suivent seront consacrées à une analyse de la nature et portée des clauses fédérales et «clause de déconnexion » insérés dans la convention de 2005.

1. La clause de déconnexion

L'obligation coutumière de ne pas priver le traité de son objet et de son but s'impose non seulement en droit international mais aussi en droit communautaire. En effet, le droit international n'est pas un ensemble coordonné de normes agencées

[1276] C. de Visscher, *Les effectivités du droit international public*, Pedone, Paris, 1967, p.18.

logiquement, respectant une certaine téléologie dictée par son substrat social. Nombreux sont les internationalistes qui s'interrogent aujourd'hui sur les conséquences découlant de la parcellisation du droit international en des domaines divers dont beaucoup semblent vouloir affirmer leur autonomie.

Le terme « clause de déconnexion » est fréquemment utilisé en référence à une disposition d'un traité multilatéral autorisant certaines parties au traité à ne pas appliquer ou à n'appliquer que partiellement le dit traité dans leurs relations mutuelles, alors que d'autres parties restent libres d'invoquer pleinement ce traité dans leur relation avec ces premières. Il ne s'agit pas d'un terme agréé du droit international[1277] et l'effet tant juridique que pratique de chacune de ces clauses dépend avant tout de leur formulation et du contexte dans lequel chacune d'entre elle s'inscrit. Ainsi, selon sa rédaction, une clause « de déconnexion » pourra avoir un effet sur l'ensemble du traité ou seulement sur une partie de celui-ci. La question se pose donc de savoir si la « déconnexion » couvre tous ou seulement certains aspects d'un traité (droit matériel, droit procédural, droits individuels, mécanisme de suivi »[1278].

Sous des formulations variables, une telle clause se retrouve insérée dans différentes conventions, notamment conclues au sein du Conseil de l'Europe, que ce soit par les Etats membres seuls, ou par les Etats membres et la Communauté[1279]. Sujet privé de la souveraineté, entièrement établi et institué par le droit, l'Union se projette en effet sur la scène internationale grâce et par le droit[1280]. Il en résulte une politique étrangère bien

---

[1277]Elle trouve son origine dans le contexte du Conseil de l'Europe et y poursuit d'ailleurs son développement. Avant d'essaimer ailleurs.

[1278] Conseil de l'Europe, Rapport sur les conséquences de la clause dite « de déconnexion » en droit international en général et pour les conventions du Conseil de l'Europe, contenant une telle clause, en particulier, CM(2008)164, p.5 disponible sur le site Internet : http://www.coe.int/t/cm/.

[1279]Voir ECONOMIDES, C. & KOLLIOPOULOS, A., « La clause de déconnexion en faveur du droit communautaire : une pratique critiquable », in RGDIP 273 ,2006.

[1280]*Ulaş CANDAŞ*, L'influence normative de l'Union européenne par le biais de liens conventionnels. Une contribution de juriste à la théorie des relations

plus tributaire et bien plus façonnée par le droit que celle des Etats et une inflation de la production normative internationale liant l'Union, puisque l'Union, à titre exclusif ou partagé, négocie et conclut d'innombrables traités internationaux.

La multiplication et la complexification des situations de coexistence entre les normes multilatérales et européennes contribuent au développement des techniques qui entrainent l'application exclusive du droit de l'Union européenne entre les Etats membres. La substitution et la clause de déconnexion figurent parmi ces techniques spécifiques. La déconnexion conventionnelle est motivée par une recherche d'une asymétrie normative et par une volonté d'autonomisation du droit européen[1281]. Elle est réalisée techniquement par l'insertion de clauses, voire de déclarations unilatérales de « déconnexion », très fréquentes dans la pratique conventionnelle de l'Union. Par ces clauses, il est affirmé que les relations entre les Etats membres, dans l'ordre juridique communautaire, sont exclusivement régies par le droit communautaire (dérivé, dans la mesure où il existe) et non par les règles de l'accord externe, lequel peut (mais ne doit pas) être un accord mixte, c'est-à-dire un accord conclu par la Communauté et ses membres en vertu d'une compétence partagée[1282].

L'accord externe aurait pour seule vertu de régir, en droit international, les relations entre le « bloc » européen et les Etats tiers, parties à ce même accord. L'absence d' « effet » en droit communautaire de l'accord externe résultant de la déconnexion ne signifie pas que l'accord externe ne ferait pas partie

---

internationales, Ankara Avrupa Çalışmaları Dergisi Cilt: 9, No:2 (Yıl: 2010), s.21-44.

[1281] Conseil de l'Europe – Union européenne : « Une même ambition pour le continent européen », Rapport de Jean-Claude Juncker, 11Avril 2006, p.15-16.

[1282]Sur le statut des accords mixtes en droit communautaire, et les questions de partage des compétences, voir Joni Heliskoski, *Mixed Agreements as a Technique for Organizing the International Relations of the European Community and its Member States*, La Haye/Londres/New York, Kluwer Law International, 2001.

intégrante de l'ordre juridique communautaire, ni que les Etats seraient libérés à l'égard de la Communauté de leur obligation de coopération loyale dans l'exécution de l'accord externe déconnecté ; il signifie seulement que les relations entre les sujets de l'ordre juridique communautaire et leurs sujets/citoyens, ne sont pas régies par l'accord externe, mais plutôt par le droit communautaire primaire et unilatéral dérivé. Politiquement, la clause de déconnexion signifie que les Etats membres veulent voir leurs relations mutuelles régies par le droit communautaire, plutôt que par le droit international conventionnel, lequel est ainsi confiné aux relations extracommunautaires. La prétention politique est très symptomatique; elle se manifeste d'ailleurs à d'autres égards dans la construction communautaire[1283]. La déclaration unilatérale de déconnexion faite par l'Union en marge de la Convention de l'UNESCO sur la protection et la promotion de la diversité des expressions culturelles en est une illustration emblématique[1284]. Selon cette Déclaration unilatérale au nom de la Communauté :*« Pour ce qui est des compétences communautaires décrites dans la déclaration en application de l'article 27, paragraphe 3, point c), de la Convention, la Communauté est liée par la Convention, et en assurera la bonne mise en œuvre. Il s'ensuit que les États membres de la Communauté qui sont parties à la Convention appliquent, dans leurs relations mutuelles, les dispositions de la Convention conformément aux règles internes de la Communauté et sans préjudice des modifications appropriées apportées à ces règles ».*

Depuis le traité de Maastricht, l'Union européenne a su concilier remarquablement les préoccupations de libéralisation commerciale et la protection d'intérêts fondamentaux comme celui de la diversité des cultures. Le traité de Lisbonne est le reflet de cette conciliation indispensable[1285]. Dès novembre

---

[1283]Alexandros G. Kolliopoulos, Constantin P. Economides, La clause de déconnexion en faveur du droit communautaire: une pratique critiquable, *RGDIP,* 2006-2, pp.274-276.

[1284] JOUE L 201/30, Annexe 2, 25.7.2006.

[1285]Ainsi, l'article 167 du traité sur le fonctionnement de l'Union européenne (UE) prévoit que « l'Union tient compte des aspects culturels dans son action

2004, le Conseil avait en effet donné mandat à la Commission pour participer au nom de la Communauté aux négociations à l'échelon de l'UNESCO pour une Convention sur la protection et la promotion de la diversité des expressions culturelles. C'est dans ce cadre que la commission propose, non sans surprise, de recourir pour la première fois à une déclaration unilatérale de déconnexion. Selon les juristes de la commission, il s'agirait d'une simple information donnée aux autres parties contractantes dans un souci de transparence en conséquence de la déclaration de compétence exigée par l'article 27 de la Convention. La déclaration unilatérale serait sans effet juridique particulier, la déconnexion s'imposant dans tous les domaines de la Convention relevant de la compétence de la communauté[1286].

A l'analyse les choses semble plus compliquées. On pourrait d'ailleurs se demande, selon certain, ce qu'il y aurait à cacher qui exigerait la transparence dont parle le service juridique. Du point de vue du droit international, et singulièrement du droit des traités, la déclaration unilatérale s'apparente en réalité à une réserve. Or, la Comme l'a souligné la Cour dans l'avis 1/03, la présence d'une clause de déconnexion peut apparaître comme un indice d'affectation des règles du droit dérivé par l'accord externe, et donc comme le signe qu'il relève plutôt d'une compétence exclusive. Quoi qu'il en soit de la question de compétence sous-jacente, la déclaration unilatérale de déconnexion s'apparente à une réserve au traité international que constitue l'accord externe. La question qui se pose est de savoir si cette réserve est valable, c'est-à-dire si elle est conforme à l'objet et au but du traité, selon l'exigence de l'article 19 de la Convention de Vienne sur le droit des traités.

---

au titre d'autres dispositions du présent traité, afin notamment de respecter et de promouvoir la diversité de ses cultures ». La diversité culturelle figure d'ailleurs parmi les objectifs de l'Union, à l'article 3 du traité sur l'Union européenne, selon lequel celle-ci « respecte la richesse de sa diversité culturelle et linguistique, et veille à la sauvegarde et au développement du patrimoine culturel européen ».

[1286]Voir Pierre d'Argent, *op.cit,* p.289, voir aussi Neframi Eleftheria, *La cohérence et la représentation internationale de l'Union européenne*, In: Le droit, les institutions et les politiques de l'Union européenne face à l'impératif de cohérence, Presses universitaires de Strasbourg, 2009.

Les clauses « de déconnexion » ont été examinées récemment par la Commission du Droit International des Nations Unies (CDI)[1287]. Le rapport pour l'année 2005 de la CDI décrit des points de vue divergents sur les effets des clauses « de déconnexion »: *« Certains membres ont estimé que la prolifération de telles clauses était fâcheuse. On a même dit qu'elles étaient peut-être illicites dans la mesure où elles étaient contraires aux principes fondamentaux du droit des traités. D'autres membres ont par contre fait observer que, quels que fussent leurs motifs ou effets politiques, ces clauses n'en étaient pas moins dûment insérées dans les conventions pertinentes et leur validité découlait donc du consentement des parties. Il était difficile de voir sur quelle base on pourrait interdire auxdites parties d'y consentir »*[1288].

Le Groupe d'étude sur « La fonction et la portée de la règle de la *lex specialis* et la question des régimes autonomes » a néanmoins conclu que :

« De telles clauses risquaient de porter atteinte à la cohérence du traité, et qu'il importait de veiller à ce qu'elles ne soient pas utilisées à l'encontre de son objet et de son but. Il était toutefois impossible d'en déterminer l'effet in abstracto. On a aussi fait observer que dans certaines situations le résultat n'était peut-être pas aussi problématique, en particulier si les obligations assumées par les parties en vertu de la clause de déconnexion visaient l'application des dispositions de la convention multilatérale ou étaient plus favorables que celles du régime duquel elles s'écartaient ».

Comme le souligne Martti Koskenniemi « la vision de la Cour de justice des rapports entre droit international et droit de l'Union européenne suit les ornières tracées par le droit public allemand de la fin du XIXème siècle »[1289]. Et de

---

[1287] Voir Rapport de la Commission du Droit International, 2005, UN Doc A/60/10, para. 463-465 et Rapport de la CDI 2006, UN Doc A/61/10, para. 251, *Conclusion 30.*

[1288] Idem.

[1289] Martti KOSKENNIEMI, UN Doc. A/CN.4/L.682 du 13 Avril 2006 et Add.1 du 2 Mai 2006 A/CN.4/L.702.

poursuivre : « *Pour les organes de l'Union, la primauté du droit européen s'impose comme une nécessité constitutionnelle. Il s'agit de la position dualiste traditionnelle que Hans Kelsen identifia comme représentant en réalité une position moniste avec primauté de l'ordre juridique national, une position que Kelsen dépeignit comme à la fois solipsiste et impérialiste. Cependant mon objectif aujourd'hui n'est pas de fustiger l'égocentrisme européen, ou son hypocrisie* »[1290].

La préoccupation du maintien de l'intégrité de l'ordre juridique communautaire transparaît encore lorsque la Cour affirme à propos de l'article 282 de la Convention sur le droit de la mer : « Il convient d'emblée de constater que la Convention permet précisément d'éviter qu'une telle atteinte soit portée à la compétence exclusive de la Cour de façon à préserver l'autonomie du système juridique communautaire »[1291]. Pour Martti Koskenniemi, il s'agit d'une approche managériale qui envisage le droit par delà l'Etat comme un instrument au service de préférences, d'intérêts et de valeurs particulières. Ceci me semble-t-il revient à abandonner l'universalisme qui se doit d'animer le droit international[1292].Pierre d'Argent affirme quant à lui que : « *juridiquement, cette préférence politique ne soulève aucune difficulté dès l'instant où elle est exprimée dans le traité lui-même, une clause de déconnexion y étant insérée à cet effet. Mais, il s'y cacherait une manière de constitutionnalisation du droit communautaire qui s'il existe s'applique à l'exclusion du droit international* »[1293]. La déconnexion cristallise une tension entre la loyauté de l'Union envers le droit international et

---

[1290] Idem.

[1291]Y. KERBRAT et P. MADDALON parlent d'une « autonomie [...] qui limite les possibilités de dialogue entre les juridictions internationales et la CJCE » (« Affaire de l'Usine MOX : la CJCE rejette l'arbitrage pour le règlement des différends entre États membres «, *Revue trimestrielle de droit européen*, 2007, p. 167). L'affaire de l'usine MOX a illustrée par ailleurs les problèmes de coexistence et de concurrence entre différentes sphères de droit.

[1292]Martti Koskenniemi, Le Droit International et la Voie de l'Education Juridique: Entre « Constitutionnalisme » et « Gestionnariat ». EUROPEAN JOURNAL OF LEGAL STUDIES: ISSUE 1; En Ligne: http://www.ejls.eu/1/3FR.pdf.

[1293] Pierre d'Argent, *op.cit, p.291.*

l'autonomie de son ordre juridique par rapport à ce même droit international. Qu'en est-il de la singularité de la clause fédérale qui lui est proche mais soumise aux contingences constitutionnelles spécifiques.

2. La clause fédérale : épée ou bouclier de la diversité culturelle ?

La fragmentation des États augmentent considérablement le nombre d'acteurs sur l'échiquier international et réinterroge la structure politique internationale fondée sur le système westphalien. Cette fragmentation affecte naturellement les relations internationales des Etats[1294]. Principalement pour les États fédérés, cela se traduit par la reconfiguration de leurs champs de compétence et la transformation de leurs politiques étrangères en raison du rôle de plus en plus important des gouvernements sub-étatiques[1295]. Si l'État en droit international se définit toujours comme une entité abstraite, dématérialisée par l'alchimie d'une fiction juridique insensible aux dégradations, sa rigueur peut rendre délicate la mise en œuvre de leurs obligations internationales par certains Etats. C'est la raison pour laquelle la spécificité des organes étatiques que sont les démembrements territoriaux peut être prise en compte, notamment au travers de clauses fédérales. Certains traités contiennent ainsi, souvent à l'initiative d'Etats à structure fédérale, des clauses du même nom, dont le contenu peut

[1294]Voir, Guy LACHAPELLE et Bruno MALTAIS, « La diversité culturelle et stratégies subétatiques : le cas du Québec », *Revue Internationale de Politique Comparée, Vol. 12, n°2, 2005,p.3* ;CAHIN G., « Le droit international et la question de la 'fragmentation' des Etats », *RBDI*, 2007/2, pp. 327-354.

[1295]Le fédéralisme a-t-il pu contribuer entre autres à favoriser la représentation des communautés politiques à des échelles diverses, à servir de bouclier pour la protection des groupes minoritaires sous la forme de poids et de contrepoids, à chercher à entretenir un équilibre entre les forces centripètes et centrifuges ou à maintenir en tension l'unité et la diversité de façon créatrice au sein des États fédéraux. En théorie du moins, la formule fédérale permet de respecter la diversité culturelle.

varier[1296] . c'est ainsi que la Convention de l'UNESCO sur le patrimoine mondial, culturel et naturel du 23 novembre 1972, article 34 dispose que : « *En ce qui concerne les dispositions de cette Convention dont l'application relève de l'action législative de chacun des Etats, pays, provinces ou cantons constituants, qui ne sont pas en vertu du système constitutionnel de la fédération tenus à prendre des mesures législatives, le gouvernement fédéral portera, avec son avis favorable, lesdites dispositions à la connaissance des autorités compétentes des Etats, pays, provinces ou cantons »*.Ces clauses utilisées pour adhérer à un traité tout en soustrayant à des obligations internationales soulèvent des questions importantes. Tel est le cas de plusieurs clauses incluses dans les accords OMC.

L'article XXIV, §12, du GATT 1994 dispose : « Chaque partie contractante prendra toutes les *mesures raisonnables en son pouvoir* pour que, sur son territoire, les gouvernements et administrations régionaux et locaux observent les dispositions du présent Accord ». Est-ce à dire que l'obligation de mise en œuvre du droit de l'OMC peut-être tenue en échec par quelque disposition constitutionnelle protégeant l'autonomie des pouvoirs régionaux ou locaux ? Cette disposition dissocie nettement les « parties contractantes » et les « gouvernements et administrations régionaux et locaux » qui agissent sur leur territoire. Elle semble alors indiquer que le comportement des seconds n'engagerait la responsabilité des premières que si elles n'ont pas pris les mesures raisonnables en leur pouvoir pour les empêcher. Interprété restrictivement - paraît imposer une sorte d'obligation de moyen, pas de résultat, dès lors qu'il semble faire place à une forme d' « excuse constitutionnelle ». Dans la pratique, cette excuse constitutionnelle n'a pas permis réellement d'échapper à leurs obligations[1297].

[1296]Article 50 du Pacte international relatif aux droits civils et politiques : « Les dispositions du présent Pacte s'appliquent sans limitation ni exception aucune, à toutes les unités constitutives des Etats fédératifs.

[1297]Les panels ont considéré que le champ d'application de l'article XXIV:12 devait être limité aux domaines dans lesquels le gouvernement central ne peut s'imposer aux collectivités territoriales car ils relèvent dans l'ordre interne de leur compétence exclusive. Par ailleurs l'article XXIV:12 n'avait pas pour effet de faire échapper le comportement des collectivités territoriales au champ d'application de l'Accord mais de préciser les obligations pesant

La clause fédérale figurant dans la Convention de 2005 limiterait ainsi la responsabilité des Etats du fait de leur démembrement territoriaux, qu'on y voit des règles limitant le champ d'application *ratione personae* des obligations primaires pesant sur les Etats. La clause fédérale stipule que la Convention lie le gouvernement central là où il a juridiction, mais ne peut qu'être recommandée aux gouvernements sub-nationaux là où ils ont juridiction :

« *Reconnaissant que les accords internationaux lient également les Parties indépendamment de leurs systèmes constitutionnels, les dispositions ci-après s'appliquent aux Parties ayant un régime constitutionnel fédéral ou non unitaire :*
(a) en ce qui concerne les dispositions de la présente Convention dont l'application relève de la compétence du pouvoir législatif fédéral ou central, les obligations du gouvernement fédéral ou central seront les mêmes que celles des Parties qui ne sont pas des États fédéraux ; (b) en ce qui concerne les dispositions de la présente Convention dont l'application relève de la compétence de chacune des unités constituantes telles que États, comtés, provinces ou cantons, qui ne sont pas, en vertu du régime constitutionnel de la fédération, tenus de prendre des mesures législatives, le gouvernement fédéral portera, si nécessaire, lesdites dispositions à la connaissance des autorités compétentes des unités constituantes telles qu'États, comtés, provinces ou cantons avec son avis favorable pour adoption »[1298].

Introduite à l'initiative des Etats fédéraux afin qu'il soit tenu compte de leur structure interne, cette disposition dissocie nettement les « parties contractantes » et les « gouvernements et administrations régionaux et locaux » qui agissent sur leur territoire. Comme le souligne H. Ruiz Fabri :

---

sur le gouvernement central pour en assurer la mise en œuvre par les dites collectivités. *Canada – Mesures affectant la vente des pièces de monnaie en or,* L/5863, 17 septembre 1985, rapport non adopté, § 56-58 ; *Etats-Unis – Mesures affectant les boissons alcooliques et les boissons à base de malt*, DS 23/R – 39S/233, rapport adopté, 19 juin 1992, § 5.79 ; *Canada – Boissons alcooliques I*, § 4.31-4. 35 ; *Canada- Boissons alcooliques II*, § 5.37.

[1298] Article 30 - Régimes constitutionnels fédéraux ou non unitaires.

« *Ce type de clause, aujourd'hui assez rare même si on peut faire état de précédents au sein de l'UNESCO, suscite généralement la réticence des Etats cocontractants dans la mesure où elle a pour effet d'amoindrir la portée de l'engagement pris par les Etats fédéraux (ou à régime non-unitaire) et, finalement, à créer une discrimination entre les Etats parties en fonction de leur organisation interne. Selon le texte proposé, un Etat fédéral pourrait se prévaloir de son organisation constitutionnelle nationale pour justifier la non-exécution de certaines dispositions de la Convention* »[1299].

Les Etats unitaires ne peuvent se prévaloir d'une telle marge de manœuvre, mais aussi le dispositif peut servir à couvrir des politiques ou mesures d'entités infra-étatiques qui iraient directement à l'encontre des objectifs de la Convention. De plus une clause fédérale conduit à écarter les solutions du droit international général, tant en matière de droit des traités que de droit de la responsabilité. Aux regards des travaux préparatoires, ce qui, au départ, paraissait n'être qu'une préoccupation relativement marginale a pris des allures de véritable question de négociation. L'importance de la question a fait qu'un groupe de travail informel soit mis en place lors de la deuxième session intergouvernementale, soulevant ainsi un nombre considérable de questions, tantôt juridiques, tantôt politiques, tantôt techniques. La Suisse est intervenue lors des négociations à l'UNESCO pour l'inclusion de la clause fédérale dans la Convention. Cette clause prévoit que la Confédération devra porter à la connaissance des Cantons les dispositions de la Convention qui ne sont pas de sa compétence[1300].

[1299]H RUIZ FABRI, *Etat des négociations de la convention sur la protection de la diversité des expressions culturelles et perspectives pour la troisième session d'experts intergouvernementaux*, Note pour l'Agence intergouvernementale de la Francophonie, p.13.

[1300] Constitution fédérale suisse prévoit en effet que la Confédération favorise la prospérité commune, le développement durable, la cohésion interne et la diversité culturelle du pays (art. 2, al. 2, Cst.), et que, dans le domaine de la culture, elle prenne en compte toutes les régions du pays, toutes les régions linguistiques et toutes les formes de culture qui y sont établies (art. 69, al. 3, Cst.). La responsabilité pour la mise en œuvre des traités internationaux se détermine en fonction de la répartition interne des compétences entre la Confédération et les cantons dans le domaine concerné. En matière de

On sait qu'en droit international, un Etat ne peut pas exciper de son droit interne pour échapper à ses obligations internationales (art. 27 de la Convention de Vienne sur le droit des traités) et qu'il doit exécuter ses obligations de bonne foi (art. 24 de la Convention de Vienne), ce qui peut vouloir signifier, le cas échéant, qu'il doit adapter son droit interne à ses obligations internationales. De même, selon le droit commun de la responsabilité, l'Etat est responsable de tout manquement au droit international commis par un de ses organes, étant considérées comme tels les entités infra- étatiques quelle que soit leur nature[1301]. En droit international, l'imputation est une opération qui permet de reconnaître dans les comportements d'un individu ou d'un groupe ceux de l'Etat, sujet de droit international. Alors que l'imputation à l'Etat du comportement de ses démembrements territoriaux ne fait guère de doute en droit international général, la Convention de 2005 contient une clause fédérale qui peut conduire à exclure les démembrements territoriaux de la catégorie des organes de l'Etat.

Il est certes prématuré de se prononcer sur la façon dont la clause fédérale pourra affecter la Convention de 2005 et sur les grandes orientations qu'elle entend impulser. La rédaction de la clause témoigne d'une certaine ambigüité quant aux obligations des dispositions non fédérales de la convention. L'opposition entre les deux paragraphes et deux types de dispositions qu'ils visent respectivement indique que leur effet obligatoire est différent. L'Etat fédéral est d'une part soumis à l'obligation d'exécution classique mais seul un devoir d'information et de persuasion lui incombe d'autre part. Pour l'instant, on peut

---

culture, les cantons disposent d'une compétence générale (art. 69, al. 1, Cst.). La Confédération n'a que la compétence de promouvoir des activités culturelles présentant un intérêt national ainsi que la compétence d'encourager l'expression artistique et musicale, en particulier par la promotion de la formation (art. 69, al 2, Cst.). De ce fait, il appartient aux cantons de déterminer la nature et l'ampleur des mesures qu'ils entendent déployer pour protéger et promouvoir la diversité des expressions culturelles sur leur territoire.

[1301]Hélène RUIZ FABRI, « Analyse du texte consolidé d'avant-projet de convention sur la protection de la diversité des expressions culturelles établi par le Président de la Réunion intergouvernementale », Note pour l'AIF, mai 2005, p.14.

noter que la clause fédérale modalise l'application de la convention de 2005 en raison de la structure institutionnelle composite d'une ou plusieurs parties. Si le contenu matériel de la convention de 2005 correspond aux compétences attribuées aux entités sub-nationales, la question se posera avec acuité[1302].

§2. LES VOIES DE LA COHÉRENCE INDUIT PAR CONVENTION DE 20005

Au plan formel la cohérence suppose des règles permettant d'éviter les conflits de normes. Au plan matériel, la cohérence dépend de l'existence des valeurs fondatrices communes qui offrent à l'ensemble le paradigme d'interprétation homogène. D'où une approche concertée entre organisations ou juridictions pour parvenir à une meilleure régulation internationale dans la déconfiture actuelle.Bien que le principe de spécialité, qui interdit aux organisations internationales de sortir du champ de la compétence, une même question peut comporter différents aspects qui peuvent chacun se trouver relever de la compétence d'une organisation différente, qui le traitera en fonction de ses objectifs et de ses missions[1303]. Une coordination entre organisations internationales s'avèrent nécessaires[1304](A). La coopération implique essentiellement la reconnaissance mutuelle entre les organisations internationales, et donc celle de la

[1302]En droit constitutionnel canadien, par exemple, le partage de compétence entre les deux ordres de gouvernement (fédéral et provincial) obéit au principe dit de la «prépondérance fédérale », en vertu duquel, en cas de conflit entre une loi fédérale et une loi provinciale, la première a prépondérance sur la seconde, laquelle devient inopérante. W.R., Lederman, The Concurrent Operation of Federal and Provincial Laws in Canada, (1963) 9, McGill Law Journal 185.

[1303]Voir Hélène RUIZ FABRI, Instrument juridique international sur la diversité culturelle - Recueil documentaire, Juin 2004, p.4.

[1304]Ago, S-I., « clash of operation and normative activities of international institutions » in Buisson de Chazournes(Laurence) and Gowland-debattes (verronica) eds, the international legal system in quest of equity ans universality, the Hague kuwer Law International.

division des grands sujets de droit international suivant le principe de spécialité(B).

A. L'interaction intersystémique

Les dichotomies fondamentales entre le temporel et le spirituel ; le corps et l'esprit, l'absolu et le contingent, ancrée dans la tradition philosophique judéo-chrétienne, ont contribué a forgé dans l'imaginaire collectif que la culture et l'économie appartiennent à deux systèmes de valeurs, sinon antinomiques, du moins clairement distincts. Par essence la culture appartient au domaine non productif ; les œuvres uniques et non reproductibles[1305]. John Stuart Mill, théoricien du libéralisme, considérait déjà au 19e siècle que la culture n'avait rien à faire dans le marché.

Aujourd'hui, les interactions entre le commerce et la culture sont complexes: à la fois bidirectionnelles, directes et indirectes, et positives et négatives.Ainsi les biens et services culturels intéressent aussi bien l'UNESCO, dans leur dimension culturelle, que l'OMC, dans leur dimension commerciale. Dans la mesure où il n'existe pas une structuration centralisée et hiérarchisée des organisations internationales, mais au contraire un système de décentralisation fonctionnelle, la seule solution pour résoudre les questions d'interférence entre les champs d'intervention de différentes organisations internationales réside dans des principes de coordination[1306]. Plusieurs pistes peuvent être avancées, d'une part l'affirmation des valeurs supérieures (notamment par rapport au commerce, et d'autres parts, en instituant des liens de coordination.

1 La coordination comme voie de cohérence normative

[1305]Voir Rostan J.Neuwirth, The cultural industries: a clash of basic, p.8.
[1306] Ibid., p.3.

Cette coordination se manifeste entre autres par des échanges d'informations et de documents et par la représentation de chaque organisation au sein des organes des autres organisations pour des questions d'intérêt commun. Elle est pourtant insuffisante de nos jours pour éviter complètement le chevauchement des sujets et pour parvenir à créer un système cohérent face à, d'un côté, une réalité unique et globale et de l'autre, une pluralité d'organisations internationales. Dans son rapport de 2006, la Commission du droit international a observé :

« *D'un côté, la fragmentation crée effectivement un risque de conflit et d'incompatibilité entre des règles, principes, régimes et pratiques institutionnelles. De l'autre, elle reflète l'expansion de l'activité juridique internationale dans des domaines nouveaux et la diversification concomitante de ses objets et techniques. La fragmentation et la diversification correspondent au développement et à l'expansion du droit international en réponse aux exigences d'un monde pluraliste* »[1307].

Pour la Commission du droit international, une solution à ce problème pourrait se trouver dans « le principe d'harmonisation », selon lequel « *lorsque plusieurs normes ont trait à une question unique, il convient, dans la mesure du possible, de les interpréter de manière à faire apparaître un ensemble unique d'obligations compatibles* »[1308].

La coordination implique un pas au-delà de la coopération. Dans ce cas, les organisations se reconnaissent comme faisant partie d'un ensemble qui doit fonctionner de manière articulée parce qu'il est fondé sur des valeurs communes. Les actions respectives des organisations ne doivent pas porter atteinte à ces valeurs et elles ont même l'obligation de les promouvoir dans leurs domaines respectifs. La coordination réalise en fait un certain équilibre entre le principe de spécialité et l'adhésion à

[1307] Rapport de la Commission du droit international. Cinquante-huitième session. 1er mai-9 juin et 3 juillet-11 août 2006. Assemblée générale. Documents officiel, Supplément n° 10 (A/61/10), p. 424.

[1308]Ibid., p.42.

des valeurs fondamentales partagées telles que les droits de l'homme et plus particulièrement les droits fondamentaux des travailleurs. Elle se manifeste à travers la référence faite par les différentes organisations aux définitions et normes établies par l'organisation spécialisée dans le domaine, permettant ainsi d'avoir un système plus cohérent. Partant de la reconnaissance de la compétence exclusive de l'organisation spécialisée pour définir les normes internationales qui relève de son mandat constitutionnel, il est possible de distinguer les systèmes cohérents de ceux qui pourraient être considérés comme incohérents.

La coordination est comme un engrenage doté d'objectifs précis autour desquels chaque pièce s'articule selon une fonction précise, en veillant à ne pas faire obstruction au fonctionnement cohérent de l'ensemble. La coordination serait donc le moyen actuel le plus efficace pour parvenir à l'articulation d'un ensemble cohérent, à mi-chemin entre une harmonisation qui n'est pas toujours souhaitable, et une coopération qui est souvent insuffisante.

Il semble possible d'améliorer et renforcer la cohérence en instituant des mécanismes et outils, permettant une plus grande coordination entre les diverses normes, et institutions, ainsi qu'en mettant en œuvre le principe d'intégration. Cependant, cela ne parait pas suffisant et il semble nécessaire de rechercher d'autres principes, instruments, règles, qui la concrétiseront. La coordination est insuffisante dans ce sens où elle va intervenir ex post, après l'adoption des normes et au moment de leur mise en œuvre. Elle constitue un remède à l'amélioration de la cohérence en mutualisant les actions et en évitant les risques de doublon ou de contradiction. L'intégration constitue un principe clé, car elle permet l'insertion des problématiques singulières, au sein d'accords ou politiques qui n'ont pas pour objet principal celles-ci. Cependant, l'intégration n'empêche pas les contradictions si elle simplement formelle, et elle soumet les problématiques insérées, à la logique de l'accord dans lequel et elle se trouve, limitant ainsi leur opportunité. Si le conflit ou l'incompatibilité entre différents instruments de même valeur juridique ou de valeur juridique différente, peut être résolu en fonction de règles générales de droit international public[1309], il est plus difficile d'apporter une réponse à partir de la technique juridique à des conflits liés aux fondements mêmes et aux objectifs des textes.

Selon Joseph Stieglitz, ancien économiste en chef de la Banque Mondiale, la plus grande faiblesse de la gouvernance mondiale est le manque de cohérence entre ce que représentent les institutions et les intérêts des pays. Il ajoute que le manque d'efficacité du système multilatéral actuel vient principalement du manque de ressources stables pour faire face aux enjeux du développement mondial. La mondialisation se construisant essentiellement autour de phénomènes économiques, il peut-être intéressant d'étudier comment le droit qui se recompose en fonction de ce phénomènes permet de résoudre les conflits soulevés par le cloisonnement actuel. Plusieurs pistes peuvent être avancées. En premier lieu, il convient de consolider les fondations en poursuivant simultanément deux objectifs : la reconnaissance de la place fondamentale des droits culturels dans la hiérarchie des normes internationales et la promotion de leur qualification comme norme impérative. En complément, les obligations des Etats et des Organisations Internationales doivent être clarifié.

2. Le Linkage institutionnel

Le commerce et la culture ne sont pas étrangers l'un à l'autre et ne peuvent pas l'être, ne serait-ce que parce que la culture a une dimension économique mais aussi parce qu'elle se nourrit d'échanges. Comme toutes relations, elles supposent pour bien fonctionner de trouver un équilibre. La réalisation de progrès concrets vers une meilleure conciliation du commerce et de la culture demeure cependant une tâche difficile.
David Leebron a réalise une classification des différents types de liens pouvant exister entre différents régimes dans la sphère internationale. Il parle plutôt de « linkages », terme difficilement

[1309] L'article30 de la convention de Vienne de 1969.

traduisible, qui n'évoque pas seulement l'existence des liens mais aussi d'un couplage, comme en mécanique lorsque deux pièces s'entraînent l'une de l'autre. La culture et le commerce s'influencent mutuellement et entretiennent des relations qu'on peut qualifier de « substantive linkage ». Or, il n'y pas de rapport de hiérarchie entre l'UNESCO et l'OMC, ni d'autorité centrale coordinatrice. Par conséquent, l'accord inter institutionnel encore appelé « accord de coordination », «accord de liaison » «accord d'arrangement » ou « mémorandum d'accord », est la première pierre de l'édifice de la coordination»[1310].

Dans un climat de tension institutionnelle, c'est dans la mise en place de mécanisme de coordination « négative » et « positive » que l'UNESCO pourra affirmer son autorité en matière de diversité culturelle[1311]. Il convient de rappeler que l'article 20 régit avec une certaine ambiguïté la relation entre la Convention et les autres traités.Comme le souligne Bob Kieffer, seul le « linkage » institutionnel efficace permettra de résoudre les problèmes contemporains, dont la complexité est telle qu'elle excédent le mandant d'une seule institution spécialisée, et appellent donc une mise en commun des compétences de différentes institutions[1312].

Les règles de droit substantiel de l'OMC ont vocation à discipliner les comportements, notamment normatifs, des Membres, qui peuvent avoir des effets restrictifs sur les échanges commerciaux internationaux.Il est donc parfaitement normal de trouver des situations dans lesquelles une norme nationale et une norme de l'OMC entrent en conflit. Puisque c'est l'objet même du droit de l'OMC que de s'opposer à ces mesures nationales qu'il postule illégitimement protectionnistes,

---

1310 CIJ, opinion,8 juillet 1996 , liccité de l'utilisation des armes nucléaires par un Etat dans un conflit armé, Rapport CIJ, 1996,p ;66,para 25.

1311 Voir Socini Roberto, rapports et conflits entre organisation européens, Leiden, A.systoff, 1960. La coordination « négative » commande l'autolimitation d'une organisation afin d'éviter la duplication. Elle découle du principe de spécialité » des organisations internationales.

1312 B.KIEFFER, *L'Organisation Mondiale du Commerce et l'évolution du droit international public*, Bruxelles, De Boeck, Larcier, 2008, p.318.

il est normal que, du point de vue du droit de l'OMC tout au moins, ses normes l'emportent sur les normes nationales contraires. On retrouve là le jeu classique de l'articulation entre le droit international et le droit interne et on ne saurait évidemment en inférer un quelconque effet en termes de « fragmentation du droit international ».

Il convient de noter également que sur les 154 membres de l'OMC, 96 sont parties à la Convention (et la grande majorité des 110 parties à la Convention sont donc aussi membres de l'OMC). Le fait de discuter de la Convention de l'UNESCO sous les auspices de l'OMC constituerait un moyen, pour les membres de l'OMC qui sont également parties à la Convention, d'appliquer les articles 20 et 21 de la Convention tout en créant un forum d'analyse de la signification et de l'importance de ces dispositions. Le fait de mener des discussions consacrées à la Convention de l'UNESCO au niveau de l'OMC contribuerait certainement à réaliser les objectifs de la Convention d' « encourager le soutien mutuel» entre la Convention et les autres traités et de promouvoir ses principes, comme l'exigent les articles 20.1 et 21.L'une des difficultés tient à ce qu'il faut trouver une volonté politique des membres de l'OMC et un *modus operandi* de la participation de groupes intéressés en dehors de l'OMC. Les difficultés rencontrées dans la conclusion du cycle de négociations de Doha et le fait que l'UNESCO ne possède le statut d'observateur dans aucun organe de l'OMC complique davantage la tâche.

Les relations que l'OMC entretient avec d'autres organisations intergouvernementales tels que l'OMPI et l'OMS, illustrent les nombreuses façons dont l'UNESCO pourrait renforcer son rôle vis-à-vis de l'OMC, les organes de la Convention, à savoir le Comité intergouvernemental pour la protection et la promotion de la diversité des expressions culturelles et la Conférence des Parties, doivent d'élaborer les directives opérationnelles devant guider la mise en œuvre des dispositions de la Convention y relatives.

Mais il faut bien admettre que malgré l'apparente aptitude des acteurs politiques à adapter le système commercial aux besoins changeants de la vie internationale, le risque qu'ils échouent est présent, comme le montre d'ailleurs l'état actuel des négociations au sein de l'OMC. La question se pose alors de savoir comment il convient de s'y prendre lorsque les acteurs politiques de l'OMC se montrent incapables de faire évoluer ses normes afin de les rendre mieux compatibles avec les attentes du moment. Le regard ne peut que se tourner vers la figure du juge, dont on connaît l'aptitude à faire avancer le droit à coup d'arrêts.

3. Le juge, autorité à renforcer en droit international de la culture

Aux termes du MARD, le Juge de l'OMC est uniquement compétent pour régler les différends entre les Membres de l'OMC concernant les textes adoptés à Marrakech (les accords visés). Cela ne veut cependant pas dire qu'il est incompétent lorsque le différend dont il est saisi met en cause non seulement des normes de l'OMC mais également d'autres normes ; il se peut donc qu'un Groupe spécial soit saisi d'un différend qui se trouverait « à cheval » sur deux ordres normatifs.

Depuis quelques années, les théories qui sous-tendent le système commercial dans sa forme actuelle sont mises à l'épreuve, principalement dans les secteurs d'activités qui possèdent une dimension autre que commerciale plus marquée, comme la culture et l'agriculture »[1313]. La prise en compte des dimensions non commerciales de la culture dans le cadre du système commercial passe nécessairement par le décloisonnement de l'OMC et son ouverture sur les autres sphères du droit international public[1314].

L'Organe d'appel a d'ailleurs souligné dès sa première affaire qu'il ne faut pas lire l'Accord général en l'isolant cliniquement du droit international public[1315]. Même s'il faut s'en féliciter, c'est là que réside la cause de l'un des problèmes que pose « le droit applicable »: il ne contient pas seulement les

[1313]Voir, Geneviève PARENT et Laurence MAYER-ROBITAILLE, « Agriculture et culture : le défi de l'OMC de prendre en compte les considérations non commerciales », *Revue de droit de MCGILL,* Vol. 52, pp.448.

[1314]Idem.

[1315] *Etats-Unis – Normes concernant l'essence nouvelle et ancienne formule*, 29 avril 1996, WT/DS2/AB/R, p. 17.

normes adoptées à Marrakech, mais aussi, parce qu'il n'est pas « cliniquement isolé », des normes issues d'autres sources. C'est pour cette raison que le conflit de normes (internes et externes) est possible.

L'ouverture du « bloc du droit applicable » par l'ORD consacré par le droit de l'OMC oblige sans doute l'ORD à disposer d'outils afin de mettre en ordre les normes internes et externes qui pourraient tendre à entrer en conflit à l'occasion des litiges dont il est saisi. Le mécanisme de l'avis déterminant permettrait d'améliorer la gouvernance globale. Il consiste à mettre en place une procédure qui permettrait aux Groupes Spéciaux, lorsque ces derniers sont saisis d'une question qui sort de leur champ de compétences, de faire appel à l'organisation internationale compétente, en l'occurrence, pour les questions relevant de la diversité culturelle.

a. Le mécanisme de l'avis déterminant

Le mécanisme de l'avis déterminant consisterait à obliger l'ORD à solliciter l'avis d'une autre organisation sur son appréciation du comportement d'un État ou d'une institution régionale justifiant son comportement par des exigences ou des normes formulées par ladite organisation à vocation mondiale, lorsque ce comportement constitue une méconnaissance des règles de l'OMC susceptible d'être justifiée par une exception ou une dérogation admise par l'accord OMC. Les décisions prises par les organes de l'ORD n'ont d'effet qu'*inter partes* et ne peuvent donc imposer aucune obligation aux États en dehors du conflit. Même en ce qui concerne les États mis en cause, le maximum qu'elles puissent faire est de justifier leurs politiques ou mesures au titre du régime d'exception.

L'article 13 du *Mémorandum d'accord* recèle peut-être une piste de solution. En vertu de cette disposition, un groupe spécial détient le droit de demander à toute personne, organisme ou groupe d'experts des renseignements et avis techniques sur une question de faits, une question scientifique ou technique soulevée ans le cadre du différend[1316]. Il est donc possible d'envisager à cette étape du processus de règlement des différends certaines précisions concernant la *Convention sur la protection et la promotion de la diversité des expressions culturelles*. Leurs liens avec les accords de l'OMC et l'incidence d'une décision sur le respect de leurs règles pourraient être demandés par le groupe spécial dans l'optique d'assurer une certaine cohérence dans le système de droit international public. Cette possibilité n'est toutefois offerte qu'au Groupe spécial et non à l'Organe d'appel qui évalue une décision en deuxième instance[1317].

Un mécanisme envisageable serait de prévoir un avis obligatoire que l'ORD serait tenu de solliciter chaque fois qu'un État invoque pour justifier son comportement le fait justificatif d'une exigence à caractère non commercial (protection de la diversité culturelle) dont la validité est admise par l'accord OMC[1318]. L'ORD serait tenu de suivre cet avis, sauf à motiver son refus. Cette proposition conduit à s'interroger tant sur la procédure que sur la nature de l'avis ainsi sollicité[1319]. Pratiquement deux types

[1316] Laurence Boisson de Chazournes, «Le rôle des organes de règlement des différends de l'OMC dans le développement du droit international de l'environnement : entre le marteau et l'enclume» dans Maljean-Dubois, *p*.379.

[1317]Voir, Geneviève PARENT et Laurence MAYER-ROBITAILLE, « Agriculture et culture : le défi de l'OMC de prendre en compte les considérations non commerciales », op.cit.,p.455.

[1318]Pour Hart, toutes les règles valides du système juridique, soit primaires (portant directement sur des comportements humains), soit secondaires (relatives aux normes primaires) sont reconnues à la lumière d'une règle de reconnaissance ultime qui fournit les critères de validité de toutes les règles du système tout en n'étant elle-même ni valide, ni invalide, et qui est au fondement de tout ordre juridique. À la différence de la norme fondamentale kelsénienne, présupposition ou fiction, la règle de reconnaissance ultime constitue un fait social. V. Herbert L.A. HART, *Le concept de droit*, *op.cit.*, p. 138 : « La règle de reconnaissance n'existe que sous la forme d'une pratique complexe mais habituellement concordante, qui consiste dans les fait que les tribunaux, les fonctionnaires et les simples particuliers identifient le droit en se référant à certains critères. Son existence est une question de fait ».

[1319]Sur la question voir Grelon Bernard (2002) : « Le mécanisme de l'avis déterminant dans le cadre du règlement des différends au sein de l'OMC » in

d'avis peuvent être sollicités. Le premier est d'ordre technique, le second est d'ordre juridique.

Dans un avis de caractère essentiellement technique qui s'apparente à une mesure d'expertise judiciaire, l'organisation requérante est seule compétente pour apprécier et définir la règle de droit applicable, l'organisation requise ne fournissant que des éléments de fait d'ordre technique ou scientifique. Une telle analyse ne signifie pas que l'organisation requise ne soit pas conduite en réalité à émettre des considérations d'ordre juridique – existence d'un usage, appréciation de la légitimité ou de l'opportunité du comportement décrit ou analysé. Mais cette appréciation n'a par nature aucun caractère obligatoire pour le juge requérant. Seul ce dernier est maître de l'appréciation et de l'interprétation de la règle de droit qu'il applique[1320].

En pratique, un avis technique est seul concevable chaque fois que l'ORD estimera que la question à résoudre relève du point de vue juridique de sa compétence et que la question posée ne tend pas à interroger l'institution requise sur la compatibilité d'une loi, d'une règle ou d'une pratique nationale avec une règle édictée par l'institution requise mais tend à l'analyse de la compatibilité d'une loi, d'une réglementation ou d'une pratique nationale avec une règle dont l'appréciation relève de la compétence de l'OMC[1321]. Cet avis constitue en effet une question de fait dont l'appréciation relève des prérogatives du juge saisi, et dont il paraît difficile de le dessaisir.

Gouvernance mondiale, Rapport du CAE, n° 37, La Documentation française ; Désir Harlem, *Ouverture et démocratie dans le commerce international,*Rapport au Parlement européen, octobre 2001; Frison-Roche Marie-Anne , « Le droit, source et forme de régulation mondiale « in *Gouvernance mondiale,* Rapport du CAE, n° 37, La Documentation française 2002.

[1320]Bernard GRELON, « Regard juridique sur la hiérarchie des normes » in Jean Tirole, «La gouvernance des institutions internationales», in Pierre Jacquet/Jean Pisani- Ferry/Laurence Tubiana (dir.), Gouvernance mondiale, La Documentation française, Paris, 2002, pp. 331-348.

[1321] Bernard GRELON, « Regard juridique sur la hiérarchie des normes », *op.cit,* p.340.

L'approche *subjective*, classique chez les internationalistes, cherche à établir la priorité entre les normes en s'attachant à respecter au mieux la volonté des Etats concernés (en l'occurrence, il s'agirait des Etats concernés par le différend, étant précisé qu'à ce jour les normes extérieures qu'ils peuvent invoquer devant le Juge de l'OMC sont seulement celles qui lient tous les Membres). Dans le cadre de la mise œuvre de la Convention de l'UNESCO de 2005, notamment son article 21, il sera possible de demander au juge de l'OMC de prendre en compte la Convention de l'UNESCO lorsque les parties au litige sont également parties à la Convention. Ainsi, les parties peuvent demander au juge de l'OMC de consulter l'UNESCO pour avis lorsque des intérêts culturels sont en jeu. Cela est en accord avec la position de l'Organe d'appel depuis l'affaire Etats-Unis - Essence (DS2), dans laquelle il a affirmé qu'il ne faut pas lire le GATT « en l'isolant cliniquement du droit international public ».

Le Président de la République française, Nicolas Sarkozy ne disait pas autre chose lorsqu'il proposait devant l'OIT une nouvelle architecture des instances internationales ou la liberté du commerce ne peut être systématiquement placée au dessus de toutes les valeurs humaines et l'OMC le seul régulateur de la vie et de l'avenir des sociétés : « *Cette révolution repose sur l'idée que les institutions spécialisées puissent intervenir dans les litiges, notamment les litiges commerciaux, par le biais de questions préjudicielles.... Ainsi le juge du commerce ne serait plus le seul à décider. Ainsi le droit commercial ne serait plus le seul à prévaloir* » [1322].

Une condition préalable doit alors être remplie pour que le mécanisme puisse jouer : il faut que l'institution requise se reconnaisse compétente pour apprécier la conformité des décisions ou actes des États avec ses propres normes. Il faut donc que l'institution requise dispose d'une quasi-compétence juridictionnelle. Ensuite, le mécanisme de l'avis sollicité peut aboutir à deux types de réponses : une première réponse

[1322] Discours de Mr. Nicolas Sarkozy au sommet de l'OIT sur la crise mondiale de l'emploi,15 juin 2009.Voir : http://www.ilo.org/global/About_the_ILO/Media_and_public_information.

conduira à l'affirmation que le comportement de l'État en cause est simplement compatible avec la norme de l'institution requise. Dans l'autre cas, elle conduira à l'affirmation de ce que le comportement de l'État en cause est nécessaire à la mise en œuvre de la norme de l'institution requise. Dans ce dernier cas, la réponse donnée est de nature à conduire à un conflit de compétence ou à un conflit d'autorité[1323]. Ainsi la logique marchande ne pourrait plus l'emporter sur toutes les autres et toutes les règles deviendraient véritablement des normes que chaque institution internationale spécialisée s'appliquerait à faire respecter pour ce qui concerne son domaine de compétences[1324].

Pour les aider à interpréter avec cohérence les normes et les règles relatives à la diversité culturelle, tout Groupe spécial chargé du règlement d'un différend pourrait solliciter l'avis de spécialistes ou du comité intergouvernemental chargé d'examiner les rapports des Etats lorsqu'ils doivent statuer sur une affaire dans laquelle des questions relatives à la diversité culturelle ont été soulevées au titre des clauses d'exception générale[1325]. Des experts reconnus dans le domaine pourraient attester si l'État concerné est véritablement confronté à un problème de menace de ses expressions culturelles et si les mesures prises y apportent une solution. Cela aiderait certainement à surmonter quelques-uns des problèmes qui se posent pour expliquer et démontrer la nature des questions relatives aux politiques culturelles en cause. Une telle approche ne serait pas sans précédent.
Par exemple, dans l'affaire *Thaïlande. Cigarettes,* le Groupe spécial a consulté l'Organisation mondiale de la santé (OMS) afin d'obtenir un avis scientifique sur les effets du tabagisme, et pour savoir si l'interdiction faite par la Thaïlande d'importer des cigarettes étrangères était une réponse appropriée au problème de santé auquel ce pays est confronté[1326]. Naturellement, le

---

[1323] Bernard GRELON, « Regard juridique sur la hiérarchie des normes », op.cit, p.341.
[1324] Voir Discours du président Nicolas Sarkoz, *op.cit.*, p.4.
[1325]FIDH, *Position Paper. The WTO and Human Righs*, novembre 1999, www.fidh.org/rapports/wto.
[1326] Voir affaire *Thaïlande. Cigarettes*, par. 72 à 81.

recours à des avis d'experts et à des éléments de preuve en matière de diversité culturelle pourrait ne pas être suffisant en soi pour pallier les différences évoquées en termes d'approche juridique[1327].Cependant, ces avis spécialisés pourraient aider un groupe spécial à déterminer si une mesure est véritablement en relation avec la diversité culturelle si elle est «nécessaire» par rapport à l'objectif recherché.

Ce système suscite néanmoins un certain nombre d'interrogations tant en amont qu'en aval de l'avis. Déjà en matière de conflits de compétence (questions préjudicielles *stricto sensu*) lorsqu'il est imposé à une juridiction de recourir à l'appréciation d'une autre juridiction parce qu'elle doit appliquer une norme qu'elle n'a pas compétence pour interpréter, il est impossible, en pratique, d'interdire à cette institution de ne pas jouer sur son appréciation de « la clarté » du texte en cause, au regard de la question qui lui est posée et donc d'apprécier d'une certaine manière l'opportunité de solliciter l'interprétation de la disposition en cause par l'autorité tierce[1328]. Il s'agit plus de tisser des liens entre les institutions internationales, liens qui ne seraient pas de nature hiérarchique, mais simplement procéduraux. La portée limitée de cette piste de solution nous ramène à nous interroger sur la contribution de la procédure de *l'amicus curiae*. Traditionnellement, le procès international exclut les acteurs non étatiques même si substantiellement, on voit que ce sont les entreprises qui sont concernées par le contenu substantiel des accords[1329].Seul l'Etat y intervient et le litige international est, dans une certaine

[1327] On ne saurait dissiper totalement les tensions institutionnelles entre les deux cadres normatifs en recourant à un expert comme on ferait venir un médecin réputé pour fournir des données scientifiques sur une question médicale.

[1328]Bernard GRELON, « Regard juridique sur la hiérarchie des normes », *op.cit*, p.344.

[1329] Souvent, les sociétés privées influencent les gouvernements dans le développement en ce qui concerne l'argumentation factuelle, dans la mesure notamment où ces sociétés disposent des données de fait nécessaires dans le cadre du litige. On peut citer à cet égard le litige qui a opposé le Japon aux États-Unis dans l'affaire *Japon – Pellicules et papiers photographiques*. Nul doute que derrière ce litige interétatique ne se cachait en réalité les intérêts des acteurs économiques privés, à savoir Kodak (États-Unis) et Fuji (Japon).

conception – aujourd'hui partiellement révolue – nécessairement interétatique.Ainsi l'*amicus curiae* ouvre une brèche dans un environnement judiciaire essentiellement stato-centré mais peut du même coup, contribuer à la cohérence du droit international.

b. L'ouverture processuelle des « amici curii » : acteurs de la cohérence du droit international ?

En théorie, la procédure de règlement des conflits au sein de l'ORD se veut exclusivement interétatique. Mais des parties autres que des Etats-membres de l'OMC peuvent intervenir de façon active dans le règlement d'un différend. Aussi, l'*amicus curiae* constitue-t-il «la brèche procédurale par laquelle peuvent s'engouffrer individus, sociétés et associations lorsque la qualité de partie est réservée aux États »[1330]. Le mécanisme de *l'amicus curiae* offre une alternative aux opérateurs économiques exclus d'une procédure qui les concerne. Cette procédure permet à toute personne intéressée, non partie au litige, d'intervenir devant le juge pour lui présenter des éléments de fait ou de droit dans l'intention de l'éclairer et de contribuer ainsi à une bonne administration de la justice. Jusqu'à l'affaire des tortues, cette procédure était largement ignorée des organes de règlement de différends. L'ORD a maintenant une expérience riche du phénomène des *amici curiae*. En effet, les Groupes spéciaux et l'Organe d'appel de l'OMC dispose d'un encadrement juridique leur habilitant d'accueillir les observations spontanées de tiers, mais ils n'en tiennent pas toujours compte.

L'article 13§1 du *Mémorandum* prévoit que « chaque Groupe spécial aura le droit de demander à toute personne ou à tout organisme qu'il jugera approprié des renseignements et des avis techniques ».Ainsi, les acteurs non étatiques ont, à tout le moins, une vocation à participer à la résolution des différends. Dans un premier temps, cet article fut interprété de manière stricte, de telle manière que des informations émanant de sujets privés n'étant pas parties aux litiges, ne pouvaient être prises en

---

[1330] C-E. CÔTÉ, *La participation des personnes privées au règlement des différends internationaux économiques: l'élargissement du droit de porter plainte à l 'OMC,* Bruxelles, Bruylant, 2008, 635 p.

compte par les groupes spéciaux que si ceux-ci les avaient sollicitées[1331]. Plus tard l'organe d'appel a admis d'accepter directement les *amici curii* sans passer par les Etas[1332]. Il ne s'agit toutefois que d'une possibilité et les Groupes spéciaux, comme l'Organe d'appel, disposent d'un pouvoir discrétionnaire pour les accepter. Le Groupe spécial «est libre de déterminer comment demander l'avis d'experts»[1333]. L'Organe d'appel a précisé dans l'affaire *Tortues-Crevettes* qu'« un Groupe spécial a le pouvoir discrétionnaire soit d'accepter (...) soit de rejeter les renseignements ou avis qui lui ont été communiqués, qu'il les ait ou non demandés »[1334]. La question de savoir si l'Organe d'appel lui-même peut aussi accepter de recevoir des mémoires d'*amicus curiae* est restée pendante jusqu'à ce que ce dernier y réponde par l'affirmative dans une affaire subséquente.

L'Organe d'appel intervint et joua donc un rôle déterminant dans le développement de l'idée d'*amicus curiae*. Tout d'abord dans l'affaire Etats-Unis-Crevettes[1335]. Dans cette affaire, l'Organe d'Appel, se fondant sur une interprétation large de l'article 13 du Mémorandum d'accord posa le principe selon lequel en vertu de cet article les groupes spéciaux, outre le fait de pouvoir solliciter des informations auprès des parties au litige ou de tiers, peuvent valablement accepter les informations qui leurs sont soumises spontanément par des tiers. L'article 13 du *Mémorandum* joue ici un rôle déterminant, en permettant au Groupe spécial de rechercher des réponses au de-là des

---

[1331]*États-Unis-Crevettes,* paragraphe101,(WT/DS58/AB/R) : « un groupe spécial est légalement *tenu* de n'accepter et prendre dûment en compte que les communications présentées par les parties et les tierces parties au cours de la procédure ».

[1332]*États-Unis – Imposition de droits compensateurs sur certains produits en acier au carbone, plomb et bismuth laminés à chaud originaires du Royaume-Uni (Plainte des Communautés européennes)*, rapport de l'Organe d'appel, WT/DS138/AB/R (10 mai 2000), par. 39-42.

[1333]Organe d'appel, *Argentine – Mesures affectant les importations de chaussures, textiles, vêtements et autres articles*, 22 avril 1998, WT/DS56/AB/R, §§ 84 et 86.

[1334]Organe d'appel, *Etats-Unis – Crevettes,* rapport préc. § 108.

[1335]Rapports du Groupe spécial et de l'Organe d'appel, *Etats-Unis-Crevettes,* WT/DS58/R et WT/DS58/RW.

arguments des parties[1336].Malgré l'inexistence d'un pouvoir explicite de l'Organe d'appel de demander des renseignements et des avis techniques, semblable à celui des groupes spéciaux, celui-ci a néanmoins appliqué un raisonnement analogue pour reconnaître son propre pouvoir d'accepter de recevoir des mémoires d'*amicus curiae*[1337].

Cette décision d'accepter la participation des *amicus curiae* à la procédure de règlement des différends est appréhendée par beaucoup comme un acte politique de l'Organe d'appel. Bon nombre d'Etats voient d'un mauvais œil ces interventions spontanées et ce notamment en raison des vices juridiques que ce procédé comporte. De plus, une tension interne au système des *amicus curiae* tend à se développer. En effet, sous le vocable « amicus curiae », se retrouvent plusieurs sortes d'intervenants, se voulant les porte-paroles d'intérêts parfois très divergents. On peut essentiellement en distinguer 3 types : les ONG « désintéressées », agissant au nom de l'intérêt général, les associations représentants des intérêts commerciaux, et enfin les Etats qui, se présentant à un stade trop avancé de la procédure que pour se constituer parties tierces, trouvent en la qualité d'*amicus curiae* une façon d'accéder à celle-ci. Plus inquiétant encore est le fait que ce procédé, tend à agrandir le fossé séparant les pays développés et les pays en voie de développement en ce que la plupart des ONG se constituant *amicus curiae* proviennent, soit de pays développés, soit de pays en voie de développement mais financées par des pays développés[1338].

L'Organe d'appel a voulu encadrer le flot potentiel d'interventions privées non sollicitées auquel il avait ouvert le prétoire. Cet encadrement a pris la forme d'une procédure additionnelle adoptée par la section de l'Organe d'appel en vertu des *Procédures de travail pour l'examen en appel* aux fins

---

[1336]MAVROIDIS (P.C.), « Amicus curiae briefs before the WTO: Much ado about nothing », *Jean Monnet, Working Paper 2/01* (Harvard University).

[1337] *États-Unis – Plomb et bismuth II*, Organe d'appel, §. 39-42.

[1338]B. STERN, *op.cit.*, pp.1454-1456. Des positions diamétralement opposées se font face concernant les mémoires d'*amicus curiae* dans le contexte des négociations sur la révision du système de règlement des différends.

exclusives dans l'affaire *CE - Amiante*. La procédure additionnelle prévoyait un processus en deux étapes, chacune assortie de conditions de forme et de fond : la première étape était la présentation de la demande d'autorisation de soumettre un mémoire d'*amicus curiae* ; la seconde étape était la soumission du mémoire lui-même, si une autorisation avait été octroyée[1339] .

Le statut d'*amicus curiae* dont peuvent bénéficier les personnes privées et la société civile, loin d'alourdir des procédures déjà très chargées, peut accroître sa légitimité[1340]. C'est particulièrement important lorsqu'elles touchent des questions portant sur des intérêts non exclusivement commerciaux, et que ces derniers présentent un caractère d'intérêt commun. Si l'organisation se détournait totalement de la société civile, elle courrait le risque de s'enfermer dans sa bulle et de perdre pied avec la réalité alors même que, comme l'Organe d'appel l'a lui-même rappel : « *l'organisation évolue au sein d'un monde réel où les gens vivent, travaillent et meurent* »[1341]. Le droit international économique n'offrant pas d'outils nécessaires à la protection de l'intérêt public ou des intérêts du public, la participation d'*amici curiae* constitue un « *moyen privilégié pour que les intérêts absents lors de la création normative soient enfin entendus* »[1342].

Face au morcellement du droit et l'enchevêtrement des intérêts l'*amicus curiae* permet de combler les lacunes résultant de l'internormativité et appelé à devenir « un partenaire (...) dans la

---

[1339] Rapport du Groupe spécial, *Communautés européennes – Mesures affectant l'amiante* et les *produits* en *contenant*, WT/DS135/R, 18 septembre 2000,§51.(« *CE-Amiante*, communication de l'Organe d'appel »).

[1340]Vincent TOMKIEWICZ, « Regards au-delà de la fonction juridictionnelle de l'Organe d'appel de l'OMC : l'apport à la légitimité du mécanisme de règlement des différends », *op.cit*, p.8.

[1341] Rapport de l'Organe d'appel *Communautés européennes – Hormones*, par. 187.

[1342]C.KESSEDJIAN), « De quelques pistes pour l'encadrement procédural de l'intervention des amici curiae », p.95. ; BOISSON DE CHAZOURNES (L.), « The Amici Curiae and the WTO Dispute-Settlement System: the Doors are open », p.210.

mise en œuvre du droit international »[1343]. *L'amicus curiae,* par le dialogue qu'il instaure entre les acteurs de la société civile, les parties, le juge, les États et les institutions internationales permet un « réajustement des niveaux normatifs »[1344]. La soumission d'observations sous forme de mémoires d'*amicus curiae* par l'UNESCO et des associations intéressées par le litige peut permettre de mieux prendre en compte ces préoccupations non-économiques dans le règlement des différends. Il sera d'autant très utile dans la mesure où l'UNSCO va constituer une jurisprudence culturelle au titre de la Convention de2005 et que ses contributions émanent d'acteurs éclairés dans le domaine en cause. L'Organe d'appel a d'ailleurs institutionnalisé cette pratique en précisant les conditions de recevabilité de ces mémoires[1345]. Mais, vu le détournement, les limites actuels[1346] et la frilosité de l'organe d'appel à accepter ces interventions non sollicitées, il faudra renforcer le mécanisme[1347] pour mieux concilier le droit du commerce et culture.

[1343]G.BRETON-LE GOFF, « L'irruption des valeurs non étatiques dans les contentieux de l'OMC : potentiel de déstabilisation ou source de progrès? », *Conférence donnée à la Chaire unesco-uqam sur l'étude des fondements philosophiques de la justice et de la société démocratique,* p.3.

[1344]B.OPPETIT, « La résurgence du rescrit », in *Dalloz,* 1991, Chron., p.l08.

[1345]Organe d'appel, *Communautés européennes – Mesures affectant l'amiante et les produits en contenant*, 12 mars 2001, WT/DS135/AB/R.

[1346] Van Den Bossche, P. (2010) "Non-Governmental Organizations and the WTO: Limits to Involvement?" *Redesigning the World Trade Organization for the Twenty-First Century*; CE, Comm iss ion, *Report to the Trade Barriers Regulation Committee. Examination Procedure Concerning an Obstacle to Trade, within the Meaning of Council Regulation (EC) No 3286/94,Consisting of Measures Adopted by the Separate Customs Territory of Taiwan,Penghu, Kinmen and Matsu Affecting Patent Protection in Respect of Recordable Compact Discs*, 30 janvier 2008,En ligne: trade.ec.europa.eu/doclib/docs/2008/January.

[1347]William J. Davey, *Enforcing World Trade Rules. Essays on WTO Dispute Settlement and GATT Obligations*, Londres, Cameron May, 2006, p. 91.

B. Les voies de conciliation du droit international économique et le droit internationale de la culture

Le concept de développement durable est tout d'abord un concept d'équilibre et de mise en œuvre des politiques efficaces et profitables à toutes les composantes de la population. Le sociologue Jean-Guy Vaillancourt ne dit pas autre chose lorsqu'il écrit que le développement durable est : «(…) une espèce de couvre-lit, mi-scientifique et mi-idéologique, que tous essaient de tirer de leur côté. C'est un cri de ralliement pour ceux qui sont intéressés à travailler au développement et à la protection de l'environnement, à l'harmonisation de l'économie et de l'écologie dans une perspective de justice et d'équité sociale. C'est une formule de compromis qui a émergé graduellement entre 1970 et 1987 entre les militants verts, d'une part, et les partisans du développement dans les pays pauvres mais aussi ailleurs dans le monde, d'autre part»[1348]. Il convient de voir comment il peut offrir l'opportunité d'aménager une place à la diversité culturelle dans le système commercial multilatéral.

1. Le développement durable comme vecteur des valeurs culturelles

Plus qu'un questionnement de la croissance économique, le développement durable est aujourd'hui une norme performative de l'action judiciaire visant une amélioration participative de la qualité de vie collective des humains pour le bien des générations présentes et à venir. Dans de récentes décisions des tribunaux et cours internationaux, ce concept a favorisé la réconciliation des normes conflictuelles. Il semble avoir joué un rôle important dans la décision Gabcikovo- Nagymaros de la Cour internationale de justice[1349].La dimension développement

---

[1348] J-G. Vaillancourt, « Penser et concrétiser le développement durable », (1995) 15 *Ecodécision* 24, p. 25.

[1349] « *Le concept de développement durable traduit bien cette nécessité de concilier développement économique et protection de l'environnement* », Voir l'affaire relative au projet Gabcikovo Nagymaros (Hongrie contre

durable est prise en compte par l'OMC. Elle a été intégrée et reconnue dans le cadre de l'accord de Marrakech, dans le préambule de la constitution de l'OMC. Elle a été intégrée dans maints accords commerciaux (bilatéraux, régionaux ou unilatéraux) conclus ou en cours de négociations. Elle a été l'objet de plusieurs contentieux traités par l'Organe de règlement des différends (ORD) et l'OA de l'OMC.

L'appel au développement durable du préambule de *l' Accord sur l'OMC* contient aussi l'appel de nature procédurale adressé à tous ceux qui sont chargés de l'interprétation des dispositions des accords de l'OMC de prendre en compte les normes étrangères à l'OMC afin de définir le contenu des droits et obligations découlant des dispositions de l'OMC d'une manière qui soit compatible avec les autres normes du droit international. A l'OMC le développement durable connait une nette évolution. C'est ce qu'a reconnu le Directeur général de l'OMC, Pascal Lamy, lorsqu'il a affirmé que « nul ne peut plus soutenir que le développement durable est un choix : c'est devenu une nécessité »[1350]. Selon lui, « placé au cœur même de la Charte de l'Organisation », ce développement durable « doit être la pierre angulaire de notre approche de la mondialisation et de la structure de gouvernance mondiale que nous créons »[1351].

Slovaquie) I.C.J. Rep., 37 I.L.M. (1998) 162 .Tout en reconnaissant le développement durable comme un « concept », la majorité des juges a indiqué qu'il a un intérêt considérable mais n'a pas procédé à une analyse détaillée de sa normativité. La dissidence du juge Weeramantry (pp. 85-86) présente, certes, un autre point de vue sur la normativité du concept, en affirmant qu'il est davantage qu'un simple concept et que c'est un principe de valeur normative qui fait partie du droit moderne. Cela ne permet toutefois pas pour autant d'inférer qu'il a acquis le statut d'un principe juridique du droit international coutumier dans l'ordre juridique international. Néanmoins, le consensus politique autour du concept du développement durable ne fait pas de doute. Véritable paradigme, ce concept est devenu la pierre angulaire de l'approche de la mondialisation et un véritable *terminus a quo*, un point de départ nécessaire à la mise en place de tout raisonnement, modèle ou analyse concernant les politiques publiques.

[1350]P. LAMY, « Mondialisation et environnement dans une Organisation des Nations Unies réformée : tracer la voie du développement durable », 24e session du Conseil d'administration-Forum ministériel mondial sur l'environnement, Nairobi, allocution prononcée le 5 févier 2007.

[1351] Idem.

La cohérence préconisée par le principe de développement durable signifie entre autres que les engagements que les États prennent dans les différentes branches du droit doivent être cohérents. Les États sont ainsi tenus de prendre en compte tous les aspects d'un problème. Il serait par exemple incohérent d'aborder un aspect d'une même problématique d'une certaine façon lorsqu'il se trouve inséré dans une politique commerciale et de l'aborder d'une façon différente lorsqu'il se trouve inséré dans une politique culturelle. Idéalement, l'interprétation intégrante faite des engagements des États dans les différentes branches du droit devrait permettre de dégager une harmonie dans les grandes lignes des engagements.

La double nature des biens et des services culturels étant désormais reconnue[1352], ces développements exigent plus précisément la recherche d'une articulation harmonieuse des deux systèmes de normes. Envisagées dans une logique de complémentarité, les règles en matière de culture et de commerce ne peuvent en effet qu'être conciliables et l'harmonie repose sur l'identification de valeurs communes aux deux systèmes. À cet égard, l'une des avancées les plus significatives qu'a permis la Convention de 2005 est précisément d'avoir encouragé le dépassement de cette opposition apparente de normes et de valeurs, et d'avoir généré de nouvelles « passerelles » permettant à des valeurs communes aux deux systèmes de circuler librement. L'exemple type en est le concept de « développement durable » que l'on retrouve à la fois dans le droit de l'OMC et dans la Convention de 2005[1353].

En effet, parce qu'il est présent dans les deux systèmes, le développement durable pourrait devenir l'interface entre le droit de l'OMC et la culture, c'est-à-dire une forme de passerelle reliant le nouveau pilier culturel au système commercial multilatéral, constituant ainsi la voie d'une articulation harmonieuse des deux ensembles normatifs. En effet, dès lors

[1352] Voir le Préambule et l'article 1g) de la Convention de 2005.

[1353] Sur la question voir l'article de Véronique Guèvremont, La prise en compte de la culture dans les politiques de développement durable et les possibilités de renouvellement des relations commerce-culture, Université de Laval, 2008. En ligne : http://www.fd.ulaval.ca/site//fichier1407.pdf .

que la double nature des biens et des services culturels est reconnue, que le droit souverain des États d'adopter des politiques culturelles est réaffirmé, que la culture est considérée comme une composante essentielle du développement durable et que l'OMC situe ce développement durable au cœur de sa Charte constitutive, il serait à la fois contraire aux objectifs de l'Organisation de faire totalement abstraction de la dimension culturelle dans l'application de ces principes fondamentaux.

Le juge de l'OMC a parfaitement adhéré à cette vision en reconnaissant une influence considérable au concept de développement durable sur l'interprétation de certaines dispositions des accords chapeautés par l'Organisation. Cette approche est d'ailleurs tout à fait conforme au droit des traités. Ainsi, bien que le Préambule ne possède pas de force obligatoire, il constitue un élément d'interprétation du traité[1354]. Dans l'opinion séparée qu'il signe dans l'affaire du barrage *Gabçikovo-Nagymaros*, le juge Weeramantry réfère à la réconciliation, qui pourrait s'appliquer dans une situation de recoupement ou de conflit entre des normes contradictoires et de l'importance d'éviter «l'anarchie normative»[1355].Le juge Weeramantry estime que le développement durable « est davantage qu'un simple concept, un principe de valeur normative » en tant que tel susceptible d'avoir des implications dans d'autres secteurs du droit international[1356].Cette idée n'est pas sans rappeler celle de Vaughn Lowe qui explique que cette conception du développement durable permet d'éviter les conflits et qu'en ce sens, il est un méta-principe qui permet de statuer sur d'autres règles et principes juridiques[1357].

Le développement durable n'est pas le propre d'un système, mais plutôt une notion transversale du droit international

---

[1354] Nguyen Quoc Dinh, P. Daillier et A. Pellet, *Droit international public*, LGDJ, Paris, 2008,p. 132.

[1355] Opinion individuelle du juge Weeramantry, CIJ Recueil 199, p.90.

[1356] Opinion individuelle du juge Weeramantry, CIJ Recueil 199, p.88-95.

[1357] V. Lowe, « Sustainable Development and Unsustainable Arguments », dans A. Boyle et D. Freestone, dir, *International Law and Sustainable Development: Past Achievements and Future Challenges,* Oxford, Oxford University Press, 2001, p.31.

permettant d'élever au-dessus de préoccupations sectorielles certaines valeurs jugées supérieures au regard du bien-être de l'humanité. Plus qu'une notion « théorique », le développement durable permet ainsi de faire évoluer l'architecture de la gouvernance mondiale, en incarnant la passerelle depuis si longtemps recherchée entre les piliers culturel et commercial de cette gouvernance. C'est finalement au juge international, vraisemblablement, l'organe de règlement des différends de l'OMC s'agissant des relations entre commerce et culture, qu'il reviendra de faire la balance, au cas par cas, à l'occasion des différends interétatiques qui lui seront soumis. Comme le disait Olivier Godard à propos du « développement durable » : « Les scènes du développement durable ne peuvent donc être que des scènes d'articulation et de rencontre entre des composantes « descendantes » visant à représenter localement des exigences émanant d'autres niveaux, et des composantes « ascendantes » reflétant dans leur diversité les conditions du mieux-vivre ensemble local » [1358].

2. Les juges comme garant ultime de la cohérence du droit international

En l'absence de mécanismes et de principes procéduraux garantissant une coordination toujours efficace au fonctionnement des juridictions internationales, on constate qu'en définitive, la cohérence du droit international sera ce que les juges sauront en faire[1359]. Dans le langage imagé de Kant: « *Un médecin, un juge ou un publiciste, peuvent avoir dans la tête beaucoup de belles règles pathologiques, juridiques ou politiques, au point de montrer en cela une science profonde, et pourtant faillir aisément dans l'application de ces règles, soit parce qu'ils manquent de jugement naturel (sans manquer pour*

[1358] Olvier Godard, « Projets et recompositions par les échelles territoriales », *Pouvoirs locaux*, n° 34, septembre 1997, p.35.

[1359] Le terme «juge », renvoie , dans cette étude, au sens que lui donne le *Dictionnaire de Droit international public,* c'est-à-dire à « toute personne investie du pouvoir de statuer sur un différend qui lui est soumis soit à titre individuel, soit à titre de membre d'un organe collégial », *Dictionnaire de Droit international public,* J. Salmon (dir.), Bruxelles, BruyJant, 2001.

cela d'entendement), et que, s'ils voient bien le général in abstracto, ils sont incapables de décider si un cas y est contenu in concreto, soit parce qu'ils n'ont pas été assez exercés à cette sorte de jugements par des exemples et des affaires réelles »[1360].

Dans son article intitulé « l'État entre éclatement et mondialisation »[1361], Serge SUR a montré que les mouvements de fragmentation et de mondialisation sont en réalité deux dynamiques complémentaires. Il estime par ailleurs que l'évolution de l'État peut conduire à la réalisation progressive d'un fédéralisme cosmopolitique. A cet égard il note le rôle du juge : « *Le retour du juge traduit une conception non pas minimaliste du droit, car la juridictionnalisation de la vie sociale peut être extrêmement complexe, mais une conception plus réactive qu'active, plus jusnaturaliste que volontariste, plus éthique qu'étatique*[1362] ».En ces temps sans doute irréversibles de globalisation, chaque jour confronté davantage à la nécessité d'élargir son horizon à la prise en considération de l'incidence du droit international sur le droit de l'OMC qu'il est chargé d'appliquer, le juge sera-t-il dans son l'interprétation, souvent évolutive, déférent ?

L'attitude du juge manifestera ici la connaissance et la conscience qu'il a eu de l'évolution profonde d'un droit international travaillé par la tension et, parfois la confrontation entre certaines des règles garantissant son unité formelle et d'autres, révélatrices d'une unité substantielle encore en gestation, établie sur la hiérarchisation des normes à raison non

---

[1360] E. KANT, *Critique de la raison pure* Paris, G. Baillière, 1869, Tome I, p. 196. Il est révélateur de constater que NIETZSCHE dénonçait à son époque la même chose. « *En présence d'un monde d'idées modernes qui voudrait confiner chacun de nous dans son coin et dans sa « spécialité », le philosophe, s'il en était encore de nos jours, se sentirait contraint de faire consister la grandeur de l'homme et la notion même de la « grandeur » dans l'étendue et la diversité des facultés, dans la totalité qui réunit des traits multiples; il déterminerait même la valeur et le rang d'un chacun d'après l'ampleur qu'il saurait donner à sa responsabilité* » , NIETZSCHE, *Par-delà le bien et le mal*, § 212.

[1361] Serge SUR, « L'État entre éclatement et mondialisation », *R.B.D.I.*, 1997/1, pp.5-20.

[1362] *Ibid.*, p.12.

plus de leur forme mais de leur contenu, d'importance « essentielle » pour la communauté internationale dans son ensemble (unité formelle), dont les principes de droit impératif identifiables en matière de droit de l'homme apportent la plus nette illustration[1363] . Le besoin se fait également sentir d'une coordination des jurisprudences, destinée à garantir l'unité d'interprétation et d'application du droit international. Cependant, là aussi, c'est la responsabilité des juges. En ce qui concerne les juges spécialisés, ils devront maintenir la claire conscience, manifestée par l'Organe d'appel de l'OMC dès son premier rapport, selon laquelle leur droit spécial ne peut s'appliquer dans un vide clinique mais doit s'envisager dans le cadre de l'ordre juridique international dont il fait partie, lequel ne gouverne pas seulement les règles relatives à son interprétation[1364].

L'ORD et l'Organe d'appel demeurent avant tout l' « obligé » des Membres. Il en résulte que le travail de l'Organe d'appel sur la légitimation du mécanisme et du système devra toujours être effectué en priorité dans l'objectif de récolter le soutien des membres, et surtout, ne pourra en aucune façon se substituer à sa tâche principale - remplir une fonction juridictionnelle - au risque sinon de s'aventurer dans un activisme judiciaire susceptible de déboucher sur une fonction de co-législateur. Un tel comportement serait alors incompatible avec l'objectif pour lequel l'Organe d'appel et le mécanisme de règlement des différends ont été institués, mais également en totale contradiction avec les bases fondamentales du droit international suivant lesquelles l'élaboration et la réalisation du droit demeurent toujours l'apanage des seuls États. C'est peut-être le défi essentiel auquel se trouve aujourd'hui confronté les juges de l'OMC.

[1363] Sur la dialectique de l'unité formelle et de l'unité matérielle, voir P.M. DUPUY, « L'unité de l'ordre juridique international », *RCADI*, 2002, Vol. 297.

[1364] Voir G. MARCEAU, "A Call for Coherence in International Law: Praises for the Prohibition against 'Clinical Isolation' in WTO Dispute Settlement", *Journal of World Trade*, 1999, No 5, pp. 87-152.

Il convient de remarquer que les praticiens du droit de l'OMC, dont les membres des groupes spéciaux et de l'Organe d'appel, probablement sans en être conscient, retombent de temps en temps dans de vieux modèles de raisonnement, rappelant l'idée du «self-contained System», ce qui ne signifie cependant nécessairement qu'ils défendent cette idée. Il existe en effet, après 15 ans de fonctionnement du système, plusieurs signes d'une possible crise systémique. Cette situation impose des adaptations, certes difficiles mais nécessaires (, si l'OMC veut continuer à apparaître comme une institution crédible et donc légitime aux yeux de ses propres Membres, véritablement complémentaire d'autres organisations internationales, et plus attractive que les mécanismes régionaux ou bilatéraux d'intégration économique.Comme le souligne Mireille Delmas-Marty :« *Le juge se trouvait paradoxalement libéré par la multiplication même des textes qui accroît sa marge d'interprétation et lui donne statut de source du droit. Longtemps sources masquées du droit, la jurisprudence serait désormais officiellement reconnue comme telle, même dans les systèmes de forte tradition légaliste comme le système français et ceux de la famille romano germanique* »[1365].

3. Les directives opérationnelles de la Convention : guides de cohérence et de densification normative

Bâtir une convention c'est un travail diplomatique et juridique parce qu'il s'agit de construire un outil juridique stable, fiable. Il s'agit de bâtir un texte où chaque terme devra être pesé car il sera lourd de conséquences sur le fonctionnement ultérieur du dispositif mis en place. Quand une convention est ratifiée par les États requis, elle commence à s'appliquer, mais dans une phase transitoire. A la lumière de ces considérations, on peut soutenir que le recours aux travaux préparatoires souligne le souci de connaitre la volonté des parties dans la phase de gestation de la convention, mais il ne s'agit que d'une volonté embryonnaire.

[1365] M. Delmas-Marty, *Vers un droit commun de l'humanité*, Textuel, 1996, 2ème éd. 2005p.82

La pratique subséquente des Etats nous éclaireront davantage sur cette volonté sur le terrain. Dans le cadre de la Convention un groupe de pays élus, parmi ceux qui ont ratifié celle-ci, ont travaillé à mettre en place ce qu'on appelle les directives opérationnelles. Celles-ci sont à une convention ce que les décrets d'application sont à une loi sur le plan national, à savoir les textes actifs et concrets qui permettront de mettre en œuvre le dispositif général et abstrait de la Convention. Adoptées par les Etats parties, elles sont susceptibles de remporter sur l'apparente clarté du texte.

Après trois mois dès son entrée en vigueur le 18 mars 2007, soit à l'occasion de la première session de la Conférence des Parties à la Convention, tenue en juin 2007, le Comité intergouvernemental a reçu le mandat d'élaborer les directives opérationnelles nécessaires à la mise en œuvre de la Convention. La seconde session de la Conférence des Parties, qui s'est tenue à Paris les 15 et 16 juin 2009, a permis l'adoption des directives opérationnelles concernant neuf articles de la Convention. Le Comité intergouvernemental a été mandaté afin de poursuivre l'élaboration des directives opérationnelles. Le contenu de ces directives est assez technique. Elles doivent guider les États parties dans l'application des dispositions de la Convention.

Ainsi, lors de la deuxième session qui s'est tenue en juin 2009, la Conférence a approuvé les directives opérationnelles pour la mise en œuvre des articles 7, 8, 11 et 13 à 17, et convenu que l'article 12 de la Convention n'a pas besoin d'être précisé par des directives. Elle a également approuvé les orientations sur l'utilisation des ressources du Fonds international pour la diversité culturelle (article 18). Lors de cette session, la Conférence a aussi établi le mandat du Comité intergouvernemental pour les deux années à venir. Ainsi, elle prie le Comité de poursuivre son travail et de lui soumettre pour approbation, lors de sa prochaine session, des projets de directives opérationnelles relatives aux articles portant sur le partage de l'information et la transparence (article 9), sur l'éducation et la sensibilisation du public (article 10) ainsi que sur l'échange, l'analyse et la diffusion de l'information (article 19). Elle a demandé par ailleurs au Comité de préparer un projet de directives opérationnelles visant à augmenter la visibilité et la promotion de la Convention, et elle l'invite à étudier la pertinence et la faisabilité de la nomination d'une ou de plusieurs personnalités publiques chargées de promouvoir la Convention. La troisième session de la Conférence des Parties, qui s'est tenue à Paris les 14 et 15 juin 2011, a permis l'approbation des directives opérationnelles relatives à trois articles de la Convention et celles à propos des mesures destinées à assurer la visibilité et la promotion de la Convention. Au total, douze articles de la Convention comportent maintenant des directives opérationnelles.

Il importe de souligner que les discussions concernant certains articles ravivent certaines tensions qui divisaient les négociateurs de la Convention. Il s'agit notamment les articles concernant les relations de la nouvelle Convention avec les autres instruments (articles 20 et 21). Certains États redoutent en effet que la Convention vise à soustraire la culture des accords commerciaux, notamment ceux négociés dans le cadre de l'Organisation mondiale du commerce (OMC). Toutefois, pour la majorité des États, la Convention porte des préoccupations culturelles tout aussi légitimes que les préoccupations commerciales. Comme la Conférence des Parties n'avait pas identifié ces articles comme étant prioritaires pour les travaux du Comité intergouvernemental en juin 2007, les articles 20 et 21 n'ont pas été traités durant le premier mandat du Comité. Ces articles étant au cœur de la raison d'être de cette Convention, nous pensons qu'ils devront faire l'objet de directives opérationnelles et plus particulièrement, l'article 21, portant sur la concertation et la coordination internationales[1366]. La prise en compte et le respect de la Convention passent inévitablement par la promotion planifiée des objectifs et principes qu'elle

[1366] La Conférence des Parties, à sa troisième session ordinaire, et le Comité, à sa cinquième session ordinaire ont demandé au Secrétariat, dans le cadre de la mise en œuvre de la Section V de la Convention sur les relations avec les autres instruments, de répertorier annuellement, en rapport avec l'article 21, les cas où la Convention est invoquée et utilisée dans d'autres enceintes internationales (Résolution 3.CP 11 et Décision 5.IGC 8).

promeut, dans les enceintes où ces objectifs et principes sont discutés.

CONCLUSION DU TITRE II

La série de question abordée dans ce titre révèle que l'architecture de la diversité culturelle est encore en pleine gestation. La diversité culturelle trace juridiquement une piste qui ouvre la voie vers une pensée de l'universel réconcilié. Si le principe de la souveraineté (et son inviolabilité) constitua le fil rouge des relations internationales depuis le 17e siècle, c'est aujourd'hui le principe d'interdépendance qui doit jouer le rôle de principe directeur d'une gouvernance mondiale digne de ce nom. Dans la mesure où la diversité culturelle s'est reconstruite comme une question saillante, l'action des réseaux transnationaux paraît incontournable. La légitimation de la diversité culturelle nécessite la construction d'une « société civile internationale » en entant que partenaire rhétorique de l'implantation d'un pilier culturel de la gouvernance mondiale.

Au sein de l'UNESCO, la notion de diversité culturelle a été souvent reliée à une approche plutôt anthropologique de la culture. En revanche, dans le débat commerce- culture, l'utilisation de concept « diversité culturelle » a eu pour but ultime d'affirme que les produits culturels sont les produits spécifiques et qu'ils sont le reflet d'expression d'une identité particulière, pouvant donc bénéficier de l'appui de l'Etat. Il s'agit d'affirmer une « spécificité » et une « spécialité » culturelle qui justifient que les pouvoir publics puissent utiliser les moyens qu'il considéré comme appropriés pour promouvoir les expressions culturelles locales et par conséquent d'assurer la diversité culturelle mondiale.

Appréhendée dans le cadre de la convention comme matrice de la créativité, de l'imagination et de l'innovation, le noyau essentiel de la diversité culturelle est représentation, y compris dans ce qu'il implique comme rapport éventuellement dialectique entre l'identité et son expression. Il va sans dire qu'au regard de la Convention de 2005, la diversité se structure progressivement, s'inscrive dialectiquement et dialogiquement dans des contextes sociaux, politiques, esthétiques ou encore viennent se saisir d'ouvertures ou d'avancées techniques.La diversité culturelle propose une conception de l'humanité, fédératrice et créatrice de liens entre toutes les cultures dans leur diversité.Elle doit engendrer une gouvernance nouvelle à l'échelle mondiale qui,au-delà de la guerre financière, exhorte les acteurs gouvernementaux et non gouvernementaux, les hommes et les femmes de tous les horizons, à re-saisir leur destinée politique commune.

CONCLUSION DE LA DEUXIÈME PARTIE

Depuis la fin de la Seconde Guerre mondiale, l'évolution du droit international se caractérise par le développement d'ensembles normatifs spécialises qui traduit l'émergence d'une pluralité de valeurs au sein d'une communauté internationale en devenir. Miroir de nouvelles solidarités, la diversité culturelle constitue un nouveau cadre de coopération dans la poursuite d'objectifs d'intérêt commun. Refusant les métaphysiques de l'un qui furent le *credo* de la philosophie classique, le travail de quelques générations d'anthropologues, donna à la diversité culturelle ses titres de noblesses. De multiples échos, médiatiques, scientifiques, politiques, répercutent des séries de menaces, culturelles notamment, qui paraissent suffisamment nombreuses, graves et étendues pour justifier le besoin d'une réaction collective ferme. Ils nous invitent à emprunter des voies sociétales qui feraient disparaître les mécanismes et les outils de l'uniformisation du monde. Giddens [1367] et Touraine [1368]invitaient à adopter une nouvelle matrice culturelle et institutionnelle pour guider le devenir de l'humanité. C'est dans ce sens qu'on peut comprendre aujourd'hui l'affirmation d'Ernest Gellnest[1369] selon laquelle l'homme moderne n'est pas loyal au monarque, à la terre ou la foi, mais plutôt à la culture.

L'histoire de l'UNESCO révèle que son activité normative a d'abord consisté à établir des mécanismes de coopération afin de lutter contre les dégradations du patrimoine culturel et naturel. La seconde est une approche patrimoniale qui perçoit la langue et la culture comme un patrimoine de l'humanité à préserver et à développer : c'est le cas de des deux récentes conventions de l'UNESCO sur le patrimoine immatériel d'une part et sur la diversité culturelle d'autre part. Ces deux conventions montrent à suffisance qu'il ya deux grands vents souffler sur la diversité culturelle : le vent du patrimoine matériel et le vent du

---

[1367] A. Giddens, The Third Way, the Renewal of Social Democracy, Cambridge, Polity Press, 1998.

[1368] Alain TOURAINE, *Comment sortir du libéralisme ?,* Paris, Fayard, 1999.

[1369] Ernest GELLNEST, *Nations and nationalism*, oxford, Blackwell, p.36.

patrimoine immatériel. Le premier a eu pendant longtemps le dessus. L'action de l'UNESCO se ressource sur l'un et sur l'autre de ces vents pour réviser ses priorités. Ces domaines, longtemps considérés comme secondaires par des décideurs soucieux de géopolitique, d'économie, de géostratégie, reviennent aujourd'hui sur le devant de la scène internationale. Alors que la diversité culturelle était considérée comme un frein au développement et un obstacle à la modernité, elle est aujourd'hui comprise comme une force de vivification pour chacun de ces domaines. La Convention de 2005 apporte, dans le paysage juridique international, des innovations conceptuelles et opérationnelles significatives. Elle 2005 constitue-après la Convention du patrimoine mondial de 1972 et celle de 2003 sur le patrimoine culturel immatériel- l'un des trois piliers de la préservation et de la promotion de la diversité créatrice. Son importance ne réside pas dans le régime juridique qu'elle instaure, mais davantage au niveau des principes généraux qu'elle énonce.

La doctrine ne ferraille plus guère sur la valeur normative du principe de la diversité culturelle, mais cherche subtilement comment articuler le droit du commerce et la culture. Il ne s'agit plus de déplorer une opposition philosophique entre le droit du commerce et la culture, mais bien plutôt de concentrer son attention sur les modalités techniques concrètes de leur combinaison, d'apprendre à en maîtriser voire à en modeler le maniement, car c'est d'elles que dépend désormais la portée de l'articulation opérée par la Convention de 2005.

CONCLUSION GÉNÉRALE

« Je ne veux pas que mes portes soient murées ni mes fenêtres calfeutrées. Je veux que les cultures de tous les pays soufflent librement à travers ma maison. Mais je ne veux pas qu'aucune m'emporte ». Gandhi

Au terme de ce long cheminement qui aura permis de mettre le concept de diversité culturelle en pièces détachées et de préciser les contours et les aspérités de l'interface culture-commerce en suivant le fil rouge de la tension et de la cohérence, il convient de conclure. Issue d'un héritage complexe et traduite différemment selon les époques, les traditions philosophiques et scientifiques ainsi que les contextes politiques, la culture comme configuration particulière d'assomptions et de compréhensions, des structures cognitives et des schèmes logiques qui sous-tendent la conception, production et l'exportation de ces expressions culturelles, fait partie de ces « mots qui ont une histoire et aussi font l'histoire ». La diversité culturelle est devenue néanmoins la revendication d'une normativité nouvelle, il est l'expression symbolique d'une frustration et d'un espoir. La diversité culturelle, s'incarnant dans l'originalité et la pluralité des identités, est une caractéristique inhérente à l'humanité et une expression intrinsèque de la créativité humaine, et devient une plate-forme d'échanges et de dialogues perpétuels entre les cultures. La diversité culturelle devient également un cadre et un droit pour toutes les cultures à apparaître en pleine lumière, dans la mesure où chaque culture représente quelque chose d'unique et d'irremplaçable aux regards de la pluralité et de la diversité humaine.Elle est ainsi d'abord une reconnaissance de la diversité des manières de penser et d'agir propres aux sociétés qui constituent l'humanité mais se structurent progressivement, s'inscrive dialectiquement dans des contextes sociaux, politiques, esthétiques ou encore viennent se saisir d'ouvertures ou d'avancées techniques.

Il va sans dire que les industries culturelles ne sont pas découplé de celui de la diversité culturelle.Il faut déjà souligner que le champ opératoire des expressions culturelles est plus étroit que celui de la diversité culturelle. La convention prend acte de la capacité de la culture de se régénérer constamment par le biais de formes nouvelles et infinies d'innovation et de créativité.Il semble que les industries culturelles et créatives baignent dans la diversité culturelle comme dans un liquide amniotique. En poussant la métaphore jusqu'au bout, on doit souligner que les industries culturelles sont sources de vivification.

L'engagement de l'UNESCO en faveur de la diversité culturelle, du dialogue interculturel et du développement durable, ont été exprimés avec vigueur dans divers documents et conventions remontant aux prémices du système des Nations Unies, tout en s'intensifiant au cours de la dernière décennie. En effet, les traumatismes provoqués par les deux grands conflits mondiaux du XXe siècle ont chacun constitué le ferment d'ambitieux projets d'un nouvel humanisme incarné par l'UNESCO; née des cendres encore chaudes de la deuxième guerre mondiale. Ce contexte historique exceptionnel a ouvert une fenêtre d'opportunité unique pour la mise à l'agenda politique d'idées à caractère utopique jusque-là confinées dans les cercles intellectuels. Il s'agit notamment de la diversité des identités culturelles qui fut un argument en faveur de la décolonisation avant d'être recyclée comme composante des politiques du développement, puis d'être incorporée dans le discours sur le pluralisme culture à l'UNESCO.

La création du droit internatonal s'opère de manière souvent heuristique et progressive. Le droit international de la culture témoigne de cette progressivité. L'histoire de l'UNESCO révèle que son activité normative a d'abord consiste à établir des mécanismes de coopération afin de lutter contre les dégradations du patrimoine culturel et naturel, et non à protéger en tant que tels des activités et des pratiques culturelles ou des individus appartenant à une culture. Ainsi, le premier instrument juridique contraignant adopté par les membres de l'UNESCO dans le secteur de la culture, la Convention pour la protection des biens culturels en cas de conflit armé, ne vise qu'à protéger le patrimoine culturel mobilier et immobilier en temps de guerre.

Le deuxième ne s'attarde qu'aux biens culturels mobiliers faisant l'objet de vol, de pillage ou de commerce illicite. Plusieurs raisons motivent l'adoption d'instruments internationaux sur les biens culturels mobiliers : il s'agit notamment le trafic illicite, leur protection dans les situations de conflits armés internationaux ou à leur restitution. En ce qui a trait à l'impact des accords de commerce sur le patrimoine culturel, deux instruments sont particulièrement pertinents : la Convention concernant les mesures à prendre pour interdire et empêcher l'importation, l'exportation et le transfert de propriété illicites des biens culturels et l'Accord de Florence (50) et de son Protocole (76) connu sous le nom de Protocole de Nairobi, essentiellement destinés à faciliter l'importation d'objets de caractère éducatif, scientifique ou culturel. Au moment de sa naissance, l'Accord de Florence avait d'ailleurs été mis en harmonie avec les termes du GATT alors en vigueur. Les dispositions de l'actuelle l'OMC qui comprend parmi ses compétences le commerce international de produits protégés par la propriété intellectuelle, sont venues donner une nouvelle jeunesse à l'Accord de Florence. Cependant, compte tenu de leur date d'adoption, ces traités ne tiennent pas compte des nouvelles modalités de circulation des produits culturels.

Beaucoup plus ambitieuse, la Convention sur la protection du patrimoine mondial culturel et naturel innove par la reconnaissance de la relation étroite qu'entretient l'être humain avec la nature. Cette deuxième catégorie patrimoine qui est culturel immobilier désigne les biens qui ne peuvent être déplacés, ce qui modifie radicalement l'approche requise pour sa protection juridique. Ces biens culturels n'étant pas transférables, l'objectif est d'en éviter l'altération, l'appauvrissement ou carrément la destruction. La Convention pour la sauvegarde du patrimoine culturel immatériel adoptée par l'UNESCO en 2003 a souligné notamment, l'importance du patrimoine culturel immatériel, creuset de la diversité culturelle et garant du développement durable ; l'interdépendance entre le patrimoine culturel immatériel et le patrimoine matériel culturel et naturel ; le rôle important que jouent les communautés, les groupes et les individus dans la production, la sauvegarde, l'entretien et la recréation du patrimoine culturel immatériel, contribuant ainsi à l'enrichissement de la diversité culturelle et de la créativité humaine.

Sans minimiser le lien entre la Convention de 2003 et la convention de 2005, il convient de souligner que ce dernier est un instrument juridique particulier vis-à-vis d'autres textes juridiques de l'UNESCO et son adoption signalait aussi une rupture dans l'histoire normative de l'organisation. Le champ d'application de la convention de 2005 ne concerne pas la diversité culturelle au sens large, mais plutôt la diversité des expressions qui résultent de la créativité des individus, des groupes et des sociétés, et qui ont un contenu culturel. Elle procède du besoin de repenser des politiques qui, trop souvent, limitent la culture à ses expressions du passé, pour également considérer la capacité de la culture de se régénérer constamment par le biais de formes nouvelles et infinies d'innovation et de créativité.On peut dégager de l'analyse de ce phénomène d'accumulation et de stratification des instruments à portée juridique variée, une aspiration à la complétude du droit international de la culture. Cet essor caracterisé par la multiplication de règles tendant à couvrir toutes les manifestations de la culture témoigne de l'importance que les biens et services culturels ont acquis pour les sociétés contemporaines et pour le droit international.

Le concept de diversité culturelle aura fait couler beaucoup d'encre et suscité les passions les plus vives, les controverses les plus âpres, et ce à tous les niveaux de son cheminement. Le débat doctrinal qui passione et divise aussi concerné la culture et le droit du commerce et est loin d'être terminé. Malgré l'adoption de nombreux instruments internationaux, le statut des biens culturels dans les traités commerciaux est toujours équivoque et les politiques culturelles nationales des États ne sont pas mises hors de danger.L'histoire a commencé en réalité lors des négociations commerciales multilatérales qui allaient donner naissance à l'OMC. Face aux nouveaux défis de la mondialisation, la diversité culturelle ne tarda effectivement pas à se déployer à partir du moment où l'idée d'une mondialisation économique devenait tangible à travers son institutionnalisation, notamment à l'OMC. C'est sans surprise véritable que la convention sur la protection et la promotion de la diversité des expressions culturelles ait été adoptée dans une organisation investie d'un double rôle : celui de « promouvoir la féconde diversité des cultures » et de «faciliter la libre circulation des idées, par le mot et par l'image».L'UNESCO conférait ainsi une universalité à un débat qui avait transité génétiquement à travers la notion d'exception culturelle trop étroitement liée à l'intérêt d'une poignée de pays aisés qui souhaitaient simplement ciseler un secteur bien défini afin de mieux l'extraire des accords commerciaux.

La densification normative de la diversité qui à l'origine ne revêtait que les habits d'un slogan politique, présente le point le plus élevé de la réflexion et de la volonté d'action de la société internationale bousculée par la mondialisation. Cette Convention de 2005 fixe un cadre à la fois nouveau et ambitieux pour la coopération culturelle internationale, et cela d'un double point de vue. D'une part, elle reconnaît la spécificité des activités, biens et services culturels, « porteurs d'identités, de valeur et de sens ». De là découle le droit des Etats à mettre en place des politiques de soutien au secteur culturel. D'autre part, elle encourage les parties à accroître les échanges culturels internationaux, ce qui constitue une opportunité pour les pays en développement. Les valeurs niées (diversité) ou travestis (l'universel) par la mondialisation trouvent un nouveau cadre et s'affirment comme deux dimensions de notre destin.

Les organisations internationales sont intergouvernementales : elles demeurent en quelque sorte des conférences diplomatiques perfectionnées et rendues permanentes. Mais en réarticulant culture et droit du commerce comme une réponse aux difficultés résultant de la mondialisation et en traduisant de manière structurée et équilibrée les intérêts culturels et commerciaux en jeu, la Convention de 2005 se pose comme une exigence éthique et juridique qui ouvre largement sur ce qui devrait être le souci primordial des institutions et des hommes soucieux de place des industries culturelles dans le développement durable et de la coexistence pacifique au sein d'une humanité réconciliée ou désireuse de l'être. Elle se pose ainsi comme une éthique pour le XXI ième siècle qui invite a priori à croiser divers enjeux : le respect de toutes les cultures et des droits qui s'y rattachent, la préservation et promotion de la diversité culturelle et de l'interculturalité, une plus grande participation des peuples à la vie artistique et culturelle, la prise en compte de la culture dans d'autres dimensions de l'action publique, la construction d'une gouvernance culturelle.Cette évolution éloigne la gouvernance internationale des schémas pyramidaux classiques, d'autant plus qu'elle ébranle le double fondement traditionnel du droit : la souveraineté territoriale et la légitimité constitutionnelle des régulateurs.

La complexification qui accompagne la mondialisation du droit - élargissement de l'éventail des acteurs et des régulateurs, transformation des rapports entre systèmes - ferait craindre naturellement que la mondialisation comporte un haut degré d'entropie, qu'elle ne soit que germe de désordre. En l'absence d'unité institutionnelle, l'unité normative du système pourrait être mise en péril en raison du risque de conflits normatifs, c'est-à-dire, d'incohérence dans l'interprétation des règles juridiques internationals.

La Convention de 2005 illustre emblématiquement les problématiques juridiques liées à la globalisation. Sans lui conférer un brevet de spécificité qui tiendrait à la singularité de son objet, elle constitue un laboratoire de ces nouvelles formes de normativité en train de se faire, en train d'émerger, en train de se légitimer et de se consolider. Elle est de plus destinée à intervenir comme un «réducteur d'incertitude », en remplissant deux fonctions essentielles : d'une part, elle instaure la stabilité juridique, en permettant aux États de disposer de « règles du jeu » et de « règles dans le jeu »[1370].La question de l'articulation voire de la complémentarité entre le droit du commerce international et le droit international de la culture se pose ainsi avec une grande acuité. Les notions de *jus cogens* et/ou d'obligations *erga omnes* permettraient de fonder axiologiquement une hiérarchie des normes en fonction de leur nature impérative ou dérogeable, sans pour autant qu'elle trouve

[1370] Jean COMBACAU, « Le droit international: bric-à-brac ou système? », dans (s.n.) Archives de philosophie du droit-» le système juridique », t. 32, Paris, Sirey, 1986p.85.

un appui dans un système institutionnel permettant d'en rationaliser l'interprétation ou l'application.

La difficulté à laquelle il faudra pourtant se résoudre, est qu'elle suppose ou bien l'existence d'une échelle de valeurs préétablie et consensuelle, ce qui demeure à ce jour une utopie même si une indubitable « constitutionnalisation » du droit international est en marche dans les esprits, ou bien que le Juge s'en remette à sa propre perception de la justice et du raisonnable pour, dans chaque cas, décider de la place qui doit revenir à chaque norme, construisant progressivement une jurisprudence structurante. Ainsi, le spectre de la fragmentation s'en trouve relativisé. Configuré comme principe de hiérarchie matérielle, le jus cogens offre un terrain éminemment favorable à la relativisation du spectre de la fragmentation du droit international dont il assure ainsi l'unité.

L' analyse de l'article 31de la convention de Vienne codifiant des règles de droit coutumier nous a montré que l'utilisation de ses dispositions pourrait permettre l'utilisation de la convention pour clarifier les droits et obligations issus du droit de l'OMC.Malgré la réticence du mécanisme de règlement des différends de l'OMC à se référer à ces règles d'interprétation, certaines décisions marquent un effort de décloisonnement de l'OMC et ouvrent une brèche dans la jurisprudence de l'OMC en faveur de la prise en compte de considérations autres que commerciales[1371]. Dès 1996, le juge de l'O.M.C. se positionne en faveur d'une approche de complémentarité et contre un « *isolement clinique* » du droit de l'O.M.C.Cet article joue incontestablement un rôle structurant de l'ordre juridique international en tant que gardien d'une forme d'unité matérielle. La question de l'intégration systémique par voie de l'interprétation s'impose comme une question nodale de l'articulation entre les valeurs culturelles et commerciales.

[1371] Tel est le cas dans *États-Unis-Crevettes*, où l'Organe d'appel de l'OMC se réfère à plusieurs conventions hors du cadre de l'OMC, dont la Convention sur la diversité biologique, afin d'interpréter l'article XX du *GATT* réaffirmant ainsi la conclusion tirée dans *Etats-Unis Essence* à l'effet que les accords de l'OMC ne doivent pas être interprétés isolément du droit international public.

Articulation et interprétation entretiennent d'ailleurs des liens étroits. Le principe d'un soutien mutuel, fondé sur la nécessaire cohérence entre les instruments juridiques internationaux, est envisagé comme un principe fondamental qui doit lui-même être articulé avec les principes de développement durable, de proportionnalité, moralité publique, du traitement différencié.La Convention de 2005 différencie le soutien mutuel de la simple *complémentarité*, comme principe de *cohérence* et de *coexistence* entre les instruments juridiques par le biais de l'intitulé fort intéressant de l'Article 20 de la Convention. L'établissement de «passerelles» est donc possible même si elles sont étroites et surveillées.

En l'absence d'accord sur une hiérarchisation desnormes en droit international, l'ORD, fort de certaines dispositions des accords de l'OMC et du droit coutumier, peut dans une certaine mesure, en adoptant le concept de développement durable, dont l'économique, le social, l'environnemental et le culturel sont les quatre piliers interdépendants et complémentaires, comme cadre d'interprétation, contribuer à une libéralisation des échanges qui respecterait les règles des accords internationaux assurant la protection et la promotion de la diversité culturelle.

Au delà de ce cordon ombilical entre le droit de l'OMC et la « diversité culturelle », d'autres moyens, passerelles et fenêtres permettant de concilier le droit de l'OMC et la culture existent. Techniquement, la prise en compte des interférences externes se réalise par le régime de l'exception. Ce régime, s'il est admis, permet de dispenser l'État concerné de tout ou partie de ses obligations au titre du droit de l'OMC. L'une de ces voies, l'utilisation de la moralité publique en tant que clause d'exception générale et dont le Groupe spécial a adopté une interprétation «ouverte» en affirmant qu'elle est culturellement et socialement définie.

Une autre piste évoquée dans nos dévelopements précedents est la théorie du constitutionnalisme global. Elle consiste à démontrer que, ce dont les entités jouant un rôle dans la vie internationale manquent surtout, c'est d'une claire définition de leurs missions, et plus encore, des valeurs qu'elles doivent servir, ainsi que d'un clair encadrement de la distribution des pouvoirs en leur sein, et d'une organisation plus satisfaisante des rapports entre elles et les cercles d'intérêts que leur activité affecte. Selon cette théorie, on pourrait les doter une constitutionnalisation de leur statut, plus ou moins sur le modèle des constitutions nationales.

La « ligne directrice » s'agissant des éventuels conflits entre droits de l'homme et droit du commerce international est moins conservatrice. Elle ressort notamment des travaux de l'International Law Association, qui a adopté lors de sa 73ème conférence la résolution 5/2008 relative au droit du commerce international, dans laquelle elle indique :

> "Considering that it is likely that WTO dispute settlement bodies will be confronted – as has happened in national and regional economic courts and arbitral tribunals – with human rights arguments in support of interpreting trade and economic rules in conformity with the human rights obligations of the countries concerned, or with related requests for 'judicial comity' or 'judicial deference';
>
> Declares: WTO members and bodies are legally required to interpret and apply WTO rules in conformity with the human rights obligations of WTO members under international law".

La philosophe Simone Weil songeait à la possibilité de voir un jour les peuples adopter une philosophie fondée sur l'effacement des forces déracinantes. Nous vivons aujourd'hui, en effet, dans un monde où les conditions d'enracinement qu'elle décrit sont loin d'être assurées. L'analyse de Simone Weil peut donc s'avérer éclairante non seulement pour saisir la nature des échanges culturels, mais aussi celle d'un certain type d'échanges marchands à l'époque contemporaine.

Tous les pays du monde n'ont pas la même capacité de résistance aux dégâts provoqués par ces forces déracinantes. Il ne suffit pas de reconnaître la diversité pour en assurer l'existence. Il est nécessaire de la défendre, de la promouvoir et de la garantir au moyen de politiques publiques actives et de cadres réglementaires appropriés. Il faut donc une cohérence des États entre leurs actions et leurs obligations internationales en matière de politiques culturelles, de droits de l'homme, de développement durable et de commerce international. Pour cela, il faut qu'une meilleure coordination entre les institutions internationales et une plus grande intégration des considérations non commerciales dans les négociations et règles de l'OMC soit assurée.

Beaucoup de questions sont cependant restées ouvertes.La stabilisation juridique de la diversité culturelle n'a toutefois ni épuisé toutes les interrogations tant pratiques que conceptuelles ni dissipé tous les « brouillards normatifs ».Ses dispositions n'ont pas toutes la même clarté ni valeur juridique. Certaines imposent des obligations claires aux parties alors que d'autres sont du *soft law*. Si on doit à la Convention de 2005 l'obligation inconditionnelle de respect dû à la diversité, qui retentit aujourd'hui comme un hymne universel à la gloire de l'humanité, force est de reconnaitre que les défis sont nombreux. Le contexte économique et financier de ces dernières années rend effectivement compliquée la tâche de celui qui cherche à distinguer les évolutions structurelles des éléments conjoncturels du fonctionnement du fonds international sur la diversité culturelle.

Ambitieux dans sa conception comme dans son contenu, en dépit des conditions difficiles de son adoption, la Convention de 2005 porte les stigmates de contexte de son « enfantement » et cumule les handicaps qui la maintiennent jusqu'ici entre vanité et effectivité, dans cet entre deux qui nous permet dire que la diversité reste « l'arlésienne » du droit international. Évoquer « l'arlésienne » c'est, en effet, attendre une personne dont on annonce sans cesse l'arrivée et qui ne parait jamais, personne ou chose qui occupe tous les esprits et toutes les conversations sans jamais être vue. Au regard de ses objectifs nobles et la jurisprudence récente, on dispose peu de perspectives pour des cultures qui veulent apparaitre à la lumière du monde.Vu sa nature peu contraignant, l'efficacité et l'effectivité de la Convention repose sur la loyauté des Etats parties entendue comme fidélité aux engagements pris. Charles Taylor avait même affirmé, peut-être de manière exagérée, que le risque est permanent de brimer la pluralité des cultures et des langues par l'imposition d'une vision du monde homogénéisante, bercée par les « illusions commodes de l'infaillibilité religieuse ou scientifique »[1372].Aujourd'hui, peut-être, la vraie question est non seulement comment prendre la diversité culturelle « au sérieux » mais aussi, Comme l'a fait remarquer Joseph Ki-Zerbo, « la lutte pour l'échange culturel équitable » et avoir le souci du monde[1373].

L'horizon à la fois enthousiasmant et anxiogène de l'entrée en vigueur de la convention de 2005 et le sentiment d'impréparation institutionnelle qui se dégagent des premiers travaux des Etats parties, doivent pousser ces derniers-ci à forcer les potentialités textuelles de la convention et à s'auto-investir de la mission de chercher la cohérence avec d'autres espaces normatifs. La chance pour qu'une culture soit présente dans la configuration culturelle globale nouvelle, c'est-à-dire dans l'espace commun de la création et de la diffusion, dépend de plus en plus des moyens financiers disponibles. Elle demande des investissements lourds que seuls les grands pays peuvent en disposer. Pour la viabilité du secteur culturel et pour que ce devoir moral ne se limite pas au point de vue esthétique, sa concrétisation exige et exigera davantage la disponibilité au public d'une offre culturelle diversifiée et les partenariats avec le secteur privé. Ainsi, il est nécessaire sur le plan juridique de contrôler les abus de position dominante des grands conglomérats culturels et les concentrations des entreprises culturelles. Il est fondamental de stimuler l'accès au marché du

---

[1372]Charles TAYLOR, « L'interprétation et les sciences de l'homme », *La liberté des modernes*, trad. et présent. Ph. de Lara, Paris, PUF, p. 214).

[1373]*En définitive, le monde est toujours le produit de l'homme, un produit de l'amor mundi de l'homme. L'oeuvre d'art humaine. Le monde édifié par les mortels en vue de leur immortalité potentielle est toujours menacé par la condition mortelle de ceux qui l'ont édifié et qui naissent pour vivre en lui.* Hannah Arendt, *Qu'est ce que la Politique ?,* p. 190. Voir aussi Sylvie Courtine-Denamy, *Le souci du monde. Dialogue entre Hannah Arendt et quelques uns de ses contemporains*, Vrin, « Pour demain », 1999. 232p.

plus grand nombre d'œuvres culturelles et, pour cela, de contrôler davantage la concurrence dans le marché culturel au bénéfice des intérêts du pluralisme et de la diversité culturelle. Enfin, la diversité culturelle exige l'accès du public à la plus grande variété d'œuvres culturelles, ce qui implique également une réflexion approfondie sur le système de la propriété intellectuelle et ses limitations actuelles en termes de garantie de l'accès à la culture. Seul ce processus de fragmentation de la production culturelle permet de répondre aux exigences du développement durable.

BIBLIOGRAPHIE*

I. OUVRAGES ET THESES

- ABOU Sélim et Katia HADDAD (dir.), *La diversité linguistique et culturelle et les enjeux du développement*, Beyrouth, Université Saint-Joseph, 1997, 414 p.
- ABOU Selim., *Culture et droits de l'homme*, Beyrouth, Éd. Perrin et Presses de l'Université Saint-Joseph, 2002.
- ACHESON Keith et CHRISTOPHER Maule (2003), *Canada- Audiovisual Policies: Impact on Trade,* Institut d'économie internationale de Hambourg, 2003,30p.
- ADORNO Théodor. W., HORKHEIMER Max, *Dialectique de la raison*, Gallimard, 1944.
- ARENDT Hannah, *Eichmann à Jérusalem. Rapport sur la banalité du mal*, Paris, Gallimard, 1996.
- ARENDT Hannah, *La Condition de l'homme moderne*, rééd., Paris : Calmann-Lévy, 1994.
- ARENDT, Hannah *L'impérialisme*, Fayard, 1982, p. 292.
- ARENDT, Hannah, *La crise de la culture. Huit exercices de pensée politique*, Paris, Gallimard, 1989, p. 271.
- ARJUN APPADURAI, *Après le colonialisme. Les conséquences culturelles de la globalisation*, Payot, 2001, 319 p.
- ARNAUD Serge, GUILLOU Michel, SALON Albert, *Les défis de la francophonie. Pour une mondialisation humaniste*, Alphares, 2005, 254 p.
- ARON Raymond, *Paix et guerre entre les nations,* Paris, Calmann-Lévy, 1962 et 1984.
- ARSAC, Pierre, Jean-Luc CHABOT et Henri PALLARD, *État de droit, droits fondamentaux et diversité culturelle*, Paris,

* Toutes les indications de site ont été verifiées à la fin du mois de juin 20105.

Éditions L'Harmattan, 1999, 367 p.
- ATKINSON, Dave, Ivan BERNIER et Florian SAUVAGEAU, *Souveraineté et protectionnisme en matière culturelle*, Québec, CQRI/PUQ, 1991.
- BACON, Francis, *Essays*, Oxford, Oxford University Press, 1955.
- BADIE Bertrand, *Un monde sans souveraineté. Les Etats entre ruse et responsabilité*, Paris, Fayard, 1999.
- BADIE, Bertrand, SMOUTS, Marie-Claude. *Le retournement du monde. Sociologie de la scène internationale,* Paris, Dalloz & Presses de Sciences Po, 1999 (3e ed.).
- BAECHLER Jean, 1995, *Le Capitalisme: Les origines*, Paris, Folio/Histoire inédit.
- BAECHLER Jean, *Les matrices culturelles. Au foyer des cultures et des civilisations*, Hermann, 2009.
- BAECHLER Jean, Les *morphologies* sociales, France, PUF, 2005, 207p.
- BAECHLER Jean, *Précis de la Démocratie*, Paris, UNESCO/Calmann-Lévy, 1994.
- BASLAR Kemal, *The concept of the common heritage of mankind in international law*. The Hague/Boston/London, Martinus Nijhoff Publishers 1998, 427 p.
- BATTISTELLA Dario, *Théories des relations internationales*, Paris, Presses de Sciences Po, 2003, 512 p.
- BAYART Jean-François, *L'illusion identitaire*, Paris : Fayard, 1996.
- BEAT GRABER, Christoph /Michael Girsberger/Mira Nenova (Hrsg.), *Free Trade versus Cultural Diversity*, Schulthess: Zürich 2004.
- BECK Ulrick, *Pouvoir et contre pouvoir à l'heure de la mondialisation*, champs, Flammarion, 2003
- BECK Ulrick, *Qu'est-ce que le cosmopolitisme*, Paris, Alto-Aubier, 2006.
- BEDJAOUI (M.), *Droit international : Bilan et perspectives*, Paris, Pedone/UNESCO, 2 volumes, 1991, 1361 p.
- BELLAVANCE Guy (sous la direction de), *Démocratisation de la culture ou démocratie culturelle ? Deux logiques d'action publique*, PUL, 2008.
- BENCHIKH (M.), Droit *international du sous-développement. Nouvel ordre dans la Dépendance*, éd. Berger

Levrault, Paris, 1983, 331 p.
- BENHAMOU F., *L'économie du star system*, Paris : Editions Odile Jacob, 2002.
- BENHAMOU F., *Les dérèglements de l'exception culturelle*, Perspectives européennes, Paris, Le Seuil, 2006.
- BENJAMIN Walter, *L'œuvre d'art à l'époque de sa reproductibilité technique*, Editions, Allia, 1972.
- BERNIER Ivan, Marc RABOY, Dave ATKINSON et Florian SAUVAGEAU, *Développement culturel et mondialisation de l'économie : un enjeu démocratique*, Québec, Institut québécois de recherche sur la culture, 1994.
- BERNS Thomas, *Le droit saisi par le collectif*, Bruxelles, Bruylant, 2004, 421p
- BEVIGLIA-ZAMPETTI, Americo, *WTO Rules in the Audio-Visual Sector*, Institut d'économie Internationale de Hambourg.2003.
- BIDAULT Mylène, *La protection internationale des droits culturels, culture et droits de l'homme,* Bruxelles, Bruylant, 2009, 560p.
- BINDÉ Jérôme (dir.), *Où vont les valeurs?* Paris, Éditions UNESCO (collection Entretiens du XXIe siècle) et Albin Michel, 2004, 506 p.
- BLIN, O., *L'organisation mondiale du commerce*, 2ème éd., Ellipses, Paris, 2004, 124p.
- BOBBIO, Norberto. *Essais de théorie du droit*, Paris, L.G.D.J., 1998.
- BOISSON de CHAZOURNES (L.), MEHDI (R.), *Une société internationale en mutation : quels acteurs pour une nouvelle gouvernance* ? , éd. Bruylant, Bruxelles, 2005, 387 p.
- BOISSON DE CHAZOURNES, Laurence et Vera Gowlland-Debbas eds. *L'Ordre juridique international, un système en quête d'équité et d'universalité,* La Haye/Londres/Boston, Martinus Nijhoff, 2001.
- BRAUDEL F, *Civilisation matérielle, économie et capitalisme, XVe-XVIIIe siècle*, 3 tomes, Ed Armand Colin, 1979.
- BRETON-LE GOFF, Gaëlle, *Influence des organisations non gouvernementales (ong) sur la négociation de quelques instruments internationaux,* Bruxelles, Émile Bruylant, 2001, 263 p.

- BRIAT Martine, FREEDBERG Judith, *International art trade and law, Institute of International Business Law and Practice, International Chamber of Commerce*, Kluwer Law and Taxation Publishers, 1991, 462 p.
- BRIBOSIA Emmanuelle et Ludovic HENNEBEL (dir.) *Classer les droits de l'homme*. Bruxelles, Bruylant, 2004.
- BURIN DES ROZIERS Laurent, *Du cinéma au multimédia. Une brève histoire de l'exception culturelle*, Les Notes de l'Ifri, n° 5, Série Transatlantique, 1998, 90p.
- CANAL-FORGUES Eric, *Le système de règlement des différends à l'O.M.C.*, éd. Bruylant, Bruxelles, 2003, 329 p.
- CANDRIAN Jérôme, *L'immunité des Etats face aux Droits de l'Homme et à la protection des Biens culturels : Immunité de juridiction des Etats et Droits de l'Homme, Immunité d'exécution des Etats et de leur bien culturel*, Travaux de la Faculté de Droit de l'Université de Fribourg, Schulthess, Genève, 2005, 738 p.
- CARDUCCI Guido, *La restitution internationale des biens culturels et des objets d'art volés ou illicitement exportés : droit commun, directive CEE, conventions de l'UNESCO et d'Unidroi*t, Librairie Générale de Droit et de Jurisprudence E.J.A., Paris, 1997, 482 p.
- CARREAU Dominique, *Droit international*, 8e éd., Paris, Éditions A. Pedone, 2004, 688 p.
- CARREAU Dominique; Julliard, Patrick. *Droit international économique*, Paris, L.G.D.J, 4è édition, 1999.
- CASSIRER Ernst, *Logique des sciences de la culture*, Paris : Cerf, 1991.
- CASTELLS, *Le pouvoir de l'identité*, Paris, Fayard, 1999.
- CHEMILLIER GENDREAU M., Y. Moulier Boutang, *Le droit dans la mondialisation: une perspective critique,* Presses universitaires de France Paris, 2001.
- CHEMILLIER GENDREAU, *Droit international et démocratie mondiale, les raisons d'un échec*, Textuel, Paris, 2002, 270 p.
- CHEMILLIER-GENDREAU (M.), *Humanité et souveraineté. Essai sur la fonction du droit international, Série histoire contemporaine,* Editions La Découverte, Paris, 284p.
- CIABRINI Sylvie, *Les Services dans le Commerce International* - 1ère Édition, Que sais-je ?, PUF, 1996,127p.

- COCQ Emmanuel et Patrick Messerlin, *The French Audiovisual Policy: Impact and Compatibility with Trade Negotiations*, rapport n° 233, Institut d'économie internationale de Hambourg, 2003.
- COHEN Daniel et Thierry VERDIER, *économie immatériel,* La Documentation française. Paris, 2008.
- COLARD-FABREGOULE Catherine, *L'essentiel de l'organisation mondiale du commerce (OMC)*, Paris, Gualino éditeur, 2002, 142 p.
- COMBACAU Jean et SUR Serge, *Le droit international,* Précis Domat, Montchrestien, 6éme éd. Paris, Domat, 2004.
- CONFIANT Raphael, DEHAYBE Roger, GUEDON Jean-Claude, *Diversité culturelle et mondialisation,* Autrement/AIF, 2004, 360 p.
- CONSTANTIN François, *Les biens publics : un mythe légitimateur pour l'action collective* ? Paris, L'Harmattan, 2002, 308p.
- CORDELLIER, Serge (dir.). *Le nouvel état du monde : les idées-forces pour comprendre les nouveaux enjeux internationaux*, Paris : La Découverte, 2002 (2ème ed.).
- CORDONNIER Segger, Marie-Claire et Ashfaq Khalfan. *Sustainable Development Law: Principles, Practices and Prospects*, Oxford, Oxford University Press, 2004.
- CORNU Marie, de LAMBERTERIE Isabelle, P. Sirinelli, C. Wallaert), *Dictionnaire comparé du droit d'auteur et du copyright*, CNRS Editions, 2003,449p.
- COTE Charles-Emmanuel, *La participation des personnes privées au règlement des différends internationaux économiques : l'élargissement du droit de porter plainte à l'OMC*, coll. « Mondialisation et droit international – no 10 », Bruxelles, Bruylant, 2007,636p.
- COTTIER Thomas, *Trade and Intellectual Property Protection in WTO Law*. Collected Essays, London 2005.
- CRETON Laurent, *Cinéma et marché*, Paris : Armand Colin, 1997,354 p.
- CUCHE, Denis, *La Notion de culture dans les sciences sociales*, Paris : La Découverte, 2004.
- D'ANGELO, MARIO, GOUBIE, ISABELLE (2002), *Diversité culturelle et dialogue des civilisations. L'évolution des concepts de 1990-2001 à travers une bibliographie commentée*,

Paris : Idée Europe.

- DAILLIER (P.), DE LA PRADELLE (G.), GHERARI (H.), *Droit de l'économie internationale,* paris, Pedone, 2004, XVI + 1119 p.
- DAILLIER (P.), PELLET (A.), (NGUYEN QUOC D.), Droit International Public, éd.L.G.D.J., Paris, 2002, 7e éd., 1510 p.
- DAILLIER Patrick et Alain Pellet, *Droit international public*, 7e éd., Paris, L.G.D.J., 2002, 1510 p.
- DE BERNARD François (dir.), *Déclaration universelle sur la diversité culturelle. Commentaires et propositions,* Paris, éditions de l'UNESCO, 2003.
- DE CERTEAU M., *La Culture au pluriel.* Paris: Christian Bourgois, 1974.
- DE FROUVILLE O., *L'intangibilité des droits de l'Homme en droit international. Régime conventionnel des droits de l'Homme et droit des traités*, éd. Pedone, Paris, 2004, 561 p.
- DE SAINT PULGENT, Maryvonne, Thomas PARIS et Pierre-Jean BENGHOZI, *Réactions et réponses à la mondialisation : Mondialisation et diversité culturelle : le cas de la France*, tome 6, Paris, Éditions IFRI, 2003, 82 p.
- DE SENARCLAENS Pierre, *Mondialisation, souveraineté et théorie des relations internationales.* Armand Colin., Paris, 1998.
- DE SENARCLENS P, *La crise des Nations Unies*, Paris, Presses universitaires de France, 1988, p. 173
- DE VATTEL Emmerich, *Le droit des gens ou les principes de la loi naturelle. Appliquée à la conduite et aux affaires des Nations et des Souverains*, Paris, Rey et Gravier, 1820.
- DE WOOT Philippe, *Les défis de la globalisation : Babel ou Pentecôte,* Presses Universitaires de Louvain, 2001.
- DECAUX Emmanuel & Alice Yotopoulos-Marangopoulos, *La pauvreté, un défi pour les droits de l'homme*, Paris, Pedone, Série FMDH, n° 14, 2009,296p.
- DECAUX Emmanuel (dir.), *La responsabilité des entreprises multinationales en matière de droits de l'homme*, Bruylant, 2010, 294p.
- DECAUX Emmanuel & Serge SUR, *L'OSCE, trente ans après l'Acte final de Helsinki – Sécurité coopérative et dimension humaine*, Série FMDH, n° 13, 2008.

- DECAUX Emmanuel, *Droit international public*, collection hyper-cours, Dalloz, 5e édition, 2006.
- DECAUX Emmanuel, Alain PELLET (dir), *Nationalité, minorités et succession d'Etats en Europe de l'Est*, Cahiers du CEDIN, Vol. 10, Paris, Montchrestien, 1996, 328 p.
- DEGAN, V.D, *L'interprétation des accords en droit international*, La Haye, M. Nijhoff, 1963, 176p.
- DELEUZE Gilles et GUATTARI Félix, *Kafka, pour une littérature mineure*, Paris, Éditions de Minuit, 1975.
- DELMAS-MARTY M., *Le crime contre l'humanité* (avec I. Fouchard, E. Fronza et L. Neyret), PUF, Que sais-je ?, 2009,128 p.
- DELMAS-MARTY M., *Le flou du droit*, PUF, 1986, 2ème éd. 2004.
- DELMAS-MARTY M., *Les forces imaginantes du droit - Le relatif et l'universel*, Seuil, 2004.
- DELMAS-MARTY M., *Les forces imaginantes du droit (II) - Le Pluralisme ordonné*, Seuil, 2006.
- DELMAS-MARTY M., *Les forces imaginantes du droit* (III) – *La refondation des pouvoirs*, Seuil, 2007.
- DELMAS-MARTY M., *Libertés et sûreté dans un monde dangereux*, Seuil, 2010, 288 p.
- DELMAS-MARTY M., *Pour un droit commun*, Seuil, 1994.
- DELMAS-MARTY M., *Trois défis pour un droit mondial*, Seuil, 1998.
- DEMORGON, Jacques, *L'interculturation du monde*, Paris, E. Anthropos, 2000, 166 p.
- DERRIDA Jacques, *Voyous*, Paris, Galilée, 2003, 216 p.
- DEVIN Guillaume, *Sociologie des relations internationales*, Paris, La Découverte & Syros, 2002(Repères n°.335).
- DIOUF Abdou, *Diversité culturelle et mondialisation*, Paris, Éditions Autrement (CollectionMutations no 233), 2004, 360 p.
- DOLLOT Louis, *La France dans le monde actuel*, Paris, PUF, Que sais-je, 1990.
- DUMONT, Fernand, *Le Sort de la culture*, Montréal : Typo, 1995.
- DUPUY P.-M., *Droit international public*, Précis Dalloz, Paris, 4ième éd, 1998, 684 p.
- DUPUY P.-M., *Les grands textes de droit international public*, Dalloz, Paris, 2ième édition, 2000, 733 p.

- DUPUY R.J., *L'avenir du droit international dans un monde multiculturel* (sous la direction de), Colloque de La Haye ; Dordrecht, 1984, 510 p.
- DUPUY R.-J., *L'humanité dans l'imaginaire des nations*, Collection Conférences, Essais et leçons du Collège de France, Julliard, Paris, 1991, 284 p.
- DUPUY R.-J., *La communauté internationale, entre le mythe et l'histoire*, Economica/U.N.E.S.C.O., Paris, 1986, 187 p.
- DUPUY, Pierre-Marie, *Droit international public*, 5e éd., Paris, Dalloz, 2000, 809 p.
- DURKHEIM, Emile, *De la division du travail social*, Paris, PUF, 1973.
- DWORKIN R. *Taking rights seriously*, Cambridge, Harvard University Press, 1977.
- EBOUSSI BOULAGA Fabien, *A contretemps. L'enjeu de Dieu en Afrique*, Paris, Karthala, 1991.
- FARCHY Joëlle, *La fin de l'exception culturelle* ?1999, Paris, CNRS Editions, 268p.
- FARCHY Joëlle, TARDIF Jean, *Les enjeux de la mondialisation culturelle*. Préface de son excellence Monsieur Abdou Diouf, Secrétaire général de la francophonie. - Paris : Editions Hors Commerce, 2006, 365 p.
- FAUCAULT Michel, *La volonté de savoir Ŕ Droit de mort et pouvoir sur la vie*, Paris, Gallimard, 2006.
- FERGUSON A., *An Essay on the History of Civil Society*, New Brunswick, Transaction Books, 1980.
- FERRERO Gugliemo, *Pouvoir, les génies invisibles de la cité*, Paris, Plon, 1944 ,204p.
- FINKIELKRAUT Alain, *La Défaite de la pensée*, Paris, Gallimard, 1987, 186p.
- FISTETTI Francesco, *Théorie du multiculturalisme : Un parcours entre philosophie et sciences sociales,* La Découverte, Paris, 2009
- FLICHY Patrice, *Les industries de l'imaginaire*, Grenoble, PUG, 1980.
- FLORY (M.), La *formation des normes en droit international du développement*, Table ronde franco-maghrebine, Aix-en-Provence, 7 et 8 oct. 1982, éd. C.N.R.S., Paris, 1984, 393 p.

- FLORY (T.), *L'organisation mondiale du commerce : droit institutionnel et substantiel,* éd.Bruylant, Bruxelles, 1999, XXII + 248 p.
- FLORY(T.), Le droit international du développement, P.U.F., Paris, 1977, 336 p.
- FOBLETS MC, GAUDREAULT-DESBIENS JF, DUNDES RENTELN A, *Cultural diversity and the law. State responses from around the word,* Bruylant, Edition Yvon Blais,2010,1008p.
- FONTAINE, Philippe, *La Culture*, Paris, Ellipses, 2007.
- FRYDMAN B.(dir.), *La société civile et ses droits*, Bruxelles, Bruylant, 2004 .
- FUKUYAMA Francis, *La Fin de l'histoire et le dernier homme,* Paris Flammarion, 1992,452p
- FUMAROLI Marc, *L'Etat culturel, une religion moderne*, Paris, Librairie générale française, 1992.
- FURET F, JUILLARD J, ROSANVALLON P, *La République du Centre : la fin de l'exception française,* Paris, Calmann-Lévy, 1988.
- GADAMER Hans-Georg, *L'actualité du beau*, Aix-en-Provence : Alinea, 1992.
- GADAMER Hans-Georg, *Vérité et méthode*, Paris : Seuil, 1996.
- GAGNE Gilbert, *La Diversité culturelle. Vers une convention internationale effective* ?, Fides, 2005, 212 p.
- GARABAGHI Ninou, *Les espaces de la diversité culturelle, du multilatéralisme au multiculturalisme régional*, Paris, Karthala, 2010,240p.
- GAUCHET Marcel. *Le désenchantement du monde Ŕ Une histoire politique de la religion*, Paris, Gallimard, 1985.
- GÉRADIN Damien et LUFF David, *The WTO and Global Convergence in Telecommunications and Audiovisual Services*, Cambridge University Press, 2004, 453p.
- GERMANN Christophe, *Diversité culturelle et libre-échange à la lumière du cinéma. Réflexions critiques sur le droit naissant de la diversité culturelle sous les angles de l'UNESCO et de l'OMC, de la concurrence et de la propriété intellectuelle*, Bruylant, 2008, 450p.
- GIDDENS, A., *Modernity and Self-Identity. Self and Society in the Late Modern Age*, Stanford University Press, 1991.

- GINSBURGH Victor, *Economics of the Arts. Selected Essays*, Amsterdam: North-Holland, 1996, xxiv + 381p.
- GOURNAY Bernard, *Exception Culturelle et Mondialisation*, Presses de Sciences Po, Paris, 2002,133p.
- GROTIUS, *Le droit de la guerre et de la paix*, Paris, PUF, coll. Léviathan, 1999, 868 p.
- GUERRIERI Paolo, P. Lelio Iapadre et Georg Koopman (eds.) *Cultural Diversity and International Economic Integration: The Global Governance of the Audio-Visual Sector*, Edward Elgar, Cheltenham, Royaume-Uni, 2005,215 p.
- HABERMAS Jürgen., *La paix perpétuelle. Le bicentenaire d'une idée kantienne*, Paris, Éditions du Cerf, 1996, p.86.
- HABERMAS Jürgen, *Après l'État-nation. Une nouvelle constellation politique*, Paris, Fayard, 2000.
- HABERMAS Jürgen, *L'intégration républicaine*, Paris, Fayard, 1998.
- HABERMAS Jürgen, *Moral et communication. Conscience morale et activité communicationnelle*, Éditions du Cerf, Paris, 1991.
- HABERMAS Jürgen, *Raison et légitimité*, Paris, Payot, 1978.
- HARVEY D., *The Condition of Post modernity. An Enquiry into the Origins of Cultural Change*, Basil Blackwell, Londres, 1989.
- HOFFMAN, S., *Une morale pour les monstres froids. Pour une éthique des relations Internationales,* Paris, Seuil, 1982.
- HONG TIING TAI Silvio, *Une étude des facteurs socioculturels déterminant le commerce international,* l'Université Paris I, 2009.
- HOTTOIS Gilbert, *Dignité et diversité des hommes*, Paris, Vrin, 2009,123p.
- HUET Armel, Jacques ION, Alain LEFEBVRE, Bernard MIEGE et René PERON, *Capitalisme et industries culturelles*, Presses Universitaires de Grenoble, 1978.
- HUGON V, L'économie éthique publique : biens publics mondiaux et patrimoines communs, Paris, UNESCO, 2003
- HUME David, *Traité de la nature humaine*, livre III (1740) et John Locke, *Second Traité du gouvernement civil*, chapitre XIX (1689).
- HUNTINGTON Samuel P., *Le choc des civilisations*, Paris,

Odile Jacob, 2000, 545p.

- INSTITUT INTERNATIONAL DES DROITS DE L'HOMME, *Commerce mondial et protection des droits de l'Homme, les droits de l'Homme à l'épreuve de la globalisation des échanges économiques*, Bruxelles, Bruylant, 2001.
- JACKSON, John H.,*The World Trading System: Law and Policy of International Economic Relations*, Cambridge (MA), The MIT Press, 1989, 432p.
- JAVEAU Claude, *Les paradoxes de la postmodernité*, Paris, PUF, 2007.
- JAWARA, Fatoumata, Aileen KWA, *Behind the Scenes at the WTO. The Real World of International Trade Negotiations. Lessons of Cancun,* London/New York, Zed Books, 2004,330 p.
- JOOST Smiers, *Artistic Expression in a Corporate World. Do We Need Monopolistic Control?* Utrecht: Utrecht School of the Arts, 2004, 95p.
- JOOST Smiers, Arts *under Pressure- Promoting Cultural Diversity in the Age of Globalisation*, London, 2003, 275 p.
- JOUANNET. E., H. RUIZ FABRI, J-M.SOREL (dir.), *Regards d'une génération sur le Droit International*, Pedone, Paris, 2008, 464 p.
- JULLIEN F, *De l'universel, de l'uniforme, du commun et du dialogue entre les cultures*, Paris, Fayard, 2008.
- KÄ MANA, *L'Afrique va t-elle mourir ? Bousculer l'imaginaire africain. Essai d'éthique politique*, Paris, Cerf, 1991.
- KAMARA Yarri, *Keys to Successful Cultural Enterprise Development in Developing Countries*, prepared for UNESCO Arts and Cultural Enterprise Division, 2004, 55p.
- KANT, Emmanuel, *Pour la paix perpétuelle*, Paris, Librairie Générale Française, 2002.
- KANT, Emmanuel, *Que signifie s'orienter dans la pensée?*, Paris, Flammarion, 1991.
- KANT, Emmanuel, *Idée d'une histoire universelle au point de vue cosmopolitique*, Paris, Bordas, 1988.
- KANT, Emmanuel, *OEuvres philosophiques*, Paris, Gallimard (Pléiade), 1985. *Métaphysique des moeurs*, Paris, Vrin, 1986.
- KANT, Emmanuel, *Principes métaphysiques du droit suivis du projet de paix perpétuelle*, Paris, Librairie Philosophique de

Ladrange, 1855.

- KELSEN (H.), *Théorie pure du droit*, trad. fr. C. Eisenmann, Paris, Bruxelles, L.G.D.J., Bruylant, 1999, 367 p.
- KEMPF R., *L'OMC face au changement climatique*, Paris, Editions A.Pedone, 2009.
- KENNEDY David, *Nouvelles approches de droit international* , Paris, Pedone, Coll. Doctrine(s), 2009, 316 p,
- KIEFFER Bob, *L'organisation mondiale du commerce et l'évolution du droit international public*, Larcier, 2008,371p.
- KOLB Robert, *Réflexions de philosophie du droit international. Problèmes fondamentaux du droit international public*, Bruxelles, Brulant, 2003, 432 p.
- KOLB Robert, *La bonne foi en droit international public. Contribution à l'étude des principes généraux de droit*, éd. P.U.F., Paris, 2000, XXVIII + 678 p.
- KOLB Robert, *Les cours généraux de droit international de l'Académie de droit international de La Haye*, Bruxelles, Bruylant, 2003, 1155 p.
- KRETZMER David et ECKART Klein, *The concept of dignity in Human Rights Discourse*, Kluwer International, 2002.
- KRIEGER-KRYNICKI Annie, *L'organisation mondiale du commerce, l'OMC (WTO) : Structures juridiques et politiques de négociation*, Vuibert, 2005,259p.
- KRUGMAN Paul, *Peddling Prosperity: Economic Sense and Nonsense in the Age of Diminished Expectations*, W.W. Norton & Company, New York, 1994.
- KUHN, Thomas. *The Structure of Scientific Revolutions*, Chicago, University of Chicago Press, 1986.
- KYMLICKA W., *Multicultural Citizenship*, Oxford, Clarendon Press, 1995.
- LAHIRE, BERNARD (2004), *La Culture des individus. Dissonances culturelles et distinction de soi*, Paris : La Découverte, 2004, coll. « Textes à l'appui/laboratoire des sciences sociales ».
- LAIDI Zaki, *La gauche à venir. Politique et mondialisation*, Editions de l'Aube, 2001.
- LAIDI Zaki, *La grande perturbation*, Paris, Flammarion, 2004,473p.
- LAIDI Zaki, *Le sacre du présent*, Flammarion, 2000,278 p.
- LAIDI Zaki, *Un monde privé de sens*, Paris, Fayard, 1994,

333 p.

- LATOUCHE Serge, *Survivre au développement, de la décolonisation de l'imaginaire économique à la construction d'une société alternative*, Mille et une nuits, Paris, 2005.
- LAVAL Christian, *L'Homme économique : essai sur les racines du néolibéralisme*, Paris, Gallimard, 2007, 396 p.
- LECLERC, Gérard, *La mondialisation culturelle : les civilisations à l'épreuve*, Paris, Presses universitaires de France, 2000, 486 p.
- LEE James R., *Exploring the Gaps: Vital Links Between Trade, Environment and Culture*, West Hartford, CT: Kumarian Press200, 249p.
- LEJBOWICZ Agnès, *Philosophie du droit international. L'impossible capture de l'humanité*, PUF, Paris, 1ère édition, 1999, 442 p.
- LEMIEUX P.(dir.), *La diversité culturelle*, Les Presses de l'Université de Laval, 2006, 215 p.
- LEVINAS, Emmanuel, *Autrement qu'être ou au-delà de l'essence*, Paris, LGF, 2004.
- LEVI-STRAUSS, C., *Race et histoire*, Paris, Gonthier, 1976, 132 p.
- LOMBARD ALAIN, *Politique culturelle internationale. Le modèle français face à la mondialisation,* Maison des Cultures du monde/Babel/Actes Sud, 2003, 359 p.
- LOQUIN E., MARTIN A. (dir), *Droit et marchandisation*, Paris, Litec, 2010,460 p.
- LUFF Désire, *Le droit de l'Organisation mondiale du commerce : analyse critique*, éd.Bruylant/ L.G.D.J, Bruxelles/Paris, 2004, XLIV + 1264 p.
- MACHIAVEL Nicolas, *Le Prince,* Le Livre de Poche, 2000.
- MALRAUX, André, *L'homme précaire et la litérature*, Paris, Gallimard, 1977.
- MARCHETTI et ROY (eds.), *"Opening Markets for Trade in Services; Countries and Sectors in Bilateral and WTO Negotiations*", OMC et Cambridge University Press, 2008.
- MARITAIN Jacques, *L'Homme et l'État*, PUF, 1953, p. 129.
- MATTHEWS Jacob T. , *Industrie musicale, médiation et idéologie : Pour une approche critique réactualisée des « musiques actuelles »,* thèse de Doctorat, L'Université de

Bordeaux 3, 2006,

- MATSUSHITA Mitsuo, MAVROIDIS C. Petros, SCHOENBAUM Thomas J,*The World Trade organization Law, Practice and Policy*, Oxford University Press, 2006,860 p.
- MATTELART Armand, *Multinationales et systèmes de communication. Les appareilles idéologiques de l'impérialisme*, Editions anthropos, Paris, 1976.
- MATTELART Armand, *Diversité culturelle et mondialisation*, Paris, La Découverte, 2005, 122 p.
- MAUREL Chloé, *L'UNESCO de 1945 à 1974*, thèse de doctorat d'histoire contemporaine, université Paris-I, 2006.
- MAYER Laurence, *Le statut juridique des biens et services culturels dans les accords commerciaux internationaux*, Collection Droit du Patrimoine culturel et naturel, L'Harmattan, 2008, 541 p.
- MBEMBE Achille, *Afriques indociles. Christianisme, pouvoir et État en société postcoloniale*, Paris, Karthala, 1988.
- MEHDI Abbas, *L'Organisation mondiale du commerce. Un essai d'interprétation en termes d'économie politique internationale*, Thèse doctorale, Université de Grenoble, octobre 2000.
- MESURE Sylvie et RENAUT Alain, *Alter ego. Les paradoxes de l'identité démocratique,* Aubier, 1999, 304 p.
- MEYER-BISCH Patrice, *Le corps des droits de l'homme. L'indivisibilité comme principe d'interprétation et de mise en oeuvre des droits de l'homme*, Fribourg, Éditions universitaires, 1992.
- MEYER-BISCH Patrice, *Les droits culturels, une catégorie sous-développée des droits de l'homme*, Institut interdisciplinaire d'éthique et des droits de l'homme, Université de Fribourg, 1995.
- MICHÉA Jean-Claude, *L'empire du moindre mal : essai sur la civilisation libérale*, Paris, Climats, 2007.
- Miège Bernard., Les industries du contenu face à l'ordre international, PUG, 2000.
- MOREAU-DEFARGES Philippe, DE MONTBRIAL Theirry (dir.), *Les faces cachées de la mondialisation*, Dunod, 2004, 375 p.
- MORIN Edgar, *Culture et barbarie européenne*, Paris, Bayard, 2006, 94 p.

- MORIN Edgar, *Pour une politique de civilisation*, Éditions arléa, Paris. 2008,79 p.
- MORIN Edgard et Jean-Louis Le Moigne, *L'intelligence de la complexité*, Paris, L'Harmattan, 1999.
- MURAWIEC L., *L'esprit des nations : cultures et géopolitique*, Paris, Odile Jacob, 2002.
- NANOPOULOS Kostas, RICCIARDELLI Marina, URBAN Sabine (dir.), *Mondialisation et sociétés multiculturelles. L'incertain du futur*, Presses universitaires de France, 2000, 424 p.
- NEFZAOUI Abderrazak, *La crise de l'UNESCO*, thèse de droit public, Université Paris 11, 1991.
- NIEC Halina (dir.), *Pour ou contre les droits culturels ?*, Paris, Editions UNESCO, 2000, 333 p.
- NIETZSCHE Friedrich. *Par-delà bien et mal*, Paris, Flammarion, 2000.
- NYAHOHO Emmanuel, *Le marché culturel à l'ère de la mondialisation*, Sainte-Foy, Presses de l'Université du Québec, 2001.
- N. OBULJEN, J. SMIERS (ed.), *The UNESCO Convention on the promotion and protection of the diversity of cultural expressions – Making it work*, 2007.
- OST François et Michel VAN DE KERCHOVE, *De la pyramide au réseau? Pour une théorie dialectique du droit*, Bruxelles, Publications des Facultés universitaires Saint-Louis, 2002.
- PALLARD Henri, TZITZIS Stamatios (dir.), *Minorités, culture et droits fondamentaux*, Paris, L'Harmattan, 2001, 139 p.
- PALLARD Henri et Stamatios TZITZIS, *Droits fondamentaux et spécificités culturelles*, Paris;Montréal, Édition L'Harmattan, 1997, 173 p.
- PANHUYS, Henry et Hassan ZAOUAL (dir), *Diversité des cultures et mondialisation : Au-delà de l'économisme et du culturalisme*, Paris, Édition L'Harmattan, 2000, 241p.
- PANIZZON PETTER, Marion, Nicole POHL & Pierre SAUVE, eds. *GATS and the regulation of international trade in services,* Cambridge, Cambridge University Press, 2008.
- PAQUEROT Sylvie, *Le statut des ressources vitales en droit international : essai sur le concept de patrimoine commun de l'humanité*, Brussels, Bruylant, 2002,272p.

- PAREKH Bhikhu, *Rethinking Multiculturalism: Cultural Diversity and Political Theory*, Basingstoke, Macmillan Press, 200,379p.
- PAUWELYN J., *Conflict of Norms in Public International Law, How W.T.O. Law Relates to Other Rules of International Law*, Cambridge University Press, New York, 2003, 554 p.
- PIERRE-YVES Laurent, *La diversité culturelle et le droit international*, thèse de doctorat, Université de Reims, 2008, 1250p.
- QUATREMERE DE QUINCY, *Lettres sur le préjudice qu'occasionneraient aux Arts et à la Science, le déplacement des monuments de l'art de l'Italie, le démembrement de ses Écoles, et la spoliation de ses Collections*, Galeries, Musées, etc., Rome, 1815.
- RABOY, Marc et al., *Développement culturel et mondialisation de l'économie : un enjeu démocratique*, Québec : Institut québécois de recherche sur la culture, Boisbriand, Québec :Distribution, Diffusion Prologue, 1994, 144 p.
- RAMEL Frédéric et Jean-P. JOUBERT, *Rousseau et les relations internationales*, Paris, L'Harmattan, coll. Raoul Dandurand, 2001.
- RAMEL Frédéric et David CUMIN, *Philosophie des Relations internationales*, Paris, Presses de Sciences Po, 2002.
- RASSE Paul, MIDOL Nancy, TRIKI Fathi, (dir), *Unité-diversité : les identités culturelles dans le jeu de la mondialisation*, L'Harmattan, 2001.
- RAWLS John, *Théorie de la justice*, traduit par C. Audard, Paris, Seuil, 1987.
- REGOURD Serge, *De l'exception à la diversité culturelle* - La Documentation française - Dossier PPS n° 904, 2004.
- REGOURD Serge, *L'Exception culturelle* - P.U.F - collect. Que sais-je n° 3647 - 1ère éd - 2002, 2ème ed. 2004.
- REGOURD Serge, *Droit de la Communication audiovisuelle*. P.U.F - Collect. Droit fondamental 2001, 475 p.
- REMICHE, Bernard et Hélène RUIZ-FABRI (dir.), *Le commerce international entre bi- et multilatéralisme*, Paris : Éditions Larcier, 2010,400 p.
- RICKETSON Sam, *Étude de l'OMPI sur les limitations et les exceptions au droit d'auteur et aux droits connexes dans l'environnement numérique*, OMPI, SCCR/9/7, 2003,93p.

- RINGELHEIM Julie, *Diversité culturelle et droits de l'Homme. La protection des minorités par la Convention européenne des droits de l'Homme,* Bruxelles, Bruylant, 2006, 490 p.
- ROLLAND Denis (Cord), Histoire culturelle des relations internationales, carrefour méthodologique, L'harmattan, 2004.
- RUIZ FABRI, H L. GRADONI (dir.), *La circulation des concepts en droit international de l'environnement entre mondialisation et fragmentation*, Paris, Ed. de la Société de législation Comparée, 2009.
- RUIZ FABRI,H., J.-M. SOREL (dir.), *Les procédures d'urgence dans les juridictions internationales sous le regard des internistes et des comparatistes*, Paris, Pedone, 2003.
- RUIZ FABRI,H. C. GERMAN (dir.), *La Convention de l'UNESCO sur la diversité culturelle : premier bilan et défis juridiques*, Paris, Ed. de la Société de législation comparée, 2009.
- SAID Edward, *L'Orientalisme : l'Orient créé par l'Occident*, Paris, Seuil, 1997, 443p.
- SCELLE Georges, *Précis de droit des gens : principes et systématique*, (2 vol., Paris, Sirey, 1932 et 1934), rééd. CNRSen un vol., 1984.
- SCHMIT Carl, La *notion du politique - Théorie du partisan*, Paris, Flammarion, 1992, 323 p.
- SEN Amartya, *Un nouveau modèle économique*, Odile Jacob Poche, 2003, 479p.
- SHELTON, Dinah, (dir), Commitment and Compliance. The Role of Non-Binding Norms in the International Legal System, Oxford, Oxford University Press, 2000.
- SIMMEL, Georg, *La Tragédie de la culture*, Paris : Rivages, 1988.
- SINGH, J.P., The Arts of Globalization. New York, NY: Columbia University Press, 2010.
- SINGH, J.P and James N. ROSENAU, *Information Technologies and Global Politics: The Changing Scope of Power and Governance*, Albany, NY: State University of New York Press, 2002.
- SINGH, J.P, *International Cultural Policies and Power. Basingstoke, UK: Pulgrave Macmillan, 2010.*
- SINGH, J.P. *United Nations Educational Scientific and*

Cultural Organization: Creating Norms in a Complex World. London, UK: Routledge, 2010.

- SMANN Enrst-Ulrich, *The GATT/WTO Dispute Settlement System (International Law, International Organizations and Dispute Settlement)*, La Haye, Kluwer Law International, 1997.
- SFDI, *Le droit international face aux enjeux environnementaux. Colloque d'Aix-en-Provence*, Paris, Pedone, 2010, 490 p.
- SPENGLER O., *Le déclin de l'Occident. Esquisse d'une morphologie de l'histoire universelle*, Paris, Gallimard, coll. Bibliographie des idées, 1976.
- SUR Serge, *L'interprétation en droit international public*, LGDJ., Paris, 1974, 449 p.
- TEILHARD DE CHARDIN Pierre, *Le phénomène humain*, Paris, Les Éditions du Seuil, 1956, 348 p.
- TODOROV Tzvetan, *Nous et les autres, la réflexion française sur la diversité humaine*, Seuil, Points Essais, 1989.
- TOMAN, J., *La protection des biens culturels en cas de conflit armé. Commentaire de la Convention de La Haye du 14 mai 1954*, UNESCO, 1994, 490 p.
- TOURAINE Alain, *Comment sortir du libéralisme* ?, Paris, Fayard, 1999,164p.
- TOURAINE Alain, *Un Nouveau paradigme : pour comprendre le monde aujourd'hui*, Paris, Fayard, 2005, 364 p.
- TOYNBEE, *L'Histoire*, Paris, Bruxelles, Elsevier Séquoia, Préface de Raymond Aron, 1978.
- UNESCO, *Culture, commerce et mondialisation. Questions et réponses*, Paris, UNESCO, 2003, 79 p.
- UNESCO, *L'action normative a l'UNESCO, Elaboration de règles internationales sur l'éducation, la science et la culture : essais à l'occasion du 60e anniversaire de l'UNESCO,* Vol 1, Paris, Editions UNESCO, Leiden/Boston, Martinus Nijhoff, 2007.
- UNESCO, *Tendances des marchés audiovisuels; Perspectives régionales – Vues du Sud,* Paris, 2006.
- VAN DEN BOSSCHE, Peter, *The Law of the World Trade Organization. Text, Cases and Materials,* Cambridge, Cambridge University Press 2005.
- VAN DEN BOSSCHE, Peter, *Free Trade and Culture. A Study of Relevant WTO Rules and Policy Options for the*

Protection of Cultural Values, Boekmanstudies, Amsterdam, 2007.

- VILLALPANDO, Santiago, *L'émergence de la communauté internationale dans la responsabilité des Etats*. Paris, Presses universitaires de France, 2005, 527 p.
- VISSCHER (Ch. de), *Théories et réalités en droit international public*, Paris, Pedone, 1970, 450 p.
- VOON Tania, *Cultural Products and the World Trade Organization*, Cambridge University Press, Cambridge (Royaume-Uni), 2007.
- WALLERSTEIN Immanuel, *L'après-libéralisme. Essai sur un système-monde à inventer.*Editions de l'Aube, La Tour d'Aigues, 1999.
- WALLERSTEIN Immanuel., *Capitalisme et Economie-monde*, Flammarion, 1980.
- WALLERSTEIN, Immanuel., *Comprendre le monde - Introduction à l'analyse des systèmes-monde*, Editions La Découverte, Paris, 2006.
- WALLERSTEIN Immanuel, *Les inégalités entre États dans le système international: origines et perspectives,* 1974, 243p.
- WALZER Michael, *Pluralisme et démocratie*, Paris, Éd. Esprit, 1997.
- WALZER, Michael, *Spheres of justice: a defense of pluralism and equity*, Oxford, Robertson, 1983.
- WARNIER Jean-Pierre, *La mondialisation de la culture*, La découverte, Repères, 1999.
- WELLENS, Karel et ROSARIO Vinaxia. *L'Influence des sources sur l'unité et la fragmentation du droit international: travaux du séminaire tenu à Palma, les 20-21 mai 2005*, Bruxelles, Bruylant, 2006.
- WOLTON Dominique, *L'Autre Mondialisation*, Paris, Flammarion, 2003, 212 p.
- YACOUB Joseph., *Les droits de l'homme sont-ils exportables*?, Ed. Ellipses, Paris, 2005.
- YACOUB, Joseph, *Au-delà des minorités. Une alternative à la prolifération des Etats*, Ed. de l'Atelier, Paris, 2000.
- YACOUB, Joseph, *Les minorités dans le monde. Faits et analyses*, Paris, Desclée de Brower, 1998, 924 p.
- YUSUF Abdulaqui, *Standard Setting in UNESCO: Normative Action in Education, Science and Culture; Essays in*

Commemoration of the Sixtieth Anniversary of UNESCO, Paris UNESCO, 2007, 407 p.

- YUSUF Abdulaqui, *Legal Aspects of Trade Preferences for Developing States: A Study in the Influence of Development Needs on the Evolution of International Law*, Nijhoff Publishers, 1982, 185 p.
- YUSUF Abdulaqui, Intellectual Property and International Trade: The TRIPs Agreement, (ed. with C. Correa) Kluwer Law International, (Wolters Kluwer Law & Business), first edition 1998, 469 p; second edition 2008, 528 p.
- YUSUF Abdulaqui, International Technology Transfer: The Origins and Aftermath of the United Nations Negotiations on Draft Code of Conduct (ed. with S. J. Patel and P. Roffe), Kluwer Law International, 2000, 496 p.

II. ARTICLES ET NOTES

- AADITYA Mattoo and Sauvé, Pierre,Domestic Regulation And Trade In Services: Addressing The Gats Article Vi:4 Work Programo--A Look At The Issues, OECD, Paris,2003.
- ABBAS M., Mondialisation-développement-multilatéralisme. Les contradictions de l'Organisation mondiale du commerce. Grenoble : LEPII, 2010, 17 p.
- ABBAS M., « Du GATT à l'OMC : un bilan de soixante ans de libéralisation des échanges », Cahiers français, n° 341, novembre-décembre, 2007.
- ABBAS M., « Le régime commercial de l'Organisation mondiale du commerce. Du multilatéralisme coopératif au multilatéralisme compétitif », Cahier de recherche du LEPII, Série EPIID, n° 1, mai 2004, 15 p
- ABBAS, M., « Mondialisation et développement. Que nous enseigne l'enlisement des négociations commerciales de l'OMC ? ». Note de travail LEPII; 9/2009. Grenoble: LEPII, 18 p.
- ABI-SAAB G., « Éloge du « droit assourdi ». Quelques réflexions sur le rôle de la soft law en droit international

contemporain », in Nouveaux itinéraires en droit. Hommage à François Rigaux, Bruxelles, Bruylant, 1993, pp. 59-68.

- ABI-SAAB G., « Humanité etCommunauté internationale' dans la dialectique internationale », *in Mélanges R.-J. Dupuy, Humanité et droit international*, Pédone, Paris, 1991.
- ABI-SAAB G.,« de l'efficacité des organisations internationales : « A propos de l'organisation Mondiale du commerce », in Vincent CHETAIL Conflits, sécurité et coopération / Conflicts, security and cooperation: Liber Amicorum Victor-Yves Ghebali, Bruylant, 2007.
- ABI-SAAB, G., Les sources du droit international: essai de déconstruction, in RAMA MONTALDO, R. (dir.), *Le droit international dans un* monde en mutation. Liber Amicorum en hommage au Professeur Eduardo Jiménez de Aréchaga, Montevideo, 1994, vol.I, pp. 29-49.
- ACHESON Keith, MAULE Christopher J., "Convention on Cultural Diversity," Canadian Economic Paper, CEA 03-05, Carleton University, Ottawa, 2003.
- ACHESON Keith, MAULE Christopher J., Much Ado About Culture: North American Trade Disputes, (Studies in International Economics) University of Michigan Press, Chicago, 1999.
- AGO Roberto, « Science juridique et droit international » (1956) 90 Recueil des Cours 851.
- ANDREANI Giles, « Gouvernance globale : origines d'une idée », Politique étrangère, no 3,2001, pp. 549-568.
- APOSTOLIDIS (Ch.), « La protection juridique de l'humanité », GESTANNE DE BERNIS (G.), *in* APOSTOLIDIS (C.), FRITZ (G.) et FRITZ (J.-C.) (dir.), *L'humanité face à la mondialisation. Droits des Peuples et Environnement*, Centre d'étude et de recherche politique, Dijon, L'Harmattan, Paris, 1997, pp. 155-186.
- APPADURAI, A, « Disjuncture and difference in the global cultural economy », in Featherstone, M. (dir.), Global Culture. Nationalism, Globalization and Modernity, Londres, Sage, 1990, pp. 295-310.
- ASMAL Kader, "What the Convention means to me", in N. Obuljen, J. Smiers, UNESCO's Convention on the Protection and the Promotion of the Diversity of Cultural Expressions:

Making it Work, Culturelink Joint Publications Series, Zagreb, 2006, p. 353.

- ATKINSON Dave, « Le droit des Etats et des gouvernements de soutenir la culture à la lumière de l'évolution du cadre normatif du commerce international : vers un instrument international? », document de travail, Ministère de la Culture et des Communications du Québec, Québec, mai 2001.
- ATKINSON, Dave, « De l'exception culturelle à la diversité culturelle : les relations internationales au cœur d'une bataille planétaire », (200) Annuaire français de relations internationales,pp. 663-675.
- AZZARIA, Georges, « Des balises pour l'identité: la convention internationale sur la diversité culturelle », Policy Options/Options politiques, vol. 24, no 1, Dec. 2002/Jan. 2003, p.77.
- AZZI, Stephen et Tamara FEICK, "Canada and the International Instrument on Cultural Diversity" Canada Among Nations 2003: Coping with the Cultural Colossus, Oxford, Oxford University Press, 2003, pp.100-120.
- BAECHLER Jean « Les mondialisations alternatives », *Revue du MAUSS* 2/2002 (n° 20), pp. 138-147.
- BAECHLER Jean « Naturalité, universalité, objectivité », *Revue du MAUSS* 1/2002 (n° 19), pp. 51-64.
- BAECHLER Jean, « Eléments d'ONGlogie », *Nouveaux mondes*, 14, automne 2004.
- BAEKER Greg, Inventaire des enjeux et des possibilités de la diversité culturelle, Réseau international sur la politique culturelle (RIPC), mai 2000. disponible sur www.group/wg-cdg/inventory_f.pdf]
- BAER Jean Michel, « L'exception culturelle. Une règle en quête de contenus », En Temps réel, 2003,32 p.
- BALASSA Carol, *America's Image Abroad: The UNESCO Cultural Diversity Convention and U.S. Motion Picture Exports, Curb Center for Art, Enterprise, and Public Policy,* Vanderbilt University, 2008.
- BARNETT (Michael), FINNEMORE (Martha), « The power of liberal international organizations », in Michael Barnett, Robert Duvall, Power in global governance, Cambridge studies, 2005, pp.161-184.

- BARNETT (Michael), FINNEMORE (Martha), Rules for the world: International Organizations in Global Politics, CornellUniversity Press, 2004.
- BEAT GRABER Christoph ,"Digital Environment", in: Christoph Beat Graber/Mira Burri-Nenova (eds.), Intellectual Property and Traditional Cultural Expressions in a Digital Environment, Edward Elgar, Cheltenham/UK 2008, pp. 256-286
- BEAT GRABER Christoph ,"Using Human Rights to Tackle Fragmentation in the Field of Traditional Cultural Expressions", in: Intellectual Property and Traditional Cultural Expressions in a Digital Environment, Christoph Beat Graber/Mira Burri-Nenova (eds.), Edward Elgar, Cheltenham, 2008, pp.96-120.
- BEAT GRABER Christoph Beat, « The New UNESCO Convention on Cultural Diversity: A counterbalance to the WTO ? », *Journal of International Economic Law, vol.9, n°3, 2006.*
- BEAT GRABER Christoph, "Substantive Rights and Obligations under the UNESCO Convention on Cultural Diversity", in: Hildegard Schneider/Peter van den Bossche (eds.), Protection of Cultural Diversity from an International and European Perspective, Intersentia, Antwerp 2008, p. 141-162 (pre-published as NCCR Trade working paper No. 2008/08, May 2008).
- BEAT GRABER Christoph, "The Long Tail of the Rainbow Serpent: New Technologies and the Protection and Promotion of Traditional Cultural Expressions", in: Intellectual Property and Traditional Cultural Expressions in a Digital Environment, Christoph Beat Graber/Mira Burri-Nenova (eds.), Edward Elgar, Cheltenham/UK 2008, pp.205-236.
- BEAT GRABER Christoph, "Traditional Cultural Expressions in a Matrix of Copyright, Cultural Diversity and Human Rights", in: Fiona Macmillan (ed.), New Directions in Copyright Law, Vol. 5, Edward Elgar, Cheltenham/UK 2007, pp.45-71.
- BEAT GRABER Christoph, «Exception culturelle. Une revendication dépassée»
- BEDJAOUI (M.), « Le droit au développement », *in* BEDJOUI (M.) (dir.), *Droit international. Bilan et perspectives*, Tome II, UNESCO, Paris,1991, pp. 1257-1273.

- BERNARD (de) François. « La Convention sur la diversité culturelle reste à mettre en œuvre 4 tâches prioritaires pour la société civile », Conférence Diversité culturelle - La richesse de l'Europe. Faire vivre la Convention de l'UNESCO, Essen, Allemagne, 26-28 avril 2007.
- BERNIER Ivan, RUIZ FABRI Hélène, La mise en oeuvre de la Convention de l'UNESCO sur la protection et la promotion de la diversité des expressions culturelles – Perspectives d'action, Ministère de la Culture et des Communications du Québec, mai 2006, 31 p.
- BERNIER Ivan, Un aspect important de la mise en œuvre de la Convention sur la protection et la promotion de la diversité des expressions culturelles : Le Fonds international pour la diversité culturelle, Ministère de la Culture et des Communications du Québec, avril 2007, p. 20.
- BERNIER, Ivan Avril 2007 – « Un aspect important de la mise en œuvre de la Convention sur la protection et la promotion de la diversité des Expressions culturelles :Le Fonds international pour la diversité culturell »,*http://www.diversite-culturelle.qc.ca/fileadmin/documents/pdf/.*
- BERNIER, Ivan Mars 2007 – « La Convention internationale sur la protection et la Promotion de la diversité des expressions culturelles : La conciliation comme mode de règlement des différends dans le domaine culturel» , *http://www.diversite-culturelle.qc.ca/fileadmin/documents/pdf/.*
- BERNIER, Ivan, "Content Regulation in the Audiovisual Sector and the WTO " in *Telecommunication, Communication and Convergence*, Oxford University Press, Oxford, 2003.
- BERNIER, Ivan, "Cultural Diversity and International Trade Regulations", UNESCO, World Culture Report 2000, p.70.
- BERNIER, Ivan, "Cultural Goods and Services in International Trade Law ", dans The Culture/Trade quandary: Canada's Policy Options, Ottawa, Center for Trade Policy and Law, November 1998.
- BERNIER, Ivan, « Commerce international et cultures nationales : le débat sur la clause d'exception culturelle dans les négociations de l'Uruguay Round », dans Mario BEAULAC et François COLBERT, Industries culturelles nationales et mondialisation des marchés, Montréal, HEC, septembre 1994.

- BERNIER, Ivan, « L'accord multilatéral sur l'investissement (AMI) et la culture » Legipresse, Paris, vol. 5, no 152, 1998, pp.62-68.
- BERNIER, Ivan, « La dimension culturelle dans le commerce international: quelques réflexions en marge de l'Accord de libre-échange Canada/États-Unis du 2 janvier 1988 », (1988) 25 Annuaire canadien de droit international.
- BERNIER, Ivan, « La préservation de la diversité linguistique à l'heure de la mondialisation », (2001) 42 Les Cahiers de droit, pp.913-960.
- BERNIER, Ivan, « Le débat sur la place des produits culturels dans les accords commerciaux internationaux », dans Recherche : Culture et Communication, Actes du colloque, Gouvernement du Québec, Ministère de la Culture et des communications et Bureau de la Statistique du Québec, 1996, pp.43-74.
- BERNIER, Ivan, « Les cultures nationales dans une économie mondiale de marché », dans Dave ATKINSON, Ivan BERNIER et Florian SAUVAGEAU, Souveraineté et protectionnisme en matière culturelle, Québec, CQRI/PUQ, 1991, pp. 293-307.
- BERNIER, Ivan, « Les dispositions de l'Accord de libre-échange nord-américain relatives à la propriété intellectuelle et la clause d'exemption culturelle », in Les cahiers de propriété intellectuelle, Montréal, 1994, Vol. 6, no 2, pp.139-171.
- BERNIER, Ivan, « Les politiques culturelles du Canada et du Québec, l'Organisation mondiale du commerce (OMC) et l'Accord de libre-échange nord-américain (ALÉNA) », dans Florian SAUVAGEAU (dir.), Les politiques culturelles à l'épreuve - La culture entre l'État et le marché, Québec, Institut québécois de recherche sur la culture et Presses de l'Université Laval, 1996, pp.13-71.
- BERNIER Ivan, « Politiques culturelles et commerce international », dans Florian SAUVAGEAU (dir.), Variations sur l'influence culturelle américaine, Québec, Presses de l'Université Laval, 1999.
- BERNIER Ivan, « Trade and Culture «, dans The Kluwer Companion to the World Trade Organization, Kluwer, Amsterdam, 2003.

- BERNIER Ivan, « Les expressions culturelles menacées dans la Convention sur la diversité des expressions culturelles de l'Unesco »,2009.
- BERNIER Ivan, « Les relations entre la Convention de l'UNESCO sur la protection et la promotion de la diversité des expressions culturelles et les autres instruments internationaux : l'émergence d'un nouvel équilibre dans l'interface entre le commerce et la culture »,2009 .
- BERNIER Ivan, « Une convention internationale sur la diversité culturelle à l'UNESCO »,11p,Mars2003, *http://www.diversiteculturelle.qc.ca/fileadmin/documents/pd.*
- BERNIER Ivan, Août 2003 – « Les subventions aux services audiovisuels dans le cadre du GATS : situation actuelle et impact des négociation »,11p.
- BERNIER Ivan, Avril 2003-« Analyse comparative des accords de libre-échange Chili– É.-U. et Singapour -É.-U. en ce qui a trait plus particulièrement à leur incidence sur le secteur culturel », *http://www.diversite-culturelle.qc.ca*
- BERNIER Ivan, Février 2006- « La troisième session de la réunion intergouvernementale d'experts sur l'Avant-projet de Convention sur la protection et la promotion de la diversité des expressions culturelles et l'examen du Projet de Convention par la Conférence générale de l'Unesco », http://www.diversite-culturelle.qc.ca/fileadmin/documents/pdf/ .
- BERNIER Ivan, Janvier - Mars 2004 – « Les exigences de contenu local au cinéma, à la radio et à la télévision en tant qu'outils de défense de la diversité culturelle : justifications et avenir »,3p., *http://www.diversite-culturelle.qc.ca.*
- BERNIER Ivan, Janvier 2006 – « La mise en œuvre et le suivi de la Convention de l'UNESCO sur la protection et la promotion de la diversité des expressions culturelles - Perspectives d'action », *http://www.diversite-culturelle.qc.ca.*
- BERNIER Ivan, Juillet 2003 – « Pour un meilleur accès à la diversité de l'offre cinématographique étrangèr »,10p. , *http://www.diversite-culturelle.qc.ca.*
- BERNIER Ivan, Juin 2003 - « Les pays en développement et le projet de convention internationale sur la diversité culturell »,12p, , *http://www.diversite-culturelle.qc.ca.*

- BERNIER Ivan, Mai 2003 – « Le lien entre une future convention internationale sur la diversité culturelle et les autres accords internationaux »,9p,, *http://www.diversiteculturelle.qc.ca.*
- BERNIER Ivan, Mai 2005 – « La seconde session de la réunion des experts gouvernementaux sur l'avant-projet de convention sur la protection de la diversité des contenus culturels et des expressions artistiques de l'UNESCO », *http://www.diversite-culturelle.qc.ca/.*
- BERNIER Ivan, Mai 2008 – « La Convention sur la diversité des expressions culturelles de l'UNESCO : un instrument culturel au carrefour du droit et de la politique » , *http://www.diversite-culturelle.qc.ca.*
- BERNIER, Ivan, Novembre - Décembre 2003 – « Les exigences de contenu local au cinéma, à la radio et à la télévision, en tant que moyen de défense de la diversité culturelle:théorie et réalit é»,20p., *http://www.diversite-culturelle.qc.ca/*
- BERNIER Ivan, Novembre 2005 – « La mise en œuvre de la Convention sur la protection et la promotion de la diversité des expressions culturelles » , *http://www.diversite-culturelle.qc.ca.*
- BERNIER Ivan, Novembre-Décembre 2004 – « La première réunion d'experts gouvernementaux sur l'avant-projet de Convention sur la protection de la diversité des contenus culturels et des expressions artistiques de l'UNESCO : Les implications pour la suite de la négociatio », *http://www.diversite-culturelle.qc.ca/.*
- BERNIER Ivan, Octobre 2004 – « Avant-projet de convention sur la protection de la diversité des contenus culturels et des expressions artistiques - Analyse et commentair », http://www.diversite-culturelle.qc.ca/fileadmin/documents/pdf/.
- BERNIER Ivan, Septembre - Octobre 2003 – « L'utilisation des données statistiques dans les négociations sur un nouvel accord international sur la diversité culturelle à l'UNESCO»,18p.
- BIDAULT Mylène., Protection des droits culturels. Quelles actions pour l'UNESCO?, IIEDH, Fribourg, 2002.

- BIDAULT Mylène, « Ce que Déclarer des droits culturels veut dire » in *Droits fondamentaux*, n° 7, janvier 2008 - décembre 2009.
- BLAZINA Vesna, « Mémoricide ou la purification culturelle : la guerre et les bibliothèques de Croatie et de Bosnie-Herzégovine », *Documentation et bibliothèques*, vol.42, n°4, 1996, pp.149-163.
- BOISSON DE CHAZOURNES Laurence and Makane Moïse Mbengue, 2004, "GMOs and Trade: Issues at Stake in the EC-Biotech Dispute", Review of European Community & International Environmental Law 13 (3): 289-305.
- BOISSON DE CHAZOURNES, Laurence and Makane Moïse Mbengue, 2006, "International Legal Aspects of the Co-Existence between GM and non-GM products: Approaches under International Environmental Law and International Law", Montpellier: GMCC Proceedings, pp.15-29.
- BOISSON DE CHAZOURNES, Laurence and Makane Moïse Mbengue. 2007. A Propos du principe du soutien mutuel : les relations entre le Protocole de Cartagena et les accords de l'OMC. Revue Générale du Droit International Public. Numéro 4: 829-863.
- BOISSON DE CHAZOURNES, Laurence and Makane Moïse Mbengue. 2008. Trade, Environment and Biotechnology: on Coexistence and Coherence. In Genetic Engineering and the World Trade System -- World Trade Forum, edited by Daniel Wüger and Thomas Cottier, 205-245. Cambridge, UK: Cambridge University Press.
- BOISSON DE CHAZOURNES, Laurence et MAKANE Moïse Mbengue, 2003, "The amici curiae and the Dispute Settlement System: The Doors are Open", The Law and Practice of International Courts and Tribunals 2: 205-248.
- BOISSON DE CHAZOURNES, Laurence et Makane Moïse Mbengue, 2003, « L'amicus curiae devant l'Organe de règlement des différends de l'OMC », In Droit de l'Organisation Mondiale du Commerce et protection de l'environnement, sous la direction de Sandrine Maljean-Dubois, 400-443. Aix-en-Provence et Bruxelles: CERIC et Bruylant.
- BOISSON DE CHAZOURNES, Laurence, et MAKANE Moïse Mbengue, 2002, « La Déclaration de Doha de la Conférence ministérielle de l'OMC et sa portée dans les

relations commerce/environnement », RGDIP 106 (4) pp.855-893.

- BOUTROS-GHALI, Boutros. « Le droit international à la recherche de ses valeurs : paix, développement, démocratisation » (2000) 286 Recueil des Cours 9.
- BREDIMAS Antonis « La Convention de l'Unesco sur la diversité culturelle et les règles de l'Organisation mondiale du commerce », *Annuaire international des droits de l'Homme* (Athènes/Bruxelles), vol. III, 2008, pp. 271-285.
- BROWN Chris, *"Cultural* Diversity and International Political Theory: from Requirement to Mutual Respect ", (2000) 26 Review of international Studies, pp.199-213.
- BURDA Julien, « L'efficacité du mécanisme de règlement des différends de l'OMC : vers une meilleure prévisibilité du système commercial multilatéral», in Revue Québécoise de Droit International, vol. 18, n°2, 2005, pp. 1-37.
- BURDA Julien,"Constitutionalizing International Law: A Solution to Reconcile Market-Driven Economic Law with Labor Rights?" Comments on Kaufmann Ch., Globalisation and Labour Rights: The Conflict Between Core Labour Rights and International Economic Law, 2008, disponible à l'adresse:http://www.globallawbooks.org/home.asp.
- BURRI-NENOVA Mira ,Trade and Culture: Making the WTO Legal Framework Conducive to Cultural Considerations Manchester Journal of International Economic Law, Vol. 5, No. 3, pp. 3-39, 2008, NCCR Trade Regulation Working Paper No. 2008/20.
- BURRI-NENOVA Mira, Christoph BEAT GRABER and Thomas STEINER, The protection and promotion of cultural diversity in a digital networked environment: Mapping possible advances to coherence, Working Paper No 2009/36 August 2009.
- BURRI-NENOVA Mira, Cultural Diversity and the EC Audiovisual Media Services Directive: Beyond the Handsome Rhetoric, CCR Trade Regulation Working Paper No. 2009/09.
- BURRI-NENOVA Mira, Cultural Diversity as a Concept of Global Law: Origins, Evolution and Prospects, *Diversity*, Vol. 2, 2010
- BURRI-NENOVA Mira, Reconciling Trade and Culture: A Global Law Perspective, Journal of Arts Management, Law and

Society, No. 40, 2010, NCCR Trade Regulation Working Paper No. 2009/45.

- BURRI-NENOVA Mira, Relationship, International Journal of Cultural Property, Vol. 17, No. 1, pp. 33-63, 2010, NCCR Trade Regulation Working Paper No. 2009/40.
- BURRI-NENOVA Mira, The Law of the WTO and the Communications Law of the EC: On a Path of Harmony or Discord? Journal of World Trade, Vol. 41, No. 4, pp. 833-878, 2007, NCCR Trade Regulation Working Paper No. 2006/08
- BURRI-NENOVA Mira, The Protection and Promotion of Cultural Diversity at the International Level, CCR Trade Regulation Working Paper No. 2009/10, CULTURAL DIVERSITY: ISSUES, CHALLENGES AND PERSPECTIVES, Lydia B. Kerwin, ed., Nova Science Publishing, 2009.
- BURRI-NENOVA Mira, Trade and Culture in International Law: Paths to (Re) Conciliation, Journal of World Trade, Vol. 44, 2010, NCCR Trade Regulation Working Paper No. 2009/44.
- BURRI-NENOVA Mira, Trade Versus Culture in the Digital Environment: An Old Conflict in Need of a New Definition,Trade Versus Culture in the Digital Environment: An Old Conflict in Need of a New Definition Journal of International Economic Law, Vol. 12, Issue 1, pp.17-62, 2009.
- CASTANEDA J., « La valeur juridique des résolutions des Nations Unies », *R.C.A.D.I.*, 1970, I, volume 167, pp. 211-331.
- CAZALA J., « L'OMC à la carte ? Les aménagements conventionnels aux obligations des membres permis par le droit conventionnel de l'organisation mondiale du commerce »,*RGDIP*, 2009-1, pp. 45-74 .
- CERNA, Christina M., 2004, Universality of Human Rights and Cultural Diversity: Implementation of Human Rights in Different Socio-Cultural Contexts, *Human Rights Quarterly*, 6(4) ,pp.740-752.
- CHAMPEIL-DESPLATS, V« Raisonnement juridique et pluralité des valeurs : les conflits axio-téléologiques de normes », *Analisi e diritto*, dir. P. Commanducci et R. Guastini, 2001.
- CHARNOVITZ Steve, "The Moral Exception in Trade Policy", Virginia Journal of International Law, 38 (4), été 1998, pp. 689-745.

- COHEN Elie, « Économie de l'exception culturelle », document d'appui pour le PNUD, La Liberté culturelle dans un monde diversifié, Paris, Economica, 2004.
- CNUCED, *Creative industries and development*,TD (XBP/13,UNCTAD,4juin 2004,14p.
- CNUCED, *Le développement à l'heure de la mondialisation et de la libéralisation* : rapport du Secrétaire général de la CNUCED à la neuvième session de la Conférence, New York ; Genève : Nations Unies, 1996.
- CNUCED, Services audiovisuels: améliorer la participation des pays en développement, Note du Secrétariat, Genève, Suisse, 2002.
- COMBACAU Jean, « Le droit international : bric-à-brac ou système? » (1986) 31 Archives de Philosophie du Droit 85.
- CONFORTI B., « Humanité et renouveau de la production normative », *in Mélanges R.-J. Dupuy, Humanité et droit international*, Pédone, Paris, 1991, pp. 99-111.
- CONFORTI, Benedetto., « Unité et fragmentation du droit international:» Glissez, mortels, n'appuyez pas! », (2007) 111 Revue Générale de Droit International Public.
- CORNU Marie, Marc-André RENOLD, « Le renouveau des restitutions de biens culturels: les modes alternatifs de règlement des litiges », *Journal du droit international (Clunet),* 01/04/2009, n°2/2009, pp. 493 -533.
- CORNU, Marie, « Les potentialités de la convention sur la protection et la promotion de la diversité des expressions culturelles dans l'édification du droit de la culture », dans LEMIEUX, Pierre (dir.), La diversité culturelle. Protection de la diversité des contenus culturels et des expressions artistiques, Québec, Les Presses de l'Université Laval, 2006, 215 p, pp. 25-55.
- COTTIER Thomas & Hertig Maya, "The Prospects of 21st Century Constitutionalism" (2003) 7 Max Planck Yearbook of United Nations Law,pp. 261-328.
- COTTIER Thomas, "Constitutional Trade Regulation in National and International Law: Structure-Substance Pairings', 8 National Constitutions and International Economic Law 409 (1993), at 411; Thomas Cottier, 'Preparing for Structural Reform in the WTO', 10 Journal of International Economic Law 497 (2007).

- COTTIER Thomas, “Legal Perspectives on Traditional Knowledge: The Case for Intellectual Property Protection”, in: Keith E. Maskus / J.H. Reichman (eds.). International Public Goods and Transfer of Technology Under a Globalized Intellectual Property Regime. Cambridge 2005, pp. 565-594.
- COTTIER Thomas, “Linkages between Freedom of Expression and Unfair Competition Rules in International Trade: The *Hertel* Case and Beyond”, in: Thomas Cottier / Joost Pauwelyn / Elisabeth Bürgi Bonanomi (eds.), Human Rights and International Trade. Oxford 2005, pp. 245-272.
- COTTIER Thomas, “The Erosion of Non-Discrimination: Stern Warning Without True Remedies”, in: Journal of International Economic Law 8 (2005), No. 3, September, S. 595-601.
- COTTIER Thomas, “Traditional Knowledge and Geographical Indications: Foundations, Interests and Negotiating Positions”, in: Ernst-Ulrich Petersmann (ed.). Developing Countries in the Doha Round. WTO Decision-making Procedures and Negotiations on Trade in Agriculture and Services. San Domenico di Fiesole 2005, S. 227-268 (mit Marion Panizzon); auch in: A.I.115, S. 453-494.
- COTTIER Thomas, « Les taches de l’OMC : Évolution et défis », Revue internationale de droit économique, 2004, pp.1-505.
- COUSTON Mireille, « La multiplication des juridictions internationales. Sens et dynamiques », *in Journal du droit international*, n° 1, Janvier-Février-Mars 2002, pp. 5-53.
- CRAUFURD Smith Rachael, *The UNESCO Convention on the Protection and Promotion of the Diversity of Cultural Expressions: Building a New World Information and Communication Order?*,International Journal of Communication 24, 26 (2007).
- DAHRENDORF Anke, Trade Meets Culture: The Legal Relationship between WTO Rules and the UNESCO Convention on the Protection and Promotion of Cultural Expressions, Maastricht Working Papers (2006).
- D’ALMEIDA Franscico et ALLEMAN, Marie Lise « les industries culturelles des pays du sud-enjeux du projet de convention internationale sur la diversité culturelle » Rapport

d'étude établi pour le compte de l'AIF et du conseil de la Francophonie,aut 2004,88p.

- De FROUVILLE Olivier,
- DE SCHUTTER Olivier « Le Protocole facultatif au Pacte international relatif aux droits économiques, sociaux et culturels » in Revue belge de droit international, 2006.
- DE SCHUTTER Olivier, « Le Protocole facultatif au Pacte international relatif aux droits économiques, sociaux et culturels » in Revue belge de droit international, 2006, pp.11
- DE SCHUTTER Olivier, « La vie privée entre droit de la personnalité et liberté », *Revue. Trimestrielle des droits de l'homme*. 1999, pp. 827-863, pp. 856-857.
- DEBLOCK, Christian,« Le *déclin irréversible de la réciprocité et du multilatéralisme »,CEIM* (Uqàm), Notes de *synthèse, juillet2009.*
- DECAUX Emmanuel, "On the Freedom of the Author and the Artist ", *in Cultural Rights and Wrongs*, Institute of Art and Law, Unesco Pub, 1998, pp. 21-41.
- DECAUX Emmanuel, "Conclusion générale", Colloque d'Angers Territoires et Etat, *RGCT*, 2002.
- DECAUX Emmanuel, « Universalité des droits de l'homme et pluralité interprétative : l'exemple des droits de l'enfant », in Alain Berthoz, Carlo Ossola et Brian Stock (dir.), *La pluralité interprétative* (« Conférences »),juin 2010, http://conferences-cdf.revues.org/204
- DECAUX Emmanuel, « La responsabilité des sociétés transnationales en matière de droits de l'homme », *in : Revue de science criminelle et de droit pénal comparé*, octobre-décembre 2005, n° 4, doctrine, pp. 789-798.
- DECAUX Emmanuel, "Normative instruments for culture of peace, From a culture of violence to a culture of peace", Paris, UNESCO, 1996, pp.55-74.
- DELBEZ (L.), « Le concept d'internationalisation », *R.G.D.I.P.*, 1967, pp. 5-62.
- DONDERS Yvonne, "Cultural Diversity and Human Rights: a Good Match?, in: International Social Science Journal, 2010, 23 p.
- DONDERS Yvonne, "The UNESCO Convention on the Protection and Promotion of the Diversity of Cultural Expressions and Cultural Rights: Included or Ignored?", in:

Toshiyuki Kono, Jan Wouters and Steven Van Uytsel (eds), Cultural Diversity, Intersentia, forthcoming 2010 , 14 p.

- DONDERS, Yvonne, *The legal framework of the Right to Take Part in Cultural Life"* background document to the Dialogue on Cultural Rights and Human Development, Barcelona 2004 - *Towards a Right to Cultural Identity in International Human.*
- DUMESNIL C., La Diversité culturelle à l'UNESCO : histoire d'une Convention internationale, Paris, Délégation permanente de la France auprès de l'UNESCO, 2006. En ligne sur <www.diplomatie.gouv.fr>, rubrique « Diversité culturelle ».
- DUPLESSIS, Isabelle, « Le vertige et la *Soft Law* : réactions doctrinales en droit international »(2007) 18 Revue Québécoise de Droit International 245.
- DUPUY P.-M., « Humanité, communauté et efficacité du droit », *in Mélanges R.-J. Dupuy, Humanité et droit international*, Pédone, Paris, 1991, pp. 133-148.
- DUPUY R.-J., « Avant-propos », *in* BROWN WEISS (E.), *Justice pour les générations futures. Droit international, patrimoine commun et équité intergénérations*, Editions Sang de la terre, Paris, 1993, page IX.
- DUPUY R.-J., « Communauté internationale », *in* Institut du Droit de la Paix et du Développement, Université de Nice-Sophia Antipolis, *René-Jean Dupuy, Dialectique du droit international. Souveraineté des Etats. Communauté internationale et droits de l'humanité*, Pédone, Paris, 1999, pp.309-314.
- DUPUY R.-J., « Droit déclaratoire et droit programmatoire : de la coutume sauvage à la 'soft law' », *in* Institut du Droit de la Paix et du Développement, Université de Nice-Sophia Antipolis, *René-Jean Dupuy, Dialectique du droit international. Souveraineté des Etats. Communauté internationale et droits de l'humanité*, Pédone, Paris, 1999, pp.107-120.
- DUPUY R.-J., « L'organisation internationale et l'expression de la volonté générale », *in* Institut du Droit de la Paix et du Développement, Université de Nice-Sophia Antipolis, *René-Jean Dupuy, Dialectique du droit international. Souveraineté des Etats. Communauté internationale et droits de l'humanité*, Pédone, Paris, 1999, pp. 33-69.

- DUPUY, Pierre-Marie, "The Danger of Fragmentation or Unification of the International Legal System and the International Court of Justice "(1999) 31 New York University Journal of International Law & Politics 791.
- DUPUY, Pierre-Marie, "Soft Law and the International Law of the Environment" (1991) 12 Michigan Journal of International Law 420.
- DUPUY, Pierre-Marie, « Fragmentation du droit international ou des perceptions qu'on en a ? » dans Rosario Huesa Vinaixa et Karel Wellens (dir), *L'influence des sources sur l'unité et la fragmentation du droit international*, Bruxelles, Bruylant, 2006.
- DUPUY, Pierre-Marie, « L'unité de l'ordre juridique international » (2002) 297 Recueil des Cours 9, 333.
- DUPUY, Pierre-Marie, « Un débat doctrinal à l'ère de la globalisation : sur la fragmentation du droit international »,(2007) 1 European Journal of Legal Studies 1.
- DUPUYR.-J., « Communauté internationale et disparités de développement », *R.C.A.D.I.*, 1979, tome IV, volume 165, pp.13-231.
- ECONOMIDES, C. & KOLLIOPOULOS, A., *La clause de déconnexion en faveur du droit communautaire : une pratique critiquable*, in RGDIP 273 ,2006.
- ELSIG Manfred : "Principal-agent theory and the World Trade Organization: Complex agency and Missing Delegation /European Journal of International Relations" / (March 12, 2010),
- ELSIG Manfred, "Principal-agent theory and the World Trade Organization: Complex agency and Missing Delegation", European Journal of International Relations» /, March 12, 2010.
- ESPIEL, Hector-Gros, « Universalité des droits de l'homme et diversité culturelle », Revue internationale des Sciences sociales, no 158, 1998, pp. 583-592.
- FONTBRESSIN Patrick de, « La diversité culturelle, la mondialisation et l'Organisation mondiale du commerce", *Annuaire international des droits de l'Homme »* (Athènes/Bruxelles), vol. III, 2008, pp.47-58
- FOURET Julien et PROST Mario, « La multiplication des juridictions internationales: de la nécessite de remettre quelques

pendules a l'heure », (2002) 15.2 Revue québécoise de droit international.

- FRANCIONI F., « Au-delà des traités: l'émergence d'un nouveau droit coutumier pour la protection du patrimoine culturel », RGDIP, Vol. 111, N° 1, 2007.
- FRAU-MEIGS Divina (2002), «Exception culturelle, politiques nationales et mondialisation : les enjeux de démocratisation et de promotion du contemporain», Quaderni, n° 14, pp. 4-17.
- FRAU-MEIGS Divina, «UNESCO : le retour des Etats-Unis», Annuaire français de relations internationales, vol. V, 2004, pp. 860-877.
- FREEDMAN, D.D. (2002), Trade Versus Culture: An Evaluation of the Impact of Current GATS Negotiations on Audio-visual Industries, *http://www.isanet.org/noarchive/freedman.html* (14.11.2006).
- Gagné G., « Libéralisation et exception culturelle : Le différend canado-américain sur les périodiques », *Revue Études internationales, volume xxx, n° 3, septembre 1999.*
- GAGNE Gilbert, COTE René, DEBLOCK Christian, Les récents accords de libre-échange conclus par les États-Unis : Une menace à la diversité culturelle, Rapport remis à l'Agence intergouvernementale de la Francophonie.
- GAGNIER Sabine, La responsabilité de protéger au regard de la santé et de la culture, in *Revue ASPECTS, n° 2 - 2008,* pp. 111-125.
- GAGNON, J., *Rapport 3 - La Convention sur la protection et la promotion de la diversité des expressions culturelles: défis et possibilités pour le Québec*, (Québec, Université du Québec, École nationale d'administration publique, 2006).
- GARCIA Thierry, « La Convention de l'Unesco sur la protection et la promotion de la diversité des expressions culturelles: nouvelle mélodie ou vieille rengaine? », pp. 185-197, in: *La sécurité internationale entre rupture et continuité. Mélanges en l'honneur du professeur Jean-François Guilhaudis* Bruxelles: Bruylant, 2007, 638 p.
- GATTINI Andrea, « Un regard procédural sur la fragmentation du droit international », (2006) 110 Revue Générale de Droit International Public 303.

- GEORGOPOULOS TH. , « Le droit inter-temporel et les dispositions conventionnelles évolutives- quelle thérapie contre la vieillesse des traites », RGDIP, 2004.
- GERMANN C., "Towards a Global Cultural Contract to counter trade related cultural discrimination", in N. Obuljen et J. Smiers (eds), *UNESCO's Convention on the Protection and Promotion of the Diversity of Cultural Expressions: Making it Work*, Culturelink Joint Publications Series n° 9. Institute for International Relations, Zagreb, 2006.
- GERMANN Christoph « La diversité humaine à l'appel du minaret », in: Le Courrier (Genève), 8 décembre, 2009.
- GERMANN Christoph, The "Rougemarine dilemma", How much Trust does State deserve when it subsidises the cultural goods and services, EUI Researcher paper, MWP 2008/22.
- GERMANN Christophe, « Diversité culturelle à l'OMC et l'UNESCO », *Revue Internationale de Droit Économique* 2004, pp. 325-354.
- GERMANN Christophe, *Legal Action against Asserted Cultural Genocide and Piracy in China: the Strength of the WTO and the Weakness of the UNESCO*, International Journal of Intellectual Property Management, n. 4/2010.
- GOY Raymond, « Les peuples autochtones : nouveaux sujets de droit » in Annales de droit, n°4, 2010.
- GRELON Bernard, « Regard juridique sur la hiérarchie des normes » in Pierre Jacquet/Jean Pisani- Ferry/Laurence Tubiana (dir.), Gouvernance mondiale, La Documentation française, Paris, 2002, pp.331-348.
- GRELON Bernard, « Le mécanisme de l'avis déterminant dans le cadre du règlement des différends au sein de l'OMC » in Gouvernance mondiale, Rapport du CAE, n° 37, La Documentation française, 2002.
- Gros Espiell, Héctor, 1998, Universalité des droits de l'homme et diversité culturelle, *Revue international de sciences sociales*, 158,pp 583-592.
- GUELLALI, Amna. « Lex specialis, droit international humanitaire et droits de l'homme: leur interaction dans les nouveaux conflits armés » (2007) 111 Revue Générale de Droit International Public 539.
- GUEVREMONT Véronique « Industries culturelles et négociations internationales: portrait d'une dynamique

multidimensionnelle. L'exemple des pays de la zone euro-méditerranéenne », EUI Working Papers, RSCAS 2007/33, Mediterranean Programme Series, Décembre 2007, 25 p.

- GUEVREMONT Véronique « L'exception environnementale »*in La circulation des concepts juridiques : Le droit international de l'environnement entre mondialisation et fragmentation*, sous la direction d'Hélène Ruiz Fabri et de Lorenzo Gradoni, UMR de Droit Comparé de Paris, Volume 16, 2009, pp.137-174.
- GUEVREMONT Véronique, « La mise en œuvre et le suivi de la Convention sur la diversité des expressions culturelles : le défi d'une action concertée de la société civile », Ministère de la Culture, des Communications et de la Condition féminine du Québec, novembre 2007, 22 p.
- GUEVREMONT Véronique, « La prise en compte de la culture dans les politiques de développement durable et les possibilités de renouvellement des relations commerce-culture », Université de Laval, 2008. En ligne : http://www.fd.ulaval.ca/site//fichier1407.pdf
- GUILLAUME, Gilbert, « L'unité du droit international public est-elle aujourd'hui en danger ? » (2003) 55 Revue Internationale de Droit Comparé 23.
- HACKER Violaine, La politique audiovisuelle de l'UE est-elle favorable au développement d'une identité culturelle européenne ? *Revue Dialogues Européens,* n° 7, 1er semestre 2007En ligne: <http://ed385.univ-paris3.fr/pages/numero7.htm>
- HAFNER G., 'Pros and Cons Ensuing from Fragmentation of International Law', *Michigan Journal of International Law*, 2004, pp. 849-863.
- HAHN M, "A Clash of Cultures? The UNESCO Diversity Convention and International Trade Law", *Journal of International Economic Law*, 2006,pp. 515-552.
- HANSEN Olaf Gerlach. "Co-operation for Development: Building cultural capacity", in N.OBULJEN, J. Smiers, UNESCO's Convention on the Protection and the Promotion of the Diversity of Cultural Expressions: Making it Work, Culturelink Joint Publications Series, Zagreb, 2006, p. 109.
- HCNUDH, Les droits de l'Homme et les accords commerciaux internationaux, Utilisation des clauses d'exception

générale pour la protection des droits de l'homme, Nations unies, New York et Genève,2005, 33 p.

- HUXLEY J., "UNESCO: its Purpose and its Philosophy", Public Affairs Press, Washington DC, 1947.
- JARTON Michèle, « La diversité culturelle, nouvelle norme universelle au service de la paix. Quelques acquis historiques sur la notion de diversité culturelle : un point de départ » in *UNESCO, ONG, Témoins de la diversité culturelle : du concept à la mise en œuvre*, 2003.
- JEAMMAUD, Antoine, « Unification, uniformisation, harmonisation : de quoi s'agit-il? » *in* Filali Osman éd., *Vers un code européen de la consommation*, Bruxelles, Bruylant, 1998.
- JOUANNET E., « Le juge international face aux problèmes d'incohérence et d'instabilité du droit international. Quelques réflexions à propos de l'arrêt CIJ du 6.11.2003 », *RGDIP*, 2004/4, pp. 917-948.
- KADDOUS C., «Le statut du droit de l'OMC dans l'ordre juridique communautaire : développements récents », *Mélanges en hommage à Jean-Victor Louis*, vol. II, Bruxelles, Éditions de l'Université libre de Bruxelles, 2003, pp.107-126.
- KHACHATURIAN Alexis, "The New Cultural Diversity Convention and its Implication on the International Trade Regime: A Critical Comparative Analysis ", *Texas International Law Journal*, no 46, 2006, pp.191-204.
- KNIGHT Andrew W., « Multilatéralisme ascendant ou descendant : deux voies dans la quête d'une gouverne globale », vol. 26, n° 4, 1995, pp.685-710.
- KOLLIOPOULOS Alexandros, « La Convention de l'UNESCO sur la protection et la promotion de la diversité des expressions culturelles », *Annuaire français de droit international*, n°56, 2005.
- KOSKENNIEMI Martti, Le Droit International et la Voie de l'Education Juridique: Entre « Constitutionnalisme » et « Gestionnariat ». EUROPEAN JOURNAL OF LEGAL STUDIES : ISSUE 1
- KOULAYAN Nicole, « Mondialisation et dialogue des cultures : L'Ubuntu d'Afrique du Sud. » in Revue Hermès n°51.
- LACHAPELLE Guy, MALTAIS Bruno, « Diversité culturelle et stratégies subetatiques : Le cas du Québec », *Revue internationale de Politique Comparée, vol. 12, n°2, 2005.*

- LACHS M., « Quelques réflexions sur la communauté internationale », *in Mélanges M. Virally – Le droit international au service de la paix de la justice et du développement*, Pédone, Paris, 1991, pp.349-357.
- LACLAU Ernesto (2000), La guerre des identités, grammaire de l'émancipation, Paris, La découverte/M.A.U.S.S, 144 p.
- LAIDI Zaki, « La propriété intellectuelle à l'âge de l'économie du savoir », Esprit, 11, Novembre 2003, pp.116-13.
- LAIDI Zaki, L'urgence ou la dévalorisation culturelle de l'avenir, Esprit, N°240, Février 1998, pp.8-20.
- LALEYE Issiaka-Prosper, Le même et l'autre de l'homme. Le savoir aux prises avec la différence, *Rue Descartes* 2002/2, N° 36,p.73
- LALEYE Issiaka-Prosper, *Protéger et Promouvoir la Diversité culturelle, Etude valant outil* .Commandée par l'ISESCO, Rabat, Maroc. Septembre 2006 - Janvier 2007.
- LALEYE, Issiaka-Prosper, « Génocide et ethnocide. Comment meurent les cultures.Interrogations philosophico-anthopologiques sur le concept de génocide culturel », in KatiaBOUSTANY et Daniel DORMOY (dir.), *Génocide*, Réseau Vitoria, « Droit international «, Bruxelles : Bruylant/Éditions de l'Université de Bruxelles, 1999, pp.265-293.
- LALIVE Pierre, «Les biens culturels» *in L'éthique dans les Relations Economiques Internationales en hommage à Philippe Fouchard,* Centre René-Jean Dupuy pour le Droit et le Développement, CREDIMI, Bibliotheca Alexandrina, Pedone, Paris, 2006.
- LAMY Pascal, « L'émergence des préférences collectives dans le champ de l'échange international : quelles implications pour la régulation de la mondialisation ? » in Préférences collectives et gouvernance mondiale, Bruxelles,2004 http://trade.ec.europa.eu/.
- LAMY Pascal., « Vers un partage des responsabilités et une plus grande cohérence: droits humains, commerce et politique macroéconomique «, Colloque sur les droits humains dans l'économie globale, co-organisé par le Conseil international sur les politiques des droits humains et Realizing rights, 13 janvier 2010, Genève voir sur http://www.wto.org/french/news_f/sppl.

- LAMY Pascal., « Mondialisation et environnement dans une Organisation des Nations Unies réformée : tracer la voie du développement durable », 24e session du Conseil d'administration – Forum ministériel mondial sur l'environnement, Nairobi, allocution prononcée le 5 févier 2007.
- LAMY Pascal.,« *L'Organisation mondiale du commerce: un laboratoire pour la gouvernance mondiale «*, allocution du 1er novembre 2006, Conférence «Malcolm Wiener» de la John. F. Kennedy School of Government (Université de Harvard), http://www.wto.org/French/news_f/sppl_f/sppl47_f.htm.
- LAMY Pascal., L'OMC dans l'archipel de la gouvernance globale » à l'Institut des Hautes Études Internationale, Genève, 14 mars 2006.En ligne : http://www.wto.org.
- LAMY, Pascal., « *La place et le rôle (du droit) de l'OMC dans l'ordre juridique international* Intervention devant la Société européenne de droit international du 19mai 2006,En ligne:,»http://www.wto.org/french/news_f/sppl_f/sppl26_f.htm .
- LAULAN A.-M., « La diversité culturelle à l'UNESCO, actualité du combat ? », in REGOURD, S. (dir.), *De l'exception à la diversité culturelle*, Paris, La Documentation française, 2004, 120 p.
- LEMKIN, (R.), «Crime de génocide», in *Revue de Droit International, de Sciences Diplomatiques et Politiques* 24 (octobre -décembre, 1946).
- LINDROOS, Anja et Michael MEHLING, « Dispelling the Chimera of 'Self-Contained Regimes': International Law and the WTO "(2005) 16 European Journal of International Law 857.
- LINDROOS, Anja, "Addressing Norm Conflicts in a Fragmented Legal System: The Doctrine of Lex Specialis" (2005) 74 Nordic Journal of International Law 27.
- MACMILLAN Fiona, "Looking Back to Look Forward: Is there a Future for Human Rights in the WTO?", 2005,6 *International Trade Law and Regulation* 163-180.
- MACMILLAN Fiona,"The Emergence of the World Trade Organization: Another Triumph of Corporate Capitalism?", in F Johns, R Joyce & S Pahuja (eds), *Events - The Force of International Law* (Routledge/Cavendish April 2010).
- MACMILLAN Fiona, "Human Rights, Cultural Property and Intellectual Property: Three Concepts in Search of a

Relationship", in C Graber and M Nenova (eds), *Intellectual Property and Traditional Cultural Expressions in a Digital Environment* (Edward Elgar, 2008), pp.73-95.

- MACMILLAN Fiona, "The UNESCO convention as a new incentive to protect cultural diversity",in Van den Bossche, Peter and Schneider, Hildegard (eds.) *Protection of Cultural Diversity from a European and International Perspective.*Maastricht Series in Human Rights. Mortsel, Belgium: Intersentia Publishing, 2008, pp.163-192.
- MACMILLAN Fiona, "'Copyright, the World Trade Organization, and Cultural Self-Determination', in F. Macmillan (ed), *New Directions in Copyright Law: Volume 6* (Edward Elgar Publishing, 2007).
- MACMILLAN Fiona,"Development, Cultural Self-Determination, and the World Trade Organization", in A Perry-Kessaris (ed), *Law in Pursuit of Development: Principles into Practice?* (Routledge/Cavendish, December 2009).
- MACMILLAN Fiona,"Power and Resistance in the World Trade Organisation: Susan Sell's Private Power, Public Law: the Globalization of Intellectual Property Rights" (Review Essay) (2004) 15 *Kings College Law Journal* 447-456.
- MAINETTI Vittorio, « Des crimes contre le patrimoine culturel? Réflexions à propos de la criminalisation internationale des atteintes aux biens culturels » communication au Forum de recherche de la SEDI sur le droit international: Problèmes contemporains, Genève, jeudi 26-samedi 28 mai 2005.
- MALJEAN-DUBOIS Sandrine, « Biodiversité, biotechnologies, biosécurité: Le droit international désarticulé », Journal du droit international, 2000, 127 (4),pp. 949-996.
- MAMOUN Benmamoun, "Global Governance Institutional Bias, U.S.",Forum-shifting Power, and the Future of the W.T.O: New Insights.
- MARCEAU (G.), "W.T.O. Dispute Settlement and Human Rights ", E.J.I.L., 2002, vol. 13,pp.753-814.
- MARCEAU (G.), KWAK (K.), "Overlaps and Conflicts of Jurisdiction between the W.T.O. and R.T.A.s "Canadian Yearbook of International Law, 2003, vol. XLI, pp. 83-152.
- MARCEAU (G.), VAN DEN BOSSCHE (P.), « Le système de règlement des différends de l'O.M.C. », R.M.U.E., 1998, pp. 29-68.

- MARCEAU Gabrielle and Matthew Stilwell, "Practical Suggestions for Amicus Curiae Briefs Before the WTO Adjudicating Bodies", Journal of International Economic Law, 2001, 4 (1); pp.155-188.
- MARCEAU Gabrielle, "A Call for Coherence in International Law - Praises for the Prohibition against 'Clinical Isolation' in WTO Dispute Settlement", Journal of World Trade, 1999, 33 (5),pp. 87-153.
- MARCEAU Gabrielle, "Conflicts of Norms and Conflicts of Jurisdictions. The Relationship between the WTO Agreement and MEAs and other Treaties", Journal of World Trade, 2001, 35 (6), pp.1081-1132.
- MARTIN Claude, "The Relationship between Trade and Environment Regimes: What Needs to Change? In The Role of the World Trade Organization in Global Governance", edited by Gary Sampson, 137-155, Tokyo, UN University Press, 2001.
- MARTIN Eric, « Le projet de Convention internationale sur la diversité culturelle comme réponse au marché mondial de la culture », *Etudes internationales,* vol. XXXVI, n°2, juin 2005.
- MARVASTI Akbar (2000), "Motion Pictures Industry: Economies of Scaleand Trade", International Journal of the Economics of Business, Vol. 7, No. 1, pp. 99-114.
- MARVASTI, Akbar et E. Ray Canterberry (2005), *"Cultural and Other Barriers to Motion Pictures Trade*", Economic Inquiry, Vol. 43, n° 1, janvier, pp.39-54.
- MASSART-PIERARD Françoise, (dir) *Culture et relations internationales, liber amicorum Jean Barrea*, Ucl, Louvain, 2007.
- MATSUURA K, « l'enjeu culturel au cœur des relations internationales », Politique étrangère, 2006/4 (Hiver).
- MATSUURA, K., « Préambule », Déclaration universelle de l'UNESCO sur la diversité culturelle, Paris, UNESCO, 2002.
- MATTELART A., « Bataille à l'UNESCO sur la diversité culturelle », Le Monde diplomatique, octobre 2005.
- MAUREL Chloé « L'Unesco aujourd'hui », revue *Vingtième Siècle*, presses de Sciences-Po, n°102, avril-juin 2009.
- MAUREL Chloé ; « Le rêve d'un gouvernement mondial des années 1920 aux années 1950. L'exemple de l'Unesco », in Histoire@Politique, janvier 2010.

- MAUREL Chloé, « La mise en pratique de l'idéal universaliste de l'Unesco, 1945-1955 : une mission impossible ? », *Relations internationales,* hiver 2003-2004, n°116, « Diplomatie et transferts culturels au XXe siècle », pp. 573-588.
- MAUREL Chloé, « L'Unesco face aux enjeux de politique internationale (1945-1974) », in *Soixante ans d'histoire de l'Unesco*, Paris, Unesco, 2007.
- MAUREL Chloé, « L'Unesco, entre abolition et préservation des frontières culturelles », *Hypothèses 2004*, revue de l'Ecole doctorale d'histoire de l'université Paris I, 2005, pp.119-130.
- MAUREL Chloé, « La diplomatie culturelle de l'Unesco (années 1950-1970) : le cas des missions d'experts de l'Unesco dans le Tiers-Monde », in , *Les relations culturelles internationales au vingtième siècle*, éditions Peter Lang,2008.
- MCLACHLAN, Campbell," The Principle of Systemic Integration and Article 31 (3)(c) of the Vienna Convention", (2005) 54 International and Comparative Law Quarterly 279.
- MCLACHLAN, Campbell. "The Principle of Systemic Integration and Article 31 (3)(c) of the Vienna Convention ", (2005) 54 International and Comparative Law Quarterly 279.
- McWHINNEY E., « le concept de coopération », *in* BEDJOUI (M.) (dir.), *Droit international. Bilan et perspectives*, 1991, tome I, pp. 445-458.
- MEYER-BISCH Patrice., « Analyse des droits culturels »in *Droits fondamentaux*, n° 7, janvier 2008- décembre 2009.
- MEYER-BISCH Patrice, « Les droits culturels, facteurs du lien politique », dans : Lucas K. SOSOE (dir.), *Diversité humaine. Démocratie, multiculturalisme et citoyenneté*, Paris/Québec, L'Harmattan/Presses de l'Université Laval, 2002, pp. 453-472.
- MEYER-BISCH Patrice, «Le sujet des droits humains est individuel, mais l'objet est commun. Analyse à partir des droits culturels », dans : T. BERNS (dir.), *Le droit saisi par le collectif*, Bruxelles, Bruylant, 2004, pp.15-44.
- MEYER-BISCH Patrice., « Méthodologie pour une présentation systémique des droits humains », dans : Emmanuelle BRIBOSA et Ludovic HENNEBEL (dir.), *Classer les droits de l'homme*, Bruxelles, Bruylant (coll. « Penser le droit »), 2004.

- MEYER-BISCH Patrice., « La centralité des droits culturels, points de contact entre diversité et droits de l'homme », in *Annuaire international des droits de l'homme*, Athnes, Bruxelles, Sakkoulas, Bruylant Vol.III/2008, pp.31-46.
- MEYER-BISCH Patrice., Le droit de participer à la vie culturelle. Contenu et importance pour la réalisation de tous les droits de l'homme. Nations Unies, Comité des droits économiques, sociaux et culturels, 9 mai 2008. E/C.12/40/08. 11 P.
- MEYER-BISCH Patrice., Les droits culturels, projet de déclaration, Editions UNESCO, Editions Universitaires Fribourg, Suisse, 1998.
- MEYER-BISCH Patrice., Les droits culturels, une catégorie sous-développées des droits de l'homme, Editions Universitaires Fribourg, Suisse, 1993.
- MEYER-BISCH Patrice, « La notion de démocratisation au regard des droits culturels » in *Hermès*, « Voies et impasses de la démocratisation », n°19, p. 241-264, CNRS Editions, 1996.
- MORAND (C.A.), « Le doit saisi par la mondialisation : définition, enjeux et Transformations », in MORAND (C.A.), Le droit saisi par la mondialisation, éd. Bruylant, Bruxelles, 2001, pp. 81-105.
- MUKHERJEE Arpita, *"India's Trade Potential in Audiovisual Services and the GATS"*, Working Paper no. 81, Indian Council for Research on International Economic Relations, 2002.
- MUSITELLI Jean, « L'invention de la diversité culturelle », *Annuaire français de droit international, n°56, 2005.*
- MUSITELLI Jean, « La Convention sur la diversité culturelle : anatomie d'un succès diplomatique », *Revue internationale et stratégique, n°62, 2006.*
- MYLONAS D., La genèse de l'UNESCO: la Conférence des ministres Alliés de l'éducation (1942-1945), Bruylant, Bruxelles, 1976.
- NEUWIRTH Rostam J, 2004, The 'Cultural Industries': A Clash of Basic Values? A Comparative Study of the EU and the NAFTA in Light of the WTO. EDAP paper, 4/2004.
- NEUWIRTH, Rostam J," The European Union and the Culture Industries: From the Common Market to a 'Common

Sense" in D. Ward, ed., The European Union & the Culture Industries: Regulation and the Public Interest (London: Ashgate, 2008).

- NEUWIRTH, Rostam J,"The 'Cultural Industries': A Clash of basic Values? A Comparative Study of the EU and the NAFTA in Light of the WTO" in G. Toggenburg & F. Palermo, eds., European Constitutional Values and Cultural Diversity (Bolzano: EURAC, 2003).
- NEUWIRTH, Rostam J, "Culture and Trade? A European Way "Towards an "International Instrument on Cultural Diversity"" (2004) 13 Italian Yearbook of International Law 97.
- NEUWIRTH, Rostam J, "External and Internal Challenges to the WTO: An Overview" in Poros Project 2005-2007: EU-India Economic Cross Cultural Programme: Comparative Studies and Proceedings of Seminars and Conference, European Public Law Series/Bibliothèque de droit public européen, vol. LXXXIV (London: Esperia, 2006) 647.
- NEUWIRTH, Rostam J, The Cultural Industries in International Trade Law: Insights from the NAFTA, the WTO, and the EU (Hamburg: Dr. Kovač, 2006).
- NEUWIRTH, Rostam J,"United in Divergency": A Commentary on the UNESCO Convention on the Protection and Promotion of the Diversity of Cultural Expressions" (2006) 66 Zeitschrift für ausländisches öffentliches Recht und Völkerrecht (ZaöRV)/Heidelberg Journal of International Law (HJIL) 819.
- NEUWIRTH, Rostand J, "The Cultural Industries and the Role of Article IV GATT: Reflections on Policy Options for Canada and the EU in the new WTO Round" (2002) .http://www.carleton.ca/ces/events/novemberconference2002.
- NIJMAN J. E., "The Concept of International Legal Personality An Inquiry Into the History and Theory of International Law", T.M.C. ASSER PRESS, The Hague, The Netherlands, 2004.
- NOLTE G.,« The recognition and protection of cultural diversity in international law » *Observateur des Nations Unies*,2007-2,vol 23.
- Nye (Joseph), Soft power: the means to success in world politics, New York, Public Affairs, 2004.

- O'KEEFE, R, « The meaning of «cultural property» under the 1954 Hague convention «, Netherlands International Law Review, 1999/1, pp.26-56.
- OCDE. Lignes directrices et documents de référence concernant l'aide publique au développement (APD), Comité d'aide au développement (CAD), www.oecd.org/cad.
- OETER, STEFAN, « Unity and Diversity of International Law in the Settlement of International Disputes Ŕ Comment by Stefan Oeter « dans Andreas Zimmermann et Rainer Hofmann eds.: *Unity and Diversity in International Law*, Berlin, Duncker & Humbolt, 2006.
- PAPAUX A., De la nature au « milieu »: l'homme plongé dans l'environnement. In: *Revue interdisciplinaire d'études juridiques*. Facultés universitaires Saint-Louis, Bruxelles, 2008,pp.29-59.
- PAREKH, Bhikhu, "The Cultural Particularity of Liberal Democracy", in Political Studies, Vol. XL, 1992, pp. 160-175.
- PARENT Geneviève et Laurence MAYER-ROBITAILLE, « Agriculture et culture : le défi de l'OMC de prendre en compte les considérations non commerciales « *Revue de droit de MCGILL,* Vol. 52, pp.453-456.
- PAULUS Andreas, "Jus Cogens in a Time of Hegemony and Fragmentation - An Attempt at a Re-appraisal ", (2005) 74 Nordic Journal of International Law 297.
- PELABAY Janie, « Jürgen Habermas et Charles Taylor : jugement interculturel et critique de la tradition », *Tracés* 1/2007 (n° 12).
- PELLET Alain., « La formation du droit international dans le cadre des Nations Unies », *J.E.D.I.*, 1995, pp. 401-425.
- PERROT ANNE, « La politique de la concurrence est-elle l'ennemie des contenus culturels ? Une illustration par le secteur des médias », *in* GREFFE, XAVIER (ed.), *Création et diversité au miroir des industries culturelles*, Paris : La Documentation Française, 2006, pp.413-428
- PETERS Anne, "Compensatory Constitutionalism: The Function and Potential of Fundamental International Norms and Structures", Leiden Journal of International Law 19 (2006), pp. 579-610.

- PETERS Anne, “Supremacy Lost: International Law Meets Domestic Constitutional Law”, Vienna Online Journal on International Constitutional Law 3 (2009), pp.170-198.
- PETERS Anne, The Merits of Global Constitutionalism, Indiana Journal of Global Legal Studies 16 (2009), pp.397-411.
- PETERS, Anne, Humanity as the A and O of Sovereignty: A Rejoinder to Emily Kidd White, Catherine E. Sweetser, Emma Dunlop and Amrita Kapur, European Journal of International Law 20 (2009),pp. 569-573.
- PETERSMANN E.U, « Time for a United Nations “Global Compact” for integrating human rights into the law of worldwide organizations: lessons from European integration », *E.J.I.L.*, 2002, pp. 623, 641.
- POLO Jean-François, « L’Union européenne dans les négociations internationales sur l’audiovisuel : une exception culturelle construite par l’action collective », dans Damien Helly, Franck Petiteville (dir.), *L’Union européenne, acteur international, Paris, L’Harmattan, 2005.*
- PORTES Jacques, « Les origines de la légende noire des accords Blum-Byrnes sur le cinéma *», Revue d’histoire moderne et contemporaine, tome XXXIIII, avril-juin 1986, pp.314-329.*
- PROUST Mario, « Discours sur le fondement l'unité et la fragmentation du droit international- A propos d’une utopie paresseuse **»,** *Revue Belge de Droit International*, vol. 2006(2), 621-670.
- Prost M et Fouret J. « La multiplication des juridictions internationales: de la nécessité de remettre quelques pendules à l’heure **»,** *Revue Quebecoise de Droit International*, vol. 15(2), 117-138.
- RAMEL Frédéric, « Visionnaire puissant contre visionnaires faibles : valeurs et différentiel de puissance dans l’après 11 septembre », Arès, XX, 50, février 2003, pp. 57-66.
- RAYNAUD Philippe, « La guerre et le droit : les limites de la rationalisation. Max Weber et sa postérité », Archives de Philosophie du droit, 1987, pp.104-105.
- REGOURD Serge, « Le paradigme européen de la diversité culturelle à l’aune de la Convention UNESCO », Revue des Affaires *européennes*, n°4, 2006.

- REGOURD Serge, « Démocratie, Culture et Mondialisation » - in Démocratie et Mondialisation. Editions GREP - Collection « Les idées contemporaines » - octobre 2004.
- REGOURD Serge, « Empirisme et contradictions des nouveaux référentiels du discours culturel » Revue Quaderni n° 58 - Automne 2005.
- REGOURD Serge, « La culture comme enjeu politique » - Revue Hermès n° 40,2004, Edition CNRS.
- REGOURD Serge, « Le commerce et la culture au sein du GATT, et au-delà » - ERA-Forum - Editions Académie de Droit Européen-Trèves-Allemagne, 2005.
- REGOURD Serge, « Le projet de Convention UNESCO sur la diversité culturelle : Vers une victoire à la Pyrrhus... » Légipresse n° 226 - Novembre 2005.
- REGOURD Serge, « Le système audiovisuel français et ses singularités » - Revue franco-maghrébine de Droit n° 13 - 2005.
- REZK Leila, "Negotiating diversity: The meaning of the Convention for the Arab world", in N. Obuljen, J. Smiers, UNESCO's Convention on the Protection and the Promotion of the Diversity of Cultural Expressions: Making it Work, Culturelink Joint Publications Series, Zagreb, 2006.
- RIGAUX F., « Les peuples entre l'individu et l'humanité », *in* APOSTOLIDIS (C.), FRITZ (G.) et FRITZ (J.-C.) (dir.), *L'humanité face à la mondialisation. Droits des Peuples et Environnement*, Centre d'étude et de recherche politique, Dijon, L'Harmattan, Paris, 1997, pp. 29-34.
- ROULAND Norbert, « A propos des droits de l'homme : un regard anthropologique », *Droits fondamentaux*, n° 3, janvier – décembre 2003.
- RUIZ FABRI H., « Jeux dans la fragmentation : la Convention sur la promotion et la protection de la diversité des expressions culturelles «, R.G.D.I.P. 2007-1, pp.43-87.
- RUIZ FABRI, H "Culture seized by globalization: can international law be of any help? Reflections on possible future legal implications of the UNESCO Convention on the protection and promotion of the diversity of cultural expressions", in *Liber Amicorum Neuhold*, Eleven international publishing, 2007, pp.281-299.
- RUIZ FABRI, H « Naissance d'une convention », *Mélanges offerts à J. Salmon*, Bruylant, 2007, pp.547-575.

- RUIZ FABRI, H., “Reflections on possible future legal implications of the Convention”, in N. Obuljen, J. Smiers (ed.), UNESCO‘s Convention on the Protection and Promotion of the Diversity of Cultural Expressions: Making it Work, Interlink/IMO, 2006, pp.73-87.
- RUIZ FABRI, H., Analyse et commentaire critique de l’avant-projet de Convention sur la protection de la diversité des contenus culturels et des expressions artistiques dans la version soumise pour commentaires et observations aux gouvernements des États membres de l’UNESCO, étude réalisée pour l’Agence intergouvernementale de la Francophonie, 2004, 36 p. En ligne sur <www.diplomatie.gouv.fr>, rubrique « Diversité culturelle ».
- RUIZ FABRI, H., État des négociations de la convention sur la protection de la diversité des expressions culturelles et perspectives pour la troisième session d’experts intergouvernementaux, note pour l’Agence intergouvernementale de la Francophonie, 2005, 8 p. En ligne sur <www.diplomatie.gouv.fr>, rubrique « Diversité culturelle ».
- SAINT PULGENT (de), Maryvonne ; BENGHOZI, Pierre-Jean ; PARIS, Thomas (2003), Mondialisation et diversité culturelle, Les notes de l’Ifri, n° 51, Paris : Institut français des relations internationales.
- SANGUIN André-Louis, « Retour à Srebrenica (Bosnie) : notes de terrain à propos d’un nettoyage ethnique devenu génocide culturel », *Géographie et cultures*, n°27, 1998, automne, pp.63-78
- SANOU T.M, L’Agenda de l’OMPI pour le développement : vers une réforme de la propriété intellectuelle ? Revue. Internationale de Droit Economique 2009/2
- SAUVÉ Pierre, “The WTO Doha round: what’s at stake culturally”, *Quaderns de l CAC*, September-December 2002, pp. 25-31.
- SAUVÉ, Pierre (2006), “Services and the Doha Development Agenda: Southern Perspectives “, in Van Dyck, P. et G. Faber, eds. Completing the Doha Round, Londres, Routledge.

- SAUVÉ, Pierre, « Services », dans Régionalisme et système commercial multilatéral, Paris, Organisation pour la coopération et développement économique, 2000, pp.23- 43.
- SAVADOGO L., La convention sur la protection du patrimoine culturel subaquatique, RGDIP, 2003, n° 1, pp.31-72
- SCHNAPPER Dominique,« Quelques réflexions de profane sur l'état providence culturel » in *Hermès*, « Toutes les pratiques culturelles se valent-elles ? », n°20, pp. 49-58, CNRS Editions, 1996.
- SCHORLEMER (von) Sabine, "Promoting International North-South Cooperation in the Framework of the UNESCO Convention on the Protection and Promotion of the Diversity of Cultural Expressions: First Steps 2007-2010", Conférence Diversité culturelle - La richesse de l'Europe. Faire vivre la Convention de l'UNESCO, Essen, Allemagne, 26-28 avril 2007.
- SEMELIN Jacques, « Qu'est-ce qu'un crime de masse ? Le cas de l'ex-Yougoslavie» dans *Critique Internationale*, No 6, janvier 2000, pp. 143-156.
- SINGH J.P, «Culture or Commerce? A Comparative Assessment of International Interactions and Developing Countries at UNESCO, WTO, and Beyond.» *International Studies Perspectives* 8 (2007); pp. 36-53.
- SINGH.J.P, «Cultural industries: from national to global governance.» The Cultural Economy (The Cultures and Globalization Series 2). Ed. H. K. Anheier, Y.R. Isar, and A. Paul. London: Sage, 2008.
- SINGH.J.P, «Metapower, Networks, Security, and Commerce.» Power and Security in the Information Age: Investigating the Role of the State in Cyberspace. Ed. Myriam Dunn. Aldershoot, UK: Ashgate, 2007.
- SINGH.JP, «Between Cooperation and Conflict: International Trade in Cultural Goods and Services.» The Public Life of the Arts in America. Second Edition. Ed. Joni Cherbo, Ruth Ann Stewart, Margaret Wyszomirski. New Brunswick, NJ: Rugers, 2008.
- SOREL J.M, « Institutions économiques internationales et droit international des droits de l'homme : un respect cosmétique en effet miroir », dans : *La soumission des organisations internationales aux normes internationales*

relatives aux droits de l'homme, Journée d'études SFDI de Strasbourg, Pedone, Paris, 2009, pp.35-56.

- SUPIOT A ., « Du nouveau au self service normatif », Analyses juridiques et valeurs en droit social, in Mélanges en l'honneur de J. Pelissier, Paris, Dalloz, 2004.
- SYMONIDES, Janusz, « Les droits culturels : une catégorie négligée de droits de l'homme », Revue internationale de Sciences sociales, No 158, 1998, pp. 619-632.
- THEYS Jacques , «À la recherche du développement durable : un détour par les indicateurs », in Le développement durable, de l'utopie au concept, Jollivet, M (dir.), Coll. Nature, Sciences et Sociétés, Paris, Elsevier 2001, pp. 269-279.
- THOME, Nathalie, « L'articulation entre le droit de l'OMC, le droit de l'environnement et le droit international du développement » in Droit de l'Organisation Mondiale du Commerce et protection de l'environnement, sous la direction de Sandrine Maljean-Dubois, 311-343. Aix-en-Provence et Bruxelles: CERIC et Bruylant, 2003.
- THORSBY, David, La place de la culture dans le développement durable : réflexions sur la future mise en oeuvre de l'article 13 [http://unesdoc.UNESCO.org/images/0015/001572/157287F.pdf];
- TOMAN J.,« La protection des biens culturels dans les conflits armés internationaux - Cadre juridique et institutionnel » in Ch. Swinarski (dir.), Etudes et essais sur le droit international humanitaire et sur les principes de la Croix-Rouge en l'honneur de Jean Pictet, CICR-Nijhoff, Genève-La Haye, 1984, pp. 559-580.
- TOMKIEWICZ Vincent, Regards au-delà de la fonction juridictionnelle de l'Organe d'appel de l'OMC : l'apport à la légitimité du mécanisme de règlement des différends, papier présenté à la Conférence of the European Society of International Law (ESIL), Florence 26-28 mai 2005. http://www.esil-sedi.org/english/papers.html.
- TOURAINE A., Pour un contrat culturel, in « Où vont les valeurs? Entretiens du XXIe siècle »', Editions UNESCO-Albin Michel, Paris, 2004.
- TOURAINE Alain, « Les conditions de la communication interculturelle : faux et vrai problème » in Wieviorka Michel

(dir.). *Une Société fragmentée ? Le multiculturalisme en débat*, Paris : La Découverte, 1996. 322 p, pp.291-316).

- TOURAINE Alain, « Reconstruire la culture », In Bindé Jérôme (dir.). Où sont les valeurs ? Paris, UNESCO / Albin Michel, 2004. 503 p, pp.229-234.
- TUBIANA Laurence « Le développement durable: un nouvel enjeu de la coordination internationale »; Les Cahiers français, no 302, Mai-juin 2001.
- UNESCO, *La circulation internationale de biens culturels sélectionnés 1980-98*, Institut de statistique, UNESCO, Paris, 2000.
- UNESCO, *Culture, Commerce et mondialisation, Questions et réponses*, UNESCO, Paris, 2000.
- UNESCO, *Déclaration universelle de l'UNESCO sur la diversité culturelle : une vision, une plateforme conceptuelle, une boîte à idées, un nouveau paradigme*, Série Diversité culturelle n°1, UNESCO, Paris, 2003.
- UNESCO, *Dix clés pour la Convention sur la protection et la promotion de la diversité des expressions culturelles*, Paris, 2007.
- UNESCO, La *Déclaration universelle de l'UNESCO sur la diversité culturelle : commentaires et propositions*, Série Diversité culturelle n°2, UNESCO, Paris, 2003.
- UNESCO, *La diversité culturelle et linguistique dans la société de l'information*, UNESCO, Paris, 2003.
- UNESCO, *Mesurer la diversité linguistique sur Internet*, UNESCO, Paris, 2005.
- UNESCO, *Tous différents, tous uniques: les jeunes et la Déclaration sur la Diversité culturelle, UNESCO*, Paris, 2004.
- VAN GRASSTEK C, « Le traitement des biens et services culturels dans les accords commerciaux internationaux »,in *Tendances des marchés audiovisuels, Perspectives régionales - Vues du Sud*, UNESCO (Eds),2006, pp. 89-153.
- VAN PARIJS P, "Linguistic diversity as curse and by-product" , in Arzoz, X. (ed.) Respecting Linguistic Diversity in the European Union, 2008, p. 17-46.
- VIRALLY M., « La Charte des droits et devoirs économiques des Etats », A.F.D.I., 1974, pp. 52-85.

- VIRALLY M., « La notion de fonction dans la théorie des organisations internationales », *in Mélanges offerts à Ch. Rousseau, La communauté internationale*, Pédone, Paris, 1974.
- VIRALLY M., « La valeur juridique des recommandations des organisations internationales », *A..F.D.I.*, 1956, pp.69-96.
- VIRALLY M., « Panorama du droit international contemporain », *R.C.A.D.I.*, 1983, tome V, volume 183, pp.9-382.
- VLASSIS Antonio, « Diffusion et institutionnalisation des normes internationales, France, OMC/UNESCO et l'enjeu de la Diversité culturelle », Centre d'Études sur l'Intégration et la Mondialisation, 2007.
- VOGLIOTTI M., « de la pureté à l'hybridation : pour un dépassement de la modernité juridique » in *Revue Interdisplinaires d'études juridiques*, Bruxxelles,2009.
- VOON T. , "UNESCO and the WTO: A Clash of Cultures?", International and Comparative Law Quarterly, n° 3/2006.
- VOON T., "A New Approach to Audiovisual Products in the WTO: Rebalancing GATT and GATS", UCLA Entertainment Law Review, vol. 14/2007.
- VOON Tania and Mitchell, 'operationalizing special and differential treatment in the World Trade Organization: Game over?' (2009) 15 *Global Governance: a review of multilateralism and international organizations,* pp.343-358.
- VOON Tania, "China - Measures affecting trading rights and distribution services for certain publications and audiovisual entertainment products' (2009) 103 *American Journal of International Law,* pp.710-716.
- VOON Tania, "UNESCO and the WTO: A Clash of Cultures?" (2006) 55 *International and Comparative Law Quarterly,pp.* 635-652.
- VOON Tania,"Geographical indications, culture and the WTO' in B. Ubertazzi, E. Muniz Espada (ed), *Le Indicazioni Di Qualita Degli Alimenti: Diritto Internazionale Ed Europeo* (2009) 300-311.
- WEBER R., "Cultural Diversity and International Trade - Taking Stock and Looking Ahead" in K. Alexander and M. Andenas (eds), The World Trade Organization and Trade in Services, 2008.

- WIEDEMANN V., "Empowering audiovisual services for the future', in N. Obuljen and J. Smiers (eds), *UNESCO's Convention on the Protection and Promotion of the Diversity of Cultural Expressions: Making it Work"*, Zagreb, Institute for International Relations, 2006, pp. 91-108.
- WOUTERS J., DE MEESTER B., "The Implementation by the European Community of the UNESCO Convention on Cultural Diversity", 2008,http://www.ggs.kuleuven.be/nieuw/pages/publications/policy_briefsS.html.
- WOUTERS Jan & B. De Meester, "UNESCO's Convention on Cultural Diversity and WTO Law: Complementary or Contradictory?", K.U. Leuven Faculty of Law, Institute for International Law, Working Paper No. 73, updated April 2007, En ligne:<http://law.kuleuven.be/iir/nl/wp/WP/WP73ed2e.pdf>.
- WOUTERS Jan and Bart De Meester, "The UNESCO Convention on Cultural Diversity and WTO Law: A Case Study in Fragmentation of International Law" (2008) Journal of Trade Law 41:1, pp. 205-240.
- WUNENBERGER Jean-Jacques, « L'Etat, entrepreneur ou éducateur culturel ? », in *Hermès*, « Toutes les pratiques culturelles se valent-elles ? », n°20, p. 43-47, CNRS Editions, 1996.
- YACOUB Joseph, « La diversité culturelle, défi de ce siécle » in Les cahiers du musée des confluences, volume 5 : La diversité, Lyon Juin 2010, pp.53-64.
- YACOUB Joseph, « La question des peuples autochtones. Retour aux fondements culturels et identitaires », in Études interculturelles, revue de la Chaire UNESCO de l'Université catholique de Lyon, février 2009, pp.13-32.
- Yusuf Abdulaqui, "Differential Treatment as a Dimension of the Right to Development" in R.-J. Dupuy (ed.), *The Right to Development at the International Level*, The Hague Academy of International Law, 1980. p. 233-245.
- Yusuf Abdulaqui, "Differential and More Favourable Treatment of Developing Countries in International Trade: The GATT Enabling Clause", *Journal of World Trade Law,* Volume 14, No. 6, 1980, p. 488-507.

TABLE DES MATIERES

POSTFACE

Notre époque a été témoin de l'émergence d'une conscience internationale relative à la culture, qui a abouti à la détermination d'en assurer la protection et la mise en valeur. On identifie clairement les premières manifestations concrètes de cette nouvelle sensibilité dans la seconde moitié du xxe siècle, avec la création de l'UNESCO, l'adoption des premières conventions culturelles multilatérales et la mise en place d'un système de coopération culturelle internationale.

Au cours des trois dernières décennies, le phénomène culturel a effectivement été considérablement bouleversé, au rythme des crises qui ont secoué nos sociétés. Nous assistons en effet à d'inquiétantes mutations de la violence dans le monde : beaucoup plus diffuse, éclatée en de multiples conflits identitaires, fortement colorée par le religieux, profondément enkystée en certains lieux, masquée ou exhibée selon le jeu des angoisses et des intérêts.

L'ouvrage Jean-Baptiste Harelimana montre que nous avons encore beaucoup à apprendre des cultures dans la construction du monde que nous voulons. Le Professeur René-Jean Dupuy avait posé la question en ces termes: compte tenu de ses diversités culturelles, l'humanité peut-elle disposer d'un droit international commun? Ce problème est très vaste et très ancien, et ne peut être traité ici dans sa juste ampleur. Pour affronter toutes ces questions, l'auteur s'est plongé dans la littérature d'autres disciplines scientifiques, comme la philosophie politique, afin de mobiliser au service de son étude juridique les connaissances les plus pertinentes des sciences humaines sur le sujet.

Il montre qu'au cours de ses quelque 70 ans d'existence, l'UNESCO, institution spécialisée des Nations Unies pour l'éducation, la science et la culture, a obtenu des succès remarquables sur le plan de l'action normative. Trente-cinq conventions ont été adoptées à ce jour, soit directement par la Conférence générale, soit dans le cadre de conférences diplomatiques promues par l'UNESCO, agissant seule ou en coopération avec d'autres organisations internationales. Des recommandations sont venues compléter ce corpus juridique dans des sphères très variées. Dans le domaine particulier de la culture, l'UNESCO a rempli une fonction « législative » pionnière au niveau international. C'est en tout cas au cours des trois dernières décennies que l'agenda international en la matière s'est incroyablement intensifié, si bien qu'une partie de la doctrine a parlé de l'émergence d'un « nouvel ordre culturel international » .Chaque concept est analysé et décortiqué avec la plus grande méticulosité.

La Déclaration Universelle de l'Unesco sur la diversité culturelle a été adoptée à l'unanimité au lendemain des événements du 11 septembre 2001. Dans ce contexte très particulier, les États ont réaffirmé leur conviction que le dialogue interculturel constitue le meilleur gage pour la paix et la sécurité internationales. « La Déclaration Universelle insiste sur le fait que chaque individu doit reconnaître non seulement l'altérité sous toutes ses formes, mais aussi la pluralité de son identité, au sein de sociétés elles-mêmes plurielles. C'est ainsi seulement que peut être préservée la diversité culturelle comme processus évolutif et la capacité d'expression, de création et d'innovation. L'adoption dans le cadre de l'unesco en 2003, de la Convention sur la protection et la promotion de la diversité des expressions culturelle, n'est que le signe le plus évident d'une coopération internationale croissante, qui s'étend, au-delà des Nations Unies et de l'unesco, aux principales organisations régionales.

Née comme un corollaire du principe de l'égale dignité et du respect de toutes les cultures, la diversité culturelle s'est imposée comme un principe autonome de la coopération culturelle internationale, devenant la nouvelle devise de l'unesco et un des piliers du droit international de la culture et des droits culturels. Le concept de diversité culturelle désigne l'immense variété de formes et de moyens par lesquelles les sociétés humaines expriment leur culture à travers l'espace et le temps. Jean-Baptiste Harelimana montre que d''un point de vue plus strictement juridique, la diversité culturelle doit être entendue comme l'ensemble des principes et obligations visant à préserver la pluralité des valeurs culturelles et la variété d'expression.Il montre avec talent que le droit international de la culture a progressivement tissé des liens entre les notions de culture et de développement durable.

Plusieurs organisations, avec en tête l'UNESCO, militent pour que la culture soit reconnue comme le quatrième pilier du développement. Le débat thématique de l'Assemblée générale des Nations Unies tenu en mai 2014 et intitulé « Culture et développement durable dans l'agenda post - 2015 » s'inscrit dans cette dynamique de même que le Manifeste de Cotonou que nous avons adopté dans le cadre de l'Initiative Africaine. Le 14 décembre 2015, l'Assemblée générale des Nations Unies a adopté à l'unanimité une résolution relative à la culture et au développement durable dont le préambule fait référence à la Convention de 2005.

Mr.Jean-Baptiste Harelimana nous invite, dans un style limpide et précis, tout empreint de finesse et de rigueur intellectuelle, à réfléchir (et à reconsidérer) – par le recours combiné à la science du droit, à la philosophie, à la sociologie et à la science politique–, à ces différentes organisations internationales à l'aune de la conscience internationale relative à la culture mobilisée.Au moment où nous venons de célébrer le dixième anniversaire de la Convention sur la protection et la promotion de la diversité des expressions culturelles, adoptée par la Conférence générale de l'UNESCO en octobre 2005, dans une inquiétude non dissimulée, cet ouvrage est un hommage rendu par le droit international de la culture au développement durable.

Professeur Albert Tévoédjrè

Initiateur du projet panafricain d'éducation à la paix et au développement par le dialogue interreligieux et interculturel

MANIFESTE POUR L'EDUCATION A LA PAIX ET AU DEVELOPPEMENT PAR LE DIALOGUE INTERRELIGIEUX ET INTERCULTUREL

Venus d'horizons religieux, spirituels, culturels, sociaux, économiques et politiques divers d'Afrique et du monde, à l'initiative du Centre Panafricain de Prospective Sociale, sur l'invitation du Gouvernement du Bénin, nous, participantes et participants au Symposium de lancement de l'Initiative Africaine d'Education à la Paix et au Développement par le Dialogue Interreligieux et Interculturel, tenu à Cotonou (Bénin), du 26 au 28 mai 2015, sous le haut patronage de l'UNESCO, avec l'appui de l'ONU, de l'UA, de la CEDEAO, de l'UEMOA, du Conseil de l'Entente, de l'OIF, etc., après avoir imploré la bénédiction de Dieu et salué unanimement la mémoire de l'une des grandes personnalités du continent en la personne de Jean PLIYA, après des échanges fructueux sur le thème de ce Symposium et au terme de nos travaux, **adoptons le présent Manifeste**.

1- Unis par la reconnaissance de la dignité de chaque personne humaine consacrée par la Déclaration Universelle des Droits de l'Homme ainsi que par les constitutions nationales et reconnue par toutes les religions et cultures en tant que patrimoine commun des sagesses de l'humanité ;

2- Considérant que la paix, la sécurité, le développement et les droits de l'homme sont intimement liés et se renforcent mutuellement ;

3- Conscients qu'opposer la violence des armes à la violence et à la terreur répandues par les tenants de l'extrémisme politique et religieux, quoique légitime, ne saurait pour autant constituer une réponse efficace et durable, étant donnée l'impossibilité de placer un soldat derrière chaque citoyen pour garantir sa sécurité ;

4- Convaincus que l'éducation à la paix et au développement à travers le dialogue interreligieux et interculturel peut grandement contribuer à renforcer les fondements d'une paix viable et d'un développement équitable ;

5- Convaincus que l'absence de guerre est une précondition primordiale du bien-être et du développement durable ainsi que de la réalisation effective des droits de l'homme ;

6- Rejetant le recours à toute forme de violence et soulignant que seules des solutions économiques, politiques et socio-culturelles pacifiques peuvent assurer un avenir stable et démocratique à tous les peuples du monde ;

7- Soulignant la nécessité de renforcer la bonne gouvernance et de bâtir des sociétés plus inclusives et plus ouvertes ;

8- Soucieux de contribuer à la concrétisation de la vision de l'Union africaine, qui est de « bâtir une Afrique intégrée, prospère et en paix, dirigée par ses citoyens et constituant une force dynamique sur la scène internationale » ;

9- Attachés à la diversité culturelle, source d'enrichissement des peuples et des nations, conformément à la « Convention de l'UNESCO pour la protection et la promotion de la diversité des expressions culturelles » et à la Charte de la Renaissance culturelle africaine dans laquelle les Etats africains reconnaissent la diversité culturelle comme facteur d'enrichissement mutuel des peuples et des nations ;

10- Reconnaissant que la cohabitation pacifique entre les différentes communautés religieuses et culturelles est un bien inestimable pour la paix et pour le développement harmonieux des peuples, le développement étant l'autre nom de la paix ;

11- Nous appuyant sur l'affirmation solennelle du préambule de l'Acte constitutif de l'UNESCO au terme duquel « les guerres prenant naissance dans l'esprit des hommes, c'est dans l'esprit des hommes que doivent être élevées les défenses de la paix », et sur les conclusions du Forum panafricain organisé à Luanda (Angola) du 25 au 28 mars 2013 par l'UNESCO sur le thème « Sources et ressources pour une culture de la paix » ;

12- Exprimant notre haute appréciation du travail des « Conseils interreligieux », du « Conseil Africain des Responsables Religieux pour la Paix », de l'initiative du forum de l'Union africaine sur le dialogue interreligieux et de celle de l'Alliance des Civilisations de l'ONU ;

13- Proclamons que le respect de la dignité d'autrui, de sa religion et de ses convictions philosophiques, ainsi que l'échange et la rencontre sont les fondements véritables du dialogue interreligieux et interculturel ;

14- Soulignons que le chemin du dialogue interreligieux et interculturel doit être bâti sur les valeurs de respect mutuel, d'échange et de rencontre, prérequis non négociables du « vivre ensemble», consistant en un « commun vouloir de vie commune » dans la diversité notamment des religions, des spiritualités, des cultures, et des orientations politiques et sociales, à l'instar des pratiques pluralistes, résilientes et pacifiques observées sur le Continent africain et dans sa diaspora ;

15- Soulignons l'importance capitale du droit au progrès scientifique, du droit au développement réciproque et solidaire, de l'éducation à la paix comme instrument propre à favoriser la réalisation du droit des peuples à la paix et encourageons les États et les organisations intergouvernementales et non gouvernementales à participer activement à cet effort ;

16- Proposons, comme alternative au recours à la force, de promouvoir l'éducation à la paix et au développement par le dialogue interreligieux et interculturel, dès la cellule familiale en impliquant davantage les femmes et les jeunes ;

17- Condamnons les fauteurs de guerre et les marchands d'armes ainsi que toute forme de domination, d'exclusion, de discrimination religieuse, spirituelle, culturelle, politique ou sociale qui, sous le prétexte fallacieux de défense de la liberté ou de la religion, tentent de s'imposer par la force, engendrant des injustices parfois accoucheuses de désespoirs et d'extrémismes violents ;

18- Appelons à une meilleure gouvernance des Technologies de l'Information et de la Communication et des réseaux sociaux, afin qu'ils soient des instruments de rapprochement entre les peuples et que leur usage, de même que la presse, contribuent à la sensibilisation et à l'éducation des populations, en particulier des jeunes, dans ce domaine sensible ;

19- Préconisons avec insistance l'élaboration et l'application d'une politique nationale de « LA PAIX PAR LE DIALOGUE POUR AGIR ENSEMBLE » en concevant, planifiant et gérant des projets de développement impliquant largement les sensibilités religieuses et culturelles à tous les niveaux ;

20- Recommandons fortement la mise en place d'un réseau continental de parlementaires africains, y compris les femmes parlementaires, pour « la paix par le dialogue interreligieux et interculturel » avec pour mission, entre autres, de veiller à ce que la loi des finances de chaque Etat prévoie de manière permanente des ressources consistantes pour soutenir les opérations de développement conçues et réalisées conjointement dans le cadre d'un dialogue interreligieux et interculturel actif ;

21- Proposons la mise en place d'un réseau de femmes africaines pour l'éducation à la paix et au développement par le dialogue interreligieux et interculturel ;

22- Lançons un appel à tous les Etats pour qu'ils intègrent l'éducation à la paix et au développement par le dialogue interreligieux et interculturel dans tous les programmes d'éducation et de formation formelles et non formelles ;

23- Exhortons toutes les organisations internationales et africaines à intégrer l'éducation à la paix et au développement par le dialogue interreligieux et interculturel dans leurs programmes et activités de prévention, de gestion et de règlement des conflits, en veillant à y intégrer les dimensions genre et jeune ;

24- Recommandons la mise en place de Conseils interreligieux composés de femmes, d'hommes et de jeunes à l'échelle de tous les pays du Continent et de la diaspora ;

25- Décidons de mettre en place, en vue de la mise en œuvre effective des recommandations issues du Symposium, un mécanisme de suivi, avec l'appui du Gouvernement du Bénin, de la CEDEAO, de l'UA, de l'ONU et des principaux partenaires résolus à soutenir concrètement « l'Initiative Africaine d'Education à la Paix et au Développement par le Dialogue Interreligieux et interculturel ».

Fait à Cotonou, le 28 mai 2015,

LE SYMPOSIUM

L'HARMATTAN ITALIA
Via Degli Artisti 15; 10124 Torino
harmattan.italia@gmail.com

L'HARMATTAN HONGRIE
Könyvesbolt ; Kossuth L. u. 14-16
1053 Budapest

L'HARMATTAN KINSHASA
185, avenue Nyangwe
Commune de Lingwala
Kinshasa, R.D. Congo
(00243) 998697603 ou (00243) 999229662

L'HARMATTAN CONGO
67, av. E. P. Lumumba
Bât. – Congo Pharmacie (Bib. Nat.)
BP2874 Brazzaville
harmattan.congo@yahoo.fr

L'HARMATTAN GUINÉE
Almamya Rue KA 028, en face
du restaurant Le Cèdre
OKB agency BP 3470 Conakry
(00224) 657 20 85 08 / 664 28 91 96
harmattanguinee@yahoo.fr

L'HARMATTAN MALI
Rue 73, Porte 536, Niamakoro,
Cité Unicef, Bamako
Tél. 00 (223) 20205724 / +(223) 76378082
poudiougopaul@yahoo.fr
pp.harmattan@gmail.com

L'HARMATTAN CAMEROUN
BP 11486
Face à la SNI, immeuble Don Bosco
Yaoundé
(00237) 99 76 61 66
harmattancam@yahoo.fr

L'HARMATTAN CÔTE D'IVOIRE
Résidence Karl / cité des arts
Abidjan-Cocody 03 BP 1588 Abidjan 03
(00225) 05 77 87 31
etien_nda@yahoo.fr

L'HARMATTAN BURKINA
Penou Achille Some
Ouagadougou
(+226) 70 26 88 27

L'HARMATTAN SÉNÉGAL
10 VDN en face Mermoz, après le pont de Fann
BP 45034 Dakar Fann
33 825 98 58 / 33 860 9858
senharmattan@gmail.com / senlibraire@gmail.com
www.harmattansenegal.com

L'HARMATTAN BÉNIN
ISOR-BENIN
01 BP 359 COTONOU RP
Quartier Gbèdjromèdé,
Rue Agbélenco, Lot 1247 I
Tél : 00 229 21 32 53 79
christian_dablaka123@yahoo.fr

Achevé d'imprimer par Corlet Numérique - 14110 Condé-sur-Noireau
N° d'Imprimeur : 130040 - Dépôt légal : juin 2016 - *Imprimé en France*

www.ingramcontent.com/pod-product-compliance
Lightning Source LLC
LaVergne TN
LVHW011213061026
849535LV00001BA/16